Denonte Hofmeister

Elisabeth Haich: Einweihung

ELISABETH HAICH
EINWEIHUNG

Aquamarin Verlag

Die Autorin:

Elisabeth Haich, am 20. März 1897 in Budapest geboren, studierte Musik und Bildhauerei und war in der Zeit nach dem 1. Weltkrieg eine international anerkannte Künstlerin. Gleichzeitig galt ihr besonderes Interesse jedoch immer schon esoterischem und insbesondere medialem Wissen. Sie gründete Ende der 30er Jahre die erste Yoga-Schule in Budapest, die sie bis zur Besetzung durch die Russen 1944 weiterführte. Schließlich zur Flucht gezwungen, baute E. Haich gemeinsam mit Selvarajan Yesudian in Zürich die wohl bekannteste Schule für Hatha-Yoga Westeuropas auf. Zugleich entstand in Diano Marina, Italien, die Yoga-Sommer-Schule, die Anfang der 50er Jahre nach Ponte Tresa, Schweiz, verlegt wurde. Am 31 . Juli 1994 hat sie ihre irdische Aufgabe erfüllt und ist bewusst in die Quelle zurückgekehrt. Ihre letzten Worte zu einem nahestehenden Freund, wenige Tage vor ihrem Weggehen, waren: »Ich werde das Exerzitium halten.«

5. Auflage 2015
© Aquamarin Verlag GmbH
Voglherd 1 • D-85567 Grafing
www.aquamarin-verlag.de

© für Übersetzungen in andere Sprachen liegt
beim Nachlassverwalter bzw. den Erben von Elisabeth Haich

Umschlaggestaltung: Annette Wagner

ISBN-13 : 978-3-89427-703-1

Druck: C.H. Beck • Nördlingen

Dieses Buch wurde aus persönlichen Gründen
in Romanform geschrieben. Doch wer Ohren hat, hört,
dass jedes Wort Wahrheit ist.

»Es waren auch zu den Zeiten Titanen auf Erden und auch
später; denn da die Söhne Gottes zu den Töchtern
der Menschen eingingen und sie ihnen Kinder gebaren,
wurden daraus Gewaltige
in der Welt und berühmte Männer.«

(Gen 6,4)

INHALT

VORWORT

Der nationale Rhythmus des indischen Volkes ist Religion. Mit jedem Herzschlag fühlt sich der Inder einen Schritt näher dem ewig glorreichen Ziel der Gottesverwirklichung.

Wenn der Name Gottes von den Lippen eines Vorübergehenden ertönt, so nimmt sein scharfes Ohr die Melodie auf, und er stimmt einen Lobgesang an. Wenn er auch weder Nahrung noch ein Dach über seinem Kopf hat – denn oft ist nur das weite Himmelsgewölbe sein Obdach –, so besitzt er doch Gott in seinem Herzen. Er weiß, dass er in dieser Arena des Lebens unzählige Male gekommen und wieder gegangen ist, durch Myriaden von Geburten hindurch, dass er alles, was die geschaffene Welt bieten kann, genossen hat und ihn jetzt, da er die Wahrheit erkennt:»Alles hier auf Erden ist vergänglich«, nichts mehr befriedigt. Sein Wunsch ist es nun, die Quelle zu finden, an jenen Ursprung zu gelangen, aus dem der Strom der Offenbarungen quillt.

Von Kindheit an lautet darum sein Gebet:»Ich meditiere über die Herrlichkeit jenes Wesens, das dieses Weltall hervorgebracht hat. Möge *Es* meinen Geist erleuchten.«

Die Erhabenheit und Schönheit der Natur, die ihn an jenes Wesen erinnert, wird zu seinem Gegenstand der Verehrung. Jede heilige Schrift – welcher Religion sie auch sei –, die den Hauch jenes Wesens atmet, wird zu einem Gegenstand der Verehrung. Und jedermann, der jenes Wesen gefunden hat und über den Weg zu *Ihm* spricht, wird ein Gegenstand der Verehrung.

Ich habe das große Glück, zu den Füßen einer erleuchteten Seele zu sitzen. Elisabeth Haich ist meine Lehrerin, mein Guru. In ihrer Nähe begannen sich die zarten Blütenblätter meiner Seele zu entfalten. Oft öffnet mir ein Wort von ihr die Augen, und manchmal genügt ein verständnisvoller Blick, mich in meiner Überzeugung zu festigen. Eine freundliche Bemerkung vermag manchmal alle Zweifel zu zerstreuen. Jeder Augenblick in der Gegenwart meiner Lehrerin bringt neue Erfahrungen und beschleunigt meinen Fortschritt. Wie oft schon, wenn gewisse Dinge mich belasteten, erwuchs mir aus den Worten meines Gurus Hilfe:»Lebe nicht der Gegenwart, erlaube nicht, dass dich vergängliche Dinge beeinflussen. Lebe in der Ewigkeit, über Zeit und Raum, über endlichen Dingen. Dann kann dich nichts beeinflussen.«

In Gegenwart meiner Lehrerin genieße ich absolute Gedankenunabhängigkeit, denn ich habe gelernt, dass es falsch ist, die Gedanken eines anderen Menschen in unserem eigenen Leben anwenden zu wollen.»Ich will nicht, dass du mir auf dem Weg, den ich beschreite, um das Ziel zu erreichen, einfach nachschreitest. Gehe deinen eigenen, selbst bestimmten Weg, der deinen innersten Neigungen entspricht. Nimm keine Behauptung an, nur weil sie von mir stammt. Wenn es hundertmal die Wahrheit ist, so ist es doch nicht *deine* Wahrheit, so ist es doch nicht *deine* Erfahrung, und es wird nicht dir gehören. Verwirkliche das Wahre, dann gehört es dir. Lasse das Leben derjenigen, welche die Wahrheit verwirklicht haben, nur einen Beweis sein, dass das Ziel zu erreichen ist.«

Bei diesen Worten meiner Lehrerin ergriff mich ein unwiderstehlicher Drang nach absoluter Unabhängigkeit und befreite mich von der verderblichen Auffassung, Hilfe von außen zu erwarten. Ich benötige keinen Lehrer, der mich beeinflusst, sondern einen Lehrer, der mich lehrt, mich nicht beeinflussen zu lassen.

Seit vielen Jahren genieße ich das große Vorrecht, die Auslegung der tiefsten Wahrheiten in den einfachsten Worten hören zu dürfen. Niemanden habe ich bisher gehört, der mir die Offenbarungen der Bibel so klar und für unser tägliches Leben anwendbar ausgelegt hätte wie Elisabeth Haich. Ich bin weit herumgereist. Noch kein Priester konnte mir den wahren Sinn der Offenbarungen erklären, obwohl ich Hunderte gefragt habe. Wie wäre dies auch möglich, wenn einer nicht»das Himmelreich in uns« verwirklicht hat? Wie könnte es auch anders sein, wenn einer nicht in sich die Wirklichkeit des Satzes erlebt:»Ihr seid das Licht der Welt«, und erkennt: Ihr seid die lebendigen Tempel des Heiligen Geistes?

Hunderte und Tausende haben die wöchentlichen Vorträge und Meditationsgruppen von Elisabeth Haich besucht. Unser aller Wunsch war es, ihre Lehren in Buchform zu besitzen.

Durch die Erfahrung jedes Vortrages bereicherten sich in ungeahntem Maße unsere nach Wahrheit dürstenden Seelen. Groß ist unsere Freude, endlich zu wissen, dass ein Teil dieses Wissens in einem Buch zusammengefasst vorliegen wird. Das Buch ist eine Einführung in die hohe Kunst, das Göttliche in uns zu verwirklichen und den Menschen, diesen Unbekannten, erkennen zu lernen. Wir werden die große Wahrheit entdecken: Selbsterziehung ist das Offenbarmachen des Vollkommenen, das von allem Anfang an im Menschen ist. Religion ist das Tätigwerden des Göttlichen, das im Menschen der Offenbarung harrt.

Zürich, im April 1954.

S. R. Yesudian

EINLEITUNG

Ich bin ein Suchender. Ich suche eine Erklärung für das Leben auf Erden. Ich möchte wissen, was es für einen Sinn hat, dass der Mensch geboren wird, unter vielen Schwierigkeiten aus einem Kind ein Erwachsener wird, heiratet, weitere Kinder zur Welt bringt, die mit ebenso viel Schwierigkeiten erwachsen werden, auch heiraten, noch mehr Kinder in die Welt setzen, die dann mit dem Alter die mühsam erworbenen Fähigkeiten wieder verlieren und sterben. Eine unendliche Kette, ohne Anfang, ohne Ende! Immerfort werden Kinder geboren, sie lernen, sie büffeln, sie wollen Körper und Verstand voll entwickeln – und nach einer verhältnismäßig kurzen Zeit ist alles wieder aus, und sie werden unter der Erde zum Fraß der Würmer. Was hat dies alles für einen Sinn? Alles nur, um immer weitere Generationen hervorzubringen?

Und wenn bestimmte Menschen nicht nur für Nachkommen sorgen, sondern ein geistiges Werk hinterlassen, warum geht es ihnen dann ebenso wie den anderen, dass sie altern und ihre hohen Gaben mit ihnen ins Grab sinken? Ein Michelangelo, ein Leonardo da Vinci, ein Giordano Bruno, ein Goethe und viele andere – warum wurden sie geboren, wenn sie schließlich auch der Verwesung anheimfallen mussten wie der Wurm, der sich am Körper dieser Titanen mästete?

Nein! Es ist nicht möglich, dass das Leben auf Erden so sinnlos sein kann! Es muss sich hinter dieser scheinbar unendlichen Kette von Geborenwerden und Sterben ein tiefer Sinn verbergen, und wenn er noch so unerklärlich zu sein scheint für den befangenen Verstand – es muss eine vollkommen befriedigende und sinnvolle Erklärung geben von der *anderen* Seite!

Aber wie und wo finde ich diese unbedingt bestehende *andere* Seite aller Dinge? Wo und wie finde ich den Weg, sie kennenzulernen? Von wem soll ich eine Wegweisung verlangen – wo finde ich einen in dieses

13

Geheimnis Eingeweihten, der mir über diese verborgene Wahrheit Bescheid sagen könnte?

Es gab zu allen Zeiten hervorragende Menschen auf Erden, die mit unerschütterlicher Sicherheit über das Geheimnis des Lebens sprachen und ihre Überzeugung auch mit ihrem Leben bezeugten – Eingeweihte, wie man sie nennt. Aber wo und von wem haben diese »Eingeweihten« ihre *Einweihung* bekommen? Und in *was* waren sie eingeweiht? – Ein Sokrates, der den Giftbecher mit göttlicher Ruhe nimmt, austrinkt, furchtlos und sachlich, ruhig und lächelnd über die Wirkung des Giftes spricht, meldet, wie auf die Wirkung des Giftes hin erst seine Füße kalt werden und absterben, wie die Todeskälte allmählich von seinen Füßen gegen sein Herz wie eine Schlange hinaufschleicht, um im nächsten Augenblick auch das Herz zu erreichen. Er ist sich bewusst, dass sein Tod bevorsteht, er nimmt Abschied von seinen treuen Schülern und schließt die Augen. Nur aus einem sicheren *Wissen* kann solch unerschütterliche Ruhe gegenüber dem Tode stammen! Wo hat Sokrates dieses Wissen erworben? Und woher haben auch andere, zu verschiedenen Zeiten auf der Erde weilende Titanen ihr Wissen über das Geheimnis des Lebens und des Todes, ihre *Einweihung*, empfangen?

Es müssen auch heute noch solche »Eingeweihte« auf der Erde weilen, und es muss auch heute eine Möglichkeit geben, die Einweihung, die wirkliche, große *Einweihung* zu erlangen.

Das Leben hat mich um die Erfahrung bereichert, dass die Bibel kein Märchenbuch ist, sondern von Eingeweihten stammt, die in einer geheimen Sprache uns verborgene Wahrheiten übermitteln. Und die Bibel gibt den Rat: »Suchet, und ihr werdet finden, klopfet an, und es wird euch aufgetan.«

Ich gehorchte! Ich begann zu suchen. Wo ich nur konnte. In Büchern, in alten Schriften, bei Menschen, bei denen ich vermutete, dass sie etwas über die Einweihung wüssten. Ständig hielt ich Augen und Ohren offen und versuchte in alten und neuen Büchern wie in den Belehrungen einst und heute lebender Menschen verborgene Mosaiksteine aus dem Geheimnis der Einweihung zu entdecken.

Und ich fand! Zuerst selten; nur hier und da hörte ich mit meinen inneren Ohren, wenn aus einem Buch oder aus den Worten eines Menschen die Stimme der Wahrheit herausklang. Doch in der Richtung, wohin mich diese geheime Stimme lenkte, ging ich weiter. Wie ein Faden der Ariadne hat mich diese geheime Stimme immer weitergeleitet. Manchmal fand ich zu Hause, in derselben Stadt, in der ich wohnte, jemanden, der mir wertvolle Angaben für mein weiteres Suchen geben konnte, manchmal führte mich diese Stimme weit weg, in fremde Länder, wo ich dann oft verblüffende Zusammenhänge mit den zu Hause gehörten Worten gefunden habe.

So gelangte ich auf meinem Weg zu immer wissenderen Menschen, die mir über die Einweihung und über den Sinn des Lebens mehr und mehr eröffneten. Selbstverständlich begegnete ich auch vielen Unwissenden oder Halbwissenden, die sich als Wissende ausgaben. Ich erkannte aber sofort, wenn »die Stimme Jakobs, aber die Hände Esaus« waren. Diese armen Scharlatane, die »Eingeweihte« spielen wollten, verrieten sich bald. Sie waren mit ihrer eigenen Person, mit sich selbst, nicht fertig. Wie hätten sie mich über die letzten Wahrheiten, über die Einweihung, unterrichten können? – So ging ich weiter und weiter, auf der Suche nach einem wirklich Wissenden, einem Eingeweihten.

Fand ich jemanden, der mir mehr sagen konnte, als ich selbst wusste, so blieb ich so lange dort, bis ich alles gelernt hatte, was ich nur lernen konnte. Dann zog ich weiter.

So kam ich einmal in die Nähe einer alten Frau, die in einer klosterartigen Einsiedelei lebte und von unzähligen Suchenden umringt war wie ein Stück Zucker, zu welchem lange Reihen von Ameisen, um Speise zu holen, hinpilgerten.

Sie arbeitete in tiefster geistiger Verbundenheit mit zwei viel jüngeren Männern – einem Inder und einem Westler –, welche die alte Frau ihre »Söhne« nannte. Als ich in der Einsiedelei bei ihr weilte, waren diese beiden Söhne gerade nicht bei ihr. Sie zogen in der Welt umher mit der Aufgabe, die Wahrheit in einem möglichst großen Kreis zu verbreiten.

Die alte Frau war hochgewachsen, von königlicher Körperhaltung, aber vollkommen einfach und natürlich in ihren Bewegungen. Ihre tiefblauen Augen waren auffallend groß, und die langen dunkelbraunen Wimpern gaben ihnen einen merkwürdigen Ausdruck. Diese Augen waren lächelnd, freundlich, voll Verständnis, aber so durchdringend, dass die meisten Menschen in Verlegenheit gerieten, wenn dieser Blick sie traf. Man fühlte genau, dass diese Frau jeden Menschen durchschaute, dass sie die Gedanken, die ganze seelische Struktur des Menschen klar sah. Oft ist es mir passiert, dass in mir einige Fragen auftauchten, während ich ihren Belehrungen unter einer großen Schar von Menschen zuhörte. Sie sprach ungestört weiter, aber sie lächelte, und in den nächsten Sätzen gab sie ihren Worten eine Wendung, wodurch ich auf meine unausgesprochenen Fragen Antwort bekam. Dieselbe Erfahrung haben mir mehrere ihrer Zuhörer berichtet. Mit dieser Frau wurde ich nicht fertig. Je mehr ich von ihr lernte, je mehr sich meine geistigen Augen öffneten, desto größer erschien sie mir, und das Gebiet, worin sie mein Wissen übertraf, dehnte sich in immer uneinsehbarere Kreise. Je länger ich bei ihr weilte, desto weniger konnte ich sie kennenlernen. Sooft ich sie sah, offenbarte sie immer eine andere »Persönlichkeit«, bis ich den Eindruck bekam, dass diese Frau überhaupt jede mögliche Persönlichkeit in sich trage und offenbaren könne, folglich selbst überhaupt keine Persönlichkeit habe. Denn *alles* zu sein, bedeutet, gleichzeitig *nichts* zu sein.

»Mutter«, fragte ich sie einmal, »wer bist du eigentlich?«

»Wer?«, fragte sie zurück »*Was* ist das: *Wer*? Es gibt nur ein einziges *Seiendes*, und jeder Mensch, jedes Tier, jede Pflanze, aber auch jeder Weltkörper, jede Sonne und jeder Planet ist nur ein Offenbarungsinstrument dieses einen einzigen *Seienden*. Wie viele ›Wer‹ würde es also geben? Dasselbe *Selbst* spricht durch meinen Mund wie durch den deinen und durch alle Lebewesen. Der Unterschied ist nur, dass nicht ein jedes Lebewesen das eigene *Selbst* vollkommen kennt, folglich auch nicht *alle* Eigenschaften des *Selbst* offenbaren kann. Aber wer das *Selbst* vollkommen kennt, kann alle möglichen Eigenschaften, die überhaupt auf der Welt existieren, offenbaren, weil ja alle diese Eigenschaften die verschiedenen Aspekte des einen einzigen *Seienden*, des einen einzigen *Selbst* sind. Die äußere Form, die du jetzt vor dir siehst und von der du glaubst, dass ›ich‹ es bin, ist nur ein Offenbarungswerkzeug, das aus dem *Selbst* immer denjenigen Aspekt offenbart, der gerade *notwendig* ist. Frage also keinen solchen Unsinn, wie ›wer‹ ich sei.«

»Mutter«, sagte ich, »wie hast du das *Selbst* vollkommen kennengelernt, so dass du alle seine möglichen Eigenschaften offenbaren kannst? Ich möchte auch so weit kommen! Erzähle mir! Durch welche Erfahrungen bist du dieses vielseitige Offenbarungswerkzeug des einen einzigen *Seienden* geworden? Oder warst du immer auf dieser Stufe? Bist du schon in diesem Zustand geboren?«

»Geboren? – ›Ich‹ – geboren? Wann hast du schon ein ›Ich‹ geboren werden sehen? Hast du überhaupt ein ›Ich‹ gesehen? Das *Ich* wurde und wird *nie* geboren, nur der Körper. Das wahre, göttliche Selbst ist die Vollkommenheit selbst, eine Entwicklung ist in *Ihm* also nicht möglich. Höchstens *der Körper muss sich entwickeln, um immer höhere Schwin-*

16

gungen, immer höhere Frequenzen des Selbst offenbaren zu können. Diese Entwicklung muss auch der vollkommenste Apparat – der vollkommenste Körper – durchmachen, selbstverständlich auch der meinige, der noch weit von der Vollkommenheit entfernt ist. Alles ist nur Stufe. Die Entstehung eines Körpers ist immer eine Kettenreaktion – wie solch ein Prozess heutzutage genannt wird –, und wenn Kettenreaktionen einmal ihren Anfang genommen haben, so durchlaufen sie verschiedene Perioden, bis sie wieder ausklingen. Diesem Gesetz kann sich keine materielle Erscheinungsform entziehen. Und mit der Entwicklung des Körpers ändert sich selbstverständlich auch der Bewusstseinszustand.«

»Folglich hast du auch eine Entwicklung durchmachen müssen, Mutter, nicht wahr? Erzähle mir bitte, wie war das? Was hast du alles erlebt, was für Erfahrungen hast du gesammelt, die dich in deinen heutigen Bewusstseinszustand hineinwachsen ließen? Erzähle mir das alles, bitte.«

»Wozu soll ich dir das erzählen? Jeder Mensch muss die vollkommene *Selbsterkenntnis auf seinem eigenen Weg* erlangen. Was würde es dir nützen, wenn ich dir *meinen* Weg erzählen würde? Du könntest *diesen* Weg nicht gehen. Die Geschehnisse sind nicht wichtig, nur die Erfahrungen, die Lehre, die man daraus zieht. Sei ruhig, auf deinem Weg wirst du zu denselben Erfahrungen kommen wie ich auf meinem. Der Wege sind unzählige, sie führen aber dennoch zu demselben Ziel.«

»Mutter, du hast recht. Das sehe ich ein – auf deinem Weg könnte ich nicht vorwärts kommen. Dennoch würde es mir sehr helfen, wenn du mir erzählen würdest, wie du deine Erfahrungen gesammelt hast, weil ich und alle, die deine Erzählung anhören würden, daraus lernen könnten, *wie man Gewinn aus den Erfahrungen* ziehen kann. Nicht auf deine Geschichte bin ich neugierig, sondern darauf, zu hören, wie du es angefangen hast, um die *Lehre, die in jedem Geschehen steckt, auch zu erfassen und dir anzueignen.* Erzähle mir von deinem Weg, Mutter. Es wäre so wertvoll, wenn wir deine Einstellung dem Leben gegenüber kennenlernen würden und so erfahren könnten, *wie* du auf dein Schicksal reagiert hast, so dass dein geistiger Horizont so allumfassend weit geworden ist. Wir könnten daraus sehr viel lernen.«

Die alte Frau schaute mich lange an. Endlich sagte sie: »Du bist also neugierig, wie ich reagierte? Und du glaubst, dass es dir und anderen Menschen helfen würde, etwas darüber zu hören? Also gut! Vielleicht ist es wirklich von Gutem, wenn ich euch erzähle, welche Erfahrungen meine Augen allmählich geöffnet haben, so dass mir die *inneren Gesetze des Lebens* und die Zusammenhänge aufgingen, welche die Schicksale verschiedener Menschen untereinander verbanden. Komme morgen wieder. Ich erzähle dir dann meine Erfahrungen, welche mir zur Erleuchtung verhalfen – dir und einigen anderen, deren Augen für das Wesentliche geöffnet sind. Ich erzähle euch, wie ich meine Einweihung erlebte ...«

Anderntags saßen wir – ich und einige ihrer engsten Schüler – um die alte Frau beisammen, und sie begann uns die Geschichte ihrer Einweihung zu erzählen.

So entstand dieses Buch.

ERWACHEN

Blitzartig durchfuhr mich ein Schmerz – und im nächsten Augenblick landete ich auf dem Boden.

Gefahr! Hilfe! Aber nicht von diesem Erwachsenen hier neben mir, der mich jetzt so erschrocken untersuchen will – nein! Jetzt will ich ihn nicht! Ich liebe ihn, aber in einer Gefahr ist er mir unerwünscht.

Ich rannte in das Zimmer zurück, in dem die schöne fremde Frau saß, der wir soeben gute Nacht gesagt hatten. Ich wusste, dass sie mir mit vollem Verständnis helfen würde. Ich war auch sonst gerne bei ihr, ich atmete ihren Duft immer gerne und fühlte mich in ihrer Nähe in vollkommener Sicherheit. Jetzt, in meinem Schreck, rannte ich Hilfe suchend zu ihr. Ich zeigte ihr wimmernd meine kleine, dicke Hand, die wie ein lebloser Fetzen herunterhing und mir nicht mehr gehorchen wollte. Die schöne Frau blickte auf meine Hand, warf das Kleid, an dem sie gerade nähte, fort und rief laut:

»Robert! Robert! Komm rasch!«

Eine Tür öffnete sich, und der Erwachsene, von dem ich dunkel wusste, dass er mit uns zusammen wohnte und irgendwie zu uns gehörte, kam herein. Ich betrachtete ihn zum ersten Mal mit Aufmerksamkeit. Er war ein hochgewachsener Mann mit einem Gesicht wie Elfenbein, Haare, Bart und Schnurrbart so schwarz wie Ebenholz, die Augen glühend schwarz, und es umgab ihn immer eine unsichtbare Krafthülle, die so mächtig wirkte, dass alle Menschen durch sie in einer gewissen Entfernung gehalten wurden. Er warf einen Blick auf meine herabhängende Hand und sagte: »Einen Arzt! Stefi, hol sofort einen Arzt!«

Onkel Stefi rannte weg, und der große schwarze Erwachsene fragte uns, was geschehen sei. Da erzählten wir ihm, dass, nachdem Grete und ich gute Nacht gesagt hätten, Onkel Stefi mich auf seinen Rücken genommen habe; so seien wir in das Schlafzimmer gegangen. Dort ließ Onkel Stefi mich von seinem Rücken hinabgleiten. Ich rutschte zu rasch; damit ich nicht fiele, fasste mich Onkel Stefi plötzlich an der Hand. Im gleichen Augenblick durchfuhr ein schneidender Schmerz mein rechtes Handgelenk, und als ich meine Hand heben wollte, hing sie leblos herab. »Ja«, sagte der große Erwachsene, »die Hand ist aus dem Gelenk gerissen. Sie ist verrenkt. Das unangenehmste ist, dass ich gerade jetzt wegfahren muss und nicht warten kann, bis der Arzt kommt. Aber die ganze Nacht werde ich auf Nadeln sitzen. Telegrafiere mir sofort, was der Arzt tun konnte.«

Er küsste uns und Mutter und ging fort. Ich schaute erstaunt auf die schöne fremde Frau, die, immer auf sich zeigend, »Mutter« gesagt hatte und die wir deshalb auch Mutter nannten.

Bis dahin hatte ich aus vollem Halse gebrüllt, weil ich schwer enttäuscht und beängstigt erfahren musste, dass die Erwachsenen mir nicht helfen konnten. Sie brachten den Schmerz, der mich immer mehr quälte, nicht zum Aufhören, ebenso wenig wie sie meine hängende Hand an ihren gewohnten Platz zurückversetzten. Als ich aber hörte, dass der schwarze Erwachsene die ganze Nacht auf Nadeln sitzend verbringen müsse, wurden mein Erstaunen und die Angst um ihn so groß, dass ich zu schreien vergaß und Mutter fragte:

»Warum muss er die ganze Nacht auf Nadeln sitzen?«

Mutter schaute mich erst verblüfft an, dann begann sie zu lachen und sagte: »Weil Vater wegen deiner Hand sehr aufgeregt ist.«

Das war wieder eine Antwort! Sinnlos, nichts erklärte sie. Der schwarze Mann, den wir »Vater« nannten, hatte in vollem Ernst gesagt, dass er auf Nadeln sitzen werde – jetzt lachte mich Mutter aus. Warum? Ich wiederholte nur, was Vater gesagt hatte. Was sollte es dann bedeuten, dass Vater »aufgeregt« ist, warum muss er deshalb auf Nadeln sitzen? Würde er sich am Ende irgendwo gefährlich stechen? Mutter nähte oft und zeigte mir, wie gefährlich die Nadel ist; die Spitze kann sehr unangenehm stechen. Das tut weh! Man darf eine Nadel also *nur* zum Nähen gebrauchen. – Was für ein Unsinn war das wieder von den Erwachsenen, dass deshalb, weil meine Hand so hilflos und schmerzend herunterhängt, dass ich sie mit der anderen ständig halten muss, Vater die ganze Nacht auf Nadeln sitzen soll, die man doch *nur* zum Nähen gebrauchen darf?! Ich war zwar schon ziemlich daran gewöhnt, dass die Erwachsenen sinnlose Dinge sprachen und taten, aber das war mir zu viel, und ich wollte Näheres wissen. Ich kam aber nicht dazu, weitere Fragen zu stellen über dieses »Auf-Nadeln-Sitzen«, denn Onkel Stefi erschien mit dem Arzt.

Der Arzt war ein stattlicher, freundlicher Herr, der mich vertraut anschaute, als ob er mich schon lange kennen würde; er hob mich auf und riss mich so aus meiner Geborgenheit, aus der Nähe meiner Mutter, heraus. Das erfüllte mein Herz mit schrecklicher Angst, die Bewegung verursachte noch dazu einen neuen quälenden Schmerz, und so begann ich wieder aus vollem Halse zu brüllen. Der Arzt setzte mich auf den Tisch – ich sah meine kleinen Füße ganz nahe unter meiner Brust zappeln – er lächelte mich kopfschüttelnd an und sagte:»Ach, wie hässlich ist dieses kleine Mädchen, wenn es so weint!«

Ich staunte. Was? Er sagt, ich sei hässlich, wenn ich weine? Woher weiß er das? Bisher dachte ich, man könne alles sehen, nur eben *mich* nicht. Alle anderen Lebewesen, die Erwachsenen, die Köchin, Grete, der Kanarienvogel, meine Spielsachen – mit einem Wort: *alles* um mich herum sei sichtbar, auch meine Hände, mein Bauch und meine Füße, nur»mich« sei es unmöglich zu sehen. Das ist irgendwie da und doch nicht da, – es ist irgendwo, aber unsichtbar – ich hatte»mich« noch nie selbst sehen können – und konnte mir nicht vorstellen, wie es überhaupt möglich sein sollte, dieses Etwas, das»Ich«, zu sehen. Wie konnte es sein, dass dieser Erwachsene meine Verzweiflung, meinen Schmerz, mein Weinen, also »mich«, dennoch sah? – Ach! Wenn er mich sieht, meinen erschrockenen, entsetzlichen Zustand, das musste tatsächlich»hässlich« sein. Ich hörte in meiner Verwunderung zu weinen auf und schaute den Arzt forschend an.

Da begannen alle Erwachsenen laut zu lachen, und Mutter sagte: »Gott, wie eitel ist dieses kleine Mädchen! Sie unterdrückt sogar ihre Schmerzen, um sich nicht hässlich zu zeigen.«

Das war wieder eine der gewohnten sinnlosen Bemerkungen der Erwachsenen.»Eitel« – was ist das? Wie konnte ich eitel sein, wenn ich gar nicht wusste, was das ist, und wie konnte ich mich»zeigen«, wenn ich überhaupt bisher nicht wusste, dass ich sichtbar sei? Bisher lebte ich in der Auffassung, die *Sehende*, die *Schauende* zu sein: *ich bin* es, die alles sieht, aber *ich* bin irgendwie *außerhalb des Sichtbaren*. All dies drehte sich in meinem Kopf, und ich wollte eben wieder fragen, aber der Arzt nahm meine schlaff hängende Hand, zog noch mehr, da wollte ich aufschreien, – es tat so schrecklich weh –, ach, der Dumme reißt meine Hand noch ganz aus! Aber dann drehte er die kleine Hand, die irgendwie mit mir in enger Verbindung stand, denn sie schmerzte»mich« so schrecklich, zurück, und sie war wieder am richtigen Platz ...

»So«, sagte der Arzt,»jetzt wird das Gelenk noch ein bisschen aufschwellen, darum legen wir die Hand für diese Nacht ruhig auf ein Polster, und in kurzer Zeit vergessen wir die ganze Angelegenheit.«

Dann sprachen die Erwachsenen noch weiter darüber, wie eitel ich sei, dass ich vor lauter Eitelkeit nicht einmal beim Einrenken der Hand geschrien hätte. Besonders Mutter war davon sehr beeindruckt, was mich traurig machte. Ich sah, dass die schöne fremde Frau, die ich schon sehr liebte, mich nicht verstand. Obgleich der Arzt mich sehen konnte, *für Mutter blieb ich unsichtbar.* Dennoch strahlte sie große Liebe aus, und als ich dann später in meinem Bett lag, die schmerzende Hand auf ein Polster gebettet, war ich glücklich, dass ihr schönes, feines Gesicht sich öfters über mich neigte und ermutigend auf mich herablächelte. Sie strahlte Güte und Wärme aus, und ich fühlte mich in ihrer Nähe nicht verlassen und allein. Ich wusste, dass ich auf sie rechnen konnte, sie war bis zu einem gewissen Grad in meiner Macht, und ich hatte vollkommenes Vertrauen zu ihr. Ich schlief langsam ein, die Nacht verging – und meine Hand wurde wieder das folgsame Werkzeug, der treue Freund, der mir in meinem späteren Leben so viel – so viel! – Freude brachte und mir dazu verhalf, aus meiner Unbewusstheit zu erwachen. Der Arzt hatte nicht recht gehabt: Die kleine Angelegenheit habe ich nie vergessen, denn sie ist mit meinem ersten Bewusstwerden, mit meinem Erwachen in dieses Leben untrennbar, auf ewig durch das Gesetz der Assoziation verknüpft. Von nun an blieb mein Bewusstsein – meine Erinnerung – andauernd wach. Von nun an beobachtete ich alles, sowohl nach außen als auch nach innen, mit größter Aufmerksamkeit, mit ununterbrochener Konzentration. Von nun an wusste ich, dass ich in einem Heim lebte, wo der mächtige schwarze Erwachsene der unbedingte Herr war – Mutter nannte ihn Robert, wir mussten ihn »Vater« nennen. Das ganze Haus drehte sich um ihn. Mutter gehörte ihm mit Leib und Seele. Seine Macht breitete sich über uns alle – und später hoch über viele Tausende von Menschen – wie ein Zelt, wie eine Schutzhülle aus. Alle, die zu Vaters Machtbereich gehörten, genossen Hilfe, Sicherheit und Wohlstand. Vormittags war er nicht zu Hause, dann konnte ich mit Mutter zusammen sein. Ich durfte sie in der ganzen Wohnung, auch in die Küche, begleiten, und wenn sie an einer großen Tischdecke arbeitete, die sie mit farbigen Fäden bestickte, durfte ich neben ihr sitzen und mit den farbigen Fäden verschiedene Muster, nach meinem Belieben, in eine Ecke der großen Decke hineinsticken. Zu Mittag kam Vater nach Hause, und nach dem Essen musste ich mit Grete ins Kinderzimmer – was mir gar nicht gefiel. Grete war auch ein Kind des Hauses wie ich, nur – wie ich hörte – war sie drei Jahre älter als ich. In der Zeit der Verrenkung meines Handgelenkes war sie viereinhalb und ich anderthalb Jahre alt.

Im folgenden Sommer verbrachten wir die Ferien in einem Dorf an einem großen Wasser. Wir wohnten in einem kleinen, von einem großen Hof und Garten umgebenen Bauernhaus. Da durfte ich mit Grete barfuß herumlaufen, ich durfte mit einer Frau, die ein sehr braunes und runzeliges Gesicht hatte, in den Stall, wo es eine Kuh gab, ein Kalb und zahlreiche Kaninchen mit roten Augen. Das war alles sehr fesselnd. Im Garten standen riesige gelbe Blumen, so hoch wie ein Baum, die sich immer so drehten, dass sie auf die Sonne schauten. Das gefiel mir auch. Vater kam nur von Zeit zu Zeit, und dann sagte man:»Heute ist Sonntag.« Sonst waren wir mit Mutter allein, und ich konnte den ganzen Tag mit ihr zusammen sein. Wir gingen jeden Tag an den See, stiegen ins Wasser und planschten vergnügt darin.

Eines Tages sagte Mutter wieder:»Morgen ist Sonntag, wir werden schon heute eine große Freude haben, weil Vater kommt.« Ich fand das gar nicht so erfreulich, denn Vater interessierte mich wenig, und ich wusste schon, dass, wenn Vater da war, Mutter sich ständig mit ihm beschäftigte. Ich musste dann mit Sophie, der erwachsenen Tochter der runzeligen Bauersfrau, und mit Grete spazieren gehen.

Am Abend, als wir auf Vater warteten, hörte ich auf einmal die Leute aus der Nachbarschaft zu Mutter sagen, dass»der Zug entgleist« und Vater deshalb noch nicht angekommen sei. Mutter erschrak sehr, rief Sophie herbei, übergab mich ihr, bat sie, auf mich acht zu geben und mich keine Minute allein zu lassen – dann eilte sie zur Station. Grete durfte mit – da Grete»drei Jahre älter war« und besser laufen konnte als ich. Ich blieb mit Sophie allein.

Es war schon dunkel, und ich durfte zu dieser Tageszeit zum ersten Mal wach und draußen im Garten sein. Es war sehr fesselnd, aber ein unsicheres Gefühl bemächtigte sich meiner, denn ich war gewohnt, alles bei Tageslicht zu sehen, und jetzt war alles so undeutlich geworden. Man ahnte die Bäume, die Blumen, mehr, als dass man sie sah. Die Pappelbäume flüsterten so merkwürdig. Ich hatte aber keine Zeit, weiter Beobachtungen zu machen, weil plötzlich etwas ganz Fürchterliches geschah: Sophie nahm mich auf den Arm und ging mit mir an den Gartenzaun, da tauchte aus der Dunkelheit eine Schreckensgestalt auf! Sie sah einem Mann ähnlich, hatte aber auf dem Kopf einen fürchterlichen Federbusch, ihre Augen funkelten in der Dunkelheit wie brennende Glut, an ihrer Jacke saßen glänzende Knöpfe, und auf ihrer Schulter trug sie etwas, von dem ich fühlte, dass darin eine riesige Gefahr verborgen lag. Später hörte ich den Namen »Gewehr«. Ich fand dieses unheimliche Wesen sehr abstoßend und hoffte, dass Sophie mit mir fortlaufen würde. Aber zu meiner größten Überraschung tat Sophie wieder etwas vollkommen Sinnloses – woran ich schon gewöhnt war. Anstatt wegzulaufen, trat sie ganz nahe an den Zaun heran und duldete, dass die Schreckensgestalt ihr etwas mit einer fürchterlich tiefen Stimme zuflüsterte – dann umschlang er sie mit seinen Armen und drückte sie fest an sich. Ich war aber in Sophies Arm, und so drückte er zugleich auch mich an sich, was mir gar nicht gefiel, sondern mich anwiderte. Aber nicht genug damit! Er hatte einen riesigen Schnurrbart, dessen zwei »Zweige« wie spitzige Hörner aus seinem Gesicht hervorragten, und jetzt riss er Sophie ganz eng an sich und tat, als ob er sie beißen wollte. Ich erwartete, dass Sophie auf dieses Benehmen hin endlich weglaufen würde – aber nein, sie umfasste mit ihrem freien Arm den Hals der Schreckensgestalt, und als er sie beißen – oder essen – wollte, drehte sie ihr Gesicht nicht weg, sondern hielt ihm ihren Mund hin, und beide taten, als ob sie einander den Mund unbedingt wegessen wollten. Mich pressten sie derartig zusammen, dass ich kaum atmen konnte. Ich kämpfte mit aller Kraft, um mich der Schreckensgestalt so ferne als möglich zu halten, und versuchte, meine Nase frei zu bekommen. Seine Nähe war mir unaussprechlich unangenehm, er stank nach allerlei; besonders grässlich war ein gewisser bitterlicher Gestank an ihm, der mich sehr quälte. Die beiden kümmerten sich aber nicht im Geringsten um mich, sie pressten meinen Kopf derartig zusammen, dass ich den Herzschlag des Mannes hörte, und sie taten, als ob sie unbedingt einander in den Mund schlüpfen wollten. Ach! Diese Erwachsenen mit ihrem Getue! Ich beobachtete sie, dicht an sie gepresst, und konnte die artige, bescheidene Sophie nicht wiedererkennen. Sie war wie ein fremdes Wesen, das mein Stöhnen überhaupt nicht hörte. Da plötzlich ließ uns das Schreckenswesen los und verschwand in der Dunkelheit. Im nächsten Augenblick hörte ich die beruhigenden Stimmen von Mutter und Vater, und da tauchten sie auch schon mit heiteren, fröhlichen Gesichtern aus der Dunkelheit auf. Alle Leute aus der Nachbarschaft liefen zusammen und befragten Vater über die Entgleisung des Zuges. Sophie tat, als ob nichts geschehen wäre, und erzählte gar nicht, was für ein schreckliches Wesen sie soeben an sich gepresst hatte. Sie stand da mit sanftem, unschuldigem Gesicht. Das war mir wieder eine große Überraschung, aber ich kam nicht zum Nachgrübeln, denn Vater hatte uns aus der Stadt Bonbons mitgebracht, und es interessierte mich außerordentlich, ob ich dieselben bekommen würde wie Grete. Ich war zufrieden; er hatte für uns beide die genau gleichen Bonbons gebracht. Wie immer, so verdarb auch jetzt Mutter meine Freude, denn als ich alle Bonbons auf einmal in meinen Mund stecken wollte, nahm sie mir die Bonbons weg, gab mir nur eines und versprach, dass ich am anderen Tage immer nach dem Essen eins bekommen werde. Ach! Bin ich nur einmal erwachsen, dann werde ich so viel Bonbons gleichzeitig in den Mund stecken, wie es mir gefällt! Aber ich musste sie hergeben und schlafen gehen. Als mich Mutter ins Bett legte, fragte ich sie vor dem Gebet, denn nachher durfte ich nicht mehr sprechen:»Mutter, was ist das, was auf dem Kopf einen Federbusch trägt, an der Schulter etwas Sonderbares und dessen Knöpfe auch in der Dunkelheit glänzen – und, Mutter, der so schlecht riecht?«

Mutter schaute mich überrascht an und sagte:»Das sind Gendarmen.«

»Mutter«, fragte ich wieder,»essen diese Gendarmen Menschen?« Ich wollte wissen, ob er Sophie tatsächlich essen wollte, oder *was* hätte er *sonst* gewollt?

»Nein, nein«, antwortete Mutter lachend,»die geben auf die guten Menschen acht, fürchte dich nicht, er will dich nicht essen.«

Ich wollte sagen, dass er nicht mich, sondern Sophie essen wollte, aber Mutter küsste mich, deckte mich zu und sagte:»Schlaf jetzt schön, ich muss zu Vater.«

Ich blieb mit meinen Gedanken allein und dachte noch lange nach – so unverständlich war mir, was der Gendarm von Sophie haben wollte, und warum ließ sich Sophie so zusammenpressen, dass ich in die unangenehme Nähe des Gendarmen geraten musste? Was hatte das für einen Sinn? … Die ganze Sache hat mich, wie alles, was ich nicht verstehen konnte, beunruhigt, aber dann schlief ich ein. Am anderen Tag schien die Sonne herrlich, und als ich mein Bonbon bekommen hatte, gingen wir alle an das große Wasser, um zu baden und zu planschen. Dem Gendarmen begegneten wir auf dem Weg. Da sah ich beim Tageslicht, dass er ein freundlicher Erwachsener war, der mit Vater freundlich sprach. Nur konnte ich wieder nicht verstehen, warum er so tat, als ob er mich zum ersten Mal in seinem Leben gesehen hätte; dabei musste er doch wissen, was gestern geschehen war! Ich fürchtete mich aber noch immer vor seinem riesigen Schnurrbart und getraute mich nicht, etwas zu fragen …

Von diesem Sommer trage ich noch eine Erinnerung in mir, die sich tief eingeprägt hat. Eines Nachmittags – Vater war bei uns, und die Bauern saßen alle schön gekleidet vor ihren Häusern, so wusste ich, dass es Sonntag war – hörten wir Glocken läuten. Die Glocken tönten aber nicht so wie sonst, sondern als ob sie hinken würden und nicht aufhören wollten zu läuten … sie läuteten und läuteten … Das brachte das ganze Dorf aus seiner sonntäglichen Ruhe. Alle Menschen liefen an unserem Haus vorbei, in derselben Richtung. Vater und der Sohn der runzeligen Frau rannten auch weg, alle mit Kübeln und Äxten bewaffnet. Mutter und einige Frauen blieben bei uns, und die Frauen wiederholten ständig dieselben Worte:»O mein himmlischer Vater, verlass uns nicht, o mein himmlischer Vater, verlass uns nicht.« Mutter war auch sehr ernst und sagte uns:

»Wir wollen alle zusammen beten, damit Vater gesund zurückkommt.«

Ich fragte, wohin er gegangen sei und warum. Mutter sagte, dass im Dorf Feuer ausgebrochen sei und Vater das Feuer löschen helfe. Wir beteten, aber ich war sehr neugierig, was»Feuer im Dorf« bedeutete. – Eine Frau sagte, dass man vom Ende unseres Gartens sogar die»Flammenzungen« sehen könne. Ich wollte hin, aber Mutter erlaubte es mir nicht. Aber Grete durfte mit dem Sohn des Besitzers des gegenüberliegenden Spezereigeschäftes hingehen, um die Flammen zu sehen, was mich mit tiefer Bitterkeit erfüllte. Warum darf sie immer wieder solche Dinge tun, die ich nicht darf, nur weil sie drei Jahre älter ist? Wenn Feuer gefährlich ist, so ist es für sie genauso gefährlich wie für mich, auch wenn sie»drei Jahre älter« ist! – Oh, diese drei Jahre! Wie oft, wie oft werde ich das noch hören müssen, jedes Mal, wenn ich etwas nicht darf, was ihr schon erlaubt ist, oder wenn ich ihre Herrschaft nicht anerkennen und dulden will!

Spät abends kehrten zuerst einige Leute zurück, dann immer mehr, alle müde und erschöpft, und sprachen darüber, wie Vater mehrere Häuser gerettet habe, dass er mit Todesverachtung in die brennenden Häuser hineingestürzt sei, um Kinder oder Tiere zu retten, dass er unermüdlich führend beim Löschen gewesen sei und ihm alle gehorcht hätten. Mit seinen großartigen Ideen und seinem unerschütterlichen Mut habe er auch die Übrigen angespornt, so dass alle Außerordentliches geleistet hätten, bis endlich das Feuer eingegrenzt worden sei. Strahlend hörte Mutter zu, und als Vater mit dem Sohn der runzeligen Frau zuletzt auch nach Hause kam, warf sie sich in seine Arme:

»O mein lieber Robert, wie großartig bist du, in jeder Hinsicht so großartig!«

Vater lächelte schweigend, er war voller Ruß und zog sich schnell zurück, um sich zu waschen.

26

Dass Vater so ganz außergewöhnlich sei, fand ich natürlich. Der Begriff »Vater« war für mich der »große Herr«, der über jedem Menschen steht, und alle tun, was er will. Sein Wort ist Gesetz, und es ist selbstverständlich, dass er vollkommen ist. Sonst wäre er nicht der »große Herr«! Vater hat mich damals noch sehr wenig interessiert, er bedeutete einfach ein unerschütterliches Sicherheitsgefühl. Er war kein Problem, also beschäftigte ich mich nicht viel mit ihm. Nur wenn die ganze Familie – Vater, Mutter, Grete und ich – spazieren ging und er mit seiner mächtigen Hand die meine ergriff und mir über die Straße half, bemerkte ich, dass seine Hand eine gewaltige Kraft ausstrahlte und seine Nägel immer rein wie Schnee waren. So fand ich es auch selbstverständlich, dass Vater sich sofort vom Ruß reinigen wollte.

Der Sommer verging, und wir waren wieder zu Hause. Einmal fiel mir auf, dass Mutter, als sie mich für den Spaziergang zurechtmachte, mir eine Pelzmütze aufsetzte und einen dicken Mantel anzog. Die Luft war, als ob sie meine Haut beißen würde. Man sagte mir, dass es »kalt« sei. Meine Nase und meine Füße hatten das nicht gern. Aber es flogen weiße Flocken aus dem Himmel, und überall in den Geschäften standen rotgekleidete Sankt-Niklause mit weißen Bärten. Dann wieder kam eine Zeit, da setzte mir Mutter ein Strohhütchen auf und kleidete mich in einen leichten Mantel, überall blühten Blumen, und wir durften im Stadtwäldchen mit Ball und Reifen spielen.

Ich hätte zu dieser Zeit restlos glücklich sein können, wenn meine Mutter mein Leben nicht manchmal damit verbittert hätte, dass sie meine Nägel schnitt. Oh, davor hatte ich schon im Voraus Angst, wenn ich ahnte, dass jener Tag nahte. Meine Haut war unter dem Nagel so empfindlich, dass mir nach dem Schneiden jede Berührung, sogar die Berührung mit der Luft, solche Qualen verursachte, dass ich mit gespreizten Fingern im Zimmer brüllend herumlief und nicht duldete, dass etwas mich berührte. Ich könnte nicht sagen, dass es mir wehgetan hätte. Nein, das war kein Schmerz, sondern ein unerträgliches Gefühl. Als Mutter das zum ersten Mal bemerkte, wusste sie nicht, was mit mir geschehen sei. Sie dachte, sie hätte mich vielleicht unbemerkt geschnitten, und wollte meine Finger untersuchen. Ich schrie aber, wenn sie mich berührte, so dass sie erschrak und den Hausarzt fragte, was mit mir los sein könnte. Er erklärte, dass meine Nerven im Allgemeinen von einer Überempfindlichkeit seien, wie sie nur sehr, sehr selten vorkomme. Er riet meiner Mutter, nach dem Nägelstutzen meine Hände in lauwarmem Wasser zu baden und mich eine

Weile darin herumplanschen zu lassen. Das hat tatsächlich etwas geholfen, aber es dauerte noch viele Jahre, bis sich meine Haut so weit gekräftigt hatte, dass ich das Nägelabschneiden ohne diese unerträglichen Qualen ertragen konnte.

Meine liebe, zärtliche Mutter! Mit welch liebevollem Verständnis versuchtest du alle Schwierigkeiten, die diese Überempfindlichkeit verursachte, zu besiegen. Wenn du nicht mit deiner zärtlichen Liebe meine empfindlichen Nerven umgeben hättest, wäre ich schon als Kind gestorben. Nur mit deiner Hilfe konnte ich gesund aufwachsen und langsam und bewusst Widerstandskraft entwickeln. Das weiche Nest, das ihr, selbstloser Vater, und du, dich aufopfernde Mutter, uns geschaffen habt, setzte mich in den Stand, ein brauchbarer Mensch zu werden. Ihr habt mir geholfen, durch bewusst entwickelte Kräfte meine Empfindlichkeit im Gleichgewicht zu halten. Ich war damals noch ganz Kind und hatte keine Ahnung von meiner Empfindlichkeit. Ich beobachtete nur alles und wollte alles wissen, aber in Bezug auf meine Gesundheit tat ich alles, was du mir rietest. Ich hatte vollkommenes Vertrauen zu dir!

LÖWE UND LICHT

So vergingen einige Winter und Sommer. Einmal hörte ich, dass ich vier Jahre alt sei. Grete ging schon in die Schule, und ich lauschte mit größter Spannung, wie sie mir stolz aus der Fibel vorlas. Sie hatte auch eine Kinderzeitung und las mir daraus ebenfalls vor. War sie nicht zu Hause, quälte ich meine Großmutter, die Mutter meines Vaters, die seit einiger Zeit bei uns wohnte, dass sie mir vorlesen solle, denn ich war immer neugierig, was in der Geschichte weiter geschah. Überhaupt wollte ich immer zuhören, was mit Menschen geschah. Ich brannte vor Neugierde auf das Leben. Was da nicht alles geschehen konnte! Märchen gingen mir über alles!

Meinen Wunsch erfüllte die Schwester meiner Mutter, Tante Adi, die uns oft besuchte. Sie hatte ein hübsches Gesicht – sie war lieb und schön wie eine Katze. Ihre braunen Augen strahlten warm, und sie besaß auch einen eigenen Duft, wie ihn nur Menschen haben, die Liebe in sich tragen. Ich atmete diesen Liebesduft sehr gerne, spürte aber bei wenigen Menschen einen solchen. Wenn Tante Adi kam, rannten wir voll Freude auf sie zu, zogen ihr den Mantel aus, und unser erstes Wort war:»Tante Adi, erzähle!« Und sie erzählte uns die schönsten Märchen. Unermüdlich, immer neue und neue Märchen, die interessantesten, die ich je gehört und gelesen habe. Wenn ich krank war, kam Tante Adi und erzählte mir Märchen, und ich vergaß die Krankheit. Sie durfte nie aufhören, denn wenn sie ein Ende machen wollte, quälten wir sie so lange:»Tante Adi, und dann … was war dann?«, bis sie wieder weitererzählte. Doch wenn Tante Adi nach Hause musste, zu ihrer Mutter, zu meiner anderen Großmutter, die so wunderschön Klavier spielte, blieb ich mit Grete allein und schaute wieder zu, wie sie in einem Märchenbuch las. Ich wollte auch lesen können. Die Märchen in der Kinderzeitung und in den Märchenbüchern waren zwar lange nicht so schön wie die Märchen, die uns Tante Adi erzählte; aber immerhin waren es Märchen, und ich wollte sie kennen.

Ich begann, die Bücher, aus welchen Grete gelernt hatte, gründlich zu studieren. Ich schaute die verschiedenen Buchstaben lange an und wollte lesen. Ich wusste aber nicht, was sie bedeuteten.

Eines Nachts träumte ich wieder denselben Traum, der sich viele Nächte hindurch wiederholte und mich schon so oft gequält hatte, dass die ganze Familie bereits davon wusste: Ich laufe, ich renne mit aller Kraft auf einem Weg, denn ein Löwe rast hinter mir her und will mich packen und auffressen. Ich renne verzweifelt und keuchend auf ein kleines Haus zu, das am Ende des Weges steht. *In der offenen Türe steht eine Frau*, die nicht so aussieht wie meine jetzige Mutter, doch sie ist im Traum *meine Mutter*, die mich mit offenen Armen erwartet. Ich weiß: Wenn ich sie erreiche, hört die Macht des Löwen über mich auf, und ich bin gerettet. Jetzt ist er schon so nahe, dass ich seinen heißen Atem in meinem Nacken spüre – seine Haare berühren schon meinen Hals, bald hat er mich erreicht – ich laufe mit letzter Kraft, dann spüre ich plötzlich einen Stoß, ich schreie aus voller Kehle:»Mutter« – da erreiche ich sie und falle erschöpft in ihre Arme. Ich bin gerettet, der Löwe verschwindet, und ich erwache mit schrecklichem Herzklopfen, vor Angst und Entsetzen zitternd. Ohne Zögern springe ich auf, ziehe wie gewohnt meine Decke über den Rücken, und so, wie ich bin, im Nachthemd und barfuß, renne ich ins Schlafzimmer meiner Eltern, krieche ganz rasch neben meine Mutter ins Bett, unter ihre Decke. – Oh, dieser gesegnete Duft, die Ruhe und Sicherheit, die mich hier wie lauwarmes Wasser überfluten! Mutter umarmt mich und fragt:

»Wieder der Traum? – Wieder der Löwe?«

»Ja«, antworte ich, und in ihrer Nähe beruhigt sich plötzlich mein Herz, und ich schlafe ruhig ein…

Am anderen Tag wache ich im Bett meiner Mutter auf. Sie ist nicht mehr da, aber ihr Nachthemd liegt da, und ich stecke rasch meine Nase hinein, um den gesegneten Duft meiner Mutter einzuatmen. Vater liegt im anderen Bett nebenan und liest die Zeitung. Dann ist es also Sonntag, denke ich bei mir. Mutter kommt herein und fängt mit Vater zu sprechen an. Vater legt die Zeitung beiseite, gerade dorthin, wo ich liege. Ich nehme sie, und forschend betrachte ich wieder die Buchstaben – diese schwarzen, geheimnisvollen Linien auf dem weißen Papier. Was bedeuten sie nur?

»Vater«, frage ich, »sage mir, was bedeuten diese Buchstaben?«

»Schau«, antwortet Vater, »das ist ein K, das ist ein L, das ist ein E, das ist ein I, das ist ein N, das ist ein E.«

»Und das da?«

»Das«, sagt Vater, »ist ein I, das ein N, das ein S, das ein E, das ein R, das ein A und das ein T.« Ich schaue auf die Buchstaben, und auf einmal schiebt sich etwas vor meinen Augen wie ein Schleier weg, und plötzlich strömt in meinem Kopf ein Licht – Ein Licht!!! Und die Buchstaben eröffnen ihre Bedeutung, und ich lese aufgeregt und mit maßloser Freude. »Vater! – Vater! Das ist also ›Kleine Inserate‹, nicht wahr?!«

Mutter bleibt stehen, dann kommt sie zu mir, drückt mich in ihre Arme, küsst mich und sagt auch ganz aufgeregt und freudig: »Du kannst ja lesen!«

Vater gratuliert mir wie einem Erwachsenen, was mich ein bisschen in Verlegenheit bringt, dann läuft auch Grete herein, und sie ist auch erfreut, weil ich lesen kann. Bald sprechen alle im Haus davon, zu Mittag kommt Tante Adi, sie muss auch sofort davon hören. Ja! Ich kann lesen, die Buchstaben sind keine Geheimnisse mehr für mich, ich kann in sie hineinschauen. *Ich kann lesen!!!*

Und so fängt eine neue Epoche an. Alles, was Buchstabe ist, lese ich. Ich will wissen, wissen, *wissen*!!! Ich lese alles, was nur lesbar ist. Märchenbücher, Kinderzeitungen, Schulbücher von Grete, Kalender, Zeitungen, die auf Vaters Schreibtisch liegen, ein Heft, das ein Mann dem Stubenmädchen bringt und in dem ich über »Küssen«, über »Liebe«, über geheime »Rendezvous«, schließlich über »Töten«, »Mordtaten« und »Leichen« lese; und als ich dann von Mutter über diese unverständlichen und beängstigenden Dinge Erklärungen verlange, reißt sie mir das Heft verzweifelt aus der Hand und »Um Gottes willen, woher hast du das?« schreiend, läuft sie in die Küche und verbietet dem Mädchen, mir nochmals solche Hefte zu geben. Ach, wie schade! – So weiß ich noch heute nicht, was aus der schönen Gräfin geworden ist, die eine finstere Gestalt in der Nacht geraubt und mit Pferdewechsel weit weggeschleppt hat…

So musste ich die traurige Erfahrung machen, dass, wenn mich etwas von ganzem Herzen interessierte, es meiner Mutter nie gefiel, und langsam entwickelte sich in mir die Überzeugung, dass es viel besser war, mit den Erwachsenen nicht über die interessanten Dinge zu sprechen, da es immer schief ging. Höchstens, nur selten, wenn ich mit den Dienstboten allein bleiben konnte, fragte ich diese aus. Die waren irgendwie in meiner Macht – das fühlte ich. Wenn sie mir über etwas Auskunft gaben, getrauten sie sich nachher nicht mehr, es Mutter auszuschwatzen, denn sie wären die ersten gewesen, die dafür Vorwürfe bekommen hätten.

MEINE ELTERN
SIND NICHT »MEINE« ELTERN

Ich war ungefähr fünf Jahre alt, als Vater einmal beim Mittagstisch über den »Direktor« sprach. Mich interessierte immer alles, worüber sich die Erwachsenen unterhielten, und so fragte ich gleich:

»Vater, wer ist dieser Direktor?«

»Der Direktor ist der Höchste im Büro. Alle Übrigen müssen tun, was er will. Er leitet das ganze Büro.«

»Vater, aber du musst ihm nicht gehorchen? Er ist nicht höher als du, nicht wahr?«

»Doch«, antwortete Vater, »ich bin noch kein Direktor, vorläufig, und so muss ich tun, was er will«. Und Vater erklärte mir, was ein Direktor oder ein Chef sei.

Nein! Ich wollte meinen Ohren nicht trauen. Ein Direktor, der über Vater steht? Wie war das möglich? Meine selbstverständliche Überzeugung war bisher, dass das Wort »Vater« den »Großen Herrn« über alles bedeute. Er verfügt über alle Menschen im Land, über alle Schätze des Reiches, sein Wort ist Gesetz, kein Mensch getraut sich, gegen ihn zu sprechen, nur »*Er*« ist der einzige, den Vater manchmal um Rat bittet, oder er bespricht die Angelegenheiten des Landes mit »*Ihm*« – aber das ist ganz etwas anderes! »*Er*« ist nicht das, was man einen *Menschen* nennt. Vater steht über allen Menschen, wie könnte er einen Direktor haben, der über ihm steht?

Ich schaute Vater jetzt vielleicht zum ersten Mal mit größter Aufmerksamkeit an. Wie ich ihn ganz gründlich anschaute und beobachtete, dämmerte es mir plötzlich, dass dieser Mensch, den ich sonst sehr liebte, nicht »mein Vater« sei.

Seit ich in dieser Umgebung zum Bewusstsein erwacht bin, habe ich mich daran gewöhnt, dass ich hier bin, dass die schöne blonde fremde Frau die Mutter ist, der große mächtige schwarze Mann der Vater – ja, *hier* ist er der Vater – er ist aber nicht *mein* Vater! In *meinem Heim* ist er nicht mein Vater, nur hier, wo ich jetzt bin! Er ist mir im Grunde genommen genauso fremd wie die fremde schöne Frau – Mutter, ich habe mich an sie beide nur langsam gewöhnt. Sie sind angenehme Menschen, sie lieben mich, ich bin ihnen wichtig, und ich habe sie zu dieser Zeit schon ausgesprochen lieb gewonnen. Aber sie sind doch nicht meine Mutter und mein Vater. Ich habe sie nur aus Gewohnheit »Mutter« und »Vater« genannt! Ich hatte bisher die Lage nicht gründlich überdacht. Ich nahm alles so, wie es war, da ich mich unter diesen Menschen wohl fühlte. Sie verliehen mir Sicherheit, sie hatten Freude an mir, alles, was ich tat, fanden sie höchst merkwürdig, reizend und herzig. Warum hätte ich mich also in ihrer Umgebung nicht wohl fühlen sollen? Sogar mit Grete konnte ich manchmal ganz gut spielen, wenn sie momentan vergaß, dass sie über mir stand, weil sie »drei Jahre älter« war als ich. Ja, es war alles gut. Onkel Stefi kam oft, spielte sehr schön Klavier und zeigte mir höchst anziehende Dinge. Er blies Seifenblasen für mich und fabrizierte mit seinem Taschenmesser aus einer Nussschale eine kleine Klapper, dann machte er mir ein Schweinchen aus Zwetschgen und Zahnstochern, und einmal brachte er eine Blechschachtel voll wunderschöner Farben und einen Pinsel dazu. Ich durfte schöne farbige Blumen in ein Heft malen, das *nur mir* gehörte, und musste diesmal nicht mit Grete teilen! Tante Adi war reizend mit ihren vielen Späßen und Märchen. Großmutter – die Mutter meiner Mutter – liebte ich auch sehr, sie war so sanft, so fein und lächelte mich immer mit viel Liebe an. Wenn sie sich ans Klavier setzte, war es ein Feiertag. Sie entzückte mich mit himmlischer Musik, und ich hörte bezaubert zu. Hier war ich mit meiner lieben, zärtlichen Mutter vollkommen einig; sie liebte die Musik genauso wie ich über alles. – Meine andere Großmutter war eine höchst interessante Frau. Sie erzählte mir oft von ihren vielen Reisen in fremden Ländern und nahm mich öfters ins Nationalmuseum mit. Dort sah ich dann prächtige Dinge. Wunderschöne riesige farbige Schmetterlinge, die – wie sie sagte – auf einem anderen Teil unserer Erde lebten – eigentümlicherweise kannte ich sie gut, dann einige ausgestopfte Riesentiere, die mich zuerst sehr erschreckten, aber Großmutter beruhigte mich.

Ich hatte es auch gerne, wenn die ganze Familie über alles, was ich tat und was mir selbstverständlich war, äußerst überrascht und entzückt war und die Verwandtschaft über meine »Talente« sprach. Als ich vier Jahre alt war, zeigte mir Mutter, wie man mit einer gekrümmten Nadel »häkeln« könne. Da häkelte ich ein Röckchen für meine Puppe, die immer in ihrem Sesselchen saß, weil ich mit ihr nichts anfangen konnte. Sie war leblos, und mich zog nur an, was lebte. Das Röckchen rief eine solche Sensation in der

Familie hervor, dass ich wirklich verwundert war. Wenn Mutter so schöne Spitzen häkeln kann, warum ist dann bewundernswert, dass ich auch häkeln kann? – Meine farbigen Blumen, die ich in das Heft gemalt hatte, begeisterten die ganze Familie derartig, dass ich von Vater eine Sparbüchse in Form eines Schweinchens bekam, und sooft ich ein schönes Blümlein gemalt hatte, warf er ein silbernes Geldstück in das Schweinchen. Ach, das alles war so angenehm...

Aber nun kam diese schreckliche Überraschung! Dass über Vater ein Vorgesetzter stand!

Es wurde mir in diesem Moment vollkommen bewusst, dass ich *hier*, in *dieser* Umgebung, war und ich dies *hier* »*zu Hause*« nannte und doch *nicht hier zu Hause* war – hier war ich nicht in *meinem Heim*! Das war meine unerschütterliche Überzeugung.

Hätte ich damals meine heutigen psychologischen Erfahrungen gehabt, so hätte ich sofort analysiert, woher ich – ein Kind – eine solche Auffassung haben konnte. Ich war aber eben noch ein Kind, das alles unmittelbar erlebte, und hatte die feste Überzeugung, dass man mich aus meinem Heim mit Gewalt weggeschleppt habe. Ich wusste eben nichts davon, woher ich kam, weil ich inzwischen alles vergessen hatte. Wer konnte mir darüber Aufklärung geben? Nur die zwei Menschen, die mich ihr Kind nannten! Ich wusste aber, dass, wenn ich Fragen stellte, sie mir nur wieder so eine echte »Erwachsenen-Antwort« geben würden, die ich nicht zu verstehen vermochte. Und das Ende vom Lied wäre wieder: »Warte, bis du groß sein wirst.« Oh, wie ich das hasste! Warten, bis ich groß sein würde?! Wozu noch diese Zeit in der Dunkelheit, im Unbekannten? Ich wollte *jetzt* alles wissen und nicht »einmal«!

So grübelte ich über diese Frage nach, bis es Abend wurde und ich schlafen gehen musste. Mutter kam an mein Bett, setzte sich zu mir und fragte: »Warum bist du so still, warum hast du wieder nicht mit deiner Puppe gespielt, sondern bist in der ganzen Wohnung herumgewandert und hast über etwas nachgedacht? Was ist mit dir, sage es mir doch. Mir kannst du alles erzählen, frage nur schön.«

Oh, jetzt liebte ich sie von ganzem Herzen, mit vollem Vertrauen. Sie war zart, lieb und schön. Ich erfuhr öfters, dass sie immer für mich einstand, wenn jemand mich tadelte. Ich konnte immer zu ihr laufen, bei ihr fand ich sichere Zuflucht. Jetzt waren wir so vertraulich beieinander, und ich glaubte, dass ich alles mit ihr besprechen könne. Ich schlang meine Arme um ihren Hals und fragte:

34

»Mutter, wo habt ihr mich hergebracht, woher kam ich hierher, zu euch?«

In ihren Augen sah ich zuerst eine kleine Überraschung, sie war sogar ein bisschen erschrocken, aber dann lächelte sie liebevoll und sagte: »Es gibt einen großen See, wo alle kleinen Kinder herumschwimmen; wenn dann zwei Menschen einander lieb haben und zu Gott beten, um ein kleines Kindchen zu bekommen, so erlaubt Gott, dass sein Diener, ein großer Storch, zum See fliegt und das Kindchen, das Gott für die zwei Menschen ausgewählt hat, aus dem See heraus fischt, auf seinen Rücken nimmt und mit ihm zu den zwei Menschen fliegt. Dann nimmt er das Kindchen in seinen Schnabel und legt es neben die Frau. So bekommt das Kindchen irdische Eltern, und so wird aus ihm ein irdisches Kind.«

Zuerst hörte ich ihr mit großer Spannung zu, aber dann wusste ich genau, dass sie gerade so etwas »erzählte« wie Tante Adi in ihren Märchen. – Nein! – Das war nicht die Wirklichkeit! Sie wollte mir die Wahrheit, *wie* und *wo* sie und Vater mich gefunden hatten, nicht sagen. Ich war enttäuscht und schaute forschend in ihre Augen. Sie redete mir zu, ich solle schön das Gebet sagen, das sie mir immer vorsprach, dann wünschte sie Gute Nacht und ging. – Ich blieb allein.

Von nun an wurde mir mehr und mehr bewusst, dass Vater und Mutter nicht meine wahren Eltern waren und meine Heimat nicht dieses Land war. Ich wusste, dass Mutter mich nicht kannte; ich wusste, dass sie mich nicht *sah*. Ich war und blieb fremd für sie, und alle diese Menschen in meiner Umgebung kamen mir gänzlich fremd vor. Wir verstanden uns gegenseitig nicht. Wenn ich mit Mutter über Dinge, die mir selbstverständlich waren, sprach, war sie oft so erstaunt, so überrascht, dass sie zu meinem Vater lief und ihm berichtete, was für eigentümliche Dinge ich sagte. Vater war auch überrascht. Ich sah, dass diese Dinge für sie beide neu waren, gänzlich fremd, und später erzählten sie meine Bemerkungen auch der ganzen Verwandtschaft, und dann lachten alle über mich. »Was für ein sonderbares Kind!«, hörte ich immer wieder. Ich selbst fand mich aber gar nicht sonderbar, sondern eher jene Leute, und fühlte mich unter ihnen – wenn ich sie auch liebte – gänzlich fremd. Ich fand alles zu klein, beschränkt und farblos. Ich trug tief in meinem Unterbewusstsein die Überzeugung, dass nur »*Er*« mich *vollkommen* verstehen konnte, und ich hätte gerne in viel größeren Räumen, viel freier und unter solchen Menschen gelebt, die mir wenigstens ähnlich gewesen wären.

Dieses Gefühl, dass ich fremd und allein war, verließ mich nie mehr in meinem Leben, sondern wurde mir immer bewusster. Ich versuchte, irgendeinen Kontakt zu finden, aber umsonst. – Mutter sprach schön über die geschwisterliche Liebe. »Es ist schön, wenn man eine Schwester hat, mit der man alles besprechen kann und zu der man vollkommenes Vertrauen haben kann«, sagte sie. Ich entschloss mich, mit Grete ein solches Verhältnis zu schaffen. Sie war aber nicht vertrauenswürdig, sie schaute auf mich herab, weil sie »drei Jahre älter war«, und wenn ich ihr etwas Vertrauliches erzählte, rannte sie sofort zu Mutter und erzählte ihr meine kleinen Geheimnisse. So blieb meine geschwisterliche Umwerbung ganz einseitig. Ich verzichtete schließlich auf jede weitere Kontaktaufnahme, und wir lebten nebeneinander wie zwei Wesen, die aus zwei verschiedenen Welten zusammengekommen waren. Alle waren mir fremd ... fremd ... alle.

Die Zeit lief mit Meilenschritten, ich wurde sechs Jahre alt, und eines schönen Tages führte mich Mutter in die Schule. Ich geriet unter viele Kinder, und das Gefühl, dass ich allein und fremd sei, wurde in mir noch stärker. In meiner Familie liebten mich alle, und ich liebte sie auch. Da herrschte über alles die Liebe, alles andere kam nachher. Darum fühlte ich mich auch in dieser Umgebung wohl. An diese Menschen hatte ich mich schon allmählich gewöhnt. Aber die Schulkinder waren mir völlig fremd. Sie verstanden einander sehr gut, ich aber war unter ihnen wie ein kleines Wunderding. Die Kinder verwunderten sich ständig über mich und ich mich über sie. Sie lachten mich aus – das tat mir sehr weh. Sie sprachen immer darüber, was sie alles hatten, was sie besaßen, und zeigten einander die verschiedensten Dinge, wie Federn, Bleistifte oder Radiergummis, und alle wollten das haben und zeigen, was die Übrigen nicht hatten. Mir war das schrecklich langweilig und lächerlich. Mich fesselten Bücher, Märchen, Musik und Museen. Darüber machten die Kinder große Augen, sie stellten mir sehr seltsame Fragen. Sie spielten mit Puppen, mit dem Ball und Reifen, ich spielte mit einem Glasprisma, das prachtvolle Farben zeigte, mit einem Magnet, den Onkel Toni, der andere Bruder meiner Mutter, mir brachte. Das war so geheimnisvoll! Der Magnet riss alle Stecknadeln meiner Mutter an sich, dann wurde die Schere auch magnetisch, und Mutter musste die Stecknadeln mit Gewalt von der Schere fernhalten, sonst sprangen sie alle auf sie los ... Ja, ich wollte wissen, was für eine Kraft im Magnet verborgen lag, und schließlich dachte ich, dass der Magnet die Stecknadel sicherlich ebenso liebte wie meine Mutter uns und ich genauso an ihren Hals sprang wie die Stecknadeln auf den Magneten. Das fand ich riesig interessant und großartig! Die Kinder lachten mich aber aus. Ich war allein ... allein.

Im Winter begann ich, Klavierstunden zu nehmen. Wenn ich die verschiedenen Musikstücke spielte, hatte ich das Gefühl, dass in der Musik genau solche Figuren steckten wie diejenigen, welche Onkel Toni aus Kartonpapier verfertigte. Er nannte sie »geometrische Figuren«. Ich spielte ein Klavierstück, aus welchem lauter kleine Würfelchen herausgeschleudert wurden. Dann gab es ein anderes Musikstück, das überall spitzig war, und auf diesen Spitzen sprangen kleine Kugeln hoch. Wenn ich mit Mutter im Stadtwäldchen spazieren ging, bewunderte ich den großen Springbrunnen, weil ich im Hauptstrahl des Springbrunnens tanzende, sich drehende, hüpfende Feen und Gnomen sah. Und ich sah, dass der Tanz des Wassers im Springbrunnen *auch Musik ist.* Ich hörte diese Musik nicht mit meinen Ohren, nein, *ich sah sie.* Ich *wusste,* dass das Musik ist. Mir war das alles natürlich! Aber die Kinder in der Schule lachten mich aus, wenn ich darüber sprach, und sagten, dass ich »dumm« sei. Ich wusste nicht weshalb. Doch als ich das erste Mal andere Kinder in der Musikschule spielen hörte, wurde ich vor Erstaunen starr. Wie? – Hörten sie nicht, dass sie die geometrischen Figuren, die in der Musik steckten, verletzten? – Die Lehrerin sagte:»Sie spielen nicht im Rhythmus.« Als ob ihr Herz nicht im Rhythmus schlagen würde. Hörten sie auch nicht, wenn sie »falsch« spielten? Huch! Es war schrecklich, wenn sie daneben schlugen – ich wollte immer aufschreien, es tat weh –, und sie bemerkten es nicht einmal?! – Da schaute ich diese Kinder neugierig an und dachte mir:»Haben sie keine Ohren? Wie ist das möglich? Sind die übrigen Kinder nicht so wie ich?« Ich dachte, dass jedes Kind und jeder Mensch so sehen und hören würde wie ich ... Langsam musste ich aber erfahren, dass die meisten Kinder und Menschen *ganz andere* Augen und Ohren hatten und mich deshalb wie ein Wundertier betrachteten.

Und ich blieb allein – immer mehr allein.

SONNENAUFGANG IST GANZ ANDERS!

Im Frühling war ich sehr blass, und bei Tisch hatte ich ständige Qualen. Die besten Speisen schmeckten mir nicht, das Essen schmeckte nicht, und Mutter wollte mich überreden, etwas zu essen. Aber wenn ich nicht konnte? Die Suppe beschäftigte mich nur insofern, als ich aus den Fettaugen, die auf der Fleischsuppe schwammen, mit dem Löffel einen großen Kreis machen wollte. Zuerst vereinigte ich zwei ganz kleine Fettaugen, dann noch eines dazu und noch eines, bis ich einen ganz großen Fettkreis auf der Suppe hatte. Meine Eltern würdigten aber meinen Eifer nicht, und Vater schickte mich einige Male vom Tisch, weil ich unfolgsam war und, anstatt zu essen, mit den Fettkreisen spielte und auch die Karotten und den Spinat nicht essen wollte. Als Vater sah, dass mich die Strafe überhaupt nicht berührte, sondern ich mich im Kinderzimmer sofort in meine lieben Bücher vertiefte, entschloss er sich, auf ärztlichen Rat, den Sommer mit der ganzen Familie am Meer zu verbringen. Gleich nach unseren Schulprüfungen fuhren wir.

Wir reisten in der Nacht, und Mutter hatte für uns Kinder aus Decken behagliche Schlafplätze hergerichtet. Ich schlief ein, aber die ungewohnte Umgebung weckte mich schon vor der Morgendämmerung. Vater und Grete schliefen noch, aber Mutter war wach, und ich bat sie, neben dem Fenster sitzen zu dürfen. Ich hatte schon so oft von der Schönheit des Sonnenaufganges gehört, dass ich jetzt die Gelegenheit nützen wollte, ihn zu erleben.

Es war noch ganz dunkel, ich saß am Fenster, steckte meinen Kopf hinter den Vorhang und guckte hinaus. Die Sonne kam noch nicht, aber der Himmel färbte sich langsam … Es wurde immer heller, es herrschte jedoch noch immer eine fahle, graue Farbe. Langsam wurde es ganz hell, ich sah, wie der Zug an wechselnden Landschaften vorbeisauste, die Häuser, die Menschen auf den Feldern, die Pferde und Kühe, die Bäume und alles andere … doch die Sonne war noch immer nicht da! Wie kann es hell sein,

wenn die Sonne noch nicht aufgegangen ist? Das war mir eine große Überraschung, aber es war doch so! Dann, als es schon beinahe taghell war,
erschien am Horizont die Sonne … Endlich brach sie hervor und mit ihr
ein schönes Purpurrot, das ich bisher vergebens erwartet hatte. Diese Farbe
war aber viel blasser – wie verdünnt –, anders, als ich es erwartet hatte. Was
für eine Enttäuschung! Sonnenaufgang ist doch nicht so!

Unterdessen wachten alle im Coupé auf, und Vater fragte:»Wie hat dir
der Sonnenaufgang gefallen? Du hast ihn jetzt das erste Mal in deinem
Leben gesehen. Nicht wahr, es ist wunderbar?«, und schaute lächelnd auf
mich.

»Nein, Vater«, antwortete ich enttäuscht und böse,»es war gar nicht
schön! Sonnenaufgang sollte nicht so sein! Das war langweilig, dauerte
zu lange, und das Ganze war verdorben, denn der Himmel war schon
viel früher hell – aber wie hässlich farblos hell –, als die Sonne endlich
erschien. Nein! Es war gar nicht schön! Sonnenaufgang ist ganz anders!
Ganz anders!« Und ich schaute böse vor mich her.

Vater hörte mir zu, wie so oft, geduldig und mit großer Aufmerksamkeit. In seinen schwarz-glühenden schönen Augen sah ich das Interesse
und den wohlbekannten, etwas spöttisch-erstaunten, aber dennoch liebevollen Ausdruck:»Was du nicht sagst! Der Sonnenaufgang soll anders
sein? Du bist mit dem Sonnenaufgang nicht zufrieden? Das ist wirklich
schön, dass du kleiner Knirps mit den Vorgängen der Natur unzufrieden
bist und ihr vorschreiben willst, wie die Sonne aufzugehen hat. Woher
willst du wissen, wie der Sonnenaufgang sein soll, wenn du noch nie Gelegenheit gehabt hast, einen solchen zu sehen? Nun, das sage mir!« Er
schaute auf mich und wartete auf meine Antwort. Ich blickte ihn an und
sagte:»Ich weiß nicht, *woher* ich das weiß und *wo* ich den Sonnenaufgang schon erlebt habe, aber *ich weiß*, dass es nicht so sein soll! Die Sonne soll im vollkommen finsteren Himmel emporsteigen, und dann soll *auf
einmal, ganz plötzlich alles hell werden, aber nicht so fahl, langweilig,
grau, sondern alles soll rot sein, purpurrot, der ganze Himmel und alles
auf der Erde muss rot überflutet sein.* Es muss viel, viel schöner, überra-
schender und erhabener sein. Ich weiß … ich *erinnere mich*!«

»Hm«, sagte darauf Vater,»du erinnerst dich?«, und lächelte liebevoll
spöttisch,»deine Fantasie arbeitet sehr lebhaft.« Dann nahm er die von
Mutter gereichte Tasse Kaffee, trank davon und wendete sich nochmals
an mich:

»Also, es tut mir wirklich sehr leid, dass du mit dem Sonnenaufgang nicht zufrieden warst – dabei ist heute ganz klares Wetter, und schöner und farbiger hätte er überhaupt nicht sein können. Aber ich kann dir nicht helfen. Da bin ich machtlos.«

Ich antwortete nicht – ich war böse –, es ärgerte mich nicht nur die Enttäuschung über den Sonnenaufgang, sondern dazu noch, dass Vater – da ich ganz genau *wusste*, dass ich mich erinnerte, ja, ich erinnerte mich! – sagte, dass »meine Fantasie stark arbeite«. Fantasie ist etwas ganz anderes. Wenn ich mir etwas ausdenke, das ist Fantasie. Aber Sonnenaufgang, *den richtigen*, wie er sein *soll*, habe ich mir nicht *ausgedacht*! Das lebte tief eingeprägt in mir, noch stärker, als ich mich z. B. an den gestrigen Tag erinnerte und an alles, was tatsächlich geschehen war. Ich war böse, und wie! Immer, wenn ich hilflos sah, dass ich etwas, was ich ganz genau wusste, nicht beweisen konnte. Ich starrte trotzig vor mich hin, bis auf einmal alle Leute sich auf den Korridor drängten und Vater uns rasch zurief:»Das Meer, Kinder, kommt rasch heraus, hier ist das Meer!«

Wir stürzten ans Korridorfenster, und da lag, weit unten, das große Wasser, das Meer – oh, mein heiß geliebtes Meer!

Der Zug raste hoch oben am Berg hin, und unten, in einer Bucht, lag das Meer. Ich fühlte eine schreckliche Aufregung und ein Glücksgefühl, denn ich wusste genau, dass ich das Meer kannte – dass ich es *nicht das erste Mal sah*. Ich fand das einfach selbstverständlich und dachte gar nicht daran, wie mein Gefühl möglich sei. Ich schaute wortlos hinunter, und in meinem Herzen sang eine fröhliche Stimme:»Meer, mein liebes, ewig gleiches, alles verstehendes, alles miterlebendes und alles überlebendes Meer! Meer, mein lieber Freund, der du mir so oft zugehört hast, meine Schmerzen, Leiden und Freuden verstanden hast und mich, mit deiner Unendlichkeit und Ewigkeit, über alles Menschliche erhoben und getröstet hast. Du bist hier – du bist wieder hier – du bist immer hier, unverändert, und ich kann wieder in deine Tiefe schauen, deinen Wellen zuhören, wie sie von der Ewigkeit erzählen …«

Vater berührte meine Schulter und fragte:

»Wie gefällt dir das Meer? Bist du mit dem Meer zufrieden, oder sollte das Meer auch irgendwie anders sein?«

»Nein, Vater«, erwiderte ich, »das Meer ist so, wie es sein soll, aber das Ufer? Warum ist da überall Ufer? Das Meer soll unendlich sein, man soll kein anderes Ufer sehen.«

»Ja«, sagte Vater, »das wirst du erleben, wenn wir hinunterfahren. Hier ist eine Bucht, und darum sieht es so aus, als ob das Meer auf jeder Seite

Ufer hätte. Aber unten ist das Meer uferlos, dort ist nur offenes Meer zu sehen.«

Ich war beruhigt. Der prachtvolle Anblick begeisterte mich, und genauso begeistert war meine Schwester. Endlich fanden wir etwas, wo wir einander vollkommen verstehen konnten. Sie genoss das Meer ebenso wie ich, und als wir später zwischen den Felsen Muscheln und Krebse suchten, waren wir in jeder Hinsicht die besten Freunde.

Wir waren alle in diesem Badeort sehr glücklich. Vater war fröhlich, und das wirkte auch auf uns sehr aufmunternd. Mutter strahlte, denn sie konnte den ganzen Tag ununterbrochen mit Vater zusammen sein.

Eines Tages gingen wir in eine kleine Kirche, die in einem schönen Garten, umgeben von Zypressen, stand. Mutter kniete und betete lange andächtig. Vater stand neben ihr und war ernst. Grete kniete und betete auch. Ich wollte auch andachtsvoll sein, aber es gelang mir nicht. Ich kniete nicht, weil ich danach gar kein Verlangen empfand. *Ich wollte nie meine Knie vor sichtbaren Formen beugen!* Nur darum niederknien, weil die Übrigen es auch so tun? Nein, das nicht! Nur aus »Artig-sein-wollen«? Nein! Das braucht Gott nicht; Gott sieht, dass das nicht aufrichtig wäre. Nein, ich kniete nicht und beobachtete die übrigen Menschen, wie sie beteten …

Nach einiger Zeit, als ich mich schon sehr gelangweilt hatte, berührte Vater die Schulter meiner Mutter. Sie stand auf, und wir gingen alle. Draußen badete die ganze Gegend im Sonnenlicht. Ich sprang lustig umher und fühlte Gott im Sonnenschein viel näher als in der kalten Kirche!

Am Abend, als Mutter mit mir betete, fragte ich sie: »Mutter, weswegen hast du in der Kirche so andächtig gebetet?«

»Ich betete, dass, wenn Gott wieder ein Kindchen schicken will, es ein Brüderchen sein möge.«

Ich blieb stumm. Ein Brüderchen? Vielleicht werde ich in ihm einen guten Freund finden? Gut! Das wäre schön. Dann verstehe ich, dass Mutter niederkniete und so versunken betete. Eines Kindes wegen … das hatte einen Sinn!

Im Winter erwachte ich eines Nachts. Aus dem Schlafzimmer meiner Eltern hörte ich seltsame Laute. Es war das Geschrei eines Wickelkindes. Im nächsten Augenblick erschien Vater ganz angekleidet und fragte:

»Seid ihr wach?«

»Ja, Vater«, sagten Grete und ich.

»Es ist etwas sehr Freudiges geschehen! Gott schickte euch einen kleinen Bruder.«

41

Ach! Das war sehr aufregend, und ich wollte den Bruder sofort anschauen, aber Vater sagte, ich solle geduldig bis zum Morgen warten, sie würden mir dann das Kind zeigen. Vater war sehr seltsam. Er lächelte sanft und weich, sprach feierlich leise und zärtlich, und ich getraute mich nicht, ihm zu widersprechen.

Am Morgen kam meine Großmutter mütterlicherseits herein, half mir, mich anzuziehen, und wir gingen ins Schlafzimmer meiner Eltern. Dort lagen meine Mutter und in ihrem Arm im Kissen ein kleines Kind mit schwarzen Haaren. Ich schaute es aufmerksam an und bemerkte, dass an seinen kleinen Ohren lange, sehr feine Haarbüschel waren, wie bei einem kleinen Affen. Ich durfte, da ich frisch gewaschen war, sein kleines Fäustchen streicheln. Alle schauten mich an, und alle waren so feierlich … so still …

Von nun an waren wir drei Kinder in der Familie, und ich blieb noch mehr allein.

ICH WILL WEG!

In diesen Tagen lernte ich die Schwester meines Vaters, Tante Raphaela, kennen. Sie wohnte mit ihrem Mann, Onkel Ferdinand, in einer anderen Stadt. Jetzt kamen sie, um das neugeborene Kind zu besuchen. Ich bewunderte erstaunt diese außergewöhnliche, königlich schöne Frau. Sie war hochgewachsen wie Vater, ihre Gestalt war wie die einer griechischen Göttin, dazu ein klassisch schönes, edles, immer unbewegtes, leuchtend helles Gesicht, gekrönt von ebenholzschwarzem Haar. Sie hatte auch solche glühend schwarzen Augen wie Vater. Ihre Bewegungen waren majestätisch, würdig und doch voller Charme. Sie war die Verkörperung all dessen, was man schön und vornehm nennt. Ich liebte sie vom ersten Augenblick an, und sie liebte mich auch und nahm mich öfters mit, wenn sie einkaufen ging. Ihr Mann war ein sehr weiser, lieber Mensch. Wir verstanden einander von Anfang an. Ich freute mich, als ich hörte, dass wir im Sommer nach einem Kurort in den Bergen fahren würden, ganz nahe dem Ort, wo Onkel Ferdinand und Tante Raphaela mit ihren Kindern lebten.

Der Sommer war schön, ich durfte oft mit Vater und Onkel Ferdinand in den Bergen wandern. Oh, wie schön waren die Wälder, die Bergwiesen, und wie wunderbar war es, auf einer Bergkuppe anzulangen und von oben auf die ganze Gegend, auf Stadt und Dörfer mit ihren winzigen Häuschen hinunterzuschauen. Ja, *da* war ich glücklich! Aber unten im Familienkreis desto weniger. Grete war ganz anders als ich, sie wollte immer etwas anderes spielen als ich, und Mutter beschäftigte sich mit dem kleinen Bruder. Sie machte mit mir keine Handarbeit mehr, sie hatte keine Zeit, auf meine ewigen Fragen zu antworten. Das Gefühl des Alleinseins steigerte sich in solchem Maß, dass ich mich langsam von den übrigen ganz absonderte und nichts mitmachen wollte. Die Ansicht meiner Mutter war aber, dass ich einfach unfolgsam sei.

Eines Abends, als wir schlafen gehen sollten, machte mir Mutter Vorwürfe, dass ich so spät aus dem Garten kam und nicht schlafen gehen wollte. Ich wurde trotzig und antwortete nichts. Aber als Mutter mir weitere Vorwürfe machte und mich ein unfolgsames Kind nannte, wurde ich wütend und sagte:

»Ich sehe, dass ihr mich gar nicht lieb habt. Das beste ist, wenn ich ein für allemal von euch weggehe.«

Mutter antwortete verärgert: »Geh nur, wohin du willst!«

Ich rannte hinaus, die Treppen hinunter, lief durch den großen Garten, dann hinaus auf den breiten Waldweg und ging in der Stockfinsternis geradewegs hinauf auf den Berg. Ich war mit Vater und Onkel Ferdinand am vorhergehenden Tag auf diesem Berg gewesen, und wir sahen ziemlich hoch oben eine große Höhle, die man »Räuberhöhle« nannte. Hier wollte ich übernachten und mir ausdenken, was ich weiterhin tun sollte. In der Finsternis sah ich den Fußweg nicht, so rang ich mich durch Büsche, Zweige und Laub schnurgerade in der Richtung nach der Räuberhöhle. Plötzlich hörte ich aus der Ferne die Stimme meiner Mutter. Sie rief meinen Namen. Ich blieb einen Augenblick stehen, dann knackte ich weiter durch die Büsche. Mutter rief mich mehrmals nacheinander, dann hörte ich, wie sie mir plötzlich nacheilte. Wahrscheinlich hörte sie mich in den Büschen. Sie erreichte mich, packte mich an den Schultern und fragte sehr aufgeregt:

»Hast du keine Angst, dass dich ein Hund beißt? Bist du total verrückt?«

Ich antwortete nicht. Was kümmerten mich die Hunde? Ich würde mich schon verteidigen können, aber ich wollte weg! Weg, in mein eigenes Heim, wo ich zu Hause war – weg von diesen fremden Menschen, von dieser fremden Umgebung, wo mich niemand verstand. Sie waren gut, voller Liebe, sie wollten für mich das Allerbeste, aber sie waren fremd, sie waren anders als ich und anders als die Leute dort, wo ich zu Hause war.

Wir gingen wortlos nach Hause, und ich war darauf gefasst, dass ich sehr bestraft würde. Aber zu meiner größten Überraschung sagten weder Mutter noch Vater ein Wort. Als wir ins Zimmer traten, schaute mich Vater etwas neugierig und etwas amüsiert an. Die einzige Strafe war, dass Mutter, nachdem sie mich ins Bett gelegt hatte, hinausging, ohne mir gute Nacht zu sagen.

Am anderen Tag taten meine Eltern so, als wenn nichts geschehen wäre. Ich aber sah sehr gut, dass Mutter über meine Waghalsigkeit sehr erschrocken war. Vater dagegen respektierte und anerkannte meinen Mut. In seinen Augen war ich größer geworden. Ich fühlte mich aber weder waghalsig noch mutig. Ich war einfach so, wie ich war.

Grete aber, die immer folgsame, immer artige, die immer gut erzogene, sah auf mich wie auf einen Verbrecher herab und schlug ihre Augen nieder. Ich verachtete sie dafür von Herzen wegen ihrer feigen Folgsamkeit!

Im nächsten Winter ging ich nicht mehr in die Schule, weil ich immer sehr blass war und sehr schwer frühmorgens aufstand. Ein Lehrer kam und wollte mir verschiedene Dinge in den Kopf stopfen, die mich schrecklich langweilten. Geographie! Wozu etwas von Ländern lernen, die ich nicht kannte? Wenn ich sie kennenlernen will, wenn ich groß bin, gehe ich hin, dann brauche ich nichts mehr zu lernen, dachte ich. Aber solange ich sie nicht kenne, wozu mir nur eintrichtern wollen, wie diese Länder ausschauen und was dort ist? Während mein Lehrer über Paraguay, Nicaragua und Venezuela sprach …, hörte ich zu, wie das Gas in der Lampe zischte. Als der Lehrer seinen Vortrag über Südamerika beendet hatte, fragte ich ihn, ob er das Zischen der Lampe auch höre. Er antwortete sehr liebenswürdig, dass ich jetzt nicht der Lampe, sondern ihm zuhören solle.

»Aber das ist viel interessanter, Onkel Lehrer«, sagte ich.

Er ging nachher zu meiner Mutter, und sie sprachen dann lange über das merkwürdige Kind, das sich eher dafür interessierte, warum das Gas zische, als für die Geographie. Nachdem der Lehrer weggegangen war, musste ich ein langes »ernstes« Gespräch mit meiner Mutter führen. Sie wollte mir klarmachen, dass ich lernen müsse.

»Gut, gut, ich lerne schon, aber ich will andere Dinge lernen, nicht das, was ihr wollt«, sagte ich. Mutter gab nicht nach und sagte, dass ich die Prüfungen in der Schule zu machen hätte und lernen müsse, was von der Schule vorgeschrieben sei. Ich wollte ihr erklären, dass ich das uninteressant fände; Mutter wollte mir klarmachen, dass ich trotzdem lernen müsse. Wir verstanden einander nicht, und ich hatte genug von allem. Ich wollte weg! Ich wollte Klarheit, ich wollte zu meinen wahren Eltern zurück, ich wollte unter meinem Volk leben, wo ich solche Dinge nicht lernen musste, wo ich tun konnte, was ich wollte. Wo ich spielen durfte, nicht nur langweilige Fingerübungen. Wo ich Freiheit hätte – mit einem Wort, wo ich daheim wäre …

Es wurde langsam zu einer Gewohnheit, dass ich im finsteren Badezimmer auf einem Sessel saß, die Füße herabhängend, und in diesem

Zwielicht nachgrübelte, was ich tun sollte. Weg von hier wollte ich …
fort von hier … nach Hause! Ich getraute mich nicht, es meiner Mutter zu
sagen, denn ich wusste, dass sie sehr böse auf mich sein würde; darum
dachte ich mir aus, es wäre das beste, wenn ich ihr meine Entscheidung in
einem Brief klarlegen würde, um ihn ihr dann bei passender Gelegenheit
zu überreichen.

Mutter war mit dem kleinen Bruder sehr beschäftigt. Sie war eine begeisterte Mutter, sie hat ihre Kinder nie fremden Händen anvertraut. Sie
stillte, badete, pflegte alle ihre Kinder selbst. So hatte ich Gelegenheit
genug, meinen Brief im Kinderzimmer ruhig schreiben zu können. Ich
schrieb sehr höflich und ganz einfach, dass ich sehr gut wisse, dass ich
nicht ihr eigenes Kind sei, dass Vater und sie nicht meine wirklichen Eltern seien, sie hätten mich wahrscheinlich irgendwo gefunden und hergebracht – was sie wahrscheinlich auch schon sehr bereut hätten, da sie
mich nicht lieben könnten, und darum wolle ich, dass sie mich schleunigst dorthin zurückbrächten, woher sie mich geholt hätten. Ich machte
ihr klar, wie schrecklich unglücklich ich hier sei und dass ich um keinen Preis länger bleiben wolle. Für sie wäre dies auch das allerbeste, da
sie dann von der Sorge um mich befreit sein würde. Zum Schluss unter-
schrieb ich:»Küsse deine Hand« und meinen Namen, und der Brief war
fertig. Ich getraute mich aber nicht, den Brief zu übergeben. So wartete
ich auf eine gute Gelegenheit.

Eines schönen Tages besuchten einige Freundinnen und Verwandte
meine Mutter. Sie plauderten fröhlich miteinander, bewunderten uns ältere Kinder, den kleinen Neuankömmling – wir hatten alle unsere schönsten Kleider an –, dann gingen sie ins Speisezimmer, wo der Tisch gedeckt
und Kaffee und Kuchen auf sie warteten. Im Kreis der Damen war meine
Mutter wirklich reizend, wie sie dort, wie gewohnt, am oberen Ende des
Tisches saß. Strahlend schön war sie, fröhlich und voll Frieden, und ich
dachte, jetzt sei wirklich die Gelegenheit gekommen, meinen Brief zu
überreichen. Jetzt würde sie sicherlich nicht böse werden. Ich wartete,
bis alle ihren Kaffee getrunken hatten, dann schlich ich hinter den Stuhl
meiner Mutter, und als sie mit ihrer Nachbarin ein paar Worte wechselte,
schmuggelte ich den Brief in ihren Schoß. Mutter bemerkte mich schon,
als ich ins Zimmer geschlichen kam, denn sie hatte es nicht gern, wenn
wir Kinder unter den Erwachsenen waren. Wir mussten im Kinderzimmer bleiben, und nur wenn man uns rief, durften wir heraus. Mit ihren
Gästen beschäftigt, konnte sie nicht gleich fragen, was ich wollte. Als ich

den Brief in ihren Schoß schmuggelte, schaute sie mich mit weit geöffneten Augen an, steckte den Brief in ihre Tasche und sprach freundlich mit ihren Gästen weiter, als ob nichts geschehen wäre. Ich war sehr zufrieden, die Gelegenheit so gut gewählt zu haben!

Aber am Abend, als Vater schon zu Hause war und die Gäste fort waren, da brach der Sturm los. Darauf war ich nicht gefasst! Mutter war tatsächlich sehr erschrocken und wurde außergewöhnlich aufgeregt. Sie gab meinen Brief Vater und sagte erschüttert:»Dieses Kind ist gänzlich verrückt, schau, was es mir geschrieben hat«, und zu mir sagte sie sehr erzürnt:»Warte nur, wenn wir dir keine guten Eltern sind, so können wir auch anders sein, dann wirst du gleich andere Eltern haben. Das wirst du aber bereuen.«

Vater las den Brief mit großem Interesse, und ich bemerkte, dass er ihn sehr unterhaltend fand. Vater war im Allgemeinen sehr schwer aus der Fassung zu bringen, und auch jetzt nahm er meinen Brief gar nicht tragisch. Er schaute mich neugierig an und sagte:»Wie meinst du das, dass du zu deinen ›wahren‹ Eltern zurückgehen willst? Wer sind denn deine ›wahren‹ Eltern? Und wo sind diese? Du kleiner Esel du!« – Und damit war die ganze Angelegenheit für Vater erledigt.

Mutter war dagegen sehr erregt, und tagelang sprach sie mit Großmutter, mit Tante Adi, mit Onkel Stefi über meinen Brief, zeigte ihn sogar dem besten Freund meines Vaters, der gleichzeitig unser Hausarzt war. Er war ein sehr tiefsinniger, wissenschaftlich hoch gebildeter Mann, der in allen körperlichen und seelischen Angelegenheiten der Familie unser Ratgeber war. Mutter war über meine Einstellung sehr verbittert und sagte ihm, dass – wie er wisse – die ganze Familie alles tue, um mich glücklich zu machen, ich dagegen ein undankbares Kind sei, weil ich dennoch daran denke, fortzugehen.

»Und wohin – das sage mir, du verrücktes Kind –, wohin willst du gehen?«, fragte sie mich immer wieder. Ja – das wusste ich selber nicht und erwartete eine Antwort auf diese Frage eben von ihnen! *Ich* wollte wissen, woher *sie* mich geholt hatten! Der Onkel Doktor schaute mich mit seinen ruhigen blauen Augen forschend an und fragte mich ganz ernst, wie einen Erwachsenen:»Wie hast du das gemeint, mein Kind, sage es mir aufrichtig, erzähle es mir.«

Ich konnte und wollte aber darüber nicht mehr reden. Ich wollte nur zurück, zurück, dorthin, woher ich gekommen war, woher man mich geholt hatte! Wo ich zu Hause war, wo ich wieder unter *mir ähnlichen Wesen* sein würde.

Ich sah ein, dass ich mein Ziel jetzt nicht erreichen konnte. Ich musste hier bleiben. Ich sah, dass diese Menschen über meine Herkunft ebenso wenig oder noch weniger wussten als ich selbst. So konnte ich auch die Lösung dieses Rätsels nicht von ihnen erwarten. Mit meinen Fragen hatte ich sie nur verletzt und erschreckt. Ich sah, dass mein Brief Mutter tief beleidigt hatte, und das wollte ich nicht! Ich ging in das Kinderzimmer zurück, und als ich dort Grete mit niedergeschlagenen Augen fand – sie getraute sich nicht, mich, so ein verworfenes Kind, anzuschauen –, fühlte ich mich wie ein Verbrecher. Nein – die Sache war gänzlich hoffnungslos! Ich sprach nie mehr darüber. Die Familie vergaß nach und nach die ganze Angelegenheit, und auf meine Seele sank allmählich ein immer dichter werdender Schleier. Ich wollte nicht mehr an meine wahre Heimat denken, denn es schien unmöglich, etwas Näheres darüber zu erfahren.

Es geschah auch zu jener Zeit – ich stand damals in meinem siebenten Lebensjahr –, dass Vater einmal bei Tisch darüber sprach, dass der Mensch »die Krone der Schöpfung« sei.

»Wie meinst du das, Vater?«, fragte ich.

»So«, erklärte Vater, »dass das vollkommenste Wesen auf der Erde der Mensch ist. Höheres gibt es nicht.«

Da wurde ich starr vor Erstaunen! Wie, dachte ich, Vater, der einen so glänzenden Kopf hat, der über alle Fragen immer Bescheid weiß – und beim Diskutieren immer Recht hat – er weiß nichts davon, dass über den Menschen noch … ja, wie soll ich sie eigentlich nennen? … Riesen oder Titanen stehen – nicht an Größe des Körpers, sondern an Wissen und Macht turmhoch über den Menschen – welche die Menschen mit ihren ausgestrahlten Kräften lenken und ihnen auf dem Weg der Entwicklung vorwärts helfen?

Ich blickte auf Vater, ob er vielleicht über diese Wesen nur nicht sprechen wolle oder ob er tatsächlich nichts über sie wisse. Ich beobachtete sein Gesicht, aber ich sah, dass er voll Überzeugung über den Menschen als die Krone der Natur sprach. Ich wagte keine weiteren Fragen zu stellen, weil es mir tief eingeprägt war, dass »Er« es nicht gerne hat, wenn ich über geheime Dinge mit Menschen, die unwissend sind, spreche. Man muss schweigen können.

Ich fuhr plötzlich zusammen: »Er?« – Wer ist der, von dem ich selbstverständlich glaube, dass Er existiert, dass Er immer mit mir ist, dass Er immer helfend hinter mir steht? Wer ist dieser Er, zu welchem ich so demütig und doch so vertrauensvoll hinaufsehe? Den ich ohne Zögern als über mir stehend anerkenne, an den ich, wenn ich mich allein oder missverstanden fühle, wie an eine Zuflucht denke, von dem ich weiß, dass *Er* mich immer mit unbedingter Liebe und Verständnis empfängt, nie verurteilt, sondern mich zuerst anhört, mich immer ernst nimmt, mir weiterhilft und mich nie ... nie ... *nie* verlassen wird. *Wer* – und *wo* ist *Er?*

Und als ich die Antwort auf diese Frage suchte, tauchten plötzlich vor meinen geistigen Augen zwei ganz dunkelblaue, allliebende, allwissende, allmächtige Augen auf, Augen, die so grundlos tief sind wie das Himmelsgewölbe selbst ...

... ich will seinen Namen hinausschreien – aber die Buchstaben sind viel zu tief in meiner Erinnerung begraben, mein Denken ist nicht klar genug, sie aus meinem Selbst an die Oberfläche heraufzuholen –, dann plötzlich bemerke ich, dass ich am Familientisch sitze, dass Mutter am Tischende meinen kleinen Bruder auf ihrem Schoß hält, löffelweise Grießbrei in sein offenes Mündchen steckt ... und meine Vision verschwindet.

Den ganzen Nachmittag sitze ich an meinem Schreibtischchen und zwinge meinen Verstand, aus dem unbewussten Teil meines Selbst die Erinnerungen – die da sind, die ich nur nicht erfassen kann – hervorzuholen. Manchmal tauchen verschwommene, nebelhafte Bilder auf, ich will sie greifen – aber sie verschwinden gleich wieder ...

Aber eines wurde mir doch klar: Seitdem ich auf dieser Erde Bewusstsein erlangt hatte, trug ich immer das Bild von jemandem in mir, den ich in meinem Inneren einfach und ganz selbstverständlich »Er« nannte.

ICH SEHNE MICH NACH EINHEIT

Eines Tages bekam meine Mutter die Einladung einer Cousine, die mit Mann und Söhnen in die Stadt gezogen war. Die Familie empfing uns gleich auf dem Vorplatz. Die beiden Buben musterten uns, wir zwei Mädchen musterten sie, wortlos, bis die Tante uns ins Kinderzimmer schickte. Wir rannten in den Bereich der Buben. Da war eine Eisenbahn, die auf Schienen lief, dann eine kleine Buchdruckerei und eine Laterna magica. Alles machte einen tiefen Eindruck auf mich, aber was mich am meisten aufregte, war, dass die Buben viele, viele Bücher hatten. Alle Jules-Verne-Bücher! Wir bekamen auch eine herrliche Jause ... Es wurde später Abend, bis wir nach Hause gingen. Die zwei Familien harmonierten miteinander, und von nun an kamen wir jede Woche zusammen. Diese Nachmittage waren gemütlich und lustig, und die Knaben waren gut erzogene, fröhliche Burschen.

So wie ich es einmal in einem Buch gelesen hatte, suchte ich immer nach einer »ewigen Einheit in der Freundschaft«, aber meine Schulkameradinnen lachten mich aus und interessierten sich für solche »dummen« Dinge nicht. Nun machte ich den Buben den Vorschlag, dass wir »ewige Freundschaft« schließen sollten. Die Buben fanden es eine glänzende Idee. Aber der jüngere, der einen starken Willen besaß und so tonangebend war, sagte: »Zuerst muss ein jeder seine Unterschrift zeigen.« Wir mussten also alle vier unsere Namen auf ein Stück Papier schreiben. Die Buben und Grete schrieben ihre Namen mit äußerst großen und mit verschiedenen Verzierungen üppig versehenen Anfangsbuchstaben, die übrigen Buchstaben möglichst unleserlich, und sie beendeten ihre Unterschrift mit einem langen Schnörkel. Ich fand diese Verzierungen überflüssig und schrieb meinen Namen mit einfachen, gut leserlichen Buchstaben hin.

Der jüngere Knabe schaute die Unterschriften an, dann sagte er mit tiefer Verachtung:

»Was? Du willst ewige Freundschaft schließen, du willst in einem Freundesbunde Mitglied werden und hast nicht einmal eine anständige Unterschrift? Du bleibst so lange weg vom Freundschaftsbund, bis auch du eine anständige Unterschrift hast!« Und damit schlossen die drei »ewig dauernde Freundschaft auf Leben und Tod«.

Ich war tief beleidigt, niedergeschlagen und unglücklich. Kaum war ich zu Hause, hatte Hut und Mantel abgelegt, so fing ich schon an, die »Unterschrift« zu üben. Ich schrieb tausend Mal meinen Namen, den Anfangsbuchstaben mit großem Schwung, mit riesiger Anfangskurve, die übrigen Buchstaben vollkommen unleserlich – ich versuchte die Unterschrift des Onkel Doktors nachzumachen, der die Rezepte vollkommen unleserlich schrieb –, dann beendete ich das ganze Kunstwerk mit einer riesigen geschlängelten Linie. Es war gekünstelt, es war nicht aufrichtig. Doch am nächsten Samstag sagte ich stolz meinen kleinen Freunden:

»Na, schaut her, ich habe auch schon eine ›Unterschrift‹« – und kritzelte auf ein Stück Papier eine imponierende Unterschrift hin. Die zwei Buben und Grete betrachteten mein Kunstwerk, dann sprach der jüngere die Sentenz:

»Gut. Deine Unterschrift ist zwar noch immer *zu* leserlich, aber wir nehmen sie an, und wir nehmen dich in den Bund auf.«

Ich wollte glücklich sein, da mein Wunsch erfüllt war, aber merkwürdigerweise gelang es mir nicht. Nein! Etwas war nicht in Ordnung. Und als ich zu Hause vor dem Spiegel stand und den »Unsichtbaren« – mich selbst – von Angesicht zu Angesicht anschaute, hörte ich eine Stimme in mir:

»Deine Unterschrift war falsch. Sie ist nicht dein Bild. Glaubst du, dass du *wahre* Dinge durch *falsche* erwerben kannst? Wahre Freundschaft mit einer falschen Unterschrift? Diejenigen, die deine wahre Unterschrift nicht anerkennen, können auch nicht deine wahren Freunde sein …«

Ich drehte mich traurig vom Spiegel weg und ging schlafen. Aber die Unterschrift, die ich so lange geübt hatte, konnte ich nicht mehr hinsetzen. Es ekelte mich davor. Ich wusste, dass diese »ewige Freundschaft auf Leben Tod« eine ebenso gekünstelte Sache war wie meine »Unterschrift« und die Buben keine Ahnung von jener Freundschaft hatten, die ich suchte – die ewige, über Zeit und Raum stehende, wirkliche, wahre Freundschaft! Und ich war allein mit meinem Suchen nach einer wahren Freundschaft, nach wahrer Einheit … allein … allein.

DER ROTE MANN

Als ich neun Jahre alt war, hatte ich ein erschütterndes Erlebnis. Mein kleiner Bruder, den ich zärtlich liebte, war damals zwei Jahre alt. Er erkrankte, aber der Arzt konnte noch nicht feststellen, woran er litt. Ich war im gleichen Zimmer, wo er im Bett lag, und Mutter saß neben ihm. Das Kind schlief, aber auf einmal schrak es auf, schaute in eine Richtung, als ob es dort jemanden sehen würde, sprang dann im Bett auf und schrie entsetzt, mit starren, glotzenden Augen:»Mutter, Mutter, der rote Mann … der rote Mann kommt auf mich zu!«, und fuchtelte dabei mit den Händen, als ob es mit jemandem kämpfen würde; dann schrie es noch einmal, ganz außer sich:»Mutter, hilf! Der rote Mann!«, und fiel in Ohnmacht.

Mutter sprang zu ihm hin, nahm ihn in ihre Arme und legte ihn dann sanft ins Bett zurück und ließ darauf schnell den Arzt holen. Während wir warteten, fragte ich:»Mutter, wer war dieser rote Mann, den der Kleine gesehen hat?«

Mutter antwortete:»Das war nichts Wirkliches, mein Kind. Er sah nur Fieberfantasien. Er ist im Delirium, er halluziniert.«

Der herbeigeeilte Arzt untersuchte das Kind und stellte eine Lungenentzündung fest.

Meine arme liebe Mutter! Drei Wochen trug sie das Kind Tag und Nacht in ihren Armen – schlief nicht und ließ das Kind keine Minute allein. Ich schaute dem schrecklichen Kampf, den das Kind um sein Leben und die Mutter um das Kind kämpften, erschüttert zu. Vielleicht öffnete sich mein Herz damals zum ersten Mal ganz für Mutter, vielleicht erblickten meine inneren Augen zum ersten Mal ihre aus Liebe gewobene Seele. Ich zitterte auch um das Leben des kleinen Bruders, und von diesem Zeitpunkt an fühlte ich mich ganz zur Familie gehörig. Als mein Brüderchen wieder gesund wurde, schloss ich mich in die Freude der Familie ein und begann mich auch hier»zu Hause« zu fühlen.

Den»roten Mann« vergaß ich aber nicht. Umsonst versicherte Mutter, dass es nichts Wirkliches gewesen sei. Mein Bruder hatte ihn gesehen – etwas ließ ihn einen roten Mann sehen –, und das sollte keine Wirklichkeit sein? Es blieb eine offene Frage, was mein Brüderchen gesehen hatte, und ich grübelte oft darüber nach. Damals wusste ich noch nicht, dass ich die Antwort nach langen, langen Jahren aus Indien erhalten würde.

Im Jahr darauf zogen wir in einen anderen Stadtteil, wo es viele Bäume gab und die Häuser in schönen Gärten standen. Aus unseren Fenstern konnten wir rundherum auf die Berge sehen.

Ich ging wieder in die Schule. Da begann wieder das alte Lied, dass meine Schulkameradinnen über mich, und ich über sie, Grund hatten zu staunen. Sie spielten mit Puppen – ich fand das langweilig. Ich las Bücher, die sie wiederum langweilten. Je älter ich wurde, desto fieberhafter las ich. Nicht nur die Bücher, die wir Kinder bekamen, sondern alle Bücher, die in der Bibliothek meines Vaters standen. Da fand ich eine Serie Bücher, die mich wie in einen Fieberzustand versetzten – die gesamten Werke Shakespeares! Ich verschlang ein Buch nach dem anderen. Sie übten auf mich einen so tiefen Eindruck aus, dass ich den ganzen Tag an nichts anderes denken konnte und das Buch überhaupt nicht aus der Hand geben wollte. Ich war wie ein Schlafwandler. Bei Tisch hörte ich nicht, wenn jemand mich ansprach. Ich erlebte in mir noch immer das Schicksal der Helden und Heldinnen aus den verschiedenen Tragödien oder Lustspielen. Ich las zuerst alle Tragödien nacheinander – da lebte ich ständig in tiefen Erschütterungen der Seele. Dann kamen die Lustspiele an die Reihe – da rollte ich mich vor Lachen auf dem Diwan hin und her.

Außer Shakespeares Werken machte noch etwas einen überwältigenden Eindruck auf mich – eine Serie sehr dicker Bände von »Ethnographischen Forschungen«. Ich entdeckte Beschreibungen von verschiedenem Aberglauben und schwarzmagischen Praktiken. Huh! Da las ich Dinge, die mir vollkommen neu waren und die ich nicht recht verstehen konnte; über Liebesaberglauben, Liebestrankrezepte und andere finstere Gebräuche, die alle mit dem Liebesleben im Zusammenhang standen. Nachdem ich schon die unmöglichsten Dinge zusammengelesen hatte, ging ich zu Mutter und fragte:

»Mutter, ist das so: Wenn jemand will, dass ein anderer ihn liebt, muss er eine Karotte von oben bis unten durchbohren, dreimal durch das Loch spucken und sie um Mitternacht über das Haus, wo die Geliebte schläft, werfen – oder es heißt, man soll ein Stück eines getragenen Nachthemdes verbrennen, die Asche in einen Kuchen einbacken, und wenn ein anderer diesen Kuchen isst, so wird er sich so in die Nachthemdbesitzerin verlieben, dass er alles tut, was man nur von ihm will.«

Mutter ließ mich aussprechen, mit immer wachsendem Entsetzen. Endlich brach sie aus:»Um Gottes Willen! Wo hast du diese schrecklichen Sachen gehört? Warst du vielleicht bei der Wäscherin im Bügelraum? Wie oft habe ich dir verboten, dass du mit der Köchin oder mit der Wäscherin intime Gespräche führst! Wo hast du diesen fürchterlichen schwarzmagischen Unsinn gehört? Das sage mir!«

»Mutter«, antwortete ich, meiner Unschuld ganz sicher,»rege dich nicht auf. Diese Dinge können nicht so fürchterlich sein, wenn ein Wissenschaftler sich damit beschäftigt und sie erforscht! Ich habe das in wissenschaftlichen Büchern, in den»Ethnographischen Werken« gelesen.«

Da rannte Mutter zum Bücherschrank und zog den Schlüssel ab. Von nun an durfte ich nur noch lesen, was sie mir herausgab. Damit war meine Neugierde nicht befriedigt. Ich behielt eine Menge unverstandener lateinischer Wörter und bat Mutter, mir einen Band des Lexikons zu geben, weil ich über eine Pflanze oder ein Tier, von dem gerade in der Schule gesprochen wurde, einiges nachlesen wolle. Ich achtete aber darauf, dass in diesem Band jenes Wort vorhanden war, welches mich viel mehr interessierte als die Pflanze oder das Tier. Ich ging ins Kinderzimmer und studierte gründlich die Dinge, die ich wissen wollte. So las ich alles Verbotene mit mütterlicher Erlaubnis im Lexikon, ohne dass meine unschuldige Mutter eine Ahnung davon gehabt hätte. Außerdem erfuhr ich von Mutter, dass man von der Wäscherin spannende Dinge über Aberglauben hören könne. Schleunigst suchte ich eine Gelegenheit, mit ihr im Geheimen zu sprechen. Da hörte ich die grauenhaftesten Geschichten über Gespenster, Aberglauben und Hexerei, bis ich mich so fürchtete, dass ich mich nicht mehr allein in ein finsteres Zimmer getraute. Onkel Stefi fragte mich einmal, warum ich mich fürchtete.

»Weil ein Gespenst erscheinen könnte«, sagte ich.

»Ach, da gibt es ein einfaches Mittel, um dich zu verteidigen. Pfeife laut, und alle Gespenster laufen im Nu fort«, antwortete er.

Von nun an pfiff ich fleißig, aber interessierte mich auch weiterhin für Gespenstergeschichten. So bereicherte ich einerseits meine Kenntnisse über den niedrigsten Mystizismus, andererseits entwickelte ich meine Pfeifkunst, in der ich es zu einer nicht alltäglichen Fertigkeit brachte.

Meine Zukunft meldet sich

Jenen Sommer verbrachten wir an einem großen Binnensee. Wir wohnten mit verwandten Familien zusammen. Dieser Sommer blieb mir darum besonders in Erinnerung, weil Dinge geschahen, an welche ich später, viel, viel später, oft zurückdenken musste.

Mutter war mit meinem kleinen Bruder immer noch sehr beschäftigt, und so hatte ich etwas mehr Freiheit. Ich konnte damals mit einer gleichaltrigen Kameradin in unserem Badeort auf den Wiesen und im Wäldchen umherschweifen. Mutter dachte, dass ich zu meiner Freundin gehe, und die Mutter meiner Freundin dachte das Umgekehrte. Dabei zogen wir herum und sammelten Erfahrungen. Am See standen eine Reihe von Villen, und wir beobachteten einen Zigeunerknaben, der in jeder Villa auf seiner kleinen Violine etwas vorzirpte, wofür ihm die Leute Geld gaben. Meine Großmutter gab auch Konzerte und verdiente damit viel Geld. Ich war neugierig, ob ich auch Geld verdienen könnte. Meine Freundin tat stets alles blindlings, was ich wollte. So gingen wir in jede Villa, gerade hinauf auf die Terrasse oder in den Garten, wo die Leute saßen, und ich sagte ein Gedicht auf. Mit großen Augen schauten mich die Leute an, und als meine Freundin mit einem Teller die Runde machte, warfen sie Geld hinein, manche viel, manche weniger. Aber alle lachten herzlich über uns, und eine Dame fragte mich, ob meine Mutter davon wisse.

»Nein«, antwortete ich, »das ist unser Privatunternehmen, Mutter weiß es nicht«.

»Das habe ich mir gleich gedacht«, sagte die Dame, »geht nur schön nach Hause.«

Das vielversprechende Unternehmen wurde noch an demselben Tag eingestellt. Nachdem wir das Geld unter uns verteilt hatten, ging ich heim und erzählte stolz, dass ich Geld verdient hätte, und zeigte die vielen Kupfer- und Nickelstücke. Meine Mutter fiel beinahe in Ohnmacht.

»Um Gottes Willen!«, schrie sie, »wie fallen dir nur solche Ideen ein? Was werden die Leute denken? Du bringst Schande über uns!«

»Warum?«, fragte ich. »Großmutter verdient mit ihrer Kunst auch Geld. Der kleine Zigeunerknabe hat auch Geld verdient. Warum wäre das eine Schande, wenn ich mit Gedichte aufsagen auch Geld verdiene?«

»Verstehe doch, du dummes Kind«, antwortete meine Mutter, »dass dein Vater eine hohe Stellung im Land innehat und du nicht solche Sachen machen kannst!«

»Was hat Vater damit zu tun, was ich mache? Vater ist Vater, und ich bin ich. Ich habe keine hohe Stellung, warum könnte ich nicht Geld verdienen? Jede Arbeit ist anständig, wenn man sie anständig macht. Und ich habe sehr schön aufgesagt!«, erwiderte ich selbstbewusst.

Mutter rief verärgert aus: »Das verstehst du noch nicht, und weil du solche Dinge machst und außerdem noch widersprichst, darfst du nicht mehr aus dem Garten!«

Auf solche Weise verlor ich meine Freiheit, aber die Sache hatte noch andere Folgen. Mein Großonkel, der die andere Hälfte der Villa gemietet hatte und so mit seiner Familie mit uns zusammen wohnte, war ein lieber Mensch, gesegnet mit einem großartigen Humor. Als er hörte, dass ich in den Villen Gedichte aufgesagt hatte, wollte er mich auch hören. Die zwei Familien waren bei Tisch immer beisammen, und am Abend schlug mein Großonkel vor, dass ich nach dem Essen etwas vortragen solle. Ich war nicht dagegen. Die Erwachsenen setzten sich in einen Kreis, ich stellte mich in die Mitte und fing an, einige Gedichte, die ich in der Schule gelernt hatte, aufzusagen. Meinem Großonkel gefiel dies, und er wollte noch mehr hören.

»Ich kann nichts mehr«, sagte ich.

»Dann erzähle etwas, was du willst.«

»Kann ich aus dem Buch erzählen, welches ich nach der Prüfung als Prämie erhalten habe?«, fragte ich.

»Freilich«, sagte mein Großonkel, »fang an«.

Ich fing an, aus dem Buch »Der Pfarrer von Wakefield« vorzutragen. Ich erzählte aber nicht nur, was in dem Buch geschehen war, sondern ich spielte zugleich alles, wie in einem Theater. Ich trug vor, wie der Pfarrer in Wakefield ein heiliges Leben führte, wie ein junger Mann seine Tochter Olivia kennenlernte und schließlich entführte. Ich hatte keine Ahnung, was »entführen« bedeutete, auch wusste ich nicht, warum der Pfarrer deshalb so aufgeregt war. Ich hatte es so in dem Buch gelesen und erzählte es auch so. Ich trug vor, wie die Liebenden in der Finsternis einander trafen und sich liebkosende Worte zuflüsterten – ich trug vor, wie der Pfarrer vor Wut tobte und nach der Flinte griff – wie seine milde Frau ihn beruhigte, indem sie ihm die Bibel in die Hand gab …

Die Erwachsenen krümmten sich vor Lachen, und als ich schon meinen Vortrag beenden wollte, sagte mein Großonkel, er wolle die Geschichte des Pfarrers noch weiter hören. So musste ich weiter vortragen, und da lachten sie wieder. Sie lachten, als ob ich die besten Witze erzählt hätte; dabei erzählte ich tragische Dinge!

Am Ende zog mich mein Großonkel an sich und fragte:»Sage mir, woher hast du diese Geschichte?«

»Ja«, sagte meine Mutter,»das möchte ich auch wissen!«

»Aus dem Buch«, antwortete ich,»das ich in der Schule als Prämie bekam.«

»Unerhört!«, sagte Mutter aufgebracht, aber auch lachend,»wie können diese Leute in der Schule einem Kind solche Bücher geben?«

»Ach, lass nur, Lilianchen«, sagte mein Großonkel,»die haben das Buch sicher selber nicht gelesen und haben gedacht, dass man über einen Pfarrer nur heilige und harmlose Dinge schreiben kann. Die haben nicht daran gedacht, dass Pfarrer manchmal auch Töchter haben. Lass das, Lilianchen, und erlaube, dass die Kleine uns auch ein anderes Mal etwas erzählt. Was in ihrem Kopf schon drin ist, kannst du ohnehin nicht mehr herausnehmen. Und ich habe schon lange nicht mehr so herrlich gelacht!«

Und so geschah es, dass ich von nun an jeden Abend einen Vortrag hielt. Der Familienkreis erweiterte sich durch Freunde aus der Nachbarschaft, und ich trug nach und nach vieles aus den Büchern vor, die ich gelesen hatte. Es waren verschiedene Tragödien von Shakespeare darunter, und ich konnte wieder nicht verstehen, warum die Erwachsenen über die tragischsten Geschehnisse sich totlachten. Ich trug aber trotz ihres Lachens vor, wie der arme König Lear enttäuscht und verlassen röchelnd stirbt – und die Erwachsenen kugelten sich vor Lachen … In Richard III. machte ich vor, wie alle Leute nacheinander starben, der eine so … der andere so, und ich zeigte, auf welche Weise, und die Erwachsenen erstickten darüber beinahe vor Lachen. Wie kann man nur über solche traurigen Ereignisse, wenn so viele Menschen sterben, lachen? Das ist doch entsetzlich, aber nicht lächerlich, dachte ich in mir, und spielte ganz ernst weiter.

Wie oft – wie oft – musste ich später an das kleine Mädchen denken, welches dort vor dieser Gesellschaft Vorträge hielt und Theater spielte, ganz ernst, aus voller Überzeugung. Mein späteres Schicksal hat sich schon damals gezeigt. Schon damals habe ich mich daran gewöhnt, aus meiner inneren Welt etwas hervorzubringen – schöne, göttliche, wahre Dinge –, ungeachtet, ob die Zuhörerschaft meine Wahrheiten verstand oder nicht. Ich spreche *um der Wahrheit willen*, und nur ein einziger Zuhörer ist mir wichtig: *Gott!*

Der Sommer verfloss, und wir fuhren nach Hause. Im folgenden Winter entschloss ich mich, nicht mehr in meinen Mädchenkleidern umherzugehen, sondern in einem Clowngewand. Das Gefühl, dass ich nicht *die* bin, die ich *bin*, wollte mich nicht verlassen. Wenn ich auch nicht mehr darüber sprach, war dieses Gefühl nicht verschwunden, sondern hatte sich tiefer in mich zurückgezogen und wirkte aus dem Unbewussten. Ich bettelte so lange, bis meine weichherzige Mutter nicht mehr »nein« sagen konnte und mir eigenhändig ein sehr hübsches, echtes Clowngewand nähte. Sie kaufte mir sogar zwei verschiedenfarbige Clownmützen dazu, und ich ging von nun an in dieser Aufmachung umher. Ich turnte sehr gerne auf Schaukelringen und am Trapez. Ich machte zu Hause alles nach, was ich im Zirkus sah; und wenn ich mit dem Kopf nach unten am Schaukelring hing, sah ich die ganze Welt umgekehrt, und dann hatte ich das Gefühl, frei zu sein.

Ich wusste damals noch nicht, dass die Psychologen den Clown den die »Person wechselnden Typ« nennen.

Außer den »Kunststücken«, die ich den Zirkusakrobaten nachmachte, wurde es mir zur Gewohnheit, merkwürdige, ungewöhnliche Körperhaltungen einzunehmen, so dass zuerst meine Eltern erstaunt waren und über mich lachten, dann die ganze Bekanntschaft und Verwandtschaft sich über meine »komischen« Körperhaltungen unterhielt. Wo ich hinkam, musste ich diese Körperstellungen zeigen. Ich machte sie instinktmäßig, ich dachte gar nicht darüber nach, warum ich es tat. Ich fühlte nur, dass sie gut für mich waren, dass ich in gewissen Körperhaltungen besser lernen konnte und, wenn ich müde war, mich durch gewisse andere Körperhaltungen in wenigen Minuten wieder auffallend frisch fühlte.

Die Familie lachte über meine »verrückte« Gewohnheit, und Mutter war es schon gewöhnt, mich, wenn sie in unser Zimmer trat, in einer unmöglichen Stellung vorzufinden. Anfangs hielt sie mir einen Vortrag, wie ein »artiges Mädchen« auf dem Stuhl sitzen müsse und weder auf dem Kopf stehen noch seine Glieder in unmögliche Stellungen verrenken oder die Beine rechts und links über die Schultern hängen solle. Schließlich ließ sie mir aber dennoch meinen »Rappel«.

Ich fand diese Körperhaltungen selbstverständlich. Sie lagen mir im Blut, ich machte sie unwillkürlich gerne und war nur wieder erstaunt, dass meine Umgebung über so selbstverständliche Dinge erstaunt war. Aber es geschah einmal, als unsere Familie in den Sommerferien auf einige Wochen bei Tante Raphaela war, dass eines Abends ein Herr auf Besuch kam, der während vieler Jahre Reisen im fernen Orient gemacht hatte und – wie Onkel Ferdinand sagte – viele sehr interessante Dinge aus diesen fremden Ländern erzählen konnte. Wir Kinder wurden dem Herrn auch vorgestellt, und, wie üblich, erzählte man, was wir alles konnten. Da erwähnte Tante Raphaela lachend, was für eine merkwürdige Gewohnheit ich hätte, dass ich solch sonderbare, Glieder verdrehende Körperstellungen einnehme, die mir kein Mensch, höchstens ein Schlangenmensch, nachmachen könne.

Ich legte mich auf den Boden, und da ich, wenn man über mich sprach, in Verlegenheit geriet und es mir unangenehm war, aus der Erde »hervorzuragen«, so nahm ich eine Stellung ein, in welcher ich meinen Kopf vollständig verstecken konnte, so dass der Zuschauer den Eindruck bekam, dass mein Kopf abgeschnitten sei. Die Erwachsenen lachten laut. Dann zeigte ich noch einige »schwere« Stellungen, die ich so gerne machte. Der fremde Herr schaute meinen Vorstellungen ganz ernst zu und sagte schließlich sehr erstaunt:

»Aber das Kind macht ja typische, exakte *Yoga-Übungen*! Wo hast du das gelernt, Kleine?«, wandte er sich an mich.

Ich wusste damals nicht, was das Wort »Yoga« bedeutete; so antwortete ich ihm, dass mir diese Übungen niemand gezeigt habe, sondern dass ich sie von mir aus mache, weil ich sie gerne hätte und mich nachher wohlfühle. Der Herr wollte es nicht glauben, schaute mich forschend an und schüttelte den Kopf.

Mir waren die Fragen der Erwachsenen schon langweilig, und da Mutter uns wegwinkte, verschwanden wir ins Kinderzimmer. An die Bemerkung des Herrn dachte ich nicht mehr.

Nur viel, viel später, als die Erinnerung plötzlich erwachte und ich auch viele andere Dinge, die in meinem Leben so unverständlich waren, verstand, erinnerte ich mich an die Bemerkung des fremden Herrn aus dem Orient. Da wurde mir klar, wo ich diese Körperstellungen, die ich schon als Kind und später als Erwachsene noch immer übte und welche der

Fremde »Yoga-Übungen« nannte, gelernt hatte. Da wurde mir ganz bewusst, dass ich diese Übungen *aus alter Gewohnheit* machte, weil ich sie viele Jahre hindurch im Tempel täglich hatte ausführen müssen. In ihnen spiegelte sich die Vergangenheit, aber zugleich auch meine Zukunft, denn viel später, als Erwachsene, lehrte ich viele Menschen diese Übungen, um ihre seelische und körperliche Entwicklung zu fördern.

LIEBESKÄMPFE

Die Jahre zogen dahin. Ich wurde immer größer, und mein Körper fing an zu reifen. Ich las gerne Bücher, in denen Liebesgeschichten und Liebesprobleme behandelt wurden, und so tauchte ich immer tiefer in meine Persönlichkeit unter. Ich schaute in die Zukunft, mit dem Entschluss, einen wertvollen Mann zu finden, der mich vollkommen verstehen würde. So beschäftigten mich nach und nach nicht mehr zu allererst die Bücher, sondern die jungen Leute, und später die jungen Männer. Diese interessierten sich auch für mich. Mutter erzog mich umsonst zur Bescheidenheit; denn ich musste schon in meinen jüngsten Jahren erkennen, dass ich eine Anziehungskraft besaß. In meiner Blindheit dachte ich aber, dass diese Anziehungskraft, die so viele Menschen anzog, nur meiner Person gelte. Dieses Blindsein, wie alle seelischen Mängel, musste ich später beinahe mit körperlicher Blindheit bezahlen. Bis ich einsehen lernte, dass meine Anziehungskraft nicht meinem privaten Leben, sondern dazu dienen sollte, die Menschen, die mir folgten, auf den Weg der Erlösung zu führen.

Damals war ich aber noch ganz auf meine eigene Person eingestellt und dachte, das höchste Glück in der Liebe zwischen Mann und Frau zu finden. So geschah auch mir vieles, wie es auf dieser Welt üblich ist; ich wurde geliebt und war verliebt, aber alle Freuden und Leiden waren nur Vorspiele in meinem Schicksal.

Zwischen meinem dreizehnten und neunzehnten Lebensjahr zog sich eine Verbindung mit einem Menschen wie ein roter Faden durch diese Zeit, die ich betiteln könnte:»Schule zur Entwicklung einer außergewöhnlichen Willenskraft«. Mein Schicksal wusste, dass ich im Leben diese Waffe brauchen würde. Als ich noch ein dreizehn Jahre altes Kind war, kam ich mit einem jungen Mann zusammen, dessen glänzende Fähigkeiten weit über den Durchschnitt hinausragten. Seine Natur war eine Mischung aus zielbewusstem und unerbittlichem Streben nach dem Reinsten und Schönsten und einem bis ins Krankhafte gesteigerten Machtwahn und Egoismus. Er liebte mich, so sagte er – er liebte aber in Wahrheit sich selbst und wollte mich zu seiner folgsamen Sklavin entwickeln. Er erkannte gleich, dass ich die Dinge innerlich ebenso betrachtete wie er, dass ich die Kunst erlebte wie er. So glaubte er, dass er eine seiner würdige Partnerin gefunden habe. Er wollte aus mir mit der Zeit eine hochgebildete, aber absolut folgsame, ganz nach seinem Bild geschaffene Ehefrau heranziehen. Mein selbstständiges Denken dachte er zu vernichten. Er brachte mir großartige Bücher über Kunst, Musik, über Welt- und Kunstgeschichte, die beste moderne und klassische Literatur und bestand darauf, dass ich diese Werke im Original lese. Da ich das Erlernen von Sprachen allein schrecklich langweilig fand, lernte er die Sprachen mit mir, suchte dann nach dem besten Klavierlehrer, kurz, er tat alles, damit meine Bildung nicht nur durchschnittlich, sondern außergewöhnlich würde. Meine Mutter sah in ihm einen Hilfsengel meiner Erziehung, denn mit den Sprachen ging es bei mir nicht von selbst. Umsonst kamen die besten Sprachlehrer, denn ich wollte nicht büffeln. Dieser junge Mann brachte mir deutsche, französische, englische Zeitschriften und Theaterstücke, die er mit mir las, und so half er mir, dass sich die Tore der verschiedenen Sprachen mir öffneten. Das war alles sehr schön und fördernd, aber gleichzeitig wollte er mich ganz zielbewusst unter seine Macht zwingen. Kurz nach unserer Bekanntschaft sagte er mir, dass ich seine Frau werden müsse, und er wolle, dass ich mich als *sein Eigentum* betrachte. Alles, was ich lesen wollte, musste ich ihm erst zeigen, damit er seine Erlaubnis gab. Ich durfte mich nicht mehr mit jemandem anfreunden, ohne dass er es mir zuerst erlaubt hätte. Wie alle jungen Mädchen, besuchte auch ich mit meiner Schwester eine Tanzschule. Ich tanzte leidenschaftlich gern und unterhielt mich ebenso gern mit den jungen Leuten der Tanzschule. Auch ging ich auf das Eis Schlittschuh laufen. All das gefiel ihm nicht. Ich war aber jung, ich wollte tanzen, Schlittschuh laufen und mit anderen jungen Leuten fröhlich sein. Da wurde er eifersüchtig, und zwar in einem Maß, dass es die Grenzen des Normalen weit überschritt. Damit paarte sich noch ein maßloser Machtwahn.

Anfangs schmeichelte es mir, dass ein so allgemein anerkannter, viel bewunderter Mann mich kleines Mädchen für sich auserwählt hatte. Er konnte faszinierend geistreich sein, und ich habe mich oft glänzend unterhalten. Es gefiel mir auch, dass er über Freundschaft, über Liebe dieselbe ernste und tiefe Auffassung hatte wie ich. Als ich aber fühlte, wie er seinen Willen mehr und mehr, wie einen Eisenreif, systematisch um mich herumzuzwingen versuchte, da wurde mir die ganze Liebe lästig. Es begann ein Kampf, ein schrecklicher Kampf zwischen den unsichtbaren Kräften zweier Seelen! Je mehr er fühlte, dass ich aus seiner Macht herauswuchs, desto fester wollte er mich in seinen Händen behalten. Als ich siebzehn Jahre alt wurde, wollte er, dass ich öffentlich seine Braut werde. Er schickte seinen Vater zu meinem. Mein Vater war darüber nicht entzückt. Erst viel später sagte er mir, dass die aggressive Natur meines Verlobten ihm nie gefallen habe, aber er wollte unseren freien Willen nicht einengen. Er respektierte das Selbstbestimmungsrecht aller Menschen, auch seiner Kinder, und so gab er, wenn auch ungern, seine Zustimmung. Ich hoffte, dass die Eifersucht meines Bräutigams sich nach der Verlobung legen werde. Als sich aber mit der Zeit meine weibliche Anmut immer mehr entfaltete, kannte seine Eifersucht keine Grenzen mehr, und er machte mir immer öfter entsetzliche Szenen. Nachdem er mich stundenlang gequält hatte, fiel er ins entgegengesetzte Extrem, bat mich auf den Knien um Verzeihung, weinte wie ein Kind, bettelte förmlich um meine Liebe und versprach, mich nie mehr zu quälen. Solche Auftritte waren mir völlig unerträglich. Nie zuvor hatte ich in unserem Hause Ähnliches gesehen. Mein Vater besaß eine sehr große Macht, sie strahlte aber unwillkürlich aus. Er wollte seine Macht nie anderen Leuten aufzwingen. Er ließ einen jeden, wie er war, und wollte nicht, dass andere ihm blindlings folgen und gehorchen sollten. Damals nahm er schon seit langem eine führende Stellung ein – ich konnte zufrieden sein, er hatte keinen Direktor mehr über sich; trotzdem war er nie herrschsüchtig oder tyrannisch gegenüber anderen Menschen, die unter ihm standen. Er war wie eine Säule, sowohl zu Hause als auch in seinem Amt, an der ein jeder immer eine Stütze haben konnte. Hunderte seiner Untergebenen und die Verwandtschaft baten ihn um Rat. Er war gerecht, freigebig und immer hilfsbereit. Oh, ich dachte, dass alle Menschen so wären! Ich wusste nicht, was Rücksichtslosigkeit, was Egoismus war, da ich so etwas zu Hause nie erfahren hatte. Bei uns herrschte in jeder Hinsicht eine gesunde Auffassung und wahre, selbstlose Liebe. Ich konnte nicht wissen, was Sadismus und Masochismus waren und die Szenen, die mir mein Bräutigam machte, nicht verstehen – noch weniger ertragen! Ich wollte frei werden! Frei!

Lange Zeit konnte ich aber seinem Willen nicht widerstehen, auch haben mich meine natürliche Treue und mein Verständnis den Schwächen der Menschen gegenüber lange zurückgehalten. Aber mein Wille entwickelte sich mit den Jahren, und plötzlich fragte ich mich, warum ich diese Quälerei weiter dulden müsse.

Eines Tages sagte ich ihm, dass ich frei werden wolle. Er wollte nichts davon hören. Wir kämpften verzweifelt miteinander, denn sein Wille umklammerte mich immer noch wie eine Eisenzange. Je länger ich mit ihm kämpfen musste, desto mehr entwickelte sich mein Wille zu einer Widerstandskraft, die seine Kräfte allmählich überragte. Es kam der Augenblick, in welchem ich genug Mut hatte, ihm zu sagen, dass ich nicht mehr seine Frau werden wolle. Darauf folgten wieder stürmische Szenen, aber sie wirkten nicht mehr! Ich bedauerte ihn, aber verachtete ihn zugleich völlig wegen seines einerseits tyrannischen, andererseits vollkommen feigen Benehmens. Damals wusste ich noch nicht, dass diese beiden Eigenschaften ganz eng zusammenhängen, als die einander ergänzenden Hälften derselben Krankheit, fühlte aber das Krankhafte in ihm und wollte mich unbedingt davon befreien. Mit einer letzten Anstrengung schüttelte ich seinen Willen ab.

Ich sprach mit meinen Eltern. Sie waren nicht überrascht. Und an einem schönen Nachmittag – ich war damals schon neunzehn Jahre alt – reiste ich mit meinem Vetter zu seiner Mutter, der Schwester meines Vaters, zu der schönen Tante Raphaela.

Meine Verlobung löste ich auf …

Erste Begegnung mit dem Tod

Seit meiner Kindheit wiederholte es sich ständig, dass ich im Frühjahr auf einmal durchsichtig blass wurde und eine schwere Müdigkeit sich meiner bemächtigte. Meistens war das einfachste Mittel für meine Erholung, dass meine Eltern mich zu Tante Raphaela schickten. Sie wohnte mit ihrer Familie in den Bergen, und die prachtvolle Bergluft und diese der Weisheit und Religiosität ergebenen Menschen brachten mich immer wieder sehr rasch in Ordnung. Ich fühlte mich in ihrer ruhigen, feinsinnigen Umgebung immer sehr wohl. Jedes Mal reiste ich frisch und voll neuer Lebenskraft nach Hause.

Nach der Auflösung meiner Verlobung fuhr ich wieder zu meiner Tante. Sie war damals schon Witwe und lebte mit ihrer Tochter zusammen. Sie empfingen mich mit großer Liebe, und ich genoss meine lang ersehnte Freiheit. Wie ein Papierdrache, der seinen Strick zerrissen hat und ungehindert in die Unendlichkeit hinauffliegt, so fühlte ich mich. Wie herrlich war dieser Frühling bei meiner Tante! Sie verstand mich, wie immer, vollkommen. Sie äußerte sich weise zu meinem Entschluss; damit war die Angelegenheit erledigt. Bei meiner Tante lebte ich vollständig frei. Sie ließ mich sein, wie ich war, ich konnte in den Bergen wandern, die Wälder und die Natur genießen. Doch als ich mich in meiner Freiheit vollkommen glücklich fühlte und voller Hoffnungen in die Zukunft schaute – da begegnete ich zum ersten Mal dem Tod!

Während einer Wanderung in den Bergen kam ich an einem Kornfeld vorbei, und da meine Heiratspläne vernichtet waren, versuchte ich, mir meine Zukunft vorzustellen. Ich dachte: Zuerst werde ich Klavierkünstlerin, wie meine Großmutter mütterlicherseits, dann werde ich einen gesunden, sympathischen, *normalen* Mann heiraten und Kinder bekommen. Dann würden die Kinder aufwachsen, und ich würde eventuell auch Enkel haben ... und dann? – dann würde ich alt ... und dann? ... dann würde ich eines schönen Tages sterben müssen!

Tod! Das ist das Ende, das Ziel, in dessen Richtung wir alle gehen …
Aber wozu? Wozu dann all dies? Warum sollte ich Klavier üben und eine
große Künstlerin werden? War es nicht ganz gleichgültig, ob meine Finger, diese mit Haut überzogenen Knochen, einmal mit großer Virtuosität
über die Klaviatur liefen – oder nicht? Wenn der Mensch ohnedies ins
Grab sinkt, ist es nicht ganz gleich, was er in seinem Leben gemacht hat?
Ob er ein berühmter, hervorragender Mensch oder ein unbekannter Niemand, ob er ehrlich oder unehrlich war? Wozu dann kämpfen, arbeiten,
Kinder gebären, leiden und sich freuen, glücklich oder unglücklich sein,
wenn das Ende der Tod, die Vernichtung ist? Dann wäre es doch viel ein-
facher, jetzt gleich zu sterben!

Dieser Gedanke war mir so entsetzlich, so unerträglich, dass die Welt
um mich herum vor meinen Augen schwarz wurde. Ich lehnte mich an
einen Baumstamm und schaute ins Tal hinunter, auf die Stadt, die unzähligen Häuser mit den vielen, vielen Menschen, die in diesen Häusern
wohnten und die von da oben wie kleine Ameisen aussahen. Alle diese
Menschen lebten, kämpften, rannten dem Geld oder der Liebe nach, alle
hatten ihre Probleme, alle hatten ihr Kreuz zu tragen und sie nahmen
alles so verzweifelt ernst … Wozu? Wozu, wenn doch alles nur *vorüber-
gehend war* … wenn am Ende der Tod wartete, der alle Probleme löste,
allen Leiden und Freuden ein Ende machte?! Wohin rennt der Mensch?
Was erreicht er? Den *Tod!* Das Ende ist, egal ob der Mensch glücklich
oder unglücklich, ein Krösus oder ein Bettler war – der *Tod!*

Panik packte mich. Nein! Ich mache das nicht mit! Ich kann nicht mit
diesen Gedanken lernen, lieben, leben. Alles ist sinnlos! Lieber töte ich
mich, *damit ich am Ende meines Lebens nicht sterben muss!*

Eine teuflisch spöttische Stimme lachte auf: »Hihihi! Sie sind deiner
würdig, solche Dummheiten! Du willst dich töten, um nicht sterben zu
müssen? Glaubst du, dass du dem Tod ausweichen kannst? Du bist *da*
– hier auf der Erde – in einem Körper – von hier kannst du nicht einfach,
ohne *Tod*, entfliehen. Wenn du dich tötest, dann ist das Ende, vor dem
du dich eben retten willst, *sofort* da! Der *Tod* – sofort! Nicht ›einmal‹,
weit entfernt, sondern ›jetzt‹, in der Gegenwart! Verstehst du? Wenn du
schon einmal *da* bist, im Körper, dann kannst du auch ohne Tod nicht
loskommen. Du bist eine Gefangene! Verstehst du? Eine Gefangene! Aus
dem Körper kannst du *nur* durch den Tod, nur durch dieses Tor hinaus, du
kannst dem Tod nicht entfliehen … nicht entfliehen … hihihi!«

Ich versuchte, meine Gedanken zu ordnen. Ja, ich musste einsehen, dass ich in einer Falle war und Selbstmord nichts nützte. Es würde mich gerade dorthin bringen, wovor ich mich eben retten wollte. Also was tun?

Auf alle Fälle tröstete mich momentan der Gedanke, dass ich noch sehr jung und der Tod – da ich gesund war und alle meine Vorfahren ein sehr hohes Alter erreicht hatten – voraussichtlich noch sehr weit entfernt war. Bis dahin – dachte ich – konnte noch so vieles geschehen. Die Wissenschaftler, die immer neue und neue Dinge entdecken, werden bis dahin, bis ich auch sterben muss, sicherlich auch *die Unsterblichkeit entdecken!* An diesen Gedanken klammerte ich mich fest, er gab mir Mut und Kraft, weiter zu leben, weiter zu arbeiten – überhaupt noch Wünsche zu haben.

Ich hatte vollkommen Recht! Die Unsterblichkeit wurde tatsächlich entdeckt, ich wusste damals nur noch nicht, dass diese »Entdeckung der Unsterblichkeit« eben darin bestand, dass *ich selbst* für mich diese Wahrheit entdecken und finden musste, dass *»Tod« überhaupt nicht existiert*, dass der Mensch – also auch ich – in alle Ewigkeit unsterblich ist und sein wird! Denn die Unsterblichkeit muss ein jeder in sich und für sich entdecken, kein anderer kann uns diese Wahrheit übermitteln. Ein jeder muss die Unsterblichkeit in sich erleben! Denn wenn jemand eine Wahrheit, die sogar handgreiflich ist, nicht glaubt, *wird sie umsonst von anderen Menschen entdeckt.* Ein jeder muss in sich selbst erkennen, dass der Tod nichts anderes ist als das Leben selbst und der Mensch nicht nur nicht sterben *muss,* sondern überhaupt nicht sterben *kann!* Es ist einfach nicht möglich!

Damals wusste ich all das noch nicht. Der Tod war mir wie eine schwarze Wand, an welcher ich meinen Kopf tüchtig angeschlagen hatte.

Ich war aber jung, ich beruhigte mich, so gut ich konnte. Ich verschob das ganze Problem und wollte, soweit ich es vermochte, überhaupt nicht an den Tod denken. Solche Gedanken würden mich nur schwächen, und ich wollte lieber Pläne für die Zukunft schmieden.

Im Allgemeinen war ich daran gewöhnt, alles allein und selbstständig auszudenken. Mein Vater hatte sich in die persönlichen Angelegenheiten seiner Kinder nie hineingemischt. Sein Beruf füllte ihn so aus, dass er sehr wenig Gelegenheit hatte zu beobachten, was in der Familie vorging. Wir sahen uns meistens nur am Familientisch, wo ich natürlich von den Szenen, die seinerzeit mein Bräutigam machte, nichts erwähnte. Mutter liebte mich, wie sie alle ihre Kinder liebte, aber mich verstand sie erst viel, viel später, als wir voneinander auf immer Abschied nahmen. Damals wollte sie, dass ich eine gute Ehefrau, eine gute Hausfrau und Mutter würde, wie sie es war. Dies betrachtete auch ich als mein Lebensziel, nur den Weg dahin stellten wir uns ganz verschieden vor. Mein Weg konnte weder der ihre noch der eines anderen sein. Mein Weg konnte nur mein eigener sein, und ich konnte ihre Vorschläge, die sie in Bezug auf meine Zukunft machte, nicht annehmen. Mutter wollte, dass ich mich auf die Rolle eines zukünftigen Hausmütterchens vorbereitete, ich dagegen suchte mit jedem meiner Blutstropfen die Erfüllung meines Daseins in der Musik, in der Kunst! So war ich gänzlich auf mich selbst angewiesen und hatte mich nach und nach daran gewöhnt, ganz selbstständig zu denken und zu handeln, soweit ich dies im Familienkreis konnte. So versuchte ich auch jetzt, mir meine Zukunft ganz allein vorzustellen, ohne jemanden um Rat zu fragen. Ich wollte vorerst weiter die Musikakademie besuchen, sie beenden, um ein Diplom in der Hand zu haben. Vater hatte uns öfter gesagt: »Seid nicht deshalb verblendet, weil es euch jetzt gut geht. Irdischer Wohlstand kann vernichtet werden. Aber was ihr wisst, bleibt ewig euer Eigentum, das euch niemand nehmen kann. Lernt, so viel ihr könnt, und jeder von euch soll wenigstens ein Diplom in der Hand haben. Wenn es euch gut geht, könnt ihr es in einer Schublade liegen lassen. Wenn ihr in Not kommt, könnt ihr euer Brot damit verdienen.«

Nein Vater, du lieber, selbstloser, weiser! Mit diesem Rat hast du mir unter den vielen Schätzen, die ich von dir erhielt, den allergrößten gegeben. Damals konnten wir uns nicht vorstellen, inwiefern es uns schlecht gehen könnte, und glaubten im Geheimen, dass du uns diese Worte nur vom pädagogischen Standpunkt aus sagtest. Wie oft fielen mir aber diese Worte später ein, als der Krieg alles, was wir besaßen, vernichtete und ich mit einem schwer verwundeten, arbeitsunfähigen Mann mittellos dastand. Uns rettete nur das, was ich gelernt hatte, was ich *in mir* trug, was ich *wusste*; denn alles, was wir *äußerlich besaßen*, ging verloren. Damals, als ich als junges Mädchen auf dem Berg über meine Zukunft nachdachte, wusste ich nicht, was mein Schicksal barg, aber ich fühlte, dass ich diesen Rat befolgen müsse.

Und so war mir das wichtigste, als ich im Sommer wieder zu Hause war und eine neue Etappe in meinem Leben begann, dass ich alle Kräfte darauf konzentrierte, das Klavierlehrerdiplom zu erwerben. Alles Übrige überließ ich dem Schicksal.

ERSTE ZUKUNFTSVISION

Sechs Jahre war ich verlobt, und in dieser Zeit geschah etwas Überraschendes und so Eindrucksvolles, dass es sich auf die Richtung meines ganzen späteren Lebens auswirkte. Jetzt wurde meine Aufmerksamkeit auf eine Welt gelenkt, die tief im Menschen verborgen liegt – die unbekannte, unbewusste Welt des menschlichen Ichs.

Ich war fünfzehn Jahre alt, als ich die Erfahrung machte, dass ich im Traum zuweilen imstande war, die Zukunft zu sehen, ganz genau und wahrheitsgetreu. Damals geschah dies zum ersten Mal, und später wiederholte sich diese Erscheinung – und wiederholt sich heute noch – immer in derselben Weise. Ich träume zuerst allerlei chaotische Traumbilder ohne Zusammenhang. Dann scheint sich plötzlich ein Vorhang zur Seite zu schieben, und dann sehe ich völlig klar farbige, plastische und logisch zusammenhängende Bilder wie in Wirklichkeit.

Damals, als ich das erste Mal hellsichtig träumte, sah ich im Badezimmer meiner Eltern einen jungen Mann, der ein neugeborenes Kind, das ganz blau, wie erstickt, war, zum Atmen zu bringen versuchte. Neben ihm stand hilfsbereit eine Assistentin. Das Kind atmete nicht. Der Arzt hielt es abwechselnd unter eiskaltes, dann unter heißes Wasser. Dann schwenkte er es mit herabhängendem Kopf hin und her, bis es endlich einen Laut von sich gab und alle erleichtert aufatmeten. Vater stand in der Tür und taumelte jetzt zum Bett meiner Mutter im Schlafzimmer, fiel neben dem Bett auf die Knie, legte seinen Kopf auf den Bettrand neben meine Mutter und schluchzte, wie ich diesen starken Mann nie in meinem Leben hatte schluchzen sehen. Meine Mutter war sehr blass, aber sie lächelte mit ihrem wohlbekannten zarten Lächeln und streichelte die schwarzen Haare meines Vaters. Vater beruhigte sich nach und nach, stand auf und ging hinüber ins Nebenzimmer, wo meine Tante Raphaela mit ihrer Tochter wartete, um meine Mutter besuchen zu dürfen. Merkwürdigerweise sah ich in alle Zimmer gleichzeitig hinein, was in Wirklichkeit unmöglich wäre. So sah ich – und es fiel mir auf –, dass der junge Mann, der das Kind der Assistentin übergeben hatte und nun herauskam, einen merkwürdig schwebenden Gang hatte. Auch sein hübsches blondlockiges Haar fiel mir in die Augen, und ich hörte ganz deutlich, wie er sagte:»Mutter und Kind sind außer Gefahr, aber sie brauchen vollkommene Ruhe und Absonderung. Wenn jemand von der Straße hineingeht, kann ich die Verantwortung nicht auf mich nehmen, dass in diesem Schwächezustand keine Infektion entsteht.«

»Selbstverständlich, Herr Doktor«, antwortete meine Tante, und ich sah, wie sie einsichtig Abschied nahm und mit ihrer Tochter wegging. Dann verdunkelte sich das Bild, und ich erwachte.

Am Morgen rannte ich zu Mutter und erzählte ihr meinen Traum. Mutter lachte und sagte:»Ich bitte dich, träume nicht solche Dinge. Ich habe genug von Kindern! Und wie kommt Tante Raphaela in diesen Traum? Sie wohnt ja gar nicht hier. Und wer ist der hübsche junge Mann mit dem schwebenden Gang und den blonden Locken? Es ist mir verdächtig, dass du von solchen hübschen jungen Männern träumst.«

»Das weiß ich nicht, Mutter, wer er ist, aber ich sah ihn in meinem Traum so.«

Später, bei Tisch, wurde noch eine Weile über meinen eigentümlichen Traum diskutiert – am anderen Tag dachte man aber schon nicht mehr daran.

Ein halbes Jahr darauf fühlte sich meine Mutter sehr unwohl. Sie konnte nicht essen, und die Ärzte hatten den Verdacht, es könnte ein duodenales Geschwür vorhanden sein. Es folgten Röntgenaufnahmen und andere Untersuchungen. Das Ergebnis … keine genaue Diagnose. Der Internist riet meiner Mutter, zu einem berühmten Frauenspezialisten zu gehen. Der alte Professor sagte nach der Untersuchung:»Ich gratuliere! Das Ende der großen Krankheit wird eine Taufe sein«, und dabei lachte er gemütlich.

Mutter kam verzweifelt nach Hause. Sie war schon neununddreißig Jahre alt – aber langsam beruhigte sie sich, und nach sechs Monaten, im Sommer, genau ein Jahr nach meinem Traum, da noch kein Mensch ahnte, dass Mutter noch ein Kind bekommen würde, traf das neue Kind ein. Der alte Professor empfahl einen jungen, aber durch seine Geschicklichkeit schon berühmten Arzt, der bei der Geburt zugegen war. Das Kind kam scheinbar erstickt zur Welt. Es dauerte zwanzig Minuten, bis es den ersten Atemzug tat. Mein Vater war von der lang dauernden Aufregung so erschöpft, dass er, als die Gefahr vorbei war, neben dem Bett meiner Mutter auf die Knie sank, und der mächtige Mann schluchzte wie ein Kind. Meine Tante Raphaela und ihre Tochter waren auf der Durchreise nach Italien zu Besuch. Sie hielten sich zwei Tage bei uns auf, und das Kind kam auf die Welt, gerade als sie weiterreisen wollten. Sie warteten im Nebenzimmer, und als Vater hereinkam, um zu melden, dass alles glücklich vorbei sei, fragte Tante Raphaela, ob sie vor ihrer Abfahrt meine Mutter und das Kind sehen dürfte. Da trat der junge Arzt ins Zimmer – er hatte lockige blonde Haare und einen auffallend schwebenden Gang! – und sagte wörtlich, was ich in meiner Vision gehört hatte. Ja! Alles geschah genauso, wie ich es *schon erlebt hatte*! Es war, als ob ich einen Teil eines Filmstreifens viel früher, von den übrigen Geschehnissen isoliert, gesehen hätte.

Von nun an wiederholte es sich öfters, dass ich die Zukunft als Traumbild genau voraussah. Zuerst erlebte ich es immer im Traum – als ob ein Vorhang zur Seite geschoben würde –, später konnte ich mich mit eigenem Willen in diesen Zustand, bewusst, ohne zu schlafen, versetzen. Aber erst viel später.

Mein Schwesterchen war in der Familie fast ein Enkelkind. Grete war damals neunzehn, ich sechzehn und mein Bruder neun Jahre alt. Sie wurde der Liebling aller. Wir zwei älteren Kinder wurden aber durch ihre Ankunft ziemlich stark in den Hintergrund gedrängt und blieben allein. Während mehrerer Jahre begleitete uns nur die Gouvernante aufs Eis oder in Konzerte und in Gesellschaften. Mutter war wieder ebenso mit dem Neugeborenen beschäftigt wie damals, als mein Bruder geboren wurde. So war es kein Wunder, dass sie sich nicht um meine Angelegenheiten kümmern konnte, auch als sie bemerkte, dass ich mit meinem damaligen Bräutigam Streit hatte. Ich musste meinen Kampf allein, ohne Hilfe, ausfechten.

DIE VERGANGENHEIT ERWACHT

Als ich nach meiner Entlobung von Tante Raphaela heimkehrte, war es Sommer. Ich war neunzehn Jahre alt und wollte meine Freiheit genießen. Endlich konnte ich mit jungen Menschen verkehren, ohne nachher eine schreckliche Eifersuchtsszene mit meinem Bräutigam zu gewärtigen. So ging ich gleich nach meiner Ankunft auf den Tennisplatz. Hier lernte ich am ersten Tag einen sehr netten, gesunden und sympathischen jungen Mann kennen. Er war eine angenehme Erscheinung. Er hatte einen schönen Kopf, einen gut gebauten, schlanken, muskulösen Körper und erschien stets in einem blendendweißen Tennisanzug. Er gefiel mir sogleich – ich ihm auch! Am dritten Tag schlug eine Partnerin ihr Racket ungeschickterweise einem kleinen Balljungen an den Kopf. Das Kind fing bitterlich zu weinen an. Der sympathische junge Mann warf sein Racket sofort weg, rannte zu dem weinenden Knaben hin, nahm ihn auf den Schoß und tröstete ihn. Er kümmerte sich nicht darum, dass das Kind seinen Tennisanzug voll weinte. Er streichelte es, trocknete seine Tränen, gab ihm Geld, bis der Kleine durch seine Tränen lächelte und ans Buffet rannte, um Bonbons zu kaufen.

Mein Herz wurde warm. Oh – dachte ich –, gibt es auch junge Männer, die Herz haben? Ich begann ihn zu lieben …

Im Winter wurde ich seine Braut. Wir liebten einander tief und leidenschaftlich, und ich wartete voll fieberhafter Ungeduld, dass ich mit Leib und Seele, mit meinem ganzen Wesen, seine Frau werden konnte.

Vater wollte, dass ich zuerst mein Studium beende. Ich hatte an der Musikakademie noch ein Jahr zu studieren. So mussten wir warten, und ich übte weiter täglich vier bis fünf Stunden Klavier, lernte Harmonielehre, machte Kammermusik, kurz, alles, was zur Prüfung notwendig war. Jeden Abend verbrachte mein Bräutigam bei uns.

Eines Abends, nachdem mein Bräutigam weggegangen war, legte ich mich nieder und schlief fest ein. Ich schlief, und wie sonst träumte ich allerlei, chaotisch und unbedeutend. Plötzlich hörte ich im Traum einen merkwürdigen, sich rhythmisch wiederholenden Ton, einen Knall, der immer stärker wurde, bis ich mich plötzlich besann und erwachte.

Ich öffne meine Augen und sehe, dass der sich rhythmisch wiederholende Knall von der Geißel des Sklavenführers stammt, der neben mir geht und den Takt schlägt, damit alle Sklaven, die mich ziehen, gleichmäßig im Takt schreiten. Ich liege auf etwas, das wie ein Schlitten auf Schienen langsam weitergleitet. Ich weiß, dass ich gerade aus dem Palast herausgezogen wurde, ich hörte vorhin, wie man eben hinter mir das Tor schloss. Ich will aufspringen – aber ich kann nicht. Ich kann meine Glieder überhaupt nicht bewegen, weil ich vom Hals bis zu den Fußspitzen ganz fest und eng eingeschnürt bin. Ich liege da, wie aus einem Stück gemeißelt, waagerecht, die Hände auf der Brust gekreuzt, die Beine parallel, fest nebeneinander ausgestreckt. Aus meiner Lage kann ich nur vorwärts- und hinaufschauen. Ich schaue in die Richtung meiner Fußspitzen, und ich sehe die im blendenden Sonnenschein schweißglänzenden nackten Rücken der Männer, die, nach vorne gebeugt, in rhythmischen Bewegungen mich immer weiterziehen. Ich erblicke über ihre Rücken hinweg in der Ferne ein Gebäude aus weißem Stein, in dessen Mitte ein tiefschwarzer Fleck sich wie eine Türöffnung abhebt. Das Gebäude zeichnet sich mit seinen im starken Licht blendendweißen Wänden vom tiefdunkelblauen Himmel scharf ab. Wie die Sklaven mich immerzu in jene Richtung ziehen, scheint es sich langsam zu nähern, und der schwarze Fleck wird immer größer.

Ich schaue in den Himmel, dessen Dunkelblau beinahe schwarz ist. Zwei große Vögel kreisen über mir – Störche oder Kraniche?

Das Steingebäude ist schon ganz nahe, der schwarze Fleck ist jetzt sehr groß … ja … er ist tatsächlich eine Öffnung. – Oh! Jetzt erkenne ich es: Wir sind in der Stadt der Toten! … in diesem *Grab*! Da ist es schon, die Sklaven treten hinein, sie verschwinden in der Finsternis … jetzt gleitet die tintenschwarze Öffnung über meinen Kopf hinweg … und nach dem blendenden Sonnenschein verdunkelt sich die Welt um mich herum; es verschwindet alles … ich bin in vollkommener Finsternis! Ein kaltes Entsetzen packt mich, und in meinem Inneren rufe ich lautlos nach Antwort: »Wie lange – wie lange muss ich hier eingesperrt liegen?«

Und ich höre deutlich eine mir wohlbekannte Stimme, die mir den unerbittlichen, unabänderlichen Willen mitteilt:

»Dreitausend Jahre …«

73

Das Entsetzen überwältigt mich.

Ich verliere das Bewusstsein …

Jemand schüttelte mich mit voller Kraft. Ich blickte auf – da trafen meine Augen die Augen meiner Schwester. Sie schüttelte mich und starrte mich erschrocken an.

»Um Gotteswillen«, sagte sie, »was ist mit dir? Du sitzt hier mit weit geöffneten Augen und stöhnst fürchterlich, als ob du sterben würdest. Ist dir schlecht? Soll ich Mutter rufen?«

Ich möchte antworten, aber ich kann keinen Laut aus meiner Kehle hervorbringen. Das eben erlebte Entsetzen presst meine Brust und schnürt meine Kehle zusammen. Ich stöhne und winke, dass sie sich beruhigen soll. Dann falle ich auf mein Kissen zurück und möchte nachdenken, aber ich kann nicht einmal denken. Ich liege da, noch immer entsetzt, und es dauert lange, lange Zeit, bis mein Herz wieder ruhig schlägt, bis ich mich etwas beruhigt habe und meine ganze Situation – wer ich bin und wo ich bin – wieder erfasse. Meine Schwester kauert noch eine Weile neben mir, und als sie sieht, dass ich ruhig liege und immer ruhiger atme, fragt sie nochmals: »Brauchst du nichts?«

Da konnte ich schon einen Ton hervorbringen: »Nein, danke.«

Am nächsten Tag versuchte ich, meine Gedanken zu sammeln und in Ordnung zu bringen. Was war das? Was war das gewesen in der Nacht?! Es sah meinen Visionen aus der Zukunft ähnlich, aber die Zukunft konnte es nicht sein. *In den Zukunftsvisionen bin ich immer dieselbe Person wie im wachen Zustand, aber da war ich eine ganz andere Person!* Ich betrachtete mich lange Zeit im Spiegel und wollte verstehen, wie es möglich sein könne, dass ein und derselbe Mensch gleichzeitig zwei Personen sei? Denn ich bin da, das sehe ich im Spiegel, aber *ich habe jetzt auch ein anderes Bild in mir, welches ich auch in einem Spiegel, ja, in einem riesigen Silberplattenspiegel sah, damals, als ich diese andere Person war!*

Ich bin diejenige, die ich hier bin, aber gleichzeitig bin ich auch jenes Wesen, welches dort, *wo ich zu Hause war,* in ein Grab hineingezogen wurde. Ich erlebte in kaum mehr als einigen Minuten, dass ich jemand war, der ebenso genau wusste, wer er ist, wohin er gehört, wo er zu Hause ist, also sein ganzes Leben im Bewusstsein trägt, wie dies jeder Mensch von sich weiß, auch dann, wenn er gar nicht daran denkt. Plötzlich erlebte ich die Erinnerungen an ein Leben, an ein Heim und wusste genau, dass ich als Kind mit meinem erwachenden Bewusstsein *dieses Heim* gesucht hatte, dass ich dort zu Hause war und den »Großen Herrn«, meinen dortigen Vater und Gemahl, als einen »wirklichen Vater« kannte. Mit den Jahren und mit dem Erkennen meiner jetzigen Situation hatte ich mich in die Vorstellung hineingelebt, dass mein jetziger Vater und meine jetzige Mutter auch »wirkliche« Eltern sind. Das fremde Gefühl hatte mich aber nie verlassen, und jetzt erwachte es mit voller Kraft. Es war nur sehr eigentümlich, dass ich viele Dinge damals, als ich sie erlebte, selbstverständlich fand, jetzt aber ganz anderer Auffassung war. Die zweierlei Auffassungen stießen gegeneinander. So wusste ich etwa, fand es ganz in Ordnung und empfand es sogar als eine Auszeichnung und Ehre, dass ich damals die Tochter und gleichzeitig die Gemahlin meines Vaters – des Pharao – war. Jetzt, als mir dies bewusst wurde, verabscheute ich es, weil meine Erziehung mir ganz andere moralische Auffassungen eingeprägt hatte. Aber damals war das nicht unmoralisch, sondern selbstverständlich. Denn, wenn die Frau des Pharao starb und er keine Schwester hatte, erhob er seine eigene Tochter zur Frau neben sich. Er hätte doch keine andere Frau, die *nicht* zur Familie des Pharao gehörte, *über* seine eigene, aus der Familie des lebendigen Pharao stammende Tochter stellen können! Und wer sollte den Platz der königlichen Frau erfüllen und mit dem Pharao repräsentieren, wenn nicht das in der Rangfolge nächste weibliche Mitglied der Familie – die Tochter? Was wäre dabei unmoralisch? Es wäre unmoralisch gewesen, eine fremde Frau in die Familie zu bringen. Ich erinnerte mich an viele Dinge, besonders an den Tempel, wohin ich sehr oft ging – aber vieles war auch unklar, besonders daran konnte ich mich nicht erinnern, wieso ich so fest zusammengeschnürt in diesen Sarg zu liegen kam. Warum zog man mich in ein Grab hinein? Und *wem* gehörte diese bekannte Stimme? Wem? Eine Wand stand da vor meiner Erinnerung, und wenn ich weiterforschen und nachdenken wollte, stieß mich etwas, wie ein elektrischer Schlag, zurück. Ich konnte nicht zurückdenken!

Am anderen Morgen sagte ich beim Familientisch zu meinem Vater: »Vater, ich lernte in der Schule, dass die Pyramiden Königsgräber sind. Das ist nicht wahr! Die Pyramiden waren nicht alle Gräber, sondern etwas ganz anderes. Die Toten hat man außerhalb der Stadt in einer Gräberstadt begraben. Man hat die Toten aus dem königlichen Palast auf einem schlittenartigen Sarg dorthin gezogen, wo sie dann eingemauert wurden. Das Grab wurde mit einer Steintür verschlossen.«

Vater schaute mich erstaunt an und fragte: »Woher willst du das alles so genau wissen, wenn alle Ägyptologen sagen, dass die Pyramiden Königsgräber sind? Wir hörten dagegen nichts über die Stadt der Toten.« »Ich weiß es dennoch ganz genau, Vater, dass es so ist«, antwortete ich, ganz selbstbewusst.

»So, woher?«, fragte Vater, und alle schauten neugierig auf mich.

»Ich weiß es selbst nicht, ich kann es nicht erklären«, sagte ich und erzählte meine nächtliche Vision. Vater hörte mir aufmerksam zu und sah, dass ich auch jetzt noch, als ich es erzählte, vor Entsetzen zitterte. Er sah, dass ich etwas Erlebtes erzählte, und sagte endlich: »Shakespeare sagt im *Hamlet*: ›Es gibt mehr Ding im Himmel und auf Erden, als Eure Schulweisheit sich träumt, Horatio.‹ Es wird heutzutage über vererbte Erinnerungen gesprochen, an welche ich nicht glaube. Ich möchte wissen, wie könnte sich die ganze Geschichte einer Familie, zurückgehend auf unzählige Ahnen, in einer einzigen, winzigen Zelle verbergen? Die Wissenschaftler stellen Hypothesen auf, die sich alle zwanzig Jahre ändern. Ich rate dir aber, beschäftige dich nicht mit diesen Dingen und denke nicht mehr an deinen Traum – oder deine Vision – oder was immer es sonst gewesen sein mag. Das geht auf die Nerven, und am Ende wirst du überschnappen. Bleibe nur schön auf der nüchternen Erde und lasse diese Geschichte mit deinem ägyptischen Begräbnis in Ruhe. Vielleicht hast du etwas darüber gelesen?«

»Nein, Vater, ich habe überhaupt noch gar nichts über Ägypten gelesen oder gehört, nur so viel, wie man uns in der Schule über ägyptische Geschichte lehrte. Es interessierte mich gar nicht. Aber in der Schule lernte ich Dinge über Ägypten, die ganz anders waren, als ich sie in meiner Vision erlebte. Ich kann mir nicht erklären, was mein Erlebnis bedeuten soll, denn ich habe das sichere Gefühl, dass es irgendwie dennoch vollkommen objektiv richtig gewesen ist. Das Wesen, welches ich im Traum war, existierte, dessen bin ich absolut gewiss, nur kann ich mir nicht erklären, wie es möglich ist, dass diese Person hier in meiner Haut *ich bin*. Und wer war jene? Ich verstehe es nicht. Kann das möglich sein, dass der Mensch öfters lebt?«

»Bekommen wir noch Obst?«, wandte sich Vater plötzlich an Mutter. Man brachte Früchte, und die Familie sprach über andere Dinge.

Als ich mich abends niederlegte, war ich neugierig, ob ich in der Nacht mich wieder in dieses andere »Ich« hineinträumen würde. Aber die Erscheinung wiederholte sich nicht. Viele, viele Tage wartete ich – ich versuchte sogar, mich hineinzuträumen. Doch es gelang nicht. Der Traum wiederholte sich nicht mehr.

Langsam vergaß ich ihn. Ich dachte nicht mehr daran. Meine nüchterne Natur schloss Fantasien aus. Ich übte Klavier, malte Porträts, lernte und erwartete jeden Abend meinen Bräutigam … Und so verlief dieses Jahr.

Zweite Begegnung mit dem Tod

Endlich war der Tag meiner Hochzeit. Es erscheint mir heute wie ein Traum, dass ich in meinem weißen Schleppenkleid, mit dem Spitzenschleier auf dem Kopf, in unseren Salon trete und meine Hand auf den Arm meines in Gala gekleideten Bräutigams lege. Wir werden fotografiert, was mich ärgert und nervös macht. Dann gehen wir die Treppen hinunter, steigen in den mit Blumen geschmückten Wagen. Uns folgen Grete und meine Cousine in rosaseidenen Kleidern, begleitet von den zwei Vettern, mit welchen wir einst die »ewige Freundschaft« geschlossen hatten. Beide sind jetzt fesche junge Offiziere. Dann folgen mein Bruder mit seinem traurig-ernsten Gesicht, er ist vierzehn, und das kleine vierjährige Schwesterchen, hübsch wie eine Puppe. Sie blickt überlegen-keck auf die vielen Erwachsenen. Dann eine Menge Verwandte, da ist meine schöne Tante Raphaela, gekleidet wie eine Königin, dann die Mutter meines Bräutigams und endlich meine Mutter, noch immer strahlend schön und jung, mit Vater, der in Frack und Zylinder eine elegante, alle Frauen erobernde Erscheinung ist. Aber als er sieht, dass ich mich über seinen Zylinder lustig mache, lächelt er mir schelmisch zu, denn er findet diese Formalitäten genauso lächerlich wie ich. Wenn er wüsste, wie ich unter meinen bis zu den Achseln reichenden Handschuhen leide! Am liebsten möchte ich sie herunterreißen – sie hindern mich in meiner Freiheit. Es scheint mir, mit dem Blumenstrauß in den Händen, an der Seite meines Bräutigams mit der Blume im Knopfloch, wir seien zwei blumengeschmückte Opfertiere, die unter der Tyrannei der allmächtigen »Sitte« dieses Theater mitmachen müssen. Am liebsten wäre ich weggelaufen, damit der Chor der alten Tanten, Onkel, Bekannten und fremden Zuschauer uns nicht wie zwei Ausstellungspuppen mustern könne. Ich weiß, dass sie jetzt alle an *das* denken, was ich als das allerhöchste Sakrament betrachte: Die Erfüllung der Liebe. Aber mit welchem Unterschied der Auffassung! Und ich weiß, dass bestimmte Verwandte sich über uns blöde Witze zuflüstern. Aber ich kann nicht entfliehen, die lange Reihe der Wagen rollt schon der Kirche zu – wir gehen hinein und stehen vor dem Altar. Ich versuche, sentimental und gerührt zu sein – es gelingt mir nicht. Ich bin nüchtern wie immer. Ich höre mit Geduld zu, wie der Freund unserer Familie, der Geistliche, schöne und gescheite Dinge redet. Er schaut mich an, und ich sehe in seinen Augen, wie er gerade daran denkt, wie ich ihn gebeten hatte, keine lange und langweilige Traurede zu halten, sonst würde ich laut und mit offenem Mund gähnen. Mutter war damals über meine grenzenlose Frechheit empört, doch ich hatte erreicht, dass der Geistliche eine weise, aber kurze Rede hielt. Gott sei Dank! Noch nie hat eine lange Traurede eine Ehe glücklich gemacht!

Nach der Rede stürzt sich die Schar unserer Verwandtschaft und Freunde auf uns, man küsst, umarmt und presst uns eine dreiviertel Stunde lang unablässig, wobei die alten Herren die Gelegenheit recht ausnützen, die junge Braut tüchtig von allen Seiten zu küssen und an sich zu drücken, was ich mit stillem Ekel erdulde – dann war auch das zu Ende. Wir hatten nur noch das Hochzeitsbankett zu ertragen. Endlich nehmen die Verwandten und Freunde Abschied, ich ziehe mich um und beginne mit meinem »Mann« die Hochzeitsreise.

Als ich nach der langen Wartezeit die Frau meines Geliebten wurde, erlebte ich das höchste Glück, das ich mir vorgestellt hatte. Ich erreichte, was ich wollte, ich wurde vor Gott und den Menschen seine Frau. Es gab zwischen uns keine »Nicht-erlaubt«-Verbotstafel mehr. Ich liebte ihn leidenschaftlich, mit meinem ganzen Wesen, und er liebte mich genauso. Ich erlebte höchste Erfüllung in der Liebe – im Körper und in der Seele.

Und dann brach in mir alles zusammen.

Ich stieß meinen Kopf noch stärker an die schwarze Wand, auf die ich schon einmal zugegangen war – ich begegnete dem Tod zum zweiten Mal in meinem Leben. Diesmal war aber die Begegnung eine viel schwerere …

Solange ich nach dem Glück Ausschau hielt, hatte ich einen Fixpunkt in der Zukunft, auf den ich zuging. Ich hatte etwas, worauf ich wartete. Als sich aber das Erwartete verwirklichte, wurde die Zukunft plötzlich leer. Ich fiel in ein Vakuum, denn ich wusste nicht, worauf ich noch zu warten hatte; was sollte die Zukunft meines Lebens für mich noch bereithalten? Ich hatte alles erreicht. Was außerdem noch kommen konnte, war höchstens dazu gut, die übrige Zeit auszufüllen. Die *übrige Zeit*? Bis wann? Und die Antwort war: *Bis zum Tod!*

Ich musste anerkennen, dass, was immer ich noch in diesem Leben tun oder erreichen wollte, was immer das Schicksal mir bringen sollte, es würde nichts ändern, dass ich und alle anderen Menschen nur in eine Richtung gingen – wir können gar nicht in eine anderen Richtung gehen, sondern nur in diese eine – dem Tod zu! Wie lange es dauert, bis wir dort ankommen, kann kein Mensch vorauswissen, aber einmal fällt alles in dieses Loch.

Ich musste erkennen, dass auch unsere Liebe nicht bis in die Ewigkeit dauern konnte, und zwar aus dem Grunde nicht, weil früher oder später einer von uns sterben musste. Dann war das Glück vorüber. Wenn ich mit meinem Mann zusammen war und in seine schönen, voller Liebe glühenden Augen schaute, presste eine kalte Hand meine Kehle zusammen, und ich hörte in mir die Frage: »Wie lange wirst du diese schönen Augen sehen dürfen? Was kommt in der Zukunft? Selbst wenn du noch so glücklich bist, dass du lange, außergewöhnlich lange mit ihm leben wirst, wird doch das Ende früher oder später nur dasselbe sein, es kann nur das eine sein: Entweder muss er deine Augen óder du die seinen schließen! Dann verliert ihr einander, dann müsst ihr voneinander Abschied nehmen. Die Zeit eilt unglaublich rasch dahin, ob das Ende nach kurzer oder nach langer Zeit eintrifft, spielt keine große Rolle. Das größte Glück, die größte Liebe – alles muss einmal ein Ende nehmen, und ihr werdet einander und alles, was schön und gut war, verlieren …«

Ich schaute in die schönen Augen meines Geliebten und hörte unterdessen *dieser* Stimme zu. Ich wusste, wenn ich sie so noch *nicht* hören wollte, *ich würde sie hören*, ich konnte sie nicht verstummen lassen, *weil sie Recht hatte, sie sprach die Wahrheit!*

Ich habe oft erfahren, dass die Menschen so tun, als ob alles ewig bleiben würde. Sie denken einfach nicht an die Zukunft. Die meisten leben mit der Einstellung, als ob sie nie sterben müssten und auch diejenigen, die sie lieben, keine sterblichen Wesen wären. Sie wollen nicht anerkennen, dass jedes Zusammensein hier auf Erden nur ein Geschenk von kurzer Dauer ist, da es einmal aufhören *muss*! Früher oder später stirbt der eine oder der andere, und dann ist alles aus. Die Menschen wollen nicht daran denken. Aber ob sie daran denken oder nicht – *es ist so*! Kein Mensch kann es leugnen. Aber was für einen Sinn hat es dann, glücklich zu sein, wenn das Schicksal dieses Geschenk einst unabdingbar wegnimmt? Wozu ist es dann gut? Um nachher noch unglücklicher zu werden? Man kämpft um das Glück, und wenn man es erreicht hat, dann weiß man schon im voraus, dass man es verlieren *muss*. Je größer das Glück, desto größer der Verlust. Als ich noch nicht so glücklich war, war ich eigentlich viel glücklicher, *weil ich die Möglichkeit, das Glück zu verlieren, noch nicht hatte!* So stellt es sich heraus, dass nur derjenige glücklich ist und bleibt, der nie glücklich war! Was für ein schrecklicher Widerspruch! Und warum ist das so? Weil alles nur eine Zeit lang dauert, weil nichts ewig bleibt, weil alles stirbt, alles vergeht, alles vergehen muss!

Oh Zeit! Oh Vergänglichkeit! Wie lange werde ich noch unter deiner Herrschafft leiden müssen? Wie oft werde ich noch meinen Kopf an deine schwarze, undurchdringliche Wand schlagen? Du hast mir jede meiner glücklichen Minuten vergiftet, weil es mir immer bewusst blieb, dass in dem Moment, als ich etwas hatte, es auch schon verloren war, denn es musste ein Ende nehmen.

Und jetzt danke ich dir, *Vergänglichkeit!* Denn dadurch, dass du mich nie eine Minute lang ein zeitliches, vergängliches Glück genießen ließest – durch dieses ständige Leiden fand ich die *unvergängliche, unendliche Ewigkeit*, das ewige, göttliche *Sein* selbst!

Damals ahnte ich aber all das noch nicht. Auch wusste ich nicht, dass dieser Zustand, in dem der Mensch sich wie in einer Wüste befindet und in der Tiefe seiner Seele nach Hilfe schreit, der Vorläufer der Erlösung ist. Wie es in dem heiligen Buch – der Bibel – geschrieben steht:»Ich bin die Stimme eines Schreienden in der Wüste. Ich richte den Weg des Herrn. Ich taufe euch mit Wasser; der aber nach mir kommt, ist stärker denn ich, dem ich auch nicht würdig bin, die Schuhriemen zu lösen; der wird euch mit dem Heiligen Geist und mit Feuer taufen.«

Damals irrte ich noch in der Wüste, schrie lautlos um Hilfe und vergoss unsichtbare Tränen. Ich wurde mit Wasser getauft – mit Tränen – und wusste nicht, dass die Zeit nahe war, wo ich das ewige *Sein* kennenlernen würde. Denn auf diesen Zustand folgt *der*, welcher von sich sagt:»*Ich bin die Auferstehung und das Leben; wer an mich glaubet, der wird leben, ob er gleich stürbe*« – und tauft mit Heiligem Geist und Feuer …

Er war aber noch nicht da, ich erlebte noch den Johannes-Zustand, ich schrie in der Wüste nach Hilfe, denn ich war mit meiner Verzweiflung ganz allein, wie in einer Wüste … Meinem Mann wollte ich von meiner Verzweiflung nichts sagen. Er war restlos glücklich und hätte mich gar nicht verstehen können. Wenn er keine solchen Gedanken hatte, *wenn er noch den Traum der Sterblichen träumte*, wozu ihn erwecken und ihn auch unglücklich machen? Ich sah für meinen Zustand keine Lösung, denn kein Mensch hätte sagen können, dass ich nicht Recht hatte. Er hätte höchstens anerkennen müssen, dass eben alles vergänglich ist und als einziger Trost bleibt,»nicht daran zu denken«. Mich befriedigte es aber nicht, die Wirklichkeit einfach zu übersehen. Noch weniger befriedigten mich die Märchen der Religion über das»Jenseits« und über die»andere Welt«. Das waren Fantasiebilder, um die Menschen zu betäuben. Glücklich, wer sie glauben kann – aber ein denkender Mensch will Beweise haben. Ich trug einen ständigen seelischen Druck in mir, ohne mich davon befreien zu können. Ein ständiger seelischer Druck äußert sich aber früher oder später im Körper ...

FINSTERNIS

Ich glich in meiner Gestalt und Konstitution meinem Vater. Auch ich war hochgewachsen, meine Haare waren, wenn auch nicht tiefschwarz wie seine, so doch dunkelbraun, und die Hautfarbe war nicht so rosig wie die meiner Mutter, sondern blass wie die meines Vaters. Nur meine Augen waren nicht schwarz, sondern dunkelblau.

Nach meiner Heirat wurde ich noch blasser und auffallend mager. Ich konnte mich mit dem Gedanken der Zeitlichkeit und Vergänglichkeit nicht versöhnen und nie ganz frei und glücklich aufatmen. Der ständige Druck auf meiner Seele wirkte natürlich sehr schädlich auf meine körperliche Verfassung.

Eines Abends legte ich mich vollkommen gesund nieder. In der Frühe, als ich meine Augen öffnete, schaute ich unwillkürlich an die Zimmerdecke. Zu meiner größten Überraschung erblickte ich dort einen dicken schwarzen Strich. Ich war so erstaunt, dass ich mich im Bett plötzlich aufsetzte. Ich wollte genauer sehen, was dieser eigentümliche schwarze Strich sei. Da schleuderte der schwarze Strich nach oben und sank dann wieder langsam herunter.

Mein Herz blieb vor Schreck stehen. Ich erkannte, dass der Strich nicht auf der Decke, sondern in meinem Auge war. Ich machte meine Augen abwechselnd auf und zu, schaute einmal mit dem rechten, dann mit dem linken Auge, da stellte es sich heraus, dass der schwarze Strich nur im Inneren meines rechten Auges sichtbar wurde.

Ich hatte einmal von einer Augenstörung gehört, die man »mouches volantes« nannte. Man sieht vor den Augen kleine schwarze Punkte tanzen, als ob Fliegen durcheinander fliegen würden. Wie ich hörte, waren das nervöse Erscheinungen und nicht gefährlich. Ich versuchte zu beobachten, ob ich vielleicht diese »mouches volantes« sähe. Ich schaute aufwärts und abwärts – doch der schwarze Strich bewegte sich genau nach dem Gesetz der Gravitation. Es schien, als ob ein dicker schwarzer Faden an einem Ende irgendwo angebunden wäre. Der übrige Teil blieb frei, und bei jeder Bewegung meines Auges bewegte er sich mit. Es war keine nervöse Täuschung, sondern objektiv, physisch begründet!

Nun begann der Kreuzweg, den ein jeder kennt, über welchen ein körperliches Elend hereinbricht, vor dem die menschliche Wissenschaft versagt.

Ich ging von einem berühmten Professor zum anderen, und das Resultat war die Feststellung, dass mein Auge nicht geheilt werden könne, weil die Erscheinungen nicht von einer organischen Krankheit her stammten. Der eine sagte mir:»Das ist überhaupt keine Krankheit, und darum kann man es nicht heilen. Das ist eine Alterserscheinung, die sehr, sehr selten auch bei ganz jungen Leuten auftreten kann. Dieselbe Erscheinung, wie wenn ein junger Mensch durch einen fortdauernden seelischen Druck weiße Haare bekommt. Wie könnte man auch diesen Prozess heilen? Er kann stehen bleiben, wenn der seelische Druck aufhört. Aber heilen? Heilen kann man Krankheiten. Gegen diese Augenstörung ist die heutige Wissenschaft machtlos. Bei alten Menschen ist das nicht gefährlich, denn sie entwickelt sich sehr langsam weiter. Bei jungen ist sie unberechenbar. Ihre Augen sind organisch vollkommen gesund, aber überempfindlich. Sie konnten von der Versuchstafel alle Buchstaben lesen, selbst die Angaben über den Druckort der Tafel. Solche Augen findet man unter Tausenden einmal. Die Apperzeptionsfähigkeit ist auch abnorm stark. Die Lichtempfindlichkeit ist so groß, dass Sie bei einer Beleuchtung, bei der ein Durchschnittsmensch nicht einmal sieht, wie viel Finger ich vor sein Gesicht halte, noch den kleinsten Druck fließend lesen konnten. Solche Augen findet man nur bei manchen Matrosen, die aus einer unglaublichen Entfernung von einem Kirchturm am Ufer ablesen können, welche Stunde der Uhrzeiger zeigt. Die leben aber ständig in salziger Meerluft, sind nicht nervös und haben keinen seelischen Druck. Die Matrosen haben genügend Widerstandskraft, um dieser Sensibilität der Augen das Gleichgewicht zu halten. Sie aber, kleine Frau, leben in einer Großstadtluft und haben wenig Widerstandskraft, da Sie übertrieben mager und durchsichtig sind. Sagen Sie, leiden Sie nicht unter irgendeinem ständigen seelischen Druck?«

»Nein, Herr Professor«, antwortete ich,»ich bin vollkommen glücklich.«

Wie hätte ich ihm erklären können, dass die Last, die mich so wahnsinnig bedrückte, die Vergänglichkeit war?! Dass ich mit der Zeit kämpfte, die unerbittlich läuft und alle Lebewesen und ihr Glück zur Verwesung, in die Vernichtung mit sich schleppt – in den Tod hineinstößt?

Und wenn ich es auch gesagt hätte, wie hätte er mich davon befreien können? Lieber fragte ich ihn etwas anderes:»Herr Professor, kann dieses Symptom auch auf das andere Auge übergreifen?«
»Wie kann ich das wissen? Wir hoffen, dass die Salzinjektionen, die Sie bekommen, helfen werden und das Exsudat aufgesaugt wird. Auch hoffen wir, dass das andere Auge nicht angegriffen wird. Aber prophezeien kann ich es nicht, noch weniger garantieren. Essen Sie gut, sorgen Sie dafür, dass Ihre Blutarmut verschwindet und die Widerstandskraft der Augen gesteigert wird. Für alle Fälle tragen Sie bei Sonnenschein eine dunkle Brille, damit die Aderhaut sich beruhigt, ruhen Sie viel – und wir wollen hoffen, dass Ihr Auge in Ordnung kommt.«

Das genügte mir. Ich ging mit meinem Mann zu meinen Eltern, und es war mir, als ob statt meiner dies alles jemand anderer erlebt hätte. Ich hörte zu, wie dieser Jemand auf die Fragen meiner Eltern antwortete, schaute zu, wie dieser Jemand das Abendbrot aß; alles war so verändert, so merkwürdig geworden. Alle Familienmitglieder waren sehr aufgeregt, aber sie wollten es mir nicht zeigen, sondern strengten sich an, fröhlich zu scheinen. Mutter wollte mich trösten:»Sei ruhig, es wird alles wieder gut. In der Familie hat weder von meiner noch von der väterlichen Seite jemand eine Augenkrankheit gehabt. Dein Auge wird auch bald wieder gesund. *Denke nicht daran!*«

Oh! Wie oft hörte ich noch dieselben Worte von verschiedenen mich liebenden Menschen, die mich trösten wollten.»Denke nicht daran!« Wie sollte ich an etwas, das ständig vor meinen Augen tanzte, nicht denken?! Wie kann ich es vergessen, wenn der schwarze Faden, wohin ich auch schaue, hineinhängt und einen Teil des gesehenen Bildes bedeckt und stört? Wenn ich jemanden anblickte, lag der schwarze Strich einmal auf seiner Nase oder auf seiner Stirn, dann sank er langsam herunter auf seinen Mund. Und später, als die schwarzen Flecken in meinem Auge sich fortwährend vermehrten, sah ich alles wie durch ein schmutziges, zerfetztes Netz. Wie sollte man nicht daran denken?

In den ersten Tagen fühlte ich mich, als wenn ein mächtiger Felsblock auf meinen Kopf gestürzt wäre, so dass ich ganz flach gedrückt, ganz vernichtet blieb. Ich konnte es nicht fassen: *Meine* Augen in ernster Gefahr? Eine Alterserscheinung? Unmöglich! Das ist unmöglich! Das ist ein böser Traum, aus dem ich erwachen muss. Dann kann ich, von diesem Albdruck befreit, wieder leicht und frei aufatmen.

Aber das Erwachen aus diesem Albdruck blieb aus. Ich saß vor meinem

Spiegel und schaute mich forschend an. Es schaute ein kindliches Gesicht mit seinen großen dunkelblauen Augen auf mich zurück. Und *diese* Augen wiesen Alterserscheinungen auf? Ich war doch ganz jung, ich fing mein Leben überhaupt erst an! Und schon altern? Ja, dort oben auf dem Berg, als ich zum ersten Mal meinen Kopf an die Wand des Todes schlug, rechnete ich damit ab, dass alles vergänglich ist. Aber geht das so schnell? So unerwartet? Damals beruhigte ich mich, dass ich noch Zeit hätte, ja, viel, viel Zeit! Sollte sie jetzt schon vergangen sein? Ist es möglich, dass der Körper nicht gleichzeitig alt wird, sondern gerade ein so wertvolles Organ wie das Auge viel früher zugrunde gehen kann – und der Körper eventuell noch lange Zeit weiterlebt – aber ohne die Augen gebrauchen zu können? Blind? – Entsetzlich! – Entsetzlich!

Nein! Das konnte ich nicht aushalten! Ich wollte weglaufen … entfliehen … Aber wohin? Mein Unglück, die schwarzen Flecken in meinem Auge, kam mit, ich trug es mit mir, wohin ich auch laufen mochte …

Ich verfiel in eine abgrundtiefe Verzweiflung, die nur Menschen, die ähnliche Dinge erlebt haben, verstehen können. Oh, wie mein Herz schmerzte, wenn ich blinde Menschen sah. Wie ich sie verstand! – Ich konnte meine Verzweiflung keine Minute, keinen Augenblick vergessen. Die schwarzen Flecken flatterten ständig vor meiner Nase und änderten sich mit der Zeit. Ich beobachtete sie fortdauernd. Es wurde mir zur Gewohnheit, dass ich am Morgen, wenn ich aufwachte, sofort meine Augen zu untersuchen anfing.

Ist es schlimmer geworden? – Kann ich noch die kleinen Buchstaben mit dem rechten Auge sehen? – Und wenn nicht, wenn ich mit unbeschreiblichem Schreck konstatieren musste, dass es wieder schlechter geworden war, schoss mir das Blut in den Kopf, und mit Herzklopfen forschte ich weiter, um wie viel es sich verschlechtert hatte.

Oh Beethoven! – In diesen Tagen verstand ich deine Verzweiflung über das Ertauben deiner Ohren! Du kanntest diesen Zustand, diese Panik, in der man das Gefühl bekommt – jetzt kann ich es nicht mehr ertragen. Ich muss fliehen, ich muss diesem entsetzlichen Leiden entrinnen. Ja! Aber wohin? Das Unglück läuft mit! Man kann es nicht loswerden, man kann nicht aus der eigenen Haut herausfahren! Man muss sein Unglück überall mittragen.

Meine Verzweiflung über die Vergänglichkeit war nicht genug, jetzt trug ich wie ein ewiges »Memento« an die Verwesung, an den Tod, diese schwarzen Flecken vor meinen Augen. Ich hatte manchmal das Gefühl, dass ich von diesen herumtanzenden schwarzen Flecken wahnsinnig würde. Aber es gab kein Erbarmen!

Nie mehr konnte ich mich über etwas wirklich freuen. Mein Mann tat alles, damit ich den Zustand meines Auges vergäße. Aber was immer er auch tat, was immer er mir zum Geschenk brachte –, ich konnte mich nicht freuen. In allem sah ich die Vergänglichkeit, denn in allem sah ich auch die schwarzen Flecken. Wie die Karthäusermönche, welche die zwei Buchstaben »M«»M« in ihren Handflächen als Anfangsbuchstaben der Worte »*Memento Mori*« betrachten müssen, so erinnerten mich die schwarzen Flecken in meinem Auge ständig an das Erblinden – an den Tod!

Wenn mein Mann mich in eine schöne Gegend brachte, dachte ich mir: »Wie lange werde ich noch den Sonnenschein, die Berge, die Wiesen, den Himmel, die ganze Natur sehen können?« Wenn ich im Opernhaus eine prachtvolle Vorstellung sah, dachte ich: »Wie lange kann ich noch die schönen Vorstellungen, die feinen Bewegungen der Balletttänzerinnen sehen?« Tiefe, von der grausamen Realität hervorgerufene Verzweiflung hatte mich erfasst, denn der Prozess hatte, wenn auch in vermindertem Maße, auch schon im anderen Auge begonnen. Ich hatte also alle Aussicht, blind zu werden. Und ich konnte mich nicht einmal tüchtig ausweinen. Ich hatte auch sonst nie leicht geweint. Das Weinen betrachtete ich als vollkommen nutzlos, als ein Selbstbedauern; ein Selbstmitleid, das ich unter meiner Würde fand. Jetzt war mir das Weinen ein für allemal verboten, denn es hätte meinen Augen außerordentlich geschadet. Ich trug meine Verzweiflung ohne äußere Zeichen, ich sprach nicht darüber. Eines sah ich nämlich ein: Wenn ich mit meiner Umgebung ständig über den Zustand meiner Augen sprach, würde diese ebenso unter dem seelischen Druck leiden wie ich. Und da der Mensch instinktiv von allem, was ihm unangenehm ist und schadet, loskommen will, so werden sie in ihrem Unterbewusstsein auch von mir loskommen wollen. Ich wollte mit meinem Jammer nicht unangenehm und langweilig werden. Im Gegenteil! Ich war immer lustig und humorvoll wie ein Clown, der unter seiner Maske die tiefste Melancholie verbirgt. So trug ich mein Elend stumm in mir.

Dieser Schlag vernichtete auch meine künstlerischen Ambitionen. Neben dem Klavierspiel übte ich mich schon seit vielen Jahren sehr fleißig auch im Zeichnen und Malen, und meine Lehrer erwarteten sehr viel von mir. Das Malen machte mir große Freude. Jetzt aber war alles aus! Wenn ich malen wollte, sah ich ständig die schwarzen Flecken vor meinen Augen tanzen; das störte mich und machte mich außerordentlich nervös, so dass ich mich beherrschen musste, um die Pinsel nicht wegzuwerfen. Ich hatte keine Energie mehr, es lähmte mich auch der Gedanke, dass ich, wenn ich mir mit der Zeit einen Namen erwerben und großen Erfolg haben würde, wegen Erblindung alles, was ich erreicht hätte, bald aufgeben müsste. Nein! Dann gab ich die bildende Kunst lieber gleich ganz auf. Ich übte lieber wieder mehr Klavier, da man Klavier auch blind spielen konnte.

Und ich übte Klavier mit geschlossenen Augen ... Ich ging im Zimmer umher und versuchte die verschiedenen Dinge zu finden – mit geschlossenen Augen. Ich versuchte mich anzuziehen und zu kämmen – mit geschlossenen Augen, damit die Blindheit, wenn es notwendig sein würde, mich nicht unvorbereitet fände. Außerdem aber auch deshalb, weil durch das Schließen der Augen sich die einzige Möglichkeit bot, die schwarzen Flecken nicht fortwährend vor meinen Augen tanzen sehen zu müssen. Es war meine einzige Rettung ...

Die Salzinjektionen waren zudem eine große Prüfung. Die Nerven wollen, dass die Augen schon vor der Möglichkeit der Gefahr geschützt werden. Die Augenlider schließen sich reflexartig, wenn man vor den Augen etwas auch nur bewegt. Ich musste diese natürlichen Reflexe in mir besiegen und dagegen arbeiten. Ich musste mein Auge bewegungslos offenhalten und *zuschauen* – denn wenn die Augen offen sind, sehen sie, ob man will oder nicht –, wie der Arzt mit der Nadel in das Auge sticht. Ich musste das zwanzig Mal aushalten. Ich wusste nicht, dass dies, *die natürlichen Instinkte zu besiegen, die stärksten Yoga-Übungen sind*, da dabei das Ich über den Körper Herr bleiben muss. Ich wurde durch das Schicksal dazu gezwungen und erlangte dadurch eine außergewöhnliche Herrschaft über meine Nerven. Aber damals, als mich der Arzt das erste Mal nach der Salzinjektion zur Tür führte, musste ich mich sehr zusammennehmen, um nicht zu taumeln. Und das Lächeln, womit ich von ihm Abschied nahm, gelang mir nur schwer. Ich hatte das Gefühl, dass meine Mundmuskeln knackten, als ob sie rostig geworden wären. Dabei nützten die Injektionen nichts.

Ich ging zu keinem Professor mehr – ich wurde immer hoffnungsloser. Jeder sagte dasselbe. Keine organische Krankheit, die Augen sind vollkommen gesund – nur der Glaskörper wird trüb. Ich sah täglich schlechter. Ist es nicht gleich, ob man mit einem kranken oder mit einem gesunden Auge blind wird? Ich musste das unvermeidlich Scheinende annehmen.

Ich sollte mich ergeben. Aber ich konnte nicht! Wie kann ein Mensch sich ergeben, wie kann er es in Ordnung finden, dass er blind wird? Wir zwei, die Unveränderlichkeit und ich, waren zusammengestoßen. Es war keine Frage, dass ich unterliegen musste. Ich konnte nicht nachgeben – so musste ich vernichtet werden ...

In jener Nacht, als der schwarze Strich vor meinem Auge sich das erste Mal zeigte, wurde *ich* erschlagen. Nur bemerkte ich es nicht gleich. Dieses lustige, freche, eitle, auf Sinnlichkeit eingestellte junge Wesen, das eine berühmte, gefeierte, große Künstlerin und eine schöne, heiß geliebte Frau sein wollte, wurde vernichtet. Meine verborgene Einstellung dem Leben gegenüber, die schon damals auf dem Berg, bei der ersten Begegnung mit dem Tod, sich zeigte, kam jetzt mit voller Kraft zum Vorschein. Jetzt konnte ich nicht – und wollte auch nicht – die Stimme, die mich ständig an die Vergänglichkeit erinnerte, verstummen lassen ... Und als ich mich von dieser Stimme nicht mehr abwenden wollte, sondern mit voller Aufmerksamkeit hinhorchte, erkannte ich nach und nach immer mehr eine wohlbekannte und heiß geliebte Stimme: *Seine* Stimme ...

WENDE

Eines Vormittags kam ich aus der Stadt allein nach Hause. In unserer Straße standen Villen in schön gepflegten Gärten. Die Sonne schien wunderbar, alles war voller Blumen, die Vögel sangen fröhlich, und ich dachte an die Worte von Don Carlos:»O Königin, das Leben ist so schön!«»Ja«, fügte ich hinzu,»wenn meine Augen nicht ihr Licht verlieren würden!«

Da hörte ich in mir die Stimme ganz deutlich, wie sie mich fragte:»Bist du schon blind? Siehst du die Welt, den Himmel, die Bäume, die Blumen nicht mehr?«

»Doch«, antwortete ich in mir und schaute mich um,»ich sehe noch alles ganz klar«, und es fiel mir ein, dass vor einigen Tagen der Professor, als ich wieder einmal bei ihm war, um meine Augen kontrollieren zu lassen, sagte:»Ja, das rechte Auge ist ziemlich trüb und undurchsichtig geworden, aber mit dem anderen sehen Sie noch immer viel mehr und viel besser, als es Durchschnittsmenschen mit beiden Augen tun.«

»Wenn du also noch so gut siehst, warum bist du dann so verzweifelt, als ob du schon blind wärest? Warum schon jetzt verzweifeln? Nehmen wir an, dass du während der zweiten Hälfte deines Lebens erblindet leben wirst. Wenn du schon jetzt verzweifelt bist, während du noch gut siehst, so wirst du in *beiden* Hälften deines Lebens verzweifelt und versauert sein! Außerdem, bist du denn ganz sicher, dass unbedingt Blindheit auf dich wartet? Vielleicht stirbst du, bevor die Blindheit tatsächlich eintritt, und in diesem Fall warst du umsonst während Wochen, Monaten und Jahren verzweifelt, und dabei hast du während dieser Zeit alles – abgesehen von den störenden Flecken – doch klar und tadellos gesehen! Was für ein Unsinn, sich wegen Dingen Sorge zu machen, die überhaupt noch nicht da sind! Zukunft? Weißt du denn, was Zukunft ist? Geschehnisse, *die noch nicht da sind.* Warum verdirbst du dir dann wegen *nicht existierender Dinge* die Lust am Dasein? Dein Heute ist gar nicht schlecht. Freue dich deines Lebens, dann hast du auch viel mehr Aussichten, deine Augen wieder gesund zu machen. Diese Depression beschleunigt nur noch den ganzen Prozess, der in deinen Augen vorgeht. Genieße die Gegenwart und denke daran: *Wenn deine geistige Blindheit aufhört, werden auch deine körperlichen Augen sehend!*«

Ach, wie recht hatte diese gesegnete Stimme! Ich ahnte in den Augenblicken der tiefsten Verzweiflung, dass die schwarzen Flecken in meinen Augen meine *innere* Finsternis, meine *geistige* Blindheit, offenbarten. Aber wie sollte ich meine geistige Blindheit aufheben? Gerade das war es, was meine Seele entsetzlich drückte, dass ich mich gegenüber dem Geheimnis des Lebens und Todes vollkommen blind fühlte. Ich weilte in der inneren Finsternis, weil ich überall den Tod sah und den Sinn des Lebens nicht erfassen konnte. Ich wollte »sehend« werden, das war mein höchster Wunsch – aber wie?

Und die Stimme antwortete: »Suchet, und es wird euch gegeben – klopfet an, und es wird euch aufgetan!«

Diese Worte verstand ich damals noch nicht, aber ich wollte gehorchen. Ich versuchte, leicht und tief aufzuatmen und *nur an die Gegenwart zu denken*! Es ging schwer – die schwarzen Fetzen tanzten vor meinen Augen und erinnerten mich immer an mein Elend –, aber ich versuchte es wieder und immer wieder – und erreichte, dass ich manchmal schon wieder fröhlich sein konnte. Ja, ich musste fröhlich sein, das würde meinen Augen gut tun! Ich wollte mir selber helfen. Ich musste fröhlich sein, ich musste Freude haben! Ich fing an nachzudenken, was für mich zur ständigen freudigen Beschäftigung werden könnte. Mein Mann war von seinem Beruf sehr in Anspruch genommen – er war Brückenbauingenieur – und ich, ausgenommen die Mahlzeiten, den ganzen Tag allein. Ein Gedanke blitzte durch meinen Kopf – ein Kind! Wie lange sehnte ich mich schon nach einem Kind! Das würde eine ganz große Freude sein! Und ich wäre nicht ständig allein.

Ich öffnete meine Seele einem Unbekannten, der irgendwo darauf wartete, *mein Kind* zu werden. Und der Unbekannte erhörte meinen Ruf …

Während ich das Kind erwartete, verschwanden allmählich die Exsudate aus meinen Augen, so dass ich, bis zur Zeit der Geburt, vollkommen vergaß, dass mit meinen Augen etwas nicht stimmte.

Es scheint mir jetzt wie ein Traum, dass ich im Operationssaal eines Sanatoriums halbtot daliege und aus der Narkose erwache. Ich bin noch im Rausch, aber einen Ton höre ich schon, der mein Herz durchzuckt und mich ganz aufweckt. Es ist ein Geschrei … nicht wie das eines Neugeborenen, nein, wie das Gebrüll eines kleinen Löwen!»Es lebt«, denke ich, voll Dankbarkeit aufatmend, und öffne meine Augen. Ein Gesicht erscheint über mir und sagt:»Ein Knabe, ein schöner, gesunder Knabe« – und hält eine kleine rosige Masse vor mich hin. Ich sehe einen runden Kopf und einen dicken kleinen Körper.

»Das ist *mein* Kind?«, denke ich und betrachte es neugierig. Ich fühle, dass nur sein Körper»mein Kind« ist, sonst ist es ein selbstständiges Wesen, von dem ich jetzt nur so viel weiß, dass es als»unser Kind« kam.

Dann liegt das Kind zum ersten Mal in seinem Leben in Menschenkleider gehüllt im Polster und schaut mit weit geöffneten Augen in die neue Welt hinein.

Meine Mutter und mein Vater sind schon da, um uns beide, mich und das Kind, nach diesem schrecklichen Kampf ums Leben zu begrüßen. Ich bin an der Grenze meiner Kraft, mein Herz schlägt kaum nach dem riesigen Blutverlust. Aber das Kind lebt!

Nach der schweren Geburt erhole ich mich sehr langsam. Ich bleibe lange Zeit schwach und blutarm. Ich ertrage das Licht schlecht, die Exsudate treten wieder auf, und der Glaskörper in meinem rechten Auge wird wieder undurchsichtig. Dicke, neblige Wolken bedecken das Bild, das ich mit diesem Auge sehe. Ich habe aber sehr wenig Zeit, mich mit meinen Augen zu beschäftigen. Das Kind ist da, ich bin den ganzen Tag bei ihm, und wenn es mich anlächelt und seine runden kleinen Arme meinen Hals umarmen, gelingt es mir, die Last auf meiner Seele zu vergessen.

Die Jahre verliefen mit Meilenschritten. Das Kindchen entwickelte sich prächtig und fiel mit seinen großen blauen Augen, die so viel Liebe ausstrahlten, überall auf. Es war extrem frühreif, und als es vier Jahre alt war, wiederholte sich dieselbe Szene wie damals mit meinem Vater: Es zeigte auf ein Bilderbuch und fragte, was dieser und jener Buchstabe bedeute. Ich erklärte es ihm. Das Kind beschaute aufmerksam die Buchstaben, und endlich schrie es laut auf:»Mutter, das ist also ›Stier‹, nicht wahr?«

Ich nahm es auf meinen Schoß und küsste es tausendmal. Dann zeigte ich ihm langsam alle Buchstaben. Es brauchte nicht zu lernen; es schien, als ob es sich nur zu erinnern hätte.

Den Sommer verbrachten wir immer alle zusammen am großen See in der Familienvilla. Eine Reihe sehr fröhlicher Sommer! Mein Bruder und die jüngere Schwester brachten eine Menge Freunde und Freundinnen mit, die oft wochenlang unsere Gäste waren. Wir spielten Krocket, ruderten und badeten, und die Abende verbrachten wir mit Kammermusik oder Gesellschaftsspielen, oder tanzten mit den Jungen auf der Terrasse. Es war ein gesundes, harmonisches Zusammenleben.

Meine Augen beunruhigten mich zu dieser Zeit nicht sehr. Nach der Geburt des Kindes reiste ich für mehrere Monate ans Meer. Diese geheimnisvolle Kraftquelle gab mir wieder so viel Lebensenergie, dass ich blühend gesund nach Hause kam und meine Augen auch das Licht besser ertrugen. Ich konnte sogar wieder zeichnen und malen und begann mit Holzschnitzereien. Wie immer bereitete mir die künstlerische Arbeit außerordentlich viel Freude.

Äußerlich war also alles in Ordnung. Und dennoch war ich nicht glücklich! Ich wusste nicht, warum. Eine innere Unzufriedenheit und Unruhe wuchs in mir heran, sie wurde allmählich bewusst, ich konnte ihr nicht mehr ausweichen.

Eines Nachts, nachdem ich mit meinem Mann wieder die höchste Erfüllung irdischer Liebe und Einheit erlebt hatte, saß ich, statt glücklich einzuschlafen, lange Zeit in meinem Bett und grübelte, grundlos verzweifelt. Ich weinte und schluchzte, und in dieser Nacht, in jener Finsternis, fing ich an, mich grausam zu fragen und zu sezieren, warum ich denn so unzufrieden und so wahnsinnig unglücklich sei. Ich suchte nach dem Grund. Ich hatte alles, was einen Menschen glücklich machen kann. Woher kam nur diese Unzufriedenheit?

Auf diese Frage hin formte sich allmählich die Antwort. Die Ursache meiner Verzweiflung begann aus meinem Unterbewusstsein aufzusteigen und bewusst werden.

Ich suchte einen Menschen, *der meine andere Hälfte, meine Ergänzung war.* Die Liebe ist die Offenbarung einer Kraft, die zwei sich ergänzende Hälften zwingt, sich zu vereinigen. Diesen unterbewussten Willen, sich zu vereinigen, nennt man überhaupt »Liebe«. Ich habe diese Vereinigung erlebt, ich erreichte die höchste Erfüllung im Körper und in der Seele und fühlte mich doch nicht glücklich, und nach jeder Erfüllung wurde ich immer unglücklicher und unruhiger.

Ich saß in der Finsternis in meinem Bett und fragte mich verzweifelt: Warum kann ich nicht glücklich sein? Ich wollte eine Antwort und schaute tief in mich hinein. Und da wurde mir bewusst, dass ich mir das Glück der Vereinigung *nicht so vorgestellt hatte!* Ich hatte unbewusst etwas gesucht, eine Erfüllung, und *solange ich es noch nicht erlebt hatte, dachte ich, dass körperliche Liebe mir diese Erfüllung bringen würde.* Und nachdem ich es erlebt hatte, musste ich erkennen, dass ich *nicht das erwartet hatte!* Ich hatte die höchste körperliche Erfüllung erlebt und musste einsehen und erkennen: *Ich suchte etwas anderes!*

Aber was?

Ich suchte eine Erfüllung, die *andauerte!* Ich suchte eine *wirkliche* Einheit, die *blieb!* Ich suchte eine Einheit, in welcher ich mit dem Geliebten *identisch* würde. Ich wollte mit seiner Seele, mit seinen Gedanken, *mit seinem ganzen Wesen eins werden! Ich* wollte *er* werden!

Aber ich wollte nicht *das,* was mir die körperliche Vereinigung brachte. Die körperliche Vereinigung ist eine verzweifelte Anstrengung, eins zu werden – man setzt alle seine Kraft ein –, und im Augenblick, wo beide die Erfüllung zu erreichen glauben, fällt man auseinander ... und hat die Einheit *gänzlich verfehlt!*

In dieser Finsternis tauchte ein Bild aus der Kindheit auf: Ich sitze am Familientisch und vereinige mit meinem Löffel die Fettaugen auf der Suppe. Ja! Ich wollte genau so, wie ich damals aus zwei Fettaugen eines machte, aus unseren zwei Seelen, aus unseren zwei Wesen ein einziges machen. Ich wollte aus unseren zwei »Ich« ein einziges machen. Ich wollte unsere zwei »Selbste« in ein einziges *Selbst* verschmelzen! Das war aber nicht möglich! In der Liebe verspürt jeder Liebende den Drang in sich, mit dem anderen eins zu werden. Er möchte das aber *körperlich* erleben, und so drücken und pressen die Liebenden sich gegenseitig verzweifelt aneinander. Ein jeder kann beobachten, dass, wenn sich zwei Liebende umarmen, sich ihre Körper in der Herzgegend aneinanderdrücken. Sie wollen also ihre Herzen vereinen, *in ihren Herzen* vereint sein. Es geht aber nicht! Warum? Der Körper steht dazwischen. *Der Widerstand des Körpers verhindert die Vereinigung!* Demnach hindert den Liebenden gerade der Widerstand des Körpers am vollkommenen Einswerden. Wie eigentümlich, dachte ich, dass ich mit meinem Geliebten mit meinem Körper eins werden will, und gerade *der Körper* selbst verhindert es. Kann es denn sein, dass mein Körper diese Einheit wünscht? Will mein Körper diese Einheit? Kann der Körper etwas wünschen, was eben nach dem Wesen des Körpers unmöglich ist? Was gerade der Körper selbst verhindert? – Nein! Der Körper kann nicht einen Wunsch in sich tragen, dessen Erfüllung gerade er selbst verhindert. *Wer* und *was* wünscht also die vollständige Vereinigung? Es kann nichts anderes sein als mein »*Ich«,* das *körperlos* ist. Und warum will ich diese Einheit? Warum will ich etwas, das unmöglich ist? Weil ich weiß, dass mich nur die vollkommene Vereinigung, dieses Gänzlich-identisch-Werden, befriedigen kann und ich nur in diesem Zustand die wirkliche, vollendete Seligkeit erlange! Nach dieser Seligkeit sehne ich mich, seitdem ich lebe. Warum suche ich aber etwas, das nicht möglich ist? Weil ich weiß, weil ich die Gewissheit in mir trage, dass es dennoch möglich ist, dass sie dennoch irgendwie existiert – nur weiß ich nicht, *wie*. Was hindert mich daran, sie zu erreichen? Der Körper! Der Körper steht zwischen uns! – So wäre es also möglich, aber nur *in einem körperlosen Zustand*!? Ich sehne mich in diese Einheit *zurück*. Ich war schon darin, irgendwo und irgendwann, ich bin nur herausgefallen. Wäre es möglich, dass es einen Zustand gibt, in dem ich körperlos war und *eben dadurch aus der Einheit herausgefallen bin, weil ich in den Körper hineingeboren wurde*? Ist es möglich, dass ich in einer Einheit lebte, in einer Welt, wo kein Körper existiert, in einem körperlosen Zustand?

Als ich in meiner logischen Folgerung so weit gelangte, fühlte ich kalten Schweiß: In einem körperlosen Zustand? In einer Welt, in der es keinen Körper gibt? Also in der »anderen Welt«? Im »Jenseits«? Wäre es möglich, dass dieses »Jenseits« *tatsächlich* existiert? Das Jenseits, an welches ich nie geglaubt hatte und welches ich nur als eine notwendige Erfindung der Religionen betrachtete, um mit ihrem versprochenen »Himmel« oder mit ihrer »Hölle« die primitiven Menschen zu einer moralischen Lebensführung zu zwingen? Lebt also in dieser irdischen Welt nur mein Körper? Und mein »*Ich*«, das diese im Körper unmögliche Einheit *kennt* und *wiederherstellen* will, gehört der Welt des »Jenseits« an? So stammen wir Menschen alle aus einer anderen Welt, wo die Einheit Wirklichkeit ist, und sind aus dieser Welt *herausgefallen* – und in die Materie, in den Körper, in die irdische Welt *hineingefallen*? ... Die Sehnsucht aber nach der einstigen Seligkeit tragen wir in unserem *Ich*, in unserer Seele, die nicht hierher gehört, die aus einer »anderen Welt« stammt. Und immer wieder verfallen wir dem riesigen Irrtum, dass wir dieses Glück, die Einheit, *im Körper und mit der Hilfe des Körpers in der Sexualität erreichen und erleben wollen*. Im Körper, der uns daran gerade hindert. Oh, »Fall aus dem Paradies«, jetzt dämmerte mir, was du bedeutest!

Das ersehnte Glück ist also nur im Jenseits – im Paradies – möglich. Da ich diese Seligkeit in die materielle Welt nicht hineinziehen, hineinzwingen kann, so will ich das Jenseits kennenlernen, wo die Seligkeit zu Hause ist! Aber wie? Leere Worte befriedigen mich nicht – *ich will die Wirklichkeit*! Ich will Konkretes wissen!

Diese Nacht war ein Wendepunkt meines Lebens. Es wurde mir klar, dass Sexualität der größte Betrug ist. Die Natur verspricht uns etwas Wundervolles, etwas Großartiges, sie verspricht uns das höchste Glück, die Erfüllung selbst, sie nimmt uns aber selbst die Kraft dazu, und im Augenblick, in dem wir schon an der Grenze der Erfüllung stehen, fallen wir plötzlich noch tiefer, als wir vorher waren. Wir verlieren eine Menge Kraft, und der Mensch fühlt sich nachher wie ein Bettler. Das lateinische Sprichwort sagt auch, dass nach einer körperlichen Vereinigung Tiere und Menschen traurig sind …

Ich suchte fortdauerndes, bleibendes Glück, nicht das, was die Sexualität geben kann. Nicht das! Was hat man von der größten sexuellen Freude am anderen Morgen? Nichts, höchstens Müdigkeit! Und soll sich das immer wiederholen? Alles umsonst, es bleibt ein verzweifeltes Streben nach der unerreichbaren Einheit! Nie erreicht der Mensch die Erfüllung seiner Sehnsucht, nie kann er in eine wirkliche Einheit hineinschmelzen, hineintauchen, die ewig bleibt. Vorher war wenigstens eine Kraft da – die Anziehungskraft, die die einander Suchenden verband. Nachher ist diese Kraft befriedigt, eine Leere ist entstanden, und jeder bleibt allein zurück, für sich, verzweifelt allein, ewig allein …

Ich sah ein: Ich suchte nicht *das*.

Aber wenn ich das nicht suchte, wenn mich die Sexualität betrogen hatte, so machte ich nicht mehr mit! Ich wollte mich nicht mehr betrügen lassen! Die Sexualität konnte nur den Körper befriedigen, nie aber die Seele, das *Ich*! Ich sehnte mich aber nach der Einheit, die ich in meinem *Ich* erlebte; diesen Wunsch konnte keine sexuelle Befriedigung erfüllen!

Was nun? Ich wollte, ich musste das Glück finden! Ich musste auf meine großen Fragen eine Antwort bekommen. Ich konnte nicht stehen bleiben, ich musste weitergehen. Aber wohin?

Wenn das Glück im Jenseits ist, so gehe ich ihm nach ins Jenseits!

Und so ging ich, das Glück zu suchen, die Erfüllung zu suchen, dort, wo ich sie zu finden ahnte, im Jenseits …

KAMPF UM DAS LICHT

Ich wollte das Jenseits erobern, aber ich wusste nicht wie. Ich fühlte mich wie ein Mensch, der den Urwald erobern will, aber nicht weiß, an welchem Ende er anfangen soll, und nur eine kleine Axt zur Hand hat, womit er sich einen Weg bahnen will. Er weiß auch nicht, dass in diesem Urwald die verschiedensten Gefahren auf ihn lauern, giftige Schlangen und wilde Tiere; er kann sich auch verirren oder in einen Abgrund stürzen. Aber gerade seine Unwissenheit gibt ihm Mut, dennoch in den Dschungel einzudringen.

Auch ich wusste nicht, dass auf meiner Entdeckungsreise ins Jenseits aus dem Reich des Unbewussten unbekannte Kräfte wie wilde Tiere auf mich losstürzen würden, Irrwege mich täuschen wollten und Abgründe des Irrsinns in diesem Dschungel lauerten. Und auch ich hatte nur eine kleine Axt – meinen gesunden Menschenverstand!

Wo anfangen? Vom Jenseits redet die Religion, aber die Geistlichen, mit denen ich bisher sprach, wollten entweder, dass ich Dogmen, die sie selber nicht verstanden hatten, blindlings glaubte, oder sie erzählten mir von einem Himmelreich sentimentale Märchen, an die sie selber nicht glaubten, die sie aber für gut genug befunden hatten, um die »kleine Frau« zu befriedigen.

Ich wollte lieber sehen, was die großen Denker der Erde über diese gewaltige Frage, über den Sinn von Leben und Tod, zu sagen hatten. Da ich damals von den orientalischen großen Denkern noch keine Kenntnis hatte, begann ich die europäischen Philosophen zu lesen.

Ich las zuerst die alten griechischen und römischen Werke der Philosophie, die in eine mir verständliche Sprache übersetzt waren. Ich war von Sokrates, Platon, Pythagoras, Epiktet und Marc Aurel begeistert. Durch diese Werke wurden viele Dinge in meiner Seele reif, ich lernte von diesen titanischen Denkern unendlich viel. Besonders ein Satz von Epiktet wurde auf meinem weiteren Weg zu einer ewig brennenden kleinen Flamme, die mir aus der Finsternis zum ewigen Licht zu gehen half:

»Nie sind die Dinge schlecht, nur wie du über sie denkst.«
Von dem Moment an, da ich das las, vergaß ich diesen Satz nie mehr und suchte meine ganze Denkart zu ändern, meinen Standpunkt zu wechseln – *und anders über die Dinge zu denken!* Aber alle diese großartigen Wahrheiten konnten mir auf meine grundlegende Frage nach dem Jenseits keine Antwort geben.

Dann las ich die neueren Philosophen: Kant, Schopenhauer, Nietzsche, Descartes, Pascal und Spinoza. Aber keiner konnte mich befriedigen. Ich fühlte genau, dass sie alle bis zu einem gewissen Grade gelangten, bis wohin *der Verstand gelangen kann,* aber das Endziel, die *Verwirklichung,* erreichten sie nicht. Auf die große Frage konnten sie noch weniger Antwort geben als die Philosophen des Altertums. Von den neueren Philosophen hat wohl Spinoza den höchsten Grad erreicht, aber bei diesen Denkern hatte ich das Gefühl, dass sie sich in ihren Gehirnwindungen verirrt hatten. Sie waren selber unzufriedene, enttäuschte und unglückliche Menschen geblieben, trotz ihrer philosophischen Systeme. Wie hätten sie mir auf dem Weg zu den großen Wahrheiten über das Jenseits weiterhelfen können? Sie wussten ja selber nichts und hatten die Lösung so verzweifelt gesucht wie ich. Ich wollte die Wirklichkeit, nicht aber viele Worte.

Eines Tages stand ich am Fenster unserer Wohnung und schaute mit meinem kleinen Sohn zu, wie die Blätter von der gegenüberstehenden Wildkastanie langsam herab wehten. Wie schon so oft, grübelte ich über den Sinn des Lebens nach. »Tod«, dachte ich, »immer wieder Tod!«

Da hörte ich die Stimme in mir: »Tod? – Warum siehst du nur die *eine* Seite der Wahrheit? Was offenbaren der Baum und die ganze Natur im Frühling? Leben! – Immer wieder Leben! Tod und Leben wechseln im ewigen Kreislauf. Tod ist nur die andere Seite des Lebens …«

In diesem Augenblick sah ich ganz klar, dass der Baum jetzt im Herbst das Leben aus den Blättern in sich zurückzieht und die Blätter leblose leere Hüllen werden, sterben und abfallen. Aber nur die leere Hülle! Das Leben, das die Blätter belebt hat, ruht im Baum und strömt im Frühling wieder nach außen, kleidet sich wieder in eine neue Materie, in neue Blätter, und das Leben wiederholt seinen ewigen Kreislauf. Der Baum atmet das Leben aus und ein, nur die Blätter wechseln, nur die äußere Hülle! Das Leben bleibt ewig, denn das Leben ist das ewige *Sein.* Und ich sah weiter: Die Quelle des ewigen Seins – die Menschen nennen es *Gott* – atmet auch das Leben in den Menschen hinein, wie schon die Bibel sagt, dass Gott in Adams Nasenlöcher das Leben hineinblies. Dann zieht er den Atem wieder ein, und die leere Hülle fällt ab, der Körper des Menschen stirbt. Aber das Leben hört nicht auf, es bekleidet sich wieder mit einem neuen Körper, in ewigem Rhythmus, wie alles in der Welt im Rhythmus lebt und sich bewegt, der Kreislauf der Weltkörper ebenso wie der Atem und der Herzschlag aller Lebewesen.

Plötzlich blitzte die Erinnerung durch meinen Kopf, dass ich einmal, als ich sechs bis sieben Jahre alt war und das erste Mal vom Tod hörte, vor dem Spiegel stand und das Bild des Unsichtbaren betrachtete – mein eigenes Bild. Schon damals konnte ich es nicht verstehen, dass ich einmal sterben müsste und einmal nicht mehr existieren sollte. Ich wollte sehen, wo dieses »Ich« war, das jetzt diese Dinge dachte und nicht sterben wollte, und besah mich immer näher im Spiegel, bis meine Nase das Glas berührte. Ich schaute in meine Augen aus nächster Nähe, ich wollte dieses »Ich« sehen! In meinem Auge war zwar ein schwarzes Loch, aber »mich« konnte ich nicht sehen. Das Ich – *ich selbst* – blieb unsichtbar, wie ich es mir immer, seit meinem ersten Bewusstwerden auf dieser Erde, vorgestellt hatte. Auch im Spiegel konnte ich *mich* nicht sehen, nur mein Gesicht, *meine Maske*, und die zwei schwarzen Löcher in meinen Augen, aus denen ich herausschaute. Ich fühlte genau, es war *unmöglich*, dass ich nicht existierte! »Gut«, fragte ich mich damals vor dem Spiegel, »aber wodurch willst du in die Welt hinausschauen, wenn sich diese Augen einmal schließen werden?« »Aus zwei anderen Augen!«, antwortete ich ohne Zögern, »hier mache ich diese Augen zu, und in einem anderen Körper öffne ich wieder zwei neue Augen.« »Und wenn zwischen den zwei Körpern eine Zeit vergeht, wenn du nicht gleich einen anderen Körper findest? Wenn du eine Woche, vielleicht sogar Monate oder Jahre, eventuell Jahrtausende warten musst?« »So etwas gibt es nicht«, sagte das kleine Kind, das ich damals war, »denn wenn ich schlafe, weiß ich beim Aufwachen auch nicht, wie lange ich geschlafen habe. Im Schlaf gibt es keine Zeit, und im Tod wird es ebenso sein, solange ich ohne Körper sein werde. Ob ich eine Woche in der Finsternis, – im ›Nichts‹ –, bin oder ein Jahrtausend, das ist gleich. Ich werde es doch so empfinden, als ob ich hier meine Augen eben zugemacht und sie dort schon wieder aufgemacht hätte. Im Nichts ist keine Zeit. Aber dass ich nicht existieren soll, das gibt es nicht!« Und ich ging damals vollkommen beruhigt vom Spiegel weg, um weiter zu spielen.

Jetzt, da ich dort vor dem Fenster als Erwachsene das Gesetz der Wiederverkörperung im Kastanienbaum erkannte, durchblitzte mich die Erinnerung an dies Erlebnis aus der Kindheit, und ich war selber erstaunt, dass ein Kind diese Wahrheit so natürlich und spontan mit seinem kleinen, primitiven Verstand herausfand, ohne über Wiederverkörperung je etwas gehört oder gelesen zu haben. Heute würde ich nicht mehr sagen, dass in der »Finsternis« keine Zeit existierte, sondern eher, dass es »im Unbewussten«»keinen Zeitbegriff« gibt …

Jetzt wusste ich auch, wie es möglich war, dass ich die verschwommenen Erinnerungen einer Person in mir trug, die einmal auch ich war. Die Vision aus Ägypten war nichts anderes als das Auftauchen von Erinnerungen!

Meine Suche nach dem Jenseits und die Ideen über Wiederverkörperung lenkten meine Aufmerksamkeit auf den Spiritismus. Die Spiritisten behaupteten, dass sie mit den Geistern der Verstorbenen einen Kontakt herstellen konnten, und sie glaubten auch an die Wiederverkörperung. Ich hatte aber eine ausgesprochene Abneigung gegen den Spiritismus, weil ich zu Hause meine Eltern über diese Dinge in einer ziemlich verächtlichen Weise hatte sprechen hören. Mutter hatte eine sehr liebe alte Freundin, die sich mit dem Spiritismus beschäftigte. Mutter erzählte, dass bei ihr spiritistische Séancen stattfanden und sich während dieser Experimente ein bleischwerer Eichenholztisch in die Luft hob. Mutter machte diese Séancen nie mit, sie beschäftigte sich mit solchen Dingen überhaupt nicht, weil sie die Überzeugung teilte, dass solche Experimente den Nerven schädlich seien. Wie ich noch so über die Wiederverkörperung nachgrübelte, fiel mir ein, dass ich als junges Mädchen einmal bei dieser alten Dame, ohne dass Mutter davon etwas erfahren hatte, eine Séance miterlebte. Wenn man das, was wir dort getrieben haben, »Séance« nennen kann!

Die alte Freundin meiner Mutter liebte ihre Enkel sehr und lud öfters junge Leute zum Mittagessen ein. Ich war öfters zu diesen Jugend-Mittagessen eingeladen. Einmal waren einige von uns länger bei der Dame geblieben. Sie hatte eine fröhliche Natur und unterhielt sich gerne mit uns Jungen. Ich war damals etwa fünfzehn Jahre alt, und die übrigen Kinder waren in ähnlichem Alter. Wir waren neugierig, vom Spiritismus zu hören, und baten die alte Dame, uns etwas darüber zu erzählen. »Wenn ihr wollt«, antwortete sie, »können wir Tischrücken machen.« Wir Jungen waren sofort einverstanden und warteten gespannt darauf, was geschehen würde.

Es wurde ein Experimentiertisch hereingebracht. Dies war nicht der große Eichenholztisch, von dem Mutter sprach, sondern ein kleines dreibeiniges Tischchen. Das Tischchen stellte die alte Dame in die Mitte des Salons, und sie und wir Jungen stellten uns so auf, dass wir rund um das Tischchen standen, unsere Hände auf die Tischplatte legten, so dass unsere gespreizten Finger mit dem Daumen und den kleinen Finger einander berührten. Das Zimmer war hell beleuchtet. Wir Jungen waren ausgelassen und fanden es schrecklich komisch, dass die alte Dame laut in die Luft hinein fragte:»Ist jemand da?«

Wir guckten einander schelmisch an und konnten das Lachen kaum zurückhalten. Wir wollten aber die liebe alte Dame nicht beleidigen und versuchten, fromme Gesichter zu machen. Wir standen und warteten. Auf einmal begann das Tischchen zu zittern, als ob eine innere Kraft das Holz auseinandersprengen wollte, dann wurde das Zittern immer stärker, und plötzlich hob sich der Tisch auf einer Seite, so dass ein Fuß in die Luft schwebte; dann fiel er wieder zurück und blieb stehen.

»Ja«, sagte die Dame,»der Tisch sagte ›ja‹. Wenn der Tisch einmal klopft, so bedeutete es ›ja‹, wenn er zweimal klopft, bedeutete es ›nein‹. Wolfgang«, sagte sie zu ihrem Enkel,»nimm Bleistift und Papier und schreibe die Buchstaben auf, ein Geist ist anwesend.«

Wolfgang nahm den Bleistift und wartete. Da kam der Tisch in Bewegung und klopfte, klopfte mehrmals nacheinander. Wir sagten das Alphabet her, und Wolfgang schrieb die Buchstaben, bei welchen der Tisch stehen blieb, nieder.

Ich kann nicht erklären, warum dies alles auf uns mit elementarer Kraft komisch wirkte. Wir fanden das Buchstaben-Aufzählen komisch und auch, dass die alte Dame alles so ernst nahm. Ich glaubte keine Minute, dass der Tisch sich von selbst bewegte. Es war sicher Nikolaus, der andere Enkel der Dame. Schon das Klopfen fanden wir sehr erheiternd, aber was nachher kam, hat uns unwiderstehlich zum Lachen gezwungen, so dass die alte Dame tadelnd ihren Kopf schüttelte. Aber wir konnten nichts dafür, wir mussten lachen, auch wenn wir nicht wollten. Der Tisch begann sich plötzlich mehrmals nacheinander so tief zu verbeugen, dass die Tischkante den Boden beinahe berührte – ich dachte, der Tisch würde gleich wegrutschen und zu Boden fallen –, aber nein, er stand unwiderstehlich wieder auf, fing an, sich zu drehen und im Zimmer rundherum zu laufen. Wir mussten mitlaufen, und nachdem sich der Tisch um sich selbst gedreht hatte, mussten auch wir um ihn herumlaufen und ihm im ganzen Zimmer folgen. Endlich blieb der Tisch in einer Ecke stehen und rührte sich nicht mehr. Die Dame fragte wieder in die Luft hinein:»Niemand da?«

Der Tisch rührte sich nicht.

»Es war ein Spaßmacher-Geist, da ihr so ausgelassen seid, und jetzt sind alle Geister fort. Wartet, Kinder«, sagte sie weiter,»ich lasse euch Kaffee hereinbringen«, und verschwand in die Küche.

Wir Jungen blieben allein. Ich sagte zu Nikolaus:»Nicht wahr, du hast den Tisch bewegt?«

»Ich?«, sagte er erstaunt,»ich dachte, dass du es warst oder Emmerich, aber ich war es nicht. Ich habe nur mitgemacht, aber den Tisch haben meine Fingerspitzen kaum berührt.«

Wir schauten Emmerich an. Er protestierte ernst:»Nein, auch ich habe den Tisch nicht bewegt.«

»Kommt, Kinder«, sagte ich,»wir wollen den Tisch jetzt selbst in Bewegung versetzen.«

Alle waren einverstanden, und wir rannten zum Tisch, stellten uns wieder auf und fingen an, den Tisch eigenhändig hin- und herzudrücken und in Bewegung zu bringen. Zu unserer größten Überraschung ging es nicht! Der Tisch war bewegungslos, wie eben ein Stück Holz leblos und bewegungslos zu sein pflegt, und als wir ihn immer stärker drückten, fiel er einfach um und blieb auf dem Boden liegen. Beim früheren Experiment hatte sich der Tisch manchmal ganz tief, beinahe bis zum Boden, verbeugt und war dann wieder aufgestanden. Das konnten wir mit unserem Willen um keinen Preis fertigbringen! Wenn wir den Tisch endlich, infolge vorangehend besprochenen taktmäßigen Druckes, einseitig aufgehoben hatten, so ließ er sich einfach fallen, wir konnten ihn nicht aufhalten und wieder aufrichten.

Wir schauten einander an und wurden plötzlich still. Wir verstanden die ganze Sache nicht. Die Lust zum Lachen verging uns im Moment, nur die zwei Enkel der Dame blieben ruhig und sagten, dass sie die Sache auch nicht verstünden, aber es sei eine Tatsache, dass, wenn ihre Tante Margaret dabei sei, sich sogar der riesige Eichenholztisch in die Luft hebe, den sonst nur vier Menschen hinauszutragen vermöchten. Es sei also nicht möglich, dass Tante Margaret ihn in die Höhe hebe.

Als ich nach Hause ging, dachte ich noch lange darüber nach, wie die Sache mit diesem Tischrücken sich verhielt; denn dass den Tisch ein »Geist« bewegte, glaubte ich keine Minute. Dass aber *eine unbekannte Kraft da war, musste ich anerkennen.*

Nach diesem Ereignis übte ich wieder Klavier, ging Schlittschuh laufen, stritt mit meinem damaligen Bräutigam ... und das Tischrücken verschwand im Speicher meiner Erinnerung. Jetzt war es mir wieder eingefallen. Dass die liebe, gute alte Dame nicht viel von Spiritismus verstand, war mir klar, aber vielleicht gab es spiritistische Kreise, wo man sich ernsthaft mit dieser Sache beschäftigte. Man sollte keine Vorurteile haben, sondern zuerst alles gründlich kennenlernen und untersuchen. Vielleicht erfuhr ich durch den Spiritismus doch etwas, was mich auf meinem Wege weiterführen könnte.

Ich fand eine Verbindung zum Leiter des größten und berühmtesten spiritistischen Kreises im Land. Er gab mir zuerst Bücher zu lesen, denen ich glauben oder nicht glauben konnte. Theorien können einen wahrheitsuchenden Menschen nicht befriedigen. Ich wollte Praxis und Überzeugung. In einem Buch las ich über ein sehr berühmtes Medium, das seine Fähigkeit so erlangte, dass es sich jeden Tag zur selben Stunde niedersetzte, ein Stück Papier vor sich legte, einen Bleistift nahm, den Bleistift auf dem Papier ansetzte und eine Stunde lang wartete. Das wiederholte es während eines halben Jahres. Nach einem halben Jahr begann der Bleistift sich zu bewegen und schrieb verschiedene Worte nieder. Auf diese Weise schrieb dieses Medium eine Menge Bücher, die zu ihrer Zeit sehr berühmt waren. Die Bücher interessierten mich nicht, denn es waren salbungsvolle Predigten – in jeder Kirche konnte man bessere Reden hören –, was brauchte man dazu einen »Geist«, *wenn diese Kraft, die die Hand eines Mediums bewegt, auch tatsächlich ein Geist war!*

Ich nahm auch ein Stück Papier und einen Bleistift, hielt den Bleistift senkrecht zum Papier – und wartete.

Erster Tag – nichts.

Am zweiten Tag fing der Bleistift an zu zittern, so dass meine Hand mitzittern musste, dann fing er an, sich steif, stoßartig hin- und herzubewegen und zeichnete verschiedene »Abrakadabra« aufs Papier.

Am dritten Tage fing der Bleistift gleich an zu zittern und schrieb bald Worte, die man deutlich lesen konnte. Es sah aus, als ob ein alter Mensch mit zitternder Hand geschrieben hätte. Ich setzte das Experiment jeden Tag fort, und der Bleistift schrieb immer längere Sätze. Während der Bleistift schrieb, beobachtete ich meinen Arm und meine Hand. Woher kam die Kraft, die meine Hand bewegte? Ich überlegte: Wenn der Bleistift von sich aus schreiben würde, so könnte jeder herumliegende Bleistift aufstehen und schreiben. Den Bleistift bewegt also ohne Zweifel *mein Arm,* aber ohne dass *ich* es gewollt hätte und ohne dass *ich* vorher wusste, was der Bleistift niederschreiben würde. Die Kraft stammte also von einem Quell außerhalb meines Bewusstseins, aber zweifellos aus mir. Es konnte eine Kraft sein, die aus meinem Unterbewusstsein stammte, aber es gab vorläufig gar keinen Beweis dafür, dass diese Kraft von einem außerhalb von mir stehenden fremden Wesen, sagen wir von einem »Geist«, herstammte.

Wer weiß aber genau, was unser »Unterbewusstes« ist?

Ich zeigte diese Schriften dem spiritistischen Leiter. Mit verblüffender Sicherheit sagte er, dass es typisch mediumistische Schriftzüge seien, die von einem Geist stammten. Ich schwieg. Mit solchen Behauptungen bin ich sehr vorsichtig. Dass die Kraft, die meinen Arm bewegte, *nicht aus meinem Bewusstsein stammte, das war sicher, denn nicht mein Wille bewegte den Bleistift. Sie konnte aber immer noch aus meinem eigenen Wesen, wenngleich aus dem Unterbewussten stammen.* Wenn die Spiritisten *glauben*, dass diese Kräfte von Geistern herstammen, ist dies noch kein Beweis, dass es tatsächlich so ist!

Ich führte die Experimente weiter und beobachtete mich und den Bleistift.

An einem Sonntagnachmittag saßen wir, mein Mann und ich, zusammen. Er las ein Buch, ich war mit Holzschnitzen beschäftigt und grübelte dabei über die Bleistiftexperimente nach. Ich kam zu der Folgerung, dass, wenn es möglich war, dass meine Hand, meine Nerven oder irgendein Instrument in mir, das noch unbekannt ist, die Gedanken eines *außer mir stehenden fremden, körperlosen Wesens übernehmen und offenbaren können, es auch möglich sein müsste, dass ich auf gleiche Weise, auch die Gedanken eines von mir getrennten, aber im Körper wohnenden Wesens, also eines Menschen, übernehmen und offenbaren konnte.* Dann wären wir doch einen Schritt weitergekommen.

Ich sagte meinem Mann, worüber ich nachdachte, und fragte, ob er keine Lust hätte, mit mir einen Gedankenübertragungsversuch zu machen. Er war sofort einverstanden, er selbst war auch interessiert, ob es gelingen würde.

Ich wusste nicht, wie man solche Experimente durchführte, aber ich dachte mir, wenn ich die Gedanken eines anderen Menschen übernehmen wollte, so war das allerwichtigste, mich vollkommen passiv und leer zu geben, so dass meine eigenen Gedanken sich nicht störend hineinmischten. So stellten wir uns nebeneinander auf, ich hielt mit meiner rechten Hand den Puls seiner Linken – ich dachte, es würde helfen, eine Verbindung herzustellen –, dann lockerte ich alle meine Muskeln, versuchte an nichts zu denken – und wartete.

Eine Gedankenübertragung stellte ich mir so vor, dass mein Mann an etwas dachte, und dieser Gedanke irgendwie in *meinem Kopf* erscheinen würde. Ich erwartete also einen Gedanken, der nicht von mir stammte. (Damals habe ich nicht daran gedacht, dass wir auch von diesen Gedanken, von denen wir glauben, dass es unsere eigenen sind, nicht wissen, *woher* sie stammen!) Zu meiner größten Überraschung geschah etwas ganz anderes, worauf ich wirklich nicht vorbereitet war. Wie ich mit meinem Mann dastand und auf den Gedanken wartete, fühlte ich ganz genau – ich »sah« es! – dass aus seiner Magengegend ein Strom mit einem Durchmesser von acht bis zehn Zentimetern herausquoll und meinen Leib, auch in der Höhe des Magens, gleich einem Lasso umschlang. Ich fühlte es so genau, als ob dieser aus der Magengegend meines Mannes hervordringende Strom *eine Materie*, sehr fein, wie dicker Nebel, aber dennoch Materie, gewesen wäre. Nachdem dieser Materiestrom mich umfasst hatte, zog er mich ganz deutlich in eine Richtung, so dass ich einen Schritt tun musste. Dann zog er mich weiter und weiter. Wenn ich in einer falschen Richtung einen Schritt tat, riss es mich deutlich zurück und stieß mich in die richtige. So gelangten wir bis ans Fenster. Dort ließ mich der materialisierte Wille meines Mannes stehen. Dann kam eine neue Überraschung: Mein freier Arm, der wie sonst herunterhing, hob sich plötzlich in die Luft – er wurde *gewichtslos!* Bis dahin dachte ich nie daran, dass mein Arm herunterhängt, weil die Erde ihn ständig an sich zieht. Man lernt in der Schule die Gravitation, aber nie war mir bewusst, dass auch mein Arm aus diesem Grunde herunterhing. Aber dort, vor dem Fenster, erlebte ich unmittelbar, dass mein Arm sein Gewicht verliert und sich in die Luft hebt, wenn die Anziehungskraft der Erde aufhört. Dadurch, dass mein Arm sich in die Luft hob, hob er auch den Vorhang. Ich hatte keinen einzigen Muskel bewegt oder gespannt, es schien mir, als ob die Masse, die von dem Sonnengeflecht meines Mannes ausströmte, meinen Arm unterstützte. Dann stieß diese Masse meinen Kopf nach vorne, so dass ich meine Nase unwillkürlich ans Fensterglas drückte. In diesem Moment verließ die Masse meinen Leib – Arm und Kopf –, und ich konnte mich wieder frei bewegen.

Wir schauten einander an und waren beide sehr aufgeregt. Mich regte die neue Erfahrung auf, die Tatsache, dass der menschliche Wille wie eine Materie aus dem Sonnengeflecht des Menschen herausströmt und sich förmlich auf den anderen Menschen legt, ihn wie einen Polyp umschlingt und sogar das Gewicht aufzuheben vermag. Diese »Materie« hinterließ den Eindruck, als ob sie aus Myriaden kleiner Nebelkörnchen bestünde, gleich wie die Milchstraße am Himmel, und als ob alle diese Körnchen in engem Zusammenhang miteinander in eine Richtung fließen würden.

Mein Mann war auch erregt, weil er nicht verstehen konnte, wie das möglich war, dass ich alles, was er dachte –, dass ich zum Fenster gehen, den Vorhang heben und durch das Fensterglas hinausschauen sollte – wie ein Automat ausführte. Ich erzählte ihm, dass aus seinem Sonnengeflecht ein Strom hervorströmte, den ich wie eine Materie empfand. Ich sagte ihm aber gleich, dass es nur subjektiv sei, wenn man etwas als Materie empfinde. Eine Kraft vermittelt uns den Eindruck von Materie.

Es fiel mir ein, dass einmal, vor Jahren, als ein Kind Bauchschmerzen hatte, ich das elektrische Heizkissen auf sein Bäuchlein legte und dann sein Gesicht streichelte, sich seine Gesichtshaut, die sonst so weich und fein war wie ein Rosenblatt, zu meiner größten Überraschung jetzt so rau wie eine Raspel anfühlte. Es war, als ob ich einen Mann mit sehr starken Barthaaren, der sich seit zwei Tagen nicht mehr rasiert hatte, gestreichelt hätte. Es stellte sich dann heraus, dass das Heizkissen durch die Luft etwas feucht geworden war und den Körper des Kindes elektrisiert hatte. Im Moment, als ich das Heizkissen ausschaltete, hörte die Rauheit der Haut auf. Den elektrischen Strom hatte also meine Hand als raue Materie empfunden. Wenn wir diese Tatsache, die jeder Mensch nachprüfen kann, bedenken, so kann man auch überlegen, ob wir diese »Materie«, die die Offenbarung des menschlichen Willens ist, mit einer Materie oder mit einem elektrischen Strom vergleichen wollen. Im Grunde genommen ist es dasselbe, denn die heutige Wissenschaft weiß, dass die Materie auch nichts anderes als eine Energieform, eine Schwingung ist, und sie macht nur deshalb den Eindruck von Materie, weil sie für uns undurchdringbar ist.

Da sich die ganze Familie jeden Sonntagabend bei meinen Eltern versammelte, gingen wir auch an diesem Tag hin. Ich erzählte, was wir erfahren hatten, und die Familie wollte natürlich sofort Versuche machen. Zuerst stand ich mit Mutter auf. Alle Übrigen waren totenstill und versuchten, an nichts zu denken, denn wenn ich in diesem gesteigerten Zustand war, empfand ich die Gedanken der übrigen Anwesenden so intensiv, dass dies mich bei der Gedankenübertragung gestört hätte.

Mit Mutter erlebte ich wieder etwas Neues. Der Strom, den sie aussandte, war schwächer, viel feiner, und hatte keinen so großen Durchmesser wie der meines Mannes. Dann machte ich mit verschiedenen Onkeln, Tanten und anderen Verwandten, die sich sonntags auch immer bei meinen Eltern zum Nachtmahl einfanden, denselben Versuch. Dabei erfuhr ich, dass aus jedem Menschen ein anderer Strom ausstrahlte. Ein Onkel, der im Allgemeinen eine schlechte Konzentrationsfähigkeit besaß und unentschlossen war, hatte einen dicken, starken Strom, aber die Bestandteile des Stromes strömten *nicht in derselben Richtung*, sondern chaotisch hin und zurück, und die Wirkung war auch chaotisch. Es wurde eine schwere Aufgabe, herauszufinden, was er wollte. Eine Tante hatte einen sehr dünnen, aber stechend-scharfen Strom, wie ein steifer, harter Draht war er zu fühlen, der verletzend wirkte. Sie war im Allgemeinen eine sehr aggressive Person. Und so hatte ein jeder eine andere Willensausstrahlung.

Mir öffnete sich eine neue Welt! Ich fing an, viele Erscheinungen zu verstehen, die ich bisher nur gefühlt und geahnt oder gar nicht bemerkt hatte. Auf einmal wurde es mir klar, weshalb man nach einem Wortgefecht oft so müde war, als ob man einen körperlichen Ringkampf ausgefochten hätte. Ich verstand auch, warum einen das Zusammensein mit anderen Menschen einmal ganz erschöpft, dann wieder erfrischt und kräftigt. Ich verstand *handgreiflich*, was Sympathie und Antipathie ist – gebende und absorbierende Ausstrahlungen. Die ersteren strömen Kraft aus, die letzteren kleben an einem wie die Saugarme eines Polypen, sie ziehen aus dem Menschen Kraft heraus. Von solchen Menschen wurde ich nach dem Experiment so schwach, dass ich mich anschließend mit zitternden Knien, vollkommen kraftlos, niedersetzen musste, und es dauerte einige Zeit, bis ich mich wieder so weit erholt hatte, dass ich die Experimente fortsetzen konnte. Denn selbstverständlich wollten alle selber die Gedankenübertragung mit mir versuchen, schließlich das Stubenmädchen, die Köchin und das andere Personal meiner Eltern, die alle bei uns wie Familienmitglieder behandelt wurden. Dadurch erfuhr ich noch etwas, eine Tatsache, die man mit keinem menschlichen Machtwort ändern kann, dass nämlich von kultivierten, selbstbeherrschten Menschen ganz andere Strömungen ausgehen als von unkultivierten, unbeherrschten, nur der Befriedigung ihrer Triebe lebenden Menschen primitiver Art. Natürlich hängt das nicht von Klassen- oder Standesgrenzen ab! Ich erfuhr bei manchen ganz einfachen, ungelehrten Menschen, die in einem Wald oder auf einem Berghang einsam lebten und oft gar keine Zivilisation kannten, reinere und höhere Schwingungen als bei manchen sehr gelehrten, gebildeten und belesenen, aber vollkommen egoistisch eingestellten Menschen. Diese Strömungen kann man nicht verbergen, verleugnen oder verfälschen. Sie verraten, mit wem man es zu tun hat.

Ich machte noch eine interessante Erfahrung bei diesen Experimenten. Wenn jemand von mir etwas wollte, das gegen meine Erziehung war, stand diese zwischen dem Willen des anderen und mir wie eine isolierende Wand, und nur mit der größten Anstrengung konnte ich diese Wand schließlich ganz explosiv durchbrechen.

Diese Experimente ermüdeten mich immer sehr, denn selbst dann, wenn ich mit positiv eingestellten Menschen experimentierte, musste ich mich erst leer machen, um den Willen des anderen zu übernehmen, das heißt, ihn *in mir bewusst zu machen* und dadurch die Schwingungen in meine eigenen Nerven hineinzuleiten und meine eigene Ausstrahlung so weit als möglich zu unterdrücken. Und dies ist das Allerschwerste. Unsere Nerven sind immer *auf unsere eigenen Schwingungen eingestellt*, ihre Widerstandskraft ist unserem eigenen Lebensstrom angepasst. Jede Änderung strengt die Nerven an, es entsteht eine Umstimmung, die – ob nach unten oder nach oben – immer nervenanspannend ist. Schon wenn wir in uns solche Umstimmungen erleben, wirken diese oft schädlich, sei es ein Schreck oder ein leidenschaftlicher Ausbruch oder sogar eine übergroße Freude. Es ist verständlich, dass die Einstellung unserer Nerven auf ganz fremde Schwingungen, die nicht nur in der Schwingungszahl, sondern auch in ihrer Eigenart von den unsrigen völlig verschieden sind, ermüdend oder sogar schädlich sein kann. Wenn der Schwingungsunterschied sehr groß ist, können großer Schaden, Nervenerkrankungen, Überreiztheit und Nervenentzündungen die Folge sein. Das erklärt, warum manche empfindliche Menschen in einer gewissen Umgebung auf rätselhafte Weise immer krank werden. Es besteht dabei aber noch eine ganz große Gefahr, die jedem Medium droht und sogar meistens unvermeidlich eintrifft, dass nämlich das Medium seinen eigenen Charakter verliert. Es übernimmt alle Schwingungen; kann es sie aber nicht verdauen, *aneignen*, so wird es selbst chaotisch, unzuverlässig und willensschwach! Spielen wir nie mit diesen Dingen! Wir können massenhaft Dokumente über die traurigen Geschichten der verschiedenen Medien lesen, die zuletzt willenlose Automaten aller Eindrücke wurden, gar keine Widerstandskraft mehr besaßen und schließlich als Lügner oder Betrüger »enthüllt« wurden. Kein Wunder! *Infolge ihrer medialen Fähigkeiten* wurden sie immer willensschwächer, bis sie das Spielzeug ihrer Zuschauer wurden. Ich war selbst Zeugin, wie eine Frau mit selten großen Fähigkeiten anfangs wahrhaftige Phänomene zeigte, später aber, als sie ihren eigenen Charakter immer mehr verlor, dem Wunsch anderer Menschen nicht mehr widerstehen konnte und immer etwas produzieren wollte. Wenn dann die unbekannte Kraft sich nicht zeigte, begann sie, um die Neugierigen zu befriedigen, zu betrügen. Das Ende der Geschichte war ein riesiger Skandal. Die Unwissenden triumphierten und behaupteten, dass alle Erscheinungen von Anfang an Betrug gewesen seien. Nein! Nicht alle Erscheinungen waren Betrug. *Doch durch ihre wirkliche Medialität wurde sie so charakterlos und willensschwach, dass sie schließlich als Betrügerin endete.* Ich konnte diese Wirkungen an mir selbst beobachten. Ich wollte mich selbst nicht betrügen, ich wollte die Wahrheit kennenlernen und erlebte die sehr schädigenden Wirkungen dieser Experimente. Ich war bewusst genug und hatte einen genügend starken Willen, um die fremden Schwingungen zu besiegen und nach jedem Experiment wieder »ich selbst« zu werden, aber eben weil ich durch die Bekämpfung fremder Wirkungen sehr müde und nervös wurde, gab ich alle diese – und später auch alle spiritistischen Experimente – gänzlich auf. Ich weiß sehr gut, dass viele Spiritisten behaupten, dass das Manifestieren nicht ermüdend und nicht schädlich sei. Sie sollen mir verzeihen, wenn ich jetzt, nach meinen langjährigen Experimenten, ganz aufrichtig sage, dass diejenigen Medien, die nach den Experimenten nicht müde sind, *nie einen fremden Willen übernahmen, sondern aus ihrem eigenen Unbewussten* manifestierten, trotz ihrer eigenen festen Überzeugung, dass die Manifestation von einem außenstehenden Wesen stammte. Meine Experimente überzeugten mich, dass der Mensch *seinen eigenen Willen aus einem im Unterbewussten tief verborgenen Komplex ebenso »übernehmen«, empfinden und offenbaren kann wie den eines fremden Wesens.* Und hier liegt der Grund der meisten Selbsttäuschungen. Mit unwissenden Menschen kann man aber nicht diskutieren, sie beharren bei ihrem fanatischen Glauben an die »Geister«, sie täuschen sich selbst und eine Menge kontrollloser Leichtgläubiger. Sie haben von ihren eigenen *unbewussten Kräften* keine Ahnung.

Der Mensch aber, der die Wahrheit kennenlernen will und mit erbarmungsloser Kontrolle alle Erscheinungen weiter erforscht, der kann auf höchst interessante *Tatsachen* stoßen. Nur mit dem Wort »Geist« muss man sehr vorsichtig sein!

Bedenken wir nur: Wenn der Wille eines Menschen veranlassen kann, den Arm eines anderen hochzuheben, also *die Anziehungskraft der Erde zu besiegen*, wo ist dann die Grenze der Möglichkeiten? Als ich mit diesen Tatsachen bekannt wurde, verstand ich jene Erscheinung, die man hier im Westen »Levitation« nennt und welche man in gewissen Klöstern Tibets mit systematischen Übungen noch heute erreicht. Ohne dass ich von diesen tibetischen Übungen damals etwas gehört hätte, haben mich meine Experimente zu denselben Resultaten geführt. Hier in Europa ist diese Erscheinung auch bekannt, und zuverlässige Augenzeugen beschrieben, dass die große Teresa von Avila, Johannes vom Kreuz und Franz von Assisi nicht einmal, sondern öfter, sogar manchmal stundenlang in der Luft schwebten. Ich weiß, *dass das möglich ist*, denn der eigene Wille wirkt genau wie der fremde und kann die Anziehungskraft der Erde auf eine gewisse Zeit überwinden. Es hängt von der Größe des Willens ab.

Es ist mir auch vorgekommen, dass ich während eines Experimentes den Willen eines Menschen in mir nicht bewusstmachen konnte, und dann war es mir unmöglich, das, was er dachte, zu verwirklichen. Dann lag diese scheinbare Masse auf meiner Brust wie ein riesiges Gewicht, ich atmete schwer und musste so stöhnen, als ob ich sterben würde. Ich bat ihn, sich besser zu konzentrieren. Im Moment, als ich seines Willens bewusst wurde und ihn ausführte, atmete ich wieder leicht und frei, der Druck hörte plötzlich auf! Was ich durch diese Experimente erlebte, ließ in mir die Überzeugung wachsen, dass in sehr vielen Fällen *Asthma nichts anderes ist, als der unsichtbare Wille* eines anderen Menschen, der sich auf den Kranken wie ein schweres Gewicht legt. *Dieser unsichtbare, unverwirklichte Wille kann aber auch aus dem eigenen Willen, aus dem Unbewussten, stammen und Krankheiten verursachen, ohne dass der Kranke wüsste, dass ihn sein eigener Wille krank macht.*

Das ganze Leben besteht aus solchen unsichtbaren Kämpfen, in denen wir einmal unterliegen, ein anderes Mal siegen.

Diese Experimente und Erfahrungen waren mir eine wunderbare Schule. Ich hatte dadurch Gelegenheit, in das Unbewusste des Menschen einen tiefen Einblick zu erlangen und eine gründliche Selbst- und Menschenkenntnis zu erwerben. Ich bin zum Schluss gekommen, dass es möglich ist, die Gedanken eines anderen Lebewesens zu übernehmen. Aber ich sah gleichzeitig, wie unglaublich schwer das war! Ich verstand, warum die Tibeter oder die Inder, bevor sie eine Übermittlung oder eine Verbindung mit dem Geist eines Verstorbenen herstellen wollen, drei Tage in die Einsamkeit gehen, mehrere Kilometer weit von jeder bewohnten

Gegend, und während der drei Tage fasten und beten. Nur auf diese Weise gründlich vorbereitet, fangen sie dann an, eine Verbindung mit dem Geist des Verstorbenen zu suchen. Aber nicht so, wie Tausende, sich Spiritisten nennende Leute, die nach der Büroarbeit oder inmitten eines weltlichen Lebens zusammenkommen und glauben, dass auf diese Weise eine Verbindung mit dem Jenseits möglich wäre. Sie stellen sich vor, dass ein Gebet genüge, sie vor jeder Gefahr zu sichern. Man soll einmal sehen, ob das Hersagen eines Gebetes nützt, wenn jemand in einen Abgrund springt, und ob er sich deshalb nicht zu Tode stürzt! Mit dem Spiritismus unwissend zu experimentieren, bedeutet eine ebenso große Gefahr, wie aus Unwissenheit in einen Abgrund zu springen. Seien wir vernünftig! Vergessen wir nicht, dass wir einen Verstand haben, um alle unsere Erfahrungen zu kontrollieren. Während der vielen Jahre, da ich in den verschiedensten Kreisen zugegen war, musste ich miterleben, wie unzählige Katastrophen, Besessenheiten, Selbstmorde, Nervenzusammenbrüche und schwere geistige Erkrankungen als Folgen der unverantwortlichen Spielereien, die man Spiritismus nennt, hervorgerufen wurden. Wohlwollende und ehrliche Menschen, aber vollkommen unwissend und psychologisch ungeschult, machten Séancen! Unwissende Leute erweckten Kräfte, die sie nicht kannten und von denen sie nicht wussten, woher sie stammten. Sie beherrschten sie auch nicht und waren ihnen vollkommen ausgeliefert. Mit dem Spiritismus sollten sich nur Menschen befassen, die vollkommen unbeeinflussbar sind, die eingehendes psychologisches Wissen und große Erfahrungen haben und mit einer enormen *bewussten* Willenskraft und Selbstbeherrschung ausgestattet sind.

GELÜBDE

Nach und nach sah ich ein, dass ich in den verschiedenen spiritistischen Kreisen nichts mehr zu suchen hatte. Die Erfahrungen, die ich dort sammelte, öffneten mir aber das Tor zu der menschlichen Seele, und ich sah entsetzt, wie verlassen und wie einsam die Menschen in der größten Finsternis der Unwissenheit umherirrten. Meine eigene Medialität bot mir Gelegenheit, in das enorme Gebiet des Unbewussten hineinblicken zu können. Ich sezierte mich selber mit grausamer Strenge und ließ mich nicht durch unsichere und nebelhafte Theorien verblenden. Ich ging in diesem Dschungel mit meiner kleinen Axt immer weiter, Schritt um Schritt. Schließlich führte mich der Spiritismus zum Studium der Psychologie. Ich begann, die *westliche* Wissenschaft der Psychologie gründlich zu studieren, da ich damals von dem enormen psychologischen Wissen der Orientalen – der Inder und Chinesen – noch keine Vorstellung hatte.

Wenn jemand nach etwas ernsthaft strebt und sich diesbezüglich vollkommen konzentriert, hilft ihm immer auch das Schicksal voran. Nach einer gründlichen theoretischen Vorbildung kam ich in Verbindung mit dem Chefarzt der staatlichen Irrenanstalt, und er half mir, auch eine gründliche und systematische Schulung in der Praxis zu erlangen. Ich bekam die Erlaubnis, in der staatlichen Irrenanstalt die Kranken zu studieren. Ich durfte mich mit den Kranken jeder Abteilung beschäftigen, durfte sogar in die Abteilungen der rasenden männlichen und weiblichen Kranken.

Als ich einmal abends nach Hause kam, saß ich lange allein in meinem Zimmer und versuchte, in meinen Gedanken Ordnung zu schaffen. Es war entsetzlich, was ich in der Irrenanstalt erlebt hatte! Entsetzlich! Dantes »Inferno« ist noch mild, verglichen mit dem, was man dort zu sehen bekommt. Und wie viele Kranke gibt es auf dieser Erde, die so leiden, eingesperrt und nicht eingesperrt, und wie viele Gesunde gibt es, die durch diese Leidenden selber leiden müssen, allmählich selbst krank werden und auch zugrunde gehen. Wie viele Kranke gibt es, die, weil sie sich normal benehmen und keinen Stempel an ihrer Stirn tragen, dass sie geisteskrank sind, unwissende Menschen täuschen. Sie nehmen manchmal hohe Stellungen ein, heiraten ahnungslose, gläubige Menschen, dann aber richten sie ihre Angehörigen, ihre Umgebung und Familie, oft ganze Unternehmungen, sogar ganze Länder zugrunde.

Die Hölle lag offen vor meinen Augen, und ich stand verzweifelt vor dem unermesslichen Ozean der Leiden, verzweifelt vor der Hilflosigkeit der Menschheit diesem schrecklichen Elend gegenüber ...

Es musste etwas geschehen, alle Menschen sollten aufgeklärt werden über die verschiedenen Gefahren, welche seelische Erkrankungen verursachen. Alle gesunden Menschen müssen zusammenhalten, um mit vereinten Kräften gegen dieses Elend zu kämpfen.

Die Beschäftigung mit den Kranken öffnete mir die Tür zu den tiefsten Geheimnissen der verschiedensten Menschen und Familien, und ich erkannte mit Entsetzen, dass viel mehr kranke als gesunde Menschen in der Welt leben. Ich sah die unzähligen Abnormitäten und seelischen Krankheiten, welche die Menschen in sich tragen, und sah, dass es deren sehr viele gab, die man bei richtiger Behandlung noch retten konnte oder wo man, oft mit einfachen Mitteln, manchmal nur durch einen Wechsel der Umgebung, die gesunde seelische Einstellung wiederherstellen und so das verlorene Glück noch mancher Familie zurückgeben konnte.

Ich saß und grübelte nach, wie viel man erreichen könnte, wenn jeder gesunde Mensch sich dieser Arbeit widmen würde. Und ich dachte, dass ich mich mit allen meinen Kräften für diese Arbeit, für die Milderung der Leiden, einsetzen wolle, aber wie und wo sollte ich anfangen?

Wo finde ich eine Hilfe?

Wie ich so dasaß und mir diese Frage stellte, hatte ich auf einmal die Gewissheit, dass jemand im Zimmer neben mir stand. Die Gedankenübertragungen und spiritistischen Experimente hatten meine Nerven so verfeinert und geschult, dass, wenn man mich mit verbundenen Augen in ein Zimmer führte, ich sagen konnte, ob das Zimmer leer war oder ob sich jemand darin befand. Ich konnte auch sagen, welchen Charakter der eventuell Anwesende hatte. Ich erkannte jetzt das wohlbekannte prickelnde Gefühl, das mir, wie ein elektrischer Strom, die Gegenwart eines Lebewesens meldete. Ich fühlte jetzt eine wohlbekannte Ausstrahlung, aber noch immer wusste ich nicht, *woher* ich diese kannte, diese erhabene, ganz reine, sehr mächtige Ausstrahlung ... und ich hörte wieder die wohlbekannte Stimme in meinem Inneren:

»Wo du eine Hilfe findest? Bei dir selbst! Siehst du, das ist eben das Übel, dass alle von außen her auf Hilfe warten, und da alle Hilfe *erwarten* und nicht Hilfe *geben*, bekommt kein Mensch Hilfe. Wenn dagegen alle Menschen Hilfe *geben* würden, so würde ein jeder Hilfe *erhalten*. Dann könnte man die Erde von allen Leiden befreien!«

Ich antwortete der inneren Stimme: »Ich weiß nicht, wer du bist oder überhaupt, was für eine Kraft du bist, ich höre nur deine Stimme, die mir immer die Wahrheit sagt. Du siehst meine Gedanken, mein den Menschen unsichtbares inneres Wesen, und ich brauche dir nicht zu sagen, dass ich mein ganzes Leben der Linderung der Leiden anderer widmen will. Wenn ich auch nur ein Staubkorn bin, so will ich mit diesem Staubkorn die helfende Kraft vermehren. Mich kann im Leben sonst nichts mehr interessieren, ich kann mich über nichts mehr freuen, solange ich die Leiden anderer ständig in meinem Bewusstsein trage. Ich will bei der Erlösung der Erde Mitarbeiter werden!«

»Achtung!«, sagte die innere Stimme, »gib acht mit den großen Worten! Mitarbeiter zu sein, bedeutet Pflicht und Opfer. Dann ist es mit deinen Unvollkommenheiten vorbei! Dann darfst du dich keine Minute vergessen, du musst ständig wach sein, dass du keinen einzigen Schritt gegen die ewigen Gesetze tust. *Alle Versuchungen, die du bisher nicht bestanden hast, werden dich wieder heimsuchen, wieder in deinem Leben auftauchen, und wehe dir, wenn du sie nicht bestehst.* Kein Sterblicher kann mit den göttlichen Kräften spielen. Nie mehr darfst du die Kräfte, die du als Mitarbeiter erlangst, *zu persönlichen Zwecken gebrauchen.* Nie darfst du persönliche Gefühle haben oder etwas vom persönlichen Standpunkt aus betrachten. Gib acht! Lebe lieber dein persönliches Leben weiter wie die übrigen Menschen, als dass du als Mitarbeiter versagst. Ich warne dich.«

»Ich habe keine Angst«, antwortete ich. »Ich bin mit dem persönlichen Leben so fertig, dass ich mir persönlich nichts mehr wünsche. Nach allem, was ich erlebt und erfahren habe, kann ich keine persönliche Freude mehr haben. Ich fürchte mich vor keinen Versuchungen. Ich werde ihnen widerstehen, weil ich keine Illusionen mehr habe. Ich will am großen Werk Mitarbeiter sein!«

Ich hörte eine Weile nichts, fühlte nur eine ganz große Liebe auf mich einstrahlen. Dann hörte ich wieder: »Deine Selbstsicherheit ist mir wohlbekannt, mein Kind, aber vergiss dich *diesmal* nicht …«

Ich saß auf dem Diwan, rieb meine Stirn, schaute mich um – das Zimmer war leer. Wer war das, wer ist das – oder was für eine Kraft ist das, die zu mir mit einer wohlbekannten Stimme spricht? Woher kenne ich diese Stimme, woher kennt sie meine »Selbstsicherheit« und wann hatte ich nicht genug achtgegeben, dass ich mich *diesmal* nicht vergessen sollte?

Aber ich bekam keine Antwort mehr.

AUFLEUCHTEN

Tage vergingen, Wochen vergingen, Monate vergingen ... Ich wartete auf ein Zeichen, auf eine Wegweisung, was ich tun müsse, was meine Pflicht und mein Opfer sein sollten, wie die Stimme des Unsichtbaren mir sagte, aber ich hörte die Stimme nicht mehr ...

Wie oft versuchte ich, mich in den gewünschten Zustand zu versetzen, das eigentümliche, unbeschreibliche Summen und Prickeln im ganzen Körper zu fühlen, als ob man sich in Kohlensäure baden würde – meine Sinnesorgane zu verschließen und nach innen zu öffnen und dann die Stimme zu hören. Es gelang mir nicht.

Ich war ratlos. Ich wartete ständig auf ein Zeichen, umsonst. Die Zeit wollte ich aber nicht vergeuden; so dachte ich, das allerbeste sei es, meine täglichen irdischen Pflichten so gut als möglich zu erfüllen, und ich hoffte, dass mir die innere Stimme inzwischen sagen werde, was meine Pflicht als Mitarbeiter im großen Werk sein würde. Ich dachte auch, dass so, wie eine Fensterscheibe rein sein müsse, wenn man durch sie die Sonne klar erblicken wolle, so müsse ich zuallererst meine Seele von jeder egoistischen Einstellung befreien, wenn ich die Wahrheit vollkommen klar sehen wolle. Der erste Schritt dazu war, zu erkennen, was in mir steckte. Wenn ich mein inneres Wesen gründlich kennengelernt hatte, konnte ich es auch reinigen.

Ich begann, die Quelle und Beweggründe aller meiner Gedanken, meiner Worte, meiner Bewegungen und Handlungen zu erforschen. Was für eine unbewusste Kraft arbeitet in mir? *Woher* stammen meine Gedanken? *Was* will in mir, dass ich diese oder andere Worte sage, *warum* will ich gerade dies tun und nicht etwas anderes? Wenn ich mich über etwas freute, untersuchte ich, *weshalb* ich darüber Freude empfand. Wenn mich etwas deprimierte oder ärgerte, forschte ich nach den Beweggründen. Wenn ich jemanden sympathisch oder unsympathisch fand, analysierte ich mich sofort, um welcher Eigenschaften willen ich das fand. Ich beobachtete mich ständig, warum ich etwas gerne, etwas anderes dagegen nicht gerne tat.

Wenn ich redselig war, forschte ich nach den Ursachen, die mich zum Reden trieben, wenn ich schweigsam war, warum ich keine Lust zum Sprechen hatte. Jedes Wort, das aus meinem Mund hervorkam, analysierte ich, ob es vollkommen wahr sei, ob es niemanden verletzte. Ich beobachtete die Wirkungen meiner Worte und meiner Taten auf den anderen, der mir gegenüberstand. Ich versuchte, mich ständig in Gedanken mit dem auszutauschen, mit dem ich eben sprach. Was würde *ich* fühlen, wenn *er mir* dieselben Worte sagen würde, die *ich ihm sagte? Ich hielt mich fortdauernd, ununterbrochen unter Kontrolle.*

Dieses fortwährende Sezieren hat mir unermessliche Schätze eingebracht. Ich lernte nach und nach die Zauberwelt des Unter- und Oberbewusstseins kennen. Ich erkannte die *verschiedenen Offenbarungen ein und derselben Kraft,* von den niedrigsten Trieben bis zum höchsten geistigen Selbst. Ich erkannte, dass wir freie Wahl haben, uns mit den Trieben zu identifizieren oder Herren der Triebe – das heißt *wir selbst* – zu bleiben! Ich erfuhr, dass nur der Mensch frei ist, der seine Triebe beherrscht und nicht der Sklave seiner Leidenschaften, Begierden und Wünsche ist.

Neben meiner fortdauernden Selbstanalyse studierte ich weiter Psychologie und Philosophie, aber ich vernachlässigte auch meine Schnitzereien und mein Klavier nicht. Die künstlerische Arbeit ist eine wunderbare Gelegenheit, sich in sich selbst zu vertiefen und zu versenken und über verschiedene Dinge nachzugrübeln.

Es geschah einmal, dass ein Kunstkritiker als Gast bei uns war und meine selbst geschnitzten Möbel sah. Über dem Bett hatte ich einen auf der Flöte spielenden geschnitzten Faun. Der Ästhet fragte mich, ob ich diese Figur zuerst in Lehm modelliert hätte. Ich antwortete ihm, dass ich gar nicht wisse, wie man in Lehm modellierte, sondern dass ich die Figur gleich in Holz geschnitzt hätte.»Was überflüssig war, schnitzte ich einfach weg«, sagte ich.

»Sie haben aber Anatomie gelernt?«, fragte er wieder.

»Nein, ich studierte Musik und konnte nicht gleichzeitig auf zwei Hochschulen gehen.«

Er schaute noch eine Weile meine Schnitzereien an, dann sagte er:»Es ist doch eine Sünde, dass Sie keine Bildhauerin geworden sind.«

»Ohne es zu erlernen, bleibe ich immer eine Dilettantin, und das will ich nicht sein. Auf der Kunstakademie kann ich mich aber nicht einschreiben lassen, weil ich meinen Mann und mein Kind nicht vernachlässigen will.«

»Warten Sie«, sagte er wieder, »ich spreche mit dem Direktor der Kunstgewerbeschule. Vielleicht erlaubt er Ihnen ausnahmsweise, nur die Fachstunden zu besuchen. Sie brauchen die Nebenfächer nicht, und ich glaube, es wird sich eine Möglichkeit finden, dass Sie als außergewöhnliche Schülerin in die Kunstschule aufgenommen werden.«

So wurde ich zuerst Schülerin der Kunstschule und später unseres derzeit größten Bildhauer-Meisters. Als ich mich bei ihm zum ersten Mal meldete, kam er ganz nahe an mich heran, schaute forschend in meine Gesicht und sagte überrascht: »Wie interessant! Jetzt sehe ich das erste Mal bei einem lebendigen Menschen ägyptische Augen. Wissen Sie, dass Sie ägyptische Augen haben?«

»Nein«, antwortete ich, »ich weiß nicht einmal, was der Unterschied zwischen gewöhnlichen und ägyptischen Augen ist.«

»Die Augenöffnungen sind an der Seite länglich aufgeschlitzt, und deshalb liegen die Augenlider auch ganz anders auf den Augen als bei den westlichen Rassen. Wenn Sie ein Bildwerk sehen, erkennen Sie sofort an diesem Charakteristikum der Augen, ob es ägyptisch ist. Nie dachte ich aber, dass ich bei einem lebendigen Menschen solche Augen finden würde. Die heutigen Ägypter haben solche Augen nicht mehr. Nur aus Bildern kennt man sie. Genauso existiert der längliche ägyptische Schädel nicht mehr. Wir kennen auch ihn nur von den Plastiken. Aber woher haben Sie diese Augen?«

Ich lächelte höflich und sagte: »Ich weiß es nicht, Herr Professor. Vielleicht ist es ein Atavismus?« Er lächelte auch, dann gab er mir eine Arbeit …

Nach einem Jahr kam er in das Atelier, wo ich arbeitete, er hatte mehrere nebeneinander, und sagte mir: »Ich nehme von Ihnen kein Honorar mehr an. Wenn Sie kein Atelier haben, können Sie hier arbeiten. Dieses steht Ihnen weiter zur Verfügung, aber als selbstständigem Künstler. Sie brauchen meine Führung nicht mehr, nur noch Übung, um sich in der Gestaltung immer besser ausdrücken zu können.«

Ich bedankte mich für seine Mühe, und da ich zu Hause ein großes Atelier hatte, damals war ich schon längst ausstellende Künstlerin, arbeitete ich zu Hause weiter. Er blieb unser Freund und kam auch noch später, um sich über meine Arbeiten auszusprechen.

Die Arbeit machte mich glücklich. Während ich arbeitete, erlebte ich vollkommenes Glück. Ich arbeitete wie in Ekstase. Für mich hörte die Außenwelt, die Zeit auf, ich empfand keine körperlichen Wünsche, Hunger oder Durst, ich vergaß überhaupt meine Person. Ich bemerkte, dass eine Kraft in meine Nerven strömte, während ich vollkommen konzentriert arbeitete, die auf meinen Körper heilend und auf meinen Verstand erleuchtend wirkte. Es passierte mir häufig, dass ich, wenn ich, auf meine Arbeit konzentriert, an gar nichts anderes dachte, plötzlich eine Wahrheit erblickte, die in gar keinem Zusammenhang mit meiner Arbeit stand. So bekam ich oft Antworten auf tiefe Probleme, die mich beschäftigten, auf philosophische, psychologische oder andere ungelöste Fragen. In solchen Fällen blieb das Modellierholz in meiner Hand, ich stand einen Augenblick regungslos und schaute mit meinem geistigen Auge die neue Wahrheit, die neue Entdeckung. Ich hatte in diesen Momenten das Gefühl, als ob mein Kopf den Boden eines über mir liegenden Stockwerkes durchgeschlagen hätte. Ich tauchte dort auf, schaute mich in dem so sichtbar gewordenen Raum um und sah die Schätze, die dort verborgen lagen. Diese aufblitzenden Erleuchtungen kamen nach und nach immer häufiger, nicht nur während der Bildhauerarbeit oder des Klavierspielens, sondern fast immer, wenn ich mich auf etwas konzentrierte.

Ich erlebte einmal etwas ganz Sonderbares! Es geschah aber nicht während der Arbeit, sondern abends, als ich eben einschlafen wollte.

Unsere Betten standen nebeneinander, und wir beide hatten die Gewohnheit, vor dem Einschlafen noch ein wenig bequem im Bett zu lesen. An diesem Abend lasen wir auch, fröhlich nebeneinander liegend. Ich wurde schläfrig und sagte meinem Mann:»Du, ich bin schläfrig, gute Nacht«, löschte meine Nachttischlampe, streckte mich und schloss die Augen, um zu schlafen. Ja, ich machte meine Augen zu, *aber ich sah im Zimmer doch alles!* Ich sah mit geschlossenen Augen das ganze Zimmer, alles, was im Zimmer war, und ich sah auch meinen Mann im Nebenbett, wie er im Buch eben weiterblätterte. Ich öffnete rasch meine Augen, um zu sehen, ob mein Mann tatsächlich im Buch blättere oder ob die ganze Erscheinung nur aus meinem Inneren projiziert war. Aber seine Bewegung setzte sich fort! Ich machte meine Augen wieder zu, dennoch sah ich alles. Bei dieser Überraschung saß ich in meinem Bett auf, schaute mit geschlossenen Augen herum, ich sah alles ganz klar! Nur war es sehr merkwürdig, dass ich alle Dinge nicht plastisch – in drei Dimensionen – sah, sondern dass alles, wie meine Augenlider, durchsichtig war und flach wie ein fotografisches Negativ, ähnlich einem Röntgenbild, aber noch viel klarer, durchsichtiger. Ich sah z. B. meine Nähmaschine durch ihre Holzhülle, die Bilder an der Wand im Nebenzimmer durch die geschlossene

Tür, sah die Kleider im Schrank und alle meine kleinen Sachen chaotisch hintereinander im Schreibtisch. Das ganze Bild war wie ein Abdruck aller Dinge, die hintereinander da waren.

Mein Mann schaute eine Weile erstaunt zu, wie ich mich mit meinen geschlossenen Augen herumdrehte, dann fragte er:»Was machst du?« Ich antwortete aufgeregt, dass ich alles mit geschlossenen Augen sähe. Er wurde neugierig und machte verschiedene Versuche mit mir, ob ich sähe, wie viel Finger er mir zeigte, und ähnliche Dinge. Ich sah in seinem Körper sein Skelett, aber auch seine Organe, alles hintereinander. Es war unheimlich, aber meine sehr auf Humor eingestellte Natur gewann die Oberhand, und ich musste laut lachen, wie er durchsichtig so komisch aussah.

Schließlich mussten wir schlafen. Ich schlief wie immer ruhig, und am anderen Tag sah ich wieder normal und nur mit geöffneten Augen. Die merkwürdige Erscheinung wiederholte sich damals eine Zeit lang nicht mehr. Ich arbeitete an meinen Bildhauerarbeiten ungestört weiter.

Neben meiner Bildhauerei vernachlässigte ich auch meine psychologischen Studien nicht. Es kamen immer mehr Menschen zu mir, um ihre seelischen Probleme mit mir zu besprechen. Dadurch sammelte ich auch immer mehr praktische Erfahrungen.

So vergingen mehrere Jahre im Winter mit ununterbrochener Arbeit, im Sommer fand das gemeinsame Leben im Familienkreis am großen See statt, wo wir die Natur und das Zusammensein genossen.

VISIONEN

Es brach eine Periode in meinem Leben an, in welcher ich öfters in hellwachem Zustand Visionen hatte. Manche wirkten so erschütternd auf mich und auch auf mein weiteres Leben, dass ich die *wichtigsten* erwähnen muss.

Am Ende eines jeden Sommers machte ich mit meinem Mann eine Reise durch verschiedene Länder. Einmal, auf der Rückreise aus Italien, blieben wir eine Zeit lang in den Dolomiten für einige Bergtouren. Hier erlebte ich eine meiner erschütterndsten Visionen.

Eines Abends kamen wir ins Hotel zurück, und nach der anstrengenden Bergtour legte ich mich nieder. Während der Wanderung hatte die Sonne mit solch durchdringender Kraft geschienen, dass ich das Gefühl hatte, als ob die Sonnenstrahlen wie Speere meinen Rücken und mein Herz durchstächen. Die gewaltigen rötlichen Felswände warfen den Sonnenschein vertausendfacht zurück, die ganze Atmosphäre wirkte dämonisch, alles glühte, als ob wir in der Vorhalle der Hölle gingen. Ich war wirklich froh, als wir endlich den Rückweg antraten und die Sonne, die in diesem Gebirge wie ein höllischer Flammenwerfer wirkte, hinter dem Horizont verschwand.

Ich legte mich früh zu Bett und streckte mich aus, um einzuschlafen. In diesem Augenblick überkam mich das Gefühl, dass die ganze Zimmerdecke auf mich herunterstürze und ich in ein grundloses Nichts fiele und sofort sterben müsse. Kurz gesagt, ich bekam eine heftige Herzattacke, wie der auf den verzweifelten Ruf meines Mannes herbeigeeilte Arzt feststellte. Er gab mir eine Einspritzung; die Nacht verging, aber ich hatte noch immer kaum Puls, und das Gefühl der Vernichtung quälte mich. Ich lernte kennen, was Todesangst ist. Wie immer, so auch jetzt, beobachtete ich mich und stellte fest, dass Todesangst ein körperlicher Zustand ist. In meinem Bewusstsein war Ruhe, ich fürchtete mich nicht vor dem Tod, und doch litt ich unter solch entsetzlicher Todesangst, dass ich keine geeigneten Worte finde. Es war einfach unerträglich! Ich war nicht mehr ganz in dieser Welt, aber auch nicht drüben, ich schwebte im Nichts. Ich litt so wahnsinnig darunter, dass ich dachte, lieber sofort sterben zu wollen, als diese schreckliche Qual noch weiter ertragen zu müssen. Ich gab den Kampf auf, ich wollte bewusst in den Tod hineingehen, nur um mich von der Todesangst zu befreien ...

Als ich aber mit meinem Bewusstsein in dieses Nichts – wovor ich solch wahnsinnige Angst hatte – hineingleiten wollte, dehnte sich plötzlich der Raum, und die Unendlichkeit öffnete sich vor meinen erstaunten Augen. Ich sah in dieser Unendlichkeit einen langen, langen Weg sich weiterschlängeln, an dessen Ende, jenseits alles Vergänglichen, schon in der Ewigkeit, eine herrliche männliche Gestalt aus blendendem Licht stand, die Arme mit unaussprechlicher Liebe ausgebreitet. Er war unendlich weit von mir, und sein Antlitz glänzte und strahlte in solchem Licht, dass es mich blendete und ich seine Gesichtszüge nicht erfassen konnte. Dennoch wusste ich, dass er der *Erlöser* der Welt ist.

Auf dem Weg bewegten sich langsam ovale Wesen vorwärts, die wie Eier ausschauten, die aber, indem sie sich langsam zusammen vorwärtsbewegten, auf mich den Eindruck einer Schafherde machten, bei welcher man die Beine der Schafe nicht sieht, nur die runden, weichen Rücken der Tiere. Ich musste ihnen, am Anfang dieses Weges stehend, den Weg zeigen. Ich stand da, die Schafe auf den Weg treibend, und sie gingen langsam, gleichmäßig weiter in Richtung der Lichtgestalt, die sie mit offenen Armen erwartete. Diejenigen, die *Ihn* erreichten, gingen in sein Licht hinein und verschwanden, verschmolzen mit diesem Glanz. Der ganze, unendlich scheinende Weg war wie ein nie aufhörender riesiger Strom, bestehend aus diesen ovalen Wesen, von welchen ich wusste, dass es *Menschenseelen* waren. Ich zeigte den Weg, aber es kamen immer wieder Seelen, und ich musste auch diesen und immer neuen und immer mehr herbeiströmenden Seelen den Weg weisen ...

Es wurde mir bewusst, dass ich jetzt noch nicht sterben würde, weil ich diese Arbeit noch vor mir hatte, und dass ich so lange überhaupt nicht sterben könne, bis ich diese Aufgabe erfüllt hätte. Und ich wusste, dass diese Arbeit sehr lange dauern würde, bis endlich meine Zeit auf der kosmischen Uhr abgelaufen war und ich selbst in meine Lichtheimat zurückkehren durfte, wo auch mich die ewig strahlende Liebe erwartete ...

Unendlicher Friede kam über mich, und mein Herz begann, zwar noch sehr schwach, aber doch normaler, zu arbeiten. Ich schaute auf meinen

Mann, er beobachtete mich mit sorgenvollem Gesicht. Ich konnte meine Zunge wieder etwas bewegen, und ich sagte ihm leise, dass es mir etwas besser gehe. Der arme alte Knabe weinte wie ein Kind vor Freude, dass ich wieder sprechen konnte und in meine Augen das Licht zurückkehrte. Noch einen Tag musste ich liegen, dann war ich so weit hergestellt, dass wir nach Hause reisen konnten. In kurzer Zeit war wieder alles gut.

Im Sommer, am großen See, überkam mich fast immer der eigentümliche Zustand, in welchem ich für Visionen oder für Übernahme und Aussendung telepathischer Botschaften empfänglicher war als sonst. Einmal, in den Sommerferien, gingen wir nach einem fröhlichen Tag zu Bett. Das Haus wurde still, und ich schlief neben meinem Mann ein. Ich träumte allerlei chaotische, scheinbar unzusammenhängende Bilder, als ich auf einmal, schon im Traum, Schritte hörte, langsame, schlürfende Schritte, und ich wachte plötzlich auf … ja natürlich, ich schlummerte nur so sitzend, als ich bei der Treppe saß und lange niemand vorbeikam, von dem ich etwas erbetteln konnte. Jetzt weckte mich das erwartete Geräusch, jemand kam … ich wurde ganz wach, öffnete meine Augen und sah, dass die schlürfenden Schritte von einem sehr alten, gebrochenen Mann stammten, der eben bis hierher gelangt war und sich mir gegenüber auf die andere Ecke der Treppe setzte. Die Treppe führte aus diesem hochgelegenen Stadtteil in die Stadt hinunter, und da hier oben viele staatliche und städtische Ämter waren, gingen hier täglich Tausende treppauf, treppab. Nur zur Mittagszeit, wie jetzt, entsteht eine kleine Pause, wo der ständige Strom der Menschen abnimmt. Es ist ein guter Posten für mich, da zu sitzen; das Dach des Treppeneinganges schützt mich vor Regen, und ich habe gute Einnahmen. Ich habe meine Stammgäste, die mir jeden Tag Almosen geben, wenn sie in ihre Büros eilen. Aber was für eine Frechheit ist es von diesem alten Bettler, dass er gerade hierher kommt, um zu betteln? Es wird mir schaden, denn die Leute geben nicht gleichzeitig zwei Bettlern, und so verliere ich sicher die Hälfte meines Einkommens. Ich schaue ärgerlich auf ihn und will ihm sagen, er soll woanders betteln gehen, dies ist mein Platz, er soll sofort von hier weg! Ich schaue ihn an, und es packt mich ein unsicheres Gefühl … Ich bohre meine Augen in die seinen … es wird mir unbehaglich – ich sehe, dass er auch in Verlegenheit gerät, er macht eine Bewegung, als ob er gerne weglaufen würde, aber es ist zu spät – ich erkenne ihn und er mich, wir erkennen einander … Oh Vater des Erbarmens verlass mich nicht! … *er* ist es, den ich in meinem ganzen

Leben suchte, der mich verlassen hat und den ich nie vergessen konnte …
Und jetzt sitzt er mir gegenüber und ist ebenso ein Bettler wie ich … Oh,
dass wir uns so wiedersehen müssen!

Ich schaue ihn an, sein runzeliges, altes Gesicht, seine Haut, seine Lippen hängen schlaff, seine dünnen Haare und sein Bart sind vernachlässigt, seine Kleidung besteht aus verschiedenen alten, verbrauchten, zusammengebettelten Fetzen. Was ist aus dem einstigen eleganten, schönen Kavalier geworden? Er schaut mit Schreck, schuldbewusst und beschämt zurück, sein altes, unbeherrschtes Gesicht verzerrt sich, sein schlaffer Mund krümmt sich, er beginnt tonlos zu weinen. Er hebt seine Hände, um seine Tränen wegzuwischen – da sehe ich seine Hände, brüchige Haut voller Wunden – schmutzige lange Nägel – abstoßende, steife, vernachlässigte, gichtknotige Finger. Oh, diese Hände, die einst so schön, so elegant, so gepflegt waren, die küssen zu dürfen mich glücklich machte …

Ich betrachtete meine Hände … Oh Entsetzen! … Es sind genauso vernachlässigte alte Hände. Wie ich sie aufhebe, sehe ich die von Gicht verkrümmten Finger, die Haut hart und steif, auch voll von tausend blutigen Rissen. Seit wann sind meine Hände so eklig, so abstoßend? Ich weiß es nicht! Ich dachte nie daran, mich zu beobachten. Ich lebte wie ein Schlafwandler. Jetzt besinne ich mich, wie aus einem halbwachen Zustand erwachend, als ob ein dicker, undurchdringlicher Nebel auf meinem Bewusstsein gelegen hätte. Jetzt schiebt sich der Nebel plötzlich weg, und ich sehe auf einmal alles klar. Mein ganzes Leben, meine ganze Lage unter den Menschen, die mich wie ein halbtierisches Wesen behandelten, ohne Liebe, ohne Mitleid. In meinem halbbewussten Zustand duldete ich alles – die vielen Schläge, die Herzlosigkeit, den Spott – als sich die Leute im Hof über mich wegen meiner Unvollkommenheiten und meiner Hilflosigkeit lustig machten. Wie wäre es mir eingefallen, auf die Beschaffenheit meiner Hände oder überhaupt auf mein Aussehen zu achten? Als ich jung war, wollte ich manchmal hübsch sein, *um ihm zu gefallen*, damals band ich farbige Bänder in meine Haare; aber nachdem ich ihn und das Kind verloren hatte, war mir alles gleichgültig. Es fiel mir überhaupt nie mehr ein, in einen Spiegel zu schauen, und ich kümmerte mich nicht darum, wie meine Hände aussahen, sondern nur darum, *was* man in meine ausgestreckten, bettelnden Hände hineintat. Ja jetzt, da Klarheit in meinen Kopf kommt, erinnere ich mich plötzlich, dass manche Leute, als sie mir das Geldstück in die Hand legen wollten und ich gierig danach griff, ihre Hände angeekelt von den meinigen zurückzogen und das Geld fallen ließen, um meine Finger ja nicht zu berühren. Jetzt verstehe ich, es ekelt mich selbst, wenn ich auf meine morschen Hände und auf meine schmutzigen, stinkenden, zerrissenen Bettlerfetzen schaue. Wie mag wohl mein Gesicht aussehen? Oh, wenn er mich damals nicht so herzlos verlassen hätte, würde jetzt keiner von uns in dieser schrecklichen Verwahrlosung sein, und ich hätte auch das Kind nicht verloren ... Warum? Warum musste das alles so sein, und warum müssen wir uns jetzt am Ende so begegnen? Das Leben ist aus – nichts können wir gutmachen – nichts! Alles ist aus, es ist zu spät ... zu spät ...

Unsagbare Hoffnungslosigkeit und grenzenlose Verzweiflung überwältigen mich, ein schrecklicher Schmerz durchdringt mein ganzes Wesen – ich fühle, dass mein Herz bricht – ein Krampf, der mein Herz immer mehr zusammenpresst ... dann wird alles schwarz vor meinen Augen, alles verschwindet, ich falle ins Nichts ...

Jemand stöhnt, röchelnd, schnaubend ... ich höre es und will sehen, wer es ist ... es wird langsam hell – da begegnen meine Augen dem erschrockenen Blick meines Mannes, und ich werde mir bewusst, dass ich es bin, die so nach Atem ringt. Ich sitze im Bett, er schüttelt mich verzweifelt, und als er sieht, dass ich ihn erkenne, atmet er erleichtert auf und sagt, noch immer sehr erschrocken:»Was ist mit dir? Bist du wieder bei dir? Ich war so entsetzt! Ich erwachte von deinem Stöhnen, da saßest du mit weit geöffneten Augen, aber mich erkanntest du nicht, du schautest ins Leere, schautest auf mich, hast mich aber überhaupt nicht wahrgenommen. Was hast du? Was ist mit dir? Antworte doch!«

Ich schaue ihn an, will antworten, kann aber keinen Ton herausbringen. Das Entsetzen presst meine Kehle noch immer zusammen. Langsam komme ich so weit zur Besinnung, dass ich mit großer Mühe so viel hervorstöhnen kann:»Nicht jetzt – ich kann jetzt nicht – morgen.«

Mein Mann fragt nicht weiter, ich falle auf meine Kissen zurück. Er hält nur meine Hand in der seinen, und als er sieht, dass ich mich allmählich beruhige, schaut er mich nochmals mit forschendem Blick an, dann löscht er die Lampe.

Am nächsten Vormittag sitzen wir beide im Garten, und ich erzähle ihm, was mit mir in dieser Nacht war, ich erzähle ihm meine Vision.

Ich war eine Bettlerin, die sich an ihr ganzes Leben erinnerte, und *ich bin* es, war einmal diese Bettlerin. *Ich* erinnere mich an alles, was *ich* damals, als ich diese Frau war, erlebt habe. Es war mein eigenes Leben, das plötzlich wach und bewusst wurde. Und ich erzähle ihm weiter:»Ich war ein verlassenes leibeigenes Kind in einem großen Hof. Ich hatte keinen Vater, wenigstens erinnere ich mich weder an Vater noch Mutter. Im Hof gingen viele Menschen hin und her, ein Kutscher, der die Pferde besorgte, Knechte, die Holz hackten und die Jagdhunde fütterten, die Köchin, die in der großen Küche kochte und noch viele andere Mädchen, die in der Küche, im Hof und auch im Haus arbeiteten. Ich bin in diesem Hof aufgewachsen, man stieß mich hin und her, und seit ich mich erinnere, arbeitete ich immer, was ich eben arbeiten konnte. Nachdem ich aufgewachsen war, half ich auch im großen Haus, wo die Herrschaft wohnte. Es war ein riesiges Haus mit vielen Zimmern, und ich hörte von den Zimmermädchen, dass dort alles sehr, sehr schön sei. Ich durfte aber nie hinein, weil ich immer barfuß herumlief, und hinein durften nur die von der Dienerschaft, die Schuhe hatten. Ich war eine »äußere Magd«. – Die Zimmer gingen auf einen sehr, sehr langen Korridor. Diesen Korridor musste ich rein halten. Ich trug vom Brunnen riesige Kübel voll Wasser hinein, dann kniete ich nieder und scheuerte mit einer Bürste die großen farbigen Steinplatten des Korridors. Ich sehe jetzt noch diese Steinplatten ganz nahe vor meinem Gesicht, wie ich mich über sie beuge und reibe, reibe, mich um eine Reihe weiter zurückziehend, weiter reibe. Dann schütte ich immer wieder Wasser auf die Steinplatten und schrubbe weiter und noch weiter – der lange, breite Gang will kein Ende nehmen! Und wenn ich damit endlich doch fertig bin, kommt der Korridor im oberen Stockwerk an die Reihe … die Tage vergehen, Monate, Jahre vergehen, und ich wasche und scheuere immer und immer noch die Steinplatten. Ich bin zufrieden, denke über wenig Dinge nach, in meinem Kopf herrscht ein dicker Nebel. Ich wasche die Steinplatten gerne, sie sind farbig, und ich habe die farbigen Sachen gern. Für meine Arbeit bekomme ich in der Küche zu essen und darf in einer kleinen Kammer hinten über dem Stall schlafen. In den Hof kommen oft fremde Wagen. Die gehören den Gästen, die vorne am Haupteingang schon ausgestiegen sind. Die Kutscher bringen dann die Wagen in den großen Hof, spannen die Pferde aus und führen sie so lange im Kreis herum, bis sie sich abkühlen, dann binden sie die Pferde im Stall der Gäste an. Viele Gäste kommen zur Jagd, und dann ist der Korridor voll Dreck. Mit schmutzigen Stiefeln kommen die vielen Herren herein, und ich muss schon in der Morgendämmerung den Korridor waschen, damit er, wenn die Herrschaften aufstehen, rein ist.

Eines Tages bin ich gerade im Hof, als ihn ein wunderschöner junger Herr betritt. Er will nach seinem Pferd schauen und geht in den Stall. Er lässt sein Pferd satteln, steigt auf und reitet weg. Ich schaue bezaubert zu ihm auf, er ist so wunderschön, und einmal schaut er sogar nach mir! Ich bewundere ihn, als ob er der Herrgott selber wäre, und als er mich in derselben Nacht in meiner kleinen Kammer aufsucht, lasse ich bezaubert und glücklich mit mir alles geschehen, was er von mir wünscht. Sein Gesicht leuchtete durch den dicken Nebel, der meinen Kopf verdunkelte, und ich erlebte glückliche Minuten in seinen Armen …

Er kam öfters auf die Jagd, und mein Leben bestand aus manchen glücklichen Tagen, wenn er da war, und aus Warten auf die Tage, da er wiederkommen würde.

Nach einem Jahr war das Kind da. Die Köchin half mir, als ich vor ihrer Tür Hilfe suchend zusammenbrach. Ich wusste nicht, was mit mir geschah, nur als sie mir nach schrecklichen Qualen das Kind in die Arme legte, fühlte ich eine Wärme in meinem Herzen für das kleine Wesen, und zum ersten Mal war ich glücklich in meinem Leben: *Jemand brauchte mich, jemandem bedeutete ich alles!* Die Köchin sprach mit der Herrin, sie kam, schaute mich und das Kind an und erlaubte, dass das Kind bei mir blieb. Ich werde arbeiten, versprach ich, noch mehr arbeiten, nur das Kind sollen sie mir nicht wegnehmen …

Als er – der Vater meines Kindes – wieder Gast im Haus war und in der Nacht, wie sonst, zu mir kam, zeigte ich ihm glücklich das Kind und bat ihn, mir zu erlauben, dass ich in seinem Haus, in seinem Hof arbeite, damit ich ihm dienen könne. Er schrak zuerst zurück, dann behauptete er, es sei gar nicht sicher, dass das Kind von ihm sei. »Wer weiß«, sagte er, »welcher Knecht oder Leibeigene sein Vater ist!« Umsonst wollte ich ihm erklären, dass mich nie jemand angerührt hatte, denn ich verteidigte mich gegen alle wie ein wildes Tier, und nur ihm erlaubte ich, wie betäubt, alles, was er wollte. Umsonst bat ich ihn, mir zu erlauben, in seiner Nähe zu leben. Ich versprach ihm, ihn nicht zu stören, ich wollte für ihn arbeiten. Er hörte mich eine Weile an, dann, als ich vor ihm niederkniete und seine Knie umklammerte, stieß er mich weg und lief hinaus. Nie mehr habe ich ihn gesehen. Ob er nachher noch Gast im Haus war, weiß ich nicht. In den hinteren Hof kam er nie mehr, umsonst wartete ich noch Jahre hindurch. Er verschwand aus meinem Leben. Aber das Kind war da! Es bedeutete mir alles, meine Gedanken beschäftigten sich nur mit ihm, es bedeutete mir das Leben selbst!

Ich rieb die Fliesen im Korridor und dachte an das Kind … Ich zog Wasser aus dem Brunnen und dachte an das Kind. Ich beeilte mich mit meiner Arbeit noch mehr, damit ich mit dem Kind sein konnte. Es war ein Mädchen, hübsch und gescheit wie sein Vater. Es tat immer das Gegenteil von dem, was ich ihm sagte, es duldete keinen Widerspruch. Je mehr ich seine Sklavin wurde, desto weniger lieb war es zu mir. Noch ganz klein, war es schon grob zu mir und verachtete mich. Es gefiel ihm nichts, was ich sagte oder tat, und am liebsten schweifte es in der Gegend herum. Oft ging es so weit, dass es erst am anderen Tag nach Hause kam. Ich war verzweifelt und suchte es nach der Arbeit in der Umgebung. Aber dann kam es wieder, und für mich war wieder alles gut.

Eines Tages verließ es mich und kam nie wieder. Ich wartete verzweifelt, suchte überall in der Gegend – wartete und suchte – es war auf immer verschwunden. Ich konnte nicht mehr arbeiten. Die Sonne verfinsterte sich für mich, und die Welt wurde vollkommen leer. Eines Tages konnte ich es nicht mehr aushalten, ich ging weg, um das Kind zu suchen, und kam nie mehr zurück. Ich wanderte von einem Ort zum anderen und fragte überall, ob die Leute mein Kind nicht gesehen hätten. Jahre vergingen, und ich suchte noch immer, aber schon ohne Hoffnung, nur aus Gewohnheit. Ich ging nur, weil die innere Unruhe mich weitertrieb. Die Menschen gaben mir etwas zu essen, und als meine Kleider zerrissen waren, schenkten sie mir hier und da alte, verbrauchte Fetzen, um meine Glieder zu bedecken. Und ich ging und ging von Ort zu Ort, immer weiter ...

Einmal ging ich durch eine Stadt, und da traf ich auf der Straße die Köchin aus dem Hof, die inzwischen geheiratet hatte. Sie lebte mit ihrem Mann in dieser Stadt. Sie nahm mich mit nach Hause, gab mir zu essen und erzählte, dass der Vater des Kindes ...«

Hier ergriff plötzlich mein Mann meine Hand und unterbrach mich im Erzählen. Totenblass und mit bebender Stimme sagt er: »Warte, warte! Ich erzähle weiter. Ich weiß, was weiter kommt, *ich erinnere mich, was weiter geschah*! Während du erzähltest, wurde in mir auf einmal alles klar, ich erkannte mich selber und weiß: *Ich* war dieser Mann, der dich damals verlassen hat, denn *ich* weiß, dass *ich* damals wahnsinnig leichtsinnig und verantwortungslos gewesen bin. Ich lebte nur, um mich zu unterhalten, ich warf das Geld mit beiden Händen ohne Bedenken hinaus, und eines schönen Tages verlor ich alles. Mein Familiengut wurde versteigert, und ich musste mein Land und mein Schloss verlassen. Zuerst ging ich zu Freunden, die mit mir getrunken und gespielt hatten, die mir meine Erbschaft vergeuden halfen. Aber nach einigen Wochen ließen sie mich merken, dass ich in ihrem Haus überflüssig sei, und ich musste weiter. Das wiederholte sich bei anderen sogenannten Freunden, bis es mich vor mir und vor ihnen ekelte, bis ein wirklicher Freund mir den Rat gab, zu arbeiten. Ich wollte ein neues Leben beginnen und versuchte, Arbeit zu bekommen. Aber niemand nahm mich und meine Bitte ernst. Ich wusste nicht, *wie* ich arbeiten und *was* ich arbeiten sollte. Ich glitt immer tiefer und tiefer. Auf einmal bekam ich die fixe Idee, dass mein Unglück Gottes Strafe sei, weil ich dich und das Kind so herzlos von mir gestoßen hatte. Ich ging zu dem ehemaligen Freund, wo du arbeitetest. Ich wusste selber nicht, was ich dort zu tun hätte, wollte nur wissen, was aus dir und dem Kind geworden war. Ich fand aber weder dich noch das Kind, ihr beide wart fort, niemand wusste, wohin ... Ich ging weiter und fand immer weniger Freunde, die mir etwas geliehen hätten. Es war das schon ein Betteln, und als mir niemand mehr ein Obdach und ›Darlehen‹ gab und ich älter wurde, fing ich an, ganz fremde Leute um Hilfe zu bitten. So wurde ich schließlich ein Bettler, der von einem Ort zum anderen wanderte, und gutherzige Menschen erlaubten mir, im Stall oder in einer Scheune die Nacht zu verbringen. Ich brach mehr und mehr zusammen, wurde immer älter, der Hunger überwältigte mich, und eines schönen Tages – mir war schon alles gleich – fing ich an, in der Stadt auf der Straße zu betteln. Und so geschah es, dass wir einander zum Schluss als Bettler wiedergesehen haben.«

Ich hörte ihm in größter Aufregung zu, denn alles, was er sagte, war zutreffend. Ich wusste von Anfang an, dass mein Mann der alte Bettler war, und war erschüttert, dass er sich seines damaligen Lebens bewusst wurde. Alles war genauso, wie er sich erinnerte, denn die Köchin erzählte mir damals, als ich sie besuchte, dass er seine Erbschaft und sein Vermögen verschwendet hatte und er mich einmal – viel später – im Hof suchte, aber damals war er schon nicht mehr der elegante Herr, sondern ein sehr vernachlässigter, in abgewetzten Kleidern herumwandernder Landstreicher. Nachdem ich von der Köchin weggegangen war, suchte ich den alten Hof wieder auf und fragte nach, ob man dort seine Adresse wüsste. Aber es war niemand, der wusste, wohin er ging oder wo er sich aufhielt. So zog ich weiter und gelangte in die Stadt, wo ich ständig blieb. Ich war schon alt und konnte nicht mehr weit auf der Landstraße wandern. Ich blieb also und bettelte bei der Treppe. Dort erlebten wir das Wiedersehen, und dort kam meine letzte Stunde, verlebte ich Augenblicke. Denn als ich ihn erkannte und es mir klar wurde, wie das ganze Leben verfehlt war und nicht mehr gutgemacht werden konnte, weil es zu spät war ... zu spät

… das Kind war verloren und das ganze Leben war zu Ende … da starb ich dort, auf dem Eckstein sitzend, und alles war aus. Meine Erinnerung hört dort auf …

Wir schauten einander lange Zeit stumm an, wir konnten es schwer fassen, dass zwei vernünftigen modernen Menschen so etwas geschehen könne. Das, was wir eben erlebt hatten, kann man weder mit verschiedenen Vererbungstheorien noch mit psychologischen Theorien erklären. *Wir wussten, dass alles wirklich und tatsächlich so geschehen war!* Das war keine Einbildung!

Das eben Erlebte erschütterte uns beide tief, bis in unser innerstes Wesen. Wir saßen noch lange stumm nebeneinander, unsere Gedanken kreisten ruhelos. Dann sagte mein Mann:»Siehst du, ich hatte nie daran gedacht, warum ich mich seit meiner Kindheit vom Trinken, von Karten – oder anderen Hasardspielen –, vom Tanzen und überhaupt von jeder Gesellschaft streng zurückhielt. Dabei liegt es in meiner Natur, gerne zu trinken, zu tanzen oder mich zu unterhalten. Jetzt ist es mir aber klar geworden, dass, als ich damals alles verschwendet hatte und im größten Elend lebte, es sich immer *tiefer und tiefer in meinem Bewusstsein einprägte*, dass ich nie mehr spielen, nie mehr trinken, nie mehr leichtsinnig sein dürfe. Ich erkannte den Wert des Geldes, von welchem ich einfach keine Ahnung hatte. Ich erkannte auch, dass *der Wert des Menschen dort anfängt, wo er sich selber und seiner Familie eine Existenz schaffen kann.* Alle diese Erkenntnisse lagen tief in meinem Unterbewusstsein, denn ich war damals in dieser Einstellung gestorben. Und deshalb wollte ich, in meinem jetzigen Leben, in meiner Jugend nur lernen und lernen, diese Einstellung war die Kraft, die mich zurückhielt, wenn meine Universitätskameraden sich amüsieren gingen. Ich hatte immer Angst, dass, wenn ich tanzen ginge und mich ins gesellschaftliche Leben stürzte, etwas Schreckliches mit mir geschehen würde. Jetzt ist mir bewusst, dass ich mich vor dem Elend fürchtete, welches damals die Folge meines leichtsinnigen Lebens war. Die Einstellung, dass ich nie mehr trinken und spielen dürfe, kam aus dem Unterbewussten.«

»Ja«, antwortete ich,»und nachdem du damals überhaupt nichts gearbeitet hast, bis du jetzt übertrieben fleißig und nur auf Pflicht eingestellt.«

»Freilich. In der zweiten Hälfte meines damaligen Lebens *wollte* ich schon arbeiten; ich hatte aber nichts gelernt, wusste auch nicht, was arbeiten heißt. Als ich um Arbeit bat, vertraute mir kein Mensch eine Arbeit an, meine Bitte wurde gar nicht ernst genommen. Später, als ich schon wie ein Vagabund durch die Welt wanderte, gaben mir fremde Leute aus Mitleid Arbeit – Holzhacken, manchmal Wagen aufladen, oder ich half bei der Weinlese, ein anderes Mal Teppiche klopfen –, und während ich so arbeitete, mit ungeschickten, an die Arbeit nicht gewöhnten Händen, prägte sich mir der Wunsch ganz tief ein, etwas gelernt zu haben, gewandt und kenntnisreich zu sein. Und in diesem Leben lernte ich dann alles, alles, was ich nur konnte, und werde auch bis ans Ende meines Lebens immer lernen!«

Indem er die Worte »bis ans Ende meines Lebens« aussprach, presste eine eiserne Hand mein Herz zusammen. Wo werden wir, das Kind und ich, am Ende seines Lebens sein? Ich wurde starr vor Schrecken … Es ist ein Naturgesetz: *Wenn man mit der Hand gegen die Wand schlägt, schlägt die Wand zurück, ohne dass sie es will! Nicht die Wand schlägt zurück, sondern der eigene Schlag prallt zurück, aber den Schlag muss immer dieses Etwas zurückgeben, worauf wir geschlagen haben* … Nein, ich wollte diese Vorahnung nicht zu Ende denken. Wir werden ihn nicht verlassen … nicht … nicht … nicht!

Ich dachte dann über den Zusammenhang zwischen meinem vorigen und meinem jetzigen Leben nach. Warum dieser Schwachsinn, warum dieser nebelhafte Zustand damals, und warum jetzt, ohne Übergang, meine heutigen Talente und Fähigkeiten? … Es gab da keine Erklärung.

Wir standen noch tagelang unter dem Eindruck des erschütternden Erlebnisses, aber dann gingen wir wie sonst mit den befreundeten Nachbarn segeln, mit den Kindern alle zusammen baden, und so verblassten nach und nach unsere Erinnerungen aus dem vorigen Leben. Wir waren beide viel zu nüchterne Menschen, um uns mit vergangenen Dingen zu beschäftigen. Mein Mann musste nach einigen Tagen ohnehin verreisen, denn sein Urlaub lief ab. Ich blieb mit meinen Geschwistern und den Kindern in der Villa allein zurück.

Die ganze Gegend des großen Sees war vulkanischer Herkunft, und wahrscheinlich wirkten diese Ausstrahlungen so stark auf mich, dass ich dort sehr häufig Visionen hatte. Ich habe eine nüchterne Natur und suche hinter jeder Erscheinung einen natürlichen Grund. Ich glaubte nie an Gespenster oder Dämonen, und wenn mir jemand über verschiedene nächtliche »Erscheinungen« erzählte, die hier oder dort in einem alten Schloss alltäglich sind, so lächelte ich darüber überlegen, wie es die unerfahrenen Menschen zu tun pflegen und dachte im Geheimen, dass die Leute eine starke Fantasie hätten. Am allerwenigsten hätte ich mir »eingebildet«, dass gerade *ich* solche Erlebnisse haben würde. Es ist übrigens charakteristisch, dass es in keinem Fall gelingt, wenn man sich solche Visionen

»einbilden« *will*. Eben dann, wenn man ahnungslos an ganz andere Dinge denkt, können Visionen plötzlich, vollkommen unerwartet, auftreten.

Noch im selben Sommer geschah es, als mein Mann nicht mehr bei uns war, dass wir uns, wie sonst, nach einem fröhlichen Tag zur Ruhe begaben. Ich ging in mein Zimmer, wo mein kleiner Sohn schon tief schlief. Ich legte mich auch nieder, und da es in diesem abgelegenen Ort noch keine Elektrizität gab, löschte ich die Kerze und schlief ein.

Ich weiß nicht, wie lange ich geschlafen hatte, aber plötzlich wachte ich auf und wurde auf ein Geräusch aufmerksam: Es war, als ob jemand im Zimmer herumtasten würde. Ich griff nach den Zündhölzchen und zündete rasch die Kerze an … und im nächsten Augenblick stürzte ich mich auf eine Schreckensgestalt, die mein Kind schon im Arm trug, um es wegzuschleppen. Es war eine weibliche Gestalt, ähnlich wie man die Hexen darstellt, und als ich sie mit dem Licht überraschte, wollte sie schon auf einem Strick oder Drahtseil, das von unseren Betten durch das Fenster wegführte, hinwegrutschen. Ich stürzte auf sie los, packte das Kind und wollte es zurückreißen. Sie ließ nicht los! Ein schrecklicher Kampf begann zwischen uns. Die Hexe war schon ein Stückchen auf dem Seil hinaufgeglitten – es schien, als ob sie irgendwie damit verbunden gewesen wäre, es strömte daraus ein Kraftstrom, der ihr Kraft gab –, aber sie konnte nicht weiter, weil ich mich an das Kind klammerte und es ihr entreißen wollte. Aber auch sie umklammerte das Kind und wollte es mir entreißen. Wir zogen das Kind hin und her; unterdessen bekam ich das sichere Gefühl, dass sie nur noch eine kurze Zeit lang über mein Kind Macht hatte und dann ohne das Kind hinwegfliegen müsste, wenn sie es innerhalb dieser Zeit nicht in ihre Gewalt brachte. So klammerte ich mich mit aller Kraft in verzweifeltem Kampf an das Kind, sie versuchte mit ebensolcher Gewalt mich von ihm zu trennen, bis sie plötzlich ganz unerwartet das Kind losließ, sich auf dem Drahtseil durch das Fenster hinausschwang und draußen in der Dunkelheit verschwand …

Und ich …? Ich kniete in meinem Bett, das Kind lag neben mir, friedlich in vollkommener Ruhe, schön zugedeckt und schlief fest, die Kerze aber brannte auf dem Nachttisch. Hatte ich geträumt und vielleicht vergessen, die Kerze am Abend, als ich schlafen ging, auszulöschen? Aber nein, das Zündhölzchen glühte noch daneben. Ich hatte es also *jetzt* angezündet, und die ganze Szene musste sich in wenigen Augenblicken abgespielt haben. Sonst wäre das Zündhölzchen nicht mehr warm gewesen. Ich hatte also *nicht geträumt!*

Ich löschte die Kerze wieder aus, legte mich in mein Bett zurück und versuchte, mein wahnsinnig klopfendes Herz zu beruhigen. Was war das? Eine Hexe? Gibt es so etwas? Was ist eine Hexe? Warum malen alle Maler überall gleiche Hexen, und woher nehmen sie diese Gestalt? Woher stammt es überhaupt, dass es »Hexen« gibt, und warum behaupten die Menschen, dass die Hexen auf einem Besenstiel reiten? Warum stellt man die Hexen auf der ganzen Erde so dar, wie man sie eben darstellt, wenn das nur eine »Vorstellung« ist? Mit einer eisernen, langen, hängenden Nase, mit einem krummen Rücken und mit einem Besenstiel in der Hand? Warum zeichnet man sie nicht z. B. mit einem Pferdefuß? Ja, den hat der Teufel, antwortet man. So? Woher wissen sie es so sicher, dass *der Teufel einen Pferdefuß hat* und die Hexe nicht? Wer hat schon einen Teufel und eine Hexe gesehen? Ich habe jetzt eine kleine Ahnung, warum man in ihre Hand einen Besenstiel zeichnet. Die Hexe, die ich gesehen hatte, hielt in ihrer Hand diesen Drahtstrick oder dieses Seil oder was es war, und wie sie darauf hinausflog, hätte ich auch leicht denken können, dass sie auf einem Besenstiel ritt. Ich verstehe, dass einfache Dorfleute, die nichts über Kraftströme wissen, denken, dass sie sich an einen Besenstiel klammert und darauf wegfliegt. Sie war die personifizierte Dienerin des »Bösen«. Ich wusste es einfach. Sie war Wirklichkeit, Tatsache! Dass die ganze Szene eine Projektion, ein Blendwerk war? – Natürlich wusste ich das. Aber *was verursacht es? Woher stammt es* und *warum eben ein solches Bild?* Für mich war das Wirklichkeit, und das Interessante dabei ist, dass alle Leute, die so ein Blendwerk, so eine Projektion, oder wie wir es auch nennen wollen, erleben, es in derselben Form sehen. Woher tragen wir alle im Unterbewussten dieses Bild, wenn es aus dem Unterbewusstsein stammt? Man könnte darauf antworten, dass ich schon Bilder von Hexen gesehen hätte und das projizierte Bild daher stamme. Aber es stimmt nicht! Denn wenn die Hexe auch sehr ähnlich der üblichen Hexengestalt war, sah ich dennoch überrascht, dass sie nicht in allen Einzelheiten so war.

Und woher dieses komische »Seil«? Das sah ich auf keinem der Bilder, und es war doch da. Über dieses Drahtseil, das bei anderen ein Besenstiel ist, hatte ich übrigens nach meinen Willensübertragungs-Experimenten eine ganz eigene Meinung. Es war, nach meiner Auffassung, ein Kraftstrom oder vielleicht eben ein – Willensstrom? Aber woher? Und von wem ausgestrahlt? Und wenn man einen Kraftstrom als Form sehen kann, ist vielleicht die Form der Hexe auch nur eine durch ausgestrahlte Kräfte zusammengeflochtene Form? Und was sind wir Menschen: Woher kommt die Form des Menschen? Sind wir nicht auch aus verschiedenen Kraftströmen zusammengesetzte, scheinbare, feste Formen? Was ist »Wirklichkeit«? Nur das, was wir mit der Hand greifen können? Sind wir Menschen nicht auch nur Projektionen, und *glauben wir nur*, dass wir tatsächlich Formen sind? Sind Liebe, Hass, Hoffnung, Verzweiflung, das Gute und das Böse keine Wirklichkeiten? Leidet der Mensch oder wird er glücklich durch diese ungreifbaren, unsichtbaren Kräfte, die nicht weniger »tatsächlich« sind als die von handgreiflichen »Wirklichkeiten«? Natürlich weiß ich, dass die körperliche Form des Kindes – wie man sagt: das »wirkliche« Kind – während seines Kampfes mit der Erscheinung ruhig im Bett lag, auch bin ich überzeugt, dass der ganze Kampf nur *zwischen Kräften* und nicht *zwischen* »*Körpern*« stattgefunden hat, aber ist das deshalb keine Wirklichkeit? Vielleicht waren diese Erscheinungen – das Kind und die Hexe – viel mehr Wirklichkeit als die materielle Form des Kindes, die im Bett lag? Was ist eine materielle Form? Nur die Resultate und die Hülle von Kräften, die den materiellen Körper aufbauen. Die Kraft ist also die Ursache, der materielle Körper nur die Wirkung. Welche ist wichtiger und wirklicher?

So grübelte ich noch lange über mein Erlebnis nach, das für mich vollkommene Wirklichkeit war. Ich hatte ja Beweise dafür, dass ich nicht geschlafen hatte. Abgesehen davon, dass man im Schlaf, im Traum, auch vollkommene Wirklichkeit erleben kann!

Einige Tage vergingen, und eines Abends, nachdem alle zu Bett gegangen waren und es im Haus allmählich still wurde, legte ich mich auch hin. Da es an diesem Tag außerordentlich heiß gewesen und im Zimmer immer noch sehr schwül war, ließ ich nicht nur das Fenster offen, sondern öffnete auch die Tür meines Zimmers, die auf den Vorraum hinausging, so dass ich aus meinem Bett gerade auf die Treppe, die zu den Zimmern im oberen Stockwerk führte, sehen konnte.

Ich lag da, und wie es meine Gewohnheit war, dachte ich über den vergangenen Tag nach. Was hatte ich gut gemacht, was nicht, was hätte ich *sagen* oder *tun* und was *nicht* sagen oder tun sollen. Nachher überlegte ich, was wir morgen für die ganze Familie kochen würden, denn die Haushaltung war mein Gebiet. Meine Gedanken beschäftigten sich also mit vollkommen alltäglichen, langweiligen Dingen.

Auf einmal wurde ich darauf aufmerksam, dass sich von der Eingangstür her zwei merkwürdige Gestalten näherten und ganz langsam an meiner Tür vorbeigehen wollten. Es waren zwei lebensgroße menschliche Gestalten, vollkommen schwarz, wie Schatten. Sie waren aber nicht plastisch, sondern ich hatte den Eindruck, dass sie überhaupt *nur darum sichtbar waren, weil sie dort, wo sie eben auftauchten, alle Lichtstrahlen verschluckten.* Noch anders ausgedrückt, sah ich eigentlich nicht diese Wesen selbst, sondern nur das Loch, das sie in den Lichtstrahlen bewirkten. Wissenschaftlich ausgedrückt, verursachten sie in den Lichtstrahlen eine vollkommene Interferenz, und nur darum konnte man sie überhaupt wahrnehmen, weil dort, wo sie eben gingen, überhaupt keine Lichtstrahlen mehr waren. Sonst, an sich, wären sie unsichtbar gewesen. Es ist schwer, einen Ausdruck zu finden, um dieses Phänomen zu beschreiben. Ich hatte im selben Augenblick verstanden, warum die Bauern, wenn sie über Gespenster oder spukhafte Erscheinungen sprechen, das Wort »Schatten« gebrauchen. Tatsächlich waren diese Gestalten »Schatten«, aber weder geworfene noch Eigenschatten, sondern Gestalten aus totaler *Lichtlosigkeit.* Ich hatte von solcher Schwärze überhaupt keine Ahnung gehabt und wusste nicht, dass so etwas existierte. Es fiel mir später ein, dass die Astronomen so ein schwarzes Loch – eine völlige Lichtlosigkeit – am Himmel kennen. Sie benennen es nach seiner Form – den Rosskopf. Sie können es nicht erklären, es handelt sich um eine Interferenz in den Lichtstrahlen. Etwas verschluckt, vernichtet das Licht, das aus dem Weltraum strahlt, und wir sehen nur einen unermesslich großen Schatten. Genauso beschaffen waren auch diese zwei Gestalten, die mit langsamen Schritten sich näherten. Auf ihren Schultern trugen sie eine Stange, und an dieser Stange hing etwas unbeschreiblich Entsetzliches! Es sah einem Polypen ähnlich, hatte aber keine organisch zusammenhängende Form, sondern hing an dieser Stange wie ein hingeworfener roher Teig, der sich ständig ausdehnte und wieder zusammenzog. Es war etwas unbeschreiblich Ekliges, Abstoßendes, wie eine *eitrige, grünlich-verfaulte Masse,* aus welcher – ich wusste es irgendwie – Krankheiten, Unglück, Katastrophen und Tod lauerten. Ich wusste, dass dieses Ungeheuer das konzentrierte »Übel« selbst war! Es drehte und streckte sich an der Stange mit bewusster Bosheit, und mir wurde klar, dass es für sich nach neuen Gelegenheiten und Opfern suchte, um seine gefürchtete Macht zu offenbaren. Ich sah, wie dieser Zug mit dem Ungeheuer sich in der Richtung auf das Zimmer meiner Schwester fortbewegte. Entsetzt wollte ich unbedingt verhindern, dass diese satanische Kraftquelle irgendwelches Unglück verursachte. Ich setzte mich im Bett auf und schrie aus allen Kräften:»Grete! – Grete!«

Auf mein Schreien hin verschwanden die zwei Schattengestalten augenblicklich, das Ungeheuer schrumpfte in sich zusammen und wurde zu einer dem Vollmond ähnlichen grünlich phosphoreszierenden Kugel von der ungefähren Größe eines Fußballs, dann rollte sie schwebend und hüpfend die Treppe hinauf und mit einer Stimme, mit einem höllischen Lachen, welches ich zwar nicht mit meinen Ohren, aber irgendwie dennoch vernahm, schrie sie mir spöttisch zu:»Mich willst du erwischen, mich? Hihihihihi!«, dann schlüpfte sie durch das offene Fenster und verschwand in der Finsternis …

Ich sprang aus meinem Bett und rannte ihr nach, in den Vorraum hinaus, um zu sehen, was es denn war. Überall herrschte vollkommene Stille!

Beinahe gleichzeitig mit meinem Hinausrennen öffnete sich oben die Zimmertür meines Bruders, er kam an das Geländer, schaute herunter und fragte:»Wer ist dort unten?«

Ich zündete eine Kerze an und antwortete:»Ich bin es, warum bist du herausgekommen?«

»Ich bin plötzlich aufgewacht, es war mir, als ob sich ein Albdruck auf meine Brust gelegt hätte, und ich hatte das Gefühl, dass etwas Schlechtes, eine große Gefahr, im Haus sei. Ich wollte sehen, was los ist, und da stehst du schon. Was ist geschehen?«

Während er sprach, kamen sowohl meine beiden Schwestern aus ihren Zimmern als auch das Personal, und alles fragte, warum ich geschrien hätte. Ich erzählte ihnen alles. Dann untersuchten wir das ganze Haus. Die Eingangstür war geschlossen, alles war an seinem Platz. Da bat ich meinen Bruder, er solle versuchen, oben das Fenster zu prüfen, ob nicht ein Luftzug das Fenster bewegt und im Fenster sich das Bild des Mondes gespiegelt habe. Vielleicht war dies der Grund, dass ich eine grünlich phosphoreszierende Kugel sah? Der Mond stand aber auf der anderen Seite des Hauses, und es war unmöglich, ein reflektiertes Bild vom Bett aus zu sehen.

Da wir nichts gefunden hatten, blieb uns nichts anderes übrig, als wieder schlafen zu gehen. Aber in meinen Ohren klang noch lange das höllische Lachen:»Mich willst du erwischen – mich? – Hihihi!«

Nach einigen Tagen klagte mein Söhnchen über Bauchweh. Ich hatte das sichere Gefühl, es seien Blinddarmschmerzen. Ich fuhr mit ihm noch am selben Tag in die Hauptstadt und ließ ihn vom Freund meines Vaters, der inzwischen ein berühmter Chirurg und Direktor eines großen Spitals geworden war, untersuchen. Er stellte tatsächlich eine Blinddarmirritation fest, sagte aber, dass wir mit der Operation bis zum Herbst warten könnten. So fuhren wir an den See zurück, und das Kind spielte noch fröhlich mit seinen kleinen Kameraden, bis wir dann im Herbst in die Stadt zurückkehrten.

Die Zeit, die jetzt folgt, möchte ich am liebsten überspringen, um nicht alles in meiner Erinnerung wieder erleben zu müssen. Es ist aber notwendig, die Geschehnisse in großen Zügen zu schildern, damit die späteren Ereignisse verständlich sind.

Das Kind wurde operiert, es ging alles in Ordnung. Nach acht Tagen durfte es schon heim. Während wir mit meinem Sohn im Spital waren, erkrankte das Töchterchen meiner Schwester. Sie hatte ein sehr hartnäckiges, eigentümliches Halsweh, und ich sah einmal, als ich bei ihr war, dass sie am Hals, unter der Kompresse, einen roten Ausschlag hatte. Man dachte, es sei ein Hitzeausschlag von der feuchten Kompresse, und er wurde mit Puder behandelt. Am anderen Tag war der Ausschlag tatsächlich verschwunden. Als ich mit meinem Sohn aus dem Spital nach Hause kam, war die kleine Cousine schon auf, und die zwei Kinder freuten sich beide über das glückliche Wiedersehen. Sie spielten den ganzen Tag zusammen. Mein Söhnchen gefiel mir aber nicht! Es war matt, sehr blass und unlustig. Mehrere Tage vergingen, und anstatt kräftiger zu werden, wurde es immer schwächer und deprimierter. Nach einer Woche, als ich seine Temperatur maß, sah ich mit Schrecken, dass es nahezu 39 Grad Fieber hatte. Das Kind fing bitterlich an zu weinen. Es wurde ihm jeden Moment schlechter, und sein Körper war mit rotem Ausschlag bedeckt! Merkwürdigerweise sah dieser Ausschlag genauso aus wie damals der Ausschlag auf dem Hals der kleinen Cousine. Wir riefen den berühmtesten Kinderspezialisten, er untersuchte das Kind, dann frage er, ob in der Familie jemand Scharlach gehabt hätte.

»Nein«, antwortete ich, »niemand.«

»Doch, hat nicht jemand ein hartnäckiges Halsweh gehabt?«

Der Boden fing an unter meinen Füßen zu schwanken: »Ja«, sagte ich, »die kleine Cousine litt an einem sehr lange dauernden Halsweh, und sie hatte am Hals einen ähnlichen Ausschlag.«

Der Professor lächelte: »Ja, das war Scharlach. Das erholungsbedürftige Kind hatte wenig Widerstandskraft und bekam eine sehr starke Infektion. Wir müssen ihn sofort impfen. Werden *Sie* das Kind pflegen?«, fragte er mich.

»Ja.«

»Haben Sie Scharlach gehabt?«

»Nein, aber ich werde es auch jetzt nicht bekommen, weil ich überhaupt gegen jede ansteckende Krankheit immun bin.«

»Ich kann nur dann die Verantwortung auf mich nehmen«, sagte der Professor, »wenn wir auch Sie impfen.«

Ich wusste schon aus Erfahrung, dass ich kein Serum vertrug, und ich versuchte, ihn zu überreden, mich nicht zu impfen. Es war alles umsonst, wir beide wurden geimpft mit einem damals ganz neuen, noch kaum ausprobierten Serum. Ich fühlte mich wie ein ins Schlachthaus geschlepptes Tier, ich musste bewusst dulden, dass man mich vergiftete.

»Auf meine Verantwortung ...«, das klang noch lange in meinen Ohren, »es wird Ihnen nicht schaden!« Und als ich später, nur ein Haarbreit vom Tod, hilflos, vergiftet dalag, hätte ich gerne diesen gutwilligen Arzt herbeigerufen, damit er einsah, dass man manchmal auch den Patienten anhören könnte und ihn nicht einfach nur wie eine Nummer behandeln sollte. Das Serum war ein langsam wirkendes Gift ...

Zuerst mussten wir den schrecklichen Kampf um das Leben des Kindes durchkämpfen. Sechs lange Wochen saß ich an seinem Bett. Die Wirkung des ständig 40, manchmal 41 Grad hohen Fiebers, dazu die Reaktion des Serums, waren so stark, dass sein Herz oft versagte. Ein junger Arzt kam und wohnte bei uns, damit er jede Minute mit einer Einspritzung bereitstand, um das Herz wieder in Bewegung zu setzen. So waren wir zu dritt in der isolierten Wohnung eingesperrt. Wir kämpften zusammen um das Leben des Kindes.

»Mich willst du erwischen? – mich? – Hahaha!«, hörte ich die höllische Stimme in meinen Ohren, als ich während langer Tage und Nächte das Kind in meinen Armen hielt und es nicht hergeben wollte. Von der Hexe bekam ich ihn zurück und der Blinddarm war schon draußen. Aber mit dem phosphoreszierenden Ungeheuer ging es nicht so leicht, dieses war noch nicht besiegt.

Mein Söhnchen wurde immer schwächer, das Fieber immer höher. Der Professor impfte mit einer neuen Dosis Serum. Während einiger Tage hatte das Kind weniger Fieber, aber dann fing auf der linken Seite sein Hals an anzuschwellen. Die Ärzte sagten, dass die Infektion sich in einer Drüse abgelagert habe, und sie beobachteten die Geschwulst, ob man sie nicht aufschneiden sollte. Sie wurde von Tag zu Tag größer, so dass das Kind seinen Kopf ganz schief hielt. Der Kampf wurde immer heftiger, das Fieber stieg noch immer höher, das Kind war in ständigem Delirium. Es waren schon fünf Wochen vergangen, und wir schliefen kaum ein bis zwei Stunden am

Tag. Das Kind warf sich im Bett hin und her und beruhigte sich nur dann ein wenig, wenn ich es in meinen Armen hielt. Die letzten fünf Tage saß ich ununterbrochen neben seinem Bett, hielt sein armes Körperchen ständig in meinen Armen und wartete ... hörte seinem schweren Atem zu ... und wartete ... fünf unendlich lange Tage und Nächte wartete ich ... Nie hätte ich gedacht, dass ein Mensch es so lange ohne Schlaf aushalten kann. Fünf Tage und fünf Nächte vergingen, und ich hielt das Kind noch immer in meinen Armen. Ich dachte während der langen Stunden daran, dass man Mütter oft über die Undankbarkeit ihrer Kinder klagen hört:»Darum habe ich ihn gepflegt? Darum habe ich mich aufgeopfert und saß an seinem Bett, als er krank war? Ich stellte jetzt fest, dass eine Mutter ihr Kind *nicht um des Kindes wegen*, sondern *um ihrer selbst willen pflegt*! Es gibt manche Frauen, die sich einbilden, gute und sich aufopfernde Mütter zu sein, weil sie ihre Kinder pflegten. Nein! Ich war keine gute Mutter, denn ich pflegte mein Kind und tat alles, um sein Leben zu retten, um *meinetwillen*! Ich zitterte, wenn ich an die Möglichkeit dachte, das Kind verlieren zu können. Nicht *es* liebte ich, sondern *mich selber* – und wollte es deshalb retten. Es war *mir* so wichtig, *ich* war mit ihm so eng verbunden und seelisch verwachsen, dass ich nicht einmal den Gedanken ertragen konnte, dass es aus meinem Leben verschwinden könnte. Ich saß mit dem Kind in den Armen und war mir dessen vollkommen bewusst, dass ich das für *mich* tat, dass ich das Kind *mir* erhalten wollte. Ich presste es an mich und versuchte, etwas von meiner eigenen Lebenskraft zu übertragen, damit es *mir* erhalten bliebe. Ja, *ich wusste, dass aus dem Sonnengeflecht des Menschen eine unsichtbare Kraft ausströmt*, die – wenn der Mensch etwas wirklich will – zu einer riesigen Kraft anwachsen kann, die sogar die Anziehungskraft der Erde besiegt. Jetzt wollte ich umgekehrt die Anziehungskraft der Erde vermehren, ich wollte das Kind hier auf der Erde behalten. Ich saß da mit dem Kind und versuchte, alle meine Gedanken darauf zu konzentrieren, dass es Kraft bekäme, die schreckliche Krankheit zu besiegen. Doch vermochte ich nie, zu Gott darum zu bitten, dass *Er* mir das Kind erhielte.»Nie sind die Dinge schlecht, nur wie du darüber denkst«, hörte ich in mir Epiktet. Von *meinem Standpunkt aus* wäre es die größte Katastrophe gewesen, das Kind zu verlieren. Aber ich darf persönliche, subjektive Dinge nicht von der größten Macht, vom Schöpfer, erbitten, denn *Er* weiß, was und wozu es gut ist, und ich darf nicht von einem kurzsichtigen, menschlichen Standpunkt aus das Kind behalten wollen. Und das Kind? Für es ist es auch das allerbeste, wenn Gottes Willen geschieht. So saß ich mit dem Kind in meinen Armen. Mein kleines menschlich-mütterliches »Ich« zitterte um das Leben des Kindes, aber ich betete fortdauernd: »Dein Wille geschehe … Dein Wille geschehe …«

Ich wiederholte es zitternd hundertmal in diesen langen Stunden, während mein Körper immer steifer und steifer wurde, bis er schließlich anfing zu rebellieren. Ich fühlte meinen Rücken nicht mehr. Ich versuchte, meine Stellung ganz wenig zu ändern, aber das Kind bemerkte es sofort, klammerte sich noch fester an mich und schrie auf: »Bleibe, bleibe, halte mich! Wenn du bleibst und mich festhältst, verzeihe ich dir alles, alles, was du gegen mich gesündigt hast!«

Meine Seele erstarrte … was will das Kind mir verzeihen?

Ich dachte bisher, dass ich alles getan hätte, was eine Mutter für ihr Kind tun kann. Von seiner Geburt an war mir das Kind das erste vor allem. Mit allen meinen Gedanken wollte ich es glücklich machen. Was hätte es in sich tragen können, was es mir jetzt verzeihen wollte? Wie hätte ich mich gegen das Kind versündigen können?

Ich versuchte, es zu fragen: »Mein Kleiner, sei ruhig, ich bleibe bei dir, ich halte dich fest. Aber was willst du mir verzeihen?«

Er antwortete: »Ich weiß es nicht, aber halte mich nur fest, und ich verzeihe dir alles …«

Ich schaute auf den jungen Arzt, er sagte mir leise: »Er spricht im Delirium, beachten Sie seine Worte nicht.«

»Ja, ja, er spricht im Delirium …« – aber ich kannte damals die menschliche Seele schon zu gut, als dass ich nicht hörte, aus welcher Tiefe diese Worte des Kindes hervorbrachen. Ich dachte noch lange nach, noch lange … was ich gegen diese menschliche Seele gesündigt … womit ich mich ihr gegenüber schuldig gemacht hätte …

Bis mir eines Tages alles, alles klar wurde …

Am Abend des fünften Tages, an dem wir das letzte Mal geschlafen hatten, ließ mich das Kind wieder einige Minuten frei. Mit Hilfe des Arztes stand ich auf, ich war schon vollkommen steif, und wie ein Automat tat ich alles, was notwendig war. Meine Seele belastete aber eine solche Finsternis, als ob alle Teufel der Hölle auf uns losgestürzt wären. Ich hatte Angst, ich bräche zusammen. Ich wollte mich irgendwie stärken, damit ich weiter Kraft fände, alles ertragen zu können. In solchen Momenten gibt der Mensch all seinen Hochmut auf und streckt seine Hand nach Hilfe aus, wo immer er Hilfe zu bekommen hofft. Die Bibel! Da lag das Buch auf dem Nachttisch, und ich griff danach wie ein Ertrinkender. Ich öffnete es, ohne zu denken, und meine Augen fielen auf folgende Worte im Alten Testament:

»Fürchte dich nicht, deine Feinde schießen ihre unsichtbaren Pfeile nur so lange auf euch, als der Herr es ihnen erlaubt. Wenn aber ihre Zeit abläuft, werdet ihr von allem Übel befreit.«

Die Wirkung dieser Worte auf mich war unbeschreiblich. Ich fühlte, als ob ein Berg von mir gefallen wäre, ich fühlte nach den sechs Wochen entsetzlicher Finsternis endlich Licht ... Licht ... Licht!

Das Telefon läutete, es war Mutter:»Was ist mit dem Kleinen?«

»Mutter, das Kind wird gesund!«, schrie ich ins Telefon.

»Hat das Fieber nachgelassen?«

»Nein, es hat noch immer 40 Grad, aber Gott hat mir eine Botschaft geschickt ...«, und ich erzählte ihr, was ich in der Bibel gelesen hatte.

»Gott gebe es«, sagte Mutter.

Ich musste den Hörer rasch zurücklegen, denn das Kind schrie nach mir. Ich sprang zu ihm, und im nächsten Augenblick öffnete sich die schreckliche Geschwulst, die in den letzten Tagen schon so groß war wie *ein großer Ball*, nach innen, in seinen Hals, in seine Mundhöhle, und eine eitrige, grünlich verfaulte Masse strömte aus seinem Mund. Mir fiel unwillkürlich die *grüne Kugel* ein ... es war dieselbe Farbe.

Die Ärzte warteten, bis die Geschwulst nach außen weich wurde und dann aufgeschnitten werden konnte; sie war aber nach außen immer noch ganz hart, und so getrauten sie sich nicht, sie aufzuschneiden. Jetzt half sich die Natur selbst und befreite das Kind. Nachher streckte es sich aus und fiel ohne Übergang in einen tiefen Schlaf. Es schlief wie ein Toter. Wir beobachteten es die ganze Nacht, sein Puls wurde kräftiger, sein Atem langsamer, die Stirn war nicht mehr in Schweiß gebadet ... es schlief ruhig und friedlich. Wir legten uns auch nieder, nach langen, schweren Wochen wieder einmal ins Bett, und ich versuchte auch zu schlafen, aber es ging nicht. Meine Nerven hatten den Schlaf vergessen.

Bis zum nächsten Morgen um elf Uhr schlief das Kind, ohne sich zu rühren. Vater rief mich öfters an:»Was ist mit dem Kind? Schläft es noch immer, hat es Puls?«

»Ja, Vater, es ist fieberlos, es schläft ruhig, und es ist ein gesunder Schlaf.«

Endlich öffnete es seine Augen und bat sofort um Milch. Wie ein Schwamm, der alles aufsaugt, trank es vier Glas Milch nacheinander ... dann verlangte es nach seinen Spielsachen ...

Am folgenden Tag war Weihnachten. Mein Mann, meine Eltern und meine Geschwister kamen nachmittags zur Tür im Treppenhaus und brachten uns einen kleinen Weihnachtsbaum mit einer Menge Spielsachen für das Kind. Ich setzte es in einen Lehnstuhl, zog es in das mittlere Zimmer, die Familie winkte ihm durch die beiden Gitterfenster der Eingangstür zu. Das Kind war noch unerkennbar mager und schwach ... aber es lebte! Wir weinten alle vor Freude. Das Übel musste weichen ... seine Zeit auf der kosmischen Uhr war abgelaufen. Ich konnte nicht sprechen, ich hatte das Gefühl, dass ich träumte. Ich war die Dankbarkeit selbst. Mein Wunsch und Gottes Wille waren in diesem Fall identisch ... Er gab mir das Kind zurück!

Mein Söhnchen erholte sich langsam, der junge Arzt nahm Abschied von uns, und es kam der Tag, an dem der Kleine aufstehen durfte. Er musste wieder gehen lernen, aber von Tag zu Tag wurde er kräftiger, und nach zwei Monaten konnte er wieder in die Schule gehen. Ich konnte auch wieder schlafen und wollte wieder zu meiner Bildhauerarbeit. Ich fühlte mich aber so merkwürdig ... als ob ich immer ein bisschen betrunken wäre, und ich sah die ganze Welt wie durch Wasser. Alles wurde langsam immer verschwommener ... alles rutschte weit weg von mir ...

Das Serum, womit man mich geimpft hatte, wurde aus Hengsthormonen hergestellt. Wie ich nachträglich hörte – und die Zeitungen waren damals voll davon –, wirkte das neue, kaum ausprobierte Präparat auf Frauen wie ein Fremdkörper, wie Gift in ihrem Blut! Die meisten geimpften Frauen wurden zuerst nervenkrank, dann versuchte die Natur, das vergiftete Blut zu beseitigen, und sie bekamen unaufhaltsame Blutungen. Nichts half, und viele starben, was Massenprozesse zur Folge hatte.

Es wurde mir von Tag zu Tag schlechter. Ich sah die Welt immer mehr wie durch Wasser, merkwürdig verschwommen. Ein unbekanntes Gefühl überkam mich, ich wurde mir selber fremd. Ich ging gerade, dennoch war es mir ständig schwindlig. Dieses sonderbare Gefühl, dass ich die Welt nicht durch die Luft, sondern durch irgendeine Flüssigkeit sähe, verstärkte sich von Tag zu Tag.

Eines Tages bekam ich einen Anfall, ich hatte keinen Puls, sondern nur noch ein Flattern, ich konnte nicht mehr gehen, nicht mehr essen, nicht mehr schlafen, lag mit dem Eisbeutel auf meinem Herzen und sah die ganze Welt, als ob sie in Wasser schwimmen würde.

Es würde zu weit führen, zu beschreiben, wie ich litt. Ich wanderte durch die verschiedensten Abteilungen der Hölle, viele Monate lang.

Im Sommer erholte ich mich etwas, und auf ärztlichen Rat fuhren wir wieder alle an den See – vielleicht tat mir die Klimaänderung wohl. Ich lag auf der Terrasse der Familienvilla und versuchte, meine tanzenden Nerven zu beruhigen und zu beherrschen. Ich sagte mir hundertmal und tausendmal:»Ruuuhe ... Ruuuhe ... Ruuuhe.« Langsam ging es besser, manchmal konnte ich schon in der Nacht schlafen ...

Eines Tages fiel es mir auf, dass mein Sohn nicht wie sonst mit den anderen Kindern am Seeufer spielte, sondern um meinen Diwan herumschlich und auffallend still war. Ich erschrak im Geheimen – er ist hoffentlich nicht wieder krank? Ich habe es nicht gerne, wenn Kinder auffallend still werden! Ich fragte ihn:

»Was ist mit dir? Warum spielst du nicht mit den anderen Kindern?«

Das Kind lehnte sich an die Lehne meines Diwans, schaute mich aufmerksam an und antwortete:»Mutti, ist es möglich, dass ich schon einmal gelebt habe?«

Seine Frage überraschte mich sehr. Ich fragte zurück:»Wie kommst du auf diese Idee?«

»Ich war im Garten und sah einen großen schwarzen Käfer. Ich stichelte ihn ein bisschen mit einem Stäbchen. Der Käfer legte sich auf den Rücken und blieb vollkommen bewegungslos, als ob er gestorben wäre. Ich war neugierig, was geschehen würde. Ich behielt ihn im Auge und wartete. Es verging lange Zeit, vielleicht eine halbe Stunde, da erhob sich der Käfer auf einmal und lief weg. Da hatte ich das feste Gefühl, dass ich schon einmal gelebt habe. Es schien nur so, als ob ich gestorben wäre, die Menschen dachten, dass ich tot sei, aber dann bin ich weitergelaufen wie der Käfer, und ich bin da, ich lebe wieder. Das heißt, dass ich überhaupt nicht gestorben war! Und schau, Mutti, ich frage auch darum, weil ich jeden Tag in der Frühe, wenn ich aufwache und meine Augen noch nicht öffne, zuerst immer das Gefühl habe, dass ich rasch aufspringen und auf die Jagd gehen müsse, um für meine Frau und meine Kinder etwas zum Essen zu bringen. Und nur wenn ich meine Augen aufmache und in jede Ecke des Zimmers hinaufschaue, dann weiß ich wieder, dass ich ein kleiner Knabe und dein Sohn bin. Aber Mutti, meine Frau und meine Kinder und alle Leute dort sind nicht solche Menschen wie die Menschen hier, sondern sie sind ... sie sind ... alle schwarz und ganz nackt«, sagte das Kind und lächelte sehr verlegen.

Ich hörte ihm mit immer wachsendem Interesse zu, aber ich wollte nicht, dass er meine Überraschung bemerkte. Ich ließ ihn ausreden und fragte dann: »Du warst also der Vater mehrerer Kinder, aber wo habt ihr gewohnt?«

Da nahm das Kind Papier und Bleistift, und mit sicherer Hand zeichnete es eine runde Hütte mit einer ganz eigenartigen Ausleitung für den Rauch, die es in diesem Land nie hätte sehen können; vor der Hütte eine nackte Frau, mit langen, hängenden Brüsten. Neben der Hütte gab es Wasser mit Wellen und im Hintergrund Palmen. Dann zeigte es mir die Zeichnung und erklärte: »Wir wohnten in solchen Hütten, wir bauten sie uns selber. Ebenso wie jeder Mensch für sich ein Boot aus *einem* Stück Baumstamm ausgehöhlt und geschnitzt hat. Dort war ein großer Fluss, aber man konnte nicht tief hinein, wie hier im See, weil im Wasser irgendein Ungeheuer lebte, ich erinnere mich nicht, was für eins, ich weiß nur, dass dieses den Menschen die Beine abbiss und wir darum nicht ins Wasser gingen. Siehst du, jetzt sage ich dir, warum ich voriges Jahr immer brüllte, wenn du mich ins Wasser führen wolltest. Ich hatte Angst, dass mir etwas unter dem Wasser die Beine abbeißt, und noch heute, wenn ich ins Wasser gehe, fällt mir das ein; jetzt weiß ich aber schon, dass hier im Wasser nichts Gefährliches lebt. Und erinnerst du dich, Mutti, als wir das vorige Jahr das große Familienboot kauften, wollte ich auch sofort rudern. Du aber hast es nicht erlauben wollen, weil du sagtest, dass ich zuerst rudern lernen müsse. Aber ich wusste, dass ich es *kann*, weil ich mich mit meinem schmalen Baumboot so gut auf dem Wasser bewegen konnte, als ob ich damit verwachsen gewesen wäre. Ich konnte sogar in meinem Boot sitzend mit dem Boot einen Purzelbaum im Wasser schlagen! Dann jammerte ich so lange, bis du böse gesagt hast: Gut, versuch es, du wirst sehen, dass du nicht rudern kannst. Dann – erinnerst du dich? – waren alle schrecklich erstaunt, dass ich, da ich alle beiden Ruder nicht erreichen konnte – meine Arme waren noch zu kurz –, *nur mit einem Ruder* auch gleich tadellos rudern konnte, ich konnte sogar das große Boot durch andere Boote und zwischen einer Menge Badender sicher durchführen. Hja, mit meinem Baumboot, dort, wo ich lebte, konnte ich alles machen! Hättest du das gesehen! Und die Bäume waren auch nicht so wie hier, sondern dort waren solche Bäume«, sagte er und zeigte mir die Zeichnung, »und noch andere, ganz andere Pflanzen. Schau, da stehe ich und mache Jagd auf einen großen Vogel, da mein Hut neben mir.«

Alles, was er zeichnete, war eine typisch tropische Landschaft, mit Palmen und anderen tropischen Pflanzen, die Gestalt, die er selber sein sollte, war ein typischer Neger, nur der Hut war mir verdächtig. Er schaute genauso aus wie die modernen Herrenfilzhüte. Ich wollte ihn aber nicht stören, ich fragte überhaupt sehr vorsichtig, denn ich wollte seine Fantasie nicht erwecken. Da er aber nie in seinem Leben nackte Frauen gesehen hatte, höchstens als Kunstwerke, diese aber auch keine hängenden Brüste aufwiesen, so fragte ich ihn:»Warum hast du deiner Frau solche lange, hängende, hässliche Brüste gezeichnet?«

Das Kind schaute mich überrascht an, warum ich so etwas fragte, dann antwortete es ohne Zögern, wie ganz selbstverständlich:»Weil sie solche hatte! Und das ist nicht hässlich! Sie war sehr schön!«, fügte es sehr stolz hinzu. Diese Antwort überzeugte mich auch davon, dass es diese Dinge nicht irgendwo gehört hatte. Es war noch nie im Kino gewesen, las keine Bücher über Afrika – woher hätte es dies gehabt, dass eine Frau mit langen, hängenden Brüsten schön sei! Unser Schönheitsideal ist anders. Ich fragte schließlich:

»Woran erinnerst du dich als letztes?«

»Ich war auf der Jagd, und ein Tiger kam. Ich warf meinen Speer nach ihm, aber der Tiger starb nicht, sondern sprang mit dem Speer in der Brust auf mich los. Dann weiß ich nicht mehr, was geschah.«

»Gut, das ist alles sehr interessant, und natürlich ist es möglich, dass du einmal gelebt hast und alles das tatsächlich geschehen ist. Jetzt bist du aber hier. Denke nicht mehr daran, was war, sondern daran, was jetzt ist. Mir kannst du alles erzählen, aber sprich vor anderen Leuten nicht von deinen Erinnerungen.«

»Ja, Mutti«, sagte das Kind,»das weiß ich ohnehin, weil die Erwachsenen denken, wir Kinder sind Idioten, und sie lachen uns immer aus. Aber was meinst du, was ist aus meiner Frau und aus meinen Kindern geworden?«

»Das kann ich dir nicht sagen, aber vergiss nicht, dass alles vergeht, nur die Liebe bleibt ewig, und so wird euch auch die Liebe in diesem Leben wieder zusammenbringen.«

»Na, dann ist es gut!«, sagte das Kind und lief zu den anderen Kindern, um weiter zu spielen. Ich nahm seine Zeichnungen und legte sie ins Tagebuch, welches ich seit seiner Geburt führte ...

Ich fragte das Kind nie mehr. Ich wollte nicht, dass seine Fantasie geweckt würde, und auch nicht, dass es sich in diese Erinnerungen vertiefte. Wozu? Ich wusste, dass es bisher noch keine Bücher über Afrika hatte sehen oder lesen können, ich kannte jeden seiner Schritte und womit es sich beschäftigte; auch war es auffallend, dass der sonst mutige, sogar waghalsige Junge, wenn wir ihn zum Baden mitnahmen, ganz verzweifelt dagegen kämpfte. Er schrie dabei, als ob man ihn töten wollte. Ich hatte ihm erklärt, dass er ruhig mitgehen könne, es geschehe ihm gar nichts. Dann ließ er sich von mir ins Wasser hineintragen, wobei ich ihm aber versprechen musste, dass ich auf ihn achtgeben und ihn nicht verlassen würde. Aber am anderen Tag wollte er wieder nicht allein ins Wasser. Wie ein kleiner Verrückter brüllte er und wollte wieder hinaus. Ich musste ihn erneut auf meinen Armen hineintragen. Nach und nach besiegte er seine Angst, und dann war er wie eine kleine Ente, er planschte, ruderte und segelte später den ganzen Tag auf dem See.

Als er noch ganz klein war, vier bis fünf Jahre alt, und die beiden Kinder – das Töchterchen meiner Schwester und er – zusammen Bilder bemalten, malte das kleine Mädchen alle Gesichter rosafarbig, mein kleiner Sohn dagegen alle Gesichter ganz dunkelbraun. Wie ich ihm damals zeigen wollte, dass er die Gesichter nicht so dunkel färben solle, antwortete er nichts, malte aber auch weiterhin schokoladenbraune Gesichter.

Wir sprachen nicht mehr über seine Erinnerungen. Hier und da machte er eine kleine Bemerkung, aus der ich ersah, dass diese Dinge in ihm noch immer lebendig waren. Nach mehreren Jahren geschah es, als er etwa dreizehn Jahre alt war, dass einmal ein fremder Herr in den Garten kam und mich bat, auf die Landstraße zu kommen, denn mein Sohn sei auf einen sehr hohen Pappelbaum ganz hinaufgeklettert, so hoch, dass er beim Herunterfallen zu Tode stürzen würde. Ich schaute in die zwanzig bis fünfundzwanzig Meter hohen Bäume hinauf, um herauszufinden, auf welchem mein Sohn sein könnte. Man konnte nichts sehen. Ich rief hinauf, da schrie er zurück, was ich von ihm wünsche.

»Komm sofort herunter.«

»Warum?«

»Jetzt verhandeln wir nicht darüber, komm herunter«, rief ich hinauf. Er antwortete nichts, wurde aber nach und nach sichtbar, er kletterte gewandt, aber vorsichtig, mit vollkommener Sicherheit, wie ein kleiner Affe. Endlich sprang er vom letzten Ast herunter und fragte mich mit beherrschtem Ärger: »Warum musste ich herunterkommen?«

»Weil das vollkommen unvernünftig ist, so hoch hinaufzuklettern. Es ist unerhört, dass fremde Leute mich aufmerksam machen müssen, was du treibst. Wozu sind solch waghalsige Unternehmungen gut? Was machst du dort oben?«

»Ich habe mir dort ein Nest eingerichtet, und ich esse meinen gekochten Mais dort, er schmeckt oben viel besser, und ich sehe die ganze Gegend so wunderbar. Ich kann alles überschauen.«

»Tue das nicht mehr. Was hat das für einen Sinn, sich in Lebensgefahr zu begeben? Richte dir ein Nest hier unten ein.«

Das Kind schaute böse vor sich hin und sagte:»Schön, ich soll nicht mehr hinaufgehen, weil du das für lebensgefährlich hältst. Ich möchte wissen, wer auf mich achtgegeben hat, als ich im Urwald auf noch viel höheren Bäumen umherkletterte, um von dort die Tiere zu betrachten! Wo warst du damals?«

»Das weiß ich nicht, wo ich damals war, aber jetzt bin ich da, und du musst gehorchen!«, antwortete ich energisch. Er war gar nicht zufrieden, aber da ich ihm sonst sehr große Freiheit gab, fand er rasch eine andere Beschäftigung, und die Sache war vergessen.

Später einmal kam er aus der Schule und erzählte sehr aufgebracht: »Lächerlich! Der Geistliche will uns einreden, dass der Mensch nur einmal lebt. Aber ich weiß, dass man öfters lebt! Ich weiß es! Aber bei den Erwachsenen ist es das allerbeste, wenn man nicht redet, sondern schweigt!«

Die Eindrücke dieses Lebens hatten seine Erinnerungen wahrscheinlich allmählich aus dem Bewusstsein verdrängt, er sprach lange nicht mehr davon. Nur als er ungefähr fünfzehn Jahre alt war, bat er mich, dass wir ihm eine große Jazztrommel kaufen sollten. Wir gingen zusammen in ein großes Musikaliengeschäft, und er wählte die größte Trommel aus, die überhaupt existierte, mit allen Ergänzungen. Es wiederholte sich dasselbe Wunder, welches wir mit ihm schon beim Rudern erlebt hatten. Als er die Trommel im Haus hatte, nahm er die zwei Schlegel, setzte sich neben sie und schlug mit sicherer Hand und mit größter Selbstverständlichkeit gleich die *schwersten Rhythmen, mit den unmöglichsten Synkopen.* Er trommelte wie in einer Ekstase, seine Augen strahlten, und Tränen rannen über seine Wangen … er weinte, tonlos weinte er dabei … Er sprach nicht darüber, woher er trommeln konnte, nur einmal sagte er mir, als er einen sehr merkwürdigen Rhythmus trommelte:»Siehst du, Mutti, so gaben wir einander aus riesigen Entfernungen verschiedene Zeichen und Botschaften weiter …«, und er trommelte wie ein Besessener.

Dabei wollte er nie Negergeschichten lesen.»Wozu? Ich weiß doch besser, wie es dort war, was brauche ich zu wissen, was die weißen Menschen darüber denken? Und wenn ich dann richtige Schilderungen lese, dann muss ich immer weinen, ob ich will oder nicht …«

Er war damals schon erwachsen, aber wenn wir zusammen einen Negerfilm sahen – er war damals schon Fliegeroffizier –, weinte der alte

Junge in der Dunkelheit wie ein Kind, er schluchzte, und seine Tränen rannen unaufhaltsam über sein Gesicht.

Wo hatte er trommeln gelernt? Wie schwer das ist, habe ich selbst erfahren, als ich es versuchte. Wie kommt ein Großstadtkind dazu, sich eine Trommel zu wünschen? Und warum weint ein fröhlicher, moderner Junge, weil er trommelt oder wenn er Negerfilme sieht?

Viel später besuchte uns Paul Brunton auf der Rückreise aus Indien. Ich erzählte ihm die Erinnerungen meines Sohnes. Er wollte die Zeichnungen sehen, und nachdem er sie aufmerksam betrachtet hatte, sagte er: »Diese Bauart der Hütten ist typisch für einen Negerstamm in Mittelafrika, am Ufer des Zambesi. Er hat alle Einzelheiten vollkommen richtig gezeichnet.«

»Ja, aber dieser Hut ist doch kein Negerhut? Das sieht aus wie ein moderner Herrenfilzhut«, sagte ich.

Brunton lächelte: »Nein, Sie irren sich. Das Kind hat recht. Dieser Hut ist eben auch typisch für diesen Stamm, nur ist er nicht aus Filz, sondern aus Schilfblättern geflochten. Auch seine Jagdwaffe ist richtig gezeichnet. Und das Ungeheuer, das die Beine abbeißt, ist natürlich das Krokodil. Dort wimmelt es von Krokodilen. Aber sagen Sie nur, woher haben Sie einen Neger als Kind zu sich gezogen?«, fragte er zum Schluss.

»Das weiß ich selber nicht ...«, antwortete ich auch lächelnd, dann sprachen wir über andere Dinge.

Das geschah aber mehrere Jahre später. Die ersten Erinnerungen tauchten auf, als mein Sohn dort am See lange Zeit, ohne sich zu bewegen, dem schwarzen Käfer zuschaute. Ohne zu wissen, hatte er eine indische Methode angewendet, um sich zu konzentrieren. Die indischen Yogis wählen einen schwarzen Punkt an der Wand oder eine Kristallkugel, und diese fixieren sie. Das Kind tat dasselbe, denn der Käfer war wie ein schwarzer Punkt, und der Junge kam wahrscheinlich unwillkürlich in eine Trance. So erwachte in ihm die Erinnerung an sein voriges Leben.

Der Sommer verging, und mein Zustand besserte sich. Mein Bewusstsein wurde wieder klar, ich sah die Welt nicht mehr so verschwommen, auch der Brand in meinem Blut hörte auf. Aber als wir im Herbst schon zu Hause waren, fingen jene Erscheinungen an, welche die meisten Frauen, die mit demselben Serum geimpft worden waren, töteten. Ich erkrankte wieder und hatte furchtbare Krämpfe und Schmerzen. Ich hätte nie geglaubt, dass ein Mensch solche Qualen, ohne zu sterben, aushalten könne. Ich verlor jegliche Kontrolle über meinen Körper. Die Nerven waren wie gelähmt, und wenn ich meine Hand aufheben wollte, rührte sich die Hand nicht. Es war ein fürchterlicher, beängstigender Zustand. Und in den schlaflosen Nächten hörte ich eine abstoßende Stimme in meinen brausenden Ohren:»Mich willst du erwischen? – Ha-ha-ha ...« Die Ärzte hielten wieder ein Konzilium und rieten zu einer Operation.

Am selben Abend telefonierte ein Schulkamerad meines Mannes, mit dem wir sehr befreundet waren, dass er nach langjährigem Aufenthalt in Indien eben zurückgekehrt sei. Am nächsten Tag kam er und sah, wie es mir ging.

Er sagte:»Du weißt, dass ich in Indien bei einem großen Meister war und mich mit Yoga beschäftigte. Wenn du tun wirst, was ich dir rate, so wirst du wieder gesund werden. Lasse dich um keinen Preis operieren.« Ich versprach, alles zu tun, was er mir raten würde.

Da zeigte er mir einige einfache Atemübungen, die ich selbst halbtot daliegend machen konnte, und sagte, dass ich so öfters am Tag, *mit Bewusstseinslenkung verbunden*, üben solle.

Ich tat alles, was er mir sagte.

Nach einigen Tagen ging es mir bedeutend besser, die Schmerzen ließen nach und alle anderen Symptome zeigten eine auffallende Änderung zum Guten.

Nach zwei Wochen war ich so weit, dass ich kurz aufstehen durfte. Ich wurde wieder *ich* selbst! Kleinere Störungen blieben noch zurück, aber unser Freund zeigte mir weitere Yoga-Übungen, und es ging langsam so viel besser, dass ich im Frühjahr für mehrere Monate ans Meer fahren durfte. Dieses gesegnete Klima und die Meerbäder, verbunden mit den Yoga-Übungen, gaben mir meine Gesundheit zurück. Die letzten vier Wochen war auch mein Mann bei mir, und ich erlebte die schönste Zeit meines *persönlichen* Lebens. Nur jener Mensch, der einmal hoffnungslos krank war und dann gesund wird, weiß, was das bedeutet – *wieder* gesund zu sein!

Oh, *Du* unbekannte Kraft und Macht, die man *Gott* nennt! Ich danke *Dir*, dass *Du* mir meine Gesundheit zurückgabst, dass ich der Hölle entgehen durfte, dass ich nicht meinen Lieben zur Last fiel und wieder ein brauchbarer, arbeitender Mensch wurde!

Die Sonne schien nie so schön, der Himmel war nie so blau, das Meer glitzerte im Sonnenstrahl nie so herrlich wie in jenem Sommer ...

Im Herbst waren wir wieder zu Hause, und ich arbeitete wie früher weiter.

Eines Abends besuchte die ganze Familie das Kino. Es war ein Walt-Disney-Abend, wir sahen einige Mickey-Mouse-, Pluto- und Donald-Duck-Abenteuer und unterhielten uns herrlich. Auf einmal kam ein Streifen, in welchem alle diese Walt-Disney-Figuren ein Unternehmen gründeten, um die »Hunted-Houses« von Spuk und Gespenstern zu befreien. Sie gaben ein Inserat auf. In einem alten Schloss lebten die verschiedenen Gespenster friedlich beisammen. Sie trafen sich jede Nacht im großen Rittersaal, wo dann das eine, das bequem und gemütlich in einem riesigen Lehnstuhl die Zeitung las, das Inserat entdeckte. Es las aufgebracht vor, dass Mickey, Pluto, Donald und noch andere eine Unternehmung gegen die Gespenster gegründet hatten. Alle wurden sehr aufgeregt darüber, dass jetzt nicht einmal die Gespenster mehr in Ruhe leben könnten und besprachen, wie sie dieser Firma eine gute Lehre erteilen wollten. Das eine rief die Unternehmung an und bestellte ihren Besuch. Dann verteilten sie die Rollen; das eine versteckte sich hinter der Tür, das andere unter dem Bett, wieder ein anderes stieg in den Spiegel, so dass, wenn jemand hineinschaute, er das Gespenst sah statt sich selbst, jedes bekam eine Rolle, um Mickey & Co. ordentlich zu erschrecken, so dass sie von ihrem Vorhaben Abstand nahmen. Nachdem sie die Rollen verteilt hatten, winkte der Chef der Gespenster, und alle Gespenster verschwanden so, dass sie, *zusammenschrumpfend, grünlich phosphoreszierende Kugeln wurden, die dann schwebend und hüpfend in verschiedenen Richtungen wegrollten und verschwanden – und dabei höllisch lachten, dass irdische Wesen sie erwischen wollten!*

Ich wurde vor Überraschung steif! Meine jüngere Schwester und mein Bruder fingen aber laut zu rufen an: »Schau, schau! Die grüne Kugel der Esther! Na so etwas … « – sie waren so aufgeregt und schrien so laut, dass ich fürchtete, man werde uns noch am Ende aus dem Kino schicken. Und wenn sie noch dazu gewusst hätten, dass die ganze Szene, als der letzte Gespenster-Chef zusammenschrumpfte und eine grüne Kugel wurde, dazu höllisch lachte und weghüpfte, genau, aber haargenau so war, wie ich es damals sah!

Ich war erschüttert. Wie? Auch andere Menschen sahen diese Erscheinung? Denn dass Walt Disney diese grüne Kugel tatsächlich gesehen hatte, sehen musste – daran zweifelte ich keine Minute! Woher hätte er haargenau eine solche Erscheinung erfinden sollen? Es ist ausgeschlossen, dass solche Zufälle vorkommen. Das war aber noch nicht alles!

Nach einigen Wochen bekam ich ein Buch in die Hand: Aram, *Magie und Mystik*. Es war eine große Sammlung authentischer Texte. Als ich verschiedene Beispiele nacheinander las, kam ich an eine Stelle, wo wörtlich steht:».. wie sollte dieser Jemand durch eine Tür kommen, die verschlossen und verriegelt war? In dem Bewusstsein, dass die Tür fest verschlossen war, dachte ich: ›Herein kommt niemand!‹, wenn auch die Klinke niedergedrückt ist und die Tür gekracht hat. Doch was war das? Es raschelte schon im Zimmer, es klöpfelte am Schrank, es kam an mein Bett und gab sich durch Klopfen an der Bettstatt kund, es ging an dem Bett vorüber und klingelte sehr hell an dem Milchglas der auf dem Nachttischchen stehenden Lampe« (Seite 458). Und weiter:»Gesehen habe ich nichts, ich habe mir aber auch keine Mühe gegeben, etwas sehen zu wollen. Nur mein Zimmernachbar will auf einmal auf dem Boden meines Zimmers *ein Licht in der Größe des Vollmondes gesehen haben, denn er habe deutlich wahrgenommen, wie die rollende Lichtkugel in der Türöffnung erschienen und hinter der Wand wieder verschwunden sei*« (Seite 459).

Ich wollte meinen Augen nicht trauen. Schon wieder die vollmondähnliche Kugel? Sie scheint keine Seltenheit zu sein, diese Lichtkugel. Wie merkwürdig! Wenn man ein bisschen nachdenkt, kann man ein analoges Beispiel in der Elektrizität finden – den Kugelblitz. Dieser rollt auch in der Luft. Es gab Fälle, wo ein Kugelblitz in ein Zimmer durch das offene Fenster hineinhüpfte, dann durch das ganze Zimmer rollte und durch ein anderes offenes Fenster wieder hinausschlüpfte. Solange er seine Kugelform behält, ist keine Gefahr vorhanden, aber wenn er aus seiner geschlossenen Kugelform heraustritt, dann zerstört er alles, was in seinem Weg liegt. Dann ist der Kugelblitz tausendmal gefährlicher als ein gewöhnlicher Blitz. Was anderes ist diese grünlich phosphoreszierende Kugel, die auch katastrophal wirken kann, nur auf einer anderen Ebene als der Kugelblitz?

Eine Überlieferung aus unerforschlich alten Zeiten erzählt uns von einem ganz großen Eingeweihten: Hermes Trismegistos, der alle Geheimnisse der Erde und des Himmels kannte. Er sagte:»Wie oben, so unten, wie unten, so oben.«

Welch merkwürdige Parallel-Erscheinung – diese grüne Kugel und der Kugelblitz!

MORGENRÖTE. AYURVEDA

Ich arbeitete wieder jeden Tag im Atelier.

Einmal überfiel mich, während ich arbeitete, plötzlich eine unerträgliche Unruhe. Ich hatte auf einmal das Gefühl, dass ich eigentlich *nichts tue.* Die Zeit rast mit Meilenschritten vorbei, ein Tag vergeht wie der andere, und ich tue nichts. Nichts? – fragte ich mich – wieso nichts? Ich arbeite den ganzen Tag, ich studiere und lese eine ganze Bibliothek zusammen, wenn ich müde bin, spiele ich Klavier, wieso tue ich nichts? Ich dachte an die letzten Jahre und hörte eine Antwort in mir: »Du hast nichts getan, gar nichts, um die Leiden anderer zu lindern ... Ehefrau sein, Mutter sein, Bildhauerin sein ... alles dies sind private Angelegenheiten.«

Das ist wahr. Aber was hätte ich tun können? Ich wartete während der vergangenen Jahre, dass die höheren Kräfte mir einen Befehl geben würden, was ich tun solle. Nie habe ich aber die Stimme gehört. Wie soll ich wissen, wie und was ich »arbeiten« soll? Wenn ich *jetzt,* da ich das erzähle, zurückdenke, muss ich über das Wesen, das ich damals war, lächeln. Wie naiv ist der Mensch, der unwissende Mensch! Wie könnte jemand in dem »großen Werk« Mitarbeiter sein, wenn er selbst noch nicht an das Ziel gelangt ist? Wenn er mit sich selbst noch nicht fertig geworden ist? Aber jeder erwachte Mensch verfällt in diese Kinderkrankheit, dass er sofort die Menschheit erlösen will, anstatt *zuerst sich selbst zu erlösen!* Die tatsächlichen höheren Kräfte sorgen schon dafür, dass ein jeder Neophyt von dieser naiven Auffassung geheilt wird. Ich war damals aber noch nicht geheilt und wollte die Menschen glücklich machen. Seit meinem Gelübde vergaß ich keine Minute, dafür zu leben. Verschiedene Versuchungen kamen, die für mich aber keine Versuchungen waren. Es waren Männer genug, die ihre Genusssucht befriedigen wollten. Sie sagten, dass sie *mich* »liebten«. Ich sah aber klar, dass sie *mich,* das, was ich in der Wirklichkeit bin, nicht einmal bemerkten. Sie wollten einfach Körperliebe; wie hätte mich das interessiert, nachdem ich einmal in die Falle der

Natur hineingeblickt hatte? Nicht einmal meiner Eitelkeit wurde mit solchem Begehren geschmeichelt. Im Gegenteil – ich fand es erniedrigend, dass die Männer immer und immer meinen Körper wollten.

Ich sprach über die höchste Philosophie und der Mann, der sich als Freund gab, war begeistert von meiner »Intelligenz«, doch bei der ersten Gelegenheit wollte er mich – küssen. Wollte er vielleicht meine Intelligenz küssen?

Ein anderer war begeistert von meiner Musikalität; wenn ich in Gesellschaft Klavier spielte, sagte er, er sei ein Musikanbeter, küsste meine Hand und schaute tief in meine Augen ... aber mit welcher Sinnlichkeit! Ach, ich kannte schon solches »Musikanbeten« und lachte über ihn. Wie langweilig, wie langweilig!

Mich zogen tatsächlich die Musik, die Philosophie und die Psychologie an, alles, was Kunst und Wissenschaft war; aber ich musste erfahren, dass die meisten Philosophen, Psychologen, Astronomen, Wissenschaftler, Künstler, wie andere Männer auch, die Sexualität noch viel interessanter fanden! Die Armen! Was bleibt ihnen, wenn sie einmal ihre Männlichkeit verlieren? Leere, ihre eigene schreckliche Leere! Und die Männer wollten mir beweisen, dass ich mein Leben vergeudete, wenn ich die sexuellen Genüsse nicht bei jeder Gelegenheit kosten wollte. Wie erniedrigend! *Können die Männer nur das Geschlecht sehen?* Könnten sie nicht einfach über der Stufe des Geschlechtes *Menschen* sein? Wie Kinder, die zusammen spielen, die aber noch *des Spieles wegen spielen* und nicht darum, um ein Spiel um die Sexualität zu treiben?

Viele Menschen machen Musik, treiben Kunst, spielen Theater und beschäftigen sich mit Psychologie nur deshalb, um sich ständig neue Partner erobern zu können. Die Bibel sagt: »Wenn ihr nicht seid wie die Kinder, sage ich euch, kommt ihr nicht ins Himmelreich.« Wie tief ich diese wunderbare Wahrheit verstanden habe, als ich die Unruhe und Unzufriedenheit der Menschen, die nur für ihre Sexualität leben, sehen musste! Und diese armen, leeren Menschen dachten, als sie meine Gleichgültigkeit sahen, dass ich meine Triebe »verdränge« oder Komödie spiele. Ich analysierte mich immer sehr streng; nie hatte ich einen Gedanken, der mich zu einem Mann gezogen hätte. Ich liebte meinen Mann unverändert tief, aber nicht mehr als Frau den Mann, sondern wie ein Mensch einen Menschen! Es war mir keine Versuchung, war kein Kampf, und es war kein »Sieg« über meine Begierden, denn ich begehrte überhaupt keinen Mann. Ich fühlte mich seit dieser Nacht, wo ich den Betrug der Körperliebe klar erkannt hatte, nicht mehr als *Weib.* Ich wurde in dieser Nacht ein *Mensch*, ein *Ich*, und *das Ich wünscht keine Sexualität!*

Das »Ich« ist geschlechtslos! Das »Ich« ist keine Ergänzung suchende Hälfte von irgendetwas, das »Ich« ist an sich ein Ganzes! Und wenn sich der Mensch dieser Wahrheit bewusst wird, folgt der Körper!

Ich grübelte über diese Dinge dort in meinem Atelier nach, als ich auf einmal genau dasselbe Gefühl bekam wie vor Jahren, als ich mich in Gedankenübertragungen übte und einen Gedanken nicht übernehmen und befolgen konnte: Etwas bedrückte meine Brust, so dass ich kaum atmen konnte.

Ich legte das Modellierholz weg und konzentrierte mich. Da fühlte ich wieder, nach vielen Jahren, das eigentümliche Prickeln in meinem ganzen Körper, und ich hörte wieder die wohlbekannte Stimme, die während so langer Jahre entbehrte, gesegnete Stimme:»Warum vernachlässigst du deine geistigen Fähigkeiten?«

»Wie soll ich sie *nicht* vernachlässigen? Kann ich etwas tun?«, fragte ich zurück.

»Du weißt sehr gut, dass, wenn jemand ein angeborenes Talent für Musik, Bildhauerei oder andere Künste hat, es bei weitem noch nicht bedeutet, dass er ein Künstler ist. Er muss sein Talent noch zur Entfaltung bringen. Das erreicht man nur durch Üben, Üben und immer wieder Üben! *Talent ohne Fleiß und Fleiß ohne Talent ist keine Kunst.* Wenn du aber *Talent mit Fleiß verbindest, das bedeutet wahre Kunst!* Du hast Talente, die du einfach liegen lässt – die Fähigkeit, den Geist zu offenbaren. Übe, übe, übe … und du wirst ein Künstler in der königlichen Kunst werden, die über allen anderen Künsten steht – in der *kunstlosen Kunst!*«

Ich bekam Herzklopfen. Seit Jahren wartete ich auf einen inneren Befehl, was ich tun sollte. Ich bekam nie eine Antwort. Es blieb mir nichts übrig, als zu arbeiten und meine täglichen Pflichten zu erfüllen, die das Schicksal von mir wünschte. Ich lernte Psychologie und Bildhauerei. Die zwei Richtungen ergänzten einander so wunderbar. Wenn ich Porträts machte, beschäftigte ich mich tief mit der seelischen Einstellung meiner Modelle. Alle Menschen waren interessant, und je tieferen Einblick ich gewann, desto besser gelangen die Köpfe. Ich erkannte, dass ein Porträt und die psychologische Analyse ein und dieselbe Arbeit war! Es bedeutete gleichzeitig Seelenberatung, und alle, die ich modellierte, blieben auf immer mit mir seelisch verbunden. Auch die monumentalen Arbeiten, die großen Kompositionen, schenkten mir große Freude. Die Konzentration öffnete mir immer neue Türen zu neuen Wahrheiten. Aber in der Tiefe meiner Seele war ich traurig, dass ich »die Stimme« nicht mehr hörte. Ich war so trocken wie Sägemehl, und ich hatte das Gefühl, den Kontakt mit irgendeiner aus einer sehr hohen Quelle stammenden Kraft verloren zu haben.

Und jetzt war dieser Kontakt wieder da und sagte, dass ich mich in der *kunstlosen Kunst* üben sollte. Wie sollte ich sie üben? Gab es überhaupt solche Übungen? Ich hatte nie etwas darüber gehört ...

Da hörte ich wieder ganz deutlich die Stimme in mir:»Suche!«

»Suchen? Wo? und wie?«, fragte ich.

Es kam keine Antwort mehr ...

An diesem Abend waren wir bei unserem Freund eingeladen, der mir, als ich am Sterben war, die Yoga-Übungen und die Bewusstseinslenkung zeigte und mich so rettete.

Wir waren fröhlich, die Männer frischten ihre Schulerinnerungen auf, und ich schaute mir seine Bibliothek an. Ich fand ein Buch, das mich sehr anzog, und fragte, ob ich es mitnehmen dürfe.

»Selbstverständlich«, sagte er. Ich nahm das Buch heraus und setzte mich zu den Männern. Ich bat unseren Freund, uns zu erzählen, wie und wo er diese Yoga-Übungen, mit denen er mich geheilt hatte, gelernt habe. Er erzählte, dass er einmal in Indien bei einem Maharadscha zu einer Tigerjagd eingeladen war. Auf der Jagd scheute sein Pferd und warf ihn so unglücklich aus dem Sattel, dass er auf den Rücken fiel und nicht mehr aufstehen konnte. Man trug ihn in sein Zimmer. Der Maharadscha besuchte ihn und fragte, welchen von seinen Ärzten er zu ihm schicken solle, den englischen oder den indischen.

Unser Freund wünschte den englischen. Der verschrieb ihm verschiedene Beruhigungsmittel gegen seine Schmerzen und riet ihm, ruhig im Bett zu bleiben. Es vergingen Tage und Wochen, und er lag noch immer hilflos da, konnte weder stehen noch sein Genick und seinen Rücken bewegen. So vergingen sechs Wochen, aber es ging ihm immer schlechter.

Da besuchte der Maharadscha ihn wieder und sagte:»Sie wünschten den englischen Arzt, ich sandte ihn. Er behandelt Sie seit sechs Wochen, Ihr Zustand verschlechtert sich jedoch nur. Wenn Sie tun würden, was ich Ihnen rate, würden Sie den Rat meines indischen Arztes – meines Ayurvedikers – verlangen. Er könnte Ihnen helfen.«

Unser Freund bat den Maharadscha, seinen Ayurvediker zu ihm zu schicken.

»Was bedeutet Ayurvediker?«, fragte ich.

»Das Wort ›Ayurvediker‹ bedeutet einen Menschen, der in Ayurveda eingeweiht ist. Die Veden sind die heiligen Bücher der Inder, die höchste Philosophie auf Erden. Die Veden bestehen aus verschiedenen Teilen. Ayurveda ist die Wissenschaft von der Gesundheit, sie enthält alle Geheimnisse des menschlichen Körpers, der Krankheiten, der Heilungen und des Gesundbleibens. Diese Eingeweihten kannten zum Beispiel schon vor fünf- bis sechstausend Jahren das Geheimnis und das Verfahren, wie man zugrundegegangene Körperglieder durch gesunde Glieder von Leichen ersetzen kann. Sie haben die unglaublichsten Operationen gemacht. Sie konnten ein erblindetes Auge durch ein gesundes ersetzen, sie vermochten es bei Menschen wie auch bei Tieren, sogar ein ganzes Bein konnten sie ersetzen. Sie wussten auch, dass die Ursache der Krankheiten Myriaden von unsichtbaren kleinen Lebewesen sind, heute nennt man sie Bakterien, sie wussten aber auch, dass die Bakterien die Zellen des unsichtbaren Körpers eines dämonischen Geistes sind, wonach aber im Westen, abgesehen von einzelnen Eingeweihten, wie zum Beispiel Paracelsus, überhaupt nicht geforscht wird. Der böse Geist nimmt einen oder mehrere Menschen in Besitz, er dringt mit seinem Körper in den Menschen ein, und wenn dieser Mensch mit den Schwingungen des bösen Geistes übereinstimmt, wird er krank. Es gibt aber auch immer solche Menschen, die mit den Schwingungen des Dämons nicht mitschwingen, diese werden nicht krank. Sie sind – wie die westliche Wissenschaft es nennt – immun.

In diesen heiligen Schriften der Inder sind alle jene bösen Krankheitsgeister beschrieben, auch wie sie aussehen. Sie sind sogar in farbigen Bildern dargestellt. Es sind erschreckende Gestalten, eine jede besitzt ein charakteristisches Aussehen und eine charakteristische Farbe. So ist zum Beispiel der Dämon der Pest ein schwarzes Ungeheuer, man nennt die Pest auch den ›schwarzen Tod‹. Der Geist einer ebenfalls tödlichen Krankheit ist ein gelber Dämon, man nennt die Krankheit, die er verursacht, ›gelbes Fieber‹. Der Geist der Lepra hat einen löwenartigen Kopf, und es ist bekannt, dass man die Leprakranken von Weitem an dem löwenartigen Ausdruck ihres Gesichtes erkennt. Man sieht durch das Gesicht des Leprakranken das Löwengesicht des Geistes, von dem er besessen ist. Lungenentzündung wird durch einen riesigen roten Dämon verursacht, der wie aus Feuer und Flammen geflochten ist. Und so weiter; jede Krankheit stammt von Besessenheiten durch verschiedene Dämonen.«

»Warte einen Moment!«, unterbrach ich die Erzählung unseres Freundes,»was sagst du, Lungenentzündung stammt von einem riesigen roten Dämon? Wie interessant …«, und die Erinnerung aus der Kindheit tauchte plötzlich vor meinen Augen auf: Ich sehe wieder meinen kleinen Bruder, der entsetzt im Bett aufspringt und, mit glotzenden Augen in eine Richtung des Zimmers starrend, ganz außer sich brüllt:»Mutter, Mutter, der rote Mann kommt auf mich zu, Mutter, Hilfe …«, und fuchtelt mit seinen kleinen Händen, als ob er einen unsichtbaren Feind aufhalten wollte … dann fiel er in Ohnmacht, und Mutter meinte:»Das, was er sieht, ist keine Wirklichkeit, er halluziniert …« Ich sah aber schon damals, dass dieser »rote Mann« für das Kind Wirklichkeit bedeutete, und wie es scheint, eine *objektive* Wirklichkeit, die die Inder schon vor mehreren Jahrtausenden kannten! Denn nicht nur das ist Wirklichkeit, was wir mit der Hand greifen und mit unseren Augen sehen können!

Ich erzählte meine Erinnerung aus der Kindheit, unser Freund war aber nicht überrascht.

»Die Kranken sehen diese Dämonen natürlich sehr oft im Moment, da sie besessen werden. Manchmal auch später, während der Krankheit, wenn sie mit dem Dämon kämpfen. Wenn sie aber darüber sprechen, sagt man, dass sie Fieber haben und halluzinieren. Man bedenkt nicht, *woher diese Bilder in der Vorstellung des Kranken stammen*, da die Kranken nie an so etwas gedacht haben, und weshalb die *von derselben Krankheit Erkrankten immer dieselben Bilder sehen*, ohne dass sie vorher miteinander darüber gesprochen haben, da sie einander überhaupt nicht kennen und einander nie begegnet sind.«

Dann erzählte unser Freund weiter, dass der Ayurvediker des Maharadschas ein sehr liebenswürdiger, feiner, ziemlich junger Inder war, mit dem er später eine intime Freundschaft geschlossen habe und mit dem er noch heute in Briefwechsel stehe. Er untersuchte, wie seine Nervenreflexe reagierten, dann ging er weg und brachte ihm Pillen, von welchen er täglich drei einnehmen sollte. Als er Abschied nahm, sagte er lächelnd:»In drei Tagen reiten Sie wieder.«

Unser Freund seufzte und glaubte es nicht.

Am anderen Morgen vermochte er seinen Kopf zu bewegen. Dann kam der Ayurvediker wieder, gab ihm nochmals die Pillen und ließ ihn einige Atemübungen, mit Bewusstseinslenkung verbunden, machen. Am Nachmittag konnte er aufsitzen und fühlte in seinem Rückgrat ein Prickeln, als ob neue Lebenskraft einströmen würde.

Am zweiten Tag konnte er aufstehen, machte zuerst einige Schritte im

Zimmer, dann aß er sein Mittagessen mit riesigem Appetit, und später ging er in den Garten hinunter.

Am dritten Tag wachte er frisch und munter auf und ritt aus.

Darin wurden er und der Ayurvediker gute Freunde, und unser Freund fragte ihn einmal:»Was haben Sie mir gegeben, dass ich wie durch ein Wunder wieder gesund wurde?«

»Unsere Wissenschaft wird vom Vater auf den Sohn übertragen. Wenn der Vater seinen Sohn in diese einweiht, muss der Sohn zuerst einen schweren Eid ablegen, dass er diese Geheimnisse unter keinen Umständen verraten wird. Noch nie hat jemand diesen Eid gebrochen. Ich kann Ihnen das Geheimnis dieser Pillen nicht verraten. Doch kann ich manche Dinge über unsere Wissenschaft erzählen. Die Pillen, die ich Ihnen gab, stellen eine chemische Verbindung dar, die hauptsächlich aus Gold besteht. Diese Goldmischung ist aber keine tote Materie, sondern wir können sie ›lebendiges Gold‹ nennen. Diese Mischung wurde mehrere Wochen lang in einem hermetisch geschlossenen Tiegel in fortdauernder mäßiger Wärme in einem chemischen Ofen gehalten. Durch dieses Verfahren werden in dem toten Gold solche Eigenschaften entwickelt, dass man es am besten ›lebendiges Gold‹ nennen kann. Sie wissen, dass, wenn wir ein Ei dreimal sieben Tage lang in einer gleichmäßigen Wärme von 40 Grad halten, nach einundzwanzig Tagen ein Hühnchen daraus herausschlüpft. Wenn wir aber das Ei zehn Minuten in 100 Grad Wärme legen, dann wird das Ei hart, aber nie ein Hühnchen. Genauso ist es mit diesem Goldpräparat. Die mehrwöchige gleichmäßige Wärme entwickelt im Gold eine Energie, die dieselbe Schwingung hat wie die ›Lebensenergie‹. Diese Energie steht noch weit über der Atomenergie. Das Gold entwickelt sich unter der Erde während Jahrmillionen durch einen langsamen Prozess aus der gewöhnlichen groben Materie der Erde. Wenn wir diesen Prozess weiterentwickeln, können wir das Gold noch in eine andere Materie umwandeln, die mit dieser allerhöchsten Energie geladen ist. Wie man ein Stück gewöhnliches Eisen magnetisch machen kann, so kann man auch aus dem gewöhnlichen Gold magnetisches oder ›lebendiges Gold‹ entwickeln. Der Magnetismus des Goldes ist aber eine viel höhere Energie als der Magnetismus des Eisens. Er hat dieselbe Schwingung wie unsere eigene Lebenskraft, diese Energie ist das *Leben* selbst und wirkt auf alle Lebewesen wie ein Wunder. Der Mensch ist wie ein lebendiger Magnet, der mit diesen allerhöchsten Energien geladen ist. Wie ein Magnet mit der Zeit seine Ladung verliert, aber wieder magnetisch wird, wenn man elektrischen

Strom hineinleitet, so kann man auch im Menschen diese Energie wieder aufladen. Der Sitz der Lebensenergie ist das Rückgrat, das Rückenmark. Bei Ihnen wurde dieses allerfeinste Organ verletzt, und die Spannung der Lebensenergie fiel sehr stark ab. Ihr Organismus konnte sich selber nicht in Ordnung bringen, da eben die heilenden Zentren verletzt waren. Diese Pillen haben Ihre Nervenzentren wieder aufgeladen, die Natur wurde dadurch in Gang gesetzt, und jetzt sind Sie wieder gesund. Das ist das ganze Geheimnis. Sehen Sie, der Maharadscha ist schon alt, er will aber seine männlichen Kräfte noch jeden Tag bei seiner Lieblingsfrau offenbaren. Mit der Hilfe dieser Goldpillen gelingt es ihm noch, die Fähigkeit eines jungen Mannes zu behalten. Die Natur kann seinen Körper von sich selbst aus nicht mehr mit dieser Energie versehen, dieses Präparat setzt aber seine Nervenzentren in Bewegung, und das ist genügend, um seine sexuellen Organe täglich aufzuladen.«

Unser Freund fragte den Ayurvediker:»Warum haltet ihr euer Wissen so geheim? Warum müssen sie eben ›Geheimnisse‹ sein? Warum kann die ganze Menschheit den Segen dieses Wissens nicht genießen? Warum führen Sie die englischen Ärzte nicht in dieses Wissen ein?«

Der Ayurvediker schaute eine Weile vor sich hin, dann sagte er:»Um dieses Präparat herzustellen, benötigt man, genauso wie das Ei die Befruchtung des Hahnes braucht, um das Leben aus dem latenten Zustand in den aktiven Zustand zu versetzen, eine Kraftquelle, die die latenten Kräfte der Goldmoleküle in Aktivität setzt und aus der toten Materie des Goldes lebendige Materie schafft. *Diese Kraftquelle ist der Mensch selbst.* Die Zeugungskraft kann man nicht nur durch den Körper, sondern auch auf einer anderen Ebene, als Energie, offenbaren. Der Hypnotiseur zum Beispiel offenbart seine Zeugungskraft auf seiner geistigen Ebene und kann die Seele anderer Menschen ebenso durchdringen und dort verschiedene Kräfte aus dem latenten Zustand in einen aktiven versetzen, wie sein irdischer Samen in einer Zelle das Leben in Bewegung und zur Entfaltung bringt. Um einen gewissen Prozess in verschiedenen Materien, in diesem Fall im Gold, in Bewegung zu setzen, benötigt der Mensch die Ausstrahlung seiner eigenen Lebensenergie. Wenn er aber diese Kraft durch seine sexuellen Organe ausgibt, so hat er in sich diejenigen Nervenzentren, die dafür notwendig sind, um die Lebensenergie in ihrer untransformierten Urform auszustrahlen, in latenten Zustand versetzt. Diese Nervenzentren öffnen oder schließen sich automatisch. Entweder lenkt ein Mann diese Energie in seine sexuellen Organe oder in seine höheren Nervenzentren.

Aber *gleichzeitig kann er seine Lebensenergie nicht in beide Organe lenken!* Sie werden verstehen, dass, wenn ein Vater seinen Sohn in diese Wissenschaft einweiht, der Sohn mit dem Eid des Schweigens auch den Eid der vollkommenen Enthaltsamkeit ablegen muss. Darum bekommt der Sohn auch erst dann seine Einweihung, wenn er schon verheiratet ist und mehrere Söhne hat, um die Kette nicht zu unterbrechen. Zeigen Sie mir einen westlichen Arzt, der dieses Wissens wegen in vollkommener Enthaltsamkeit leben würde! Unseren Erfahrungen nach will die Mehrheit eurer Ärzte im Gegenteil mit ihrem Wissen so viel Geld als möglich verdienen, um ihre niedrigen Triebe ausleben und befriedigen zu können. Viele waren schon bei uns und wollten unsere Geheimnisse mit verschiedenen Mitteln aus uns herauslocken. Wir sahen, dass sie mit diesen Geheimnissen Vermögen verdienen wollten oder mit unseren herausgelockten Geheimnissen ihre Eitelkeit befriedigen und selber berühmt sein wollten. Wir schwiegen. Es sind traurige Tatsachen, dass die fremde Macht mehrere unserer Ayurvediker, die ihre Geheimnisse nicht verraten wollten, quälen ließ. Seitdem finden die Fremden keinen eingeweihten Ayurvediker mehr. Keiner wird anerkennen, dass er etwas wisse. Wir wurden gezwungen, Masken zu tragen und ›geheimnisvolle Orientalen‹ zu werden. Wir mussten ein sehr hohes Lehrgeld bezahlen. Aber so viel verrate ich Ihnen: Es gab auch während der vielen Jahre fremde Ärzte, wertvolle, wahre Menschen, die unser Geheimnis aus Helferswillen wissen wollten, die bereit waren, den Eid der Brahmacharya (Enthaltsamkeit) abzulegen. Diese haben die Einweihung erhalten und arbeiten mit uns. Sie verschweigen aber ihr Wissen ebenso wie wir. Wenn die Menschheit sich so weit entwickelt haben wird, dass die Mehrzahl der Ärzte sich bereit erklärt, ihre sexuellen Lüste aufzugeben, um heilen zu können, von dem Moment an werden die eingeweihten Ayurvediker ihnen ihre Wahrheiten und Geheimnisse enthüllen. Aber vorläufig sind die westlichen Menschen daran, jede ihrer Entdeckungen dazu auszunützen, um einander zu schädigen. Schauen Sie, was haben sie aus der Erfindung des Dynamits oder des Flugzeugs gemacht? Neue Waffen! Was würden sie machen, wenn sie das Geheimnis der kosmischen Energie und der noch höheren Lebensenergie kennenlernen würden? … Neue Gelegenheiten, einander auszurotten und noch mehr Geld zu verdienen! Krieg ist Geschäft! Und wozu dieses Geschäft? Wozu noch mehr und immer mehr Geld? Um ihre Lüste zu steigern, noch tiefer in die sexuellen Freuden und Perversitäten hineinzutauchen. Sie fragen, warum wir unsere Geheimnisse nicht verraten! Die fremden Ärzte wollen das gar nicht! Wenn sie hören, dass sie dafür ihre Lüste hingeben müssten, sind sie nicht mehr interessiert. Sie glauben gar nicht, dass sie um diesen billigen Preis das Geheimnis des ganzen Lebens erhalten würden. Es ist viel leichter, ohne einen einzigen Versuch zu machen, die Orientalen zu verspotten und auszulachen. Die meisten Fremden denken, dass das höchste Glück auf Erden die Befriedigung der sexuellen Triebe ist. Wie wollen sie die ungeheure Kraft, die ein vergeistigter Mensch besitzt, kennenlernen, wenn sie nie versuchen, diese zu erlangen? Diese Kraft kann man weder mit Geld noch mit Macht erwerben. Der Preis ist Entsagung! Der Mensch aber, der diesen Preis dafür zahlte, entdeckt nachher, dass er eben *keine Entsagung ausübte*, denn er hat anstelle des sterblichen das unsterbliche, statt des vergänglichen das unvergängliche Glück gefunden. Einen besseren Tausch kann kein Mensch machen! Aber wir diskutieren darüber nicht. Diese Geheimnisse kann man nicht mit dem Verstand erfassen. Den Geist kann man nicht verstehen, *nur erleben. Geist kann man nur sein!* Wir lassen die Fremden auf dem Wege des Verstandes weitergehen. Sie haben schon viel erreicht und werden auch noch mehr erreichen. Aber die ›letzten Wahrheiten‹ bleiben vor dem Verstandesmenschen – der die Seligkeit des reinen Seins, zu welchem der Weg der Entsagung führt, nie kennenlernt – verborgen. Sie haben aus dem orientalischen Yogi eine Witzblattfigur gemacht. Ist es ein Wunder, dass die Eingeweihten ihre Geheimnisse nicht preisgeben, sondern sich zurückziehen und für den westlichen Menschen unerreichbar bleiben?

Ihnen habe ich deshalb so viel gesagt, weil ich sehe, dass Sie nicht aus Neugierde, sondern aus einem tiefen seelischen Wunsch unsere Wissenschaften studieren wollen. Sie suchen die Wahrheit, Sie suchen Gott! Solchen Menschen zu helfen, sind wir bereit. Ich gebe Ihnen einen Rat: Wenn Sie schneller vorwärtskommen wollen, wenn Sie in die Geheimnisse des menschlichen Wesens und Lebens tiefer eindringen wollen, üben Sie Yoga!«

Er erklärte mir, dass die Orientalen viele Jahrtausende hindurch verschiedene Methoden entdeckt und vervollkommnet haben, durch welche der Mensch das Ziel, das selbst der unbewussteste und unwissendste Mensch als Sehnsucht nach Glück in sich trägt und kennt, erreichen kann! Die Erfüllung, die Erlösung, die Seligkeit – oder wie die Orientalen sie nennen: Nirvana – kann der Mensch schon hier auf Erden erreichen. Die Tür steht jedem Menschen offen, wenn er dazu den Schlüssel findet.

Dieser Schlüssel ist *Yoga!*

Der Ayurvediker erklärte weiter, dass jede mit Konzentration verbundene Handlung eigentlich schon Yoga sei, denn die einzige Möglichkeit, das große Ziel zu erreichen, sei das Sich-Konzentrieren. Yoga lehrt uns aber die durch Jahrtausende vervollkommneten, kristallisierten Methoden, wie man sich systematisch konzentrieren und wie man die Konzentration systematisch steigern kann. Es gibt verschiedene Yoga-Wege – körperliche, seelische und geistige Konzentrationsübungen. Mit diesen Übungen entwickeln sich die höchsten Fähigkeiten des Menschen, es öffnen sich seine geistigen Augen, seine geistigen Ohren, er wird Herr über sich selbst und damit über die schöpferischen und Schicksalskräfte. Es öffnet sich dem Menschen der Weg zur Seligkeit, man kann auch sagen der Weg zur Selbstverwirklichung – zu *Gott*! Der höchste, aber schwerste Yoga-Weg ist Raja-Yoga. Raja bedeutet »König«. Wir können also diesen Yoga-Weg wörtlich übersetzt als den »königlichen Yoga« nennen. Es ist der kürzeste, aber der mühsame und steile Weg, den auch Christus in der Bibel lehrt. Mit Geduld und Ausdauer gelangt man aber zum Ziel.

Unser Freund erzählte weiter:»Der Ayurvediker zeigte mir die Grundübungen des Yoga, die ich dir auch zeigte. Später gab er mir Anweisungen, wie ich zu einem der größten lebenden Yogis kommen könne. Ich ging auch zu ihm. Er war ein über achtzig Jahre alter Mann, der aber nicht älter aussah als ein etwa Vierzigjähriger. Er war ein Hatha-Yogi. Diese kennen alle Geheimnisse des Körpers. Sie können ihren Körper nach Belieben mehrere Jahrhunderte lang in einem ständig vollkommen gesunden Zustand erhalten. Die Inder behaupten, dass in den Bergen noch heute Yogis leben, die sieben- bis achthundert Jahre alt sind.«

Mein Mann fing an zu lachen:»Aber geh! Siebenhundert Jahre alt sein? Wäre gar nicht schlecht. Aber leider bist du dann aus deinem Traum erwacht, nicht wahr?«

»Siehst du«, antwortete unser Freund ganz ernst,»du bist auch ein echter ›West-Mensch‹. Weil du von manchen Dingen noch nicht gehört hast, bedeutet es noch lange nicht, dass sie nicht existieren. Die Orientalen wissen vom Geheimnis des Menschen viel mehr als wir im Westen, aber sie lernten schweigen. Die ersten westlichen Eindringlinge haben alles getan, um die Orientalen zum Schweigen zu bringen. Sie können ihre Geheimnisse *noch heute gut verbergen*. Ich habe in Indien solche Dinge erfahren, dass ich mit dem höhnischen Lachen sehr vorsichtig wurde.«

»Gut, gut«, sagte mein Mann,»ich fühle auch, dass es eine Möglichkeit, länger zu leben, geben muss, wenn wir bedenken, dass auch hier im Westen das menschliche Leben ständig verlängert wird, obschon wir alles tun, um unser Leben mit Nikotin, Alkohol und mit unvernünftiger Lebensweise zu verkürzen. Vor fünfzig bis sechzig Jahren war das Durchschnittsalter des Menschen noch fünfunddreißig Jahre, und in kurzer Zeit hat es sich auf sechzig Jahre erhöht. Man kann darüber nachdenken, wo die Grenze ist! Die ärztliche Wissenschaft eilt mit Meilenschritten vorwärts, wer weiß, wohin wir noch gelangen können?«

»Nun, siehst du, deine wirkliche Überzeugung ist überhaupt nicht spöttisch. Aber hier im Westen wagen wir nicht, zu unserer Auffassung zu stehen, weil es hier nicht vornehm ist, über Dinge, die wir nicht kennen, ohne überlegenen Spott zu sprechen. Alle Achtung vor dem Wissen unserer Wissenschaftler, aber sie tun, als ob sie alle Geheimnisse des Lebens kennen würden, dabei sind sie dem Tod gegenüber vollkommen unwissend. Die Orientalen haben das Geheimnis des Lebens und des Todes enträtselt, haben aber der spöttischen Einstellung des Westens gegenüber nur eine Waffe – das Schweigen. Kein Wunder. Nur ein Beispiel: Ein Inder zeigte mir einen Zigarettenlöscher. Es war eine kleine Buddha-Figur im Lotossitz, eine profane Bazarware. Er sagte: ›Ein Orientale würde nie Christus dazu gebrauchen, um aus seiner Gestalt einen Zigarettenlöscher zu fabrizieren, denn wir stehen mit Ehrfurcht auch vor den Gottesdarstellungen anderer Glaubensbekenntnisse. Wir wissen, dass hinter den verschiedenen Gottesbildern derselbe einzige *Gott* steht!‹, und stellte den Buddha-Zigarettenlöscher zärtlich auf seinen Hausaltar. Ich war, als Westler, tief beschämt. Und ich bin wirklich neugierig, wann der Westen zur Einsicht erwachen wird, die Orientalen nicht ständig durch solche Geschmack-, Takt- und Rücksichtslosigkeiten zu beleidigen. Denke nur an die verschiedenen Filme über den Orient. Die Orientalen sehen diese Stücke auch an, und glaube mir, dass sie darüber ihre Meinung haben. Sie schweigen aber …«

Ich fragte unseren Freund: »Gibt es Bücher über Yoga?«

»Das schönste und heiligste Buch der Inder ist die Bhagavad Gita. Da kannst du die schönste Beschreibung des geistigen Weges zur Selbstverwirklichung durch Raja-Yoga lesen. Das würde ich dir empfehlen.«

Ich hatte genug gehört.

Noch am selben Abend wollte ich das Buch, das ich mitgenommen hatte, zu lesen anfangen. Ich legte mich bequem ins Bett, nahm das eingepackte Buch und öffnete es.

Da sah ich zu meiner Überraschung, dass es *nicht das gewählte Buch war*! Ich drehte es um und schaute den Rückentitel an. Wie merkwürdig – ich las doch dort den Titel und erinnerte mich jetzt noch, dass ich jenes Buch herausgezogen hatte. Hätte ich dennoch daneben gegriffen? Es schien so zu sein. Aber wenn dieses Buch schon einmal hier war, wollte ich es wenigstens anschauen. Es weckte sofort mein Interesse. Von außen glich es einem modernen Buch, wahrscheinlich hatte man es vor kurzer Zeit einbinden lassen, aber innen befand sich eine sehr, sehr alte Handschrift. Das Papier war schon ganz braun geworden, voller Spuren von Bücherwürmern. Die tiefschwarze Tinte wie auch die Schrift verrieten, dass es aus alter Zeit stammte. Ich fing an, es zu lesen. Je mehr ich las, desto mehr steigerte sich meine Überraschung, bis ich so aufgeregt wurde, dass ich mit zitternden Händen kaum weiterblättern konnte.

Das Manuskript sprach von einem Orden, der so alt sei wie die Erde selbst. Dieser Orden sei eine geheime, rein geistige Einheit, ohne jede äußere, sichtbare »Mitgliedschaft«. Es würden ständig Neophyten aufgenommen, die sich selber – ohne etwas über diesen Orden zu wissen – melden. Die »Meldung« besteht darin, dass ein Mensch einen Entwicklungsgrad erreicht, bei dem er seine eigene Persönlichkeit vollkommen aufgibt und sein ganzes Leben der Linderung der Leiden anderer widmet. Wenn in einem Menschen dieser Entschluss herangereift ist, tritt ein Mitglied dieses geheimen Ordens mit ihm in geistigen Kontakt, besser gesagt, der Mensch, der so weit gekommen ist, dass er seine Person aufgibt und zur universellen Liebe gelangt, hat jenen Entwicklungsgrad erreicht, womit er sich von selbst in die Schwingungen im Stromkreis dieser geistigen Bruderschaft einschaltet. So hört er in seinem Inneren die Stimme des geistigen Führers, der ihn zuerst warnt und auf die Schwierigkeiten, Gefahren und Folgen dieses Entschlusses aufmerksam macht. Wenn er auf seinem Entschluss dennoch beharrt, so nimmt ihn dieser »Orden«, welcher der Menschheit hilft, aus dem Chaos emporzusteigen, auf. Zuerst, ohne dass er es weiß, auf Probezeit. Diese Probezeit fängt gleich damit an, dass der Neophyt *sieben Jahre* vollkommen allein gelassen wird. Er findet während dieser sieben Jahre keinen Kontakt mit dem Orden, wenn er auch noch so sucht. Aber die verschiedenen Prüfungen, die er bestehen muss, kommen nacheinander. Er muss die sieben Prüfungen in den menschlichen Tugenden bestehen: Frei zu werden von Sinnlichkeit, Beeinflussbarkeit, Eitelkeit, Ärger, Habgier, Neid und Empfindlichkeit. Wenn er trotz seiner vollkommenen Verlassenheit die Prüfungen bestanden hat und weiter bei seinem Entschluss verharrt, ist er zur Mitarbeit reif und wird endgültig aufgenommen. Das erfährt er durch einen scheinbaren »Zufall« noch an demselben Tag. Von nun an bekommt er eine eingehende Schulung und gleichzeitig auch schon Aufgaben. Diese Aufgaben sind zuerst leicht, und in dem Maße, wie er sie löst, werden sie immer schwerer und noch schwerer. Die Aufgaben sind sehr verschieden. Es gibt Neophyten, die im Verborgenen arbeiten, und solche, die vor die Öffentlichkeit treten müssen. Es kann vorkommen, dass sie einmal als Bettler umhergehen, ein anderes Mal als sehr reiche Leute ihre Pflicht erfüllen. Manchmal arbeiten sie vielleicht als Assistenten bei einem berühmten Entdecker, manchmal betätigen sie sich als Redner oder als Schriftsteller. Manche besitzen große weltliche Macht, andere wiederum befinden sich eventuell als bescheidene Arbeiter in der Werkstatt einer riesigen Fabrik. Es kann vorkommen, dass zwei Mitglieder des Ordens *scheinbar* gegeneinander arbeiten. Sie dürfen aber mit keiner Miene verraten, dass sie zusammengehören und miteinander in Kontakt stehen. Manchmal werden sie gefeiert und genießen die größte Popularität, ein anderes Mal leben sie im größten Elend und müssen vielleicht Demütigungen und Erniedrigungen ertragen. Sie müssen alle Aufgaben und alle Rollen vollkommen losgelöst, vollkommen unpersönlich, einfach als Diener am großen Werk durchführen. Dabei haben sie aber *für jede ihrer Taten die ganze Verantwortung zu tragen!* Sie bekommen die Aufgaben, aber auf welche Art sie diese bewältigen, müssen sie selber, im Bewusstsein der Verantwortung ihrer Taten, entscheiden. Je höher sie steigen, desto größer wird ihre Verantwortung. *Derjenige, der für seine Taten und für seine Arbeit nicht selbst die Verantwortung trägt, sondern die Verantwortung für seine Handlungen auf ein Mitglied des Ordens schiebt,* derjenige, der seine Arbeit nicht als seine eigene, persönlich gewollte Arbeit anerkennt, sondern seinen Handlungen den Anschein gibt, als ob er im Auftrag des Ordens oder als mediales Werkzeug eines Ordensmitgliedes handeln würde, der ist ein Verräter und verliert im selben Augenblick jeden Kontakt mit dem Orden. Davon aber, dass er aus der Einheit herausgefallen ist, erfährt er nichts, und es kann vorkommen, dass er noch jahrelang des Glaubens ist, ein Mitarbeiter zu sein. Solche werden vom Orden dazu gebraucht, andere Menschen zu prüfen, ob sie die falschen Propheten anerkennen und ihnen folgen oder ob sie im selbstständigen Denken und im Unterscheidungsvermögen schon so weit fortgeschritten sind, dass sie jedes Wort, das sie hören, prüfen und erst nachher annehmen. Diejenigen, die den falschen Propheten folgen, sind noch blind, sie lassen sich durch einen Blinden führen. Sie fallen beide in die Grube. Als Mitglieder des Ordens werden nur vollkommen selbstständige, unbeeinflussbare Menschen aufgenommen, solche, die nicht aus Folgsamkeit, weil sie dafür einen Lohn erwarten und ins Himmelreich kommen wollen, oder aus Feigheit, weil sie die Strafe fürchten und nicht in die Hölle kommen wollen, das Gute *tun* oder das Böse *nicht tun, also nur jene, die immer, in Leben und Tod, ihrer eigenen tiefsten Überzeugung folgen und danach handeln!* Denn: *Das Wort des Ordens hören die Mitglieder in ihrem Herzen als ihre eigene, tiefste Überzeugung!*

Ich las diese Zeilen mit immer wachsender Aufregung. Mit den irdischen Freuden abrechnen? Oh, diese Nacht, da ich im Bett so verzweifelt schluchzte! ... Kann man noch mehr mit allem abrechnen? »Die Leiden anderer lindern« zu wollen? Nur Gott weiß, wie ernst damals in meinem Zimmer, wo ich über die entsetzlichen Leiden der Geisteskranken und über die allgemeinen, unaufhörlichen Schmerzen aller Erdenbewohner nachgrübelte, mein Gelübde war! Die Warnungen, die ich damals laut hörte, und die schreckliche Verlassenheit, das verzweifelte Gefühl des totalen Alleingebliebenseins während langer Jahre! Wie viele Jahre waren eigentlich seither vergangen? Genau sieben Jahre! Ja, genau! Und heute dieser Zufall mit dem Buch ... Zufall? Nein! Es war eine Botschaft ... eine Botschaft!

Ich war tief erschüttert! Wie immer fragte ich auch jetzt meinen Verstand, was er zu alledem sage, denn ich gab die Kontrolle durch meinen Verstand nie auf. Aber was hätte mein Verstand jetzt sagen können? Ich wusste ja am besten, dass *alles so war*. Was hätte mein Verstand tun können, als die Tatsachen einfach anzuerkennen und zu bestätigen? Auch der skeptischste Verstand musste vor so vielen zusammenspielenden Zufällen verstummen! Nein, ich konnte nicht zweifeln – ich wurde aufgenommen!

Ich fühlte ein unaussprechliches Glücksgefühl und eine Dankbarkeit, ich spürte die Gnade Gottes, einen Segen über mir, eine tiefe Feierlichkeit und eine tiefe Demut.

In diesem Zustand blieb ich seither.

ES WARD LICHT

Es war auffallend, dass von dieser Zeit an allmählich immer mehr und mehr Menschen – Männer und Frauen, Alte und Junge – zu mir kamen, um Rat zu erbitten, wie sie den Weg zum Glück finden könnten. Immer mehr »Suchende« erschienen, die Hilfe von mir verlangten. Ich fühlte mich aber selber noch immer in der größten Finsternis. Wie sollte ich anderen helfen? Wie sollte ich die vielen Wunden, welche die Menschen in ihren Seelen trugen, heilen, wenn ich selbst das Rätsel des Lebens und des Todes noch nicht gelöst hatte?

Das Allerwichtigste war, dass ich meiner eigenen Finsternis entrann. Ich »suchte«, wie es mir die innere Stimme riet, und versuchte, durch gute Bücher vorwärtszukommen. Ich fand ein Buch, das die streng geheimen Übungen des Raja-Yoga, also den Weg zum Selbst, beschrieb. Ich wollte mit diesen Übungen sofort anfangen, denn so weit war ich schon, dass ich wusste, *lesen* ist nur notwendig, um zu wissen, was man *zu tun* hat! Wenn man zum Ziel – zum *Selbst* – gelangen will, muss man *verwirklichen*!

Ich wollte die Wirklichkeit, nicht nur schöne Beschreibungen und Theorien. Der geistige Yoga verlangt aber strengste Askese.

Ich sprach mit meinem Mann. Er war stets mein bester Freund und wusste, dass die Antwort auf die drei großen Fragen: *Woher, Wohin und Warum* für mich Lebensfragen waren. Er gab zu meinen asketischen Übungen seine Einwilligung.

Mein Vater hatte für die Familie ein Gut in den Bergen gekauft. Dort im Wald hatten wir ein Waldhaus, und ich bezog es jetzt auf lange Zeit ganz allein. Mein Sohn war zu jener Zeit Schüler in einem Institut und kam nur für die Ferien nach Hause. Mein Mann war damals fortdauernd auf Reisen und sah mich nur an den Wochenenden.

Von einer großen Terrasse aus hatte man eine prachtvolle Aussicht in das Tal. Man sah sozusagen in die Unendlichkeit hinein, denn hier fing die riesige Tiefebene des Landes an. Zu Füßen des Berges floss langsam und majestätisch der gewaltige Strom, und jenseits, am anderen Ufer, liefen die Landstraßen wie das Adernetz eines mächtigen Körpers, die fahrenden Autos glichen winzigen Zellen im großen Blutstrom. Alles war winzig klein, die Dörfer mit winzigen Häuschen und die kleinen, fleißigen Menschenameisen.

Der göttliche Horus
Museum Kairo

Das schöpferische Prinzip durchquert wie der Falke Horus den Raum und schafft Welten.
In ihm ist das Gesetz Gottes verkörpert; deshalb trägt Horus die Doppeltafel
der Zehn Gebote Gottes auf dem Kopf.

Durch die anderen Fenster sah man in den Urwald, wo man tagelang in der feierlichen Stille umherspazieren konnte. Die Fasanen trauten sich bis an das Haus, die Hirsche röhrten im Herbst oft ganz in der Nähe, und in der Nacht hörte man sie am Haus vorbeitraben. Türen und Fenster hatten starke Eisengitter gegen Wildschweine und andere gefährliche Tiere.

Ich lebte hier ganz allein. Am Morgen fand ich auf der Terrasse die frisch gemolkene Milch, dann ging ich hinunter in den Holzkeller, der unter der Terrasse lag, und hackte Holz. Dann heizte ich ein und begann mit meinen Übungen.

Das Waldhaus war der ideale Ort, um Yoga zu üben. Die ganze Gegend war berühmt wegen ihrer feierlichen Atmosphäre. Die Stille im Urwald, die von der Zivilisation unberührte Reinheit der Natur, wirkten so stark auf alle Menschen, dass man auch schon ohne Yoga-Übungen feierlich gestimmt und andachtsvoll wurde. Der Mensch wurde hier für die höheren Schwingungen noch empfänglicher. Die in uns latenten Sinnesorgane des Geistes öffneten sich, und ich konnte die schwierigsten Konzentrations- und Meditationsübungen ohne Anstrengung ausführen.

Zum Studium nahm ich eine alte Mappe mit mir, eine wahre Schatzkammer höchster Weisheiten[1]. Wenn ich meine mehrere Stunden lang dauernden Konzentrationsübungen beendet hatte, versenkte ich mich in diese wunderbaren symbolischen Darstellungen tiefster Wahrheiten, und die verborgenen Geheimnisse dieses Buches öffneten sich stufenweise vor meinen erstaunten geistigen Augen. Außerdem studierte ich hier die östliche Philosophie, hauptsächlich die Veden und die Upanischaden.

Nie werde ich diese Zeit im Wald vergessen, nie wird jene Erinnerung in mir verblassen, denn in den Ekstasen, die ich hier erlebte, wurde mir das erste Mal bewusst, *woher ich kam, wohin ich ging und warum ich da war.*

Die langen Konzentrations- und Meditationsübungen verhalfen mir dazu, in die tiefsten Regionen meiner Seele Stufe um Stufe hineinzudringen. Mit diesen Übungen setzte ich in mir Kräfte in Bewegung, die auch während der Zeit meiner alltäglichen Beschäftigungen – und sogar auch während des Schlafes – weiterwirkten. Manchmal wanderte ich im Wald, da tauchten in mir Bilder von Gegenden auf, die mir bekannt waren, doch wusste ich nicht, woher, denn nie in diesem Leben war ich dort gewesen. Während ich wach war, aber auch in meinen Träumen, tauchten Menschengestalten auf, die mir ebenfalls bekannt, ja oft sehr wohl bekannt waren,

---

1 Geheime Figuren der Rosenkreuzer aus dem 16. und 17. Jahrhundert.

die ich jedoch nie in diesem Leben gesehen hatte. Ihre Kleider waren fremdartig und ihre Namen und ihre Sprache, in welcher wir uns im Traum verständigten, waren gänzlich verschieden von den Sprachen und Namen, die ich je kannte.

Pharao Chephren
Museum Kairo

Der Pharao ist das Ebenbild Gottes, dem das schöpferische Prinzip, der Horus-Falke, die göttliche Wahrheit zuflüstert. Der Eingeweihte hört ihre Stimme und gehorcht ihr.

Wenn ich mich hinsetzte, um zu meditieren, leuchtete im Augenblick, da ich meine Aufmerksamkeit nach innen richtete, ein grünbläulich phosphoreszierendes Licht in mir auf, dann wurde dieses Licht deutlicher, und es war mir, als käme dieser Glanz aus den unsichtbaren Augen eines körperlosen, mächtigen Wesens. Eine unbeschreibliche Kraft, Liebe und Güte strahlten mich aus diesen Augen an. Ich tauchte mit vollkommenem Vertrauen in diese liebevolle Kraftquelle hinein. Ich fühlte mich in Sicherheit, und ohne Angst drang ich immer tiefer und tiefer in die unbekannte Welt des Unbewussten.

Auf einmal, ganz unerwartet, erleuchtete das Licht die Finsternis, welche die Vergangenheit wie die Wahrheit verbarg – und alles wurde klar.

Als ich mich wieder einmal hinsetzte, um zu meditieren, erschien vor meinem inneren Auge zuerst wie immer das phosphoreszierende Licht, dann fühlte ich noch deutlicher, dass die Lichtquelle aus den Augen eines wohlbekannten, mächtigen Wesens strahlte, dann verdeutlichten sich die Augen, so dass ich nicht mehr fühlte, sondern *wusste*, dass zwei Augen auf mich gerichtet waren; ich fühlte ihren Blick, ihren Glanz, ihre Kraft, ihr Licht und ihre Liebe auf mich strahlen, und im nächsten Augenblick – auf die Wirkung dieses Blickes hin – schwand der letzte Rest des Nebels aus meinem Bewusstsein, und vor mir stand, wie aus der Finsternis aufgetaucht, eine prachtvolle Gestalt mit zwei dunkelblauen, grundlos tiefen Augen, *seine* Gestalt, *sein* Antlitz und *seine* Augen: – *ER*!

ÄGYPTEN

BEMERKUNG DER VERFASSERIN

Es liegt mir fern, ein geschichtliches Bild von Ägypten geben zu wollen. Ein Mensch, der irgendwo lebt, hat keine Ahnung von der Eigenart seines Landes und betrachtet Sitten, Sprache und Religion nicht von einem ethnologischen Standpunkt aus. Er findet alles selbstverständlich. Er ist Mensch, hat seine Freuden und Schmerzen, wie jeder Mensch zu allen Zeiten, denn das Menschliche bleibt immer gleich. Meine Erzählung bezieht sich nur auf das Menschliche, nicht auf Ethnologie und Geschichte. Ich benannte also absichtlich alles mit heutigen Begriffen und wollte nicht mit ägyptisch klingenden Worten eine ägyptische Atmosphäre vorspiegeln. Die Lehren des Hohepriesters Ptahhotep gebe ich in der *heutigen* Sprache wieder, damit sie die *heutigen* Menschen verstehen. Auch für alle religiösen Symbole wählte ich heutige Benennungen, damit wir verstehen, was diese Symbole bedeuten. Der heutige Mensch versteht es besser, wenn wir *Gott* sagen, als wenn wir für denselben Begriff den ägyptischen Ausdruck *Ptah* gebrauchen. Sagt man *Ptah*, dann denkt jeder:»Aha, *Ptah*, der ägyptische Gott.« Nein! *Ptah* war kein ägyptischer Gott, sondern die Ägypter haben denselben *Gott*, den wir *Gott* nennen, in ihrer Sprache *Ptah* und, um weitere Beispiele zu erwähnen, *Satan Seth* genannt. Wir fühlen genau, was die Worte *Gott* oder *Satan* bedeuten. Dagegen sagen uns die Worte *Ptah* oder *Seth* nichts, sie sind leer, trocken und bedeutungslos. Der Ausdruck *Logos*, oder das *schöpferische Prinzip*, sagt uns auch mehr als *Horus-Falke*. Elektrizität war auch vor Jahrtausenden Elektrizität, und Atom war Atom, man hat sie nur anders benannt. Niemand soll also aufschreien wegen Anachronismen, wenn der ägyptische Hohepriester zum Beispiel über »Kettenreaktion« spricht! Die damaligen Benennungen will ich absichtlich nicht nachzuahmen versuchen.

Vergangenheit wird Gegenwart

Er stand da und schaute ruhig auf mich. Dieser Blick, diese himmlische Ruhe, die aus seinen Augen strahlte, gab mir Kraft, die riesige Erschütterung, die unendliche Freude, *Ihn* wiederzusehen, zu ertragen. Sein edles Gesicht blieb unbewegt, aber seine Augen lächelten mich an, und ich wusste, auch *Er* hat Freude, dass ich endlich vollkommen aufgewacht bin und *Ihn* wieder sehe. Denn *Er* hat mich immer gesehen, seine Augen durchdrangen den Nebel, der auf meinem Bewusstsein lag, *Er* sah meine Kämpfe, meine Leiden und Qualen, und *Er* verließ mich nie, sondern half mir, wieder aufzuwachen, bewusst zu werden.

Die Erinnerung packte mich voller Kraft, und die verschwommenen Bilder, die ich in mir trug, die ich mir aber nicht bewusstmachen konnte, wurden jetzt plötzlich scharf und sicher. Es tauchten neue Bilder, neue Erinnerungen auf, solche, die bisher in der Tiefe meines Unterbewusstseins verborgen und begraben lagen, die, wie Mosaiksteine einander ergänzend, das vollkommene Bild formten von einem vergangenen Leben im Land am großen Fluss, am Nil, im Land der Pyramiden ...

Die Bilder der Erinnerung wurden immer lebendiger, während die Eindrücke meines jetzigen Lebens langsam verblassten und den Platz dem wiedererwachten Bewusstsein einer Person, die ich einst war, überließen.

Die Umgebung, in der ich saß, das einfache kleine Zimmer im Waldhäuschen mit der prachtvollen Aussicht auf den weit unten im Tal sich dahinwindenden Fluss, verschwand langsam, auch *Ihn* sah ich nicht mehr. Der Raum öffnete und weitete sich. Ich befand mich in einem großen Saal, in meinem Gemach, und es wurde mir bewusst, dass eine dicke, liebevolle Frau mit großer Freude mich anlächelte ...

Ach ja! Heute ist ja mein sechzehnter Geburtstag, und ich ziehe eben mein Festgewand an, um an dem großen Empfangsfest zu erscheinen, an dem mein Vater mich den Vertretern des Landes als seine Frau, als die Vertreterin der früh verstorbenen Königin, vorstellen wird.

In einer großen ovalen Silberplatte, die mit hoher Kunst gehämmert und geschliffen ist, steht meine eigene Gestalt, mein eigenes Bild wie wirklich darin, und ich schaue zu, wie meine liebe, gute alte Menu mich ankleidet.

Meine Mutter starb, als ich noch ganz klein war. Ich erinnere mich an ihr blasses, feines Wesen nur verschwommen. Nur die großen, traurigen, sehenden Augen leuchten aus der Schatzkammer der Erinnerung, wie sie das letzte Mal lange, lange auf mich schauten, bevor sie starb. Dieser Blick schuf einen inneren Kontakt zwischen uns, den ich immer in mir spüre, und heute, da ich als ihre Stellvertreterin dem Land vorgestellt werde, fühle ich ihn noch tiefer, noch lebendiger.

Ich stehe fertig angekleidet vor dem Spiegel und betrachte mein Bild. Es gefällt mir! Da steht ein feines, zartes, schlankes Wesen in einem feinen Gewand, glänzend, seiden und goldgesäumt. Der goldene Gürtel hebt die schlanke Linie noch stärker hervor, der Schulterkragen betont ihre breiten Schultern, und das Kopftuch steigert den selbstsicheren, überlegenen Ausdruck ihres Gesichtes. Ich bin eitel, ich gefalle mir im Spiegel, und Menu, die mit ihrem warmen alten Herzen mich für das vollkommenste Geschöpf der Erde hält, rinnen Freudentränen über ihr dickes Gesicht.

Die zwei ältesten Vertreter des Landes holen mich ab und führen mich durch den langen Gang in den großen Empfangssaal. Mit langsamen, feierlichen Schritten führen sie mich zwischen den Reihen der erschienenen Vornehmen zu dem »Großen Haus« – zum Pharao – zu meinem Vater und von nun an meinem Mann. Er sitzt auf dem goldenen Thron wie ein Ebenbild Gottes. Sein Name ist nicht umsonst das »Große Haus« – Pharao. Seine Person ist die Hülle, das »Haus« Gottes. Gott wohnt in ihm, strahlt und manifestiert sich durch ihn. Die Kraft seines Blickes ist so durchdringend, dass die Menschen, die nicht vollkommen wahr sind, ihre Augen vor diesem Blick niederschlagen müssen. Er sitzt da und schaut gerade auf mich, durch mich! Ich schaue ohne Furcht zurück, ich halte mich in seinem Blick fest, ich weiß, dass diese enorme Kraft, die aus seinen Augen strahlt, die Kraft der Liebe ist. Er sieht alles. Er sieht auch, dass ich eitel bin und alle meine anderen Unvollkommenheiten, aber er versteht alles. Er ist die Liebe selbst. Er ist mein Vater!

Neben dem Thron sitzt sein prachtvoller Löwe, bewegungslos, majestätisch und würdig, das Symbol der übermenschlichen Macht des Pharao.

Ich gelange vor die Treppe des Thrones und bleibe stehen. Der Pharao steht jetzt auf, er steigt herunter, hebt aus dem prachtvollen Schmuckkasten, den der Schatzmeister ihm hinhält, das schönste Werk aller Goldschmiedekunst – einen goldenen Schulterkragen, den er um meine Schultern legt. Dann nimmt er den goldenen Reif, der in einem Schlangenkopf endet, und befestigt ihn auf dem weißseidenen Kopftuch über meiner Stirn. Das Zeichen der Glieder der Herrscherrasse, der Söhne Gottes. Es ist das Zeichen der Eingeweihten ...

Dann ergreift der Pharao meine Rechte und führt mich hinauf zum Thron. Wir wenden uns den Vertretern des Landes und den erschienenen Vornehmen zu, und er stellt mich als die Vertreterin der Königin, als seine Frau, vor. Wir setzen uns, ich zu seiner Linken, etwas vor ihm. Jetzt schreiten zuerst die Ältesten, dann die übrigen Vornehmen mit ihren Frauen langsam vorbei und verbeugen sich tief, mit ausgestreckten Armen, zuerst vor dem Pharao und dann vor mir. Wir sitzen bewegungslos, nur unsere Augen nehmen Kontakt auf mit jedem, der vorbeischreitet. Ich denke daran, dass ich jetzt den Geist meiner lieben Mutter offenbare, und bin mir der Verantwortung und meiner Pflicht bewusst. Die Vornehmen ziehen nacheinander vorüber, und ich sehe in ihren Blicken ihre Seele. In manchen ist wirkliche Liebe und Verehrung, in manchen Neid, Neugierde oder feige Unterwerfung. Auch der Oberschatzmeister – Roo-Kha – verbeugt sich vor mir, und wie schon oft, wenn ich ihm im Palast begegnete, wirft er mir seinen etwas spöttischen, zudringlichen und doch schmeichelnd-vertraulichen Blick zu. Ich erwidere seine Frechheit eiskalt, und der Zug der Menschen gleitet langsam weiter. Dann sehe ich alte und junge Freunde, einstige Spielkameraden, voll aufrichtiger Liebe. Ich nehme mit meinem Blick den ihrigen auf, und diese Einheit bereichert uns. So ziehen langsam alle Anwesenden an uns vorbei, lautlos, aber im Geist verbunden ...

Die langen, feierlichen Zeremonien sind endlich zu Ende. Der Pharao steht auf und reicht mir die Hand. Wir steigen langsam die Stufen hinunter und verlassen zwischen den Reihen der Staatsmänner und Vornehmen den Saal. Mein Vater führt mich in sein Gemach, er setzt sich, weist mir einen Platz zu und schaut mich eine Weile lächelnd an. Ich sehe, dass ich ihm gefalle, er lässt seinen Blick zufrieden über meine Gestalt gleiten, schaut mir voll Freude in die Augen und sagt dann: »Von nun an werden wir einander öfters sehen, denn du wirst vor der Öffentlichkeit den Platz deiner Mutter einnehmen und ihre Pflichten erfüllen. Viele Jahre hat man dich auf diese Aufgabe vorbereitet, du kennst deine Pflichten. Ich möchte dir aber zur Erinnerung an diesen Tag eine Freude bereiten. Du kannst dir etwas wünschen. Du warst schon auf meine Frage vorbereitet, also sage, worauf deine Wahl gefallen ist.«

Ja, ich war vorbereitet und hätte verschiedene Wünsche haben können, so wie andere junge Frauen. Ich hätte mir schöne Schmucksachen wünschen können, denn den großen Festschmuck darf ich nur bei großen Feierlichkeiten tragen, oder eine schöne Reise oder einen jungen dressierten Löwen oder ähnliche Dinge. Aber alles das wollte ich nicht!

»Vater«, sagte ich, »schau, was trage ich als Kopfschmuck?«

Der Pharao blickt auf meine Stirn, dann in meine Augen und antwortet: »Natürlich die goldene Schlange, das Zeichen der Herrscherrasse, der Söhne Gottes.«

»Ja, Vater, aber das bedeutet gleichzeitig auch das Zeichen der Einweihung. Ich trage es unwürdig, weil ich nicht eingeweiht bin. Mein Wunsch, den ich zu erfüllen bitte, ist die Einweihung!«

Vater wird sehr ernst. »Mein Kind, verlange etwas anderes. Du bist noch sehr jung und zu unreif, um die Einweihung zu erhalten. Junge Sprösslinge darf man den brennenden Sonnenstrahlen nicht aussetzen, sonst verbrennen sie und kommen nie zum Blühen. Warte, bis du die notwendigen Erfahrungen im irdischen Körperleben hinter dir hast. Die Einweihung schon jetzt zu verlangen, würde deine späteren Prüfungen viel, viel schwerer machen. Warum dir unnütze Qualen verursachen? Wünsche, mein Kind, lieber etwas anderes.«

»Vater«, erwidere ich, »mich erfreut sonst überhaupt nichts. Mich langweilt alles, womit andere junge Leute sich vergnügen. Ich sehe hinter allen irdischen Freuden die Wünsche des Körpers. Schöne Schmucksachen gefallen mir sehr, aber auch Gold ist mir eine Materie, die nur durch die Offenbarung des Geistes, durch die Arbeit des Künstlers geheiligt wird. Wenn ich reise, genieße ich natürlich die schönen Gegenden, die neuen Sehenswürdigkeiten, kann aber keine Minute vergessen, dass dies alles nur Geschaffenes, nur Schöpfung – aber nicht der *Schöpfer* selbst ist. Ich möchte aber die letzten Wahrheiten in ihrer Wirklichkeit erleben, ich will *Gott*, den *Schöpfer selbst*, kennenlernen! Vater, du weißt, dass dieser Prozess, den wir ›Leben‹ nennen, nur Schein und Traum ist. Hier gleitet alles aus unserer Hand, man kann sich über nichts endgültig freuen, alles ist ein Übergang zwischen Vergangenheit und Zukunft. Ich will aber die *Gegenwart* – die nie Vergangenheit wird und die nie Zukunft war – erleben. Und ich will auch jenen ›Ort‹ oder Zustand finden, der nie ›dort‹ war, bevor ich hingelangte, der aber, wenn ich hingehe, ›hier‹ benannt wird und der nicht ›hier‹ ist, solange ich nicht dort bin, aber wenn ich weitergehe, sich wieder in ›dort‹ verwandelt. Ich will *die ewige Gegenwart zeitlich und räumlich erleben.* Vater, ich will die höchste Wirklichkeit – ich will die Einweihung!«

Vater hört mir aufmerksam zu und wird, während ich spreche, immer trauriger. Dann sagt er:»Du bist geistig früher aufgewacht, als du solltest. Ich kann nichts anderes tun, als dir zu erlauben, zu dem Haupt unseres Geschlechtes, dem Hohepriester des Tempels, meinem Bruder Ptahhotep, zu gehen. Ich werde mit ihm sprechen, ich übergebe dich ihm, und er wird dich in seine Obhut nehmen. Gott soll deine weiteren Schritte mit seinem ewigen Licht erleuchten.«

Er legt seine Hand auf meinen Kopf und segnet mich. Ich möchte mich an seine Brust werfen, um mich für seine Erlaubnis zu bedanken, aber der schwere goldene Kragen hält mich zurück und erlaubt mir keine heftigen Bewegungen. Vater sieht alle Gedanken der Menschen, er sieht auch, dass ich durch diesen temperamentvollen Ausbruch meine Freude offenbaren wollte und sagt lächelnd:»Einerseits bist du noch ein großes Kind, andererseits bist du schon reif und erwachsen. Du wirst noch viel Selbstbeherrschung üben müssen, wenn du eingeweiht werden willst.«

Ich antworte lachend:»Ich habe schon Selbstbeherrschung, Vater, wenn ich will.«

»Ja, das glaube ich dir, aber willst du *immer*?«, fragt er, auch lächelnd.

»Vater, es ist so langweilig, immer Selbstbeherrschung zu üben«, antworte ich.

»Eben darin besteht die Gefahr, dass du es langweilig findest und so denkst. Bedenke nur. Wenn du deinen Willen nur einen Augenblick nicht auf deinen Lieblingslöwen gerichtet hältst und er dich während dieses schwachen Augenblicks angreift, dann bist du verloren. Unsere niedrige Natur ist genauso ein Tier wie ein Löwe. Beide muss man ständig unter Kontrolle halten, dann dienen sie uns mit ihren gewaltigen Kräften. Gib immer acht!«

Wir nehmen Abschied voneinander. Er führt mich zur Tür und übergibt mich den zwei Ältesten, die im Vorraum auf mich warten. Ach, diese Zeremonien ärgern mich immer. Warum muss ich jetzt zwischen den zwei ehrwürdigen alten Herren langsam und gemessen bis zu meinem Gemach schreiten, als ob ich auch so alt wäre. Ich möchte den langen Gang entlang rasen und in mein Zimmer springen, wo meine Menu aufgeregt und neugierig auf mich wartet. Ich muss aber auch deshalb würdig und majestätisch gehen, damit der schöne goldene Kragen auf meinen Schultern nicht verrutscht. Endlich gelangen wir zu meiner Tür, wo ich von den zwei Ältesten würdig und majestätisch Abschied nehme. Ich trete ein und bleibe stehen, damit Menu mich in meinen prachtvollen Schmucksachen bewundern kann. Sie ist außer sich über meine Schönheit und über meine majestätischen Bewegungen und weint wieder herzzerbrechend, weil ich – wie sie sagt – meiner Mutter so ähnlich sei.

Ich sage ihr: »Siehst du, Menu, wie unwissend du bist. Ich kann niemandem ähnlich sein, und ich habe nicht gerne, wenn du solches sagst. Meine Nase oder mein Mund kann der Nase oder dem Mund meiner Mutter ähnlich sein, aber ›ich‹? Siehst du überhaupt mein ›Ich‹? Du siehst nur meinen Körper, das Haus meines Ichs, aber mein Ich selbst siehst du nicht. Wie kann ›ich‹ dann jemand anderem ähnlich sein?«

»Ach«, sagt Menu, »wenn man *dich* nicht sieht, wie bist ›du‹ dann doch so schön, was? Das sage mir! Wenn ich *dich* nicht sehen kann, so ist auch das, was hier vor mir steht und was ich hier sehe und so schön finde, nicht *du*, sondern nur das Haus deines Ichs. Also bist du gar nicht schön! Dann, steh auch nicht so stolz und majestätisch hier!«

Wir lachen beide laut. Menu kann mir mit ihrem einfachen Verstand oft solch weise Antwort geben, dass ich mich schämen muss. Ja, sie entdeckte meine schwache Seite, meine Eitelkeit. Dann nimmt sie mit unendlicher Zärtlichkeit den goldenen Kragen und den Kopfschmuck ab und legt sie in den Schmuckkasten, weil der Schatzmeister, Roo-Kha, mit den zwei Schmuckträgern draußen wartet, um den Schmuck bis zur nächsten Festlichkeit in der Schatzkammer aufzubewahren. Er tritt in mein Empfangszimmer und verbeugt sich vor mir. Dieser Mensch ärgert mich, weil ich sehe, dass er sich nicht aus Respekt vor mir verbeugt, sondern weil er sich verbeugen *muss*. Er schaut mich wieder frech-vertraulich an, ich aber versuche mich so würdig und königlich zu benehmen, wie es mir möglich ist. Dann bleibe ich endlich mit Menu allein.

Menu wurde meine Amme, als ich mutterlos wurde. Sie war und ist meine körperliche Pflegerin und Dienerin, und ich bin mit ihr viel vertraulicher als mit den im Rang höheren Hofdamen, die die Pflicht, mich zu erziehen, übernommen haben. Menu liebte mich von Anfang an so grenzenlos, dass ich mit ihr tun konnte, was ich wollte. Sie war von allem, was ich sagte oder tat, restlos entzückt, und ich konnte keinen Wunsch haben, den sie nicht blindlings erfüllt hätte, soweit es in ihrer Macht lag. Sie war ständig um mich, in meiner Nähe, und jetzt, da ich meine öffentlichen Pflichten neben meinem Vater erfüllen musste, war sie sehr geängstigt, dass ich sie nach und nach aus meiner Nähe entfernen würde.

Ich liebe sie aber mit grenzenlosem Vertrauen, weil ich weiß, ich lese in den Augen der Menschen, dass mich niemand so aufrichtig, so bedingungslos und ohne Hintergründe liebt wie Menu.

Vater sah ich in meiner Kindheit nur selten. Er war und ist der »Große Herr« im Land. Denn er kam mit der Pflicht auf die Erde, die Menschen in ihrem *irdischen* Leben zu führen und zu regieren. Er widmete sein Leben der Aufgabe, den Menschensöhnen zu zeigen, wie man ein Land regieren soll, damit alle Bewohner des Landes sich glücklich entwickeln können. Er war von dieser Aufgabe so stark beansprucht, dass ihm sehr wenig Zeit blieb, sich auch noch mit mir abzugeben. Er kam täglich auf einige Augenblicke in den Garten, wo ich mit den Kindern der adeligen Familie spielte, um mich zu besuchen, oder er ließ mich in sein Gemach führen. Diese Begegnungen spielten sich meistens so ab, dass, als ich noch klein war, er mich auf seine Arme hob oder eine Weile neben mir auf dem Boden kauerte, dann schaute er mich mit unendlicher Liebe an, segnete mich und ging wieder weg. Er sprach aber zu mir immer wie zu einer Erwachsenen.

In unserem Geschlecht der Söhne Gottes spielt es keine große Rolle, ob wir schon seit längerer oder erst seit kürzerer Zeit auf der Erde weilen, ob ein Geist in einem noch unentwickelten Körper – als Kind – oder in einem schon entwickelten Körper – als Erwachsener – auf Erden lebt. Nur bei den Menschensöhnen, die mit ihren Körpern so eng verbunden sind und sich mit ihrem Leib derart identifizieren, dass sie ihr Wesen vollkommen als zeit- und raumlose Geister vergessen, bedeutet das so viel. Die Menschensöhne glauben, dass jemand tatsächlich »klein« oder »groß« sein kann. Die Angehörigen unseres Geschlechtes – die Söhne Gottes – behalten aber auch dann ihr geistiges Bewusstsein, wenn sie in Körper hineingeboren werden. Sie vergessen nie, dass nur der Körper »Kind« oder »Erwachsener« sein kann, der Geist ist und bleibt immer derselbe. Er ist weder »groß« noch »klein«, weder »jung« noch »alt«, denn der Geist ist nicht aus der Welt der Zeit und des Raumes! So wurde auch die Verbindung mit meinem Vater dadurch, dass wir verschiedenen Alters waren und einander selten sahen, nicht gestört. Als ich größer wurde, nahm mich Vater manchmal auch auf einen Spaziergang mit, und wenn ich müde wurde, nahm er mich auf seine mächtigen Arme und sprach weiter über die Geheimnisse der Natur, die mich aufs Äußerste fesselten. Ich sagte ihm einmal: »Vater, ich möchte alles auch so wissen wie du.«

Da antwortete er: »*Wenn du eingeweiht wirst, so werden auch dir alle Geheimnisse des Himmels und der Erde bewusst.*« Diese Worte vergaß

ich nie mehr, und ich wartete geduldig auf die Zeit, da auch ich eingeweiht würde.

Obwohl ich immer unter fremden Leuten lebte, fühlte ich mich dennoch
nie allein. Ich wusste, dass Vater mich vollkommen verstand, und wenn
wir einander auch körperlich nicht nahe waren, war ich doch im Geist mit
ihm vereint. Ich gehörte zu ihm. Und so war ich auch mit meiner Mutter
vereint. Wenn sie auch nicht mehr im Körper weilte, so war ich doch im
Geist mit ihr untrennbar verbunden. Wie wenig hängt die Einheit der Seele von körperlichem Zusammensein ab! Da ist meine liebe Menu. Sie ist
fast immer bei mir, sie lässt mich keine Minute allein, und doch bin *ich*
nicht mit ihr. Sie kann mich lieben, aber nicht verstehen. Sie hat fast kein
selbstständiges Denken, kein selbstständiges Leben mehr, sie lebt in mir
und ist vollkommen in meiner Macht, wenn ich es auch nicht ausnütze.
Denn ich weiß, mein Vater sagte es mir einmal, dass man *die Macht, die*
aus der Überlegenheit des Geistes stammt, nie missbrauchen darf.

Zurzeit ist Menu so glücklich, als ob mein Vater sie dem Hof als seine
Frau vorgestellt hätte, als ob *sie* so schön gewesen wäre und als ob *sie*
meinen Schmuck, als Vertreterin der Königin, zum Geschenk bekommen
hätte. Ach, meine liebe alte Menu! Sie fragt mich jetzt natürlich, was ich
mir von Vater gewünscht habe.

»Selbstverständlich die Einweihung!«, antwortete ich ihr.

Menu schreit entsetzt auf: »Was? Die Einweihung? Du willst doch nicht
in den Tempel unter die Neophyten gehen und den Hof verlassen? Warum
hast du nicht schöne Schmucksachen verlangt oder dass dich der Künstler
Imhotep in einer farbigen Plastik verewigt oder sonst etwas, nur nicht die
Einweihung!«

»Warum bist du so erschrocken? Ich will einzig und allein die Einweihung und sonst nichts. Verstehe doch: Schmucksachen habe ich ohnehin,
und wie könnte mich glücklich machen, was nicht *in mir* ist, was nicht *ich*
bin, sondern draußen an meinem Körper hängt, so dass ich es gar nicht
sehe? Jetzt besitze ich sogar die Schmucksachen, mit denen man meinen
Körper einmal, wenn ich ihn abstreife, ins Grab legen wird, damit man
wisse, dass ich aus der Rasse der Söhne Gottes stamme, und trotzdem
fühle ich mich gar nicht glücklicher als vorher. Auch wird man mein Äu-
ßeres aus demselben Grund verewigen. Wozu soll ich mir solche Dinge
wünschen? Mir ist es Nebensache, was die Menschensöhne nach einigen Jahrtausenden über die Plastiken meiner Gestalt zusammenplaudern
werden. Mich kann nur glücklich machen, was in mir ist, was *mit mir*

identisch, nicht aber was außerhalb von mir ist. Das kann nur ein inneres Erlebnis sein, durch das ich, trotz der irdischen Hülle, der letzten Wahrheiten bewusst werde. Ich will die Einweihung!«

Menu jammert verzweifelt, als ob ich mir den Tod wünschen würde: »Oh, ich weiß, dass man mit dir nicht reden kann. Wenn du dir etwas in den Kopf setzt, dann muss es geschehen. Aber ich fühle, dass die Einweihung dir eine große Gefahr bringt; wünsche das nicht, wünsche das nicht! Was sagt der Pharao zu deiner Idee?«

»Er hat mir erlaubt, dass ich seinen Bruder Ptahhotep aufsuche, und jetzt höre auf zu jammern, verdirb mir nicht den heutigen Tag.«

ER

Am Abend verlasse ich tief verschleiert mit Menu den Palast, und wir gehen durch den langen, sich vom Palast bis zum Tempel erstreckenden Säulengang zum Hohepriester, dem Bruder meines Vaters, dem Gottes-Sohn *Ptahhotep* ...

Ptahhotep ist der oberste aller Priester. Er ist gleichzeitig aber auch der oberste aller Ärzte und Architekten, weil er alle Geheimnisse der Naturgesetze kennt und beherrscht. Er kam mit der Pflicht, mit der Aufgabe auf die Erde, die Menschensöhne in ihrem *seelischen* Leben zu leiten, sie in die Wissenschaften einzuführen. Er steht höher als Vater, weil er sich nie mit seinem Körper identifizierte, Vater aber schloss eine Ehe und verankerte sich dadurch tiefer in der Materie.

Wir gehen wortlos den Weg zum Tempel. Menu hat es schon gelernt: Wenn ich in mich versunken bin, muss sie schweigen ...

Ein Neophyt, der vor dem Tempel auf uns wartete, führt mich hinein. Menu bleibt in der Vorhalle. Noch ein langer Säulengang, und in einem kleinen Empfangsraum erwartet mich Ptahhotep. Der Neophyt bleibt zurück.

Da sitzt *ER*, der Vertreter *Gottes*.

Ich sehe *Ihn* das erste Mal aus unmittelbarer Nähe, und seine Augen überwältigen mich. Oh! Diese Augen! Dunkelblau, so tiefdunkel, dass sie schon beinahe schwarz wirken. So dunkel, weil sie grundlos, unendlich tief sind wie das Himmelsgewölbe selbst. Wenn man in die Augen der Menschensöhne schaut, sieht man sehr gut auf den Grund. Man sieht in ihren Augen ihre Seele, den ganzen Charakter. Man sieht *individuelle Augen*. Die Augen Ptahhoteps sind ganz anders. Diese Augen haben überhaupt keinen Grund, als ob man in die Leere des gestirnten Himmels schauen würde. In diesen Augen gibt es nichts Persönliches, nichts Individuelles, nur eine unendliche Tiefe, wo die Ewigkeit weilt. Die ganze Welt, die ganze Schöpfung liegt in diesen Augen. Ich habe auch mich selbst in diesen Augen erkannt und fühle vom ersten Augenblick an vollkommenes Vertrauen, weil ich weiß, dass diese Augen mich kennen, *mich in sich enthalten.* Ich weiß: Ich bin in *Ihm,* und *Er* ist in mir und liebt mich wie sich selbst, weil ich eben *Er* bin und *Er* und ich eine vollkommene Einheit sind. *Er* ist die verkörperte *Liebe,* ich fühle, wie diese Liebe mich durchdringt, mich durchglüht.

Bis in mein tiefstes Inneres erschüttert, falle ich vor *Ihm* auf meine Knie.

Ptahhotep reicht mir seine Hand, hebt mich auf und sagt:»Meine kleine Tochter, *beuge nie deine Knie vor einer sichtbaren Form.* Demütige in dir nicht das Göttliche, das jedes Lebewesen in sich trägt. Durch dich, durch mich und durch die ganze geschaffene Welt offenbart sich derselbe Gott. Gott allein ist der einzige, vor dem du auf die Knie fallen kannst. Jetzt erhebe dich und sage, warum du gekommen bist.«

»Vater meiner Seele«, sage ich, mich erhebend,»ich möchte die Einweihung«.

Ptahhotep fragt:»Weißt du, was die Einweihung ist? Was verstehst du darunter, dass du sie haben willst?«

»Genau weiß ich nicht, worin sie besteht, aber ich will allwissend sein. Ich fühle mich in meinem Körper wie ein Gefangener, es ist mir, als ob ich in einer Finsternis herumtasten würde, unsichtbaren Kräften ausgeliefert, die ich nicht kenne und deshalb auch nicht beherrschen kann. Ich möchte alles klar sehen, ich möchte allwissend werden wie du und Vater und die anderen Eingeweihten.«

Ptahhotep antwortet:»Einweihung bedeutet *bewusst werden.* Du bist jetzt in einem Grad bewusst, welcher der Widerstandskraft deiner Nerven und deines Körpers entspricht. Wenn man in einem höheren geistigen Grad bewusst wird, lenkt man automatisch auch höhere, stärkere, durchdringendere Kräfte in den Körper; demgemäß muss man auch die Widerstandskraft der Nerven und des Körpers steigern. Den allerhöchsten, den göttlich-schöpferischen Grad in sich bewusst zu machen und parallel dazu die Widerstandskraft der Nerven bis auf den allerhöchsten Grad zu steigern, so dass man diesen göttlichen Zustand im Körper ohne Schaden ertragen kann, das bedeutet Einweihung. Sie bringt auch Allwissenheit und Allmacht mit sich.«

»Ich verstehe es, Vater meiner Seele, und eben das ist es, wonach ich mich sehne.«

Ptahhotep schaut mich lange stumm an, und ich fühle, wie sein Blick mich vollkommen durchdringt. Endlich sagt er:»Du wirst die Einweihung bekommen, aber nicht jetzt. Du bist dazu noch nicht in jeder Hinsicht reif. Du hast die göttlich-schöpferische Kraft *in deinem Körper* noch nicht beherrschen gelernt. Und wenn du diese Kraft in dir auf der geistigen Ebene früher bewusst machst, als du sie in ihrer körperlichen Offenbarung beherrschst, so bedeutet das für dich eine sehr große Gefahr.«

»Was für eine Gefahr, Vater meiner Seele?«

»Die Gefahr, dass du, wenn du im höchsten geistigen Grad bewusst geworden bist und so über diese Kraft Macht hast, dir eventuell deine Nervenzentren verbrennst, falls du sie in deinen Körper, in die niedrigeren Nervenzentren, hineinlenkst. In diesem Fall würde das Bewusstsein tiefer absinken als bei deiner jetzigen Geburt. Du hast noch keine Erfahrung in der Lenkung dieser Kraft. Das Bewusstmachen muss eben auf der untersten Stufe der Offenbarungsleiter beginnen, weil du dann immer nur eine deiner Entwicklungsstufe entsprechende Kraft in deinen Körper lenkst, die deine Nerven ohne Schaden ertragen. Dann entspricht die Widerstandskraft der Nerven auch den hineingeleiteten Kräften.«

»Vater meiner Seele, sage mir, was bedeutet das: *Die schöpferische Kraft in den Körper hineinzuleiten* und diese Kraft im Körper zu erleben? Wie kann ich diese Kraft in ihrer körperlichen Offenbarung kennen und beherrschen lernen? Wenn die Einweihung damit anfangen soll und ich zuerst diese Erfahrung machen muss, dann möchte ich sie jetzt sofort, um für die höhere Einweihung reif zu werden.«

Ptahhoteps göttlich edles Antlitz war bisher bewegungslos wie eine aus Alabaster geschnitzte Statue, nur die Glut seiner Augen leuchtete. Nach meinen Worten bewegen sich aber die ruhigen Züge seines Gesichtes, er lächelt, und seine Augen strahlen noch mehr Licht und noch mehr Verständnis aus.

»Jetzt sofort?«, fragt er, »das wird nicht gehen, mein Kind, denn die göttlich-schöpferischen Kräfte auf der untersten Stufe der Offenbarungsleiter bewusst zu machen, bedeutet – *körperliche Liebe zu erleben.* Du musst abwarten, bis dein Herz durch die positiv-männliche Ausstrahlung eines zu dir passenden jungen Mannes erwacht, glühend wird und in dir die negativ-weibliche Kraft erweckt. Du musst diese Kraft in der Liebe kennenlernen, du musst diese Erfahrung hinter dir haben, sonst kannst du sie nicht beherrschen. Sie bleibt für dich eine ständige Versuchung und die große Gefahr, auf einen viel niedrigeren Grad im Bewusstsein zu fallen, als auf welchem du jetzt stehst.«

»Vater meiner Seele, ich werde nie körperlicher Liebe verfallen! Die Liebe ist mir keine Versuchung, ich fürchte mich nicht vor dieser Gefahr, weil sie für mich eben keine Gefahr ist! Erlaube mir, dass ich eingeweiht werde.«

Ptahhotep wird wieder ganz ernst und sagt: »Mein Kind, du glaubst nur, dass die Liebe für dich keine Gefahr bedeutet, weil du diese gewaltige Kraft nicht kennst. Mutig zu sein gegenüber einer Gefahr, die wir *nicht* kennen, ist kein Mut, keine Kraft, sondern nur Unwissenheit, Schwäche! Deine Unerfahrenheit zeigt dir die Versuchung der Liebe nicht, du glaubst daher, gegenüber dieser Kraft gewappnet zu sein. Vergiss dabei nicht, dass die *Liebe auch die Offenbarung der göttlichen Schöpferkraft ist, also so stark wie Gott selbst! Vernichten kannst du sie nicht, nur umwandeln könntest du sie.* Aber wenn du diese Kraft nicht kennst, kannst du auch nicht wissen, wie man sie umwandeln kann. Gehe zurück in dein Heim und warte ab, bis dein Schicksal dir diese Erfahrung vermittelt. Wenn du die Liebe in ihrer Wirklichkeit kennengelernt, sie erlebt hast, wenn du klar siehst, was diese Kraft ist, dann komme wieder, und ich werde dir die Einweihung geben.«

Darauf werfe ich mich vor *Ihm* auf die Knie, umarme seine Füße und bitte ihn verzweifelt: »Nein, nein, schicke mich nicht weg von dir, verweigere mir die Einweihung nicht. Ich werde allen Versuchungen der Liebe widerstehen, ich werde nicht schwanken, ich flehe dich an, gib mir die Einweihung!«

Ptahhotep lächelt wieder und streichelt meine Haare. Ich fühle die ungeheure Kraft seiner Hand wie einen starken Strom in meinen Kopf hineinfluten.

»Wahrlich«, sagt er, »an solches Benehmen bin ich nicht gewöhnt. Was meinst du, mein Kind, wenn ich dir die Einweihung nicht geben will, dann werde ich meinen Entschluss deshalb ändern, weil du dich vor mir auf deine Knie wirfst und mich überreden willst? Einweihung erfordert auch, dass du vollkommene Selbstbeherrschung besitzt. Kind, Kind, du bist noch weit davon entfernt. Und deine Selbstsicherheit steht nicht im Gleichgewicht mit deinen Erfahrungen. Sammele erst die notwendigen Erfahrungen, dann kannst du wiederkommen.«

Ich sehe, dass er mir nichts mehr zu sagen hat. Ich stehe auf und nehme Abschied: »Vater meiner Seele, ich gehe jetzt, aber du wirst mich deshalb nicht verlassen, nicht wahr? Kann ich auch ein anderes Mal zu dir kommen?«

Ptahhotep antwortet mit unaussprechlicher Liebe:»Ich weiß, dass du seit deiner frühen Kindheit viel allein warst und bist. Das musste so sein, um deine Selbstständigkeit zu entwickeln. Aber du bist nie allein, das fühlst du wohl. Du bist mit dem ewigen Band der höchsten Gesetze der Zusammengehörigkeit mit uns verbunden. Ich bin immer mit dir, wenn du es auch nicht weißt. Ich wusste früher als du, dass du heute mit dieser Bitte zu mir kommen würdest, und ich weiß auch, was folgen wird. *Aber es sind Gesetze, die auch wir einhalten müssen.* Du gehörst zu uns.«

Ich verbeuge mich tief vor ihm, um seinen Segen zu empfangen. Dann gehe ich.

Menu wartet auf mich in der Vorhalle und fragt sofort:»Was ist? Was hat der Gottes-Sohn dir gesagt? Erzähle rasch alles, ich konnte es nicht begreifen, warum du so lange nicht kamst. Hörst du? Erzähle. Bekommst du die Einweihung?«

»Der Gottes-Sohn will sie mir nicht geben. Er sagt, dass ich noch keine Erfahrungen im irdischen Leben habe.«

»Gott sei Dank«, sagt Menu, vor Freude strahlend,»nicht wahr, ich sagte dir auch, dass die Einweihung nichts für dich ist. Ich wusste es!«

»Ja, ja, Menu, du weißt alles, nur lass mich jetzt in Ruhe, ich möchte in meinem Kopf, in meinen Gedanken ein bisschen Ordnung schaffen ...«

Und wir gehen wortlos in den Palast zurück.

In der Nacht und am anderen Tag kann ich an nichts anderes denken als an den Vertreter Gottes – Ptahhotep. Ich wusste, dass ich meiner Abstammung nach zu dem Stamm der Söhne Gottes gehörte, aber es war mir doch ein großes Erlebnis, von ihm zu hören, dass er der Hüter meiner Seele sei. Er war der sichtbare Vertreter Gottes hier auf Erden, und ich würde mit *Ihm* über meine geheimsten Gedanken so offen sprechen können wie in der Vertrautheit mit Gott. Seine Augen durchdrangen mich, sein Blick leuchtete in die verborgenste Ecke meiner Seele, und das machte mich glücklich. Es ist so wundervoll zu wissen, zu einem lebendigen Wesen zu gehören, das mich ohne Worte versteht, das nie böse auf mich sein kann, weil es alles von oben sieht wie Gott selbst. Ich brauche ihm nicht zu erklären, wie ich etwas meine, warum ich etwas tun oder haben will, wie ich es bei meinen Erziehern gewöhnt bin. Ptahhotep sieht die geheimsten Beweggründe meiner Gedanken, meiner Taten, auch diejenigen, derer ich mir selber noch nicht bewusst bin. Ich brauche ihm kein Wort zu sagen, es ist genug, wenn ich einfach vor ihm dastehe. *Er sieht mich!* Sein Geist

ist offen für mich, ich fühle den ständigen Kontakt mit ihm. Ich fühlte das auch, bevor ich ihm begegnet war. Ich fühlte, dass mich eine stählerne Kraft führte, und jetzt weiß ich, dass diese Kraft seine Ausstrahlung war und ist. Ich weiß, dass er mich auch dann sieht, wenn ich nicht mit ihm bin. Ich fühle auch jetzt, dass seine Augen auf mir ruhen, und was immer ich denke oder tue, bleibt vor ihm nicht verborgen. Ja, aber dann sieht er auch, dass ich mich damit nicht zufrieden geben kann, dass er mir die Einweihung verweigert. Nein! Ich sehe nicht ein, dass ich zuerst Erfahrungen in der Liebe hinter mir haben soll. Ich werde nie verliebt sein, mich interessieren die Männer nur insofern, als ich erwarte, dass sie meine Schönheit anerkennen und bewundern. Sie tun das auch alle, und das genügt, denn meine Eitelkeit wirkt in mir nur so lange, als ich in Gesellschaft bin. Wenn ich aber mit mir allein bleibe, so gibt es nur einen einzigen Wunsch, der meine Seele erfüllt, die Einweihung! Ich kann und will nicht warten, bis ich Lebenserfahrungen gesammelt habe, weil ich das nie tun werde.

Und so gehe ich am Abend wieder, in meinen Schleier gehüllt, in der Begleitung der verzweifelten Menu, zu Ptahhotep, um nochmals um die Einweihung zu bitten.

Menu bleibt wieder in der Vorhalle zurück, und der Neophyt führt mich heute in den Garten, wo Ptahhotep unter den Palmen sitzt. Ich verbeuge mich vor ihm, er erwidert meinen Gruß und schaut dann mit seinen leuchtenden Augen auf mich – ich habe das Gefühl: *in mich* – und wartet. Ich stehe und sage nichts. Wozu soll ich sprechen, wenn er ohnehin weiß, was ich will. Er liest in meinen Gedanken.

Er lässt mich stehen.

Endlich erhebt er sich, legt seine Segen strahlenden Hände auf meine Schultern und fragt:»Warum bist du gekommen?«

»Vater meiner Seele«, antworte ich,»warum fragst du, wenn du ohnehin alles weißt? Ich bin unglücklich, weil du mir die Einweihung verweigerst. Ich habe keine anderen Wünsche, keine anderen Gedanken, nur die Einweihung. Ich bitte dich, gib mir die Einweihung.«

Ptahhotep streichelt meine Haare liebevoll und sagt ernst, beinahe traurig:»Ich gab auf deine Bitte schon gestern die Antwort. Beruhige dich, habe Geduld! Denke daran, was ich dir gestern über die schöpferischen Kräfte erklärte, und lebe wie andere junge Leute. Beschäftige dich mit deinen Blumen, mit deinen Tieren, gehe und spiele mit anderen jungen Leuten, sei fröhlich und denke vorläufig nicht an die Einweihung.«

»Vater«, sage ich aufgeregt, »ich kann nur an die Einweihung denken, denn womit ich mich auch beschäftige, es lenkt meine Gedanken nur auf sie. Wenn ich meine Blumen anschaue oder meine Schildkröten betrachte, wie sie hin- und hergehen und ihr Leben so weise führen, als ob sie Verstand hätten, begegne ich immer und überall Geheimnissen, und ich möchte wissen, alles wissen, alles verstehen, ich möchte eingeweiht sein!«

»Wenn die Schildkröten Verstand hätten«, sagt Ptahhotep lächelnd, »würden sie nicht mehr ein so weises Leben führen. Auch du willst jetzt nicht darum weise sein, weil du eben Verstand, sogar zu viel Verstand hast. Aber versuche eben mit diesem ausgezeichneten Verstand zu *verstehen*, dass die Einweihung für dich noch zu früh wäre. Komme wieder, wenn du deine irdischen Erfahrungen schon hinter dir hast. Dann werde ich dir die Einweihung geben.«

Ach! Mit Ptahhotep ist es nicht so leicht wie mit meiner guten Menu. Ptahhotep ist hart, und meine Kräfte prallen an ihm ab wie die Pfeile von einer Felsenwand. Ich verbeuge mich wieder tief vor ihm und gehe. Aber draußen antworte ich verzweifelt und wütend auf die Fragen Menus, dass mich Ptahhotep nicht reif genug finde, wütend in meiner Machtlosigkeit gegenüber der Zeit, die wie eine undurchdringliche Wand vor mir steht, unbesiegbar wie Ptahhotep selbst.

In der Nacht kann ich wieder nicht schlafen, und am anderen Tag gehe ich in meinem Zimmer unruhig und unglücklich auf und ab wie die dressierten und gezähmten Löwen im Löwenhof. Mein Bewusstsein wurde durch das Hineingeborensein in den Körper abgestumpft, und ich fühlte mich in einer ständigen Finsternis. Ich will klar sehen, auch wenn ich in den Körper hineingesperrt bin. Ich will wissen, ich will die Einweihung! Warum soll ich warten? Wenn mich die Liebe jetzt gleichgültig lässt, wird sie mich auch gleichgültig lassen, wenn ich eingeweiht, wenn ich allwissend sein werde. Ich weiß jetzt schon, dass die körperliche Liebe nur eine Notwendigkeit der Natur ist, um Nachkommen zu zeugen. Warum wäre es für mich eine Gefahr, dass ich das noch nicht aus Erfahrung kennengelernt habe? Ich habe meinen Verstand und mein Bewusstsein, die mich vor dieser Gefahr schützen werden. Ich werde nicht in die Falle der Natur, in die Falle der Liebe hineinfallen. Ich werde dieser Versuchung schon widerstehen …

So grüble ich den ganzen Tag nach, bis ich es am Abend nicht mehr aushalten kann. Ich nehme meinen Schleier und laufe mit Menu wieder durch den langen Säulengang in den Tempel zu Ptahhotep. Ich will ihm sagen, dass ich diese Versuchung nicht fürchte, ich werde stark genug sein. Er kann mir ruhig die Einweihung geben. O ich Blinde! Törichte! Als ob er die Zukunft nicht klar gesehen hätte. Als ob er nicht gewusst hätte, dass alles so geschehen müsse. Aber auch *Er* muss das göttliche Gesetz einhalten und geduldig zuschauen, wie ich in mein Verderben renne, wie ich zuerst in die Tiefe fallen muss, um von dort *aus eigener Kraft* emporsteigen zu können.

Er empfängt mich wieder in seinem kleinen Empfangszimmer. Ich trete ein, verbeuge mich und sage entschlossen:»Vater meiner Seele, ich wollte mich fügen, aber ich kann nicht. Ich habe eine so große Sehnsucht nach Wissen, dass ich wiedergekommen bin. Ich kann nicht einsehen, warum ich warten soll, wenn ich ganz sicher bin, dass ich genug Kraft habe, um den Versuchungen der körperlichen Liebe zu widerstehen. Ich bin stark genug, und ich habe Selbstkontrolle. Ich bitte dich um die Einweihung.«

Daraufhin schließt Ptahhotep seine leuchtenden Augen und bewegt sich lange Zeit nicht. Ich warte ungeduldig, aber auch bewegungslos, damit ich *Ihn* nicht störe.

Endlich öffnet Ptahhotep seine Augen. Er steht auf, tritt zu mir, nimmt meine Hände in die seinen und sagt:»Dreimal hast du um die Einweihung gebeten, trotz meiner Ablehnung. Dreimal. Es ist Gesetz, dass, wenn jemand aus dem Stamm der Söhne Gottes dreimal die Einweihung von uns verlangt, wir sie ihm nicht mehr verweigern dürfen. Das ist ein Zeichen, dass die Einweihung notwendig ist, ob sie für ihn eine Gefahr bedeutet oder nicht. Mit deinem leiblichen Vater werde ich besprechen, wie wir es anfangen wollen, damit du auch in der Zeit der Einweihung deinen Pflichten nachgehen kannst. Andere Neophyten wohnen im Allgemeinen während dieser Zeit im Tempel, aber mit dir müssen wir eine Ausnahme machen, da du die Aufgaben der Frau des Pharao zu erfüllen hast. Jetzt gehe in Frieden.«

Ich möchte mich am liebsten an seinen Hals werfen und ihm so danken, dass er mir die Einweihung zugesagt hat, aber ich will zeigen, dass ich Selbstbeherrschung habe. Ich stehe bewegungslos, nur aus meinen Augen strahlt die Freude. Ptahhotep schaut mich lächelnd an und sagt:»Was du in Gedanken getan hast, hast du schon getan, vergiss das nie!«

»Ach, Vater, wenn du es schon ohnehin als Tat betrachtest, dann tue ich es wirklich!«, und ich werfe mich in seine Arme und küsse sein edles Antlitz rechts und links. »Ich danke dir, ich danke dir! Wie großartig, ich werde eingeweiht! Eingeweiht!«

191

»Wie ich sehe, hast du große Selbstkontrolle«, sagt Ptahhotep.

»Nur jetzt, Vater«, antworte ich lachend, »nur jetzt! Du bist schließlich nicht nur der Hohepriester, sondern, körperlich genommen, auch mein Onkel, und so darf ich dich küssen – oder? Aber wenn ich die Einweihung bekomme, wirst du sehen, wie ernst und beherrscht ich mich benehmen werde!«

»Ja, das weiß ich schon«, sagt Ptahhotep, mich liebevoll umarmend, dann streichelt er noch einmal meine Haare, führt mich zur Tür, und ich nehme Abschied.

Ich gehe tanzend und hüpfend mit Menu in den Palast zurück. Ich bin unendlich glücklich. Aber Menu, seit sie von mir gehört hat, dass ich im Tempel eingeweiht werde, weint und jammert fortdauernd, als ob ich im Sterben läge. Ihr Jammer verdirbt mir die Freude; ich habe das Gefühl, als ob unsichtbare Schatten mich umringen würden. Und als sie beim Schlafengehen wieder von ihren schlechten Vorgefühlen zu sprechen beginnt, habe ich genug: »Schau, Menu«, sage ich, »du weißt, dass man dich nach meinem sechzehnten Geburtstag, da ich als Pharaos Frau vorgestellt wurde, entfernen wollte. Du weißt, dass den Regeln gemäß Hofdamen um mich sein sollten. Ich habe bei dem Pharao nach schwerem Kampf erreicht, dass du auch weiterhin bei mir bleiben durftest und die Hofdamen, wie bisher, nur bei meinem öffentlichen Erscheinen, bei Festen und Spaziergängen mit dabei sind. Aber wenn du dich so benimmst, werde ich dich tatsächlich wegschicken und die Hofdamen zu mir nehmen. Die sind zwar meistens schrecklich langweilig, aber sie mischen sich nicht in meine Privatangelegenheiten.«

Menu, arme, kleine, dicke Menu! Sie erschrickt dermaßen über meine Worte, dass sie sofort zu weinen aufhört, sich neben meinem Bett auf den Boden setzt und mich stumm anschaut, aber mit so viel Liebe und mit so viel Angst, Kummer und Sorge, dass ich laut auflachen muss. Ich umarme sie und sage: »Beruhige dich, Menu, ich schicke dich nie weg, ich liebe dich. Du warst und bist der einzige Mensch, der mich wirklich aufrichtigen Herzens liebt, und du bleibst immer bei mir. Sei ruhig, die Einweihung wird mir nicht schaden, nur nützen! Ptahhotep wird schon auf mich achtgeben, er wird immer mit mir sein!«

Menu sagt noch zum Abschied: »Ich hoffe, dass die Einweihung dir nicht schaden wird, aber ich fürchte mich immer, wenn man die großen Blitze sieht und das Donnern aus den Pyramiden hört. Hoffentlich wirst du damit nichts zu tun haben.«

»Nein, nein, Menu, geh jetzt schön schlafen«, und Menu geht. Ich aber denke noch eine Weile über ihre Bemerkung nach. Blitz und Donner aus der Pyramide? Ja, tatsächlich! Seit meiner Kindheit weiß ich, dass aus der Pyramide manchmal Blitze und Donner herausschlugen, und dann regnete es im Land. Es war so selbstverständlich wie das Leben selbst, ich dachte darüber nie nach. Aber jetzt, wenn ich im Tempel die Einweihung bekomme, werde ich wahrscheinlich auch dieses Geheimnis kennenlernen. Dann schlafe ich langsam in feierlicher Erwartung ein.

DIE SÖHNE GOTTES

Am anderen Tag lässt mich der Pharao rufen. Ich soll ihn nach seiner Audienz aufsuchen.

Der Hofmeister kommt zur gegebenen Zeit und führt mich zu Vater.

»Komm, mein Kind«, sagt er, »ich will dir mitteilen, was ich mit Ptahhotep über deine Einweihung vereinbart habe«.

»War er bei dir?«

»Nein«, sagt Vater und schaut mich fragend an.

»Warst du bei ihm?«, frage ich wieder.

»Nein, auch nicht«, antwortet er wieder und lächelt.

»Vater«, sage ich jetzt, »ich wollte dich schon oft fragen, wie kannst du dich mit Ptahhotep besprechen, wenn du nicht bei ihm warst und er nicht bei dir? Es ist mir öfters aufgefallen, dass du mir etwas über Ptahhotep sagtest, als ob du mit ihm zusammengewesen wärest und ihr lange Beratungen gehalten hättet. Dabei bist du nicht aus dem Palast gegangen, und er war auch nicht bei dir. Wie ist das möglich, Vater?«

Vater hat sich seit meiner Kindheit an meine Fragen gewöhnt, und er antwortet mir auch jetzt ebenso geduldig wie immer: »Du hast einen Spiegel, und du hast deinen Kopf in diesem Spiegel gesehen, nicht wahr?«

»Ja, Vater, ich sehe jeden Tag meinen Kopf, wenn Menu meine Haare pflegt.«

»Und was ist dir aufgefallen?«, fragte er.

»Dass ich einen viel längeren Schädel habe als die Menschensöhne im Allgemeinen. Aber auch du und Ptahhotep und die meisten jener, die aus unserem Geschlecht stammen, die Söhne Gottes, wie man uns nennt, haben diesen eigentümlich langen Hinterkopf. Das sieht man trotz des Kopftuches und des Kopfschmuckes. Woher kommt das, Vater? Warum haben wir eine andere Kopfform als die Söhne der Menschen?«

»Schau, mein Kind, damit du viele Dinge hier auf der Erde verstehst, musst du erst einiges über die Entwicklung der Erde wissen.

Wie alle Weltkörper im Weltraum und alle Lebewesen, die sich auf diesen Weltkörpern befinden, ist auch die Erde den Gesetzen der fortdauernden Änderungen unterworfen. Die göttlich-schöpferischen Kräfte strahlen aus der ewigen Urquelle und dringen in sich immer vergrößernden Wellenkreisen in die Ebene der Materie, das heißt *aus diesen Kräften bildet sich Materie*. Dieser Prozess erreicht den höchstmöglichen Grad in der Ultramaterie, kehrt dann automatisch um, der Prozess der Vergeistigung fängt wieder an, und aus der Materie wird wieder Kraft. Das dauert aber Äonen! Die Änderungen dieses Prozesses erfolgen gleichmäßig, aber so langsam, dass ein Menschenleben nicht ausreicht, sie zu bemerken und zu beobachten. Doch wenn solch eine Änderung, vielleicht während mehrerer Jahrtausende, unmerklich reif geworden ist, tritt der Moment ein, in welchem dieser Prozess sich plötzlich offenbart. Auch jetzt leben wir in einer solchen Übergangszeit, in der die Änderungen allmählich bemerkbar werden. Zu diesen Erscheinungen gehört, dass auf der Erde verschiedene Völker, die einen runden Schädel haben, von Herrschern geführt und regiert werden, die geistig viel höher stehen und auch körperlich verschieden sind. Sie haben eine feinere Gestalt und einen langen Hinterkopf.

Einst lebte eine Rasse auf Erden, die von den gegenwärtig auf Erden lebenden Menschenrassen sehr verschieden war. *Sie offenbarte völlig das Gesetz des Geistes und nicht das Gesetz der Materie, wie die heutigen Menschenrassen.* Sie war auf der göttlichen Ebene bewusst und offenbarte Gott hier, auf der Erde, ohne die Eigenschaften des Körpers – die Selbstsucht – beizumischen. Diese Rasse verdiente in ihrer göttlichen Reinheit tatsächlich den Namen – *die Söhne Gottes.*

Das ganze Leben war auf Geistigkeit, auf Liebe und Selbstlosigkeit gegründet. Körperliche Begierden, Triebe und Leidenschaften beschatteten den Geist nicht. Die Angehörigen dieser hochstehenden Rasse kannten alle Geheimnisse der Natur, und da sie auch ihre eigenen Kräfte vollkommen beherrschten und unter der Herrschaft ihres Geistes hielten, besaßen sie auch die Fähigkeit, die Natur mit ihren gewaltigen Kräften zu kontrollieren und zu lenken. Ihr Wissen war grenzenlos. Sie brauchten ihr Brot nicht mit schwerer körperlicher Arbeit zu verdienen, denn statt die Erde mit ihrem Schweiß zu tränken, ließen sie die Naturkräfte arbeiten.

Sie kannten alle Naturgesetze, die Geheimnisse der Materie, auch die Geheimnisse ihres eigenen Wesens und der Kräfte des Geistes. Sie kannten auch das Geheimnis, *wie sich eine Kraft in Materie verwandelt* und, umgekehrt, wie *eine Materie zu Kraft wird.* Sie hatten Einrichtungen und Werkzeuge konstruiert, mit welchen sie nicht nur alle Naturkräfte, sondern auch ihre eigenen geistigen Kräfte aufspeichern, in Bewegung setzen und nutzbringend verwenden konnten. Sie lebten friedlich und glücklich auf einem großen Teil der Erde als die herrschende Rasse.

Es lebten aber auf der Erde damals schon andere, den Söhnen Gottes ähnliche Lebewesen, mit einem viel materielleren Körper und auf einer viel niedrigeren Stufe der Entwicklung. Stumpf im Geist, war ihr Bewusstsein mit dem Körper vollkommen identisch. Sie lebten in den Urwäldern, kämpften mit der Natur, miteinander und mit den Tieren. Das waren die Urmenschen. *Die Rasse der Menschensöhne, die du in unserem Land siehst, sind aus der Kreuzung dieser beiden Rassen entstanden.*

Wie ich dir schon vorher sagte, wirkt im Weltall das Gesetz ständiger Bewegung und Änderung. Die Erde befindet sich jetzt in einer Periode, in welcher der Prozess der Materialisation vor sich geht. Das bedeutet, dass die göttlich-schöpferische Kraft sich tiefer und tiefer in die Materie einlässt und die Macht auf Erden allmählich in die Hände von immer materielleren Rassen fällt, die früher unter der Führung höherstehender, geistiger Rassen standen. Die höherstehende Rasse stirbt nach und nach aus. Sie zieht sich aus der Materie auf den geistigen Plan zurück und lässt die Menschheit eine Zeit lang – gemessen mit der Zeit der Erde viele, viele Jahrtausende – allein, damit diese ohne sichtbare Führung selbstständig emporsteigen kann. So musste es geschehen, dass diese tierisch-materielle Rasse – die Urmenschen – den göttlichen Gesetzen gemäß sich immer mehr vermehrte, immer mächtiger wurde, bis einmal die Zeit kam, da sie die Herrschaft auf der Erde übernahm. Die höhere Rasse musste aber, bevor sie die Erde verließ, ihre geistigen Kräfte der niedriger stehenden Rasse vermitteln, damit – infolge der Gesetze der Vererbung – nach einem langen, langen Prozess der Entwicklung *der Aufstieg aus der Materie wieder ermöglicht würde.* So nahmen viele Söhne der göttlichen Rasse das große Opfer auf sich, mit den Töchtern der Urmenschen Kinder zu zeugen. Durch diese erste und späterhin durch immer weitere Kreuzungen entstanden die verschiedensten Individuen und allmählich neue Menschenrassen. Die göttliche Kraft der Söhne Gottes und die mächtigen körperlichen Kräfte der Töchter der Menschen brachten verschiedenartige Nachkommen hervor. Einerseits körperliche, andererseits geistige Titanen. Es gab also körperliche Titanen, die aber von der Mutterseite ein urmenschliches, unentwickeltes Gehirn erbten. Bei diesen wirkte die schöpferische Kraft ihrer Väter auf der materiellen Ebene, und sie bekamen gewaltige, starke Körper. Mit ihren ungeheuren körperlichen Kräften bemächtigten sie sich der Schwächeren und wurden durch die tierischen Begierden ihrer Natur gefürchtete Tyrannen.

Es gab aber auch geistige Titanen, die die ererbte schöpferische Kraft nicht im Körper, sondern durch die höheren Gehirnzentren offenbarten.

Diese bekamen die Aufgabe, die niedrige, tierische und mit dem Körper identische Menschenrasse sowie die später aus den Kreuzungen entstandene Zwischenrasse noch eine Zeit lang zu führen, sie in Weisheit, in Wissenschaften und Künste, also in eine höhere Kultur, einzuführen, sie zu belehren und ihnen mit einem guten Beispiel von göttlich-universeller Liebe, Selbstlosigkeit und geistiger Größe voranzugehen. So gibt es heute Länder, wo Machtwahn und Tyrannei, und andere, wo vorläufig noch Weisheit und Liebe herrschen. Das alles wird allmählich verschwinden, und die Menschheit wird von den großen Eingeweihten und ihren geheimen Wissenschaften nur durch Überlieferungen etwas wissen. Durch die Gesetze der Vererbung besteht aber sogar in der finstersten Epoche der Erde die Möglichkeit, dass ein Gottessohn in einen menschlichen Körper hineingeboren wird, um der Menschheit den Weg aus Finsternis und Unglück zu zeigen.«

»Vater«, frage ich, »ist unser Land jenes Land der Söhne Gottes?«

»Nein, mein Kind. Jener Erdteil, der das Land und Heim der Söhne Gottes bildete, wurde vollkommen vernichtet. Die Nachkommen der göttlichen Rasse wurden allmählich immer weniger, sie verließen ihre materiellen Hüllen und verkörperten sich nicht mehr. Zuletzt blieben in verschiedenen Teilen der Erde nur noch einige, um die Herrschaft den immer mächtiger werdenden Menschen zu übergeben. Durch die Mischung der zwei Rassen entstanden aber auch Individuen, die das magische Wissen ihrer Väter und auch die tierisch-körperliche, selbstsüchtige Einstellung ihrer Mütter geerbt hatten. Diese schlichen sich zum Tempel. Vermöge ihrer geistigen Fähigkeiten erhielten sie die Einweihung. Sie erniedrigten aber ihr Wissen zur schwarzen Magie und bedienten sich selbstsüchtig der eigenen Kräfte und der Naturkräfte, die sie mit den Instrumenten und Einrichtungen des Tempels beherrschten. Die damals noch in diesem Erdteil weilenden Söhne Gottes sahen voraus, was kommen musste. Sie wussten, dass diese Kräfte ohne Gnade denjenigen vernichteten, der sie verkehrt, nicht göttlich selbstlos, sondern satanisch selbstsüchtig verwendete. Sie wussten, dass die Schwarzmagier in ihr eigenes Verderben rannten. Ihre habsüchtige Blindheit würde eine allgemeine Zerstörung

197

verursachen. Da bauten die letzten Söhne Gottes riesige Schiffe, die, auf jeder Seite geschlossen, auch gegen jene Kräfte, welche die Materie durchdringen und auflösen, isoliert waren. Dann trugen sie im Geheimen einige von ihren Instrumenten auf die Schiffe, führten auch ihre Familien und ihre Haustiere hinein, verschlossen alle Öffnungen und verließen den Erdteil, der zerstört und vernichtet werden sollte. Einige fuhren nach Norden, einige nach Osten, einige nach Süden und einige gelangten hierher nach dem Westen.

Die Schwarzmagier verloren bald die Herrschaft über ihre Instrumente. Sie wären dazu berufen gewesen, die höchsten kosmisch-göttlichen Kräfte in diesen Instrumenten aufzuspeichern und zu lenken, weil die einzige Quelle dieser Kraft auf Erden *der Mensch* selbst ist. Je selbstsüchtiger aber diese Menschen wurden, desto mehr veränderte sich auch der Kraftstrom, mit welchem sie diese Apparate aufluden, um sie weiter gebrauchen zu können. Und eines Tages, als sich die Söhne Gottes in ihren isolierten Schiffen schon genügend weit entfernt hatten, geschah das Unglück. Ein Schwarzmagier lenkte unabsichtlich eine Kraft, die die Materie auflöst, also in eine andere Energieform umwandelt, in seinen eigenen Leib. Wenn aber dieser Prozess einmal in Gang gesetzt ist, wirkt die schon in Energie umgesetzte Materie als zerstörende Kraft weiter und weiter, bis sie alles dematerialisiert hat. Der ganze Erdteil wurde so vernichtet, bis die durch diesen Prozess neu erzeugten Energien bremsten und die Kräfte der Auflösung schließlich aufhielten.

Der ganze dematerialisierte Erdteil verwandelte sich in Ausstrahlungsenergie, die zuerst bis zur obersten Grenze der irdischen Atmosphäre stieg, dann von dort wiederkehrte, zunächst umgewandelt in die Urform aller Materie. Nach weiteren Umwandlungsprozessen stürzte die ganze riesenhafte Masse als endlos scheinender Wasser-, Schlamm- und Sandregen auf die Erde zurück.

Über der Einbruchstelle in dem gewaltigen Körper der Erde schlugen die Wassermassen der Ozeane zusammen. Die Erdteile der anderen Hemisphäre spalteten sich durch die unvorstellbare Erschütterung und schoben sich, um das Gleichgewicht der Erde wiederherzustellen, immer weiter auseinander, bis sie im Großen und Ganzen den heutigen Standort einnahmen. Zum Teil liegt der vernichtete Erdteil als mächtige Sandwüste in unserem Land, und es droht die Gefahr, dass die Winde diese Sandberge weitertragen und bewohnte, fruchtbare Landstriche verschütten.

Die Söhne Gottes in ihren Schiffen waren mit eigenartigen Einrichtungen ausgerüstet, die das Fahrzeug stets waagrecht ausbalancierten. So überlebten sie die Naturkatastrophen und landeten schließlich. Überall in den verschiedenen Erdteilen, wo sie den Fuß hinsetzten, begann eine neue Kultur. Mit ihrem Wissen, ihrer Weisheit und Liebe gewannen sie das Herz der Eingeborenen. Sie wurden ihre Herrscher. Man verehrte sie als Götter oder Halbgötter. Zuerst errichteten sie geeignete Bauten für die geheimen Instrumente, um sie gegenüber der Außenwelt vollkommen zu isolieren, um die in ihnen aufgespeicherten, alles durchdringenden Energien abzuschirmen. Diese Bauten nennen wir Pyramiden, in verschiedensten Erdteilen, überall, wo die Söhne Gottes mit ihren geretteten Einrichtungen hingeflohen sind.«

Ich hörte der Erzählung der gewaltigen Ereignisse erschüttert zu. Es wurde mir vieles klar, was ich bisher nicht verstanden hatte. Aber noch immer war mir einiges rätselhaft, worüber ich schon oft nachgegrübelt hatte. So fragte ich noch:»Wie haben die Söhne Gottes diese mächtigen Felsblöcke herbeigebracht und aufeinandergestellt?«

»Erinnerst du dich, mein Kind, dass ich erwähnte, die Söhne Gottes hätten nicht mit körperlicher Kraft arbeiten müssen, weil sie die Naturkräfte wirken ließen? Wir besitzen noch heute einige dieser Instrumente, mit welchen wir *die Anziehungskraft der Erde neutralisieren – oder auch verstärken –*, also nach unserem Belieben lenken können. So können wir die schwerste Materie gewichtslos machen oder, umgekehrt, das Gewicht noch vergrößern. Wenn so ein riesiger Steinblock auf diese Art gewichtslos geworden ist, könnte sogar ein Kind ihn mit dem kleinen Finger fortstoßen oder in beliebige Höhe heben. Man hat die Schiffe mit diesen Riesenblöcken so hoch wie ein Berg beladen, ohne sie zu überlasten, weil die Steinblöcke vorher längere Zeit bestrahlt und dadurch gewichtslos gemacht wurden. Alle die gewaltigen Bauten hier und in den anderen Teilen der Erde, die Menschenkraft nie hätte aufbauen können, wurden von den Söhnen Gottes auf diese Weise errichtet.

Dort, wo die Söhne Gottes aus ihren Schiffen an Land stiegen, schufen sie eine hohe Kultur. Überall, wo sie auch jetzt noch regieren, führen sie die Menschen in selbstloser Liebe und bringen für sie das Opfer, noch eine Zeit lang auf der Erde zu weilen, um sie zu belehren und die geistigen Kräfte fortzupflanzen. Früher war der Herrscher, der Pharao, gleichzeitig auch der Hohepriester. Er war in einer Person der irdische und seelische Führer des Volkes. Später aber, als das regierte Land durch

Kultur und Reichtum immer größer wurde, verteilten die Söhne Gottes die Aufgaben, und seitdem hat einer von ihnen die *weltliche* Regierung inne, während der Älteste, das Oberhaupt des Geschlechtes, die Pflichten der *geistigen* Führung erfüllt. Der Pharao regiert das Land. Der Hohepriester obliegt den Pflichten im Tempel, er ist der Hüter des Wissens auf jedem Gebiet. Da alles Wissen aus einer einzigen Quelle stammt, so gibt er die Einweihung in die Wissenschaften, in die Künste und auch die große Einweihung im Tempel, *in die ›Kunstlose Kunst‹ des Geistes.*

Nun weißt du, warum die Menschen, die aus dem Volk stammen, eine andere Kopfform haben als die Nachkommen der Söhne Gottes, die heute noch die regierende Familie bilden. Wir, die noch diesen Langschädel haben, brauchen unseren Verstand nur wenig, denn *wir erleben die Wahrheit unmittelbar aus innerer Schau.* Unsere Stirn ist nicht stark gewölbt, denn die Gehirnzentren, in welchen das Denkvermögen den Sitz hat, sind nur so weit entwickelt, als es notwendig ist, äußere Eindrücke wahrzunehmen und bewusst zu erleben. Dagegen haben wir im hinteren Schädel vollkommen entwickelte Gehirnzentren, das sind die körperlichen Werkzeuge der geistigen Offenbarungen. Diese Gehirnzentren ermöglichen es uns, auf der göttlichen Ebene bewusst zu sein, und verleihen uns auch jene höheren Qualitäten und Eigenschaften, die uns eben von den Menschensöhnen unterscheiden. Die Menschen *leben in ihrem Bewusstsein in Zeit und Raum.* Wir, obwohl auch in einem irdischen Körper, genießen die *vollkommene geistige Freiheit, Zeit- und Raumlosigkeit.* Mit der Kraft des göttlichen Bewusstseins, mit Hilfe dieser Gehirnzentren können wir uns in der Zeit und im Raum frei bewegen. Das heißt, dass wir unser Bewusstsein nach Belieben in die Vergangenheit oder in die Zukunft ausrichten können. Wir vermögen Vergangenheit oder Zukunft in diesem Zustand als *Gegenwart* zu erleben.

Genauso ungehindert können wir uns vom Hindernis des Raumes befreien und unser Bewusstsein *örtlich* dahin versetzen, wohin wir wollen. In diesem Zustand gibt es kein ›Hier‹ und kein ›Dort‹, sondern nur *Allgegenwart!* Denn Vergangenheit und Zukunft – das Hier und Dort – sind nur verschiedene Aspekte, verschiedene Projektionen der einen einzigen Wirklichkeit, des ewigen, allgegenwärtigen *Seins – GOTTES!*

In deinen Adern fließt das Blut beider Rassen. Du erbtest Eigenschaften unserer Rasse, aber auch der Zwischenrasse, von der Seite deiner Mutter. In dir beginnen die höheren Organe zu funktionieren, leider viel zu früh, als dass du Zeit gehabt hättest für irdische Erlebnisse und um deine teilweise irdische Natur überwinden zu können. Du bist unzufrieden, weil du dich in Zeit und Raum, zwischen Vergangenheit und Zukunft, zwischen ›Hier‹ und ›Dort‹ eingesperrt fühlst. Der Geist beginnt in dir aufzuwachen und wünscht seine göttliche Freiheit. Du hast dreimal die Einweihung verlangt, und jetzt wirst du sie erhalten. Dann wirst du auch alle die höheren Organe, die in dir jetzt noch nicht voll aktiv sind, bewusst gebrauchen lernen. Du wirst auch die Fähigkeit erlangen, mit ähnlichen Wesen zu jeder Zeit einen Kontakt herzustellen, so dass du deine Gedanken mit ihnen austauschen kannst.

Wir vermögen uns auf diese Weise mit meinem Bruder Ptahhotep und allen anderen noch auf Erden weilenden Nachkommen aus der Rasse der Söhne Gottes zu jeder Zeit zu finden und unsere Gedanken in vollkommener Bewusstseinseinheit noch viel besser auszutauschen, als wenn wir miteinander auf der irdischen Ebene – mit Hilfe von Kehlkopf, Zunge und Ohren – sprechen würden. Wir können einander zu jeder Zeit in unserem Bewusstsein aufsuchen, aber wir fühlen es sofort, wenn der andere beschäftigt ist, wenn er sich auf etwas anderes konzentriert, und stören ihn nur dann, wenn wir einander etwas sehr Wichtiges mitzuteilen haben. Sonst ziehen wir uns zurück. Du wirst wohl verstehen, warum nur Wesen vollkommener Selbstlosigkeit solche Fähigkeiten haben können. Wenn auch selbstsüchtige Menschensöhne dazu fähig wären, so würden sie ein solches Chaos verursachen, dass alle feinen Organe in diesem Chaos zugrunde gehen müssten.

Meist abends, nachdem unsere täglichen Pflichten erledigt sind, tauchen wir gegenseitig im Bewusstsein auf, und in dieser Einheit *sehen* wir gegenseitig unsere Gedanken. Augenblicklich vereinigen wir uns auf diese Weise, was in der dreidimensionalen Welt lange Zeit erfordern würde!

Nachdem wir unsere weltlichen Aufgaben überdacht haben, gehen wir mit unserem Bewusstsein in den dimensionalen Zustand des Allbewusstseins über, um aus der ewigen göttlichen Urquelle neue Lebensenergie zu schöpfen. In diesem Zustand sind wir mit allen Lebewesen – mit dem ganzen *All* – in der göttlichen *Ur-Einheit* identisch und eins mit dem *Leben* selbst, mit dem ewigen *Sein*, also mit dem Wesen aller Offenbarung – auch mir dir –, nur sind diese Wesen, die mit ihrem Bewusstsein noch in den drei Dimensionen leben, sich dessen nicht bewusst. Doch wacht ein jedes Lebewesen aus seinem Schlaf mit erneuter Lebenskraft auf, ob es weiß oder nicht, dass diese Kraft aus der göttlichen Urquelle stammt.

Du wirst also die Einweihung erhalten, und damit betrittst du einen langen Weg. Diesen Weg musst du hier auf der Erde auch dann noch gehen, nachdem wir – ich und Ptahhotep – die dreidimensionale Welt verlassen haben und nur noch im Geist in der Sphäre der Erde verweilen. Ich habe andere Aufgaben als Ptahhotep. Deine seelische und geistige Führung liegt in seinen Händen. Wir bleiben aber in der ewigen Einheit immer verbunden. Es wäre besser gewesen, wenn du mehr Geduld gehabt hättest. *Du bist aber so, wie du eben bist, und so wird auch dein Schicksal und deine Zukunft sein.* Da dürfen wir uns nicht einmischen. Die Kraft, die aus der Einheit stammt, wird dich immer begleiten und dir durch die schwersten Zeiten hindurchhelfen.

Da du die Pflicht hast, neben mir die Frau des Pharao zu vertreten, kannst du während der Einweihungszeit nicht im Tempel wohnen wie die übrigen Neophyten. Du gehst jeden Morgen hin, du bekommst dort Unterricht und Aufgaben, du machst tagsüber die Übungen mit den anderen Neophyten, und am Abend bist du wieder im Palast. Bei Festen erscheinst du zur rechten Zeit, um deine Pflichten neben mir zu erfüllen. Du kannst dich also schon morgen früh bei Ptahhotep melden.«

Aber in mir bleibt eine Frage offen, und so bleibe ich noch stehen.

Vater schaut fragend auf mich. »Vater«, sage ich, »du hast mir erzählt, dass die Söhne Gottes, um ihre geistigen Kräfte weiterzupflanzen, unter den Töchtern der Menschen sich Frauen nahmen. Nahmen die Töchter der Söhne Gottes nicht auch für sich Männer von den Söhnen der Menschen? Warum zeugten nur die Söhne Gottes Kinder mit den Töchtern der Menschen, warum nicht auch die Töchter Gottes mit den Söhnen der Menschen?«

Vater schaut tief in meine Augen und sagt: »Präge dir jetzt meine Antwort tief ein. Wenn du diese Wahrheit wohl verstehst, können wir vielleicht das Steuer deines Schicksals noch in eine andere Richtung drehen: Wenn aus einem Glas Rotwein ein Tropfen in ein Glas Weißwein hineintropft, so bleibt der Rotwein reiner Rotwein wie vorher. Der Weißwein aber ist kein Weißwein mehr, sondern wird zu einer Mischung von beiden. Wenn du dann von dem Weißwein etwas ausgießt, so wird auch das, was ausgegossen wurde, eine Mischung von rotem und weißem Wein sein. Verstehst du, mein Kind?«

»Ja, Vater, ich verstehe. Das bedeutet so viel, dass das Blut eines reinrassigen Sohnes Gottes auch dann rein bleibt, wenn er mit einer Tochter der Menschen Kinder zeugt. Aber das Blut einer reinrassigen Tochter Gottes würde ein gemischtes Blut werden, wenn sie mit einem Menschensohn eine Ehe schlösse. Sie wäre von nun an eine Mischung, wie auch ihre Kinder Mischlinge sein würden.«

»Sei dir dieser Wahrheit in jedem Augenblick deines Lebens bewusst«, sagt Vater, dann steht er auf, ich verbeuge mich vor ihm, er segnet mich, und die Einheit des Geistes in meinem Herzen bewahrend, verlasse ich den Raum.

VORBEREITUNGSJAHRE

Ich gehe, von Menu begleitet, zum Tempel.

Wie oft noch werde ich während vieler Jahre durch diesen langen Säulengang zwischen Palast und Tempel gehen – wie oft! –, bis ich selber der ganze Weg sein werde, so dass mich sogar mit geschlossenen Augen meine Füße hintragen würden.

Heute betrete ich das erste Mal als Neophyt den Tempel. Gerade weil ich mich sehr beeilen möchte, halte ich mich zurück und gehe feierlich langsam. Ich will die Freude, dass meine Einweihung beginnt, bis zum letzten Tropfen auskosten und genießen. Ich bin tief in mich versunken. All dessen, was mir Vater gestern erzählt hat, voll bewusst, gehe ich meinen zukünftigen Pflichten als Eingeweihte entgegen.

Am Eingang erwartet mich wieder der gleiche Neophyt. Menu nimmt Abschied. Zuerst fällt sie mir um den Hals, küsst mich und presst mich an sich, als ob wir uns nie mehr sehen würden. Dann beruhigt sie sich und verbeugt sich vor mir, wie es sich ihrer Ansicht nach gehört. Ich umarme sie und fühle, dass auch meine Mutter mich durch Menus Mund küsst.

Der Neophyt geleitet mich zu Ptahhotep in sein kleines Empfangszimmer. Wie oft – wie oft – werde ich noch so vor *Ihm* stehen, wie oft werden seine Augen auf mir ruhen, mich durchdringen mit Ruhe, Sicherheit und Kraft!

»Mein liebes Kind«, fängt er an, »Einweihung bedeutet – wie ich dir schon erklärte –, auf der höchsten, göttlichen Ebene bewusst zu werden. Das erfordert aber vorher eine lange körperliche Schulung und seelische Vorbereitung. Man muss zuerst die Nerven fähig machen, diese hohen Schwingungen ohne Schaden, ohne zu sterben, zu ertragen.

Auf einer gewissen Ebene bewusst zu werden heißt, die dieser Ebene entsprechenden Schwingungen in die Nerven und durch die Nerven in den Körper zu leiten. Der Körper entwickelt von der Geburt an – also seit das »Selbst« in ihm wohnt – eine Widerstandskraft, welche dem durchschnittlichen Bewusstseinsgrad des dem Körper innewohnenden Geistes entspricht. Der Bewusstseinsgrad eines Lebewesens schwankt, seinem Gemütszustand entsprechend, innerhalb der Grenzen einer Schwingungsoktave. Die Schwankungen dürfen aber die Elastizitätsgrenzen der Nerven nicht überschreiten, sonst treten leichtere oder schwerere Erkrankungen und Verletzungen ein, sogar der Tod. Die der schöpferischen Lebensenergie eigene Schwingung ist für Lebewesen, deren Bewusstsein diesen Grad nicht erreicht, unbedingt tödlich. Sie würde die Nervenzentren und die Nerven verbrennen. Darum wird die Lebensenergie aus dem Rückgrat, wo sie ihren Sitz hat, durch verschiedene Nervenzentren in eine dem jeweiligen Bewusstseinsgrad entsprechende niedrige Schwingung transformiert und nur dieser transformierte Lebensstrom in den Körper geleitet.

So werden zum Beispiel die Tiere durch eine viel niedrigere Lebensschwingung belebt als der Urmensch, und der niedrig stehende – tierisch-selbstsüchtige – Urmensch wird wieder von einer niedrigeren Lebensenergie belebt als der geistig höherstehende Mensch. Wenn man die Lebensenergie eines Menschen in ein Tier hineinlenkte, so würde das Tier – ebenso wie der niedrig stehende Mensch – an den Schwingungen eines höherstehenden Menschen augenblicklich sterben.

Die große Einweihung bedeutet, die Lebensenergie, die schöpferische Schwingung des ewigen *Seins*, auf jeder Entwicklungsstufe und auch in ihrer Original-Schwingung, ohne Transformation, *bewusst zu erleben* und gleichzeitig in die Nerven und in den Körper hineinzuleiten. Das erfordert natürlich auch eine entsprechende *Widerstandskraft*, die man durch eine gründliche körperliche und seelische Schulung erlangen kann. Das heißt, dass man die entsprechenden Nervenzentren langsam und vorsichtig vorbereiten, erwecken und beherrschen lernen muss. Zuerst wird diese körperliche und seelische Schulung dir vom Leiter der Neophytenschule, von Mentuptah, zuteil. Bei den Konzentrationsübungen wird dir Ima« – und Ptahhotep zeigt auf den Neophyten, der mich hergeführt hat – »behilflich sein. Wenn du deine Vorbereitungsprüfungen bei Mentuptah und bei Ima bestanden hast, so wirst du weitere Belehrungen und die Einweihung unter meiner Leitung empfangen. Jetzt wird dich Ima in die Neophytenschule hinüberführen und dir alles Notwendige zeigen. Wenn du während deiner Schulung mit mir sprechen willst, kannst du dich auf ein Abendgespräch immer bei mir anmelden. Gott lenke deine weiteren Schritte.«

Ptahhotep segnet mich, ich verbeuge mich und gehe mit Ima hinüber in die Neophytenschule.

Ima führt mich zu einer der kleinen Zellen, die in die Tempelwand gebaut sind. Er überreicht mir ein einfaches weißes Leinengewand und ein Paar einfache Sandalen und sagt, dass diese Zelle mir gehöre.

Wie ich herauskomme – mein seidenes Gewand und meine vergoldeten Sandalen vertauscht mit der einfachen Kleidung –, bin ich genauso ein Neophyt wie Ima. Er führt mich weiter, durch den langen Säulengang, und wir betreten durch die große Tür den Garten des Tempels.

Der Garten ist prachtvoll – eine viereckige grüne Wiese, die von Palmen umsäumt ist und so einen ausgezeichneten Übungsplatz bietet. Wir gehen weiter, und hinter dem parkähnlichen Gartenteil, dort, wo die wirtschaftlichen Gebäude, die Gemüse- und Obstgärten liegen, sehe ich die Neophyten an der Arbeit. Sie tragen alle dieselbe Kleidung wie ich, aber keiner ist so jung.

Ima führt mich zu dem Leiter der Neophytenschule, Mentuptah. Es ist ein freundlicher Mensch mit sanften, liebevollen Augen. Er erklärt mir meine täglichen Pflichten. Die Neophyten sind in kleinere Gruppen eingeteilt. Alle Gruppen stehen unter der Führung Mentuptahs, aber jede einzelne Gruppe steht außerdem unter der Leitung eines fortgeschrittenen Neophyten, eines Priesterkandidaten. Ima führt die Gruppe, in welche ich eingeteilt werde. Er ist ein hochgewachsener, schlanker, aber sehr kräftiger junger Mann. Seine sehr reine Ausstrahlung ist mir schon damals aufgefallen, als er mich das erste Mal zu Ptahhotep führte. Er hat die meisten Vorbereitungsprüfungen bestanden, und die Zeit ist nahe, da er seine Einweihung bekommt. Ima ist Priesterkandidat. In seiner Erscheinung wirkt er nicht wie ein Mann, sondern wie ein androgynes Wesen, das über dem Geschlecht steht. Er scheint geschlechtslos wie ein Erzengel zu sein. Die Kraft einer Toledaner Klinge strahlt aus ihm, sein engelhaft schönes Gesicht trägt alle Zeichen der höchsten Intelligenz und Konzentrationsfähigkeit. Über den Augenbrauen wölben sich zwei stark entwickelte Hügel, Zeichen der Weisheit. Sein Mund ist plastisch schön, voll Energie, die Mundwinkel sind jedoch weich und fein gezeichnet und verraten zärtliche Liebe zu jedem Lebewesen. Ich liebe ihn vom ersten Augenblick an und habe vollkommenes Vertrauen zu ihm wie zu einem lieben Bruder. Ich bin froh, dass er mich auf meine Prüfungen vorbereiten wird!

Ima macht mich mit anderen Neophyten bekannt. Sie alle haben die Priesterschaft als ihren Beruf gewählt, aber nur diejenigen werden Priester oder Priesterinnen, die alle Prüfungen und die Einweihung bestehen. Viele gibt es, die nie dazu reif werden. Diese können, wenn sie wollen, ihr Leben lang im Dienste des Tempels bleiben. Sie erledigen die wirtschaftlichen Arbeiten im Garten und bei den Tieren des Tempels. Die Neophyten, die die Vorbereitungsprüfungen erfolgreich abschließen, bekommen ihrem Grade gemäß immer neue Arbeiten und Aufgaben.

Ima führt eine Gruppe, in welcher lauter geistig hochstehende Neophyten beisammen sind – die meisten stammen, wie ich, väterlicherseits von den Söhnen Gottes ab. Man erkennt sie von weitem an ihrer länglichen Kopfform. Zu ihnen werde ich eingeteilt. Ich fühle mich in ihrer reinen Atmosphäre wohl.

Jeden Morgen bei Sonnenaufgang müssen wir uns im Garten versammeln. Wir beginnen mit körperlichen Übungen. Diese Übungen sind mit starker Konzentration verknüpft. Wir üben verschiedene Körperhaltungen, verbunden mit Atemübungen, und müssen unser Bewusstsein mittels dieser Übungen in die verschiedenen Körperteile lenken. Durch lange und ausdauernde Übung können wir auf diese Weise den ganzen Körper vollkommen bewusst machen, die kleinsten Körperteile so wie alle inneren Organe bewusst bewegen, beherrschen und lenken. Wir erreichen damit, dass der Körper ein tadelloses Werkzeug wird.

Wenn wir die körperbelebenden Übungen beendet haben, gehen wir im großen Saal zur Schulung von Seele und Gemüt über. Diese Übungen bestehen darin, dass Mentuptah uns verschiedene zusammenhängende *Traumbilder* diktiert, die wir so intensiv durchleben müssen, als ob wir sie in Wirklichkeit erleben würden. Mit diesen Traumbildern rufen wir willkürlich verschiedene Gemütserregungen in uns hervor und lernen, über diese Herr zu werden. Mit diesen Übungen führt uns Mentuptah durch die verschiedenen Sphären der Unter- und Oberwelt, durch die sieben Höllen und die sieben Himmel und lehrt uns, unsere Geistesgegenwart unter allen Umständen zu bewahren, um in den schwierigsten Lagen augenblicklich entscheiden zu können, was wir zu tun haben.

Wenn wir diese Art Übungen schon vollkommen beherrschen, müssen wir einen Schritt weiter gehen. Die verschiedensten seelischen Zustände sind jetzt auf Befehl, *ohne Traumbilder*, aber mit derselben Intensität zu erleben, als ob wir dazu *einen Grund* hätten. Wir müssen diese Übungen beim tiefsten negativen Zustand beginnen und die Erlebnisse langsam, schrittweise bis zum höchsten positiven Zustand steigern. Zum Beispiel beginnen wir uns in die tiefste Niedergeschlagenheit einzuleben, dann erleben wir langsam steigernd Gleichgültigkeit, gehen dann höher und höher, bis wir die äußerste Fröhlichkeit und schließlich höchstes Glücksgefühl erreicht haben.

Wenn wir nach langer Zeit diese Übung gut beherrschen, müssen wir die seelischen Zustände schneller wechselnd hervorrufen, bis wir die verschiedensten seelischen Zustände nacheinander so geläufig abwechselnd erleben können, wie der Künstler auf seinem Musikinstrument, nach seinem Willen auf- und absteigend, von den tiefsten bis zu den höchsten Tönen alle Klänge hervorlocken kann. Dann, wenn wir vom finstersten Leid bis zum höchsten Freudengefühl alle seelischen Zustände gut und geläufig beherrschen, dürfen wir einen Grad höher steigen und müssen entgegengesetzte seelische Zustände *ohne Übergang* hintereinander erleben. Zum Beispiel größte Traurigkeit und ohne Übergang größte Heiterkeit; oder von Angst dann blitzschnell auf selbstsicheren Mut umschalten und diese Übung entgegengesetzter Seelenzustände weiterführen.

Diese Exerzitien dürfen wir nur unter der Leitung unseres Lehrers machen. Sie bedeuten eine große Anstrengung für die Nerven. Es dauert schon lange Zeit, bis wir mit Hilfe der Traumbilder alle seelischen Zustände so lebendig erleben, als ob die diktierten Bilder äußere Geschehnisse wären. Noch länger braucht es, bis wir auch die ganze Skala der Seelenzustände, von unten angefangen, bis zum höchsten Grad gesteigert erleben. Nur wenn wir nach der Übung unsere Nerven in völlige Ruhe bringen und in dieser Ruhe den ganzen Tag verharren können, dürfen wir zu der schon erwähnten schwersten Übung übergehen, entgegengesetzte Gemütserregungen ohne Übergang hintereinander zu erleben. Der Sinn dieser Übungen ist der, dass wir weder äußeren Geschehnissen noch unseren Stimmungen ausgeliefert werden, sondern fähig sind, unseren seelischen Zustand selbst zu bestimmen und folglich unser seelisches Gleichgewicht unter allen Umständen zu bewahren. Wir leben fortdauernd in innerer Wachheit und Geistesgegenwart.

Der Mensch glaubt, es müsse auch immer ein Grund vorhanden sein, um fröhlich oder glücklich zu sein. Die Bedeutung dieser Übungen mit den Traumbildern liegt darin, dass wir uns zuerst einen Grund einbilden, um uns in diesen oder jenen seelischen Zustand zu versetzen. Bei den Traumbilder-Übungen beherrschen wir also *die Gründe selbst*. Da wir keinen tatsächlichen Grund haben, müssen wir uns *diesen Grund selbst einbilden*.

Dann kommt der nächste Schritt, *ohne Grund* – ohne das Diktat eingebildeter Traumbilder, die den einen oder anderen seelischen Zustand herbeirufen – *einen Zustand an sich zu erleben*.

Nach langem Üben, wenn man diese Übungen schon vollkommen beherrscht, entdeckt man, dass *man sich immer nur eingebildet hat, einen Grund zu haben,* »traurig« oder »fröhlich«, »niedergeschlagen« oder »himmelhoch jauchzend« usw. zu sein. Diese Übungen verschaffen uns die Überzeugung, dass die verschiedensten Geschehnisse *keine Wirkung auf uns haben.* Wir entdecken, dass *jeder Bewusstseinszustand aus uns selbst stammt und immer nur von innen her entsteht.* Über dasselbe Geschehnis kann der eine lachen, der andere weinen, ein dritter dagegen vollkommen gleichgültig bleiben, weil ein jeder *seine eigene innere Einstellung nach außen projiziert und erst diese innere Einstellung uns erregt, nicht aber die äußeren Geschehnisse an sich.*

Als Endresultat muss der Schüler die Fähigkeit erreichen, den vollkommenen seelischen Ruhezustand unter allen Umständen unerschütterlich zu wahren und nie aus ihm herauszufallen. Außerdem tragen diese Übungen die Erkenntnis und Erfahrung ein, dass, *was immer auf Erden geschieht, nur ein vergängliches, von uns selbst in Zeit und Raum projiziertes Traumbild ist. Wir brauchen es nur so weit ernst zu nehmen, als unsere Erfahrung dadurch wachsen soll.*

Es braucht aber lange, lange Zeit, bis man diesen Grad erreicht! Man muss sich ständig unter schärfster Beobachtung halten, darf sich keinen Augenblick vergessen, sondern muss andauernd bewusst sein, *wach* sein, und jedes Gefühl, jeden Gedanken analysieren, aus welcher Schicht des Selbstes er stammte. Und das geht nicht von heute auf morgen!

Neben dieser langen seelischen Schulung sind uns parallel auch rein geistige Konzentrationsübungen gestellt. Diese erteilt mir Ima. Nach den gemeinsamen Übungen führt er mich in eine ruhige Ecke des Gartens und erklärt mir, was Konzentration bedeutet. Ich darf mir nicht erlauben, dass die Gedanken nach ihrem Belieben ohne Ordnung in mir herumschweifen, sondern ich muss mir selber befehlen, *an einen gewissen vorgeschriebenen Inhalt zu denken.* Ich muss meine Gedanken in einen einzigen Punkt zusammenziehen, ihnen also statt einer *zentrifugalen* eine *zentripetale* Richtung geben. Ima gibt mir einen Satz als Konzentrationsinhalt. Wenn mir die Konzentration gelungen ist, soll ich es ihm melden. Dann lässt er mich allein.

Der Satz lautet: »*Ich offenbare immer das Göttliche.*«

Ich setze mich hin und fange an, mich auf diesen Satz zu konzentrieren. Ich sage den Satz in mir: »Ich offenbare immer das Göttliche«, einmal, zweimal, zehnmal, hundertmal ... ich denke an nichts anderes: »Ich offenbare immer das Göttliche ... Ich offenbare immer das Göttliche ... Ich offenbare immer das Göttliche ...«

Nach einer Stunde gehe ich zu Ima und sage:»Ich kann mich auf den Satz nicht konzentrieren. Es ist unmöglich.«»Unmöglich?« fragt er,»warum wäre das unmöglich?«»Konzentrieren bedeutet, wie du sagtest, alle Kräfte, alle Gedanken auf einen Punkt zu richten, in einen einzigen Punkt zusammenzuziehen, alle Kräfte des Verstandes, des Bewusstseins zusammenzufassen und zusammenzuhalten. Wenn ich mich aber auf einen *Satz* konzentriere, kann ich die Kräfte meines Verstandes nicht auf *einen Punkt* zusammenziehen. Ein Satz besteht aus mehreren Worten. Diese Worte folgen einander sowohl zeitlich als auch räumlich. Ich kann *diese Worte nicht gleichzeitig in einem Punkt zusammen denken*, nur zeitlich und räumlich *nacheinander!* Und wenn ich den Satz zu Ende gedacht habe, muss ich wieder an den Anfang zurückspringen und wieder von Anfang bis zu Ende denken. So ist eine Konzentration unmöglich. Entweder muss ich im Zickzack hin- und herspringen, vom Ende zum Anfang,

Ich offenbare immer das Göttliche

Ich offenbare immer das Göttliche,

Ich offenbare immer das Göttliche,

oder, wenn ich mir den Satz kreisförmig vorstelle, wird die Konzentration zu einem Herumlaufen im Kreis:

Das ist aber keine Konzentration!«

Ima hört aufmerksam zu, dann sagt er voll Freude:»Du hast sehr richtig geübt! Du hast entdeckt, dass es unmöglich ist, sich auf *Worte* zu konzentrieren. Dass du dir den Satz schließlich in Kreisform vorgestellt hast, war ein richtiges Streben nach Konzentration. Wenn du die Worte aber noch so eng zusammenziehst, bilden sie noch immer einen Kreis, und du kannst nie ins Zentrum. Du hast erfahren, dass die Worte gegenüber deiner konzentrierenden Kraft einen Widerstand ausüben und du sie deshalb nicht im Mittelpunkt zusammenziehen kannst. Dieselbe Widerstandskraft nützen wir aus, wenn wir eine Brücke bauen. Man bildet aus den Steinen einen Bogen – wie du jetzt aus Wörtern einen Kreis gebaut hast –, und die Brücke fällt nicht ins Wasser, weil die Steine einen Druck aufeinander ausüben und das Material dem Druck nicht nachgibt. Durch die Kraft des Widerstandes halten die Steine die ganze Brücke zusammen. Aber wenn deine Konzentration in den Mittelpunkt gelangen will, so hindert dich der Widerstand der Worte, und die Konzentration ist unmöglich. Dasselbe geschieht, wenn du dich auf ein Wort konzentrierst. Ein Wort besteht aus Buchstaben, die nie völlig in einem Punkt zusammengezogen werden können.«

»Was soll ich also tun?«

»Versuche als nächste Übung, dich nur auf einen einzigen Buchstaben zu konzentrieren, sagen wir auf den Buchstaben O«, sagt Ima und lässt mich allein.

Ich versuche es. Ich sitze wieder im Gras und konzentriere mich auf das O … ich sage in mir O, O, O, O, O … und noch immer denke ich an nichts anderes als an O, O, O, OOOOOO …, und auf einmal erlebe ich in mir eine weitere Überraschung … Ich laufe zu Ima und sage lachend:»Ich bin schon fertig.«

»Nun«, fragt er,»was hast du erreicht?«

»Dass aus dem O auf einmal ein Rohr geworden ist. Ein langer O-förmiger Tunnel, in welchem ich immer weitergelaufen bin. Das ist aber wieder keine vollkommene Konzentration!«

»Gut«, sagt Ima,»du bist schon in die vierte Dimension gelangt. Nimm jetzt wieder den Satz:»Ich offenbare immer das Göttliche«, und versuche nochmals, dich darauf zu konzentrieren. Wie würdest du es jetzt lösen?«

»Was soll ich tun?«, frage ich.

»Was würdest du tun?«, fragt Ima zurück.

Ich denke eine Weile nach und sage:»Die Worte sind das Kleid, die materielle Erscheinung des Sinnes. Wenn ich in den Mittelpunkt gelangen will, muss ich die Worte, die mich hindern, aufgeben und mich nur auf den *Sinn* des Satzes konzentrieren, ohne Worte, ohne Form. Ist es so richtig?«

Ima lächelt und sagt:»Wir wollen sehen, was du damit erreichst. Geh, versuche es, und komm dann wieder.«

Ich gehe und konzentriere mich auf den Sinn des Satzes:»Ich offenbare immer das Göttliche ...« ... nur auf den Sinn ...

Dann gehe ich wieder zu Ima. Er beendet eben ein Gespräch mit einem anderen Neophyten. Als er bemerkt, dass ich auf ihn warte, wirft er mir einen schelmischen Blick zu, als ob er sähe, was ich mit meiner Konzentration erreicht habe.»Nun?«, fragt er.

»Ima, es ist so merkwürdig! Als ich mich nur auf den Sinn des Satzes konzentrieren wollte, konnte ich nicht mehr daran denken, sondern der ganze innere Prozess verlegte sich aus dem Kopf in meine Brust, und den Sinn konnte ich nicht mehr *denken* – sondern fühlte und *erlebte* ihn! Im Augenblick, da ich mich ohne Worte auf den Sinn dieses Satzes konzentriere, *werde ich selbst dieser Sinn!* Dann muss es aber anders heißen, nicht: »Ich offenbare immer das Göttliche«, sondern es lautet verwandelt und viel treffender so:»*Ich bin das Göttliche, das sich immer offenbart!*«

Während ich spreche, schaut Ima mich lächelnd und mit immer größerer Freude an.»Du hast dich sehr gut konzentriert. Sehr gut! Du hast entdeckt, dass Konzentration nicht ein Dauerzustand sein kann, sondern nur *ein Übergang ist zwischen der projizierten Welt und dem Sein.* Wenn du deine Gedanken auf etwas konzentrierst, kannst du nicht beim *Denken bleiben*, denn die Konzentration führt dich *zu dir selbst zurück*, und *du wirst das*, worauf du dich konzentriertest. *Aus dem Denken wird durch Konzentration ein Seinszustand!* Das Denken hört vollkommen auf, und der Denkende wird mit dem Gedachten identisch. Etwas *zu denken* bedeutet, einen Inhalt durch den Verstand wie in einem Spiegel nach außen zu projizieren, also *aus sich herauszutreten.* Durch Konzentration zieht man das Projizierte wieder zurück – *das Gedachte* wird wieder identisch mit dem Denker, mit *sich selbst.* Die zwei Faktoren werden in einer vollkommenen Einheit vereinigt. *Das Geschaffene geht in den Schöpfer zurück!*

Übe weiter, du wirst diesen Prozess immer klarer erleben. Ich gebe dir eine neue Übung. Du sitzt so gerne unter dieser Palme. Konzentriere dich auf sie« – und er geht.

Ich setze mich wieder hin und schaue auf die Palme. Ich denke an gar nichts anderes, nur an diesen Baum. Stunden vergehen, es wird langsam Abend. Ich muss heim. Draußen wartet Menu, wir gehen nach Hause.

Am anderen Morgen bin ich wieder da, im Tempelgarten, und nach den gemeinsamen Übungen sitze ich wieder unter der Palme, auf sie konzentriert. Als ich diese Übung anfing, störten mich viele fremde Gedanken. Es ist mir plötzlich eingefallen, was mir Menu am vorigen Abend erzählte – ich bemerkte einen Vogel, der in den Zweigen aus voller Kehle sang – dann summte eine Mücke um meine Ohren, dann fiel mir die Frechheit des Schatzmeisters Roo-Kha ein und erboste mich – aber ich jagte alle fremden Gedanken, die in meinem Kopf entstanden, davon und konzentrierte mich nur auf die Palme.

Jetzt geht es schon besser. Die Gedanken können mich nicht mehr erreichen und wirklich stören. Vorher war ich noch *in der Welt der Gedanken* – zwischen den Gedanken. Die Gedanken haben mich noch hin- und hergestoßen können. Ich ließ mich aber nicht mitreißen. Ich blieb fest dort, wo ich war, bei der Palme, und glitt unmerklich langsam weiter, immer weiter in mich hinein, wo mir die Gedanken nicht mehr nachfolgen und mich nicht mehr stören. Hier und da erscheint noch ein Gedanke, der wie ein müder Wanderer durch meinen Verstand schleicht. Ich schaue jetzt von einem sicheren Ort diesen einzelnen, müden Gedanken zu, aber ich kümmere mich nur um die Palme ... Ich denke an die Palme ... die Palme erfüllt langsam mein ganzes Wesen ...

Es vergehen Tage, vielleicht auch Wochen – ich weiß es nicht. Ich weiß überhaupt nichts mehr von der Außenwelt, denn ich bin mit meiner ganzen Aufmerksamkeit nur auf die Palme konzentriert. Dann habe ich auf einmal das merkwürdige Gefühl, dass ich den Baum nicht mehr von *außen her*, sondern von *innen sehe* ... Ich nehme zwar mit meinen körperlichen Augen die äußere Form der Palme wahr, aber ich fange an, immer stärker das *innere Wesen*, das belebende, schöpferische Prinzip der Palme, *zu sehen, zu erleben, ZU SEIN!*

Und es kommt ein Augenblick, in dem mir auf einmal bewusst wird, dass die Palme nicht mehr außerhalb meiner steht – nein! – sie stand gar nie außerhalb – ich hatte nur eine falsche Vorstellung – *die Palme ist in mir und ich in ihr – ich bin die Palme selbst!*

Ich weiß nicht, wie lange ich versunken bleibe. Ich weiß gar nicht, was *Zeit* bedeutet. Dieser Begriff ist »dort«, in jenem Zustand, unbekannt. Ich kann auch nicht erklären, was dieses »Dort« ist. Aber eine Kraft holt mich auf einmal langsam in mein persönliches Bewusstsein zurück, und ich bemerke, dass Ima vor mir steht. Meine Augen treffen seinen sanften

Blick. Er setzt sich neben mich in das weiche Gras und wartet geduldig, bis ich wieder zu mir komme, dann schaut er mich fragend an.

Ich versuche ein paarmal, zu sprechen – aber es gelingt mir nicht gleich. Das Sprechen scheint vollkommen überflüssig geworden zu sein. Endlich erwacht meine Aktivität, und mein Wille funktioniert wieder. Meine Kehlkopfnerven bringen die Stimmbänder in Bewegung, und ich kann schon Laute hervorbringen.

»Oh Ima«, sage ich ernst, leise und von meiner eigenen Stimme überrascht, »*ich bin die Palme geworden* – oder, besser, ich habe entdeckt, dass die Palme immer *ich war*! Nur war ich mir dessen nicht bewusst!«

Ima nickt mit seinem schönen Engelskopf und sagt freudestrahlend: »Du machst wunderbare Fortschritte! Ich bin so froh – so froh! Du kommst so rasch vorwärts wie keiner in so kurzer Zeit. Wenn du alle übrigen Vorbereitungsprüfungen ebenso rasch bestehst, wirst du bald reif für die Einweihung!«

Froh schauen wir einander schweigend an. Wie ich in seine Augen blicke, fühle ich noch stärker, was für ein reines Wesen Ima ist und was für eine gewaltige Kraft aus ihm strahlt. Die Luft ist reiner, wo er sich befindet.

Dann reicht er mir seine Hand, und wir stehen auf. Ich muss heim.

Wie ich schon im Bett liege, setzt sich Menu neben mein Lager auf den Boden und fragt:»Was machst du jetzt im Tempel?«

»Wir machen Übungen.«

»Erzähle, was für Übungen?«

Ich antworte ernst:»Nun, meine letzte Übung war, dass ich so lange an eine Palme denken musste, bis ich entdeckt habe, dass ich selbst die Palme bin!«

Menu schaut mich erschrocken an:»Was hast du entdeckt? – Was bist du?«, fragt sie und sieht mich forschend an.

»Die Palme«, wiederhole ich.

»Du, die Palme?«, fragt sie mit weit geöffneten Augen.

»Ja, ja, Menu, aber lass mich jetzt in Ruhe, ich will schlafen.«

Da fängt Menu an zu lachen, dass sie auf dem Boden hin- und herrollt, und Tränen fließen über ihre Wangen:»Hihihi, du bist eine Palme? Wo ist dein Stamm, und wo sind deine Blätter? Hi-hi-hi, bist du denn kein junges Mädchen, was? Hihi!«

Ich sitze beleidigt in meinem Bett auf und sage, so würdig wie möglich:

214

»Nimm zur Kenntnis, dass ich kein junges Mädchen bin, sondern die Vertreterin der Königin, ich bin die Frau des Pharao, verstehst du? Und wenn du über meine Übungen lachst, werde ich dir nichts mehr erzählen.«

Da beginnt Menu ohne Übergang zu weinen, bedeckt meine Hände mit Küssen und sagt unter Tränen:»Habe ich nicht gesagt, dass die Einweihung eine gefährliche Sache ist? Man verzaubert dich noch am Ende, und es wird aus dir tatsächlich eine Palme. Du sprichst schon so seltsam. Gib acht, ich bitte dich – gib acht! Es wäre gut, wenn das der Pharao wüsste!« – und sie geht, ihre Tränen trocknend, sorgenvoll hinaus.

Ich bleibe allein mit einem unangenehmen Gefühl. Ich fühle genau, dass ich zu Menu nicht über meine tiefsten, heiligsten Erlebnisse hätte sprechen sollen.

Am anderen Tag lässt mich Ptahhotep zu sich rufen. Ich soll mich bei ihm am Abend melden.

Er sitzt an seinem gewohnten Platz im kleinen Empfangszimmer. Sein Blick ist tief wie das Himmelsgewölbe. Er weiß alles.

»Komm her, meine kleine Tochter«, sagt er freundlich.

Ich nähere mich ihm voll Vertrauen. Er nimmt meine Hände in die seinen und fragt lächelnd:»Weißt du, was deine nächste Aufgabe ist?«

»Ja, Vater, ich weiß es«, antworte ich.

»Nun?«

»Schweigen«, antworte ich, auch lächelnd und schuldbewusst, aber ich schaue zutraulich in seine Augen, weil ich weiß, dass er mich nicht verurteilt. Er nickt, wir verstehen einander. Ich brauche mich nicht zu entschuldigen. Er kennt mich besser als ich mich selbst, und er weiß genau, dass ich nicht aus bösem Willen über heilige Dinge zu Menu gesprochen habe, die bei weitem nicht reif genug ist, geistige Erlebnisse verstehen zu können. Ich schaue in Ptahhoteps Augen ... er sieht mich mit allen meinen Unvollkommenheiten, aber sieht auch meinen Entschluss – in Zukunft das *Schweigen* zu lernen.

Dann streichelt er meine Haare – ich verbeuge mich und gehe.

Ach! Wie oft werde ich noch so vor ihm stehen und eingestehen, dass meine Zunge meinem Verstand vorauslief, dass ich der Kraft, die den Menschen zwingt, sich zu offenbaren, sich auszusprechen, immer wieder nicht widerstehen konnte.

Doch mit der Zeit lerne ich, auch dieser Kraft gegenüber»wach« zu sein. Den Mitteilungsdrang muss ich, wie meinen Lieblingslöwen, ununterbrochen im Auge behalten, und durch diese ständige Selbstbeobachtung wird es mir nach und nach zur zweiten Natur, bevor ich spreche, zuerst in mich hineinzulauschen, ob ich die Bewilligung, zu sprechen, habe oder nicht. Allmählich lerne ich, meinen Mund nur dann zu öffnen, wenn ich etwas zu sagen habe. Und ich erkenne zwei Wesen in mir – ein persönliches »Ich«, das gerne und oft schwatzen möchte, ohne Kontrolle, *nur aus Mitteilungsdrang, um die Aufmerksamkeit auf meine Person zu ziehen,* und im Hintergrund meines Bewusstseins das höhere »Selbst«, das dieses »Ich« zurückhält und ihm befiehlt, *wann* und *was es sprechen* oder *tun* und wann es *schweigen* und *passiv bleiben* soll. Nur muss man eben den Befehlen dieses höheren Selbst Aufmerksamkeit schenken und ihnen gehorchen. Denn seine Befehle *hören* – das tut ein jeder!

Während dieser Zeit, nach den gemeinsamen Übungen im Tempel, erhalte ich weitere Konzentrationsübungen von Ima.

Wir sitzen wieder in meiner Lieblingsecke im Tempelgarten, und Ima erklärt:»Du weißt schon aus Erfahrung, was Konzentration ist; wenn du dich aber während des Konzentrierens beobachtest, dann wirst du feststellen, dass du in der Konzentration drei Phasen durchschreitest, eine *verstandesmäßige,* eine *gefühlsmäßige* und eine *geistige* Phase.

Jede Konzentration beginnt mit der verstandesmäßigen Phase. Du richtest deine Gedanken auf den Gegenstand deiner Konzentration und *denkst nach,* was dieses Etwas eigentlich ist, worauf du dich konzentrierst. In diesem Falle arbeitest du mit dem Verstand, weil du in deinen Gedanken Klarheit schaffen willst und nach einer vollkommen befriedigenden Definition suchst, die den Gegenstand deiner Konzentration restlos und eindeutig ausdrückt. Wenn du solch eine Definition gefunden hast, bist du mit der Arbeit des Verstandes fertig, denn du *weißt* jetzt, was dieses Etwas ist. Du brauchst auch nicht mehr darüber nachzudenken, denn wenn man *weiß,* was etwas ist, *denkt* man darüber nicht mehr nach. *Denken ist die Brücke zwischen Unwissenheit und Wissen.* Wenn wir alles wissen – wie Gott –, werden wir das Denken nicht mehr benötigen. *Gott* ist allwissend, *Er* ist *das Wissen* selbst, sein Wissen ist vollkommen wie der Kreis. Worüber soll *Er* nachdenken, wenn *Er alles* weiß?! Das Denken braucht nur derjenige, der sein Wissen noch *ergänzen* muss. *Diese Ergänzungsarbeit besteht eben im Denken.*

Wenn dein Wissen in Bezug auf den Gegenstand deiner Konzentration vollständig ist, gehst du vom *Denken* zum *Fühlen* über. Das ist die zweite Phase der Konzentration. Dein Bewusstsein projiziert von innen nach außen, durch das Nervennetz, alle Eigenschaften des Konzentrationsinhaltes auf deine Sinnesorgane, und du erlebst sie *gefühlsmäßig*. Du empfindest, du fühlst in jedem Tropfen deines Blutes, wie und was der Gegenstand der Konzentration ist!

Wenn du den Gegenstand deiner Konzentration auf diese Weise verstandes- und gefühlsmäßig gänzlich erlebt hast, so gehst du zur dritten Phase über, zur *geistigen* Konzentration. Das bedeutet, dass du mit dem Gegenstand der Konzentration in deinem Bewusstsein *identisch* wirst – *du bist das!* Wir nennen dies *Seinszustand!* In diesem Zustand brauchst du über dieses Etwas nicht mehr nachzudenken, es nicht mehr zu fühlen, weil du es selbst geworden bist. In diesem Zustand werden alle deine Gedanken, alle deine Gefühle, alle deine Worte, alle Taten *Äußerungen dieses Etwas sein.*

Du hast dies mit der Palme erlebt, du hattest aber damals noch keine Übung, die drei Phasen in dir beobachten zu können und bewusst zu erleben. Nehmen wir ein anderes Beispiel. Sagen wir, du sitzt am Ufer eines Flusses und konzentrierst dich auf das Wasser. Du wirst zuerst nachdenken, was das Wasser ist. Du denkst, dass das Wasser eine aus der Vereinigung von zwei Gasen entstandene Flüssigkeit ist, du kannst sogar messen, was für eine Temperatur das Wasser hat und dass es bei 0 Grad hart wird. Du kannst die Farbe und alle Eigenschaften des Wassers feststellen, bis dein Verstand das Wasser vollkommen erfasst hat. *Das ist verstandesmäßige Konzentration.*

Dann stehst du auf und gehst in das Wasser hinein. Jetzt empfindest du, *fühlst du,* wie und was das Wasser ist. Du fühlst unmittelbar im Erlebnis, dass das Wasser flüssig ist, denn es umfließt deinen Körper, du fühlst auch die Temperatur des Wassers, du brauchst es nicht mehr zu messen, denn du empfindest ohnedies unmittelbar, ob es kalt oder warm ist. Du kannst in dem Wasser herumpantschen, mit deiner Hand Tropfen oder Wellen schlagen, du erlebst also gefühlsmäßig alle Eigenschaften des Wassers. *Das ist gefühlsmäßige Konzentration.*

Aber auf einmal hörst du auf, ein vom Wasser getrenntes Wesen zu sein, du verschmilzt jetzt mit dem Wasser, du hast keinen menschlichen Körper mehr, du bist Wasser geworden. Jetzt brauchst du über das Wasser und seine verschiedenen Eigenschaften nicht mehr *nachzudenken,* auch nicht mehr zu *fühlen,* wie und was Wasser ist, sondern jetzt *bist du* selbst Wasser. Die vollkommene Konzentration bedeutet, *mit dem Gegenstand der Konzentration identisch zu werden, der Gegenstand zu sein!* Alle anderen Konzentrationsphasen setzen ein *Getrenntsein* voraus. Nur der

Seinszustand ist vollkommene Einheit, folglich auch vollkommenes Verständnis und absolute Erkenntnis aus *innerer Schau*. Dein Körper kann zwar kein Wasser werden, aber *in deinem Bewusstsein* kannst du es vollkommen erleben.

Beobachte die Menschen. Es gibt solche, die ständig über Liebe und Güte sprechen, sie tragen ein Süßes, salbungsvolles Lächeln, und bei jeder Gelegenheit stellen sie zur Schau, dass sie »liebevoll« und »gut« sind. Aber nur äußerlich! Sie tragen die Maske der Liebe; aber wenn es auf Taten ankommt, verraten sie ihre Selbstsucht – weil sie die Selbstsucht *sind*.

Ein anderer hingegen, der nie über die Güte spricht, denkt gar nicht daran, dass er »gut« sein will, und doch stammt alles, was er denkt, spricht und tut aus der Güte, weil *er die Güte selbst ist!* Was man *ist*, darüber denkt man nicht nach, das fühlt man auch nicht, weil *man eben ist, was man ist*, darüber spricht man nicht, sondern alles, was man denkt, sagt und tut, ist Äußerung dessen, was man ist – die Offenbarung seines eigenen *Seins!*

Nun die allerschwerste Aufgabe: Konzentriere dich *auf dich selbst!* Zuerst *nachdenken*, was du bist, dann *fühlen*, was du bist, und schließlich *musst du sein, was du bist!*

Damit, dass du auf Erden bewusst geworden bist, bist du in deinen Verstand, in deine Gefühle hineingefallen, und du hast nur *gedacht* und *gefühlt*, was du bist, aber nie konntest du *sein, was du bist!* – Beobachte die Menschen, und du wirst erkennen, dass sie *nicht das sind, was sie wirklich sind*, sondern dass sie sich immerzu mit Gedanken, mit Gefühlen und mit Rollen identifizieren, die sie hier auf Erden spielen. Sie sind aus sich selbst herausgefallen, sie sind Scheinwesen. Nur in den Augen von ganz kleinen Kindern wirst du noch den Glanz, *das Licht des Seins* erkennen. Mit dem Erwachen des Verstandes fängt das Kind an, sich zu identifizieren mit seiner äußeren Person, es entfernt sich von seinem wahren göttlichen Wesen. Dabei ist die Person nur eine Maske, aus welcher das wahre *Selbst* – das große *Unsichtbare* blickt. Die Person darf nicht mehr sein als ein Mittel zur Offenbarung des *Selbst*. Die Menschen sind aber mit dieser Maske so sehr verwachsen, dass sie davon nicht mehr los können. Das wahre *Selbst* ist der Herr, der König, und die Person nur sein Diener. Die Menschensöhne verlassen aber ihr *Selbst*, und, vom Thron steigend, identifizieren sie sich mit ihrer Maske, mit ihrer Person; sie machen aus dem Diener den König und spalten sich von ihrem eigenen wahren Wesen ab. Sie drängen ihr höheres *Selbst* ins Exil, ins *Unbewusste*. Der Verstand verursacht die Spaltung, aber aus diesem gespaltenen Herausgefallensein hilft auch der Verstand heraus, durch Konzentrationsübungen und *Bewusstwerdung*.

Bisher hast du verschiedene Dinge zur Konzentration bekommen. Von nun an ist deine einzige Aufgabe, dich auf *dich selbst* zu konzentrieren und alle drei Phasen bis zum *Seinszustand* mit deinem eigenen *Selbst* zu verwirklichen. Du musst jenen Zustand erreichen, den man in der ersten Person Einzahl nur so ausdrücken kann: »*Ich bin, der ich bin.*« Gib acht: Es ist nicht genug, wenn du *denkst*, was du bist, wenn du *fühlst*, was du bist, sondern du musst *sein, was du in* deinem *wahren Wesen bist*! Das ist deine Konzentrationsaufgabe bis zu deiner Einweihung.«

Und so beginnt in meinem Leben die lange Periode, in welcher ich mich diesen zwei Aufgaben widme – mein wahres *Selbst* zu *sein* und schweigen zu können.

DER BAUM DER ERKENNTNIS
DES GUTEN UND BÖSEN

Nachdem ich so weit bin, dass ich das Schweigen weitgehend beherrsche, stehe ich eines Abends wieder vor Ptahhotep, und Er fragt:
»Was hast du während deiner Kämpfe mit dem Schweigen erfahren? Hast du *nur* über das Schweigen Herr zu sein gelernt?«
»Nein, Vater, das war einfach unmöglich. Während ich mit dem Schweigen kämpfte, musste ich gleichzeitig auch mit dem *Reden* kämpfen. In dem Grad, wie ich Herr über das Schweigen wurde, bin ich auch Herr über das Reden geworden. Denn *schweigen* bedeutet *nicht reden* – und *reden* bedeutet *nicht schweigen*. Ich konnte diese zwei Dinge nicht voneinander trennen. Ich habe entdeckt, dass, gleich der Münze, die zwei Seiten hat und doch eine Einheit ist, auch das Zwillingspaar Schweigen und Reden die zwei Seiten einer einzigen Einheit sind.«
»Richtig«, sagt Ptahhotep, dann steht er auf und führt mich zu einem der großen weißen Steinquader, aus welchen die Wände des Raumes bestehen. Er zeigt auf die glatte weiße Fläche des Steins und fragt:
»Was siehst du auf dieser weißen Fläche?«
»Nichts«, antworte ich.
»Und was könnte ich darauf zeichnen?«
»Alles.«
»Nun«, sagt Ptahhotep, »dieses *Nichts* enthält also in sich das *All*. In diesem Zustand bilden beide eine vollkommene Einheit. Aus der Einheit kann also etwas nur *erkennbar* werden, wenn dieses Etwas sich von der Einheit trennt, sich absondert und aus ihr heraushebt.
Schau, ich zeichne jetzt auf diese Fläche mit grüner Farbe ein Kleeblatt. Dieses Kleeblatt befand sich auch schon früher da, auf dieser Steinplatte, du hast es aber nicht erkennen können, da *die positive Form des Blattes und die negative Natur des Hintergrundes noch ineinander ruhten*. Sie waren vollkommen identisch. Die Form des Kleeblattes war vom

220

All, das in diesem *Nichts* enthalten ist, noch nicht getrennt. Dadurch, dass das Kleeblatt in einer grünen Farbe erschien, trennte es sich vom *All* und wurde *erkennbar*.

Bedenke jetzt etwas sehr Wichtiges: Wenn dieses Blatt auf dieser weißen Fläche in *grüner* Farbe erscheint, so bedeutet dies, dass es seine Form in der ergänzenden Farbe, also in diesem Falle *rot*, im *All* als sein unsichtbares, negatives Bild zurückgelassen hat. Wisse: *Was immer du siehst, es ist nur darum erkennbar, weil es sich von seiner Ergänzungshälfte getrennt hat und diese im Unsichtbaren, Ungeoffenbarten zurückgeblieben ist!*

Erkenntnis erlangst du nur durch *Vergleichen* der voneinander getrennten zwei Seiten – der positiven und der negativen. Solange diese zwei Seiten als Einheit verschmolzen ineinander ruhen, kannst du nichts wahrnehmen, nichts erkennen.

Beobachte die sichtbare Welt! Sie ist nur darum erkennbar, weil sie sich von der Einheit, wo das Nichts und das All noch ineinander ruhten, also von der absoluten Einheit, die wir Gott nennen, getrennt hat. Nur dadurch, dass das Positive vom Negativen getrennt erscheint und wir die beiden miteinander *vergleichen* können, ist die Schöpfung erkennbar. *Ohne dass sich die Einheit in zwei Hälften spaltet – in eine geoffenbarte und in deren Spiegelbild, die nicht-geoffenbarte –, wodurch beide durch Vergleich erkennbar werden, gibt es keine Erkenntnis!* Jetzt folge mir.«

Ptahhotep führt mich in einen anderen Raum, wo er auf einen großen Tisch vor der weißen Wand eine kleine Figur stellt. Dann stellt er hinter die Figur, rechts und links, je ein Lämpchen, so dass die Figur nach rechts und links einen Schatten wirft. Dann nimmt Ptahhotep eine durchsichtige rote Scheibe und hält sie vor das rechte Lämpchen. Zu meiner größten Überraschung erscheint jetzt an der Wand rechts ein roter Schatten, links aber ein *grellgrüner*!

»Wie kommt das, Vater meiner Seele?«, frage ich erstaunt.

»Denke nach, und du wirst die Erklärung selber finden«, sagt Ptahhotep.

Ich bleibe eine Weile stumm und konzentriere mich, bis ich die Lösung erlebe. Dann erkläre ich:»Die Figur hält von dem rot gewordenen Licht die rote Farbe zurück und lässt nur die Ergänzungsfarbe an der Wand erscheinen. Daher der *grüne* Schatten auf der anderen Seite. Dagegen hält die Figur das *ganze Licht* der anderen Lampe zurück, und so scheint der andere Schatten auf dieser Seite der Wand *rot* geworden zu sein.«

»Sehr richtig«, sagt Ptahhotep, »du siehst, die zwei Farben können ohne einander nicht existieren, ebenso wenig wie das *Schweigen* ohne das *Reden*. Was immer du in der Welt der Erkenntnis offenbar machst, das ergänzende Gegenteil bleibt im Ungeoffenbarten. Wenn du redest, bleibt im Ungeoffenbarten die negative Seite des Redens – das Schweigen. Und wenn du schweigst, bleibt die positive Seite des Schweigens im Ungeoffenbarten – das Reden. Wenn ein Berg entsteht, muss als sein negatives Bild ein Tal entstehen. Wie wäre ein Berg ohne Tal und ein Tal ohne Berg möglich? *Es kann sich nie etwas offenbaren, erkennbar machen, ohne dass der Gegensatz – das ergänzende Gegenteil – gleichzeitig im Ungeoffenbarten gegenwärtig wäre! Wenn sich etwas Positives offenbart, bleibt das Negative im Ungeoffenbarten, und umgekehrt, wenn sich das Negative offenbart, bleibt das Positive ungeoffenbart. Wo der eine erscheint, muss sein ergänzender Teil auch dabei sein, wenn auch nur in einem ungeoffenbarten Zustand. Ihre Zusammengehörigkeit bindet sie ewig aneinander.*

Die Trennung ist also nur *scheinbar*, weil die zwei Ergänzungshälften, wenn sie auch getrennt und aus der *All-Einheit* gefallen sind, *sich voneinander dennoch nicht entfernen und einander nie verlassen können.* Die untrennbare, göttliche *Einheit* offenbart sich also immer und überall, denn auch in dieser scheinbaren Trennung wirkt sie weiter als *die überall gegenwärtige Anziehungskraft zwischen Positivem und Negativem.* Sie streben in ihren ursprünglichen Zustand zurück, in die göttliche *Einheit.* Wenn auch etwas in der sichtbaren Welt erscheint, von der göttlichen Einheit kann es sich nicht endgültig abspalten. Irgendwann einmal, früher oder später, wird es, sich mit seiner Ergänzungshälfte wiedervereinigend, in die göttliche *Einheit* zurückfinden. Die Kraft aber, die, allem Existierenden innewohnend, alles in die *Einheit* zurückzwingt, nennen wir *Gott.*

Die Schöpfung – die erkennbare Welt – ist gleich einem Baum; rechts trägt er positiv-gute und links negativ-böse Früchte. Aber beide Seiten stammen aus demselben Stamm, aus derselben Einheit.

Nur durch diese Spaltung entstanden aus der Einheit – die weder gut noch böse, sondern göttlich ist – das Gute und das Böse. Nur durch die Spaltung wurde Erkenntnis möglich. Folglich muss die erkennbare Welt aus Gutem und Bösem bestehen, sonst wäre sie nicht erkennbar und überhaupt nicht möglich.

Die ganze Schöpfung ist der Baum der Erkenntnis des Guten und Bösen! Der Schöpfer – *Gott* – ist aber keine aus der Einheit herausgefallene und von ihr getrennte, folglich erkennbare Hälfte der Einheit, sondern *Gott ist die Einheit selbst.* Er steht über allem Geschaffenen, aus der Einheit Herausgefallenen und ruht in sich in vollkommener Einheit. *Er* ist das *Nichts*, dem das *All* entsteigt und sich offenbart, aber in *Ihm* sind *Nichts* und *All* ungetrennte, göttliche Einheit!

Schöpfung bedeutet immer nur die eine aus der Einheit herausgefallene, durch das Vergleichen erkennbar gewordene Hälfte der Ganzheit, deren Ergänzungshälfte im Ungeoffenbarten geblieben ist. Darum kannst du *Gott* – den Schöpfer – in der Welt der Schöpfung nie finden, nie erkennen, *weil Gott keine ergänzende Hälfte hat, mit der man Ihn vergleichen könnte.* Es gibt überhaupt keine Möglichkeit, *Ihn* mit etwas zu vergleichen, folglich gibt es auch keine Möglichkeit, *Ihn* zu erkennen – *Gott kannst du nur sein!*

Höre, mein Kind: Es gibt nur *ein* ewiges *Sein* – nur *einen Gott.* In allem, was lebt, lebt dieses eine, einzige *Sein* – lebt dieser eine, einzige *Gott. Gott* ist die unteilbare Einheit, *Er* ist überall gegenwärtig, *Er* erfüllt das ganze Universum. Das ganze Weltall lebt, weil *Gott* es mit seinem eigenen, ewigen *Sein* belebt! *Gott* ist also wie ein Baum aus Leben, ein Lebensbaum, der sein eigenes Wesen der geschaffenen, erkennbaren, von ihrer Ergänzungshälfte abgespalteten Welt – also dem Baum der Erkenntnis des Guten und Bösen – hingibt und ihn belebt. Der Erkenntnisbaum, die geschaffene Welt, lebt überhaupt nur dadurch, dass der Baum des Lebens – *Gott* – sein eigenes *Leben* in seine Adern einflößt, *in ihm lebt!*

Die materielle Welt ist gleich einem Todesbaum; der Baum der Erkenntnis des Guten und Bösen und der ihm innewohnende *Gott* ist der Lebensbaum, der in allem, was geschaffen ist, lebt. *Gott* ist nur einer. Dieser eine, einzige Gott ist das *Selbst*, das innerste Wesen aller Lebewesen. Gott ist überall gegenwärtig, und da sich an demselben Ort zwei Dinge nicht gleichzeitig befinden können und nichts *Gott* an irgendeiner Stelle des Weltalls verdrängen kann, kann auch überall und in allen Erscheinungen nur ein und derselbe *Gott* als das *Selbst* gegenwärtig sein. *Gott* ist unteilbare *Einheit.* Alle Lebewesen, alle Pflanzen, Tiere, der Mensch selbst, sind Früchte am Baum der Erkenntnis des Guten und Bösen, darum lebendig, weil der Lebensstrom des Lebensbaumes durch ihre Adern strömt, *weil der Lebensbaum in ihnen lebt.* Auch in mir, meine kleine Tochter! – Dein Körper ist auch eine Frucht am Todesbaum, am Baum der Erkenntnis des Guten und Bösen, und hat kein eigenes Leben. Auch in dir lebt der Lebensbaum, weil dein *Selbst* auch ein Zweiglein vom großen Lebensbaum *Gottes* ist, und du lebst nur darum, weil *Gott* als dein *Selbst* in dir lebt und deinen Körper, deine Person lebendig erhält.

Dadurch, dass du in einen Körper hineingeboren bist, bist du ein erkennbares Wesen geworden. Du hast dein Bewusstsein vom *Nichts-All* – von *Gott*, von deinem wahren *Selbst* – getrennt. Du bist aus dem göttlichen, paradiesischen Urzustand, wo alle Offenbarungsmöglichkeiten, also alle Pflanzen, alle Tiere und der Mensch selbst, noch in einer *All-Einheit* sind, in die Vielheit, in die Differenzierung, hinausgefallen. Du bist eine Offenbarung, ein Geschaffenes geworden. Folglich ist alles, was du hier auf der irdischen Ebene bist, nur die erkennbare, aus Gutem und Bösem gemischte Offenbarungshälfte der Einheit. Und da dein Bewusstsein in deinen Körper versetzt ist, bist du in diesem Körper erwacht, das heißt, dein Bewusstsein wurde mit dem Körper identisch.

Von etwas zu ›essen‹ bedeutet, ›identisch zu werden‹. Denn was du isst, daraus wirst du bestehen, *das wirst du sein.* Dadurch, dass sich dein Bewusstsein mit dem Körper identifizierte, hast du – symbolisch ausgedrückt – von den Früchten des Baumes der Erkenntnis des Guten und Bösen gegessen und bist zugleich dem Reich des Todes verfallen.

Höre aber: Dein Körper ist die Folge und das Resultat der Trennung, er ist nur die sichtbare Hälfte deines wahren *Selbst*. Die andere Hälfte ist im ungeoffenbarten, *unbewussten Teil* deines Wesens geblieben. Wenn du diese zwei Ergänzungshälften miteinander vereinigst, kannst du in die göttliche *Einheit* zurückfinden! Es ist ganz unmöglich, die Einheit *körperlich* zu erleben, deine unsichtbare und unbewusste Hälfte *auch* sichtbar, körperlich zu machen und beide miteinander zu vereinigen. Denn *ein* Bewusstsein kann nicht *zwei* Körper beleben; wenn du das Wesen deiner Ergänzungshälfte in deinem *Körper* erleben wolltest, würde das den Tod bedeuten. Wenn er eben dadurch sichtbar geworden ist, dass er sich von seiner Ergänzungshälfte getrennt hat, so müsste die Wiedervereinigung die Vernichtung des Körpers nach sich ziehen. *Du kannst aber die göttliche Einheit mit deiner Ergänzungshälfte dennoch im Körper erleben – in einem Bewusstseinszustand!* Du kannst dein Bewusstsein ausdehnen, erweitern, bis du dein Unbewusstes vollkommen bewusst machst, deine ungeoffenbarte und unsichtbare Hälfte bewusst erlebst und so die göttliche Einheit *in deinem Bewusstsein* verwirklichst. Du kannst dein Bewusstsein, während dein Körper in der sichtbar geschaffenen Welt weilt, wieder mit deinem wahren *Selbst*, aus welchem du herausgefallen bist, zur vollkommenen Einheit verschmelzen und schon im körperlichen Dasein die Seligkeit, *Gott,* erleben – *Gott sein.*

Dies Streben nach Wiedervereinigung liegt in allem, was geschaffen wurde. Jedes Lebewesen sucht seine andere Offenbarungshälfte, um sich mit ihr wieder zu vereinigen. Die positiven Erscheinungen, die männlichen, suchen die negativ-weiblichen und umgekehrt. Dieses Streben der positiven und negativen Kraft bildet sogar die tiefste Struktur der Materie – *es gäbe überhaupt keine Materie ohne dieses Streben.* Denn dies Streben nach der Einheit – nach dem Zustand: *Gott zu sein* – macht die Anziehungskraft zwischen den positiven und negativen Kräften aus, und die ganze Welt ist auf diesem Streben nach dem göttlichen Urzustand aufgebaut. Die Quelle aller Kräfte in der geoffenbarten Welt ist eben dieses Streben. Die Natur benützt es, und in den Körper projiziert, entsteht daraus die sexuelle Kraft.

Solange aber ein Lebewesen seine andere Hälfte außerhalb sucht, in der geschaffenen, erkennbaren Welt, wird es die Einheit nie finden, weil seine *ergänzende Hälfte eben nicht draußen, im Geoffenbarten, von ihm getrennt, sondern ungetrennt von ihm im eigenen Ungeoffenbarten, im Unbewussten, ist.* Kein Lebewesen könnte da sein, wenn es eine andere Hälfte nicht im Ungeoffenbarten hätte. Schau dich selbst an, meine Tochter: Der Gegensatz all dessen, was du in deinem bewussten Teil bist und offenbar machst, ist in deinem unbewussten Teil enthalten, der aber dennoch auch zu dir gehört, der auch *du bist.* Du findest deinen ergänzenden Teil nicht außerhalb – nicht in einem Mann aus Fleisch und Blut –, sondern nur im unbewussten Teil deines eigenen Selbst. Wenn du diese zwei Hälften deines Selbst im Bewusstsein vereinigst, hast du wieder in das *Nichts-All* zurückgefunden, bist wieder mit *Gott* identisch geworden!

Und da in dieser Vereinigung, die sich in deinem Bewusstsein abspielt, die ewige Sehnsucht deines geoffenbarten Wesens aufhört, da es seine Ergänzung gefunden hat und mit ihr zu einer Einheit verschmolzen ist, hört auch der sexuelle Wunsch deines Körpers ein für allemal auf. Du wirst in dir vollendet, du erlebst schon im körperlichen Dasein den göttlichen Zustand, die Unsterblichkeit, die Seligkeit – es ist vollbracht! Und da in jedem Lebewesen dasselbe eine, einzige *Sein* lebt, wirst du gleichzeitig *mit dem wahren Selbst jedes Lebewesens* identisch, wenn du in deinem wahren Selbst erwachst. Du wirst die Einheit mit *Gott,* aber gleichzeitig auch die Einheit mit dem ganzen Weltall erlangen. Du wirst dein Bewusstsein aus deinem Körper, aus deinem persönlichen Wesen hinausheben und das kosmische *All-Bewusstsein* erleben. Du wirst dich in jedem Lebewesen, im ganzen Weltall – in *Gott* – als ›Ich‹ fühlen. Das bedeutet: *Du isst wieder von den Früchten des Lebensbaumes!* Dann bist du aus der Welt der Wirkungen in die Welt der Ursachen, aus dem Vergänglichen in das Unvergängliche, aus dem Geschaffenen in das Schöpferische gelangt und aus dem Reich des Todes im Reich des Lebens, im ewigen *Sein*, auferstanden. Und das ist Einweihung!«

Ptahhotep hört auf zu sprechen. Aber ich sehe diese göttliche Einheit verwirklicht in der unergründlichen Tiefe seiner himmlischen Augen. Unendliches Glück, Ruhe und Frieden strömt aus diesen Augen in meine Seele. Ich sehe in seinem Blick die Erfüllung der Wahrheit.

Dann segnet Er mich, und ich gehe.

Die zwölf Zwillingseigenschaften

Am anderen Abend stehe ich wieder vor Ptahhotep. »Die Zeit ist da«, sagt *Er*, »dass du dir die zwölf Zwillingseigenschaften als nächste Übungen vornimmst. Bei der Einweihung wirst du darin geprüft werden. Höre also gut zu, und präge dir ein, was ich dir jetzt sage: So wie ›Schweigen‹ und ›Reden‹ die zwei sich ergänzenden Offenbarungsformen derselben Kraft sind, so gibt es zwölf Eigenschaftspaare, die du zu beherrschen lernen musst. Von nun an wirst du nur vormittags im Tempel sein, dann gehst du in den Palast zurück und musst jede Gelegenheit benützen, so viel als möglich unter Menschen zu sein, denn es ist viel leichter, dieser Eigenschaften im Tempel Herr zu sein als in der Welt. Hier begegnest du lauter dir ähnlichen, nach der göttlichen Einheit strebenden Neophyten sowie den schon in der göttlichen Einheit lebenden Priestern und Priesterinnen. In der Welt bist du aber den verschiedensten Versuchungen ausgesetzt. Du begegnest dort vielen, die körperbesessen sind und auch dich beeinflussen wollen. Die Gefahr zu fallen, ist viel größer. Wenn du alle Eigenschaften im Weltgetriebe meistern kannst, dann wirst du die Einweihungsprüfungen auch bestehen.

Die zwölf Zwillingseigenschaften sind:

Schweigen	—	Reden
Empfänglichkeit	—	Unbeeinflussbarkeit
Gehorchen	—	Herrschen
Demut	—	Selbstvertrauen
Blitzesschnelle	—	Besonnenheit
Alles annehmen	—	Unterscheiden können
Vorsicht	—	Mut
Nichts besitzen	—	Über alles verfügen
An nichts gebunden sein	—	Treue
Sich zeigen	—	Unbemerktbleiben
Todesverachtung	—	Lebensschätzung
Gleichgültigkeit	—	Liebe

Die Erde durchläuft jetzt eine lange Periode, in der allmählich körperbesessene und selbstsüchtige Menschen die Regierung übernehmen werden. Du weißt aber schon, dass dort, wo sich negative Kräfte offenbaren, auch positive Kräfte zugegen sein müssen, jedoch im Ungeoffenbarten. Während dieser dunklen Periode der Erde müssen die Söhne Gottes, die die göttlichen Gesetze der Selbstlosigkeit offenbaren, allmählich die irdische Ebene verlassen und sich auf die geistige Ebene, in das Ungeoffenbarte, zurückziehen. Sie werden aber im Unbewussten der Menschen weiterwirken, *da sie eben das Unbewusste der Menschheit sein werden* und sich in der Seele der reif werdenden Menschen als Sehnsucht nach Befreiung und Erlösung offenbaren.

Auf Erden werden der Machtwahn der Einzelnen und die sich steigernde Unzufriedenheit der versklavten Menschenmassen Jahrtausende hindurch in immer bitterer werdenden Kämpfen zusammenstoßen. Die Jahrtausende ständiger Kämpfe und die Herrschaft von Habgier, Eitelkeit, Neid, Rachsucht, Hass und anderen tierischen Eigenschaften würden alles Schöne, Gute und Wahre ausrotten, wenn nicht die göttliche Vorsehung dafür Sorge tragen würde, dass eine Einheit von geistig verbundenen Menschen – unter der Führung der von der geistigen Ebene wirkenden Söhne Gottes – die Fortdauer und Weiterpflanzung des *Wissens* vor dem Vergessenwerden retten würde. Die Erde – wie ein jeder Planet – steht unter der Führung einer hohen geistigen Kraft, und diese Kraft offenbart sich durch die Söhne Gottes in einer den Menschen angepassten Weise. Diese Kraft wird durch eine Schar geistig eingeweihter Menschen geoffenbart, die auf dem Weg der Entwicklung den Söhnen Gottes gleichwertig geworden sind. Sie arbeiten alle zusammen an dem großen Werk, die Erde der Finsternis, der Herrschaft der materiellen und höllischen Kräfte – der Isolation – zu entreißen und zu erlösen. Jeder Eingeweihte nimmt an dieser Arbeit teil, und da du auch eingeweiht sein wirst – auch du.

Um ein verwendbarer Mitarbeiter am großen Werk zu werden, muss man erst die ganze Skala der Eigenschaftspaare beherrschen. Also musst auch du die Prüfungen in diesen Eigenschaften bestehen.

Ihre Beherrschung bedeutet, dass du die Eigenschaften zur *rechten Zeit* und am *richtigen Ort* gebrauchst. Dieselbe Eigenschaft, die am richtigen Ort und zur richtigen Zeit *göttlich* ist, wird, am falschen Ort und zur unrichtigen Zeit gebraucht, *satanisch. Denn Gott schafft nur Gutes, Schönes und Wahres. Es gibt keine schlechten Eigenschaften und keine schlechten Kräfte, es gibt nur schlecht angewendete Eigenschaften und schlecht angewendete Kräfte!*

Was das richtige Schweigen und Reden ist, hast du selber schon erfahren. ›Schweigen‹ ist eine göttliche Eigenschaft, sie bringt Segen, wenn man sie dort und dann gebraucht, *wo* und *wann* man schweigen muss. Wenn man aber dort und dann schweigt, wo und wann man reden sollte, wenn man zum Beispiel einen Menschen mit einem Wort vor einer großen Gefahr retten könnte und schweigt, so ist aus dem göttlichen ›Schweigen‹ ein satanisches ›Verschweigen‹ geworden.

Wenn das ›Reden‹ am falschen Ort und zur unrichtigen Zeit erfolgt, so wird aus der göttlichen Fähigkeit des ›Redens‹ ein satanisches ›Schwatzen‹.

Die eine Hälfte der nächsten Zwillingsfähigkeiten, die ›Empfänglichkeit‹, ist göttlich, wenn man allem, was hochstehend ist – also dem Schönen, Guten und Wahren gegenüber –, empfänglich und offen ist, *Gott* auf sich einwirken lässt und *Ihn* in sich empfängt. Sie wird aber verhängnisvoll und satanisch, wenn daraus eine charakter- und willenlose ›Beeinflussbarkeit‹ wird.

Ihre andere Hälfte, die ›Unbeeinflussbarkeit‹, bedeutet die Fähigkeit, allen niedrigen Einflüssen und Wirkungen unerschütterlichen Widerstand zu leisten. Leistet man aber auch den höheren Kräften Widerstand, wird aus der göttlichen ›Unbeeinflussbarkeit‹ satanische ›Isoliertheit‹.

Absolutes Gehorchen dem göttlichen Willen gegenüber ist die Pflicht eines jeden Mitarbeiters am großen Werk. Der Wille Gottes kann sich unmittelbar durch dich selbst und auch durch andere Menschen offenbaren. Gottes Willen erkennst du, wenn du alles, was von dir verlangt wird, gründlich prüfst, ob es auch mit deiner *innersten Überzeugung* übereinstimmt. Gott spricht zu uns durch unsere tiefste Überzeugung, da müssen wir unbedingten Gehorsam leisten. Gegen unsere eigene Überzeugung jemandem nur aus Feigheit, Angst, eventuell aus ›Artig-sein-Wollen‹ oder sogar materieller Vorteile wegen, also aus niedrigen persönlichen Gründen, zu gehorchen, bedeutet ›Servilität‹ und ist satanisch.

›Herrschen‹: Unwissenden und schwachen Wesen soll von der eigenen Willenskraft abgegeben werden. Universelle Liebe soll, alle Kräfte des Volkes zusammenfassend, es zum allgemeinen Wohl führen, ohne das Selbstbestimmungsrecht der Menschen zu verletzen. Wer lieblos und aus selbstsüchtigen Gründen den eigenen Willen anderen aufzwingen will und ihr Selbstbestimmungsrecht verletzt, macht aus der göttlichen Eigenschaft des ›Herrschens‹ die satanische ›Tyrannei‹.

›Demut‹ sollen wir gegenüber dem Göttlichen, dem uns belebenden höheren *Selbst*, erleben. Du musst dir dessen bewusst sein, dass alle schönen, guten und wahren Eigenschaften IHM gehören, dass seine Person ein Offenbarungswerkzeug, ein Projektionsapparat des Göttlichen, aber an sich nur eine leere Hülle ist. Du sollst die in dem All sich offenbarende Gottheit – das ewige *Sein* – in dir erkennen und dich *Ihm* demütig ergeben. Nie aber sollst du dich irdischen oder unterirdischen Mächten unterwerfen und vor irdischen Formen auf die Knie fallen. In diesem Falle würde aus der göttlichen ›Demut‹ ein satanisches, feiges ›Sich-Demütigen‹, wodurch du die dich mit *Ihrem* eigenen ewigen *Sein* belebende *Gottheit* verletzen würdest.

Wenn du ein guter Diener am großen Werk der Erlösung der Erde sein willst, darfst du nie vergessen, dass du nicht aus eigener Kraft lebst und arbeitest. Jede Kraft stammt aus Gott, und alle Kräfte, die du offenbarst, strömen dir aus deinem höheren Selbst – aus *Gott* – zu. Sei dir dessen bewusst, dass deine Person an sich ein Scheinwesen ist. Dein wahres Wesen – die einzige, ewige Realität in dir – ist *Gott!* Selbstvertrauen bedeutet also Vertrauen in den deinem Herzen innewohnenden *Gott*, nicht aber in dein Scheinwesen, in deine Person. Das göttliche ›*Selbstvertrauen*‹ *ist zu jeder schöpferischen Tätigkeit unerlässlich* und bedeutet eine innere Verbindung mit *Gott*. Wenn aber eine Person sich einbildet, dass ihre Qualitäten und Kräfte ihr gehören und nicht Gott, so wird aus dem göttlichen Selbstvertrauen satanisches ›Sich-Überheben‹.

Als Mitarbeiter am großen Werk musst du dich auch blitzschnell entscheiden können. Du musst lernen, ohne Zögern, augenblicklich, aus verschiedenen Möglichkeiten die beste zu wählen. Es können Situationen eintreten, in denen nur ein Augenblick Verspätung die Versäumnis einer einmaligen, unwiederbringlichen Gelegenheit bedeutet. Wenn du vollkommen konzentriert, mit über jedem Zeitbegriff stehender Geistesgegenwart, augenblicklich handeln kannst, so offenbarst du Gottes Willen, und in diesem Fall ist die blitzschnelle Entscheidung göttlich. Wenn man aber ohne Geistesgegenwart und Überlegung blitzschnell handelt und so die Konzentration verliert, dann wird aus der göttlichen ›Blitzesschnelle‹ satanische ›Übereilung‹.

So musst du also lernen, dir göttliche ›Besonnenheit‹ anzueignen. Du musst, bevor du handelst, dein Temperament zügeln und mit viel Geduld die Entscheidung in dir reifen lassen. Oft musst du dir, um den Willen Gottes zu erkennen, Zeit lassen, bis du die richtige Entscheidung gefunden hast. Das bedeutet, mit ›Besonnenheit‹ zu arbeiten. Wenn man aber die Besonnenheit unendlich ausdehnt und nie zur Entscheidung gelangt, so wird aus der göttlichen ›Besonnenheit‹ eine satanische, zweifelnde ›Unentschlossenheit‹.

Als ein nützlicher Mitarbeiter am großen Werk musst du lernen, alles anzunehmen, was dir das Schicksal bringt. Nicht die äußeren Umstände geben dir deinen Wert, sondern nur der Grad, in dem du *Gott* offenbarst. Deine inneren Werte können weltliche Erniedrigungen oder Demütigungen nicht verkleinern oder vernichten. Aber Verherrlichungen oder Lobgesänge können sie auch nicht vergrößern. So darf dich die Art, wie dich die unwissenden Menschen behandeln, nicht berühren. Du bleibst, was du bist, ob man dich herabsetzt oder ob man dich verherrlicht. Lerne, mit allen Verhältnissen zufrieden zu sein und sie vollkommen unbewegt hinzunehmen. Wenn deine Arbeit im großen Werk von dir verlangt, dass du in großer Armut lebst oder aber auf einem hohen Posten stehst und über ein großes Vermögen verfügst, so musst du *das eine wie das andere als Mittel zum großen Zweck* betrachten. Keines darf deine innere Einstellung ändern. So gebraucht, wird das ›Alles-Annehmen‹ göttlich. Du musst aber immer erwägen – wenn dich auch in deinem Inneren nichts berührt –, wann du dich *als Vertreter der höheren Führung* gegen Demütigungen oder Beleidigungen *verteidigen musst* – und wann du dich vor Verherrlichungen bescheiden *zurückzuziehen* hast. Das ›Alles-Annehmen‹ darf nie in apathische ›Teilnahmslosigkeit‹ oder feige ›Charakterlosigkeit‹ entarten.

Wähle immer das Allerbeste, und gib dich nicht mit Minderwertigem zufrieden. Du musst das ›Schöne‹ vom ›Hässlichen‹, das ›Gute‹ vom ›Schlechten‹ oder ›Bösen‹, das ›Wahre‹ vom ›Falschen‹, das *Göttliche vom Satanischen* – unterscheiden können. Ohne vollkommenes Unterscheidungsvermögen ist man im großen Werk unbrauchbar.

Wenn du aber von Nutzen sein willst, musst du auch aus voller Kraft ›kämpfen‹ können. Mit dem Schwert der Wahrheit sollst du gegen den Schatten des Irrtums kämpfen, um dem Göttlichen auf Erden zum Sieg zu verhelfen. Nie darf aber aus der edlen und mutigen ›Kampfbereitschaft‹ sinnlose ›Zanksucht‹ werden.

Du darfst nicht vergessen, wenn du auch oft mutig kämpfen musst, dass du mit geistigen Waffen kämpfen sollst, um der Erde ›Frieden‹ zu bringen. Du sollst kämpfen, um das Zerrissene in eine Einheit zu verwandeln und um zwischen Kämpfenden Frieden zu bringen. Nie soll aber aus deiner Friedensliebe ein feiges oder bequemes ›Nicht-kämpfen-Wollen‹ werden.

Wenn du ein verwendbarer Mitarbeiter am großen Werk der Erlösung der Erde sein willst, musst du auch ›Vorsicht‹ lernen, aber gleichzeitig entscheiden können, zu welcher Zeit und an welchem Ort du diese göttliche Eigenschaft gebrauchen sollst. Durch ›Vorsicht‹ kannst du dich und viele andere vor großen Gefahren, vor Schaden und sinnlosen Opfern retten. Aber aus Angst und Mangel an Selbstvertrauen sich nicht getrauen, etwas zu tun, macht aus der göttlichen Eigenschaft der ›Vorsicht‹ satanische ›Feigheit‹.

Du musst unerschütterlichen ›Mut‹ besitzen. Du darfst dich vor keiner Gefahr fürchten. Du musst allen Schwierigkeiten mutig entgegengehen und jeden Angriff gegen das Göttliche mit Mut bekämpfen, wenn es das große Ziel erfordert. Nie darf aber der göttliche ›Mut‹ in gottversuchende ›Waghalsigkeit‹ entarten.

Als Mitarbeiter am großen Werk musst du dich auch zum ›Nichts-Besitzen‹ bekennen. Ob deine Aufgabe von dir vollkommene Armut verlangt oder dich in den größten Reichtum versetzt – sei dir dessen bewusst, dass *dir nie und nirgends etwas gehört, sondern alles Gottes Eigentum ist, aus dem du deiner Aufgabe entsprechend etwas nur zum Gebrauch bekommst.* Wie es einem Wasserkanal gleichgültig ist, ob mehr oder weniger Wasser durch ihn fließt, da das Wasser nicht ihm gehört, so sollst auch du alles, was dir das Schicksal gibt, als etwas betrachten, das von Gott kommt und das du weitergeben musst. Wovon du leben wirst, darüber brauchst du dir keine Sorge zu machen. Du bekommst genauso viel, wie du brauchst. Und wenn du noch so reich wärest, du müsstest deine Einstellung des ›Nicht-Besitzens‹ *als Bewusstseinshaltung* immer wahren. Nie darf aber diese göttlich-positive Einstellung in ein ›Sich-um-nichts-Kümmern‹ und auch nicht in ›Verachtung-der-Materie‹ entarten. *Du darfst von deinen Mitmenschen nie erwarten, dass sie dich ohne Arbeit erhalten!*

Auch die Materie ist eine Offenbarung Gottes, du musst also die Materie als etwas Göttliches wertschätzen, du musst auch über sie herrschen und verfügen. Du musst die Kunst besitzen, immer so viel Materielles herbeizuschaffen, als du zu deiner irdischen Aufgabe benötigst … Sei dir dessen voll bewusst: Solange du auf der irdischen Ebene weilst, musst du *mit*, nicht aber *ohne* die Materie und auch nicht *gegen* die Materie handeln. Es ist nötig, dass du die Materie zusammenfassen und halten kannst, sie richtig gebrauchst und meisterst, sonst bist du den irdischen Mächten vollkommen ausgeliefert und kannst, ihnen unterworfen, deine irdische Aufgabe nicht unabhängig und frei ausführen. Gib aber acht, dass die göttliche Eigenschaft, über die Materie herrschen zu können, nie zur satanischen, selbstsüchtigen ›Besitzgier‹ ausartet.

Als Mitarbeiter am großen Werk darfst du an keinen Menschen gebunden sein. Erkenne in allen Menschen, was in ihnen göttlich, was irdisch und was höllisch ist. Liebe nicht die Person, sondern liebe *in ihr das Göttliche*, dulde das Irdische und weiche dem Höllischen aus. Wenn deine Aufgabe es verlangt, musst du ohne Zögern den geliebtesten Menschen verlassen können, weil du immer vor Augen haben musst, dass das, was in ihm der Liebe würdig ist, *Gott ist und nicht die Person*. Die Person ist nur ein Offenbarungswerkzeug *Gottes*. Du kannst dieselben Offenbarungen auch in anderen Personen finden und lieben. Liebe *Gott* in jedem Menschen, dann wirst du an keine Person gebunden sein. Nie darf aber dieses ›Nicht-gebunden-Sein‹ sich in allgemeine ›Lieblosigkeit‹ gegenüber deinen Mitmenschen verkehren.

Menschen aber, in denen du Offenbarungen Gottes erkannt hast, sollst du im Leben und im Tod treu bleiben. Du liebst deine Meister und deine Mitarbeiter im großen Werk, weil du *in ihnen Gott erkannt hast*. Du bist *Gott* in ihnen treu, weil du ihre Person nur als Werkzeug Gottes liebst. So wird diese Verehrung und Treue gegen deine Meister und Mitarbeiter nie zur persönlichen Anbetung, zum ›Personenkult‹.

Wenn du ein nützliches Werkzeug im großen Werk sein willst, so musst du die Kunst besitzen, deine eigene Person, wie ein gehorsames Instrument, auch vor der Öffentlichkeit zu gebrauchen. Du musst deine Begabungen und Fähigkeiten vor Menschenmengen durch deine geistigen Kräfte beleben, zum Höhepunkt und zum Strahlen steigern, so, dass du deinen Geist durch deine Person, durch die Haltung deines Körpers, durch die Bewegungen deiner Hände, durch die Ausstrahlung deiner Augen, deines Blickes und durch deine Redekunst im höchsten Grad offenbarst und die Menschen unter deinen Einfluss bringst, sie auf eine höhere geistige Stufe mitreißt. Du musst also deinen Geist durch deine Persönlichkeit vor der Öffentlichkeit ohne Scham, ohne Hemmungen zeigen können. Nie darf aber die Kunst des ›Sichzeigens‹ den Teufel der Eitelkeit in dir wecken und in eine Selbstgefälligkeit, in ein mit deinen Gottesbegabungen Auffallen- und Prahlenwollen entarten. Wenn Menschenmengen dich begeistert feiern und bejubeln, so musst du ununterbrochen im Bewusstsein tragen, dass die Menschen nicht von deiner Person, – die nur eine leere Hülle ist, – sondern von Gott begeistert sind, DER sich durch deine irdische Hülle geoffenbart hat.

Wenn du dich im Gebrauch der Kunst des ›Sichzeigens‹ nicht dem Teufel der Eitelkeit auslieferst, dann wird dich nicht im Geringsten stören, wenn du – in der Erfüllung anderer Aufgaben – unter den Menschen wiederum vollkommen unbemerkt und unbedeutend bleiben musst. Du darfst in diesem Fall deine Fähigkeiten nicht zeigen, sondern unter den Menschen, wie einer von vielen, ohne auffallen und herausragen zu wollen, unbemerkt verschwinden. Nie darf aber dieses bescheidene ›Unbemerktbleiben‹ in eine persönliche Selbstunterschätzung und Selbstvernichtung entarten. Deine Menschenwürde musst du immer in deinem Herzen tragen.

Wenn du ein brauchbarer Mitarbeiter am großen Werk sein willst, musst du die Prüfung der vollkommenen Todesverachtung bestehen. Du musst die unerschütterliche Überzeugung haben, dass es überhaupt keinen *Tod* gibt. Wenn dein Körper verbraucht ist, so streift dein Selbst ihn ab. Das *Selbst* ist aber ein Zweig des Lebensbaums, das *Leben* selbst, und das *Leben* ist unvergänglich. Wenn du in deinem Bewusstsein mit dem *Leben* identisch geworden bist, wirst du auch vor dem Tod – wenn deine Aufgabe dich in Lebensgefahr bringt – nicht zurückschrecken, sondern mit unerschütterlicher Todesverachtung der größten Gefahr entgegenschauen. Lasse aber die ›Todesverachtung‹ nie in eine Geringschätzung des Lebens, also in ›Lebensverachtung‹, ausarten.

Du musst das *Leben* über alles schätzen. Das *Leben* ist *Gott selbst*. In allem, was lebt, offenbart sich das ewige *Sein*. Du darfst dich nie sinnlos der Gefahr aussetzen. Schätze das *Leben* auch in deinem Körper, lebe mit Freude. Nie soll aber die Freude am Leben Selbstzweck werden und in ›Sinnlichkeit‹ ausarten.

Und zuallerletzt musst du die allerschwerste Prüfung bestehen, die der ›Liebe‹ und der ›grausamen Liebe‹ – der ›Gleichgültigkeit‹. Dieses letzte Eigenschaftspaar bildet schon auf der irdischen Ebene eine untrennbare Einheit. Wann immer du die eine Hälfte offenbar machst, so offenbart sich unwillkürlich auch die andere.

Du musst deine persönliche Einstellung, deine persönlichen Neigungen und Gefühle vollkommen aufgeben und so lieben können, *wie Gott selbst liebt, alles lieben, ohne Unterschied lieben;* mit allem in der Einheit des ewigen Seins verbunden lieben. So wie die Sonne mit vollkommener Gleichgültigkeit auf das Schöne und das Hässliche, auf das Gute und das Böse, auf das Wahre und das Falsche scheint – sie liebt –, so musst du das Schöne und das Hässliche, das Gute und das Böse, das Wahre und das Falsche ohne Unterschied, mit vollkommener Gleichgültigkeit lieben. Die allerhöchste, göttliche Liebe ist die vollkommen *gleichgültige Liebe!* Es muss dir vollkommen gleichgültig sein, ob etwas oder jemand schön oder hässlich, gut oder böse, wahr oder falsch ist, du musst alle mit der gleichen Liebe lieben. Du musst lernen, dass das Schöne ohne das Hässliche auch nicht da wäre. Du musst lernen, dass das Gute ohne das Böse auch nicht da wäre. Du musst lernen, dass das Wahre ohne das Falsche auch nicht da wäre. Und so musst du alle gleich lieben. Du musst erkennen, dass das Schöne und das Hässliche, das Gute und das Böse, das Wahre und das Falsche nur einander ergänzende Spiegelbilder des *Unaussprechlichen* sind, das wir – nur um ein Wort zu haben – ›*Gott*‹ nennen.

Wenn für jedes Lebewesen vollkommen gleiche, gleichgültige Liebe aus dir strahlt, wird sich dieser Liebe in keinem Fall mehr persönliche Neigung beimischen. Du wirst alles vom Standpunkt des großen Ganzen betrachten, und wenn der Standpunkt des Allgemeinen gegen den Standpunkt der einzelnen Personen verstößt, wirst du ohne Zögern den Standpunkt des Ganzen vertreten und die Interessen der Einzelnen rücksichtslos übergehen. Diese Rücksichtslosigkeit muss aber immer in der universellen, göttlichen Liebe wurzeln und darf nie aus einer persönlichen ›Abneigung‹ stammen.

Du musst aber deine unpersönlich gewordene, gleichgültig-grausame Liebe deinen Mitmenschen gegenüber auch in solchen Fällen offenbaren, in denen ihre Seele eventuell nur um den Preis ihres irdischen Wohles zu retten ist, auch dann, wenn sie dir persönlich am nächsten stehen. Du musst eventuell auch gleichgültig zuschauen können, wie deine Geliebtesten in die größten Gefahren hineingeraten und darfst sie, wenn sie auf gewöhnliche Mittel nicht reagieren, weder mit geistiger Gewalt, mit Hypnose, noch mit magischen Mitteln zurückhalten, wenn ihr Seelenheil es so verlangt. Lieber soll ein Mensch materiell oder körperlich zugrunde gehen, sogar sterben, als dass seine Seele verloren geht. Du musst unbedingt die Rettung seiner Seele unterstützen. Ebenso wie *Gott* sich in keine Angelegenheiten der Menschen mischt, sondern ihnen ihren freien Willen lässt, so musst auch du deinen Mitmenschen ihren freien Willen lassen und sie niemals mit Gewalt zu etwas zwingen. Deine Hilfsbereitschaft soll alles vom Standpunkt des seelischen Heils und nicht vom irdischen und körperlichen Wohl aus betrachten. Nie darf aber diese göttlich-grausame Liebe in ›Lieblosigkeit‹ entarten, und nie darfst du einem Menschen aus persönlicher Abneigung *nicht* helfen wollen, wenn du ihn mit irdischen Mitteln retten kannst.

Das sind die allerschwersten Prüfungen, weil du deine persönlichen Gefühle aufgeben und ausschalten musst. Nur wenn du die vorhergehenden elf Eigenschaftspaare vollkommen beherrschst, kannst du die Stimme Gottes so klar vernehmen, dass du mit Sicherheit fühlst, was du auch in den schwersten Fällen aus wahrer Liebe *tun* – und was du *nicht tun* sollst!

Dann aber wirst du nicht mehr fehlen können, denn du wirst *die Liebe selbst sein*! Und die Liebe kann alles nur aus Liebe tun. Du brauchst nichts anderes zu tun, als dein *Selbst* auszustrahlen, zu *sein*, und das ganze *All* wird aus deiner *Wärme*, aus deinem *Licht* und aus deiner *Kraft* schöpfen können. Dann bist du selbst göttlich geworden, dein Bewusstsein wurde mit *Gott selbst* identisch! Du bist aus der Welt des Baumes der Erkenntnis des Guten und Bösen, also aus dem Reich des Todesbaumes, wo alles in Trennung und Spaltung erscheint, ins Reich des Lebensbaumes, ins Reich der göttlichen Einheit, zurückgekehrt. Du isst wieder von den Früchten des Lebensbaumes, und von diesen Früchten gibst du auch den nach dir Kommenden zu essen, damit alle in die Einheit des unsterblichen, ewigen *Lebens*, in das ewige *Sein* – in *Gott* – heimkehren.«

O *Du Gottesvertreter*! Nie werde ich deine Worte vergessen. Sie haben sich so tief in meine Seele eingeprägt, dass ich mit dem Sinn dieser Worte identisch geworden bin. Sie sind mir ins Blut, ins Knochenmark übergegangen, und nach dieser Belehrung bin ich nicht mehr dieselbe, die ich vorher war.

Meine Aufgabe aber ist es – all dies zu *verwirklichen*.

DIE LÖWEN

Am nächsten Tag ist ein großes Fest.

Wie üblich kleidet mich Menu an, schnallt mir die vergoldeten Sandalen um und dann betrete ich meinen Empfangsraum, wo die Hofdamen und Roo-Kha, der Oberschatzmeister, mit den zwei Schmuckträgern warten. Roo-Kha tritt zeremoniell zu den Schmuckträgern und öffnet die Kassette. Dann kommt die ranghöchste Hofdame, meine gewesene Haupterzieherin, hebt den prachtvollen goldenen Kragen heraus, tritt zeremoniell zu mir und legt den goldenen Kragen um meine Schultern. Dann befestigt sie ebenso feierlich den Kopfschmuck mit der goldenen Schlange auf meinem Kopftuch und schließlich meine Arm- und Fußbänder. Ich stehe da wie eine Statue, bewegungslos und würdig. Ich benehme mich tadellos, dabei möchte ich aber am liebsten Roo-Kha tüchtig am Bart zerren, denn er schaut mich wieder so frech an. Er ist kein schlechter Mensch und hat in seinem Blut auch etwas von den Söhnen Gottes. Er ist sehr klug und schlau, sieht auch in die Menschen hinein und nützt diese Gabe nicht *zu sehr* aus. Wenn er sich vor mir verbeugt, so tut er es nicht aus der Verehrung des Oberschatzmeisters vor der Königin, sondern er verbeugt sich als »Mann« vor meiner weiblichen Schönheit und schaut mich dabei mit gierigem Blick an. Frecher Mensch! Dabei sieht er, dass ich in ihn hineinschaue, und er weiß, dass ich seine Gefühle klar sehe. Aber ich denke an Ptahhoteps Worte:»In jedem Lebewesen wirkt das Streben nach der göttlichen Einheit. Das Männliche sucht das Weibliche, das Weibliche sucht das Männliche, das ist die Anziehung zwischen den zwei Offenbarungsformen der schöpferischen Kräfte ...« – und ich verstehe Roo-Kha. Diese Kraft wirkt auch in ihm, und er kann nichts dafür, dass ich ihm gefalle. Das ist der Grund seiner Frechheit. Ohne diese Kraft würde er sich nicht um mich kümmern. Im Geheimen bin ich eigentlich gar nicht böse, dass er meine Schönheit bewundert ...

Nach den Ankleidezeremonien begleiten mich die Hofdamen und Roo-Kha zum Pharao. Ach! Wie schön ist mein Vater in seinem Festgewand! Wie ein verkörperter Gott! Wir gehen alle aus dem Palast zu den Wagen, die schon warten. Irgendein Gebäude soll heute eingeweiht und seiner Bestimmung übergeben werden.

Vater und ich besteigen den goldenen Wagen, und Vater ergreift die Zügel aus den Händen des Wärters. Der Wagen mit den Löwen! Noch als ich klein war, hat mich Vater schon auf Wagenfahrten mitgenommen. Ich musste neben ihm stehen, und er erklärte mir, wie ich mit elastischen Gegenbewegungen das Rütteln des Wagens ausgleichen sollte. Ich musste meinen ganzen Körper vollkommen gelockert halten, um den Bewegungen des Wagens sofort und entspannt folgen zu können. Wenn der Wagen mich hin und her und auf und ab schüttelte, machte ich, auf den Fußspitzen stehend, mit den Füßen, in den Knien und dem ganzen Körper wippend, die Gegenbewegungen.

Diese Wagenfahrten waren immer sehr lustig, wir hatten am Anfang viel über meine Ungeschicklichkeit zu lachen. Vater ließ die Löwen zuerst langsam gehen, dann allmählich traben, aber im Augenblick, in dem die Löwen zu rennen begannen, warf mich der Wagen hin und her, und ich hatte natürlich Angst. Anstatt mich zu lockern, klammerte ich mich krampfhaft an Vaters Hände, Kleid und Gürtel. Vater lachte von Herzen, und mit unendlicher Geduld zeigte er mir wieder und wieder, wie ich mich aufrecht halten konnte. Schließlich lernte ich die richtigen Gegenbewegungen, und ohne mich an Vater oder an der Wagenkante festzuklammern, konnte ich mich, auf den Fußspitzen, aufrecht und gerade halten.

Ach, wie herrlich war es dann, im rasenden Wagen sicher und scheinbar bewegungslos zu stehen wie Vater! Wir unternahmen oft weite Wagenfahrten. Es war ein wundervolles Gefühl, mit den galoppierenden Löwen so dahinzusausen. Die Löwen genossen es auch, dass sie sich auslaufen konnten, und nicht nur wir – Vater und ich –, sondern auch die Löwen lachten vor Glück. Mein Körper wurde durch diese Wagenfahrten muskulös, kräftig und dabei so elastisch, als ob ich mich jeden Tag im Ringkampf geübt hätte. Der kleinste Muskel wurde gebraucht, musste mitarbeiten und augenblicklich auf die Bewegungen des Wagens reagieren. Es war wie ein ständiger Tanz, der aber unsichtbar blieb, da nicht wir tanzten, sondern der Grund unter uns fortwährend dahin tanzte.

Als ich fünfzehn Jahre alt wurde, lehrte mich Vater die Löwen lenken. Was für ein wunderbares Gefühl war es, diese prachtvollen, riesigen

Tiere in meiner Macht zu haben! Sie reagierten auf die geringste Regung meines Willens und waren so überempfindlich, dass sie alles, was ich wollte, ohne den Zügel zu bewegen, unmittelbar ausführten. Doch ließ mich Vater nie, nicht einmal mit meinem Lieblingslöwen, der ausgesprochen in mich verliebt und immer eifersüchtig war, allein fahren, weil die Löwen immer ihre Selbstständigkeit behielten und nur ein Eingeweihter sie vollkommen beherrschte. Wenn ich eingeweiht werde, habe ich die Hoffnung, die Löwen allein lenken zu dürfen!

Jetzt, auf dem Weg zu einem öffentlichen Fest, fährt Vater mit den Löwen würdig zurückgehalten, und ich stehe als seine Frau neben ihm. Ich bin stolz auf Vater. Er ist noch sehr jung, kräftig und herrlich schön. Sein Körper und sein schönes Gesicht – besonders jetzt, da er über die Löwen herrscht – strahlen eine ungeheure Willenskraft und Konzentrationsfähigkeit aus. Auf den Fußspitzen balancierend, nimmt sein Körper jede Bewegung des Wagens auf, so dass er bewegungslos dazustehen scheint, so sicher, als ob er der Sonnengott selber wäre.

Wir erreichen unser Ziel, und die langweiligen Zeremonien beginnen. Ich mag diese öffentlichen Feste nicht. Es ist immer dasselbe. Große Menschenmengen, marschierende Soldaten, Vornehme – und ich muss während unendlich lang scheinender Zeit dasitzen und bewegungslos zuschauen, bis alles endlich beendet ist. Dann soll ich mit den Vornehmen freundlich sprechen und muss dabei die vielen albernen und falschen Gedanken hinter ihren schmeichelnd-demütigen Gesichtern sehen. Es ist noch ein Glück, dass sich unter den vielen falschen Höflingen, die nur ihren Machtwahn und ihre Eitelkeit befriedigen wollen, auch einige ehrliche und treue Mitarbeiter Vaters und Ptahhoteps befinden. Da ist zum Beispiel ein Offizier, den seine Strahlung wie leuchtender Golddampf umgibt. Ich frage Vater ganz leise: »Wer ist das?«

Er antwortet ebenso leise: »Thiß-Tha heißt er, er ist seit kurzer Zeit Offizier, hat aber solch hervorragende Qualitäten – wie du es an seiner Ausstrahlung siehst –, dass ich aus ihm einen Heerführer machen will.«

Die Zeremonien sind immer dieselben. Nur mit dem Unterschied, dass wir einmal auf der Palastterrasse, einmal auf einer großen Tribüne, ein anderes Mal auf der Tempelterrasse sitzen. Einmal wird ein neues Gebäude eingeweiht, ein anderes Mal kommt eine Expedition nach Hause, die in Nachbarländern Tauschhandel trieb, und die Übergabe der Tauschwaren wird gefeiert, dann nehmen wir teil an einem Erntefest und an verschiedenen Tempelfesten, die ich schon deshalb nicht gern habe, weil die große Masse keine Ahnung von der Bedeutung der Zeremonien hat und, anstatt Gott in den verschiedenen Erscheinungsformen, die durch die symbolischen Bilder dargestellt sind, anzubeten, die Symbole selbst anbetet.

Aber einmal ist auch das langweiligste Fest beendet, und wir können nach Hause und wieder wir selbst sein.

Nein, ich möchte nie Pharao sein! Die Angelegenheiten des Landes interessieren mich überhaupt nicht. Gesetzlich wäre ich der Thronfolger, aber Vater spricht nie davon und kümmert sich auch nicht viel um meine Vorbereitung auf die Aufgaben eines Pharao. Ich weiß, dass Ptahhotep und Vater die Fähigkeit besitzen, sich über die Ebene der Zeit zu erheben. Sie können die *Vergangenheit* und die *Zukunft* als *Gegenwart* sehen und erleben. In mir beginnt diese Fähigkeit auch zu erwachen, ich sehe schon oft Teile der Zukunft, aber wenn ich meine *eigene* Zukunft sehen möchte, erscheint vor meinen Augen immer nur ein dichter Nebel, der alles bedeckt. Vater kennt aber meine Zukunft, und da er mich nicht schon jetzt als Mitregenten einsetzt, ahne ich, dass ich nie Pharao werde. Dieses Vorgefühl hatte ich ohnehin. Es lässt mich kühl, da ich viel lieber Priesterin im Tempel sein möchte. Merkwürdigerweise sehe ich aber in der Zukunft auch keine Bilder, die mich im Tempel als Priesterin zeigen würden. Ich sehe nur Nebel ...

Ich bin immer froh, wenn ich nach solchen Festlichkeiten am anderen Tag wieder im Tempel bin. Dort fühle ich mich wohl, in der reinen, geistigen Atmosphäre.

TELEPATHISCHE ÜBUNGEN

Ptahhotep lässt mir eines Tages sagen, ich solle mich am Abend melden. Als ich vor ihm stehe, sagt er:»Du hast die bisherigen Vorbereitungsprüfungen gut bestanden und darfst versuchen, mit jemandem ganz bewusst in geistige Verbindung zu treten. Diese Übungen gelingen besser nach Sonnenuntergang, denn die Sonnenstrahlen wirken auf jene Nervenzentren und Drüsen anreizend und anregend, die dem *körperhaften Offenbarwerden des Geistes* dienen und so das Bewusstsein an die Materie heften. Die Strahlen der Sonne üben eine den geistigen Offenbarungen entgegengesetzte Wirkung aus. Nach Sonnenuntergang hört diese Wirkung auf, das Bewusstsein kann sich von bestimmten Nervenzentren lösen und sich ins Geistige zurückziehen. Die Lebewesen gehen schlafen. ›Schlafen‹ bedeutet, das Bewusstsein aus dem Körper in den Geist zurückzuziehen. Doch da die meisten Menschen die tieferen Grade des Geistes nicht *bewusst* erreichen können, verlieren sie ihr Bewusstsein – und schlafen ein. Mit Übung vermag man die Widerstandskraft seiner Nerven so zu entwickeln, dass das Bewusstsein bis zum tiefsten Grad beibehalten werden kann, wodurch die tagsüber ruhenden Nerven- und Gehirnzentren aktiv werden und die alles durchdringenden Schwingungen des Geistes, des *Selbst*, aufnehmen und weiterlenken. So wird eine Verbindung in die Ferne, also eine telepathische Verbindung, möglich. Ein Anfänger beginnt besser nach Sonnenuntergang, da er die Sonnenwirkung nicht gegen sich hat. Später wird man fähig, zu jeder Zeit eine telepathische Verbindung herzustellen.

Die Übung besteht darin, dass man die ganze Aufmerksamkeit, wie bei jeder Konzentrationsübung, auf einen einzigen Gedanken fixiert. Denke also vollkommen konzentriert an die Person, mit der du in Verbindung treten willst – du darfst mit deiner Vorstellungskraft nachhelfen. Mit geschlossenen Augen stellst du sie dir vor, du siehst sie in deinem Inneren, ihre Gestalt, ihr Gesicht, ihre Augen, und bildest dir ein, *du* seiest *sie* und sie *du*, bis du tatsächlich das Gefühl hast, dass ihre Hände deine Hände sind und dein Körper der ihre, bis du also die vollkommene Identität erlebst. Wenn du dies erreicht hast, dann denke klar und konzentriert den Gedanken, den du übermitteln willst. Denke ihn mit dem intensiven Bewusstsein, dass *du* die betreffende Person bist und *sie in dir diesen Gedanken denkt*.

Diese Übung hat drei Phasen: Zuerst übst du *in der Anwesenheit der Person*, mit welcher du einen Kontakt schaffen willst, und zwar so, dass *sie sich auf dich einstellt*.

Später wirst du dieselbe Übung zu einer im Voraus vereinbarten Zeit *aus der Ferne* wiederholen, wobei *jeder weiß, dass der andere sich auf ihn konzentriert*.

Schließlich wirst du durch einen Fernkontakt etwas mitteilen, *ohne dass der andere davon im Voraus weiß*. Diese drei Phasen bilden die positive Hälfte der telepathischen Übungen. In diesen willst du etwas mitteilen. Die negative Hälfte der Übung besteht darin, dass *du eine telepathische Mitteilung übernehmen und verstehen musst*. Diese Übung zerfällt auch in drei Phasen: Zuerst machst du dich empfangsbereit und leer in *Anwesenheit der Person*, von der du etwas übernehmen willst, dann *allein zu einer im Voraus vereinbarten Zeit*, wonach du weißt, *wann und wer* sich auf dich konzentrieren wird – und schließlich musst du alle telepathischen Botschaften aufnehmen, *ohne zu wissen, wann und wer sich auf dich konzentrieren wird*.

Du wirst schließlich so weit entwickelt sein, dass du auf jede Botschaft *aus der Ferne – zu jeder Zeit und von jeder Person – sofort reagierst*. Was immer du tust, du wirst fühlen, wenn sich jemand auf dich konzentriert und seine Stimme wie von innen hören. In einem noch höheren Grad der telepathischen Verbindungen *hörst* du nicht nur die Stimme, sondern *siehst* auch das Bild dessen, mit dem du verbunden bist. Seine Gestalt, sein Gesicht und besonders seine Augen werden in dir gleich einem Phantom, wie ein Traumbild, auftauchen. Wenn du diesen Grad erreichst, wirst du die Fesseln der Materie – deines Körpers – nicht so drückend empfinden, da die Isolation dann weitgehend vermindert ist. Du wirst die Freiheit des Geistes schon im Körper genießen.

Wenn du eine telepathische Verbindung schaffen willst, gelingt es natürlich am besten in der Nacht. Dann ist das Bewusstsein nicht so stark mit eigenen Gedanken besetzt, der Mensch ist weniger isoliert, er ist passiv, und deine telepathische Ausstrahlung wird seine Nervenzentren besser erreichen können. Die Nervenzentren der meisten Menschen sind noch dermaßen schwach entwickelt, dass eine sehr kräftige Einwirkung nötig ist, damit sie uns überhaupt wahrnehmen. Wenn sie schlafen, kannst du es erreichen, dass sie von dir träumen und im Traum deine Botschaft aufnehmen. Die Übung wird dir alle Gesetze der Telepathie zeigen, auch, wie du sofort bemerken kannst, ob jemand besetzt ist, oder auch, wie du dich selber isolieren kannst, wenn du dich schon auf etwas konzentriert hast. Einander stören, das tun nur Anfänger!

Jeden Abend wirst du diese Übungen nach meinen Vorschriften machen.

Und jetzt gehen wir zur Praxis über. Setze dich mir gegenüber, schließe deine Augen und versuche, mir einen Gedanken mitzuteilen.«

Ich setze mich Ptahhotep gegenüber und konzentriere mich auf *Ihn*. Ich bilde mir ein, dass ich Ptahhotep bin und fühle, als ob meine Hände und Füße, mein ganzer Körper seine Hände, seine Füße, sein Körper wären. Dann denke ich konzentriert diesen Entschluss:»Ich, Ptahhotep, will aufstehen und die Haare dieses kleinen Wesens da – meine – streicheln.« Denn aus Ptahhoteps Händen strahlt eine wunderbare Kraft, und ich bin immer glücklich, wenn er seine Hand auf meinen Kopf legt.

Im nächsten Augenblick steht Ptahhotep auf und legt seine segensreiche Hand auf meinen Kopf und streichelt meine Haare. Meine Konzentration war also offenbar gelungen; obwohl Ptahhotep meine Gedanken auch dann sieht, wenn ich keine telepathische Verbindung mit ihm herstellen will.

»Gut«, sagt er lächelnd, »ich habe deine Gedanken nicht nur deshalb lesen können, weil ich sie ohnehin sehe, sondern weil du dich wirklich gut konzentriert hast. Dein Löwe hätte auch gespürt, was du gewollt hast.«

»Mein Löwe, Vater meiner Seele? Das glaube ich schon. Aber ein Mensch?!«

»Geduld, mein Kind. Mit der Zeit wird alles gehen. Jetzt versuchen wir es umgekehrt. Ich werde dir einen Gedanken übermitteln. Mache dich leer und empfänglich.«

Ptahhotep setzt sich, und ich tue, was er sagt. Im nächsten Augenblick *höre ich seine Stimme von innen her, wie aus meinem eigenen Herzen*:

»Sobald du dir in den Eigenschaftszwillingspaaren genügend Selbstbeherrschung angeeignet hast, ist es Zeit, dass ich dir, vor der Einweihung, die letzten Geheimnisse enthülle.«

Ich öffne meine Augen und frage mit freudiger Erwartung:»Bin ich also der Einweihung nahe?«

Ptahhotep lächelt:»Da du meine Botschaft gehört hast, bist du reif, sie zu empfangen, nur musst du dich vorher noch in der Selbstbeherrschung vervollkommnen.« Ich springe auf und, mich an seinen Hals werfend, küsse ich seine Wangen, dass es nur so knallt. Ptahhotep umarmt mich – und sagt laut lachend:»Siehst du, siehst du, wie du dich beherrschen kannst! Du hast der Wirkung der geistigen Einheit nicht widerstehen können. Das Einssein unseres Geistes hast du erlebt, die Kraftquellen dieser Einheit strömten in deinen Körper, und dein Körper will jetzt an der Freude der Einheit teilhaben. Aber vergiss nicht: Was auf der geistigen Ebene göttlich ist, weil es den Gesetzen des Geistes *entspricht*, wird auf der materiellen Ebene satanisch, weil es den Gesetzen der Materie entspricht. Einheit im Geist ist möglich, Einheit im Körper dagegen nicht; zwei Körper können nicht an demselben Ort sein. Aus dem Streben nach Einheit suchen die Menschen daher durch den Körper sich zu vereinen und gleiten dadurch in Sexualität ab. Die Natur nützt das Streben nach der Einheit – nach dem einstigen paradiesischen Zustand – aus und benützt es, um neue Nachkommen zu zeugen. Die große Enttäuschung ist nur, dass die Sexualität keine Einheit schaffen kann. Was unmöglich ist, bleibt unmöglich, und alle Lebewesen, abgesehen davon, dass sie vom Kraftverlust müde sind, werden nach dem sexuellen Verkehr traurig. Denn *die Seele bleibt unbefriedigt*, die Sehnsucht nach der paradiesischen Einheit wirkt weiter, und die Natur erlistet aus dieser unbefriedigten Sehnsucht immer neue Nachkommen. Nun, es wäre für dich sehr, sehr zu wünschen, dass du das Streben nach Einheit *nicht ungehemmt in deinen Körper strömen ließest*. Ich bin zwar gewappnet genug, dass ich deiner bezaubernden Schönheit widerstehe, aber es kann jüngere, unerfahrene Menschen geben, die dir, wenn du ihnen so an den Hals springst, nicht widerstehen! Aber da rate ich dir natürlich vergebens«, sagt Ptahhotep lächelnd,»es fehlen dir noch die Erfahrungen. Und dieser Unerfahrenheit verdanke ich jetzt deine vehementen Liebesäußerungen.«

»Vater meiner Seele«, sage ich,»du bist mir aber nicht böse?«

Ptahhotep lächelt:»Nein, nein, mein Kindchen, böse bin ich gar nicht. Solange du nur mich umarmst, ist noch alles in Ordnung. Aber sei mit anderen Männern sehr, sehr vorsichtig! Je höher du im Geist steigst, desto unwiderstehlicher werden deine Ausstrahlungen. Du brauchst gar nicht so nahe an einen Menschen heranzutreten, um deine Anziehungskraft wirken zu lassen. Sei sehr vorsichtig, dass du nicht verderblich auf die Männer wirkst. «

»Vater«, frage ich ihn erschrocken,»meinst du, dass ich nicht geistig genug bin? Du siehst, wie erfolgreich ich meine Übungen mache. Und Mentuptah ist mit mir auch sehr zufrieden, ich weiß meinen Körper und meine Nervenzentren schon in einem sehr hohen Grad zu beherrschen. Ich habe alle Vorprüfungen bestanden.«

»Ja«, sagt Ptahhotep,»geistig bist du schon wach und Herr über deinen Körper. Aber gleichzeitig bist du auf der körperlichen Ebene unvorsichtig offen. Du schiebst den Riegel nicht vor diese Tür; nicht weil du nicht könntest, sondern weil du es nicht immer willst. Du schützt deinen Körper nicht genügend gegen die hohe Frequenz geistiger Schwingungen, und das ist eine ständige Gefahr für deine Nervenzentren. Wenn deine geistigen Kräfte in den Körper treten, leitest du diese hohen Frequenzen untransformiert in deine niedrigen Nervenzentren, und die Gefahr besteht dann, dass die höheren, feineren Nervenzentren ausbrennen und zugrunde gehen. Es wäre schade um dieses feine Instrument. Selbstbeherrschung hast du genug, *wenn du willst*, aber oft wirfst du die Zügel vor lauter Übermut fort. Du *willst* eben manchmal *keine* Selbstbeherrschung ausüben. Sei wach, mein liebes Kind, sei immer wach!«

Oh Ptahhotep, mein lieber, treuer Meister! Du sahst schon damals, was unvermeidlich kommen würde, aber du wolltest mich dennoch retten! Aber der beste Rat kann Unerfahrenheit nicht in Erfahrung verwandeln, und meine innere Unausgeglichenheit, meine Ungezügeltheit, musste erst durch schwere Erfahrungen ins Gleichgewicht gebracht werden.

Die Zukunft

Eine neue, lange Periode in meinem Leben fängt an. Ich prüfe jeden meiner Gedanken, jedes meiner Worte und jede meiner Taten. Ich bedenke und wäge ab, ob ich auch wirklich dem Göttlichen zur rechten Zeit und am rechten Ort Ausdruck verleihe und nie dem Satanischen. Und in diesem ständigen Wachsein, unter dauernder Selbstbeobachtung, entdecke ich, wie unbeherrscht, ungezügelt und sinnlich, mit einem Wort wie persönlich ich noch bin. Wie lange wird es noch dauern, bis ich mich von den Leidenschaften nicht mehr erwischen lasse, bis ich mich mit meinen äußeren Eindrücken nicht mehr identifiziere, sondern immer Herr bleibe über alle meine körperlichen, seelischen und geistigen Kräfte?

Ich gehe in dieser Periode meiner Vorbereitung auf die Einweihung nur noch vormittags in den Tempel und kehre nach den körperlichen und seelischen Übungen in den Palast zurück. Nachmittags nehme ich teil am öffentlichen Leben. Ausflüge, Schiff- und Wagenfahrten wechseln ab mit Reisen und Besichtigungen verschiedener Siedlungen. Ich langweile mich aber während dieser Ausflüge und Unterhaltungen entsetzlich. Nicht als ob ich Gesellschaft nicht gerne hätte, nein! Ich möchte schon gerne mit Menschen zusammen sein, aber mit solchen, die mir verwandt sind und etwas zu sagen haben. Aber diese Menschen sind ganz anders als wir aus der Linie der Söhne Gottes. Wir haben zwar auch menschliches Blut, wir sind auch keine reine Rasse mehr, aber wir leben doch bewusst im Geist und nicht so materiell wie die Linie der Menschensöhne. Es ist, als hätten sie vollkommen vergessen, dass sie in ihrem Selbst freie Geister sind und der Körper nur ein Offenbarungswerkzeug ist. Sie sind dermaßen identifiziert mit ihrem Körper, dass sie *in der Auffassung leben, sie seien nur Körper.* Wenn ihr Körper Nahrung wünscht, glauben sie, dass *sie* essen wollen, dass *sie* hungrig sind, und anstatt die Nahrung vom Geist überwacht zu sich zu nehmen, tun sie so, als ob sie selber essen würden, und nicht, als ob sie *nur die Zuschauer ihres Körpers wären.* Sie essen genau so gierig wie die Tiere. Ich beobachtete sie während der »Fütterung«, und oft möchte ich meinen Kopf wegdrehen, um ihr tierisches Benehmen nicht zu sehen. Ich lasse meinen Körper auch mit gutem Appetit essen, führe meinem Magen und meinen Verdauungsorganen reine Kräfte zu und koste die Speisen auch aus, um die wertvollen Kräfte der Nahrung von meinem Körper aufsaugen zu lassen, aber wie könnte ich mich damit identifizieren? Mein Selbst kann nicht hungrig sein, da das Selbst keine Materie, sondern der Herr der Materie ist. Mein Bewusstsein übernimmt zwar die Botschaft des Körpers, dass er Nahrung benötigt, und ich nehme es wahr als Gefühl des Hungers. Aber das »Ich« in mir trinkt und isst nicht; wie könnte ich auch nur einen Augenblick vergessen, dass diese Funktionen nur darum notwendig sind, um den Körper gesund zu erhalten? Mein Ich hat aber nur so viel damit zu tun, dass es *kontrolliert* und *wach zuschaut*, was der Körper aufnimmt, und darauf achtet, dass Zähne und Zunge ihre Arbeit richtig tun.

Nie könnte ich Menschen verstehen, die nach ihrem tierischen Essen sagen: »Das hat *mir* aber geschmeckt!« »Ihm« hat es geschmeckt? Weiß er nicht, dass es seinem Gaumen geschmeckt hat? Ach, diese armen Menschen, sie sind die Sklaven ihrer körperlichen Begierden … Wir verstehen einander nicht. Aber Vater und Ptahhotep sagen, dass es unsere Pflicht sei, uns unter ihnen aufzuhalten und in ihnen höhere Bedürfnisse zu erwecken. Dabei weiß Vater, dass die Vornehmen seines Hofes sich meistens nur dafür interessieren, *wie* und *wo* sie eine hohe und einträgliche Stellung erlangen könnten, um so bald als möglich reich zu werden und ihren Machtwahn zu befriedigen. Dann machen sie Jagd auf wilde Tiere und benutzen ihren Verstand dazu, unschuldige Tiere zu töten und sind noch stolz darauf! Sie sollten sich schämen! Diese Menschen sind viel schlechter als die Tiere. Tiere töten nur aus Hunger! Die Menschen töten aber aus Leidenschaft, weil ihnen das Töten – Krieg und Jagd – Freude bereitet. Aber Vater sagt, dass die Menschheit noch unentwickelt sei und man sie nicht nach unserem Maßstab beurteilen dürfe. Sie finden es auch unendlich wichtig, aus welcher Familie sie stammen. Wenn sie einen Ahnen mehr aus der Linie der Söhne Gottes haben als ein anderer, dann erwähnen sie es so oft wie möglich und verachten jeden, der nicht so viele aufweist. Darum legen sie großes Gewicht darauf, aus welcher Familie eine Tochter stammt und aus welcher Familie der Sohn, den sie heiratet, und umgekehrt. Wie lächerlich! Als ob sie nicht wüssten, dass das irdische Leben nur eine Reise zwischen dem Geborenwerden und dem Sterben des Körpers und das Selbst in jedem

Lebewesen dasselbe ist – nur der Körper hat »Abstammung«. Die Stufe, wie hoch ein Mensch steht, ist nur von seinem eigenen Bewusstseinsgrad bestimmt. Es kommt häufig vor, dass ein Mensch, der mehrere Ahnen aus der Linie der Söhne Gottes hat, doch einen niedrigeren Bewusstseinsgrad hat als ein anderer mit viel weniger Ahnen aus der göttlichen Rasse. Wenn ich mich unter diesen Menschen aufhalte, habe ich das Gefühl, als ob ich mit Toten zusammen wäre, die nur deshalb lebendig sind und sich bewegen, sprechen, essen und trinken, weil die Naturkräfte in ihnen wirken. Wo bleibt aber der bewusste Geist, der die Naturkräfte – sowohl im eigenen Körper als auch draußen im Weltall – beherrscht und bewusst lenkt? Sie wissen gar nicht, dass sie die Fähigkeit besitzen, die schöpferischen Kräfte lenken zu können. Sie sind so blind, dass sie nur die *äußere Form* eines Menschen sehen und keine Ahnung haben, dass ich ihre Gedanken, ihre Gefühle, ihre ganze Seele – also den *inneren Menschen* – sehe. Sie lügen mir ruhig ins Gesicht, weil sie – da sie meine Gedanken nicht lesen können – glauben, dass auch ich *ihre* Gedanken nicht sehe und nicht wisse, dass sie ganz anders denken, als sie reden. Sie sind sich dessen nicht bewusst, dass die Lüge eine Isolation bildet und sich ein dunkler Schatten, wie Rauch, in ihrer Ausstrahlung entwickelt, der nicht nur hässlich ist, sondern auch schlecht riecht. Meine Löwen im Löwenhof spüren sofort den schlechten Geruch dieser Lügner, und wenn ein solcher in ihre Nähe kommt, fangen sie an ihre Nase zu rümpfen, dann stehen sie auf, und mit einem verächtlichen Blick auf den Lügner entfernen sie sich majestätisch. Ich darf mich aber nicht so verteidigen, sondern muss höfliche Antworten geben, als ob ich die Falschheit nicht klar sehen und *auch riechen* würde!

Ich bin viel lieber mit Vater allein. Er hat für uns beide am Meer, in einem schattigen Garten, ein reizendes Haus bauen lassen. Sooft ihm freie Zeit bleibt, fahren wir, nur mit der notwendigen Dienerschaft, auf dem Nil hin und genießen beide die herrliche Ruhe, das unendliche Meer und das friedliche Zusammensein.

Wir beide, Vater und ich, lieben das Meer, die große Mutter der Erde, mit kindlicher Hingabe. Wir sind in dem kleinen Haus am Meeresufer glücklich, und unser Leben ist mit dem Meer ganz eng verbunden. In dieser Verbundenheit erleben wir vollkommene Freiheit, Unvergänglichkeit, Ewigkeit …

Wir nützen jede Gelegenheit aus, um dem Meer nahe zu sein. Wir spazieren am Ufer entlang, suchen Muscheln, dann fahren wir oft mit einem kleineren Boot auf das weite Meer hinaus und rudern selber. Herrlich ist es, wenn das Meer, bei schönem Wetter, unbewegt und glatt wie ein unermesslicher Spiegel daliegt, aber auch wundervoll, wenn es im Sturm gewaltige Wellen schlägt und das Boot wie eine Schaukel einmal nach oben schleudert, dann wieder in die Tiefe reißt. Wir werfen unsere Kleider ab, springen ins Wasser und schwimmen in den herrlich kühlen Wellen. Nach dem Rudern und Baden sitzen wir noch stundenlang am Meeresufer, und ich kann mit Vater sprechen.

»Vater«, sage ich einmal, »wie ist es möglich, dass die Menschen geistigen Wahrheiten gegenüber so blind sind? Was wird aus der Erde, wenn – wie Ptahhotep mir einmal sagte – die Regierung in die Hände der Menschensöhne gerät? Es wird entsetzliche Folgen haben, wenn die Herrschaft auf diese von Machtwahn und Selbstsucht Besessenen übergeht. Ich ahne auch schon die Zukunft, denn die Übungen im Tempel öffnen die innere Schaukraft, und meine Hellsichtigkeit entwickelt sich von Tag zu Tag, aber ich sehe doch nicht alles so klar wie Ptahhotep und du.«

Vater schaut lange Zeit auf das Meer hinaus. Endlich sagt er:»Ja, die Erde muss während vieler Jahrtausende durch eine sehr schwere Periode gehen. Wie du bereits weißt, haben die vollkommen reinrassigen Söhne Gottes die irdische Ebene schon längst verlassen. Ihre Söhne, aus der Mischung der zwei Rassen, die aber noch die Möglichkeit der vollkommenen göttlichen Offenbarung in sich tragen, verschwinden allmählich gänzlich von der Erde.

Damit aber die höheren Anlagen durch die Vererbung auch dann weitergepflanzt würden, wenn die reinrassigen Söhne Gottes die Erde schon verlassen hätten, nahmen ihre Söhne, die die Fähigkeiten ihrer Väter noch ererbt und die Einweihung erlangt hatten, wieder Töchter der Menschen zur Frau, und das ging so weiter durch Generationen, bis durch die ständigen Kreuzungen auf jeder Stufe zwischen den Urmenschen und den reinrassigen Söhnen Gottes alle Verkörperungsgrade geschaffen wurden.

Solange aber die schöpferischen Kraftwellen nach weiterer Materialisierung streben, siegt in der Vererbung auch immer das irdische Element, und so werden auf Erden immer weniger Nachkommen der Söhne Gottes mit der ursprünglichen länglichen Kopfform und damit der Offenbarungsmöglichkeit höherer Fähigkeiten geboren. Nach den Gesetzen der Vererbung wurde aber durch die ständigen Kreuzungen doch die Möglichkeit geschaffen, dass ein reinrassiger Gottessohn sich zu jeder Zeit – sogar in den finstersten, materiellsten Epochen – wieder verkörpern kann. Denn die Zeit ist nahe, da nur Menschen mit kurzem Kopf geboren und die Herrschaft überall auf Erden antreten werden, auch hier in Ägypten! Sie werden nicht die geistige Sehkraft und Weisheit der aus der höheren Rasse stammenden Dynastie besitzen, und sie werden nicht mit selbstloser Liebe, sondern nur mit ihrem Verstand regieren, mit rohem und blindem Machtstreben und aus reiner Selbstsucht.

Durch die ständigen Kreuzungen zwischen den Söhnen Gottes und den Töchtern der Menschen ist allmählich eine Zwischenrasse entstanden, die die vererbbaren Eigenschaften beider Rassen weitergibt. Zahlreiche Individuen haben zwar menschliches Blut, aber die längliche Kopfform und damit alle geistigen und magischen Anlagen ihrer väterlichen Ahnen geerbt. Durch ständige weitere Kreuzungen werden aber, nach den Gesetzen der Vererbung, sogar in derselben Familie immer mehr Variationen verschiedener Individuen, aber immer weniger mit göttlichen Erbanlagen entstehen. Es kommt schon heute vor, dass von mehreren Brüdern ein und derselben Familie einer noch vollkommen geistig-göttlich, der andere aber schon körperlich-menschlich eingestellt und möglicherweise der dritte eine Mischung von beiden ist. Das Verhältnis zwischen dem Hochstehenden und Niedrigstehenden verschiebt sich immer weiter zum Nachteil der höheren Rasse. Kein Wunder, dass die auf das Körperliche eingestellten Brüder gegenüber ihren Brüdern mit geistig-göttlichen Anlagen meist einen bitteren Hass hegen, und dieser Hass tritt oft in tragischen Zusammenstößen zutage.

Das hohe Wissen der Eingeweihten wird aber Dank der immer größeren Wellen von Kreuzung und Vererbung auch immer tiefer das ganze Volk durchwirken. Immer mehr Variationen und Verschiedenheiten entstehen, bis schließlich die Entwicklungsmöglichkeit, den höchsten Grad des Wissens und der Einweihung zu erreichen, *in jedem Menschen liegen* wird. Der gewaltige Unterschied zwischen den allwissenden, eingeweihten Mitgliedern der Herrscherfamilie und der noch vollkommen unwissenden und unentwickelten Menschenmasse, der eine unüberbrückbare Kluft scheint, wird durch die ständigen Kreuzungen während vieler Jahrtausende vollkommen ausgeglichen. Herrscher und Volk werden beide als Menschen gleich. Die zwei Rassen, die Söhne Gottes und die Urmenschen, werden *in ihrer reinen Form* allmählich vollkommen verschwinden, aber es werden immer einzelne Individuen von den verschiedensten Entwicklungsstufen geboren – bei den einen offenbart sich das ererbte Blut ihrer göttlichen Ahnen stärker, bei anderen das niedrige Urmenschliche.

Deswegen, weil mit der Zeit alle Menschen Erbgut von beiden Seiten in sich tragen, werden sie so gemischt zusammenleben, dass man sie nicht mehr nach äußeren Kennzeichen, sondern nur noch nach ihren Charaktereigenschaften und Fähigkeiten unterscheiden kann. Individuen mit höheren Fähigkeiten werden im Allgemeinen genau dieselbe Kopfform haben wie die übrigen Menschen, dennoch werden sie als große Wissenschaftler, Künstler, Philosophen oder Mystiker aus der Masse hervorragen. Die längliche Kopfform wie auch die affenähnliche Kopfform der Urmenschen werden gänzlich verschwinden. Bei der gemischten Zwischenrasse werden noch viele Jahrtausende die Gehirn- und Nervenzentren, die zur Offenbarung höherer geistiger und magischer Fähigkeiten dienen, sich in einem unentwickelten, latenten Zustand befinden. Dementsprechend wird auch die Kopfform rundlich sein. Dagegen werden die Menschen diejenigen Gehirnzentren stark entwickeln, die dem Verstand dienen, und darum werden die späteren Generationen aus der Zwischenrasse gewölbte, hohe Stirnen haben.

So wie die geistigen Kraftwellen der höheren Rasse durch die Rassenkreuzungen in immer weiteren Kreisen laufen, bis sie die niedrig stehenden Menschenrassen erreichen und auch ihnen das Wissen ermöglichen, wird auch die weltliche Herrschaft in die Hände immer tiefer stehender Menschen gelangen. In ihrer Unwissenheit werden sie natürlich zuerst die großen göttlichen Kulturen, die die Söhne Gottes in den verschiedensten Teilen der Erde schufen, zugrunde richten. Nur einige Ruinen und Reste der heutigen prachtvollen Bauten und Monumente werden künden, dass auf Erden einmal Wissen, Weisheit, Güte und Schönheit herrschten. Die Menschen werden allmählich nur noch aus Überlieferungen von der Allmacht und Allwissenheit der großen ›Weißen Magier‹ und ›Eingeweihten‹ wissen, aber, da sie ohne Wissen sind, jahrtausendelang *in ihrem Hochmut alle diese Überlieferungen als Märchen betrachten.*

Mit den ständigen Kreuzungen zwischen den zwei Rassen wurde eine Entwicklungsleiter geschaffen, auf welcher auch der primitive Urmensch der niedrigsten Stufe sich emporringen kann. Denn *die Urmenschen sind auch nichts anderes als in die tiefste Materie gefallene reine Geister, die ihr göttliches Bewusstsein in der Materie verloren haben und sich ihrer hohen Abstammung nicht mehr bewusst sind.* Um ihnen die Möglichkeit zu geben, sich wieder der höchsten geistigen Ebene bewusst zu werden, brachten die Söhne Gottes das große Opfer, ihre Kräfte in Ehen mit den Töchtern der Menschen hinzugeben. Mit diesen Ehen haben sie sich aber auch selber in der materiellen Welt verankert, und sie müssen die ganze Entwicklungsperiode, bis zur vollkommenen Vergeistigung der Erde, als *Helfer* mitmachen – manche in menschlichen Wiederverkörperungen, manche im körperlosen, geistigen Zustand. Das Niveau der herrschenden Klasse wird immer tiefer sinken. Die Macht wandert von einem Volk zum anderen. Es werden fortdauernde Kriege auf der Erde wüten. Deren Folge sind Unwissenheit, Armut und Elend.

Die letzten Eingeweihten werden ihre Einrichtungen, mit denen sie die Naturkräfte beherrschen und über die enormen, im verborgenen wirkenden Schöpferkräfte verfügen, nicht diesen Menschen ausliefern. Sie werden alle ihre Instrumente, bevor sie die irdische Ebene auf Jahrtausende verlassen, vernichten. Einer der letzten Eingeweihten, schon aus einem anderen Volk als das ägyptische, der aber dennoch *hier* aufwachsen und die Einweihung bekommen wird, wird ein solches Instrument aus Ägypten hinausretten, und eine Zeit lang werden die Priester dieses Volkes das Geheimnis hüten können. Aber dann kommt die Zeit, da der letzte Eingeweihte die Erde verlassen muss, und dieser wird die letzten Instrumente vernichten. Er muss es tun, damit die unwissenden Menschensöhne nicht aus lauter Machtwahn und Besitzgier einander, sich selber und, durch Kettenreaktionen, wieder ganze Erdteile vernichten. Die Zerstörung, die das Heim der einstigen Söhne Gottes untergehen ließ, darf sich nicht wiederholen. Nachdem alle Apparate vernichtet sein werden und das hohe Wissen von der Erde verschwunden sein wird, müssen die Menschen die Erde mit ihren eigenen körperlichen Kräften bearbeiten, auch die Steine werden sie eigenhändig behauen müssen wie die Urmenschen! Sie werden aber auch die Tyrannei der aus ihrer eigenen Rasse stammenden Mitmenschen erleiden. Da aber in allem, was sich auf der irdischen Ebene offenbart, immer die aus der untrennbaren Einheit stammenden Kräfte nach Ausgleich streben, wird eben die Tyrannei selbstsüchtiger Herrscher die Menschheit aus ihrem Unbewussten erwecken. Durch Leiden und Schmerzen wird ihre Aufmerksamkeit auf die höheren, geistigen Wahrheiten gelenkt.

Die geistigen Führer der Erde müssen die Menschheit scheinbar allein lassen, weil sie die göttlichen Wahrheiten in sich und in der Natur, auf eigenen Füßen stehend, aus freiem Willen, unabhängig und selbstständig, finden soll. Sonst würde sie nie Gelegenheit haben, sich bis zur höchsten Stufe zu erheben. Aber wie eine gute Mutter ihr Kind seine Gehversuche allein machen lässt, damit es selbstständig wird, es jedoch aus einer gewissen Entfernung beobachtet, um ihm wieder auf die Füße zu helfen, wenn es fällt, so beobachten die geistigen Lenker die Erde, um, wenn nötig, einzugreifen und den Menschen aus schwierigen Lagen herauszuhelfen. Sie wirken, lenken und führen die Menschheit von der geistigen Ebene aus. Wenn statt Wissen Aberglauben und Irrtümer auf Erden herrschen, wenn die geistige Finsternis so groß wird, dass sie die äußerste Grenze zu überschreiten droht, dann werden immer wieder einige Söhne Gottes das schwere Opfer auf sich nehmen, auf die Erde herunterzusteigen, um, in einem menschlichen Körper wiedergeboren, der Menschheit Trost und göttliches Licht zu bringen.

Durch die Kreuzungen zwischen der göttlichen und menschlichen Rasse wird die Vererbbarkeit weitergepflanzt, und so besteht immer die Möglichkeit, dass ein Sohn Gottes durch eine reine Frau einen Körper bekommt, mit all den Organen, um sich restlos offenbaren zu können. In jeder Epoche der Entwicklung der Erde, während vieler Jahrtausende, werden sich Söhne Gottes verkörpern, um die Menschen die Gesetze des Geistes, der Liebe und der Selbstlosigkeit zu lehren und die verschiedensten Aufgaben zu erfüllen. Wenn die Regierung auf der Erde schon überall in menschlichen Händen ist, werden noch einige in manchen Ländern auf dem Thron sitzen, mit Weisheit und Gerechtigkeit regieren und wieder neue hohe Kulturen auf der Erde, oder wenigstens in einem Erdteil, schaffen. Andere werden als Wissenschaftler, Künstler und Mystiker der Menschheit *höchste* Kunst, Musik und Literatur bringen. Sie werden der Welt neue Ideen, neue Entdeckungen schenken, damit die Entwicklung auf Erden in neue Richtungen gelenkt wird. Diese Söhne Gottes werden meist ein sehr einsames Leben führen, oft in größter Armut und Verlassenheit, denn es wird nur sehr wenige Menschen geben, die sie verstehen. Ihr geistiges Licht wird aber in immer größeren Wellen und Kreisen strahlen, und die Namen dieser geistigen Titanen werden noch nach Jahrtausenden bekannt sein, und über ihre Werke wird man sich in den höchsten Schulen der Menschensöhne unterrichten.

Es wird aber auch solche wiederverkörperte Söhne Gottes geben, die unter den Menschen *im Verborgenen* wirken. Sie werden sich zwischen hohen Bergen, in Höhlen oder an anderen abgelegenen Orten aufhalten, wo sie ungestört aus ihrer Einsamkeit ganz hohe Kräfte in die Atmosphäre der Erde ausstrahlen. Menschen, die schon so weit entwickelt sind, dass sie diese Kraftwellen erfassen können, *schalten sich automatisch in*

diesen Kraftstrom ein und arbeiten mit den Söhnen Gottes zusammen.
Oft sind sie sich dessen nicht einmal bewusst, dass sie eingeschaltet sind.

Sie arbeiten und wirken aber aus ihrer ›inneren Überzeugung‹ und wissen nicht, dass diese ›innere Überzeugung‹ eben die göttliche Kraft ist, die von den Söhnen Gottes weitergelenkt und ausgestrahlt wird. So werden einige hoch entwickelte Menschen die Lehren, welche die Söhne Gottes von Zeit zu Zeit auf die Erde bringen, weitergeben und der ganzen Menschheit verkünden. Die Massen werden diese hohen Wahrheiten nicht gleich verstehen; da sie aber die innewohnende Liebe und Kraft fühlen, werden sie an die Wahrheiten *glauben*. Auf diese Weise entstehen aus den göttlichen Lehren der Söhne Gottes die *Religionen*.

Alle Söhne Gottes brachten und werden *dieselben Wahrheiten* in verschiedene Teile der Erde bringen, aber die Menschen werden sie *den Gegebenheiten ihrer Rasse und ihrem Entwicklungsgrad gemäß verschiedenartig erklären* und der Nachkommenschaft weitergeben. So werden aus *denselben Wahrheiten verschiedene Religionen* entstehen. Es wird vorkommen, dass ein und derselbe Gottessohn sich in verschiedenen Zeiten und in verschiedenen Erdteilen wiederverkörpert, um der Menschheit die höchsten Wahrheiten zu künden. Und aus *denselben Wahrheiten*, die von *demselben Geist* stammen, werden die Menschen in den *verschiedenen* Erdteilen *verschiedene Religionen* entwickeln. Wegen solcher Unterschiede, die nur aus menschlicher Unwissenheit entstehen, werden die Völker einander in ›Gottes Namen‹ in die Hölle schicken wollen und gegeneinander Kriege führen.

Die Entwicklungsstufen der Völker werden sehr unterschiedlich sein, folglich werden die wiederverkörperten Söhne Gottes auch verschiedenartig behandelt werden. In manchen Ländern sind die Menschen schon mehr auf die göttliche Wahrheit eingestellt, und diese werden die Gottessöhne anerkennen, anbeten und ehren.

Aber die Kraftwellen laufen immer weiter aus, bis zu ihrer letzten materiellen Grenze. Auch wird es dann vorkommen, dass sich Gottessöhne in der finstersten Periode der Erde, in welcher Materialismus, Hass, Neid, Furcht und Angst herrschen, verkörpern müssen. In diesen von den göttlichen Wahrheiten weitgehend isolierten Zeiten werden die Söhne Gottes viel zu erdulden haben. Unwissende, von Machtwahn besessene Menschen werden den Gottessohn Torturen aussetzen und ihn töten. Er nimmt aber dieses Opfer dennoch auf sich, denn damit wird die größte magische Kraft befreit. Der Geist wird in den Menschen erwachen und über die Finsternis in ihrer Seele siegen. Das Gesicht der Erde wird sich allmählich vollkommen verändern.

Von der letzten, entferntesten Grenze fluten die schöpferischen Kraftwellen wieder zurück, und es beginnt eine neue Periode des Aufstieges. Den Menschen wird immer mehr Gelegenheit geboten, mit den Söhnen Gottes am großen Werk der Erlösung der Erde zusammenzuarbeiten, und allmählich wird sich immer mehr Geistigkeit offenbaren. Dann werden sich massenhaft Individuen wiederverkörpern, die *einmal in der göttlichen Rasse verkörpert waren*, aber die Prüfungen der Einweihung entweder nicht bestehen konnten und während der Einweihung starben oder später als schon Eingeweihte *gefallen* sind. Das verloren gegangene Wissen wird ihnen wieder bewusst, und während in einigen Teilen der Erde die Menschen einander noch immer töten, wird eine ständig wachsende Menschengruppe, die sich in die ausgestrahlten Kräfte der Gottessöhne einschaltet, das neue geistige Leben vorbereiten. Auch die aus niedrigen Rassen stammenden Menschen werden allmählich immer höhere Stufen erreichen. Zuerst verstehen sie nur mit ihrem Verstand, dass sie zu einer höheren Aufgabe fähig sind und– ohne einander zu töten und zu versklaven – auf der Erde viel glücklicher leben könnten. Je höher sich die Menschheit entwickelt, desto mehr wird die materialistische Anschauung von ihrer Kraft verlieren und die Besitzgier nachlassen. Der Eroberungswahn und der Machtwahn werden nach und nach verschwinden, und die Menschen werden ihre Kräfte, statt gegeneinander zu kämpfen, dafür einsetzen, die Naturkräfte in ihre Macht zu zwingen. So werden sie allmählich entdecken, dass sie ihr Brot nicht mit der allerschwersten körperlichen Arbeit verdienen und die Erde mit dem Schweiße ihres Angesichts tränken müssen, sondern dass, wenn sie ihre höheren Nervenzentren aktivieren, es ihnen freisteht, über die Naturkräfte zu verfügen. So gelangt die Erde wieder unter die Herrschaft höherer Kraftwellen. Die Menschen werden nach und nach nicht nur mit ihrem Verstand *verstehen*, sondern die hohen göttlichen Wahrheiten auch erleben und *verwirklichen*. So werden sich wieder ganz hohe Kulturen entwickeln.

Solange der Mensch sich mit der Materie – mit der Erde – identifiziert, ist sein Bewusstsein in einem Identitätszustand mit der Erde verbunden – *er ist Erde*. Folglich, wenn sein Körper verbraucht ist und stirbt, stirbt auch er. Das Bewusstsein des Menschen hört also auch auf und versinkt in einen latenten Zustand. Das nennen die Menschen *Tod*.

Bei dem im Geist wiedererwachten Menschen aber, der während seines körperlichen Lebens bewusst über der Materie stand, ist es eben umgekehrt. Ihm bedeutete das Hineingeborenwerden in den Körper in Wahrheit den Tod. Der Tod des Körpers dagegen war das Erwachen aus dem Körper – *die Auferstehung und das Leben!* Wenn die Menschen sich nicht mit ihrem Körper identifizieren, wenn sie also, symbolisch gesprochen, nicht mehr von den Früchten des Baumes der Erkenntnis des Guten und Bösen essen, sondern ausschließlich *die rechte Hälfte des Erkenntnisbaumes offenbar machen* und die linke Hälfte des Baumes im Ungeoffenbarten belassen, werden sie *in sich selbst und als Erdenkinder in einem paradiesischen Zustand leben.* Diese Entwicklungsstufe muss die Menschheit erreichen.

Es wird ein schwerer Kampf, bis die Erde diesen Grad erreicht, aber die geistigen Kräfte durchdringen allmählich auch das isolierteste Herz, und die Erde wird in weiteren Jahrtausenden wieder das gelobte Land. Die Erlösung der Erde wird einmal, in ferner Zukunft, vollbracht sein!«

Vater endet und schaut noch immer lange hinaus auf das Meer, als ob er die Zukunft dort abgelesen hätte.

»Vater«, frage ich, »sage mir, werden auch du und Ptahhotep an dieser großen Arbeit teilnehmen? Werdet Ihr während der kommenden Jahrtausende für eine Aufgabe auf der Erde wiedergeboren? Und ich, Vater? Was wird aus mir? Ich sehe die Zukunft anderer Menschen oft ganz klar, aber wenn ich meine eigene Zukunft suche, legt sich ein dichter Nebel vor meine Augen, den ich nicht durchdringen kann.«

Auf meine Frage schaut Vater mich sehr merkwürdig an, dann umfasst er meine Schultern, zieht mich an sich und antwortet:»Ich werde noch einige Male im Körper wiedergeboren werden, da ich mich durch die Ehe mit deiner Mutter tiefer, als es unserem Geist entspricht, in der Materie verwurzelt habe. Ptahhotep aber, der nie aus seiner Geistigkeit herausgetreten ist und sich nie mit seinem Körper identifiziert hat, wird – wenn er mit seiner jetzigen Aufgabe zu Ende ist – während mehr als zehntausend Jahren nicht mehr wiedergeboren. Er wird mit mehreren anderen Gottessöhnen die Entwicklung der Erde von der geistigen Ebene aus weiterlenken und von dort aus auf die irdische Atmosphäre einwirken. Viele hoch entwickelte Menschen werden mit ihm in Verbindung stehen, die auch am großen Werk der Erlösung der Erde mitwirken. Sie müssen die Aufgaben, die ihnen Ptahhotep anvertraut, vollkommen selbstständig und allein ausführen. Wenn sie eine Aufgabe richtig ausgeführt haben, bekommen sie immer neue, nach und nach immer schwerere Aufgaben.

Durch viele Jahrtausende werden die reif gewordenen Menschen auch die Einweihung bekommen, doch nicht mehr so wie jetzt in den Pyramiden, sondern sie bekommen draußen im Leben Aufgaben, die ihre Einweihungsprüfungen bilden. Auf diese Weise entwickeln sie sich langsam zu vollkommen gleichwertigen Mitarbeitern der Söhne Gottes. Es werden aber auch jene gefallenen Söhne Gottes mit Ptahhotep zusammenarbeiten, die sich zu tief in die Materie eingelassen haben und ihre hohen geistigen, alles durchdringenden Schwingungen in die nur für niedrigere, transformierte Schwingungen eingerichteten Gehirn- und Nervenzentren lenken und jene dadurch verbrannten, folglich noch tiefer in die Materie hineingestorben sind. Diese können sich nur durch die Erfahrungen, die sie während mehrerer Wiederverkörperungen gesammelt haben, wieder auf ihre ursprüngliche göttliche Stufe hinaufringen. Sie müssen ihre höheren Hirn- und Nervenzentren in ihrem auf einer tieferen Stufe stehenden Körper durch viel Leiden und Schmerzen erwecken und mit großer Anstrengung und lange dauernden Übungen entwickeln, um diese Organe, durch welche sich die geistigen und magischen Fähigkeiten offenbaren, wieder aktiv zu machen. Sie werden sich unter den Menschen nie ganz zu Hause fühlen, denn ihre ganze Denkungsart bleibt von der des Menschen sehr verschieden, und sie werden das irdisch-menschliche Leben nie vollkommen verstehen und sich aneignen können. Sie werden unter den Menschen fremd, unverstanden und einsam weiterwandern und immer als Sonderlinge gelten. Sie werden meistens die Aufgabe bekommen – wie ich schon erwähnte –, die Menschen Wissenschaft, Kunst und Literatur zu lehren und neue Ideen auf die Erde zu bringen. Sie werden von manchen Menschen – die sie verstehen – angebetet, von anderen aus lauter Neid und Eifersucht gehasst, weil diese ihre hohen Qualitäten anerkennen müssen. Die vielen Leiden und Schmerzen erwecken diese gefallenen Söhne – und Töchter – Gottes aus ihrem materiellen Traum; sie finden die Verbindung mit ihren verlorenen Brüdern und erlangen ihr verlorenes *All-Bewusstsein* wieder. Dann werden sie auch mit ihren Brüdern an dem großen Werk bewusst mitarbeiten und die göttlichen Wahrheiten auf Erden verkünden.«

Ich frage Vater: »Du sagtest, dass die Söhne Gottes von der Erde allmählich verschwinden und dann die Menschen, obgleich sie auf der geistigen Ebene noch nicht wach und folglich noch vollkommen körperlich selbstsüchtig sind, dennoch die Herrschaft auf Erden übernehmen. Wie sollen dann aber die Menschen über die Löwen herrschen? Diese prachtvollen Tiere sind so überempfindlich, dass sie die selbstsüchtigen Menschensöhne schon jetzt nicht in ihrer Nähe dulden. Da sie auf ihrer tierischen Ebene eine Offenbarung der höchsten Kraft – der Sonnenkraft – sind, sind sie auch auf die Schwingungen der Sonne eingestellt, auf Aufrichtigkeit, Mut und Liebe, und haben solch feine Nerven, dass sie keine niedrigen Ausstrahlungen ertragen. Sie spüren sofort, wenn sich ihnen jemand nicht mit Liebe, sondern mit Herrschsucht und Angst nähert, und deshalb hassen sie die selbstsüchtigen, machtgierigen Menschensöhne. Wie sollen dann die Löwen den Menschensöhnen dienen? Ich kann mir das gar nicht vorstellen, Vater.«

»Deine Vorstellungskraft arbeitet vollkommen richtig, da sie dir kein Bild zeigt, wie die Löwen den Menschen dienen. Denn die Menschen werden die Freundschaft mit diesen herrlichen Tieren tatsächlich nicht wahren. Die selbstsüchtigen Menschen können – und werden auch häufig – mit schönen Worten und Lügen einander betrügen, niemals aber die Löwen! Die Tiere achten nicht auf den Schein, sie sehen nur die Wahrheit, weil *sie selber wahr* sind! Die Löwen werden aufhören, Haustiere zu sein, und sie werden sich vollkommen verwildern, weit weg von den Menschen, in Wüste und Wildnis zurückziehen.«

»Aber Vater, welches Tier wird den Menschen dann ihre Wagen ziehen? Ochsen und Esel gehen doch viel zu langsam?!«

Vater lächelt: »Es gibt schon heute Länder, wo ein mit dem Esel und dem Zebra verwandtes prachtvolles Tier im Dienste der Menschheit steht, und es ist die Zeit nahe, wo dieses Tier statt des Löwen auch hier als Haustier eingeführt wird. Vergiss nicht, dass unsere Regierung den Frieden bedeutet. Wir schaffen mit Weisheit und Liebe Ordnung und Reichtum in unserem Land. Die Menschen haben also jetzt keinen Grund, miteinander zu kämpfen. Aber wenn meine Regierung beendet ist, kommt ein Herrscher aus einer anderen Familie und gründet eine andere Dynastie. Der wird schon viel mehr Blut menschlicher Abstammung in seinen Adern tragen und nicht nur mit seiner Weisheit regieren, sondern auch Nachbarländer erobern. Es kommt eine Zeit, wo die Macht dieses Landes nicht mehr Wissen und selbstlose Liebe erhält, sondern rohe Kraft wird allmählich stärker herrschen, und das Schöne, Gute und Wahre wird in den Hintergrund gedrängt. Dann wird jenes zebraähnliche Tier im Leben des Menschen eine ganz große Rolle spielen. Es ist ein gehorsames Tier, und wenn auch nicht so kräftig wie der Löwe, hat es einen Vorteil gegenüber dem Löwen, dass es mit den Menschen auch am Krieg teilnimmt, was kein anderes Tier, ohne selber wild und gefährlich zu werden, tun würde.

Aber im Verlauf von weiteren Jahrtausenden werden die Menschensöhne solche Fortschritte machen, dass sie entdecken, wie sie ihre Wagen auch ohne Tiere in Bewegung setzen können. Der hohen Rasse der Söhne Gottes waren alle Geheimnisse der Schöpfung bekannt. Sie wussten ihre Fahrzeuge von der Anziehungskraft der Erde zu befreien und mit ihrer *Gedankenkraft* zu lenken. Über die aufgrund ihrer Gewichtslosigkeit fliegenden und mit Gedanken gelenkten Wagen haben sie der Nachwelt viele Aufzeichnungen und Darstellungen hinterlassen, und einige Söhne Gottes haben diese Aufzeichnungen auf imprägnierten Palmenblättern noch vor der Vernichtung ihrer Heimat in einen anderen Erdteil gerettet. Einige Eingeweihte behüten sie dort noch heute und werden sie noch nach sechs- bis achttausend Jahren behüten, auch dann, wenn die Menschen schon, mit ganz anderen Methoden, längst entdeckt haben werden, wie sie ihre Fahrzeuge auf der Erde und in der Luft bewegen können. Nicht aber mit der Gedankenkraft, und darum wird das bei weitem nicht so gefahrlos und sicher sein wie das von den Söhnen Gottes Erbaute. Später aber werden die Menschen alle Geheimnisse der Söhne Gottes entdecken, auch die letzten Geheimnisse des Lebens. Dann schließt sich der Kreis der Entwicklungsperiode.«

»Vater, erzähle mir bitte auch meine Zukunft.«

Vater schaut mich wieder mit einem so merkwürdig-traurigen Blick an, dann zieht er mich noch näher an sich, und mit einer Stimme, aus welcher ich die beherrschte Traurigkeit klar heraushöre, sagt er:»Mein liebes Kind, ich habe schon vorher auch über deine Zukunft gesprochen, du hast sie aber nicht als deine Zukunft erkannt. Dies und auch, dass du deine Zukunft in einem dichten Nebel siehst, ist ein Beweis dafür, dass das *Weltselbst – Gott* – dir die Zukunft aus guten Gründen nicht zeigen will. Wie könnte ich seinen Willen überschreiten? Sei zufrieden, dass es besser für dich ist, deine Zukunft nicht zu kennen. Wenn du sie kennen würdest, könntest du deine heutigen Aufgaben und Pflichten nicht richtig erfüllen. So viel kann ich dir aber sagen, dass wir alle beide diese Geschehnisse miterleben werden. Nur nicht in körperlichem Zusammensein. Von Zeit zu Zeit werden wir uns wiederverkörpern müssen, doch nicht gleichzeitig und nicht an demselben Ort. Es wird auch die Zeit kommen, während derer du noch auf der Erde weilen musst, während ich aus der geistigen Energiewelt schon in die Atmosphäre der Erde einwirke wie Ptahhotep

259

und noch viele andere Söhne Gottes. Doch im Traum wirst du uns oft begegnen … Das ist aber alles nicht so wichtig, denn, was auch immer in deiner Zukunft liegt, du bist in der Einheit des höheren Selbst ewig mit uns verbunden …«

Ich umarme ihn und wiederhole glücklich:»Ja, Vater, ich gehöre euch, und ihr verlasst mich nie.«

»Wir verlassen dich nie!«, wiederholt Vater ernst und feierlich …

Am Abend sitze ich mit Vater auf der Terrasse, und wir genießen den herrlichen Sonnenuntergang am Meer. Während die Sonne im Westen immer tiefer sinkt, zeigt Vater auf die riesige Mündung des großen Flusses und sagt:»Siehst du, nach vielen Jahrtausenden wird dort, wo jetzt die Wellen des Ozeans rollen, auch festes Land, mit Städten und Häusern und lebhaftem Verkehr sein. Der Nil schwemmt fortwährend viel Erde mit sich, das Ufer wächst immer weiter in den Ozean hinaus. Vor Jahrtausenden war hier, wo wir jetzt sitzen, alles Wasser, und nach Jahrtausenden wird dort im Meer, weit weg, wo du jetzt jenes vom Wind getriebene Segelboot siehst, auch Festland sein. Nicht nur durch Weltkatastrophen, auch durch die langsame Wirkung des Wassers verändert sich das Gesicht der Erde.«

Während seiner Worte geht die Sonne allmählich unter. Der Himmel zeigt alle Farben des Regenbogens, sie ändern sich jeden Augenblick, dann verschwindet die Sonne am Horizont, und kurz darauf herrscht tiefe Finsternis. Nur die Sterne leuchten wie große Diamanten.

Wir sitzen noch lange auf der Terrasse, und ich erzähle Vater, dass ich jetzt telepathische Verbindungen herstellen kann. Vater will mich prüfen, ob ich meine höheren Gehirnzentren in der Gewalt habe. Er versucht, sich mit mir nur durch Identischwerden im Geist zu verständigen. Wir freuen uns beide, als ich nachher seine stummen Mitteilungen laut wiederholen kann. Ich bin schon so weit – vorläufig nur nach Sonnenuntergang –, auch mit Ptahhotep eine Verbindung herstellen zu können. Ich konzentriere mich jetzt auf *Ihn*, und seine Gestalt, sein edles Gesicht, besonders aber seine Augen, tauchen in meinem Inneren auf. Dann höre ich seine Mitteilungen wie ein Echo, das in meinem Inneren widerhallt. Ich höre deutlich seine Stimme, seine wohlbekannte und heiß geliebte Stimme, gleich meiner eigenen inneren Stimme.

Dann verblasst langsam sein Bild, und ich nehme wahr, dass Er sich mir gegenüber isoliert. Er konzentriert sich auf etwas anderes.

Ich bekomme Lust, auch mit Ima Kontakt zu schaffen. Ich konzentriere mich auf ihn, und schon taucht sein Bild in meinem Bewusstsein auf. Ich sehe ihn, sein schönes Engelsgesicht, wie er mich anlächelt und mir ohne Worte kundtut, dass er mich versteht und sich über meine Fortschritte sehr freut. Lieber Ima! Ich fühle seine brüderliche Liebe und Hilfe immer in mir.

Frühmorgens sind wir wieder oben auf der Terrasse, denn der Sonnenaufgang am Meer ist vielleicht noch schöner als der Sonnenuntergang. Es ist noch dunkel, der Himmel ist tiefblau, beinahe schwarz. Dann, plötzlich, erscheint ohne Übergang der obere Rand der Sonne und mit ihr ein prachtvolles Purpurrot, das das ganze Himmelsgewölbe so überströmt, dass es erglüht. Ein prächtiges Farbenspiel folgt! Der Himmel zeigt alle Schattierungen der verschiedensten Farben, glühend, feurig, bis er langsam in ein Tiefblau übergeht. Dieses Geschehen wirkt mit solch elementarer Kraft auf mich, dass meine Seele vor unaussprechlicher Freude zittert und ein unendliches Glücksgefühl meinen Körper mit neuer Lebenskraft erfüllt.

Wie oft bewundere ich den Sonnenaufgang von der Terrasse des kleinen Hauses aus! Entzücken und Freude prägen sich tief in mein Wesen ein. Und meine Freude steigert sich noch dadurch, dass Vater hier ganz mir gehört. Hier ist er kein Pharao, nur mein Vater, mein bester Freund und Spielkamerad.

Bo-Ghar und der Lebensstab

Eines Nachmittags, nach einem mehrere Tage dauernden, überwältigenden Sturm, nachdem der Wind schon nachgelassen hat, aber die Wellen noch immer hochschlagen, rudern Vater und ich aufs Meer hinaus, um den Wellenschlag in dem schaukelnden Boot zu genießen. Plötzlich bemerke ich, dass etwas zwischen den Wellen herumgeschleudert wird, es taucht auf und versinkt, wird sichtbar und verschwindet wieder.

»Vater«, schreie ich, »schau, was kann das sein?«

Vaters Blick folgt meiner Hand. »Rudern wir hin!«, ruft er zurück, und wir rudern rasch und kräftig. Als wir uns nähern, erkennen wir, dass es wahrscheinlich das Wrack eines Segelschiffes ist. Wir sehen einige zertrümmerte, aber noch zusammenhängende Bretter und den Mast mit dem zerfetzten Segeltuch, das sich um die Bretter schlingt. Es scheint, als ob sich eine Gestalt an den Trümmern festklammere.

»Schau, ein Kind«, schreit Vater – und wir rudern aus voller Kraft! Eine Unendlichkeit scheint zu vergehen, bis wir das Wrack erreichen. Endlich sind wir dort. Ein magerer, zehn bis zwölf Jahre alter Knabe klammert sich krampfhaft an die zerbrochenen Bretter. Er ist schon halbtot, seine Beine hängen schlaff hinunter, und sein Körper wird mit einigen Brettern von den Wellen hin- und hergewälzt. Seine Augen sind schon ausdruckslos, nur seine Hände sind wie mit den Brettern verwachsen und halten ihn über Wasser.

Wir wollen mit unserem Boot ganz nahe heran, aber die Wellen schleudern uns immer wieder fort, bis schließlich Vater mit seinem ausgestreckten Arm ein aus den Trümmern ragendes Brett erreicht und sich kräftig näher zieht, damit ich die verkrampften Hände des Kindes von dem Brett ablösen kann. So gelingt es uns endlich, den halbtoten Knaben in unser Boot herüberzuziehen. Er scheint bewusstlos, und wir rudern so schnell als möglich zurück.

Unsere Diener haben bemerkt, was geschehen ist, und fahren uns in mehreren Booten entgegen. Vater trägt das Kind ins Haus. Die Diener müssen dann das Kind an den Füßen hochhalten, so dass es mit dem Kopf nach unten hängt, dann drückt Vater in kräftigem Rhythmus Bauch und Rippen zusammen, um das geschluckte Wasser herauszupressen. Zuletzt lässt er das Kind auf sein eigenes Bett legen und schickt die Diener hinaus.

Jetzt geschieht etwas sehr Sonderbares. Vater nimmt aus der Kassette, die ich auch zu Hause immer in seinem Gemach sah und die ihn, wohin er auch reist, begleitet, ein Stäbchen, das einem Kreuz gleicht und oben in einem Kreis endet. Er fasst den Stab bei diesem Ring, hält ihn fest in der Hand und beginnt mit ihm, über den Körper des Knaben in jeder Richtung Linien zu ziehen. Ich sehe, dass Vater sich dabei sehr stark konzentriert und seine volle Aufmerksamkeit auf den Knaben richtet. Er hält den Stab zuerst eine Weile auf den Scheitel des Knaben, dann zieht er ihn langsam über sein Gesicht bis zum Herzen, dort hält er etwas inne, dann zieht er, von der Herzgrube ausgehend, Linien über den Rumpf hinunter bis zu den Geschlechtsorganen, dann, dieselben Bewegungen wiederholend, über die Arme bis zu den Händen und schließlich über die Beine bis zu den Füßen.

Sogleich, kaum dass Vater den kleinen Stab auf den Scheitel des Kindes legt, atmet dieses auf. Dann – während Vater die Linien zieht – atmet es regelmäßig weiter, und sein Körper zuckt zusammen. Es kommt allmählich zu sich, und als Vater die letzten Bewegungen der Behandlung ausführt, öffnet der Knabe plötzlich die Augen, setzt sich augenscheinlich vollkommen gesund auf und wirft sich ohne Übergang vor meinem Vater auf die Knie, umarmt seine Füße, legt seine Stirn auf sie und weint und schluchzt bitterlich. Vater hebt ihn auf, nimmt ihn auf den Schoß und beruhigt ihn liebevoll und zärtlich.

Der Knabe spricht eine Sprache, die ich nur durch seelischen Kontakt verstehe. Meine telepathischen Übungen haben meine feineren Sinnesorgane schon so weit entwickelt, dass ich – ohne den Worten zu folgen – *den Sinn* seiner Erzählung verstehe. Der Knabe berichtet, dass sein Vater, der in einem fernen Land Kaufmann war, verschiedene Waren nach Ägypten bringen und dort verkaufen wollte. Er nahm seine Frau und seinen Sohn mit, damit sie Ägypten kennenlernen sollten. Sie waren schon einige Wochen unterwegs, als ein schrecklicher Sturm ausbrach. Nach einem tagelangen Kampf mit den tobenden Elementen wurde das Schiff zertrümmert, und alles versank. Seine Mutter und einige Matrosen verschwanden sofort in den Wellen, sein Vater, er selbst und noch einige von den Schiffsleuten hielten sich noch an den Wrackstücken fest, dann sah er auch seinen Vater in den Wellen verschwinden. Er klammerte sich nur an dem fest, was er eben ergriff, und erinnerte sich im Übrigen an nichts mehr.

»Vater«, sage ich, als das Kind seine Erzählung unter Tränen beendet und sich langsam beruhigt – und sehe in seiner seelischen Ausstrahlung noch die finstere Leere einer schrecklichen Angst und Verzweiflung –, »der Knabe gehört auf Erden niemandem mehr. Erlaube, dass ich ihn zu mir nehme und erziehen lasse. Menu wird ihn unsere Sprache und alles, was in Bezug auf sein Benehmen notwendig ist, lehren, und er kann im Tempel Schulung bekommen. Du siehst, was für eine reine Seele er hat und wie intelligent er ist. Ich will ihn in den Tempel bringen, damit seine Fähigkeiten sich entfalten. Wir werden sehen, wie er sich dort entwickelt und wozu er Talent hat. Vielleicht wird er Priester. Erlaube, dass er bei mir bleibt.«

»Gut«, antwortete Vater, »du kannst ihn bei dir behalten. Es lag in eurem Schicksal, das euch seit Äonen verbindet und noch verbinden wird, dass *du* ihn in den Wellen erblicktest und fandest. Er gehört nach inneren Schicksalsgesetzen zu *dir*.«

Während wir über ihn sprechen, schaut uns das Kind an, dann, als ob es verstanden hätte, wirft es sich jetzt vor mir nieder, umarmt meine Knie und bekundet auf jede Weise seine Dankbarkeit und sein Vertrauen.

Ich nehme die Hand des Knaben und übergebe ihn einem Diener, der ihm Kleider beschafft und zu essen gibt. Er isst mit einem so gesunden Appetit, als ob er gar nicht erschöpft wäre. Er ist nur müde, und als man ihm in meinem Zimmer ein Lager herrichtet, schläft er sofort ein.

Ich gehe noch mit Vater auf die Terrasse. Die Wellen des Ozeans beruhigen sich allmählich, und wir genießen das Farbenspiel des Sonnenunterganges.

»Vater«, frage ich, »was für eine Kraft liegt in diesem Stab? Woraus und wie wurde er hergestellt? Er wirkte auf das Kind wie ein Zauber. Der Junge war halbtot, und nach deiner Behandlung mit dem Stab wurde er wie mit neuer Lebenskraft erfüllt.«

Vater schweigt eine Weile, dann antwortet er: »Der Kleine wurde tatsächlich mit neuer Lebenskraft erfüllt. Das Geheimnis des Stabes gehört auch zur Einweihung. Wir müssen es geheim halten, weil der Stab nicht nur Leben spendend, sondern auch tötend wirken kann, und wenn das Geheimnis des Stabes in die Hände unwissender und selbstsüchtiger Menschensöhne kommen würde, würden sie es sofort missbrauchend anwenden. Du stehst schon sehr nahe vor der Einweihung und hast die Kunst des Schweigens gelernt. Darum durftest du zuschauen, wie ich das Kind mit dem Stab behandelte. Ptahhotep wird dir das Geheimnis des Stabes gründlich erklären und dich nach der Einweihung auch seine Anwendung lehren. Morgen kehren wir in die Stadt zurück, und du wirst dich bei ihm melden. Du hast große Fortschritte in der Selbstbeherrschung gemacht. Deine Einweihung ist nahe. Noch die letzten Belehrungen, dann wirst du sie bekommen.«

Ich schweige erschüttert – meine Einweihung ist nahe! Die lange Jahre dauernden vorbereitenden Übungen werden endlich zu Ende sein, und ich werde ins geheime Heiligtum des Tempels zugelassen. Eingeweiht!

Wir schweigen beide und schauen in der feierlichen Stille dem majestätischen, gewaltigen Sonnenuntergang zu.

Die wenigen glücklichen, freien Tage sind schnell vergangen. Wieder sind wir in der Hauptstadt, im Palast. Ich führe das Kind – das einem kleinen Vögelchen gleicht, das sein Nest verloren hat – in mein Gemach und erzähle Menu, was geschehen ist. Menu schließt das Kind sofort in ihr gutes Herz und behandelt den Jungen, als ob er ihr eigenes Kind wäre. Er zeigt auf sich selbst und sagt:»Bo-Ghar«, und als wir ihn so nennen, lächelt er glücklich. Er hat ein feines Wesen. Sein Körper ist schlank, beseelt und belebt, elastisch, biegsam und kräftig. Er erfasst alles leicht. Die neuen Worte und Ausdrücke unserer ihm unbekannten Sprache lernt er beim ersten Hören.

Abends melde ich mich bei Ptahhotep zu einem Abendgespräch.

Ich gehe mit Menu auf dem so vertraut gewordenen Weg in den Tempel, und als ich schon nahe bin, denke ich, dass Ima jetzt nicht mehr an der Tür warten muss, um mir den Weg zu zeigen. Ich kenne – ja sogar meine Füße kennen den Weg zu Ptahhotep. Aber bei der Tempeltür sehe ich aus der Dunkelheit doch die herrliche Gestalt Imas auftauchen. Seine reine Ausstrahlung durchdringt die Atmosphäre in weitem Kreis um ihn und erreicht auch mich. Ich schaue im Geheimen auf seine schöne Gestalt und prüfe mich, ob ich ihm gegenüber eine körperliche Neigung erleben könnte. Nein! Nie könnte ich ihn körperlich lieben! Ich fühle zwischen uns beiden eine so tief wurzelnde Liebe, dass ich mich mit ihm *vollkom-*

men eins fühle, als ob er ich und ich er wäre. Wie könnte man *sich selbst* körperlich lieben und begehren? Ima stammt auch aus dem Geschlecht der Söhne Gottes, er hat auch die längliche Kopfform. Er ist rein, erhaben, wie ein Engel, die Geistigkeit selbst. Nie könnte er mich oder ich ihn körperlich lieben!

Ich frage voll Freude:»Wie wusstest du, dass ich komme? Hat dich vielleicht Ptahhotep mir entgegengeschickt?«

Ima lächelt:»Hast du dich noch nicht daran gewöhnt, dass ein im Geist erwachtes Wesen keiner äußeren Nachrichten bedarf, um zu wissen, was ein ihm im Geist Verbundener macht und wo er ist? Ich habe mich auf dich konzentriert, um zu wissen, ob du schon mit dem Pharao zurück bist, damit ich deine nächsten Aufgaben vorbereite. Da habe ich dich auf dem Weg hierher gefunden. Ptahhotep erwartet dich, tritt ein. Morgen arbeiten wir wieder zusammen.«

Ima geht, und ich trete bei Ptahhotep ein.

Während der langen Zeit der ständigen Selbstbeobachtung und Selbstbeherrschung, Dank der ich über die Eigenschaften der zwölf Zwillingspaare Herr werden konnte, lernte ich, meine Freude überhaupt nicht mehr in den Körper zu leiten, und statt an den Hals Ptahhoteps zu springen und ihn zu umarmen, strahle ich meine ganze Liebe und Freude durch die Bewusstsein tragenden Nervenzentren – hauptsächlich aber durch die Augen – aus.

Ich verbeuge mich tief vor *Ihm.*

Er versteht und sieht meine vollkommen bewusst gewordene Herrschaft über meine Liebesausbrüche, also über die Kräfte, die in mir wirken. Ich verstehe und sehe, dass *Er* versteht und sieht … und wir sind eine Einheit im Geist. Oh! Diese Einheit bedeutet ein tausendmal größeres Glück als eine körperliche Umarmung! Ich bin selig in dieser vollkommenen Einheit und warte darauf, was *Er* mir zu sagen hat. Seine Augen ruhen eine Zeit lang voll Liebe und Freude auf mir. Sein Blick durchdringt mich ungehindert. Endlich sagt *Er:*»Die Zeit ist gekommen, da du das Geheimnis des Stabes und auch unserer Einrichtungen kennenlernen sollst. Dein Vater wusste, dass du dafür reif bist, deshalb hat er die Gelegenheit ergriffen, dir von den vielen Verwendbarkeiten des Stabes die Leben spendende zu zeigen. Komme von nun an jeden Abend, damit ich dir die letzten geheimen Offenbarungen übermitteln kann.«

Am anderen Tag bin ich schon frühmorgens im Tempel, und wir freuen uns alle über das Wiedersehen. Ich liebe alle Neophyten, auch den Meister der Neophyten-Schule, diesen feinen, liebevollen Menschen, der nie eine unnötige Bewegung macht und auch uns keine unnötige Bewegung erlaubt. Seine Methode entwickelt auf wunderbare Weise unsere Herrschaft über den Körper. Durch diese Übungen habe ich schon erreicht, dass ich die meinem Entwicklungsgrad entsprechende schöpferische Kraft – die Kraft meines Bewusstseins – in meine verschiedenen Glieder und Organe lenken kann. Durch diese Übungen wurde mein ganzer Körper so bewusst und belebt, dass ich ihn so deutlich empfinde wie früher nur das Innere meines Mundes. Ich lernte allmählich auch, alle meine Organe nicht nur genau zu erfühlen, sondern auch bewusst zu regieren. So beherrsche ich zum Beispiel nun die Tätigkeit meines Herzens. Ich muss mich nur in meinem Körper auf den Punkt konzentrieren, wo der Sitz der Kraft ist, die uns zum Einatmen zwingt. Denn wenn wir die Luft vollständig ausatmen und dann nicht mehr einatmen, zwingt uns etwas, wieder einzuatmen, zwingt uns so stark, dass wir wieder einatmen *müssen*. Was es ist, das uns einzuatmen zwingt, ist schwerer zu entdecken, als *was* es *nicht* ist. Denn die Nase ist es nicht, sie *atmet* überhaupt nicht; sie ist nur eine Öffnung, um die Luft einatmen zu können. Auch sind es nicht die Lungen, denn man fühlt genau, dass auch sie nur arbeitende Werkzeuge sind im Prozess des Atmens. Schließlich entdecken wir, dass uns eine Kraft zum Einatmen zwingt, die ihren Sitz in der Gegend der Herzgrube hat und unsere Atmung von dort aus regiert. Wenn ich mich in diesen Punkt hineindenke, so kann ich die Herztätigkeit mit Imaginationskraft beschleunigen oder verlangsamen – ich kann also meine Herztätigkeit beherrschen. Und ebenso konnte ich alle meine Organe allmählich unter die Herrschaft meines Willens zwingen. Es ist wunderbar, wenn man in solchem Maß über den Körper herrscht. Mentuptah ist sehr zufrieden und lächelt mir fröhlich zu, wie er mich heute wieder in der Reihe der Neophyten erblickt.

Pharao vor Amon
Museum Kairo

Amon mit dem Lebensstab. König Pharao steht dem Gott gegenüber mit Feuer- und
Wasser-Spende.

Nach den gemeinsamen Übungen frage ich Ima: »Ima, du hast mir eine
neue Konzentrationsübung versprochen.«

»Höre«, sagt Ima, »bisher hast du deine Konzentrationsübungen immer
mit verlangsamter, regelmäßiger Atmung auf solche Weise geübt, dass *du*
die Luft eingeatmet und *du* wieder ausgeatmet hast. Von nun an, wenn du
dich der Konzentration widmest, wirst du anders üben. Denn solange *du*
ein- und ausatmest, bist du mit deinem Körper identisch. Die Wahrheit aber
ist, dass *nicht du* es bist, der atmet, sondern *dein Körper*. Dein Körper lebt,

weil das höhere *Selbst* – *Gott* – seinen eigenen Hauch in ihn hineinbläst. Wir alle leben nur, weil unser körperliches Wesen den Hauch *Gottes* einatmet. Du weißt, dass *Gott* das *Selbst* in dir ist. Dein Körper atmet also dein *Selbst* – *dich* – ein, und das gibt dem Körper das Leben. Solange du glaubst, dass *du* es bist, der atmet, *bist du in deinem Bewusstsein mit deinem Körper identisch, nicht aber mit deinem Selbst.* Wenn du jedoch in *deinem Bewusstsein erlebst, dass dein Körper dich selbst einatmet und im Ausatmen wieder freilässt,* dann kannst du die große Umwandlung erleben, dass du aus der Person – aus dem belebten Körper – *du selbst* wirst.

Übe also von nun an auf diese Weise, dass nicht *du* ein- und ausatmest, sondern *dass du dich von deinem Körper ein- und ausatmen lässt.* Bei jedem Atemzug wirst du das Gefühl haben, dass *du* beim Einatmen deinen Körper mit Leben spendender Kraft erfüllst und dein Körper *dich* einatmet, und beim Ausatmen ziehst *du dich* aus dem Körper zurück und bleibst vom Körper getrennt in *dir,* bis zum nächsten Atemzug. Wenn dir das gelingt, wirst du etwas Ähnliches erleben wie beim Tod des Körpers, da du dich aus ihm zurückziehst und dein Körper dich das letzte Mal aushaucht. Übe und melde mir, was du erreicht hast.«

Wie Ima gehen will, bitte ich ihn, noch zu bleiben, und erzähle, wie ich mit Vater den kleinen Bo-Ghar gefunden und gerettet habe.

»Ima«, sage ich, »ich möchte den Knaben in den Tempel bringen, damit er eine Ausbildung bekommt. Willst du dich mit ihm beschäftigen, um festzustellen, wozu er Talent hat?«

»Ja, gerne. Ich spreche mit dem Leiter der Neophyten-Schule, und er wird ihn aufnehmen. Dann kann er mit den übrigen Kindern zusammen im Tempel wohnen und lernen.«

»Nein, Ima«, sage ich, »ich will den Knaben bei mir behalten. Er hat etwas unendlich Liebes und Reines an sich. Ich werde ihn jeden Tag in den Tempel bringen, und abends kommt er wieder mit mir. Morgen bringe ich ihn mit.«

Am anderen Tag kommt Bo-Ghar mit in den Tempel. Er weiß nicht, wohin ich ihn führe, denn er versteht noch nicht, was wir mit ihm sprechen, aber er kommt mit rührendem Vertrauen, folgsam und mit strahlendem Gesicht. Er ist glücklich, dass er mit mir und Menu kommen darf. Ich liebte Bo-Ghar vom ersten Augenblick an, da ich ihn in den Wellen erblickte, und er hängt an mir. Man sieht ihm an, dass er nur dann wirklich glücklich ist, wenn er bei mir, zu meinen Füßen sitzen darf.

Im Tempel führe ich ihn durch den langen Säulengang in die Neophyten-Schule, wo die talentierten Kinder Unterricht erhalten. Da will Bo-Ghar meine Hand nicht loslassen. Ich verstehe, dass er sich fürchtet, ich wolle ihn hier lassen. Ich umarme ihn und erkläre, dass er ruhig bleiben könne, denn am Abend kehre er wieder mit mir in den Palast zurück.

Er versteht meine Worte nicht, schaut mich mit seinen auffallend großen Augen ängstlich an; da er aber sieht, dass ich von ihm keinen Abschied nehme, beruhigt er sich etwas und bleibt.

Am Abend, als ich ihn abhole, finde ich ihn mit den Kindern schon offensichtlich in bester Freundschaft. Bo-Ghar erklärt eben etwas mit Händen und Füßen, die übrigen Kinder hören seiner Erzählung mit größtem Interesse zu und tun, als ob sie ihn verstehen würden. Als Bo-Ghar mich erblickt, leuchten seine Augen in riesiger Freude auf, er läuft zu mir und wirft sich um meinen Hals. Ich habe große Freude, dass er sich schon so heimisch fühlt.

Von nun an ziehen wir jeden Morgen zu dritt dem Tempel zu – ich, Menu und Bo-Ghar. So vergehen Wochen und Monate, und der kleine Bo-Ghar lernt unsere Sprache so rasch, dass er sich auch schon ganz gut ausdrücken kann.

In der Früh macht er die Körperübungen unter der Leitung Mentuptahs mit. Sein Körper ist auffallend belebt, die Leitfähigkeit seiner Nerven außergewöhnlich groß. Er macht die Übungen vollkommen bewusst, mit tiefer Versenkung, und übt eine angeborene, fabelhafte Beherrschung über den Körper aus. Ima liebt ihn sehr und beschäftigt sich so oft wie möglich mit ihm. Das einsame Kind, das seine Angehörigen verloren hat, liebt Ima wie einen guten Bruder von ganzem Herzen. Er ist für jedes liebevolle, gute Wort dankbar. – Im Tempel haben die Schulleiter festgestellt, dass Bo-Ghar weniger zu den Wissenschaften neigte, dagegen mit einem ganz großen Talent zum Zeichnen und Modellieren begabt ist. So hat ihn Imhotep, der große Künstler, als seinen jüngsten Lehrling in seine Werkstatt aufgenommen und prophezeit ihm eine große Zukunft.

An jedem Abend wartet Bo-Ghar am Tor des Tempels auf mich, und auf dem Weg erzählt er mir, was geschehen ist, was er gelernt und was er mit den Kindern erlebt hat. Wenn Bo-Ghar sich in das gute Herz Menus nicht schon tief eingewurzelt hätte, würde sie sich jetzt beleidigt fühlen, weil sie früher, solange nur sie allein mitkam, nie sprechen durfte, um mich in meinen Gedanken nicht zu stören, dagegen darf das Kind den ganzen Weg lang erzählen. Sie findet es aber selbstverständlich, dass ich dem Kind erlaube, was sie nicht durfte.

Aus den Lehren Ptahhoteps

Die sieben Schwingungsoktaven

Die Bundeslade

Ich stehe vor Ptahhotep und höre in Andacht seine Worte. »Heute erkläre ich dir die Gesetze, auf welchen das Geheimnis der wunderbaren Wirkung des Stabes beruht. Dies sind natürlich einfache Naturgesetze. *Gott ist überall gegenwärtig, und die Ausstrahlung seiner Allgegenwart offenbart sich in der sichtbaren, materiellen Welt als *Naturgesetz*. Folglich kann außerhalb der Gesetze der Natur nichts geschehen. Nur sind sie auf jeder Entwicklungsstufe verschieden. Es wirken andere Gesetze in der geistigen, andere in der seelischen und wieder andere in der materiellen Welt. Aber in der materiellen Welt wirken wieder verschiedene Gesetze, sogar in derselben Materie, je nach den Größenverhältnissen. Es ist zum Beispiel ein Naturgesetz, dass die Oberfläche des ruhenden Wassers immer waagerecht ist. Aber dieses Gesetz ist nur innerhalb einer gewissen Größenordnung gültig; denn ein Wassertropfen liegt in Kugelform im Kelch einer Blume, und ein winziges Wesen, das in dieser winzigen Welt leben würde, könnte feststellen, dass die Erscheinungsform des Wassers die Kugelform ist. Warum? Weil das Verhältnis zwischen der Oberflächenspannung des Wassers und der Kraft, die das Wasser immer in die Waagerechte zwingt, bei einem Tropfen – also in kleiner Quantität – ein ganz anderes ist als bei einer großen Wasserfläche. Dennoch wirken dieselben Gesetze.

Die Menschen kennen nur wenig von den Kräften, die in den Naturgesetzen wirken; zumeist bloß dasjenige, was sie im täglichen Leben kennengelernt haben. Daran haben sie sich gewöhnt, und sie bezeichnen diese Erscheinungen als Naturgesetze. Nach dieser Benennung, bilden sie sich nun ein, dass sie diese Naturgesetze auch *ihrem Wesen nach* kennen. Sie finden ihre Wirkungen selbstverständlich. Stehen sie dann einer Erscheinung gegenüber, von der sie bisher nichts gewusst haben, dann rufen sie ›Wunder‹ oder ›Zauberei‹. Sie wissen eben nicht, dass diese Kräfte genau so Gesetze der Natur sind wie jene, an welche sie sich schon gewöhnt haben, die sie aber dem Wesen nach ebenso wenig kennen! Denn die Menschensöhne wissen nicht, warum aus einem Samen eine Pflanze wächst oder warum sich aus einer befruchteten Zelle ein neues Lebewesen entwickelt. Sie wissen auch nicht, was ›Befruchtung‹ bedeutet und warum sich die Zelle nach der Befruchtung spaltet; warum sich diese Spaltung immer wiederholt und damit eine Vermehrung der Zellen beginnt, die nicht einmal mit der Geburt aufhört, sondern so lange dauert, bis aus der ersten Zelle ein vollkommen ausgewachsenes Individuum wird. Dieser Prozess setzt sich fort, bis das Wachstum – diese Kettenreaktion – *sich selbst abbremst* und allmählich eine Rückbildung eintritt. Aber da die Menschen diese Erscheinungen täglich erfahren, haben sie sich daran gewöhnt und wundern sich nicht mehr darüber. Dass aber aus einem Samen eine Pflanze wächst, ein Kind geboren wird und ein Mensch stirbt oder der Wind aus den vier Himmelsrichtungen verschieden wirkt, und noch viele andere alltägliche Erscheinungen, sind ebensolche ›Wunder‹ wie die Wirkung und das Geheimnis dieses Stabes und die anderen ›Wunder‹ und ›Zaubereien‹ der Eingeweihten.

Damit du aber diese Kräfte, mit welchen die Eingeweihten arbeiten und die auch im Lebensstab wirken, richtig verstehen kannst, musst du vorher noch einige Dinge lernen.

Als wir über den Baum der Erkenntnis des Guten und Bösen gesprochen haben, hast du erfahren, dass alles, was eine materielle Form annahm, nur darum wahrnehmbar und erkennbar ist, weil es aus der vollkommenen Einheit, aus dem Gleichgewicht, herausgefallen ist. Aber alles strebt ewig aus der Spaltung in die Einheit und in das Gleichgewicht zurück. ›*Gleichgewicht*‹ bezeichnet einen vollkommenen Ruhezustand, *Bewegungslosigkeit*. ›*Etwas-geworden-sein*‹ – also die ganze sichtbare und erkennbare Schöpfung – ist dagegen der Sturz aus dem Gleichgewicht und das ständige, unaufhörliche Streben in das Gleichgewicht zurück, was gleichbedeutend mit ständiger Unruhe, mit ständiger *Bewegung* ist. Wenn diese ständige Bewegung nur einen Augenblick innehielt, würde die ganze Schöpfung plötzlich in geistige Energie umgewandelt, also als Materie vernichtet. Alle Energien, alle Kräfte im Weltall, sind Bewegungen, die von einem Punkt – der ihr eigener Mittelpunkt ist –, in kreisförmigen Wellen ausstrahlen, sich ausdehnen, auslaufen und sich als pulsierende

Vibration, Schwingungen, offenbaren. Die Kraftoffenbarungen hören nur dann auf, wenn die aus dem Gleichgewicht geratenen Kräfte wieder in den Urzustand des Gleichgewichtes, in die göttliche Einheit, zurückgefunden haben. Der Urzustand bedeutet deshalb, dass jede materielle Erscheinung zu existieren aufhört. Die Materie ist in ihrem innersten Wesen auch Bewegung, und wenn diese Bewegung aufhört, hört auch die Materie auf zu sein. Solange die dreidimensionale, materielle Welt existiert, ist Unruhe, Bewegung, ihr unveränderliches Gesetz.

Dadurch, dass die schöpferische Kraft sich *auf jeder Stufe* der unzählbaren Möglichkeiten offenbart, entstehen, diesen Stufen entsprechend, auch unzählbar viele verschiedene Arten von Schwingungen, Wellenlängen und Wellenformen, Frequenzen, von denen wir aber, solange wir im Körper sind, mit unserer beschränkten Wahrnehmungsfähigkeit, mit Hilfe unserer Sinnesorgane, nur einen gewissen Teil gewahren. Und ob eine Schwingungsform uns als stofflose ›Energie‹ oder als feste ›Materie‹ erscheint, ist nur unsere eigene Vorstellung und Empfindung von etwas, das im Grunde nichts anderes als ›Bewegung‹, ›Schwingung‹ oder ›Frequenz‹ ist. In je kürzeren Wellen eine Energie sich offenbart, desto weniger entsteht in unserem Bewusstsein eine Vorstellung von Materie. Wir benennen jene Schwingungen, die wir mittels unserer Sinnesorgane im Bewusstsein unmittelbar erleben, unseren Empfindungen nach mit verschiedenen Namen: Materie, Schall, Elektrizität, Wärme, Geschmack, Geruch oder Licht. Die noch höheren, stofflosen Energien und Strahlungen, die wir nur mit unseren höheren Nerven- und Gehirnzentren wahrnehmen können, sind Gedankenwellen, Ideenwellen oder noch höhere, durchdringendere Strahlen und Frequenzen, die bis zu den *allerhöchsten, alles durchdringenden Frequenzen der göttlich-schöpferischen Kraft reichen – dem Leben selbst*! Diese Frequenzen können wir nur mehr als einen Bewusstseinszustand wahrnehmen.

So wirken überall im Weltall unvorstellbar viele Arten von Schwingungen, von der kürzesten bis zur längsten Wellenlänge. Alle Schöpfungen, angefangen von den Weltkörpern – von den Zentralsonnen der Weltsysteme – bis zum kleinsten Einzelwesen, die ganze Skala der Offenbarungen, sind Wirkungen, verschiedenartig zusammengesetzte Erscheinungsformen dieser Strahlungen. Wir leben inmitten dieser verschiedenen Strahlen, ob wir es wissen oder nicht. *Diese Strahlen und Energien haben auch uns Menschen aufgebaut und geformt* und wirken ständig in unserem Körper, in unserer Seele und in unserem ganzen Wesen. Das ganze Universum besteht aus diesen verschiedenen Schwingungen. Die Quelle dieser schöpferischen Schwingungen nennen wir *Gott*.

Gott selbst steht über allem Geoffenbarten und ruht in *sich* in der zeit- und raumlosen absoluten Gleichgewichtsruhe. Er strahlt sich aber in die materiellen Formen aus, um diese zu beleben und lebendig zu machen. Da Gott allgegenwärtig ist und das ganze Universum erfüllt, ist alles, was im Universum existiert, von Gott durchdrungen. Nichts kann ins Dasein treten, ohne in Gott zu sein und ohne dass Gott es durchdringt, da Gott überall gegenwärtig ist und Ihn nichts aus seiner eigenen Gegenwart verdrängen kann. Folglich bietet auch jeder Punkt eine Möglichkeit, dass Gott sich durch ihn offenbare, und alles, was in der erkennbaren Welt geoffenbart worden ist und existiert, trägt diesen Punkt als den *eigenen Mittelpunkt* in sich. Von diesem Punkt aus begann die erste Offenbarung, seine Schöpfung, der Fall aus dem Gleichgewicht.

Diesen Aspekt Gottes, der die materielle Welt schafft und sie dadurch lebendig macht, dass er sie durchdringt, also *das*, was in uns in allen Lebewesen das *Leben* selbst ist, nennen wir das *Höhere Selbst*. Alle Ausdrücke, wie *Gott*, *Schöpfer*, *Weltselbst* oder *höheres Selbst* oder das *schöpferische Prinzip*, bedeuten also eine und dieselbe *Gottheit* in ihren verschiedenen Aspekten.

Im Mittelpunkt sind die auszuschöpfenden Energien noch hochgeistig, sie haben die höchsten Frequenzen. Je mehr sie sich aber vom Mittelpunkt in kreisförmigen Ausstrahlungen entfernen, desto materieller werden sie, bis sich die ausstrahlenden Energien allmählich in Materie verwandeln. Damit begrenzt sich die Manifestationskraft selbst, und an dem vom Mittelpunkt entferntesten Rand der Offenbarung wird sie zur harten, materiellen Rinde. Demzufolge ist das Bild – der ›Name‹ – des sich in der sichtbaren Welt offenbarenden *Gottes* ein Kreis, der innere Kreis der höheren Kräfte, umringt von einer harten, materiellen Rinde.

In Buchstaben ausgedrückt: OM.

Alle Geschöpfe, von den Zentralsonnen an bis zum Einzelwesen, sind entsprechend aufgebaut. Betrachte unsere Erde im Durchschnitt: Im Mittelpunkt sind die gewaltigen Kräfte noch im Werdezustand des Feuerkreises, dann folgen die gasförmigen Regionen, danach die Kreise des Geschmolzenen, Flüssigen, und schließlich ist das Ganze umringt von der harten, festen Rinde der Materie. Ich mache dich aber darauf aufmerksam, dass im Mittelpunkt auch gleichzeitig mit allen formgebenden Kräften eine entgegengesetzte – eine zentripetale Kraft – strahlt, die alle materiellen Erscheinungen wieder in sich hineinzieht. Würde die harte Materie nicht einen entsprechenden *Widerstand* ausüben, würden alle Erscheinungen in ihrem eigenen Mittelpunkt verschwinden. Dies gilt auch für unsere Erde mit all ihren Lebewesen. Der Widerstand der Materie verhindert dies, und darum ist es überhaupt möglich, dass eine Schöpfung existiert und es hier auf der harten, materiellen Erdrinde ein Leben gibt. Vergiss diesen Widerstand der Materie nicht, weil wir über diese Erscheinung noch reden werden.

Noch ein Beispiel für den inneren Aufbau der materiellen Formen: Das Rückgrat jedes Wirbeltieres zeigt im Durchmesser dieselbe innere Ordnung, eine die schöpferische Lebenskraft tragende hauchfeine Substanz des Rückenmarks, begrenzt und geschützt durch die harte Rinde, durch die Knochen des Rückgrates. Wo du auch einen Knochen im Skelett durchschneidest, findet sich derselbe Querschnitt, sei es Schädel, Wirbel oder Beinknochen.

Wenn du eine Pflanze durchschneidest, findest du dasselbe Bild. Hast du schon gefällte Baumstämme gesehen? Die innere Struktur des Baumes ist dieselbe – aus dem Mittelpunkt hervorstrahlende Kreise der Lebensenergie, gespeist von der feineren Materie des innersten Inneren des Baumes. Die Jahresringe zeigen die sich in jedem Frühling wiederholende Ausstrahlung des Lebens im Baum –, umringt von der harten Rinde des Stammes.

Das Wachstum vollzieht sich immer aus dem Mittelpunkt, von innen nach außen, die innerste Quelle aller Kräfte und Offenbarungen ist Gott.

Dieser Aspekt Gottes, der sich in die Materie kleidet, aus Erscheinungen lebendige Wesen macht und den wir das höhere *Selbst (Logos)* nennen, zieht uns auch in unseren Mittelpunkt zurück, da wir ja aus der göttlichen Einheit, aus dem paradiesischen Zustand, herausgefallen sind. Es ist der himmlische Bräutigam, nach dem sich die Seele des Menschen sehnt. Dieses wahre, *göttliche Selbst* darf man nie mit dem persönlichen ›Ich‹, das keine wahre Existenz hat und nur ein Scheinwesen ist, verwechseln.

Hinter jeder Offenbarungsform, sei es Sonne, Planet, Mensch, Tier, Pflanze oder Materie, ist die Lebensquelle derselbe Gott, dasselbe göttliche *Selbst*. Obwohl derselbe *Gott* überall gegenwärtig ist und sich durch jedes Geschöpf offenbart, sind dennoch die Offenbarungsformen so verschieden, weil *Gott* sich *auf jeder Stufe* der Offenbarungsmöglichkeiten manifestiert und die auf den verschiedenen Stufen manifestierten Erscheinungen nur so viel von *Gott* offenbaren, als jede, *ihrer Stufe entsprechend, von der göttlich-schöpferischen Kraft bewusst erleben und ertragen kann.* Denn eine Kraft *bewusst zu erleben* bedeutet, diese Kraft zu *sein* und sie gleichzeitig *überallhin, also auch in den eigenen Körper, auszustrahlen.* Folglich muss auch der Körper die entsprechende *Widerstandskraft* in sich tragen, sonst könnte die Ausstrahlung des *Selbst* ihn verbrennen und vernichten.

Deshalb sind auch die Körper der verschiedenen Erscheinungen nicht gleich beschaffen, sondern ihre Materie ist, dem Bewusstseinsgrad der unzähligen Lebensformen entsprechend, von einer verschieden stark gestuften Widerstandskraft. Wisse, dass die *chemische Zusammensetzung der Materie bestimmt, welche Schwingungen ein Körper ertragen kann.* Wenn der Körper einer Strahlung unterzogen wird, der seine Widerstandskraft nicht gewachsen ist, so schadet es dem ganzen Nervensystem. Dies kann zu einem vollkommenen Nervenzusammenbruch, ja zu Geisteskrankheit führen. Wenn die Schwingungszahl dieser Kraft den Umfang einer Oktave überschreitet, so wirkt sie sogar tödlich. Darum muss man also, wenn man das Bewusstsein eines Menschen in einen höheren Grad der göttlichen Kraft einweihen will, zuerst seinen Körper vorbereiten, unter anderem einem *chemischen Prozess unterwerfen*, damit der Unterschied nicht mehr als höchstens eine Oktave betrage. Sonst stirbt er.

In der materiellen Welt gibt es vier Stufen der Offenbarungen, die wir ihrer Erscheinung und ihrem Bewusstseinsgrad nach Materie, Pflanze, Tier und Mensch nennen. Die Materie weist im Vergleich mit dem Menschen kaum ein ›Bewusstsein‹ auf, dennoch zeigen die Erscheinungen im Kristall, dass auch in der Materie eine Art Bewusstsein vorhanden ist. Jede Stufe der Erscheinungsformen zeigt einen eine Oktave höheren Grad des Bewusstseins. Nur der Mensch hat die Möglichkeit, mehrere Bewusstseinsstufen – bis zum göttlichen *Selbstbewusstsein* – zu offenbaren. Wenn wir uns an die Intervalle, Oktaven, halten, nach welchen wir die Entwicklungsstufen bisher einteilten, so finden wir, dass die Kategorie *Mensch* auf der großen Entwicklungsleiter, die von der Erde bis zum Himmel reicht, *vier Stufen* einnimmt und jede ihrer Sprossen in der Skala der Schwingungen eine Oktave bedeutet. Die Menschen kennen diese vier Grade und nennen sie: Mensch, charakterisiert durch seinen Verstand; Genie, charakterisiert durch die Intuition; Prophet, charakterisiert durch seine Weisheit und universelle Liebe; und die letzte und höchste Stufe, der Gottmensch, charakterisiert durch sein Allwissen und seine Allmacht.

Es gibt also in der materiellen Welt *vier Offenbarungen*, die zusammen *sieben Schwingungsoktaven* manifestieren.

Jedes Geschöpf strahlt dieselben Schwingungen aus, aus denen es selbst besteht, folglich diejenigen, welche es *bewusst* erträgt. *Die Materie*, die allerniedrigste Stufe des Bewusstseins, offenbart sich nur durch Zusammenziehung, Abkühlung und Verhärtung.

Die Pflanze offenbart schon zwei Stufen, die materielle und die sie belebende vegetative Kraft. Die materiellen Schwingungen offenbart die Pflanze unbewusst, sie trägt ihren Körper wie ein Kleid, aber ihre Bewusstseinsstufe ist jene die Materie belebende vegetative Ebene. Die Kraft dieser Ebene hat drei Kennzeichen, an welchen man sie, wo immer sie sich äußert, erkennen kann: Das *Aufsuchen* der Nahrung, das *Aufnehmen* der Nahrung und ihre *Assimilation* oder Verdauung.

Das Tier offenbart drei Kräfte, materielle, vegetative und animalische. Es hat einen Körper, es sucht seine Nahrung auf, isst und verdaut und ist auf der Ebene der animalischen – seelischen – Impulse bewusst. Es hat Gemüt, Instinkte, Triebe, Gefühle, Zuneigung, Abneigung und Begierden. Das Tier ist im dritten Entwicklungsgrad bewusst, nur um einen Grad tiefer als der Mensch.

Der *Durchschnittsmensch* steht eine Schwingungsoktave höher. Er ist bewusst auf dem Mentalplan, er hat Verstand und Denkvermögen. Aber er offenbart auch die drei anderen Grade. Den materiellen: er hat einen vegetativen Körper, der seine Nahrung aufsucht, sie zu sich nimmt und verdaut; den animalischen: er hat Gemüt und Gefühlsleben, Triebe, Sympathie, Abneigung und Begierden. Seine charakteristische Stufe aber ist der Verstand. Der Mensch denkt bewusst.

Mit dem nächsten Entwicklungsgrad vollzieht der Mensch einen großen Schritt, denn er hebt sein Bewusstsein aus der Welt der *Wirkungen* in die Ebene der *Ursachen*. Er schöpft aus der göttlichen Quelle des Kausalplans und offenbart diese Kraft, die in seinem Bewusstsein als Intuition erscheint. Er ist fähig, mit Hilfe von Verstand und Seelenkraft seine Erlebnisse auf dem höheren Plan in Worte zu fassen und seinen Mitmenschen zu übermitteln. Er kann seine Intuition aber auch in anderen Künsten erweisen: Dimensionslos in der Musik, als Komponist; in zwei Dimensionen mit Linien und Farben als Maler; in drei Dimensionen durch plastische Formen als Bildhauer oder dann als Tänzer. Man nennt den schöpferischen Menschen oft ein *Genie*. Er offenbart die fünf Schwingungsoktaven der materiellen, vegetativen, animalischen, mentalen und kausalen Kräfte.

Den Bewusstseinsgrad der nächsthöheren Schwingungsoktave nennt die menschliche Sprache *Prophet*. Er offenbart alle vorhergehenden Stufen, aber er ist auch noch auf der nächsten Ebene bewusst, auf der Ebene der göttlichen Weisheit und der universellen Liebe. Nie darf man aber diese universelle Liebe, die der sechsten Stufe entspricht und eine vollkommen geistige Kraft ist, mit der ›Liebe‹ des dritten, tierischen Grades, die die Offenbarung der tierischen Triebe ist, verwechseln. Jene ›Liebe‹ ist eine um drei Grade tiefer transformierte Schwingung, deren Quelle der Arterhaltungstrieb ist. Solche ›Liebe‹ ist Besitzgier und will immer nur den Körper. Sie zwingt einen Menschen, dem geliebten anderen Wesen nahe zu kommen, es zu umarmen, zu küssen, es an sich zu drücken – es zu besitzen. Wer dieser Liebe untertan ist, lebt in seinem Bewusstsein noch im Zustand der Spaltung und sucht seine körperliche Ergänzungshälfte, um Befriedigung zu finden. Diese Liebe will immer *nehmen*, etwas *haben, besitzen*. Die Liebe im sechsten Offenbarungsgrad, die Liebe der Propheten, stammt nicht aus der Spaltung, sondern aus dem Urzustand der göttlichen *Einheit*! Deshalb ist diese Liebe universell, immer *gebend*, nie nehmend, benötigt keine Ergänzung mehr, keine körperliche Offenbarung, sondern sie strahlt aus dem Bewusstsein der göttlichen *All-Einheit*. Die Menschen, die auf dieser Stufe bewusst sind, wollen niemanden besitzen, sie fühlen sich eins mit dem *All* – sie sind *All-ein*.

Die siebente und vollkommenste Offenbarung *Gottes* ist der *vollständig bewusst* gewordene Mensch – *der Gottmensch*. Alle übrigen Offenbarungsformen manifestieren nur *transformierte Schwingungen, nur einen Teil Gottes. Gottmensch ist, wer Gott – sein eigenes göttliches Selbst – völlig, in seiner Vollkommenheit, durch ein vollkommenes Bewusstsein, offenbart, wer die göttlich-schöpferischen Kräfte in ihren ursprünglichen, untransformierten Schwingungen – Frequenzen – erlebt und ausstrahlt.*

Allein der Mensch hat die Möglichkeit, alle sieben Schwingungsoktaven zu beherrschen und auszustrahlen, da in seinem Nervensystem die den sieben Oktaven der transformierten und untransformierten Schöpferkraft entsprechenden Nervenzentren vorhanden sind. Er ist aber nur fähig, die Schwingungen jener Stufe auszustrahlen, auf der er *bewusst geworden ist*, denn solange er auf einer Stufe noch nicht bewusst ist, verbleiben die entsprechenden Nervenzentren in einem latenten Zustand. Der Durchschnittsmensch wird also die Schwingungen bis zur *vierten Ebene* ausstrahlen, das Genie bis zur fünften, der Prophet bis zur sechsten, und nur der *Gottmensch* ist fähig, alle sieben Oktaven bewusst auszustrahlen und die göttlich-schöpferische Kraft nach seinem eigenen Willen in – untransformiertem – Zustand auszustrahlen oder umzuwandeln, zu ändern und in niedrigeren, transformierten Frequenzen weiterzuleiten.

Der Stab, den du bei deinem Vater gesehen hast, besteht aus einer Materie – aus einer Art Messing – welche die Eigenschaft hat, die *jeder Stufe* entsprechende Ausstrahlung weiterzulenken. Er ist so konstruiert, dass er die Schwingungen unverändert, abgeschwächt oder verstärkt, je nach dem Belieben dessen, der ihn verwendet, weiterlenken kann. Der Stab kann Segen oder Fluch sein. Dies hängt davon ab, wer ihn in die Hände bekommt. Ein Eingeweihter ist fähig, alle Kräfte der Schöpfung – von der höchsten göttlichen bis zur niedrigsten ultramateriellen – mit diesem Stab in beliebiger Form auszustrahlen, weil er alle diese Kräfte in seinem eigenen Wesen besitzt und durch den Stab bewusst weiterlenkt. Von der großen Skala dieser Schwingungen kann der Mensch mit seinen Sinnesorganen nur einen Teil wahrnehmen. Was darüber und darunter schwingt, kann er nur als Gemütszustand erfahren. So erlebt er zum Beispiel die allerhöchsten göttlichen Frequenzen als universelle Liebe. Dagegen die allerniedrigsten Frequenzen, die der *Ultramaterie*, die noch niedriger schwingt als die Frequenzen, die unsere Augen und Tastnerven als Materie empfinden und die so außerhalb unserer Sinneswahrnehmung liegen, erlebt der Mensch in seinem Gemüt als Hass. Der Eingeweihte wird den Stab immer richtig einsetzen und immer diejenige Kraft ausstrahlen, die notwendig ist, um etwas Gutes, also Segen bringendes, zu bewirken. Die *ultramateriellen* Schwingungen wird er – wenn notwendig – als unsichtbare, isolierende, undurchdringliche Schutzwand verwenden. Mit dem Stab kann der Eingeweihte alle Kräfte der Natur beherrschen, sie verstärken oder sie aufheben.

Alle Lebewesen besitzen diese Kräfte, aber immer in einer ihrem Entwicklungsgrad entsprechenden Form. Sie nutzen sie auch, sind sich aber dessen nicht bewusst. Oder hast du schon einen Menschen gesehen, der darüber nachdenkt, wie es möglich sei, dass er zum Beispiel seine Füße oder seine Arme heben kann? Oder dass er sich sogar mit seinem ganzen Körper von der Erde, wenn auch nur auf kurze Zeit, entfernen – aufspringen – kann? Hebe deinen Arm, und beobachte, wie du das machst. Nicht wahr, du ziehst deine Muskeln zusammen, und diese heben deinen Arm. Du kannst überhaupt alle Bewegungen deines Körpers durch die Zusammenziehung deiner Muskeln vollbringen. Aber was zieht deine Muskeln zusammen? Denke nach, meine Tochter, was?«

»Mein Wille, Vater.«

»Richtig. Dein Wille. Aber wenn ich dich frage, was der Wille ist, kannst du mir eine Antwort geben?«

»Vater, ich habe schon oft beobachtet, wie es ist, wenn ich etwas *will*. Aber ich konnte nur so weit kommen, dass ich feststellte, dass ich, wenn *ich* etwas *will*, eine Kraft aussenden und dieser Kraft eine Richtung geben kann. Wenn ich zum Beispiel, wie du vorher gesagt hast, meinen Arm aus seinem entspannten Hängen – er hängt, weil die Erde ihn an sich zieht – hochheben will, dann fließt diese Kraft, die durch meinen Willen aus mir strömt, in meinen Arm und zwingt meine Muskeln, sich zusammenzuziehen und dadurch den Arm zu heben.«

»Sehr richtig«, sagt Ptahhotep, »dadurch, dass deine Willenskraft in Arm und Muskeln strömt, hast du in deinem Arm *die Anziehungskraft der Erde* – diese enorme Naturkraft – *besiegt*. Auch wenn du in die Luft springst! Nur kurz, weil deine Willenskraft nur für kurze Zeit größer ist als die Anziehungskraft der Erde. Die Zeit *verbraucht* also deinen in körperliche Kraft umgewandelten Willen. Die Zeit! Und der Raum? Du hast deine Kraft dazu eingesetzt, um deinen Arm, deinen Körper in die *Höhe* zu heben, ihn von der Erde zu *entfernen*, also im *Raum* weiterzubewegen. Du siehst also, dass deine Kraft durch zwei große Faktoren verbraucht wird – durch *Zeit* und *Raum*. Wenn du deine Willenskraft verstärken und in deinem Körper aufspeichern könntest, dann wärst du in der Lage, die Anziehungskraft der Erde auf längere Zeit zu besiegen und dich in einer größeren Entfernung von der zu Erde halten. Du könntest schweben! Du kannst es aber nicht, weil du noch nicht auf der göttlichen Ebene bewusst geworden bist. Der Eingeweihte aber, der auf der göttlichen Ebene bewusst ist, kann aus dieser ewigen Kraftquelle, ohne sie zu transformieren, unmittelbar schöpfen und – wenn er will – so lange in der Luft schweben, als er seine Willenskraft gegen die Anziehungskraft der Erde richtet.

Der Eingeweihte kennt alle Schwingungen und hat bewusst entwickelte Organe, um diese Kräfte auch zu nutzen. Du kennst zum Beispiel die Gedankenkraft, dank welcher wir telepathisch verkehren. Auch diese Kräfte beherrschen wir durch ein entsprechend höheres Organ unseres Gehirns. Die Menschensöhne wissen nicht einmal, dass sie überhaupt solche Organe besitzen. Der Eingeweihte ist fähig, die allerhöchste aller Kräfte, die göttlich-schöpferische Kraft, auszustrahlen. Diese Kraft ist die Kraft und

Ausstrahlung des *Lebens*, des ewigen *Seins*. Dadurch wird das ganze Weltall belebt und erhalten. Von dieser Kraft bewussten Gebrauch zu machen, dazu ist einzig und allein nur der *Gottmensch* fähig, das einzige Lebewesen, das in seinem Bewusstsein mit *Gott* identisch ist und aus seinem Gottesbewusstsein, seinem kosmischen Allbewusstsein, diese Kraft ausstrahlt. Kein anderes Lebewesen könnte diese Kraft *bewusst* ertragen.

Jede Kraft hat ihre Materialisation auf Erden, und deshalb finden wir, dass allen Kräften und Schwingungen eine Materie entspricht, welche die Widerstandskraft hat, sie zu ertragen und weiterzuleiten, oder sogar das Vermögen besitzt, sie in sich aufzuspeichern und dann während eines gewissen Zeitraumes auszustrahlen. Wie man diese Materie benennt, ist gleichgültig. Aus ihr sind die Körper der den verschiedenen Bewusstseinsstufen entsprechenden Lebewesen und Offenbarungsformen gefügt und aufgebaut. Aber nicht allein aus der ihrem Bewusstseinsgrad entsprechenden Materie, sondern ebenso aus solcher, die Trägerin der Schwingungen unterhalb ihres Bewusstseinsgrades ist. Die Materie der Pflanzen besitzt zum Beispiel die nötige Widerstandskraft für die Schwingungen der vegetativen Lebenskraft, aber auch für die Selbstschwingungen der Materie, da sie einen materiellen Körper haben. Die Nerven und Körper der Tiere tragen die der tierischen Stufe entsprechende animalische Kraft in sich, aber auch die um eine Oktave niedrigeren Schwingungen der vegetativen und die noch um eine weitere Oktave niedrigeren Schwingungen der materiellen Frequenzen.

Die Nerven des Durchschnittsmenschen haben beispielsweise genügend Widerstandskraft, um die Schwingungen der mentalen Ebene zu ertragen sowie auch die um je eine Oktave transformierten Schwingungen der animalischen, vegetativen und materiellen Ebenen. Mit den mentalen Energien *denkt* er und ist auf dieser Ebene bewusst, mit den animalischen Energien *fühlt* er und erlebt alle Gemütszustände, die vegetativen Kraftströme beleben seinen Körper, und schließlich ist sein Körper aus materiellen Kräften aufgebaut. Und so geht es immer höher bis zum Gottmenschen, der alle seine Gehirn- und Nervenzentren bewusst einsetzt und fähig ist, die allerhöchsten Schwingungen des Lebens, das seinen zentralen Sitz im Rückenmark hat, ohne sie zu transformieren, in seine Nervenzentren und in seinen Körper zu lenken sowie auszustrahlen. Der Stoff seines Körpers besitzt die Widerstandskraft, die der allerhöchsten göttlichen Kraft sowie selbstverständlich auch den transformierten Schwingungen der anderen sechs Offenbarungsstufen gewachsen ist.

Die Körper der Menschen in den verschiedenen Entwicklungsgraden be-
stehen also nur scheinbar aus derselben Materie. *In Wahrheit sind sie aus*
verschiedenen chemischen Elementen zusammengesetzt, deren Widerstand
immer dem Bewusstseinsgrad des innewohnenden Geistes entspricht.
Wenn der Körper des Gottmenschen sowohl die höchsten Frequenzen
als auch alle transformierten Oktaven zu ertragen vermag, so spricht das
dafür, dass auch eine Materie mit der Widerstandskraft existieren muss,
welche die göttlich-schöpferische Kraft sowie auch alle übrigen Frequenzen der transformierten Oktaven zu ertragen und zu leiten fähig ist,
ohne dematerialisiert zu werden. Somit haben die Söhne Gottes in ihrer
Heimat eine Materie erfunden, eine Art Messing, aus welcher jene Apparate konstruiert wurden, um die allerhöchsten schöpferischen Frequenzen
entweder in ihrer originalen oder in ihrer transformierten Manifestation
aufzuspeichern und, verstärkt oder abgeschwächt, auszustrahlen. Diese
Konstruktionen sind so gebaut, dass sie die schöpferische Kraft unverändert rein bewahren. Sie wirken folglich auf lange Zeit wie eine Quelle
der göttlichen Kraft – wie das *Leben* selbst. Da das allerhöchste dieser
Werkzeuge, das die göttlich-schöpferische Kraft trägt und ausstrahlt,
eine vollkommene Verbindung zwischen den göttlichen und den materiellen Frequenzen – zwischen *Gott* und der *Erde* – darstellt, nennen wir
diesen unvorstellbar mächtigen Kraftträger, der mit der göttlichen Selbst-
frequenz aufgeladen ist – *die Bundeslade.*
Du verstehst jetzt, warum wir diese Apparate so streng geheimhalten.
Der in seinen höchsten Fähigkeiten entfaltete Gottmensch kann umsichtig
damit umgehen, da die Bundeslade dieselbe Kraft enthält und ausstrahlt
wie er selbst, da er sie selbst *ist.* Ein Mensch auf niedriger Stufe aber
würde, wenn er die Bundeslade nur anrührte, im selben Augenblick wie
vom Blitz getroffen tot umfallen. Die göttlichen Frequenzen würden seine Nerven augenblicklich verbrennen, und er würde einen ›Schlag‹ erleiden. *Dasselbe geschieht, wenn diese Frequenz sich aus der Isolation im*
Rückenmark befreit und untransformiert in die Nerven eindringt. Auch
dann stirbt der Mensch oder das Tier, sogar eine Pflanze augenblicklich.
Die Menschen nennen diesen Tod ›Schlag‹. Sie ahnen, dass eine unbekannte Kraft den Verstorbenen wie ein Blitz getroffen hat. Diese Kraft
ist der Lebensstrom selbst, der sonst im Rückenmark – oder im innersten
Kanal der Pflanzen – gut isoliert ist und in den Körper nur entsprechend
transformiert einströmt. Aus der Isolation bricht er nur bei Krankheit hervor und bewirkt den ›Schlag‹.

Aus demselben Grund dürfen keine uneingeweihten Menschen in die Nähe unserer Apparate. Aber nicht genug damit. Da sie alles durchschlagende Energien ausstrahlen, müssen wir sie hinter dicken Felswänden aus dem stärksten Isolationsmaterial verborgen halten. Denn die Lebensenergie selbst wirkt tödlich, wenn sie auf eine Materie auftrifft, die nicht den entsprechenden Widerstand hat. Die Materie wird dematerialisiert, aufgelöst.

Die Bundeslade und noch andere Geräte sind also aus einer Materie geschaffen, die – ohne dematerialisiert zu werden – mit der göttlich-schöpferischen Energie aufgeladen werden kann. Die Bundeslade strahlt untransformierte schöpferische Kraft aus. Je *nach der Dosierung wirkt sie Leben spendend* oder *vernichtend*. Diese Kraft hat denselben Schwingungscharakter wie die Willenskraft des Menschen, die alles, sogar die Anziehungskraft der Erde, wenn auch nur auf kurze Zeit, besiegen kann. Die Bundeslade strahlt diese Kraft tausendfach verstärkt aus. Und so wie die Erde durch ihre Anziehungskraft auf die Materie einwirkt und sie an sich zieht, können wir der Anziehungskraft der Erde ohne Ausnahme in jeder Materie entgegenwirken, folglich auf kürzere oder längere Zeit ihr Gewicht aufheben und sie gewichtslos machen. Wir können aber, wenn notwendig, auch umgekehrt, *mit* der Anziehungskraft der Erde, wirken und das Gewicht durch die ultramateriellen Strahlen nach Belieben vergrößern! Auf diese Weise werden auch die größten Felsblöcke auf kürzere oder längere Zeit gewichtlos, und mit größter Leichtigkeit sind denkbar größte Gebäude zu errichten oder das Gewicht wird in solchem Maße vermehrt, dass die Blöcke in die Erde versinken. Wir brauchen zum Beispiel, wenn wir Brunnen schaffen wollen, nicht die Erde herauszuholen, sondern wir lassen einen geeignet großen Felsblock durch Vermehrung des Gewichtes in die Erde einsinken, bis wir die gewünschte Tiefe erreichen.

Mit Hilfe der Bundeslade, dieser enormen Kraftquelle, können wir auch stofflose Energien, wie zum Beispiel Lichtstrahlen, in Materie umwandeln und, umgekehrt, die Materie auflösen und sie in äonenlang wirkende Energien transformieren.

Betrachte diese Lampe: Wie die Sonne selbst seit Jahrmilliarden unter anderen Strahlungen auch solche aussendet, die *in unserer Atmosphäre durch Energie-Umwandlungen zu Lichtstrahlen werden*, ebenso werden in dieser Lampe durch die sich auflösende – dematerialisierende – Materie Energien geschaffen, die sich in der Luft in Lichtstrahlen umwandeln.

Dieser Prozess könnte in dieser Lampe Äonen dauern, folglich würde sie auch auf Äonen Licht spenden, wenn es in der Geschichte der Erde nicht geschrieben stünde, dass wir die Erde für Jahrtausende verlassen und alle unsere Einrichtungen vernichten müssen. Die unwissenden Menschensöhne würden sonst wieder eine unaussprechliche Vernichtung anrichten.

Spätere Generationen werden von den Überresten unseres Kulturgutes vieles nicht verstehen. Unter anderem auch nicht, wie wir die Oberfläche der härtesten Steine spiegelglatt und so exakt bearbeiten konnten, dass dort, wo die Platten aneinanderstoßen, nicht einmal eine haarfeine Ritze besteht. Sie werden sich ihre Köpfe zerbrechen, wie unsere ›Sklaven‹ mit bloßer ›Handarbeit‹ die Steine so präzis behauen konnten. Da die Menschensöhne ihre Mitmenschen versklaven, werden sie glauben, dass auch wir ›versklavte‹ Menschen arbeiten ließen. Sie werden jahrtausendelang nicht auf die Idee kommen, dass wir auf der Oberfläche den überflüssigen Stein dematerialisieren und auf diese Weise aus den härtesten Felsen, ohne die geringste menschliche Anstrengung, haarscharf richtige Körper formen. Wir stellen die Wirkung unserer Apparate auf Tiefe und Breite ein, und der Fels wird in dem vorgezeichneten Ausmaß dematerialisiert. Dies ist sehr einfach, sobald man das Wesen der verschiedenen Energien, zu denen auch die Materie gehört, kennt. Aber nur im Besitz eines Wissenden ist diese Kenntnis ein Segen, der auch weiß, dass *Liebe Leben, Hass* aber *Tod* ist. Nur Eingeweihte des höchsten Grades können Baumeister sein. Um mit Sklaven zu bauen, brauchte man kein Eingeweihter zu sein! Wir arbeiten nicht mit Sklaven, sondern mit Naturkräften.

Wir vermögen Dank dieser Apparate jede Erscheinungsform der schöpferischen Energie zu erzeugen. Die Manifestation hängt nur davon ab, wie lange und aus welcher Entfernung wir die schöpferische Energie wirken lassen. Die Menschensöhne finden es selbstverständlich, dass sie mit ihren Krankheiten in den Tempel kommen und wir sie wieder gesund machen. *Krankheit bedeutet, dass die Schwingungen des Körpers verstimmt wurden.* Wir bringen den verstimmten Körperteil in seine eigene Schwingung zurück, und der Mensch wird gesund. Jedes Organ hat seine charakteristische Schwingung. Das heißt, dass jedes Organ deshalb so ist, wie es ist, weil seiner Natur eine gewisse charakteristische Schwingung zugrunde liegt und diese Schwingung ständig in ihm wirkt und es erhält. Wenn diese Schwingung sich verändert, so wird das betreffende Organ krank.

Wir können auch das Wetter auf der Erde regulieren und einen kristall-klaren Himmel oder – wenn notwendig – Wolken und Regen machen. Die Menschensöhne sehen die Blitze, hören den Donner aus der Pyramide und sind glücklich, weil sie wissen, dass dies den Segen bringenden Regen bedeutet. Sie leben in der Sicherheit, dass der Tempel für alles sorgt, für ihre Gesundheit, für den Segen bringenden Regen, für ihren Wohlstand und auch für ihr Seelenheil.«

»Vater meiner Seele«, frage ich jetzt, »wie ladet ihr diese Bundeslade mit schöpferischer Energie auf?«

Ptahhotep schaut mich mit seinem durchdringenden Blick an und sagt: »Ich sehe, dass du schon weißt, wie wir die Bundeslade aufladen. Ich sagte dir: Es gibt nur *eine* Quelle auf der Erde, die diese Kraft auszustrahlen fähig ist, und das ist der Gottmensch selbst. Die Pflicht des jeweiligen Hohepriesters ist es, die Bundeslade mit der göttlich-schöpferischen Kraft aufzuladen. Entweder lenkt er die eigene höchste Kraft unmittelbar in die Bundeslade oder er erreicht dasselbe Resultat mit der Hilfe des Lebensstabes, indem er aus seiner Hand einen tiefer transformierten, aber *unbedingt positiven Kraftstrom* durch den Stab in göttlich-schöpferische Kraft umwandelt und in die Bundeslade leitet. Denn der zur Vollkommenheit gelangte Gottmensch strahlt die schöpferische Kraft im Alltag auch nur transformiert aus. Nur in seinem gesammelten Zustand, in dem er in seinem Bewusstsein mit *Gott* identisch ist, strahlt die göttliche Kraft in ihrer ursprünglichen Schwingung aus. Er muss sich also im kosmischen *Allbewusstseinszustand* befinden, wenn er die schöpferische Kraft ausstrahlen will. Wenn uneingeweihte Menschensöhne ihn in diesem Zustand erblickten, würden sie voller Schrecken weglaufen, denn der Gottmensch strahlt dann solch überirdisches göttliches Licht aus, dass die Menschen den Anblick nicht ertragen. Wenn Uneingeweihte einen Eingeweihten im göttlichen Seinszustand antasten würden, würden sie augenblicklich tot umfallen, genau so als hätten sie die Bundeslade angetastet.

Wenn also der Eingeweihte seine Lebensstrahlen zum Heilen aussendet, dann versenkt er sich in eine Konzentration, deren Ausstrahlung die Menschen ohne Schaden ertragen. Nur die in die geeigneten Nervenzentren gelenkte Kraft steigert er mit der Hilfe des Stabes bis zur schöpferischen Potenz. Denn der Stab ist eben so konstruiert, dass er die Ausstrahlungen nicht nur weiterleiten kann, sondern sie je nach Belieben auch transformiert, verstärkt oder abgeschwächt abgibt. Der Eingeweihte braucht sich also nicht in den göttlichen Seinszustand zu versetzen, um die höchste Lebensstrahlung in die Bundeslade zu leiten, sondern er versetzt sich in eine niedrigere Konzentration und lenkt dann die dieser Stufe entsprechende Kraft, sie bis zur schöpferischen Energie verstärkend, mit Hilfe des Stabes in die Bundeslade. Wenn die Bundeslade auf diese Weise aufgeladen ist, strahlt sie wieder auf lange Zeit diese höchste und stärkste Energie aus, als Quelle aller anderen Kräfte auf Erden.

Der Eingeweihte kann mit dem Stab auch die verschiedensten Frequenzen schaffen und lenken, denn der Stab ist eine Bundeslade in winziger Ausgabe, nur dass sich in ihm die schöpferische Energie nicht aufspeichert wie in der Bundeslade. Ein Menschensohn könnte mit Hilfe des Stabes auch seine niedrigeren Kräfte in schöpferische Kraft umwandeln, wenn er seine um mehrere Oktaven niedrigere Kraft *rein, positiv, also völlig selbstlos*, ausstrahlen könnte. Denn der Stab strahlt immer jene Kraft aus, die der Mensch in ihn hineinlenkt. Wenn ein primitiver und selbstsüchtiger Mensch den Stab in die Hand bekäme, würde er seine eigenen negativen, aus der Selbstsucht stammenden Ausstrahlungen – eventuell noch verstärkt – weiterleiten und dadurch Krankheiten, Epidemien, Erdbeben oder sogar noch größere Zerstörungen verursachen, wie die Schwarzmagier im einstigen Heim der göttlichen Rasse.

Verstehst du nun, warum die Eingeweihten ihr Wissen so streng geheimhalten und Uneingeweihte nicht zulassen?«

»Ich verstehe, Vater.« Und es ist mir jetzt auch ganz klar, wie Vater den halbtoten Knaben zum Leben erweckte. In seinem hoch konzentrierten Zustand hat Vater seine Ausstrahlungen noch verstärkt in das Kind geleitet. Es wirkte wie ein Wunder. Das Kind wurde mit Lebenskraft aufgeladen, und seine Erschöpfung verschwand augenblicklich. »Aber, Vater meiner Seele, was wird geschehen, wenn die Menschensöhne der Zwischenrasse die Regierung übernehmen? Werdet ihr auch den Zauberstab vernichten, so wie Vater sagte, dass die Eingeweihten alle ihre Apparate vernichten werden? Wie schade, dass die Menschen den Segen dieser Kräfte nicht genießen können!«

»Mein Kind«, sagt Ptahhotep, »*jedes Lebewesen lebt in genau angepassten Verhältnissen!* Wenn wir das Geheimnis des Stabes den Menschensöhnen verrieten, würden sie ihn sogleich dazu missbrauchen, einander – und auch sich selbst – Schaden zuzufügen. Die Menschensöhne sind für dieses Wissen nicht reif und werden noch lange nicht reif dafür sein. Den Stab, den wir jetzt benutzen, wird der letzte Eingeweihte, der diese Geheimnisse noch kennen wird, mit der Bundeslade aus Ägypten hinausretten. Er wird keine Möglichkeit haben, Pyramiden zu erbauen, sondern er wird eine kleine, so weit wie möglich isolierende Hülle für die Bundeslade schaffen. Er wird die Bundeslade auch in viel geringerem Maß aufladen und wird sie mit Hilfe von Holzstangen während langer Wanderungen tragen lassen. Wenn dieser letzte Eingeweihte seinen Tod nahen fühlt, wird er seinen Stab vernichten. Die Bundeslade wird dann noch eine Zeit lang die zuletzt aufgeladene Kraft ausstrahlen, und Uneingeweihte werden sie noch lange in verschiedenen Ländern umhertragen, bis sie nach und nach bemerken, dass sie keine Kraft mehr verströmt. Dann werden auch die letzten Reste der Bundeslade vernichtet.

Die Menschheit wird in späteren Zeiten nur durch Überlieferungen etwas über den ›Zauberstab‹ und über die ›Bundeslade‹ erfahren. Sie wird aber all dies als Märchen betrachten und weitererzählen. Doch wird sie sich erinnern, dass es einmal eine ›Bundeslade‹ gab, welcher die Kraft des lebendigen Gottes innewohnte, und auch einen ›Zauberstab‹ – oder, wie wir ihn nennen, den ›Lebensstab‹ –, mit welchem die Eingeweihten, die ›Zauberer‹ oder ›Magier‹, Wunder vollbracht haben. Man wird aus der Überlieferung wissen oder ahnen, dass der ›Stab‹ *die Macht* über alle Kräfte der Natur bedeutete.

Wenn Menschen in späteren Zeiten die größte Macht symbolisieren wollen, so werden sie einen Stab – ein Zepter – als Zeichen der Macht in der Hand halten. Jener Stab – jenes Zepter – wird aber *nur noch als Symbol*, als *leeres Zeichen der Macht*, gelten. Die *wirkliche Kraft und Macht des Stabes* wird nicht mehr bekannt sein. Erst nach Jahrtausenden wird ein Nachkomme aus dem Stamme der Söhne Gottes wiedergeboren, und er wird diese Wahrheiten für die Menschen seiner Zeit entdecken und wieder einen wirklichen ›Zauberstab‹ konstruieren. Bis dahin wird es aber während Jahrtausenden eine sonderbare Art von Menschen geben, die, um zu unterhalten oder zu betrügen, sich für ›Zauberer‹ oder ›Magier‹ ausgeben, und sie werden so tun, als ob sie mit Hilfe ihres ›Zauberstabes‹ ihre ›Künste‹ vollbringen würden. *Sie werden also nachahmen, was einmal wirklich existierte.* Sie werden einen ›Zauberstab‹ in ihrer Hand halten und Bewegungen machen, als ob sie Zauberkräfte aus diesem Stab herausholen würden. Sie werden auch ›Zauberworte‹ gebrauchen, unsere magischen Worte nachahmend. Aber die wahre, die gewaltige Kraft des Wortes werden die Menschen erst dann kennenlernen, wenn nach Jahrtausenden gefallene Angehörige des göttlichen Stammes wiedergeboren werden, die heute *hier* leben, und sich an die Wahrheiten, die zu jener Zeit uralte Überlieferung sein werden, *in ihrem Unbewussten erinnern.*

Sie werden beweisen, dass ihre Erinnerungen stimmen. Es wird einmal die Zeit kommen, wo die Menschensöhne alles, sogar das allerhöchste Wissen entdecken und besitzen. Für die unwissende Masse bleibt das Wissen auch dann ein unverständliches Geheimnis, und in uneingeweihten Händen bringen die wiederentdeckten Wahrheiten Fluch. Aber dies ist eben der Weg der Menschen, durch viele Leiden und Schmerzen, die sie sich selbst zufügen. Sie werden nach und nach lernen, dass sie mit göttlichen Kräften nicht spielen, sondern diese mit vollem Ernst, mit Würde und Andacht gebrauchen sollen. Denn *Gott* gibt *der Menschheit alles, sogar sich selbst, zum Segen, nur die Menschen machen in ihrer Unwissenheit aus allem einen Fluch!*«

»Vater meiner Seele«, frage ich, »du sagtest, dass die Pyramiden aus dicken Felsen gebaut wurden, um die Einrichtungen, mittels welcher die durchdringenden Frequenzen ausgestrahlt werden, zu isolieren. Aber wie könnt ihr dann die Ausstrahlungen dennoch nach außen lenken?«

»In die dicken Wände der Pyramiden sind Schächte, Kanäle, eingebaut, durch welche wir die Kräfte der Bundeslade und der sie ergänzenden Apparate, die andere Kräfte ausstrahlen, hinausleiten. Mittels dieser Kanäle regieren wir auch das Wetter. Die positiven und negativen Kräfte, die durch die in auseinanderstrebenden Richtungen gebauten Kanäle fließen, rufen Wolkenbildungen und den gewünschten Regen hervor. Der Ausgleich dieser Spannungen sind die Blitze, mit welchen auch Schallerscheinungen auftreten. Deshalb donnert es aus der Pyramide. Für verschiedene weitere Einrichtungen sind die anderen Pyramiden gebaut worden.«

»Was wird aus den Pyramiden, wenn die Menschensöhne die Herrschaft auch in diesem Land übernehmen und die Bundeslade samt allen anderen Instrumenten vernichtet ist? Werden sie leer stehen? Und was wird aus dem Hohepriester und den übrigen Priestern und Eingeweihten?«, frage ich.

»Die Pyramiden, ausgenommen die allergrößte, in welcher jetzt die Bundeslade steht und wo die Einweihung erteilt wird, bleiben nicht leer. Wenn alle die göttlich-schöpferische Energie ausstrahlenden Instrumente entfernt sind, werden sich die letzten noch eingeweihten Pharaonen in einer dieser Pyramiden begraben lassen. Ihre von der göttlich-schöpferischen Kraft durchtränkten Körper werden – da die aufgeladene Kraft nicht verbraucht wird – die allerhöchste Kraft genau so wie die Bundeslade ausstrahlen, sie werden in diesem Land wie gewaltige geheime Kraftquellen aus dem Verborgenen wirken und diesen Erdteil vor schlechten Einflüssen beschützen. Die Ausstrahlung geheiligter und gut verwahrter Körper wird diesem Land helfen, sich noch auf Jahrtausende an der Macht zu halten. Aber die meisten dieser Gräber werden mit der Zeit von unwissenden Menschen zerstört.«

»Und was wird aus der größten Pyramide, Vater?«

Ptahhotep schaut eine Weile vor sich hin, als ob er irgendetwas in der Ferne schauen würde, dann wirft er seinen himmlischen Blick auf mich und sagt: »Wenn die Zeit gekommen ist, dass alle geheimen Instrumente zerstört werden müssen und die Priester und Eingeweihten, die noch zu dieser Zeit Dienst im Tempel tun, ihren Wanderstab nehmen und weiterwandern, dann werden der Hohepriester und sein Stellvertreter die Felsentür der großen Pyramide von innen schließen, so dass kein Menschensohn den Eingang findet. Und nachdem sie ihre letzten Pflichten erfüllt haben, werden sie beide ihre eigenen Körper genau so dematerialisieren, wie die Opfergaben in dem Hof des Tempels auf dem Altar dematerialisiert werden, wie du dies unzählige Male gesehen hast. Nur ein Blitz, dann eine kleine weiße Wolke, die bald verschwindet, und keine Asche bleibt zurück. So wird die größte Pyramide auf Jahrtausende für Menschenaugen verschlossen bleiben. Dennoch hören die Einweihungen nicht auf, die reifen Seelen werden weiter hier eingeweiht, wenn auch nicht mehr körperlich, sondern auf einer höheren, auf der seelischen Ebene. Diese Menschen werden dann ihre Einweihung als Traum, als Vision, erleben.«

Ptahhotep hört zu sprechen auf, und wir schauen einander noch lange in die Augen. Ich verstehe vieles, was er nicht aussprechen will … Ich hätte aber noch eine Frage: »Vater meiner Seele, hat es einen Grund, dass alle Pyramiden in gleicher Form gebaut worden sind? Warum haben sie diese Form und sind nicht zum Beispiel ein Würfel, wie andere Gebäude?«

Ptahhotep lächelt: »Nicht in Würfelform? Die Pyramiden *sind* ja in *Würfelform* gebaut! Aber das werde ich dir das nächste Mal erklären. Für heute ist es genug.«

Ich sehe, dass Ptahhotep seine Belehrungen beendet hat, aber ich bleibe noch. Ich möchte, dass er mir den Gebrauch des Stabes und der Bundeslade zeigt. Er schaut mich lächelnd an und sagt: »Es wird die Zeit kommen, da du den Bau der Bundeslade und des Lebensstabes kennenlernen darfst; nachdem du die Einweihung bekommen hast. Aber einsetzen darf sie nur derjenige, der den siebenten Grad nach der Einweihung *durch eigene An-strengungen* erreicht hat. Diese Geheimnisse dürfen nicht in gefährliche Hände geraten. Habe Geduld. Die Zeit existiert nur im Denkvermögen. Dennoch muss alles seine Reife erreichen.«

Er segnet mich, und ich gehe.

Die Form der Pyramiden

Ich stehe wieder vor Ptahhotep in seinem Experimentierraum.

»Ich habe schon erörtert«, sagt *Er*, »dass hinter allen Erscheinungen der sichtbaren Welt die Urkraft steckt, das Streben zurück, in die Einheit, das sich als Anziehungskraft zwischen einander ergänzenden positiven und negativen Hälften manifestiert. Du stehst jetzt vor mir, weil die Anziehungskraft der Erde deinen Körper hier hält. Wenn diese Kraft nicht wirken würde, wärest du und alles, was nicht festgewachsen ist, schon längst in den Weltraum hinausgefallen, sogar der ganze riesenhafte Körper der Erde wäre längst auseinandergebrochen. Die Kraft, die die Erde und alles, was in ihrer Atmosphäre Materie ist, zusammenhält, *gehört nicht der Erde selbst an, sondern wirkt nur aus ihrem Mittelpunkt auf die Erde.* Wenn die Materie keinen Widerstand hätte und dieser Kraft nachgäbe, würde die gewaltige Masse der Erde, samt allem, was auf ihr lebt, in ihrem Mittelpunkt verschwinden. Aber wohin? Denke nach!

Mein Kind, komm näher, ich will es dir zeigen: Wenn ich verschiedene Dinge auf diese Tischplatte stelle und an jedes einen Faden binde, die Fäden durch das Loch in der Mitte dieser Platte hindurchziehe und dann an allen Fäden von unten ziehe, so werden alle Dinge gegen den Mittelpunkt gezogen und – sofern sie kleiner sind als das Loch – verschwinden. Wohin? Nicht wahr, dorthin, woher die Kraft wirkt! Woher stammt aber die Kraft im Mittelpunkt der Erde, die alles in sich hineinzieht? Kannst du mir antworten, mein Kind?«

Ich denke nach und antworte: »Die Erde ist erkennbar. Wenn alles, was erkennbar ist, nur darum erkennbar sein kann, weil es sich vom ›Nichts-All‹ getrennt hat, die Trennung aber nur eine scheinbare ist, denn die Ergänzungshälfte ist im Ungeoffenbarten zurückgelassen worden, dann muss auch die Erde ihre Ergänzungshälfte im Ungeoffenbarten haben, und die Kraft, die die Erde mit allen ihren Wesen in den Mittelpunkt zieht, ist das Streben nach der Wiedervereinigung zwischen der Erde und ihrer ungeoffenbarten Ergänzungshälfte, die im Nichts als negatives Spiegelbild zurückgeblieben ist. Die Anziehungskraft der Erde zieht also die ganze Erde in das über Zeit und Raum stehende *Nichts* hinein, um die Wiedervereinigung zu vollbringen. Und wenn die Erde nachgeben würde, würde sie und alles im Mittelpunkt, im *Nichts*, verschwinden. Das wäre aber die Rückkehr in die paradiesische Einheit – in *Gott* – die Seligkeit! Warum kann das nicht geschehen, Vater?«

»Mein Kind«, antwortet Ptahhotep, »*das Hindernis ist der Widerstand der Materie!* Ohne *Widerstand* ist keine Schöpfung möglich! Der Widerstand der Materie lässt die Erde und die ganze Schöpfung nicht verschwinden und nicht vernichtet werden. Alles, was auf dieser erkennbaren Welt erschienen ist, ist aus einem Punkt des Weltalls herausgefallen, der dann sein eigener Mittelpunkt geworden ist. Durch den Fall wurde es Materie. Jetzt kann es nicht mehr zurück, weil sein eigener Widerstand als Materie es nicht mehr in die göttliche Einheit zurückkehren lässt. Eine Heimkehr in die verlassene göttliche, paradiesische Einheit – in *Gott* – ist nur dadurch möglich, dass *die Materie vergeistigt wird*, das heißt, *sich wieder in Geist umwandelt!* Die Materie könnte aber ohne geistige Hilfe, aus eigener Kraft und aus eigenem Können, nie Geist werden. Und darum steigt ein Aspekt Gottes in die Materie nieder, kleidet sich in Materie, nimmt ihre Eigenschaften an, belebt sie als das *Selbst*, damit die Vergeistigung, die Erlösung, ermöglicht werde.

Die Wirkung, die das in Materie gekleidete *Selbst* vom Mittelpunkt jedes Geschaffenen auf die innerste Struktur der Materie ständig ausübt, entwickelte im Laufe von Äonen auf jeder Sprosse der Entwicklungsleiter die entsprechenden Lebensformen. So entstanden, angefangen vom Einzellwesen bis zur höchsten Offenbarung, die verschiedensten Lebewesen.

Das höchste Lebewesen der Erde ist der Mensch. Seine Aufgabe ist es, die Vergeistigung der Erde, an der alle Lebewesen im Maß der eigenen Entwicklung mitwirken, zu vollenden. Und ein *jeder Mensch, der sich aus einem mit dem Körper identisch gewesenen in ein im Geist wiedererwachtes, göttliches Wesen wandelt und sein Bewusstsein mit dem göttlichen Selbst identifiziert, hat seine Aufgabe erfüllt!* Er hat ein Stückchen der Erde vergeistigt. Er hat die Erlösung der Erde um einen Schritt gefördert. Dann kann er als Helfer auch bei der Erlösung anderer Wesen mitwirken.

Und jetzt weißt du, warum du hier vor mir stehen kannst. Es ist so, dass das *Selbst* der Erde – das gleichzeitig auch unser *Selbst* ist – die Erde mit all ihren Lebewesen *liebt* und die ganze Erde in sich, in die göttliche Einheit, zieht wie ein Bräutigam, der sich mit seiner Braut vereinigen will. Dieser Wille, dieses Streben nach Vereinigung, wie es jede Liebe kennzeichnet, äußert sich in allem – also auch in unserem Körper – als *Gewicht*!

In jeder Form der Natur wirkt diese Kraft, die wir Gewicht nennen, und wenn wir bauen, müssen wir *mit* dieser Kraft und nie *gegen* sie rechnen und arbeiten. Wenn wir sie einbeziehen, dann hilft sie, unsere Gebäude auf lange Zeit zu erhalten. Wollten wir gegen die Gesetze dieser Kräfte bauen, so würde alles so Gebaute in kürzester Zeit zusammenstürzen.

Es genügt, wenn du verstehst, dass die Kraftresultanten der Pyramidenform die günstigsten sind, um die Gebäude während vieler Jahrtausende zu erhalten, ohne dass die Naturkräfte sie zerstören können.

Die Pyramiden – besonders die größte – sind nach verschiedenen mathematischen und astronomischen Gesetzen aufgebaut, so dass sie dem Volk auch als Uhr und Kalender dienen. Diese Gesetze wirst du ein anderes Mal lernen. Außerdem vermag die pyramidale Form dadurch, dass sich die Seitenflächen in einem Winkel von 51 Grad zu ihrem Grund erheben, die Strahlen der Sonne weit ins Meer und tief in die Wüste hinausspiegeln. Auf diese Weise dienen die Pyramiden auch als Leuchttürme. Alle ihre Gesetze und auch die Geschichte derer, die sie erbaut haben, sind auf den keramischen Deckplatten der Pyramiden aufgezeichnet. Und wenn die Menschensöhne einmal das Geheimnis der Schrift kennen, werden sie alle diese Wahrheiten, die mathematischen und astronomischen Gesetze, die Geheimnisse der Pyramiden und unser ganzes Wissen, während langer Zeit von den Pyramiden ablesen. In den finstersten Zeiten der Erde werden aber diese schriftlichen Überlieferungen auch verschwinden, so dass die Menschensöhne später alle Wahrheiten selbst entdecken müssen.

Du aber lerne das Gesetz der dreidimensionalen Welt, das aber *ohne das Gesetz des Geistes nicht bestehen könnte, sondern auf diesem Gesetz beruht.*

Da die Urquelle aller Weisheiten, aller Offenbarungen, das ewige *Sein* – *Gott* – ist, *Gott* aber im Ungeoffenbarten über Zeit und Raum steht und in den dimensionalen Welten nur seine Offenbarungen projiziert erscheinen, müssen wir, um diese Gesetze richtig zu verstehen, bei *Gott* anfangen. Über *Gott* zu reden, hindert uns aber immer die Schwierigkeit, dass

Gott über der erkennbaren Welt steht und jedes Lebewesen Gott nur in jenem Grad verstehen und auffassen *kann*, in dem es selbst fähig ist, Gott bewusst zu erleben, zu offenbaren und zu verwirklichen – das heißt, bis zu welchem Grad es selbst *Gott sein kann*! In allem lebt *Gott*, und alles lebt in *Gott*, dennoch kann *Ihn* in seinem eigenen, vollkommenen Wesen nur derjenige ganz verstehen, der selbst *Gott geworden* – oder nie aus ihm herausgefallen ist. *Gott verstehen, kann nur Gott allein*!

Die Tatsache, dass der primitivste Urmensch seinen Gottesbegriff hat, zeigt, dass das göttliche *Selbstbewusstsein* dennoch in ihm da ist, wenn auch nur im niedrigsten Grad und noch in einem Dämmerzustand. In Gott bewusst zu werden, *Gott* völlig zu verstehen und *Gott* zu sein, bedeutet aber, mit seinem eigenen göttlichen *Selbst* – dem innewohnenden *Gott* – vollkommen eins zu werden. Das ist leicht gesagt, aber sehr schwer getan! Denn dadurch, dass der Mensch aus seinem göttlichen *Selbstbewusstsein* gefallen ist, kann er sich Gott *nur seiner persönlichen Auffassungskraft gemäß vorstellen*. Wie soll er wissen, was die wirkliche, lebendige *Gottheit* in ihrer Vollkommenheit ist, wenn seine Vorstellungskraft nur dem von der Einheit getrennten, abgesonderten, dem gefallenen persönlichen Grad entspricht? Wie könnte das Endliche das Unendliche begreifen, wie das Zeitliche das Ewige, wie das Sterbliche das Unsterbliche, wie das Scheinwesen das ewige, wahre *Sein – Gott* – verstehen, erleben und mit *Ihm* identisch werden?

Und dennoch muss der Mensch *Ihn* erreichen! Der ewige Wunsch, die unauslöschliche Sehnsucht hilft ihm und treibt ihn in der Richtung seines göttlichen *Selbst*. Über die unüberbrückbar scheinende Kluft zwischen dem Persönlich-Sterblichen und dem Unpersönlich-Ewigen spannt der Verstand – das größte, aber gefährlichste Geschenk Gottes – eine Brücke. Durch den Verstand geriet er in Versuchung, mit seinem Bewusstsein aus der Einheit zu fallen, aber ebenso gibt ihm der Verstand die Möglichkeit, in die Einheit *mit vollem Selbstbewusstsein zurückzukehren*. Durch den Verstand ist er fähig, die Wahrheiten zu *verstehen*, und wenn er verstanden hat, wird er lange suchen und immer wieder ver-suchen, bis es ihm eines schönen Tages gelingt, den einzigen Weg zur Verwirklichung seines Selbst zu finden.

Verwirklichung bedeutet: Etwas zu sein. Denn solange man über etwas denkt oder spricht, ist man es nicht. Du kannst über eine Katze oder über einen Löwen nachdenken, das bedeutet bei weitem noch nicht, dass du sie verwirklicht hast, also eine Katze oder ein Löwe geworden bist. Du kannst ebenfalls über *dich selbst* nachdenken, ohne dass *du selbst*, dein göttliches, schöpferisches *Selbst* bist! Etwas zu denken, ist Getrenntsein davon; denn wenn du nur einen einzigen Gedanken aussendest, so bist du, der Denker, und der Gegenstand deines Denkens, das Gedachte, nur durch das Denken *verbunden*, aber nicht *identisch* mit ihm. Was in deinem Verstand ist, *bist* du noch nicht. Der Verstand gehört dir, es ist ein wunderbares Werkzeug, ein Spiegel, in welchen du alles projizieren und alles darin erkennen kannst, aber der Verstand ist nicht du! Der Verstand ist außerhalb deines Selbst, folglich, was du durch *deinen Verstand vermagst*, bist nicht du, ist keine Verwirklichung.

Wenn der Mensch *Gott* außerhalb von sich selbst sucht, kann er oft, sogar ständig an *Gott* ›denken‹, er kann zu *Gott* ›beten‹, er kann *Gott* mit seinem ganzen Wesen ›lieben‹, aber er ist deshalb mit *Gott* noch immer nicht identisch geworden. Denn im Suchen *nach außen* kann der Mensch *Gott* nie finden!

Der Schöpfer im Menschen ist das eigene *Selbst*, dessen letzte, von seinem eigenen Mittelpunkt entfernteste Manifestation das kleine ›Ich‹, das persönliche ›Ichbewusstsein‹ ist. Das persönliche ›Ich‹ in ihm ist das durch die Materie – im Körper – widerspiegelnde Bild Gottes. Wenn der Mensch also aus dem Fernsein in die Identität mit *Gott* zurückgelangen will, muss er mit seinem Bewusstsein *denselben* Weg einschlagen. Er muss *sein Bewusstsein, von seinem persönlichen ›Ich‹ ausgehend, immer tiefer und tiefer in sich zurückziehen* und sich zu seinem wahren *Selbst*, zu seinem *Schöpfer*, hinwenden, bis er *sich in Ihm bewusst erkennt.* Das bedeutet aber, dass in diesem Zustand nicht das Geschöpf – die Person – sich selbst erkennt, da es keine wahre Existenz hat und als Scheinwesen kein rückwirkendes Bewusstsein, keine Selbsterkenntnis haben kann, sondern *der Schöpfer erkennt sich selbst im Geschöpf, in der Person.* Dies ist die *einzige Möglichkeit*, in welcher das Getrenntsein aufhört, in welcher das Bewusstsein sich im Einheitszustand befindet, wenn das ›Sich-selbst-Denken‹ aufhört und zum ›Sich-selbst-Sein‹ – zur ›Selbsterkenntnis‹ – wird. In diesem Zustand sind der Erkenner, das Erkannte und die Erkenntnis ein und dasselbe Subjekt. Das Selbst – der Schöpfer – erkennt sich selbst in sich!

Der Mensch kann *Gott* nur so erleben, dies ist *Auferstehung*! In diesem Zustand erkennt er, dass ihn sein eigenes *Selbst* geschaffen hat und ständig schafft, dass also sein *Selbst* sein eigener Schöpfer ist, ebenso ist aber *dasselbe einzige Selbst der Schöpfer des ganzen Alls*! Demzufolge erlebt er in seiner göttlichen Selbsterkenntnis, in seinem Selbstbewusstsein, gleichzeitig auch das schöpferisch-kosmische *All-Bewusstsein* und wird mit der *Selbsterkenntnis* gleichzeitig *all-erkennend, allwissend!*

Diesen göttlichen Zustand, in welchem der *Schöpfer sich selbst erkennt,* können auch Zahlen symbolisch ausdrücken:

Gott in seinem in-sich-ruhenden Zustand ist eins in drei und drei in eins.

Eins und *drei* sind noch eine ungetrennte Einheit.

In der Ideenwelt der Geometrie ist die Form des gleichseitigen Dreiecks das symbolische Bild Gottes, in welchem der Erkenner, das Erkannte und die Erkenntnis ein einziges ist – *eins in drei und drei in eins.*

Jede Form ist die Offenbarung der Kraft, die sie aufgebaut hat, folglich ist jede Form auch das Bild der sie aufbauenden und ihr innewohnenden schöpferischen Kraft. Das Göttliche in seinem *in-sich-ruhenden* Urzustand offenbart sich immer in der Form des Dreiecks. Das Dreieck trägt in sich die vollkommene Harmonie und das vollkommene Gleichgewicht, da seine drei Eckpunkte in genau gleicher Entfernung voneinander liegen. Wenn dagegen der *in-sich-ruhende* Aspekt *Gottes* aus dem Zustand der Zeit- und Raumlosigkeit, aus der Dimensionslosigkeit in die drei Dimensionen eintritt und zum *schöpferischen* Aspekt *Gottes* wird, dann offenbart er sich immer in der Zahl *vier.* Solange die Zahlen *eins* und *drei* in der *Gottheit* eine Einheit bilden, bleiben *drei* in *eins* und *eins* in *drei.* Wenn sie aber aus dem göttlichen Einheitszustand heraustreten, *trennen sie sich,* und aus dem »*eins in drei*« wird »*eins und drei*« – und das gibt *vier.* Das gleichseitige Dreieck offenbart die in ihm verborgen liegenden *vier* gleichseitigen Dreiecke.

In diesem Gesetz liegt auch das Geheimnis der Schlüsselzahl der dreidimensionalen Welt, der Zahl *sieben.*

Versuche einmal, dir bildlich vorzustellen und zu verfolgen, wie die erste Offenbarungsenergie aus dem dimensionslosen Zustand in die drei Dimensionen heraustritt. Schließe die Augen, und ich werde diese Wahrheit in dein Bewusstsein projizieren.«

Ich tue, wie Ptahhotep mir befiehlt, schließe meine Augen und richte meine Aufmerksamkeit nach innen. Da erscheint ein *Punkt*, und ich höre die Stimme Ptahhoteps:

»Damit eine Kraft aus der Dimensionslosigkeit heraustreten und sich offenbaren kann, braucht sie einen Ausgangspunkt: ● Der Punkt ist dimensionslos, er ist aus der Einheit noch nicht herausgetreten, ist aber zur Offenbarung notwendig. Da der Punkt aus einem einzigen Faktor besteht, trägt er in sich die Zahl der Einheit, die Zahl *eins*.

Wenn die Kraft, deren erste Erscheinung der Punkt war, aus der Dimensionslosigkeit heraustritt und eine Zeit lang wirkt, wird der Punkt sich bewegen, und es entsteht eine *Linie*: _____ «

Ich sehe in mir, wie der Punkt allmählich zur Linie wird und höre Ptahhotep: »Die erste Dimension – die Länge – ist geboren. Die Linie an sich ist unendlich, folglich ist sie als erste Offenbarung auch die Zahl eins. Sie hat aber in der Welt der Offenbarungen, wo Anfang *und* Ende ist, immer unbedingt drei Faktoren – den Ausgangspunkt, den Endpunkt und den Zwischenraum zwischen beiden. Die Linie trägt in sich also die Zahl *drei*, die Schlüsselzahl der eindimensionalen Welt.

Nun muss es dir auffallen, dass es keine Möglichkeit gibt, die Zahl *zwei* in einer *Einheit* zu offenbaren und zu finden. Denn nach der ersten Offenbarung des Punktes, der nur *einen* einzigen Faktor in sich trägt, sind unmittelbar und *ohne die Zahl zwei* drei Faktoren entstanden. Wenn aus dem Punkt eine – wenn auch noch so kleine – Linie heraustritt, so ist mit ihren drei Faktoren schon die Zahl *drei* da. Die Linie in der *Unendlichkeit* ist und bleibt die Zahl *eins*; hat sie aber einen Anfang und ein Ende, so trägt sie unbedingt die Zahl *drei* in sich.

Damit die Zahl *zwei* an sich entstehen kann, ist eine *Spaltung der Einheit* notwendig. Die Zahl *zwei* wird nur geboren, wenn zwei Einheiten nebeneinandergestellt werden. Da aber außerhalb der Einheit nichts existiert, muss die *Einheit aus sich selbst ein Spiegelbild* senden, hinausschleudern, und so entsteht eine Spaltung, eine Trennung, die den Tod der Einheit bedeutet. Darum nennt man auch solch einen tödlichen Zustand eine Spaltung der Seele: Ver-*zwei*-flung. Jede Sprache drückt dies mit der Zahl *zwei* aus.

Verfolgen wir aber, wie aus der ersten Dimension die zweite entsteht. Die Linie besteht aus einer Reihe von Punkten. Vorausgesetzt, dass die schöpferische Energie in jedem dieser Punkte mit derselben Kraft und während derselben Zeitdauer wirkt, so treten alle diese Punkte aus sich in die zweite Dimension hinaus, es wird aus jedem eine Linie, und aus der Gesamtheit dieser Linien entsteht eine Fläche – ein gleichseitiges *Viereck*.

Die zweite Dimension – die Breite – ist geboren.

Das Viereck ist *vier* in *eins* und *eins* in *vier*, besteht also aus fünf Faktoren: Den vier *geoffenbarten* Linien – Ausgangslinie, Endlinie, rechte und linke Seitenlinie, und dem fünften Faktor, der zwischen den Linien liegenden *nicht geoffenbarten* Fläche. Die Schlüsselzahl der zweidimensionalen Welt ist die Zahl *fünf*.

Die Schöpferkräfte wirken aber weiter. Auch die Fläche besteht aus Punkten, und wenn aus jedem dieser Punkte dieselbe Kraft während derselben Zeitdauer wirkt, treten alle diese Punkte in die dritte Dimension hinaus, und aus der Fläche entsteht der *Würfel*.

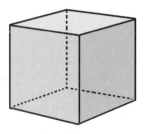

Die dritte Dimension ist geboren – die Höhe.

Der Würfel ist sechs in *eins* und *eins* in *sechs*, besteht also aus *sieben* Faktoren – aus den *sechs geoffenbarten* begrenzenden Flächen und dem siebten, *nicht geoffenbarten* Faktor – dem Kubikinhalt. Die Schlüsselzahl der dreidimensionalen Welt ist also die Zahl *sieben*.

Wie du siehst, ist die Grundform der Materie der Würfel. Die verschiedenen Kristalle bauen sich nach diesem Gesetz auf, und in den Kristallen findet man entweder die Würfelform selbst – wie zum Beispiel beim Salz – oder die Grundelemente des Würfels in verschiedenen Aspekten und Variationen. Wenn wir nun die Wesensart des Würfels untersuchen, wirst du auch die Gesetze der Varianten verstehen.

Versuche, von einem Eckpunkt des Würfels ausgehend, eine Fläche zu finden, in welcher alle drei Dimensionen des Würfels enthalten sind. Wenn du ihn nämlich quer durchschneidest, bekommst du nur eine

298

Fläche, nur zwei Dimensionen. Um eine Fläche aller drei Dimensionen zu bekommen, müssen wir von einem Eckpunkt des Würfels schräg zu zwei gegenüberliegenden Eckpunkten durchschneiden. Damit wird eine Ecke des Würfels abgeschnitten.

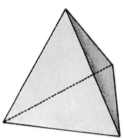

Wenn wir in derselben Weise fortfahren, so werden wir vier Ecken des Würfels abschneiden, und es bleibt vom Würfel eine Form übrig, die vom Würfel grundverschieden ist – ein Tetraeder, das von vier gleichseitigen Dreiecken begrenzt ist.

Du siehst, dass im Würfel eine Form verborgen liegt von ganz anderen Gesetzen als der Würfel, denn sie besteht nicht aus Vierecken, sondern aus vier Dreiecken. Wenn wir diese vier Dreiecke in einer Fläche ausbreiten, bilden sie ein einziges gleichseitiges Dreieck, die symbolische Darstellung *Gottes*.

Das Tetraeder ist, wie das seinen Mantel bildende gleichseitige Dreieck, die Verkörperung von Harmonie und Gleichgewicht. Denn jeder seiner Eckpunkte liegt gleich weit vom anderen entfernt, folglich besteht im Tetraeder keine Spannung, sondern ein ausgeglichener Ruhezustand. Dagegen liegen die Eckpunkte des Würfels, wie die des Quadrates, in verschiedenen Entfernungen voneinander, also besteht sowohl im Quadrat als auch im Würfel eine ständige unüberbrückbare Spannung. Die Materie der dreidimensionalen Welt baut sich in Würfelform auf, aber sie verbirgt in sich das auf das göttliche Gleichgewicht aufgebaute Tetraeder. Die Materie kann ohne den göttlichen Inhalt nicht bestehen.

Auf demselben Gesetz ist die ganze dreidimensionale Welt aufgebaut, ganz gleichgültig, ob die aufgebaute Form ›tote‹ oder beseelte Materie, also ein Lebewesen, ist. Denn sei es eine Pflanze, ein Tier oder ein Mensch, sie weisen in ihrer Erscheinung einen Körper auf, der den Gesetzen der dreidimensionalen Welt unterworfen ist. In diesem Körper befindet sich aber verborgen und unsichtbar das höhere, göttliche *Selbst* – das Leben – das ewige *Sein*! Allein der Mensch ist fähig, sein höheres *Selbst* – also *Gott* – durch seine Gedanken, Worte und Taten zu offenbaren, wenn er sein Bewusstsein nicht mit seinem Körper, sondern mit dessen geistigem Inhalt – mit seinem *Selbst* – identifiziert. Solange der Mensch sich mit seinem materiellen Körper identifiziert, ist er wie ein *undurchsichtiger Würfel*, der nur die Eigenschaften der Materie zeigt und das Göttlich-Schöpferische in das Ungeoffenbarte, in einen latenten Zustand, verdrängt und nicht ahnen lässt, dass ihm das gänzlich verschiedene Tetraeder – das göttliche Selbst – innewohnt!

Der Mensch aber, der seinen Körper nur zur Offenbarung des Göttlichen benötigt und in Gedanken, Worten und Taten das Göttlich-Schöpferische manifestiert, dagegen die Eigenschaften seines körperlichen Daseins – seiner Person – im Ungeoffenbarten lässt, der ist ein behauener *Würfel*, dessen Ecken nach außen gedreht, dessen Inhalt nach außen gestülpt ist und auf diese Weise seine inneren Dreiecke – die gleichzeitig Dreiecke des göttlichen Tetraeders sind – zeigt.

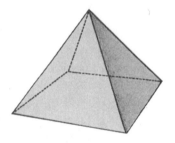

Die materielle, viereckige Form benützt er nur als die sichere Basis in der dreidimensionalen Welt und lässt sein Gewicht auf ihr ruhen.

Die Form des ausgedrehten Würfels aber ist – *die Pyramide. Die Pyramide ist also die symbolische Form des Gottmenschen*, der seine göttliche, selbstlose Natur hervorscheinen lässt und *Gott* auf Erden völlig verwirklicht. In der Person des *Gottmenschen* ist die Erlösung der Erde, die Vergeistigung der Materie, vollbracht. Das göttliche *Selbst* – der Schöpfer – sitzt auf seinem Thron in voller Herrlichkeit und herrscht über die Materie, über den Körper.

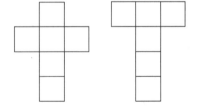

Die symbolische Darstellung des materiellen Menschen dagegen, der seinen Verstand dazu gebraucht, um seinem materiellen Wesen zu dienen, ist das aus den Vierecken der Oberfläche des Würfels gebildete Kreuz – oder das Tau, auf welchem das verborgen innewohnende göttliche *Selbst* gekreuzigt ist. In solchen Menschen ist das Göttliche seiner Macht beraubt, es kann sich nicht offenbaren, es muss sich in der Welt den materiellen Gesetzen unterwerfen, es ist auf den zwei großen Balken der dreidimensionalen Welt – auf Zeit und Raum – gekreuzigt und stirbt auf diesem Kreuz der Materie. Sein Tod ist aber kein endgültiger! Auch in dem auf die niedrigste Stufe gesunkenen Bewusstsein wird das göttlich-schöpferische *Selbst* einmal auferstehen und den leidenden Menschen erlösen. Denn der materielle Mensch schafft sich in seiner Unwissenheit, dadurch, dass er sein eigenes höheres *Selbst, Gott* in sich, kreuzigt, ständige Qualen und Leiden – er wird der Verbrecher, der neben dem gekreuzigten Göttlichen auch gekreuzigt hängt. Die Schmerzen erwecken ihn, sein höheres Bewusstsein erwacht, und er erlebt mit der Auferstehung seines göttlichen *Selbst* auch seine eigene *Erlösung*, da er sich in *Ihm* selbst erkennt!

Diese symbolischen Darstellungen haben die geflüchteten Glieder der göttlichen Rasse überall auf Erden, wo sie hinkamen, mitgebracht und die in ihnen verborgenen Wahrheiten den Menschen verkündet. Überall in den verschiedenen Erdteilen wird man genau diese Darstellungen, in Stein, in Metall oder in gebrannter Erde ausgeführt, größer oder kleiner vorfinden. Man wird dann glauben, dass es das Bild einer gekreuzigten Person sei, und nur wenige werden erkennen, dass die Darstellung das göttlich-schöpferische Prinzip symbolisiert, auf die zwei Balken der Zeit und des Raumes gekreuzigt.

Die Pyramiden werden noch Jahrtausende stehen und den Menschensöhnen die höchsten Wahrheiten, die in sie eingebaut sind, verkünden. Diejenigen, die Augen und Ohren haben, werden ihre erhabenen Wahrheiten, auch wenn sie nicht alle ihre mathematischen und astronomischen Gesetze erfassen können, in sich finden und erkennen, einige Hochentwickelte werden sie auch verwirklichen. Für den primitiven Menschen bleibt aber die Pyramide ein ewiges Rätsel, gleich wie die Sphinx, solange er sein eigenes Rätsel nicht gelöst hat.

Kehren wir aber zum Würfel zurück! Du hast vorhin von einem Eckpunkt des Würfels ausgehend eine Fläche geschnitten, die alle drei Dimensionen in sich enthält. Du hast auf diese Weise *vier* Ecken des Würfels abschneiden können. Du könntest aber auch von den anderen Eckpunkten ausgehend vier weitere Schnitte machen und würdest finden, dass im Würfel nicht nur *ein* Tetraeder liegt, sondern zwei ineinander liegende Tetraeder, die einander genaue Spiegelbilder sind. Diese zwei ineinanderliegenden Tetraeder stellen das innerste Gesetz der erkennbaren Welt dar, den untrennbaren Zusammenhang zwischen den beiden Ergänzungshälften – der positiven und der negativen – die, ineinanderliegend, ein vollkommenes Gleichgewicht bilden und als *schöpferische Geister zur Rechten und Linken der Gottheit* sitzen. In der Schöpfung walten sie als zwei einander entgegengesetzte Gesetze – das Gesetz des Geistes und das Gesetz der Materie.

Geist ist Leben, Materie ist Widerstand. Das Gesetz des Geistes ist Ausstrahlung, Geben und Selbstlosigkeit.
Das Gesetz der Materie ist Zusammenziehung, Abkühlung und Erstarrung.

Es gibt nur ein einziges Lebewesen, das beide Gesetze *bewusst verkörpern kann* – der Mensch. Er bildet das Verbindungsglied zwischen der geistigen und der materiellen Welt. Er ist fähig, die Gesetze der beiden Welten gleichzeitig zu leben. Seine Gedanken, seine Worte, seine Taten können Selbstlosigkeit und universelle Liebe ausstrahlen, *ein* Geben sein. Sein Körper gehört aber der materiellen Welt an und verwirklicht die materiellen Gesetze. *Jedes Gesetz an seinem eigenen Ort und zu seiner richtigen Zeit ist göttlich, und das Umgekehrte satanisch.*

Ohne den Widerstand der Materie wäre Schöpfung unmöglich. In der nicht geoffenbarten *Gottheit* liegen alle schöpferischen Kräfte noch in der Einheit, in einem vollkommenen Gleichgewichts- und Ruhezustand, *nur als Potenz, nur als Kraftmöglichkeiten.* Die Schöpfung beginnt damit, dass sich aus der Einheit eine Kraft herauslöst und sich dem Schöpfer gegenüber als Widerstand aufrichtet. Das ist der ›erstgeborene Sohn‹ Gottes, der Geist des Widerstandes, den der *Vater* aussendet, um *Äonen hindurch Ihm* gegenüber den anderen – negativen – Pol zu bilden, um die Frequenzen der Schöpfung zu ertragen und also zu widerstehen, damit die Schöpfung überhaupt möglich wird. Dieser Widerstandsgeist, der den Gegenpol des sich offenbarenden Aspektes Gottes bildet, ist die Ursache, dass Dank seiner zusammenziehenden, verhärtenden und abkühlenden Wirkung Verdichtung – Materie – entsteht. Dieser Geist wirkt als der Materie innewohnendes Gesetz der Abkühlung, Zusammenziehung und Erstarrung.

Nimm einen Stein in deine Hand. Die Kraft, die dieses Ding zu einem Stein macht und als Materie zusammenhält, ist das alles abkühlende, zusammenziehende und verhärtende Gesetz des Widerstandes. Solange dies Gesetz sich *in* der Materie *als Materie* offenbart, wirkt das Gesetz an seinem Platz, folglich göttlich. Aus der toten Materie wird aber belebte Materie, wenn der göttliche Geist – das *Selbst* – sich in die Materie kleidet und Fleisch wird. Das Selbst, das *Leben*, durchdringt die tote Materie, und aus dem Gesetz der Materie ersteht ein lebendiger Geist, das Spiegelbild des göttlichen *Selbst*. Dieses Spiegelbild, das nur dadurch lebendiger Geist werden konnte, dass *Gott* als das *Selbst* der Lebewesen sein eigenes Leben der Materie einflößte, ist *Satan*. *Satan ist also das durch den göttlichen Geist lebendig gewordene Gesetz der Materie.* Satan liegt tot in der Materie, *als ihr Gesetz*, bis der göttliche Geist ihn mit seinem eigenen Leben lebendig macht.

Wenn das Bewusstsein sich mit dem Gesetz der Materie identifiziert und wenn das Denken, Worte und Taten nicht dem göttlichen Gesetz, sondern dem Gesetz der Materie dient, dann *belebt der Mensch Satan*. Dadurch wird der Mensch selbst satanisch. Ohne den Menschen kann Satan nicht existieren, denn ohne das *Selbst* des Menschen ist Satan nur eine unbewusste Kraft, ein notwendiges Naturgesetz der Materie. Satan kann nur in dem Bewusstsein jenes Menschen lebendig werden, der das Gesetz der Materie, das Gesetz des Fleisches, im Geist offenbart, der sein Bewusstsein mit seiner Person, mit seiner niedrigen Natur, mit den seinem Fleisch innewohnenden Trieben, mit dem Arterhaltungs- und Selbsterhaltungstrieb, identifiziert und die zusammenziehende, verhärtende Kraft der Materie *als geistige Eigenschaften*, wie Habgier, Neid, Eitelkeit, seelische Härte und Selbstsucht, offenbart. Satan *an sich* ist noch keinem Lebewesen begegnet, denn *ohne den Menschen existiert auch Satan nicht*. Ohne den Menschen ist Satan nur das Gesetz der Materie. Nur in einem Menschen kann man Satan lebendig begegnen, nur in einem menschlichen Antlitz kann man Satan als den *Ausdruck* dieses Antlitzes erkennen.

Wenn das *Selbst* sich aus solch einem Menschen beim Tod des Körpers herauslöst, bleibt Satan wieder als das Gesetz der Materie im Leichnam zurück. Er wurde durch die belebende Kraft des *Selbst im Bewusstsein* lebendig, wurde *Satan*. Das Bewusstsein des Menschen aber, der sich mit dem Gesetz der Materie identifizierte und so selbst satanisch wurde, *stirbt mit Satan und wird nach dem Tod unbewusst*. Satan zieht ihn, seinen Sklaven, in die tote Materie, in die Finsternis, in die Bewusstlosigkeit, zu sich.

Dagegen bleibt das Bewusstsein des Menschen, der sich mit dem Gesetz des göttlichen Geistes identifizierte und diesem diente, beim Abstreifen des

Körpers wach, und – befreit von den Ketten, von der Isolation der Materie – geht es in das ewige *Licht*, in *Gott*, ein.

Die zwei ineinanderliegenden Tetraeder zeigen die zwei Pole der Schöpfung im vollkommenen Gleichgewichtszustand. Die ganze Schöpfung – die Welt der Unruhe, der Bewegung – beruht auf diesem göttlichen Gleichgewicht. Es wirkt durch alle Formen als ihr innerstes Gesetz. So auch in den Kristallisationen der Materie. Wie du selbst erfahren hast, ist um das göttliche Tetraeder die Urform der Materie – der Würfel – aufgebaut. Die das Tetraeder bildenden Dreiecke sind mit den verbindenden inneren Flächen der Ecken des Würfels identisch. Auch der Mensch hat in seinem Inneren eine Berührungsfläche mit dem göttlichen *Selbst*. Eben deshalb kann er sein eigenes göttliches Wesen nur in seinem eigenen Inneren finden, nie aber indem er seine Aufmerksamkeit nach außen richtet.

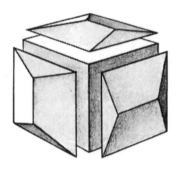

Wenn der Mensch sich nach außen richtet, wird er, dem göttlichen Gesetz gemäß, in weitere seelische Kristallgitter hineingezwungen, bis er nach vielen Qualen und Schmerzen das *Göttliche* findet. Untersuchen wir, welche Kristallformen sich auf dem Würfel aufbauen.

Nimm sechs hausdachförmige, geometrische Formen, deren Grundfläche genau dem Quadrat eines Würfels entspricht, und stelle diese sechs Formen auf den Quadraten dieses Würfels so auf, dass die Hausdachformen immer mit ihren *verschiedenen* Seiten aneinanderliegen.

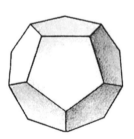
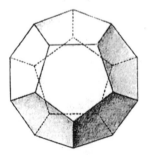

Dann bekommst du einen geometrischen Körper, den wir Pentagondodekaeder nennen und der aus zwölf gleichseitigen *Fünfecken* gebildet ist.

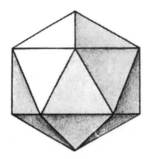

Das Pentagondodekaeder trägt weitere Gesetze des langen Weges des Bewusstseins in sich. Wir wollen jetzt aber das Resultat betrachten, das sich in der letzten Kristallform dieser Reihe manifestiert – das ist das aus zwanzig gleichseitigen Dreiecken gebildete Ikosaeder.

Aus dem Tetraeder lassen sich also weitere drei – mit dem Tetraeder selbst zusammen *vier* – aus gleichen Flächen gebildete, regelmäßige Kristallformen entwickeln – das Tetraeder, der Würfel, das Pentagondodekaeder und das Ikosaeder.

Regelmäßige Kristallformen zu bilden, ist nur aus Dreiecken, Vierecken und Fünfecken möglich. Aus Dreiecken das Tetraeder, das Oktaeder und das Ikosaeder, aus Vierecken nur den Würfel, aus Fünfecken nur das Pentagondodekaeder.

Das Oktaeder ausgenommen, kennst du alle diese geometrischen Körper. Das Oktaeder kannst du konstruieren, indem du drei gleich lange Linien je in eine der drei Dimensionen – also eine Linie in die Länge, eine in die Breite und eine in die Höhe – in einem Winkel von 45 Grad führst, so dass die Mitte der drei Linien identisch ist. Wenn du die Endpunkte der drei Linien verbindest, bekommst du die acht Dreiecke, die das Oktaeder bilden. Das Oktaeder besteht also aus zwei mit ihren Grundflächen aufeinanderliegenden Pyramiden.

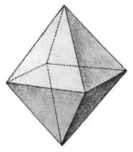

Jetzt pass aber gut auf: Wenn wir durch den Raum, in jeder Ebene der drei Dimensionen, in gleichem Abstand Schnittflächen legen, dann entstehen unzählige Oktaeder. Aber diese Oktaeder *füllen den Raum*

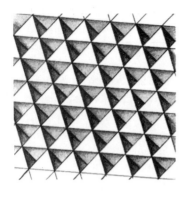

dennoch nicht aus, sondern es bleiben zwischen den Oktaedern überall – genau wie im Inneren des Würfels –Tetraeder, die außerhalb der Dreidimensionsflächen stehen! Du kannst den Raum in unendlich große oder unendlich kleine Oktaeder aufteilen, die Tetraeder außerhalb der Dreidimensionsebenen sind immer da. Der dreidimensionale Raum ruht also *in jedem seiner Punkte* auf dem göttlichen Tetraeder, das die absolute Harmonie und das absolute Gleichgewicht bedeutet. Genau so beruht die ganze offenbare Schöpfung in jedem ihrer Punkt auf der über aller Offenbarung stehenden, in sich ruhenden, nicht geoffenbarten *Gottheit. Gott ist allgegenwärtig!*

Kehren wir aber zurück zu den ineinander- und aufeinanderliegenden geometrischen Körpern: Tetraeder, Würfel, Pentagondodekaeder und Ikosaeder. Ich will deine Aufmerksamkeit noch auf weitere Gesetzmäßigkeiten und Zusammenhänge richten.

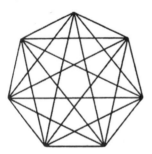

Wenn wir die Quersumme der Verhältniszahlen, die zwischen den Flächenzahlen ineinander verborgenen Kristallform – des Tetraeders, Würfels, Pentagondodekaeders und Ikosaeders – bestehen, also 2, 3, 6, 10, miteinander multiplizieren, so bekommen wir die Zahl 360, die Zahl der Grade des Kreises.

Und wenn wir die Verhältniszahlen addieren, ergibt sich die Zahl 21, die Zahl der möglichen Verbindungen zwischen den sieben Faktoren der Schlüsselzahl der dreidimensionalen Welt, der Zahl sieben!«

Ptahhotep hört auf zu sprechen, und ich stehe stumm und wie betäubt vor *Ihm.*

»Geh jetzt, mein Kind«, sagt Ptahhotep, »es war genug für heute. Das nächste Mal sprechen wir noch über die vier Seiten der Pyramide. Wei-

tere Wahrheiten sind in ihnen enthalten. Wenn du vollkommene Selbsterkenntnis erlangen willst, sind sie für dich von großer Wichtigkeit.«

Ich verbeuge mich und gehe.

HESEKIEL I:
(Zitat der Verse 4 bis 28)

4. Und ich sah, und siehe, es kam ein ungestümer Wind von der Mitte her mit einer großen Wolke voll Feuers, das allenthalben umher glänzte;

5. und darinnen war es gestaltet wie vier Tiere, und dieselben waren anzusehen wie Menschen;

6. und *ein jegliches hatte vier Angesichter* und vier Flügel.

10. Ihre Angesichter waren vorn gleich einem Menschen, und zur rechten Seite gleich einem Löwen *bei allen vieren*, und zur linken Seite gleich einem Ochsen bei allen vieren, und hinten gleich einem Adler bei allen vieren.

12. Wo sie hingingen, da gingen sie stracks vor sich; sie gingen aber, wo der Geist sie hintrieb; und *durften sich nicht herumlenken*, wenn sie gingen.

14. Die Tiere aber liefen hin und her wie der Blitz.

15. Als ich die Tiere so sah, siehe, da stund ein Rad bei den vier Tieren, und war anzusehen wie vier Räder.

16. Und dieselbigen Räder waren wie ein Türkis, und waren alle vier eins wie das andere, und sie waren anzusehen als wäre ein Rad im anderen.

17. Wenn sie gehen sollten, konnten sie *nach allen ihren vier Seiten gehen, und durften sich nicht herumlenken*, wenn sie gingen.

18. Ihre Felgen und Höhe waren schrecklich; und ihre Felgen waren voller Augen um und um an allen vier Rädern.

20. Wo der Geist sie hintrieb, da gingen sie hin; und die Räder huben sich neben ihnen empor, denn es war der Geist der Tiere in den Rädern.

22. Oben aber *über den Tieren* war es gestaltet wie ein Himmel, als ein Kristall, schrecklich, gerad oben über ihnen ausgebreitet.

26. Und über dem Himmel oben über ihnen war es gestaltet wie ein Saphir, gleichwie ein Stuhl; und auf demselbigen Stuhl saß einer, gleichwie ein Mensch gestaltet.

27. Und ich sah, und es war lichthelle, und inwendig war es gestaltet wie ein Feuer um und um.
28. Gleichwie der Regenbogen siehet in den Wolken, wenn es geregnet hat, so glänzte es um und um. Dies war das Ansehen der Herrlichkeit des Herren. Und da ich's gesehen hatte, fiel ich auf mein Angesicht.

Hesekiel, I.

DIE VIER GESICHTER GOTTES

Ich stehe wieder vor Ptahhotep.

»Mein Kind«, beginnt Er, »heute wirst du erfahren, was die vier Gesichter Gottes sind.

Es hilft dir sehr, sehr viel, wenn du sie *in dir* erkennst. Die vier Gesichter Gottes sind in allem, was geschaffen wurde. Die ganze Schöpfung – *auch du* – ist auf SEINE vier Gesichter aufgebaut.

Das Leben in der sichtbaren Welt, angefangen von den Zentralsonnen der Weltsysteme bis zum Einzellwesen, ist nichts anderes als ein Kreisen, eine Rotation, *um* die vier Gesichter und *in* den vier Gesichtern Gottes.

Du weißt, warum wir die Gottheit in ihrem *in-sich-ruhenden* Urzustand immer als gleichseitiges Dreieck darstellen. Gott in seinen drei Aspekten ist *eins in drei* und *drei in eins. Aber dieser* Zustand – wie das gleichseitige Dreieck – trägt die Möglichkeit der Zahl *vier in sich.* Wenn die drei Aspekte der Urzahl *eins* sich voneinander trennen, und dies geschieht, wenn sie aus dem Ungeoffenbarten in das Offenbare treten, dann wird aus dem ›*eins in drei*‹ ›*eins und drei*‹. Somit ist die Zahl *vier* geboren.

Wirf einen Blick auf das gleichseitige Dreieck: Du siehst in ihm nur eine *Einheit*, die drei Seiten – drei Aspekte – hat. Es enthält aber im Verborgenen, im Nichtgeoffenbarten, die Zahl *vier*, denn das gleichseitige Dreieck trägt in sich die Möglichkeit, sich in vier gleichseitige Dreiecke aufzulösen.

Wenn das Dreieck auf dem Nichtgeoffenbarten in der *dreidimensionalen Welt* in die Offenbarung hinaustritt, wird aus ihm ein Tetraeder.
Wie du es schon gesehen hast, bleibt das Tetraeder bei den aus dem Nichtgeoffenbarten in die erste Offen-

barung hinaustretenden Kräften im Inneren der ersten materiellen Offen-
barungs-Urform – im Würfel – noch immer im Verborgenen.

Die vier Dreiecke, die die Seiten des Tetraeders bilden, sind die *Berührungsflächen*
des Göttlichen mit dem Materiellen, da sie
mit den inneren Flächen der abgeschnittenen Ecken des Würfels identisch sind.

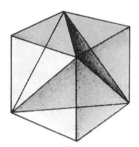

Wenn wir die Dreiecke des Tetraeders mit
Hilfe der die Materie bildenden Würfelecken
nach außen drehen und so die Dreiecke des
Tetraeders offenbaren, entsteht die viersei-
tige Form der Pyramide, deren vier Seiten gleichzeitig die *nach außen hin
geoffenbarten vier Dreiecke des Tetraeders* und der nach außen hin geoffenbarten abgeschnittenen Würfelecken sind.

Die vier Seiten der Pyramide symbolisieren die vier Gesichter Gottes, die
auch einzelweise drei Aspekte ihrer Urquelle, der *in-sich-ruhenden*, über
alle Offenbarung stehenden *Gottheit*, in sich tragen. Die Pyramide zeigt
eine lebendige Wirklichkeit, das lebendige Gesetz, in welchem *Gott* sich
immer und unbedingt in der materiellen Welt offenbart, folglich allem, was
geschaffen wurde, innewohnt.

Aus jedem Punkt des Weltalls offenbart sich *Gott* vierfach. Nach jeder
der vier Himmelsrichtungen strahlt Er mit anderer Wirkung. Und da diese
aus einem Punkt stammenden und doch verschiedenen Kraftströme aus der
paradiesischen Einheit hervorgehen, können wir dafür das Bild verwenden, dass aus dem Mittelpunkt des Paradieses, wo der Lebensbaum und
der Baum der Erkenntnis des Guten und Bösen wurzeln, vier große Ströme
entspringen, die in vier Himmelsrichtungen in die Außenwelt fließen.

Diese vierfache Offenbarung wirst du in allem finden, was geschaffen
wurde. Am auffallendsten sind aber die vier Eigenschaften in der Wirkung
der Luftströme – der Winde. Der primitivste Mensch weiß, dass die verschiedenen Winde aus den vier Himmelsrichtungen eine vollkommen verschiedene Wirkung haben.

Der Nordwind ist trocken, kalt, er wirkt beruhigend, erstarrend. In vielen
Gegenden wird sogar das Wasser hart wie Stein.

Der Südwind bringt immer Hitze mit sich und wirkt aufregend, belebend.

Der Ostwind ist kühl, erfrischend und erquickend.

311

Mit dem Westwind kommt Wärme und Feuchtigkeit – in vielen Gegenden schlägt sie sich als Regen nieder. Er wirkt ermüdend und einschläfernd.

Das weißt du schon alles, denn die verschiedenen Wirkungen der vier Hauptwinde bemerkt jedes Kind; aber hast du schon daran gedacht, wie das möglich ist und woher es kommt, dass vom *selben* Fleck der Erde aus, *aus demselben Punkt*, die Luftströme in die entgegengesetzten Richtungen die genau entgegengesetzten Wirkungen haben? Wenn zum Beispiel von hier aus, wo wir die Luft als angenehm lauwarm empfinden, sich ein Wind erhebt und in südliche Richtung bläst, so bläst dieser Wind für die südlicheren Länder selbstverständlich aus dem *Norden*, bringt also dorthin Abkühlung und verhältnismäßige Kälte und wirkt auf alle Lebewesen beruhigend. Wenn aber der Wind ebenfalls von hier aus, aus demselben Punkt, nach Norden bläst, so kommt der Wind in die nördlicher liegenden Länder aus dem *Süden*, bringt folglich eine große Erwärmung, eine Hitze, dorthin, steigert die Zeugungskraft in den Lebewesen und reizt ihre Zeugungsorgane. Wie ist das möglich, dass aus demselben Punkt der Erde auf eine Seite ein kalter, auf die andere ein warmer – ein beruhigender oder ein anregender – Wind bläst und dahin Niederschläge und dorthin Trockenheit bringt? Es hängt nur davon ab, *in welcher Richtung* die Luft strömt.

Siehst du, *das* ist das Gesetz des Raumes, das wir die *vier Gesichter Gottes* nennen.

Das erste Gesicht – das Nordgesicht – ist *feurig*, es wirkt Leben spendend, darum bringt der Südwind Hitze und reizt die Lebewesen zur Zeugung neuen Lebens.

Das zweite – das Westgesicht – ist *luftig*, kühl. Es macht alles beweglich, darum bringt der Ostwind Erquickung, Erfrischung.

Das dritte Gesicht Gottes – sein Ostgesicht – ist *feucht*, nass und lauwarm. Alles wird schwer und träge, darum bringt der Westwind Wärme, Feuchtigkeit und Niederschläge mit sich und macht alle Lebewesen schläfrig. Ihr Bewusstsein zieht sich in den Körper zurück.

Und schließlich das vierte Gesicht – das Südgesicht Gottes – ist kalt. Es wirkt zusammenziehend, materialisierend und kristallisierend, darum bringt der Nordwind Kälte und beruhigt die Nerven.

Die erste und wichtigste Offenbarung der vier Gesichter *Gottes* ist das ›Feurige‹, denn die Wirkungen der übrigen Offenbarungen – der übrigen

Gesichter – hängen von diesem ab. Die Art des Feuers bestimmt, ob es heiß, warm, kühl oder kalt wird. *So ist das feurige Gesicht Gottes der Vater der übrigen.* Dank seiner Ausstrahlung entstehen die verschiedenen Aggregatzustände – durch das Warme und Trockene der gasförmig *luftige,* durch Kühle und Feuchte der flüssig *wässerige,* durch das Kalte der harte *irdische* Aggregatzustand.

Die vier Gesichter Brahmas
(Angkor-Thom. Bayon. Indien)

Du findest dieses Gesetz hier auf der Erde überall wirksam, in jedem Baum, in jeder Pflanze. In jedem Haus zum Beispiel ist die Südseite, wohin die Strömungen vom Nordgesicht Gottes fluten, warm, und die Pflanzen gedeihen auf dieser Seite am besten; die Nordseite ist kalt, die Ostseite trocken und die Westseite immer feucht, und wenn wir in der *Pyramide* Regen machen, so trifft der Niederschlag alle Gebäude vom Westen her.

Diese Vierfaltigkeit findest du aber nicht nur in den Hauptwinden ausgedrückt, sie ist in allem, was geschaffen wurde. Schau die Stämme der Bäume an. Die Nordseite der Bäume – die die Ausstrahlung des kalten Südgesichtes Gottes empfangen – ist immer mit Moos bedeckt. Hast du schon daran gedacht, warum der Mensch nur ein Gesicht, nach vorn, hat? Wo unser Gesicht steht, in dieser Richtung sind wir feurig, gebend, während wir nach hinten umgekehrt eingestellt sind, kalt und nehmend. Unsere Glieder richten sich im Ganzen ebenfalls nach vorne, und auch unsere Willenskraft können wir nur in der Richtung unseres Gesichtes ausstrahlen. Und warum schlafen wir am besten, wenn wir in der Richtung von Norden nach Süden liegen, warum liegen alle Tiere, alle Nester der Tiere und alle Ameisenhaufen so orientiert? Das Tier hat keinen Verstand, um zu erkennen, warum, aber es fühlt, dass aus der nördlichen Richtung Nerven beruhigende und aus Süden belebende, Leben spendende, daher anreizende Ausstrahlungen kommen und es für den Kreislauf seines Lebensstromes das beste ist, wenn es in der Nord-Süd-Richtung sein Nest baut und sich zum Schlafen legt.

Darin liegt auch das Geheimnis, warum sich ein Mensch, wenn er die Verbindung mit Gott sucht und betet, am besten nach Norden oder nach Osten richtet, aber *nie* nach Süden oder nach Westen! Im Norden und im Osten findet er Kräfte, die ihn zur Vergeistigung führen. Im Süden und im Westen aber findet er Anreize, die sein Bewusstsein den körperlichen Trieben verbinden.

Wisse, dass sich die Wirkungen der vierfachen Ausstrahlung Gottes im ganzen Weltall vollkommen gleich offenbaren, und jeder Punkt im Weltall, folglich auch auf der Erde, aus derselben Himmelsrichtung immer die genau gleiche Strömung bekommt und auch aussendet. *Die vier Gesichter Gottes können sich nie umdrehen oder wenden. Sie stehen immer unverändert in ihrer ursprünglichen Richtung.*

Wo immer Angehörige aus der göttlichen Rasse hingelangt sind, haben sie die Menschensöhne diese tiefe Wahrheit gelehrt, verschiedenartig, je nach den Eigentümlichkeiten des Volkes, zu dem sie gekommen sind.

Hier, wo die Menschenrasse eher geometrische Urformen versteht und die Wahrheit mit dem Verstand erfassen kann, drücken wir die Wahrheit der vier Gesichter Gottes in der Form der Pyramide aus. Es gibt aber andere Völker, welche die göttlichen Wahrheiten mehr als seelisches Erlebnis erfassen. Dort haben hingeflüchtete Glieder unseres Stammes gewaltige Figuren aus Stein geschaffen, die *Gottheit* in Gestalt eines als Dreieck dasitzenden Menschen darstellend, mit einem Kopf, der in jeder Himmelsrichtung ein Gesicht hat.

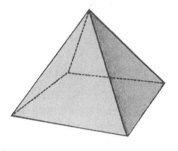

Beide Darstellungen offenbaren dieselbe Tatsache: Wenn das Göttlich-Schöpferische aus seiner Zeit- und Raumlosigkeit, aus dem Nichtgeoffenbarten, in die dreidimensionale Welt heraustritt und Materie wird, so offenbart es sich – *seine drei Aspekte dennoch behaltend* – in der Zahl *vier*. Die Form der Pyramide zeigt dies klar, indem auf dem Grund des Quadrates jede ihrer *vier* Seiten ein *Dreieck* – die drei Aspekte Gottes – bildet. Die Pyramide offenbart also *vier* mal *drei* – die Zahl *zwölf.*

Und damit sind wir zu einer weiteren Wahrheit gelangt.

Wie die symbolische Darstellung in der Form der Pyramide zeigt, trägt jedes der vier Gesichter *Gottes* die drei göttlichen Aspekte in sich. Das ergibt eine *zwölffache Offenbarung*, die in jedem Punkt des Weltalls gegenwärtig ist und in allem wirkt, was existiert, angefangen bei den einzelnen Lebewesen, die auf den Planeten leben, aber auch in den Planeten, selbst in den Sonnen, in den Sonnensystemen, in den Weltsystemen und im ganzen Universum, so wie kleine Kreise in einem größeren, die größeren Kreise wiederum in einem noch größeren, bis in die Unendlichkeit hinein. Wenn du also einen dieser Kreise kennst, kennst du den inneren Aufbau nicht nur des ganzen Universums, sondern auch eines jeden Lebewesens. *Denn auf dieser zwölffachen Offenbarung Gottes ist das ganze sichtbare All aufgebaut.*

Bevor wir aber weitergehen, musst du dir bewusst werden, dass *alles, was wir Menschen vom persönlichen Standpunkt aus – also von außen her – mit unseren Sinnesorganen wahrnehmen, sich im göttlichen Seinszustand genau umgekehrt verhält.* Wenn du etwas von außen her – von oben oder unten, von vorn oder hinten, von rechts oder links – siehst, so kehrt es sich, wenn du es nicht *siehst*, sondern es selber *bist*, in das genaue Gegenteil davon um. Wenn du etwas *siehst*, stehst du in einem *dualistischen Verhältnis*. Du, der Betrachter, und das, was du siehst, sind zwei Pole. Wenn du aber etwas *bist*, so bist du im *monistischen Zustand, in der göttlichen Einheit.*

Ich zeige dir als Beispiel einen Buchstaben, sagen wir den Buchstaben ›E‹. In welcher Richtung verläuft dieser Buchstabe?«

»Er läuft von links nach rechts, Vater«, antworte ich.

»Gut«, sagt Ptahhotep, »jetzt zeichne ich ihn auf deine Brust, so, dass *du* jetzt dieser Buchstabe *bist*. Du bist also mit ihm in einem Einheitszustand, in einem Seinszustand. In welcher Richtung steht er jetzt?«

»Von rechts nach links, Vater«, antworte ich.

»Also genau umgekehrt. Komm, ich zeige dir noch etwas«, und Ptahhotep führt mich unter zwei große kreisförmige Scheiben, die von der Decke hängen und als Lampen dienen. Auf jeder sind die genau gleichen zwölf Bilder dargestellt, nur in umgekehrter Richtung und in umgekehrter Reihenfolge. Auf dem einen Kreis stehen die Bilder mit dem Kopf nach innen, dem Mittelpunkt zu, und auf dem anderen stehen dieselben Bilder mit dem Kopf nach außen, der Peripherie des Kreises zu. Und die Reihenfolge, von rechts nach links auf dem einen, ist auf dem anderen umgekehrt.

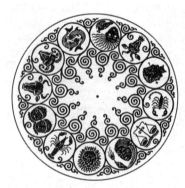 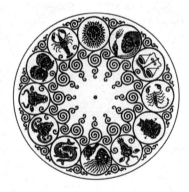

Zuerst führt mich Ptahhotep zum Kreis I und sagt: »Wann siehst du die Darstellungen dieses Kreises richtig, mit dem Kopf nach oben?«

»Immer. Von jeder Seite, Vater.«

Ptahhotep führt mich jetzt zu dem anderen Kreis und fragt: »Wie siehst du diese Darstellungen?«

»Alle haben den Kopf nach unten, also umgekehrt, und sie stehen auch in umgekehrter Reihenfolge«, antworte ich.

»Nun versuche eine Stellung zu finden, von welcher aus du auch diese Bilder in ihrer richtigen Lage und in richtiger Reihenfolge siehst.«

Ich betrachte die dargestellten Figuren, und indem ich sie richtig – mit dem Kopf nach oben – sehen *will*, trete ich unwillkürlich genau unter den – folglich *in den* Mittelpunkt der Scheibe … und da drehen sich alle Figuren plötzlich um! Nun stehen sie alle richtig, mit dem Kopf nach oben und in der richtigen Reihenfolge. Ich drehe mich rundherum, immer in dem Mittelpunkt stehend … alle Figuren schauen aufrecht stehend auf mich. Aber im Augenblick, in dem ich nur einen Schritt aus dem Mittelpunkt heraustrete, sind alle wieder umgekehrt! Ich gehe wieder in den Mittelpunkt und erlebe vollkommen bewusst und tief gerührt den *Seinszustand* . . . ich verstehe, was das ist … und es wird mir vor Erschütterung schwindelig.

Ptahhotep sieht meine Ergriffenheit und lächelt: »Verstehst du jetzt, warum das *Persönliche* immer das genaue Gegenteil des *Göttlichen* ist? Verstehst du, warum die menschliche Schrift von links nach rechts geht und die *göttliche von rechts nach links*?«

»Ja, Vater meiner Seele, ich verstehe«, stottere ich, vor Aufregung bebend.

Ptahhotep nimmt meine Hand in die seine – oh, wie mich die mächtige Kraft seiner gesegneten Hand plötzlich beruhigt – und führt mich vor eine große Wandtafel, auf der ich verschiedene geometrische Figuren sehe.

»Die Erde empfängt die zwölffache Kraftausstrahlung der vier Gesichter Gottes aus dem Weltraum, aus der Richtung verschiedener Sternbilder, die uns zusammen wie ein Rad umringen. Wir nennen dies aus Sternbildern gebildete Rad den Zodiakus oder den Tierkreis.

Die Ausstrahlungen des Zodiakus bewirken, dass die Erde überhaupt existiert. Diese Schwingungen trafen einander in einem Punkt des Weltraumes, so dass sich eine Interferenz in den Energiewellen bildete und eine Materialisation, eine Verdichtung, entstand. Aus dieser Verdichtung der Energieausstrahlungen formte sich allmählich unsere Erde. Da bei diesem Prozess die Sonne eine große Rolle spielte, wuchs die Erde im Kraftfeld der Sonne und wurde ihr Satellit. Sie bekommt die Lebensenergie von der Sonne gespendet, aber sie empfängt auch fortdauernd die Ausstrahlungen des Zodiakus und ihrer Geschwister, der übrigen Planeten unseres Sonnensystems. Und da *die Erde, wie alle Weltkörper, die Materialisation all dieser verschiedenen Ausstrahlungen ist, befindet sich auf ihr von jeder Stufe aller Erscheinungen eine Materialisationsform, die vorherrschend diese gewisse, ihr entsprechende Energie des großen kosmischen Rades offenbart.* Es gibt also auf unserer Erde materialisierte Ausstrahlungen jedes einzelnen Sternbildes des Tierkreises, auch jedes einzelnen Planeten, in Steingebilden, Metallen, Pflanzen, Tieren und Menschen. Die Namen der einzelnen Tierkreiszeichen bezeichnen gleichzeitig jene irdische Erscheinungsform, die die materialisierte Offenbarung des betreffenden Tierkreiszeichens ist. Wenn du z. B. einen Löwen siehst, so wisse, dass er auf der tierischen Ebene die materialisierte Ausstrahlung jenes Tierkreiszeichens ist, das wir *Löwe* nennen. Es gibt aber auch Metalle, Pflanzen und Menschen, die aus derselben Energie bestehen, nur eben auf der Ebene des Metalls, der Pflanze und des Menschen.

Da die Benennung der einzelnen Tierkreiszeichen auch der Name jener Erscheinungsform *ist*, die die materialisierte Ausstrahlung dieses Tierkreiszeichens bildet, so ist selbstverständlich dieser Name das geeignetste Wort, den Charakter der Ausstrahlung dieses Sternbildes mit *einem* Wort vollkommen wiederzugeben.

Die vier Gesichter Gottes – also die vier Kardinalpunkte – im Sternengewölbe, *im göttlichen Seinszustand*, sind:

Jedes Gesicht Gottes, jeder Kardinalpunkt des Himmelgewölbes, enthält in sich die drei Aspekte der ungeoffenbarten *Gottheit*, und so entstehen die viermal drei Offenbarungen, die *zwölf Tierkreiszeichen*:

<table>
<tr><td>I.</td><td>II.</td></tr>
</table>

I.

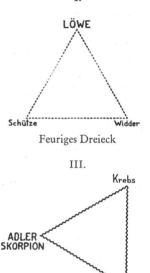

Feuriges Dreieck

II.

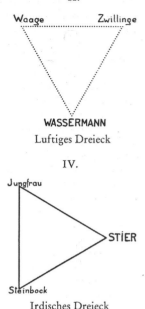

Luftiges Dreieck

III.

Wässeriges Dreieck

IV.

Irdisches Dreieck

Die drei *feurigen* Aspekte des ersten Gesichtes *Gottes*, der ersten Gruppe, offenbaren sich in drei Sternbildern, genannt Widder, *Löwe* und Schütze.

Der *Löwe* ist die erste Offenbarung *Gottes*, folglich der *große Vater des ganzen Zodiakus*. Demnach haben alle drei Offenbarungen des ersten Gesichtes Gottes einen *väterlichen*, Leben spendenden Charakter.

Der *Widder* strahlt das Feuer der Jugend, die Zeugungskraft des jungen Vaters, aus, der mit seinem befruchtenden Durchdringen im Schoß der Natur Leben erweckt und in Gang setzt. *Widder* ist die Kraft des *Frühlings*, die in ihrer Wirkung ebenso wild und unbesonnen ist und ihren Durchbruch sucht wie das Tier Widder.

Der *Löwe* ist das Feuer des vollkommen entfalteten würdigen Mannes, des reifen Vaters, der seine schöpferische Kraft, seine Liebe und Wärme auf alle seine Kinder ausstrahlt und diese unter seiner Obhut reifen lässt. *Löwe* ist die Kraft des *Sommers*.

Der *Kentaur* (Schütze) ist ein Wesen, das über seine tierische Natur hinausgewachsen ist, seine körperlichen Triebe überwunden hat und sein Bewusstsein auf das hohe Ziel richtet. Seine Ausstrahlung ist das Feuer des Geistes, des älteren, abgeklärten Vaters, der seinen reif gewordenen

Kindern mit seiner Geistigkeit, seinen guten Gedanken und Ratschlägen, weiterhilft. *Kentaur* oder Schütze ist das geistige Feuer des Gedankens, die Kraft des Alters, des *Winters.*

Die drei Aspekte der zweiten Gruppe, des *irdisch-materiellen* Gesichtes *Gottes,* sind *Stier,* Jungfrau und Steinbock. Alle drei Offenbarungen dieses Gesichtes *Gottes* tragen den mütterlichen Charakter in sich.

Das Tier Stier steht im Frühling auf einer grünen Wiese, und die ganze Natur ist in die feierliche Hochzeitspracht einer Braut gekleidet, die bereitsteht, die Zeugungskraft des Bräutigams zu empfangen. Die Ausstrahlung des Tierkreiszeichens ›*Stier*‹ gibt der Erde die Fähigkeit, die feurige Kraft des Lebens in sich *aufzunehmen,* dort *Wurzel fassen* zu lassen, und so erhält der göttliche Samen die Möglichkeit, sich in einem irdischen Leib zu verkörpern. Die Ausstrahlung Stier ermöglicht es, dass das göttliche *Selbst,* das schöpferische Prinzip, *der Logos – Fleisch wird.* Der Stier erweckt in der Materie – im Weiblichen – die Kraft der Empfängnis, die Bereitschaft *der Braut. Stier* ist der Zeugungskraft erwartende Aspekt der werdenden Mutter.

Die Jungfrau ist die makellose Königin des Himmels, die Muttergöttin der Natur, die nie von einem männlichen Wesen angetastet wurde und dennoch schwanger ist von Myriaden Wesen, die aus ihrem göttlichen Körper geboren werden. Die Kraft des Sternbildes *Jungfrau* ist die Fruchtbarkeit der Natur, deshalb wird sie als eine Frau mit einer Ähre, die Körner in ihrer Hand hat, dargestellt. In der mystischen Welt ist *Jungfrau* die von allen irdischen Schlacken gereinigte, makellos gewordene menschliche Seele, die von dem Geist *Gottes* den göttlichen Samen empfing und die sich in der großen Erwartung auf das göttliche Kind befindet, in dem beide Prinzipien – das *göttliche* und das *materielle* – in einer vollkommenen Einheit vereinigt sind. *Jungfrau* ist der schwangere, das Kind erwartende Aspekt des Mütterlichen.

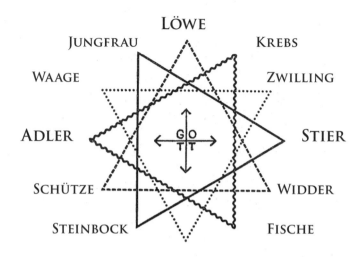

LÖWE

JUNGFRAU   KREBS

WAAGE   ZWILLING

ADLER   GOTT   STIER

SCHÜTZE   WIDDER

STEINBOCK   FISCHE

WASSERMANN

Die vier Gesichter *Gottes* im göttlichen Seinszustand

Der dritte Aspekt des irdischen Gesichtes Gottes ist der *Steinbock*. Das Tier Steinbock lebt in der Region der härtesten Materie auf der Erde, zwischen den Felsen. Die *zusammenziehende* Kraft des Gesetzes der Materie bewirkt, dass die Materie den höchsten Grad des Hartwerdens erreicht und sich *kristallisiert*. Die Materie überwindet sich im Kristall, sie verliert ihre Ureigenschaft, die Undurchsichtigkeit, und wird vollkommen durchsichtig. Im Kristall zeigt die Materie die geometrischen Urformen der schöpferischen Kraft in ihrem eigenen Stoff. Auch ein Kind ist die verdichtete, kristallisierte Form der göttlich-schöpferischen Kraft des Lebens. In der Seele des Menschen wird gerade durch das Gesetz der Materie, durch die zusammenziehende, zusammenfassende *Kraft der Konzentration*, die Verwirklichung des göttlichen *Selbst*, das göttliche Kind geboren – das *Selbstbewusstsein*. Solange ein Mensch sein Bewusstsein mit seinen tierischen Trieben identifiziert, ist er wie ein Stall, in dem Tiere wohnen. In diesem Stall, unter verschiedenen Tieren, muss das *göttliche Kind*, das göttliche *Selbstbewusstsein*, geboren werden. Dies geschieht durch die konzentrierende Wirkung des Sternbildes *Steinbock*. Sich zu konzentrieren ist der einzige Weg, der in die Einheit, in das verlorene Paradies, zurückführt. Deshalb wird die Feier der Geburt des göttlichen

Kindes in dem Monat gefeiert, in welchem die Sonne im Sternbild *Stein-bock* steht. Die Ausstrahlung dieses Kraftzentrums verhilft dazu, das *Göttliche in* und *durch* die Materie – im Körper – völlig zu offenbaren und zu verwirklichen. *Steinbock* ist der gebärende Aspekt des Mütterlichen.

Die drei Aspekte der dritten Gruppe, des *luftigen* Gesichtes *Gottes*, sind *Zwillinge, Waage* und *Wassermann*. Der luftige Aggregatzustand, der durch diese Ausstrahlung entsteht, gewährt Bewegung, folglich offenbaren sich durch diese drei Sternbilder solche Kräfte, die eine hemmungslose Bewegungsmöglichkeit benötigen. Sie sind *geistiger* Natur.

Das Sternbild *Zwillinge* trägt in sich die beiden Hälften des Baumes der Erkenntnis des *Guten und Bösen*. Seine Ausstrahlung wirkt zweiseitig, sie zwingt, nach rechts und links den Blick zu wenden, um Erkenntnisse zu sammeln. Durch seine Wirkung verzweigt sich der Weg wie die Äste eines Baumes. Die Menschen gehen und suchen das Wissen auf den verschiedensten Wegen, in verschiedenen Richtungen. Sie wollen Erfahrungen sammeln, alles sehen, alles hören, alles lernen. Die ausgestrahlte Kraft der *Zwillinge* offenbart sich als die Wissbegierde des Lernenden.

Die Ausstrahlung des Sternbildes *Waage* zwingt alles ins Gleichgewicht. Die gesammelten Erfahrungen werden auf die Waage gelegt und abgewogen. Das Wertvolle wird behalten, das Wertlose weggeworfen. Die Wirkung der *Waage* schafft Harmonie, entwickelt das Unterscheidungsvermögen und vollbringt den Ausgleich zwischen den zweiseitigen Kräften der *Zwillinge*. Das Sternbild *Waage* strahlt das Gesetz des Gleichgewichtes und der Gerechtigkeit in die dreidimensionale Welt. Es ist die Offenbarung des Gesetz schaffenden Wissens.

Das Sternbild *Wassermann* strahlt das Wissen aus, das in den *Zwillingen* gesammelt und in der *Waage* abgewogen, für gut befunden und in Gesetze gefasst wurde. Die ausgestrahlte Energie dieses Sternbildes duldet keine Hindernisse und kennt keine Grenzen. *Wassermann* gibt, sendet die Schätze weiter, gießt unermüdlich das Wasser des Lebens aus seinem Krug, dessen Wellen in die entferntesten Welten strömen. Diese Wellen sind die alles belebenden, hohen Frequenzen des Geistes. *Wassermann* ist die Offenbarung des ungehinderten, von allen Grenzen befreiten Geistes.

Die drei Aspekte der vierten Gruppe, des *wässerigen* Gesichtes *Gottes*, sind *Krebs, Adler (Skorpion)* und *Fische*. Die drei Offenbarungen dieses Gesichtes *Gottes* haben einen *seelischen* – sich im Gefühlsleben manifestierenden Charakter.

Das Tierkreiszeichen *Krebs* bedeutet das kleine Wasser der Krebshöhle, wo das Tier Krebs lebt. Hat er draußen seine Beute gefangen, so zieht er sich wieder in seine Höhle zurück, um sie zu verdauen. Das Bewusstsein, das nach außen gerichtet war, um geistige Nahrung zu finden, zieht sich in sich zurück, verdaut und wandelt seine Beute, die gesammelten Eindrücke, in abgeklärte Erfahrungen um. Die ausgestrahlte Kraft des Sternbildes *Krebs* offenbart sich als das in-sich-schauende, sich selbst analysierende Bewusstsein des suchenden Wesens.

Das Sternbild *Skorpion-Adler* ist der große Wendepunkt, wo aus dem kriechenden Wurm ein hoch fliegender Adler, ein Erlöster, ein in das göttliche *Selbst* erwachtes und bewusstes Wesen wird. Der Wurm – *Skorpion* – muss sich selbst töten, um Adler werden zu können. Deshalb wird dieses Sternbild zweifach benannt: In seinem unerlösten Zustand heißt es *Skorpion*, wie das Tier, das sich mit seinem Stachel selbst tötet, und im Zustand des Erlöstseins heißt es *Adler* und bildet das Symbol der freien Seele, die wie der göttliche Falke *Horus* hoch oben über allem Materiellen frei fliegt. Die Ausstrahlung dieses Sternbildes offenbart sich als die Triebkraft, als das Feuer des Lebens, das sich in dieser Form durch Wasser – durch Körpersäfte – manifestiert. Diese Kraft gibt dem Geist die Möglichkeit, sich in die Materie zu hüllen, um im Körper neu geboren zu werden. Diese Energie ist die Urschlange der Versuchung, die den Geist in die Materie hineinlockt und den Fall aus der paradiesischen Einheit verursacht. Wenn aber diese Kraft umgewandelt, anstatt in der Materie zu wirken, rein geistig wird, dann wird aus der sexuellen Begierde die Auftriebskraft, die dem gefallenen Bewusstsein in die paradiesische Einheit zurückhilft. *Ohne diese Kraft findet kein aus der Einheit gefallenes Bewusstsein in Gott zurück!* Das Wasser dieses Sternbildes ist wie ein Sumpf, in welchem verborgene gärende Kräfte wirken, über welchem, ohne zu brennen, die Feuer der Irrlichter gaukeln.

Die Fische wohnen im unendlichen Ozean. Wenn sie auch manchmal an die Oberfläche kommen, tauchen sie wieder unter und verschwinden in der unermesslichen Tiefe. Das wahre Wesen des Menschen ähnelt dem Ozean. Das Bewusstsein ist an der Oberfläche, aber der viel größere und tiefere Teil des Menschenwesens liegt im Unbewussten. Von dort stammen die Gründe und die Wurzeln seiner Gedanken, Worte und Taten. Der erlöste Mensch aber, der vollkommene Selbsterkenntnis erlangt hat, dessen Bewusstsein in sein göttliches *Selbst* eingeweiht und darin verwirklicht wurde, hat kein Unter- und Überbewusstsein – also kein Unbewusstes – mehr. Er schwimmt vollkommen bewusst in der Tiefe des grenzenlosen Ozeans – des göttlichen *All-Bewusstseins*. Das, was einem noch nicht erlösten Menschen ›Unbewusstes‹ bedeutet, ist zu seinem vollkommen bewussten Heim und Element geworden. Die zwei Offenbarungen des Geschlechtes – das Männliche und das Weibliche – freuen sich wie zwei glückliche, freie Fische im Ozean der vollkommenen Harmonie. Die Wirkung des Sternbildes *Fische* ist die Erlösung und Auflösung des Persönlichen im Unpersönlichen, in der Tiefe des grenzenlosen *Selbst*, in der göttlichen untrennbaren *Einheit des All-ein-Seins*. Das große Werk wird durch die Ausstrahlung dieser Kraft vollendet, die Vergeistigung der Materie wird vollbracht.

Du siehst, dass die drei Aspekte jedes Dreiecks in einem Zusammenhang stehen. Ausgehend von der materiellen Ebene, enthalten sie eine Steigerung in der Richtung der Vergeistigung.

Einen Zusammenhang gibt es aber nicht nur zwischen den drei Aspekten der einzelnen Gesichter *Gottes*, sondern auch den, dass die vier Dreiecke derart ineinanderliegen, dass ihre Mittelpunkte identisch sind. So bilden sie den zwölffachen Offenbarungskreis des Zodiakus, in welchem die verschiedenen Aspekte der vier Dreiecke eine eng zusammenhängende *Entwicklungsreihe* bilden. Und einen weiteren, dritten Zusammenhang gibt es noch zwischen den einzelnen Sternbildern, das ist der Zusammenhang zwischen zwei sich *gegenüberliegenden Sternbildern, die einander Ergänzungshälften sind.*

Behandeln wir aber zuerst den Zusammenhang der Entwicklungsreihe.

Die Reihenfolge fängt natürlich mit dem Sternbild ›*Widder*‹ an, da der Anfang aller Lebensäußerung – folglich auch der Frühlingspunkt – im *Widder* liegt. Merke dir aber, was ich dir sage: Es gibt zwei Frühlingspunkte, einen *absoluten* und einen *relativen. Den absoluten Frühlingspunkt trägt jede Offenbarung – also auch die Erde und ihre Lebewesen – in sich; der absolute Frühlingspunkt ist von der Außenwelt unabhängig. Der relative Frühlingspunkt aber hängt von der jeweiligen Lage des Sternengewölbes ab und bleibt deshalb, infolge der verschiedenen Bewegungen der Erde, nicht an demselben Ort, sondern verschiebt sich fortdauernd.* Darüber werden wir später noch gründlich sprechen.

Die Reihenfolge der Sternbilder im Zodiakus lautet: *Widder, Stier, Zwillinge, Krebs, Löwe, Jungfrau, Waage, Skorpion-Adler, Kentaur, Steinbock, Wassermann, Fische.*

Alles, was sich auf der materiellen Ebene verdichtet und zu einer materiellen Erscheinung wird, durchläuft seine Lebensbahn in diesem Rad des Zodiakus. Das Leben des Menschen ist eine große Periode, die in kleinere Perioden – Kindheit, Jugend, Reife und Greisenalter – zerfällt, und diese setzen sich wieder aus noch kleineren, aus Jahren, aus Jahreszeiten, Monaten, Wochen und schließlich Tagen, zusammen.

Jede Periode, ein Tag, ein Jahr oder ein ganzes Leben, läuft im Rad des Zodiakus ab. Die Geburt entspricht dem *Widder*, dann wandert der Mensch durch alle Sternbilder, er erreicht seine Reife im *Löwen* und stirbt im Zeichen *Fische*, verschwindend von der materiellen Ebene. Ebenso beginnt ein Tag damit, dass wir aus unserem Schlaf erwachen und in dieser Welt erscheinen, dann entfaltet sich der Tag, erreicht um Mittag seine Reife und kulminiert, geht dann abwärts, und nach weiteren Umwandlungen kommt der Abend, wo wir unseren Körper zum Schlaf niederlegen, dann ziehen wir unser Bewusstsein in das *Selbst* zurück und schlafen ein – genau so wie am Lebensende, wenn wir den Körper endgültig abstreifen. Jede Periode hat Anfang, Entfaltung und Kulmination; dann wieder Abstieg, bis zur Auflösung.

Die einzelnen Tierkreiszeichen haben folgende Haupteigenschaften:

Widder bewirkt, dass etwas in dieser Welt überhaupt *erscheint*, geboren wird. Auch dann, wenn die Geburtszeit nicht in den *Widder* fällt! Denn jede Geburt trägt in sich, von der Außenwelt, folglich *von den Sternbildern unabhängig*, die Kraft des Anfangs, die wir sowohl draußen am Sterngewölbe als auch im Inneren jedes Wesens *Widder* nennen. Das ist das *absolute* Sternbild *Widder* in jeder Offenbarungsform. Und genau so verhält es sich mit allen Sternbildern, mit allen Offenbarungen und Aspekten der vier Gesichter *Gottes*. Es gibt eine innere, *absolute* Offenbarung und eine äußere, *relative*.

Dann muss ein Lebewesen in der neuen Umgebung Wurzel fassen. Dies geschieht mit Hilfe des *Stiers*. Das neue Lebewesen nimmt Nahrung zu sich und verarbeitet sie. Damit wird eine materielle Verbindung mit dieser Welt und eine Versorgung seines Körpers geschaffen.

Auf die Wirkung der *Zwillinge* hin, da das Lebewesen Erfahrungen zu sammeln beginnt, verzweigen sich seine Wege wie Äste eines Baumes. Es geht in verschiedene Richtungen und erwirbt vielfältiges Wissen.

Im *Krebs* zieht es sich ins Heim zurück und verarbeitet seine geistige Beute, die Erfahrungen, die es gesammelt hat. Es beginnt seine Kernbildung.

Durch die Leben spendende, feurige Wirkung des *Löwen* wird das Lebewesen reif und würdig. Es entfaltet seine Kräfte und Fähigkeiten und erfüllt seine irdische Pflicht. Es zeugt eine neue Generation und wird Vater einer Familie.

Jungfrau bringt die Ernte, und der Mensch schafft die Früchte seiner Tätigkeit in die Scheune. In der Tiefe seiner Seele entwickelt sich das göttliche Kind – die universelle *Liebe*!

In der *Waage* werden seine Taten gewogen, die positiven und die negativen ausgeglichen. Die Aufmerksamkeit richtet sich nach beiden Seiten, sowohl nach der weltlichen als auch nach der geistigen. Er bringt diese zwei Welten in sich zu einem vollkommenen Gleichgewicht und verwirklicht das innere, göttliche, über allem Relativen stehende *Gesetz*.

Im *Skorpion* tritt der große Wendepunkt ein. Er muss die göttlich-schöpferische Kraft, die sich als Triebkraft offenbarte, vergeistigen und in den Dienst der Allgemeinheit stellen. Das bedeutet aber, dass er seine Person vollkommen überwinden muss. Er erlebt den mystischen Tod seiner Person und die Auferstehung und Unsterblichkeit im Geist. Von nun an hört er auf, dem Materialismus zu dienen; hoch oben über der Erde, in vollkommener geistiger Freiheit, fliegt er wie ein *Adler*, wie der Falke *Horus*.

Durch die Wirkung des *Kentaurs* wird er zu einem großen Lehrer, wie der Kentaur selbst, ein über das Tierische hinausgewachsenes Wesen, das seinen tierischen Körper nur noch gebraucht, um das große Ziel, das es schon klar ersieht, schneller zu erreichen. Seine Gedanken durchleuchten wie Blitze die dicken Wolken von Finsternis und Unwissenheit. Es gibt seine Erfahrungen der folgenden Generation weiter.

Im *Steinbock* wird im Herzen das göttliche Kind – die universelle Liebe – geboren. Es wird mit dem göttlichen *Selbst* identisch und in ihm bewusst. Wie ein klarer Kristall wird der Mensch, der das in seinem Herzen geborene göttliche Kind sichtbar macht. Es offenbart in seinen Worten und Taten die universelle *Liebe*.

Im *Wassermann* gießt das Lebewesen alle seine Schätze aus. Es ist das strahlende Kind *Gottes* geworden, das keine Geschlechtlichkeit kennt. Es strahlt sich selbst aus, ist die Quelle der höchsten geistig-göttlichen Kraft. Der Prozess der Umwandlung, der Dematerialisierung, beginnt.

Im Sternbild *Fische* erlebt das Lebewesen das Einswerden mit seiner verborgenen Ergänzungshälfte. Das bedeutet aber die Vernichtung der Materie. Es kehrt heim, zurück in seine himmlische Heimat, in die *All-Einheit*, in *Gott*. Sein Bewusstsein gleitet ins *Allbewusstsein* hinüber, es streift seinen Körper ab und beendet sein irdisches Leben.

Das ist der Weg des Menschen auch dann, wenn er die höchsten Grade des Bewusstseins noch nicht erreicht hat. Die Entwicklungsstufen mögen verschieden sein, der Entwicklungsbereich bleibt derselbe.

Sich gegenüberstehende Sternbilder aber ergänzen einander:

Die gewaltige, impulsive Kraft des *Widders* wird von der *Waage*, durch das Gesetz, geregelt, welche die wilden und blinden Kräfte des *Widders* zügelt und in die richtige Bahn lenkt.

Die empfängniserwartende Brautkraft des Sternbildes *Stier* ergänzt und befriedigt die Triebkraft des *Skorpions*.

Die sich in das eigene Heim zurückziehende mütterliche Kraft des *Krebses* ergänzt die kristallisierende, kindgebärende Ausstrahlung des *Steinbocks*. Das neugeborene Kind gehört in das Heim.

Die väterliche Ausstrahlung des *Löwen* findet ihre Ergänzung in der kindlichen Kraft des *Wassermannes*. Der Vater unterstützt, schützt und erzieht das Kind.

Der wissbegierige Junge aus dem Tierkreiszeichen *Zwillinge* bekommt die Lehre, nach der er dürstet, von dem großen Lehrer, von dem *Kentaur*.

Die himmlische *Jungfrau*, die das göttliche Kind in ihrem heiligen Schoß trägt, empfängt die Nahrung aus der mystischen Welt der zwei *Fische*.

Nun, jetzt kennst du die Ausstrahlungen der vier Gesichter *Gottes* in den Wirkungen der Sternbilder. Um aber das Leben des Universums und das Leben der Myriaden von Lebewesen – also auch dein eigenes – richtig zu verstehen, musst du wissen, dass der Offenbarungskreis mit den zwölf Kraftzentren unabhängig von den Sternbildern jeden Punkt des Weltalls umschließt. Und da die vier Gesichter *Gottes* sich nie umdrehen oder umwenden können, sendet jedes Sternbild in die verschiedenen Himmelsrichtungen verschiedene Kraftstrahlungen aus. Die Ausstrahlung wird also durch die immerwährende *Richtung* der vier Gesichter bestimmt.

Nehmen wir zum Beispiel das Sternbild *Löwe*. In Richtung Erde sendet es die für *Löwe* charakteristische Ausstrahlung, aber auf die Weltkörper der entgegengesetzten Seite strahlt die Kraft des *Wassermanns*, in westlicher Richtung die des *Adlers*, nach Osten die des *Stiers*, in nordnordwestlicher Richtung die der *Jungfrau*, in westnordwestlicher Richtung die der *Waage* usw., in jeder Richtung eine andere, der Himmelsrichtung entsprechende Strahlung!

Du verstehst jetzt, dass diese Ausstrahlungen *nicht von dem Ort*, also *nicht von der Stern-Gruppe*, sondern immer *von der Richtung*, aus welcher sie kommen, abhängig sind. Genau wie der Wind, wenn er auch von demselben Punkt aus in die verschiedenen Richtungen bläst, an die einzelnen Richtungen ewig festgebundene, aber verschiedene Wirkungen hat.

Und jetzt vernimm noch eine sehr wichtige Tatsache: Alles, was materiell sich *von seinem eigenen Mittelpunkt aus offenbart*, die vier Gesichter *Gottes*, strahlen von jedem Punkt vollkommen gleich und unveränderlich aus, daher befindet sich alles – Zentralsonne, Sonne, Planet oder Pflanze, Tier, einzelliges Wesen oder Mensch – im Mittelpunkt von *zwei Rädern*, in dem Mittelpunkt des großen *kosmischen Rades* und – da dieser Mittelpunkt mit dem eigenen Mittelpunkt identisch ist – auch im Mittelpunkt seines ungeoffenbarten Wesens, seines *inneren Rades*.

Von dem großen kosmischen Rad her werden die Strahlungen von außen her *empfangen*, aus dem eigenen Rad werden sie von innen her *gegeben*.

Wir sind mit der aus dem göttlichen Sein gefallenen Lage der Erde identisch. Die Erde hat keine zentrale Stellung im Weltall, sondern ist ein Satellit der Sonne, der um die Sonne läuft und sich auch noch um die eigene Achse dreht. In Folge davon sehen wir im Weltraum alles entgegengesetzt, als es im göttlichen Seinszustand – in der objektiven Wirklichkeit – ist. Von der Erde aus gesehen, kreist das ganze Sternengewölbe um uns mit allen Weltsystemen, Sonnensystemen und Planeten, aber in Wirklichkeit ist es genau umgekehrt. Nicht das Sternengewölbe kreist um uns, sondern die Erde läuft auf ihrer vorgeschriebenen Bahn in einem kleineren Kreis um die Sonne – in einem größeren Kreis mit dem Sonnensystem unserer Sonne um eine Weltsonne – und in einem noch größeren Kreis mit dem ganzen System dieser Weltsonne um eine Zentralsonne und so weiter, immer größere Kreise, immer größere Weltsysteme, bis in die Unendlichkeit hinein. Auch das Leben der Weltkörper und Weltsysteme ist nichts anderes als ein Kreisen der Entwicklung in den Rädern der vier Gesichter Gottes, im *Zodiakus*. Aber beachte gut, was ich dir jetzt sage: *Jede Erscheinung, wo immer sie sich im Weltraum befindet, trägt sowohl das große kosmische wie auch das kleine eigene Rad in sich, sei sie ein einzelliges Wesen, eine Pflanze, ein Tier, Mensch oder Weltkörper.* Das wirst du selbstverständlich finden, wenn du verstanden hast, dass *jeder Punkt des Weltalls dieselbe zwölffache Offenbarung der vier Gesichter Gottes – ohne dass sich diese umdrehen können – ausstrahlt*!

Die Energieausstrahlungen, die wir aus dem großen kosmischen Rad empfangen, erhalten wir von außen her, und deshalb sehen wir diesen Kreis umgekehrt, als genaues Spiegelbild des göttlichen Seinszustandes (siehe Abbildung Seite 330).

Da sich das Sterngewölbe vom Standpunkt der Erde aus in ständiger Bewegung befindet, ändert sich auch die Zusammensetzung der Strahlungen, die die Erde aus dem Weltraum von den unzähligen Sternen – die sich in dem riesigen kosmischen Rad auch noch für sich bewegen – empfängt. Jede Erscheinung – also auch jeder Mensch – trägt aber aus denselben schöpferischen Kräften, wie sie im Weltraum aus den Sternen strahlen, auch in seinem Rad eine *individuell zusammengesetzte* Kräftestruktur. Im Augenblick der Geburt sind diese beiden Strukturen miteinander identisch. Denn wisse, dass *ein Lebewesen nur in dem Augenblick geboren werden kann, in dem die Kraftstruktur des Sternengewölbes im großen kosmischen Rad und die Kraftstruktur im eigenen individuellen Rad miteinander vollkommen übereinstimmen!*

Bis zum Lebensende wirken auf den Menschen neue Eindrücke, Erlebnisse und die verschiedensten Einflüsse ein. Mit den Erfahrungen, die er während seines Lebens sammelt, verändert sich seine innere Konstellation in hohem Maß. Manche Kräfte werden entfaltet, manche drängt er in den Hintergrund, den Reaktionen auf seine Taten und seine Erlebnisse entsprechend. *Die innere Konstellation, die ein Lebewesen im Augenblick seines Todes hat, prägt sich der Seele ein, und sie kann so lange nicht wiederverkörpert werden, als das Sterngewölbe in seiner ständigen Bewegung nicht dieselbe Konstellation aufweist.* So geschieht es, dass manche Menschen sich schon nach kurzer Zeit wieder reinkarnieren, andere dagegen eventuell Jahrtausende warten müssen, bis das Himmelsgewölbe in dieselbe Konstellation tritt, wie ihre Seele sie hat.

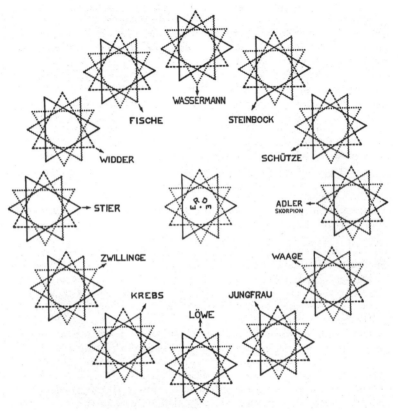

Die Lage der Erde in den vier Gesichtern Gottes, die sich nie umwenden können.

Alle Lebewesen, die in jedem Augenblick der Ewigkeit in der dreidimensionalen Welt geboren werden, sind in ihrem vorhergehenden Leben mit derselben Konstellation gestorben. *Die Todeskonstellation im vorhergehenden Leben und die Geburtskonstellation im nächstfolgenden Leben sind also unbedingt identisch. Dagegen sind Geburtskonstellation und Todeskonstellation in demselben Leben miteinander nie identisch, da das Lebewesen sich durch die Erfahrungen verändert.* Jedes Lebewesen – also *auch der Mensch* – trägt aber das Bild der Konstellation im Augenblick seiner Geburt dennoch sein Leben lang in sich, da hierin das individuelle Rad enthalten ist, in dem die sukzessive Entwicklung und Änderung seines Charakters verborgen schon da war.

Wenn du also die innere Geburtskonstellation der Kräfte, die ein Lebewesen aufgebaut haben und in seiner Seele, in seinem Körper, in seinem ganzen Wesen, *folglich auch in seinem Schicksal*, wirken, feststellen willst, so musst du die Konstellation der Sterne im Geburtsaugenblick ausrechnen.

Durch die ständige Bewegung des Himmelsgewölbes entsteht zwischen den zwei Rädern, zwischen dem kosmischen und dem individuellen Rad, eine Verschiebung. Die kraftausstrahlenden Energiezentren – die Sternbilder, die Fixsterne und Planeten – des kosmischen Rades und die verborgen wirkenden Kraftzentren des individuellen Rades, die im Augenblick der Geburt vollkommen eins sind, entfernen sich voneinander. Nach einiger Zeit können sie sich einander wieder nähern, und so entstehen dann manchmal günstige, einander fördernde, harmonische Verbindungen, ein anderes Mal ungünstige Interferenzen oder disharmonische Spannungen. Demnach zeigen auch die Lebewesen manchmal harmonische-positive, ein anderes Mal unharmonische-negative Eigenschaften. Und da das Schicksal das Spiegelbild des Charakters und die Folge der Taten ist, gibt es im Leben einmal günstige, ein anderes Mal nachteilige Wendungen.

Alle Erscheinungen sind diesen Kräften unterworfen, *nur ein Lebewesen hat die Möglichkeit sowie die Fähigkeit, über alle diese – im Weltall, in seinem eigenen Wesen und in seinem Schicksal wirkenden – Energien und Kräfte zu herrschen und sie nach eigenem Belieben zu lenken – der Mensch. Aber nur dann, wenn er sich dieser Kräfte bewusst wird, sie in sich erkennt und überwindet!*

Solange der Mensch diese Kräfte in sich *nicht* erkennt, ist er ihnen genau so ausgeliefert wie die anderen unbewussten Lebewesen, die, in diese schöpferischen Kräfte unmittelbar eingeschaltet, von ihnen blindlings gelenkt werden. Nur der zur Selbsterkenntnis gelangte Mensch hat die Möglichkeit, sich mit seinem Bewusstsein über diese Kräfte zu erheben und, anstatt ihnen unbewusst ausgeliefert zu sein, sie zu beherrschen oder sie, in sich umgewandelt, vollkommen verändert weiterzuleiten. Wenn der Mensch aber die schöpferischen Kräfte in sich umzuwandeln vermag, dann ist er auch fähig, die in seinem Schicksal wirkenden Kräfte umzuwandeln, folglich auch sein Schicksal zu beherrschen.

Nun verstehst du, warum es wichtig und notwendig ist, die zwölffache Kraftausstrahlung der vier Gesichter *Gottes* in dir zu kennen und in dir beherrschen zu lernen. Wenn du erkennst, dass *nur dein Körper und alles, was in deinem Wesen materiell ist, aus diesen Kräften aufgebaut ist, dass aber dein göttliches Selbst über diesen Kräften steht und die Fähigkeit hat, sie zu beherrschen*, dann kannst du die Herrschaft über diese gewaltigen schöpferischen Kräfte – die du verloren hast, als du in die Materie hineingeboren wurdest – wieder in deine Hand bekommen. Dann kannst du dein *Selbst*, das im Körper auf den zwei großen Balken der materiellen, dreidimensionalen Welt – auf *Zeit* und *Raum* – gekreuzigt und ins Unbewusste verdrängt, der Herrschaft des Todes unterworfen ist, befreien, aus seinem Scheintod auferwecken und wieder auf seinen Thron setzen. Dieses Geheimnis symbolisiert das Kreuz mit der gekreuzigten göttlichen Gestalt des zweiten Aspektes von *Gott*, dem schöpferischen Prinzip, das sich in die Materie kleidet und damit die Eigenschaften der materiellen Welt auf sich nimmt, um sie zu beleben und während Äonen das große Opfer und Werk zu vollbringen – den Geist restlos durch die Materie zu offenbaren und dadurch die Materie zu vergeistigen.«

Horus-Falke mit Pharao
Museum Kairo

Der Eingeweihte offenbart durch seine Person das höhere Selbst und ist also in seinem Geist frei wie der göttliche Falke Horus.

DIE WELTEPOCHEN

Ich stehe vor *Ihm*. *Er* beginnt: »Die Erde und ihre Bewohner sind sich der Kräfte, die die Erde aus dem Kosmos erhält, noch nicht bewusst, folglich können sie diese auch nicht beherrschen und nach ihrem Belieben umwandeln. Die Erde empfängt die Ausstrahlungen des Kosmos, sie badet und schwimmt ständig in diesen Energiewellen. Alles Geschehen auf Erden ist unmittelbare Reaktion und Resonanz auf diese Schwingungen.

Die Sonne erhöht machtvoll die Schwingungen jenes Sternbildes, in welchem sie momentan steht und mit welchem sie gemeinsam auf die Erde strahlt! Die Entstehung der vier Jahreszeiten hängt damit zusammen.

Die Bewegungen der Erde rufen den Eindruck hervor, dass das Sternengewölbe sich nicht nur um uns dreht, sondern noch andere Bewegungen macht. Eine der wichtigsten Bewegungen der Erde besteht darin, dass ihre Achse die Oberfläche eines Kegels beschreibt. Der eine Endpunkt ihrer Achse bleibt verhältnismäßig am selben Ort, während der andere einen Kreis beschreibt. Durch diese Bewegung der Erde schiebt sich der Frühlingspunkt im kosmischen Rad langsam weiter, von der Erde aus gesehen rückläufig.

Die Zeitspanne, während derer die Erdachse diese kegelförmige Bahn einmal vollendet, folglich auch der Frühlingspunkt im Kreis des Zodiakus einmal umläuft, entspricht 25 920 Erdenjahren. Wir nennen dies ein Weltenjahr. Diese Zahl, durch zwölf geteilt, ergibt einen Weltenmonat – 2160 Erdenjahre – die Zeit, während derer der Frühlingspunkt durch ein Sternbild hindurchzieht.

Die Schwingungen aus dem Kosmos üben eine solche Wirkung auf die Erde aus, dass sie auch die Weltgeschichte beeinflussen; denn auch auf die leitenden Ideen der Religion, der Wissenschaft und der Kunst wirken die Ausstrahlungen jenes Sternbildes ein, in welches während eines Weltenmonates der Frühlingspunkt fällt. Die verkörperten Geister auf Erden

– die Menschheit – müssen stets die neue Epoche verwirklichen und sich in deren Ideen bewähren.

Ein Volk ist eine Geistesschar, die Verkörperung bestimmter Energiekonzentrationen. Jede Epoche bringt eine andere Geistesschar, eine andere Rasse, auf die Erde, und wenn sie ihre Aufgabe, die neuen Ideen zu verwirklichen und eine neue Kultur während eines Weltenmonates zur Entfaltung zu bringen, vollbracht hat, verlässt sie die Erde, um auf einem anderen Planeten sich weiterzuentwickeln. In einem Volk gibt es aber immer Individuen, welche die Prüfung bis zum Ende der Epoche nicht bestehen. Diese bleiben zurück, wie ausgeworfene Schlacke, und müssen sich auf Erden weiterentwickeln. Das ist der Grund, warum eine Nation nach einer großen Kulturblüte dann plötzlich zurückfällt. Den hoch entwickelten Ahnen folgen plötzlich degenerierte und charakterschwache Nachkömmlinge, und das einmal hochgeschätzte Volk wird allmählich verachtet und machtlos. Diese Nachkommen sind die (Schlacke der Nation), die den höchsten irdischen Entwicklungsgrad erreicht, sich vergeistigt und die Erde verlassen hat.

Die materielle Welt ist entstanden, weil in den göttlich-schöpferischen Ausstrahlungen, die den Weltraum durchqueren, Interferenzen auftraten, somit Verdichtungen und Materialisationen. Wenn die Weltkörper in reine, untransformierte Schwingungen der göttlich-schöpferischen Kraft gerieten, so würde dies eine augenblickliche Vernichtung alles Materiellen zur Folge haben. Die Fixsterne – die Sonnen – sind die großen Transformatoren, die für alle Weltkörper die schöpferischen Strahlen transformieren und sie in einer umgewandelten und der Erde ertragbaren Spannung weiterstrahlen. Diese Strahlen erreichen uns von den Fixsternen, welche die Sternbilder des Zodiakus bilden. Wenn wir also die höchste, göttliche Energiestrahlung darstellen wollen, wählen wir die symbolische Form jenes Sternbildes, welches am stärksten auf die Erde einwirkt – und dies ist immer jenes epochenbildende Sternbild, in welchem zur Zeit der Frühlingspunkt steht.

Wir stehen jetzt in der Epoche, in welcher der Frühlingspunkt im Anfang des Sternbildes *Stier* steht. *Gott (Ptah)* offenbart sich uns also in der Ausstrahlung dieses Sternbildes, und deshalb wird auch die sich in der irdischen Atmosphäre offenbarende *Gottheit* in der Gestalt eines Stieres – in der Gestalt des göttlichen Stieres *Apis* – dargestellt. Das ergänzende Sternbild ist *Skorpion-Adler,* entweder als die Versucherin – als auf der Erde kriechende Schlange – oder in der Gestalt des göttlichen Vogels *Ho-*

rus dargestellt. Denn du weißt, solange diese Energie erdgebunden ist und sich auf der niedrigen, den Geist in die Materie bindenden Ebene äußert, ist sie die Schlange, die den Menschen in weitere Verkörperungen lockt. Wenn dagegen diese Kraft vergeistigt ist, verhilft sie dem Menschen dazu, den höchsten geistigen Grad schon im Körper zu erleben. Wir gebrauchen die *aufrecht stehende Schlange* als das Zeichen der Einweihung, als die Herrin des Baumes der Erkenntnis und des Wissens. Der Eingeweihte ist ein hochfliegender *Adler*, der die Schlange – die Triebkraft – vergeistigt und als geistige Kraft durch seinen Verstand offenbart hat. Der Eingeweihte ist also das ergänzende Werkzeug der sich durch das Tierkreiszeichen *Stier* offenbarenden *Gottheit*. Deshalb sind jene Tiere in dieser Epoche auf der ganzen Erde die ›heiligen *Tiere*‹. Du verstehst jetzt, warum die Eingeweihten die Darstellungen *Gottes* je nach den Sternbildern ändern, in welche der Frühlingspunkt gerade fällt. Hinter allen diesen Symbolen, über allen Formen, steht aber der ungeoffenbarte Ursprung, die *in-sich-ruhende Gottheit*.

Das Sternbild *Stier* gehört zu derjenigen dreifachen Offenbarung, deren Gesicht Gottes das *irdisch-materielle* ist, das zusammenziehend und verhärtend wirkt. Folglich sind gegenwärtig hauptsächlich diejenigen Kräfte, welche die Materie aufbauen und in der Materie wirken, für die Bewohner der Erde am leichtesten verwendbar und stehen offen zu ihrer Verfügung. Unsere Aufgabe besteht darin, *die Materie* mit der Materie, das heißt mit den *das Wesen der Materie bildenden Energien, zu besiegen.* Wir benötigen die Frequenzen der Materie, diese verborgen wirkenden unermesslichen Kräfte, deren Erscheinung die Materie ist, *also den Geist der Materie*, um die Materie selbst zu besiegen. Wir laden die Materie der Bundeslade mit der ganzen Oktave dieser Energien auf und beherrschen damit die Gesetze der Materie, also die aufbauenden wie abbauenden, die materialisierenden und dematerialisierenden Kräfte, damit aber auch das Gewicht der Materie, das wir aufheben oder vermehren können.

Mit der Zeit werden unsere Wahrheiten zu vollkommener Entfaltung und Blüte gelangen. Dann aber, infolge ununterbrochener Weiterbewegungen und Änderungen, verlässt die Erde allmählich diese Regionen des Kosmos, wo jene Energien zusammenwirkten, um die gegenwärtige Epoche zu schaffen. Nach und nach werden bestimmte Energien ausbleiben, manch neue dazukommen, und das Zusammenwirken der auf Erden wirkenden Energien wird sich allmählich verändern. Das bedeutet aber auch, dass immer verschiedenere Wesen geboren werden. Die Menschheit verändert sich allmählich. Sie wird unsere Wahrheiten nicht mehr verstehen; die Symbole und Worte, durch welche wir die Geheimnisse der Gesetze der Schöpfung ausdrücken, werden ihren Inhalt verlieren und auf Jahrtausende nur eine leere Hülle bleiben. Die Menschheit wird durch neues Lehrmaterial zu neuen Prüfungen aufgerufen.

Du weißt, dass der letzte Hohepriester, nachdem er den letzten Anwärter, der unseres Wissens würdig sein wird, eingeweiht hat, diesem die Bundeslade und einen Lebensstab übergibt, dann schließt er sich mit seinem Mitarbeiter in die große Pyramide ein, blockiert den Eingang von innen mit dem in die Öffnung passenden Felsen, dann werden die beiden sich und alle unsere Einrichtungen und Apparate dematerialisieren, um unsere Geheimnisse vor uneingeweihten Händen zu retten. Unterdessen wird der letzte Eingeweihte, der aus dem Volk stammen wird, das berufen ist, die neue Epoche zu verwirklichen, die Bundeslade und seinen Lebensstab aus diesem Lande retten und weitertragen lassen. Er wird seinem Volk die Ideen der neuen Epoche verkünden, in welcher der Frühlingspunkt durch das Sternbild *Widder* wandert, das mit seiner Ergänzung, dem Sternbild *Waage*, zusammen in jener Epoche die stärkste Wirkung ausüben wird.

Komm, meine kleine Tochter«, sagt jetzt Ptahhotep, »ich lege meine Hand auf deinen Kopf, und du wirst Bilder aus der Zukunft sehen.«

Ptahhotep führt mich zum Ruhebett, auf dem die Neophyten unter seiner Leitung die Fähigkeit üben, das Bewusstsein in der Zeit frei zu bewegen, das heißt, Vergangenheit und Zukunft bewusst aufzusuchen und als Gegenwart zu erleben.

Ptahhotep heißt mich niederliegen, und als er mir seine Hand auf die Stirn legt, fühle ich schon das bekannte Summen und Prickeln im Kopf. Im nächsten Augenblick entstehen Bilder, die mir in der symbolischen Sprache der Träume *den Sinn* der Geschehnisse in ferner Zukunft zeigen.

Ich sehe den Empfangsraum des Pharao – ein fremder Saal und ein unbekannter Pharao, der kein Eingeweihter ist wie mein Vater, sondern eine Ausstrahlung von sehr niedrigem Grad hat – und sehe zwei würdigschöne Gestalten vor ihm stehen. Zwei Brüder, prachtvolle Menschen mit edlen Gesichtszügen. An ihrer Ausstrahlung erkenne ich, dass der eine ein Eingeweihter, der andere aber nur ein scharfsinniger und geschickter Redner ist. Der Eingeweihte schweigt, sein Bruder aber versucht, mit seiner Redekunst, den Pharao zu überzeugen, dass er ihr Volk, das im Dienst des Pharao versklavt arbeitet, unter der Führung der beiden aus dem Land ziehen lässt. Der Pharao ist hart und will es nicht erlauben, er verlangt Wunder. Da nimmt der Redner seinen Stock, den er in der Hand hält, und wirft ihn vor dem Pharao zu Boden. Der Stock verwandelt sich im Augenblick in eine Schlange, die weiterkriecht. Der Pharao ruft seine Magier, um eine Antwort zu erteilen. Auch sie werfen ihre Stöcke auf die Erde, und auch diese verwandeln sich in Schlangen. Aber die erste Schlange frisst alle Schlangen der Magier auf.

Ich deute mir das Bild: Der Stock ist der Verstand, der eine mächtige Hilfe ist. Wenn aber der Verstand erdgebunden nur materiellen Zwecken dient, wird aus ihm eine auf der Erde kriechende Schlange, die Versucherin zur Selbstsucht, die Schlauheit. Die beiden edlen Menschen kämpfen selbstlos für ihr Volk, in ihren Händen wird aus Schlauheit Weisheit, die alle die selbstsüchtigen Argumente der feigen Magier vernichtet.

Jetzt ändert sich das Bild: Die Gottlosigkeit und Selbstsucht der Ägypter zieht immer schwerere Schicksalsschläge nach sich. Dennoch gibt der Pharao nicht nach, er will das versklavte Volk nicht freilassen. Schließlich folgt die allerschwerste Plage: Alle Erstgeborenen – aus der Familie des Pharao oder des Volkes oder die Erstgeborenen der Tiere – werden von den Engeln Gottes in einer Nacht getötet. Nur diejenigen, die vom *Fleisch eines Lammes gegessen haben und ihren Namen mit dem Blut des Lammes auf den Türpfosten geschrieben hatten*, werden von den Engeln nicht getötet.

Was sagt das Symbol? Im neuen Zeitalter werden das Tierkreiszeichen *Widder* und seine Ergänzung, die *Waage*, wirken. In der Zeit, wo diese Wirkung sich noch nicht in voller Kraft entfaltet, wirkt zunächst der *Widder* in der Form eines *Widderkindes*, also wie ein *Lamm*. Um den Eingeweihten schart sich ein Volk, das in seinem Blut dieselben Kräfte hat, wie sie der Ausstrahlung des Sternbildes *Widder* entsprechen. Sie sind die Vorläufer der neuen Epoche, das »auserwählte Volk«, das der Menschheit die alten Wahrheiten in neuer Form zu verkünden vermag.

Wer die alte Epoche verwirklicht hat, muss nunmehr gehen. Die Aufgabe ist beendet. Die Engel Gottes holen sie heim.

Ein neues Bild: Ich sehe den mächtigen Eingeweihten sein Volk aus Ägypten hinausführen. Und da *Widder* ein *feuriges* Zeichen ist, schwebt, um ihm den Weg zu zeigen, vor ihm eine Feuerwolke. Er führt sein Volk aus der geistigen Finsternis, die am Ende dieser Epoche in Ägypten herrscht. Aber das Herz des Pharao verhärtet sich wieder, er bereut, dass er das versklavte Volk ziehen ließ, und stürzt mit seinem ganzen Heer den Flüchtlingen nach. Um sein Volk zu verteidigen, verwendet der Eingeweihte seinen Lebensstab. Er richtet die Frequenzen der Ultramaterie, die die Anziehungskraft der Erde gewaltig erhöht, gegen das Heer des Pharao. Plötzlich werden der Pharao und alle seine Kämpfer, Kriegswagen und Tiere so schwer, dass sie, als wenn sie Wurzel gefasst hätten, durch ihr ungeheuer verstärktes Gewicht unwiderstehlich in die Erde versinken; und da dies am Ufer des Meeres geschieht, wälzt es schließlich über den ganzen Heerhaufen seine riesigen Wellen.

Ich bin sehr erstaunt! Nicht über die Wirkung des Stabes, aber welche Tiere! Ich sah im Heer des Pharao ganz merkwürdige Tiere, die Kampfwagen zogen auf denen auch viele Kämpfer ritten. Eines einem Zebra ähnlich, aber größer und in der Farbe verschieden, braun, weiß, grau und auch schwarz! Nie habe ich solche Tiere gesehen! Wären das diejenigen Vierbeiner, von welchen Vater einmal sprach? Prachtvolle Tiere!

Aber die Bilder wechseln: Der Eingeweihte weilt mit seinem Volk in der »Wüste«, in der immer schweren Übergangszeit zwischen zwei Zeitaltern. Denn zwei Epochen sind nie scharf voneinander getrennt, sondern fließen verschwommen ineinander. So entsteht eine Übergangszeit, in welcher die Wirkungen der zwei Sternbilder, des vergangenen wie des kommenden, im Gegeneinander abgeschwächt erscheinen. Die erstarrten Ideen befriedigen die neue Generation nicht mehr, dagegen können sich die älteren Generationen die neuen Ideen noch nicht aneignen und sie verdauen. Der größte Teil des Volkes kehrt zu seinen verknöcherten Auffassungen, also zu den Ideen des Sternbildes Stier, zurück, das aber auch nicht mehr mit der Kraft eines entfalteten Stieres, sondern, stark geschwächt, nur noch mit der Kraft eines kleinen Stieres, eines *Kalbes*, wirkt. Und ich sehe in meiner Zukunftsvision, da, in der symbolischen Bildersprache der Träume ausgedrückt, Geist immer *Gold* ist, dass das Volk des Eingeweihten *um ein goldenes Kalb tanzt und es anbetet.*

Der große Eingeweihte ist unterdessen »auf dem Berg« und spricht von Angesicht zu Angesicht mit »*Gott*«. Er ist im allerhöchsten Bewusstseinszustand, mit *Gott* identisch. Er ist Träger des Willens *Gottes*, dass er die neuen Ideen durch zwei religiöse Symbole, das Opferlamm, als Symbol des Sternbildes *Widder*, und die zwei Gesetzestafeln mit den zehn Geboten Gottes, als Symbol des ergänzenden Sternbildes *Waage*, seinem Volk vermitteln soll.

Das Opferlamm ist das göttliche *Selbst*, das, in Materie gekleidet, sich auf zwei großen Balken der dreidimensionalen Welt – *Zeit* und *Raum* – kreuzigen lässt, also sein eigenes Leben hingibt, um die Erde zu vergeistigen und zu erlösen.

Die zwei Gesetzestafeln, in unserem Tempel auf dem Kopf des heiligen Falken »*Horus*«, der das Symbol des den Raum durchquerenden schöpferischen Prinzips, des göttlichen *Selbst* ist, stehen als Symbole für die innere Struktur des *Selbst*, die sich in der Seele als moralische Gesetze manifestieren.

Diese göttlichen Wahrheiten werden länger als zweitausend Jahre die leitenden Ideen, die religiösen Symbole sein. Durch sie vollzieht sich die Prüfung der neuen Epoche.

Als der Eingeweihte die fertigen Gesetzestafeln bringt und sehen muss, dass sein Volk das goldene Kalb anbetet, schlägt er die zwei Tafeln mit solcher Wut auf die Erde, dass sie in Stücke zerbrechen, und bittet *Gott*, das unfolgsame Volk zu bestrafen.

Da kommen kleine giftige Schlangen – Symbole der Versucherin, der Schlange, der Triebkraft aus dem Sternbild *Skorpion* – vom Himmel herab und beißen jene, die das goldene *Kalb* angebetet haben. Und sie leiden schwer an den giftigen Bissen. Der Eingeweihte erbarmt sich des unglücklichen Volkes. Er richtet in der Mitte des Lagers, wo das Volk sich befindet, zwei Balken in der Form eines T auf und stellt senkrecht dazu, *mit dem Kopf nach oben*, eine Messingschlange daran. Dies ist die symbolische Darstellung des Baumes der Erkenntnis und des Wissens, des Schlangenbaumes. Die Schlange – nicht mehr nach unten, sondern nach oben gerichtet – ist nicht länger die große Versucherin, die den Menschen in den Körper lockt, sondern wird zum Symbol der höchsten Weisheit, die den Menschen zurück in die Einheit führt, zu *Gott*. Alle Kranken, die diese Messingschlange anschauen, werden plötzlich wieder gesund.

Ich verstehe: Die Menschen, die die Ideen des neuen Zeitalters nicht annehmen können oder wollen, werden seelisch krank. Sie finden ihren Platz zwischen den Menschen nicht mehr, sie kommen in schwere seelische Konflikte. Dies kann man nur heilen, wenn man sie in den Mittelpunkt ihres eigenen Wesens führt, wo der Schlangenbaum steht. Wenn sie auf diesen Baum blicken – *ohne von seinen Früchten zu essen* –, dann werden sie die göttlichen Wahrheiten erkennen, ohne sie für sich auszunützen, sie werden geheilt. Denn Weisheit und selbstloses Allwissen heilt jede Krankheit der Seele.

Die Bilder der Zukunft laufen weiter: Der große Eingeweihte führt sein

Volk bis zur Schwelle der neuen Epoche – bis zum *gelobten Land* –, dann geht er auf einen Berg und verschwindet. Man findet seinen Körper nie. Ich weiß, er dematerialisiert sich genau so, wie die letzten eingeweihten Hohepriester sich mit allen ihren geheimen Instrumenten in der Pyramide dematerialisiert haben.

Das auserwählte Volk, das die Ideen der neuen Epoche zu verwirklichen berufen ist, schreitet weiter und hütet, jedem Buchstaben getreu, die Weisheit und die geheime Lehre seines großen Meisters. Nur die Bundeslade verliert allmählich ihre magische Kraft; und es gibt keinen Eingeweihten mehr, der sie mit seinem Lebensstab wieder aufladen könnte …

Ein Weltenmonat vergeht, und die Achse der Erde hat sich wieder um ein Zwölftel ihrer kegelförmigen Bahn weitergeschoben. Der Frühlingspunkt gleitet langsam in das Tierkreiszeichen *Fische*. Wieder befinden sich die Menschen in Unruhe, sie finden die Wahrheit in den verbrauchten und erstarrten Ideen nicht mehr. Sie sind wie eine Schafherde ohne Schäfer. Und in dieser Übergangszeit wird ein Avatar – ein *Sohn Gottes* – der große Lehrer der kommenden Epoche, geboren, um die höchste Aufgabe zu erfüllen, das größte Geheimnis der Schöpfung: *Gott* in einem *Körper* auf Erden wandeln zu lassen.

Dieser *Sohn Gottes* ist das irdische Ebenbild des himmlischen Opferlammes, denn wie das göttliche *Weltselbst* sich aufopfert und die Materie der dreidimensionalen Welt auf sich nimmt und die ewige Kreuzigung auf den zwei großen Balken der *Zeit* und des *Raumes* erleidet, so muss dieser *Sohn Gottes*, der in seinem menschlichen Körper das göttliche *Selbst* völlig offenbart, die Rache des Geistes der Materie erleiden und den Tod durch unwissende Menschen hinnehmen.

Ein Mensch, der in seinem Bewusstsein sich seinem Körper identisch macht, lebt in innerer Finsternis und gleicht einem Stall, wo verschiedene Tiere – die tierisch-körperlichen Triebe – wohnen. In diesem Stall und in dieser Finsternis, wie in der Nacht, wird das göttliche Kind, das *Selbstbewusstsein*, geboren. Zweierlei Menschen erkennen das göttliche Kind und beugen sich vor ihm – die Einfältigen, die vollkommen Ungebildeten und Ungelehrten, die das Zweifeln des Verstandes *noch nicht* kennen und mit der Natur in einer Einheit leben, wie zum Beispiel Hirten, und die Wissenden und Eingeweihten, die den langen Weg des Verstandes schon hinter sich haben und nicht mehr mit dem Verstand beurteilen, sondern die Dinge aus innerer Schau betrachten, wie die Weisen und Magier des *Ostens*!

Die religiösen Symbole der neuen Epoche sind *Fische* und *Jungfrau*, die zwei einander ergänzenden Sternbilder. Der *Gottessohn* wählt seine Mitarbeiter aus »*Fischern*«. Er bezahlt seine Steuer, die er der Erde schuldig ist, mit einem Goldstück, das er aus dem Mund eines »*Fisches*« nimmt. Er schöpft der Menschheit die Nahrung seiner Lehre aus diesen zwei einander ergänzenden Sternbildern. Seine Lehren hören aber Menschen von verschiedenen Entwicklungsgraden. Denen, die schon im Geist erwacht sind, also die fünfte, die geistige Ebene erreicht haben – die »fünftausend« Menschen –, denen gibt er alle seine Lehren, die zwei *Fische* und die *fünf Brote*, die fünf Weizenkörner, die sich in der symbolischen Darstellung der *Jungfrau* auf der Ähre in ihrer Hand befinden. Aber auch diese »fünftausend« Menschen, die im Geist schon erwacht sind, können seine allerhöchsten Ideen nicht ganz aufnehmen, nicht einmal in einer ganzen Epoche! Es bleiben von der Nahrung, die er gegeben hat, *zwölf* Körbe voll Resten. Das bedeutet, dass die Menschheit die Geheimnisse des Selbst in jeder Offenbarung der zwölf Tierkreiszeichen kennenlernen muss. Um diese hohen Wahrheiten zu verstehen und zu verwirklichen, benötigt die Menschheit zwölf Epochen, zwölf Zeitalter, also ein ganzes Weltenjahr – fünfundzwanzigtausend Erdjahre!

All denen, die sich im Bewusstsein nur bis zur vierten Ebene erheben können – den »viertausend« Menschen –, teilt der *Gottessohn* nicht alle Wahrheiten der zwei Tierkreiszeichen als Nahrung aus, sondern nur »etwas« Fisch und fünf Brote. Auch dieses »Etwas« aus seinen Ideen können sie nicht essen, und es bleiben *sieben* Körbe, voll mit Resten. Die materiell eingestellten Menschen müssen zuerst die Geheimnisse der *sieben Ebenen* kennenlernen. Erst dann sind sie für die kosmischen Wahrheiten des *Selbst* reif.

Das Sternbild *Fische* gehört zum wässerigen Dreieck. Folglich muss die Menschheit in dieser Epoche die Prüfung durch das *Wasser* bestehen – das *Wasser* mit dem Wasser besiegen. Vor meinen erstaunten Augen sehe ich dann eine Maschine, mit welcher die Menschen die Kraft des in Dampf verwandelten Wassers in ihren Dienst stellen. Und ich sehe große Schiffe – wie eine ganze Stadt – mit enormer Geschwindigkeit den Ozean durchqueren; auch sie sind durch die Kraft des Wassers, des Dampfes, angetrieben. Die Menschheit besteht die Prüfung und besiegt das *Wasser* mit *Wasser*.

Auch in der ärztlichen Wissenschaft dominiert das Wasser als Heilmittel. Ich sehe überall Badeanstalten, Kurorte und verschiedene Kurarten mit Wasser: Meerbäder, Moorbäder, heiße und kalte Bäder, Kompressen und andere Methoden von Wasserkuren. Sogar die Heilkraft des Taus wollen die Menschen ausnützen, indem sie barfuß im nassen Gras herumgehen.

Aber gegen das Ende dieses Zeitalters, wenn der Frühlingspunkt sich schon dem nächsten Sternbild – dem *Wassermann* – nähert, entdecken die Menschen auf Wasser begründete technische Einrichtungen. Dies ist schon die vorausgreifende Wirkung des *Wassermann*-Zeitalters, Epoche der technischen Errungenschaften. Die Ausstrahlung des Sternbildes *Wassermann*, die keine Grenzen kennt und alle Hindernisse aus dem Weg fegt, zeigt sich in den Ideen und sozialen Auffassungen der Menschheit. Am Ende des Zeitalters *Fische* verursachen diese neuen Energien dort, wo die Menschen auf diese Schwingungen am stärksten reagieren und mitschwingen, große Revolutionen. Ich sehe Tausende von Menschen aus der herrschenden Klasse im Gefängnis sitzen und einen Geist, der schon die Züge der neuen, kommenden Epoche trägt, der unzähligen Menschen aus der höheren Klasse den Kopf abschlägt oder sie auf andere Art tötet.

Ein Bild aus der Zeit, in welcher die Energien des *Wassermanns* schon mit voller Kraft wirken, zeigt mir, dass der große Lehrer dieses Zeitalters alle Grenzen zwischen den drei herrschenden Religionen aufhebt. Er beweist mit seiner eigenen Person, dass der Kern aller Religionen eine und dieselbe Wahrheit – ein und derselbe *Gott* – ist. Die Grenze zwischen Religion und Wissenschaft verschwindet auch, denn die Menschen entdecken, dass alles, sogar die Materie, Wellenbewegung ist, dass zwischen den Offenbarungen des Geistes und denen der Materie nur Frequenzdifferenzen bestehen, aber im Wesen *alles* nur die Offenbarung des einen, einzigen Urquells aller Kräfte, *Gottes*, ist. *Alles* ist *Welle*, wie die symbolische Darstellung des Sternbildes *Wassermann* zeigt – ein überirdisches Wesen gießt aus seinem Krug *Wellen* aus.

Die geistigen Strömungen auf der Erde zeigen diese Wirkung. Die Wissenschaft entdeckt die »Wellentheorie«, und ich sehe unzählige Entdeckungen, die auf der Basis der Welle beruhen. Ich sehe Bilder von Personen, Landschaften und Gegenständen, die durch die Wirkung von Lichtwellen entstanden sind. Ich sehe Apparate, welche Wellen aussenden; sie durchdringen die Materie und zeigen ihre Dichtigkeit. Es gibt Wellen, welche die Elemente nachweisen in der Materie der Planeten und Fixsterne, elektrische Wellen, Schall-, Licht- und Duftwellen. Die ärztliche Wissenschaft hat mit Behandlungen durch Wasser aufgehört und ist zu *Kuren mit Wellen* übergegangen. Sie heilt, angefangen mit infraroten bis zu ultravioletten Wellen, aber auch mit Kurzwellen und noch kürzeren und durchdringenderen Wellen und Frequenzen. Das Sternbild *Wassermann* gehört zum *luftigen* Gesicht *Gottes*. Und die Menschheit besiegt die Luft mit *Luft*, also mit Energien, die aus der Materie im luftigen Aggregatzustand gewonnen werden. Ich sehe, dass die Menschen von der Dampfmaschine zu anderen Maschinen übergehen, die mit Gas getrieben werden. Und meine erstaunten Augen verfolgen in der Luft, hoch oben, von Menschenhand gebaute riesige Heuschrecken, in deren Magen Menschen sitzen! Diese Maschinen werden mit Gas angetrieben: *Luft* beherrscht *Luft*.

Durch das ergänzende Sternbild *Löwe* erkennen die Menschen wieder die stärkste Offenbarung Gottes auf Erden. Die Sonne – der große *Ra* – wird wieder als Urquelle aller irdischen Energieoffenbarung betrachtet. Die Menschen sind wieder Sonnenanbeter, wenn auch nicht in religiöseren Handlungen. Aber die Wirkung des *Löwen* zeigt sich auch auf einer anderen Ebene. Die Wirkung des *Wassermanns* vernichtet alle Grenzen. Eine Grenzenlosigkeit ohne konzentrierenden Mittelpunkt bedeutet aber Geisteskrankheit, geistigen Tod. Die Grenzenlosigkeit des *Wassermanns* würde in den unbewussten Massen eine Geisteskrankheit der gesamten Menschheit, Anarchie und ein alles vernichtendes Chaos hervorrufen. Durch das ergänzende Sternbild *Löwe* konzentrieren sich indes die Herrscherpotenzen in geeigneten Persönlichkeiten, die als Diktatoren die Menschenmassen zusammenfassen und lenken.

In dieser Epoche entdecken die Menschen den Verkehr mit anderen Planeten. Die Grenzen und Schranken, auch die Isoliertheit der Erde im Weltraum, verschwinden, und es verschwinden auch die Grenzen zwischen den Ländern. Die ganze Menschheit wird von einem Zentrum aus regiert. »Ein Stall, ein Hirte.«

Die ewigen Räder kreisen weiter, und die Erde gelangt in eine neue Epoche, in das Wirkungsfeld des Sternbildes *Steinbock* und seines ergänzenden Sternbildes *Krebs*.

Die Aufmerksamkeit der Menschen richtet sich wieder auf die Erde. Sie bemerken, dass sie zwar sehr viel wissen, aber über ihre eigene große Mutter, die Mutter Erde, wissen sie noch sehr wenig. Und sie lösen in dieser Epoche die Aufgabe, die *Erde* durch *Erde* zu besiegen, da das Sternbild *Steinbock* zum irdischen Gesicht *Gottes* gehört. Sie konstruieren eine Maschine, die nach demselben Prinzip aufgebaut ist wie unsere Bundeslade. Mit ihr beherrschen sie das Gewicht der Materie, sie können damit die Anziehungskraft der Erde mit entgegengesetzten Energien aufheben oder durch ultramaterielle Ausstrahlungen vermehren. Die Menschen verkehren mitten durch die Erdmasse – in der Tiefe der Berge – in verkürzter, gerader Linie miteinander, anstatt den langen Weg um die Erde zu nehmen. Diese Maschine strahlt eine Energie aus, die alles vor sich dematerialisiert, wodurch sie ungehindert vorwärtskommt. Dann strahlt sie nach rückwärts verdichtende Energien aus, und die Kontinuität der Erdmassen ist wiederhergestellt. Die Menschen haben die Materie mit der Materie – mit der Energie der Ultramaterie – besiegt. Das bedeutet aber, dass sie in die Tiefe der Erde dringen können und die noch unausgenützten gewaltigen Kräfte und Energien, die im Erdinnern noch in ihren Urformen wüten – also auch die Kräfte der Vulkane –, in den Dienst der Menschheit stellen.

Die Ergänzung des Tierkreiszeichens *Steinbock*, der *Krebs*, übt einen tiefen Einfluss auf das seelische Leben der Menschen aus. Der große Lehrer dieses Zeitalters enthüllt den Menschen das Geheimnis der verborgenen, unermesslichen Kraftquellen in der Tiefe der menschlichen Seele, die dem, der den Schlüssel zu diesen Kraftquellen besitzt, jene geistige Fähigkeit verleihen, die Unwissende »überirdische« Kapazitäten nennen. Auf der ganzen Erde sehe ich überall öffentliche Schulen, wo schon die Kinder diese höheren Fähigkeiten durch Übungen, wie sie bei uns nur den Priesterkandidaten im Tempel erlaubt waren, beherrschen lernen. Das Wissen verbreitet sich in immer größeren Kreisen und dringt in die weitesten Schichten.

Die Bilder verblassen plötzlich, und ich besinne mich wieder auf meine Person. Ich liege noch auf dem Übungslager, vollkommen betäubt von den gewaltigen Erlebnissen der Zukunft. Ptahhotep steht vor mir, und als ich mich erholt habe, hilft er mir aufzustehen. Er schließt seine Belehrungen für heute ab.

»Wie du siehst, mein Kind, empfangen die Bewohner der Erde die Einweihung in kleineren, größeren und noch größeren Kreisen, die ineinander wirken. Ein Mensch kann die Einweihung persönlich im Rahmen eines *einzigen Lebens* empfangen. Auch ein *Volk* kann die Einweihung bekommen, insofern ein ganzes Volk sich auf die höchste Stufe der Entwicklung hinaufringt und seine Aufgabe auf der Erde erfüllt. Und schließlich erlangt die ganze *Erde* die Einweihung, indem sie den Kreis der vier Gesichter *Gottes* durchläuft und in einer gesetzmäßigen Entwicklung alle

Stufen der Einweihung erlebt, um schließlich ihre vollkommene Vergeistigung – die Erlösung aus der Materie – zu erlangen. In der Zeitrechnung der Erde dauert das noch Äonen. Noch unzählige Male in irdischen und auch in Weltenjahren wird die Erde den Kreis des Zodiakus durchlaufen. Ich habe dir von diesem unendlich langen Weg nur einen winzigen Teil gezeigt. Die Geschichte der Menschheit auf der Erde ist nicht dem Zufall unterworfen. Du solltest erkennen, dass jeder Schritt der Entwicklung nach göttlicher Vorsehung, nach einem göttlichen Lehrstoff erfolgt. Ein Mensch kann diesen unendlich langen Weg in einem einzigen Menschenleben durchlaufen, wenn er seinen Willen restlos auf dieses Ziel konzentriert.«

Ptahhotep segnet mich und sagt zum Abschied: »Komme morgen wieder, ich habe dir Wichtiges zu sagen.«

LETZTE VORBEREITUNGEN

Am anderen Tag kann ich es kaum erwarten, dass es Abend wird, um mich wieder bei Ptahhotep zu melden. Ich bin in der Selbstbeherrschung so weit, dass ich, wenn etwas auch noch so stark auf mich einwirkt, die Zügel nicht aus der Hand gebe. Ich beobachte vollkommen bewusst, wie die äußeren Eindrücke auf meine Nervenzentren wirken, und wenn ich es nicht will, so erlaube ich es einfach nicht, dass meine Nerven in Erregung geraten. Im Augenblick, da die natürliche Reaktion eintreten will, stehe ich mit meinem Bewusstsein zwischen diesem Ablauf und den Nervenzentren und übertrage auf mein ganzes Nervensystem bewusst stählerne Ruhe. Jetzt aber, da Ptahhotep eine wichtige Mitteilung für mich hat, kann ich kaum verhindern, dass, so oft mir dies einfällt – und es fällt mir oft ein –, mein Herz rascher schlägt.

Endlich wird es Abend. Ich laufe durch den langen Säulengang zu seinem kleinen Empfangsraum, um dann vollkommen gefasst vor Ihm zu erscheinen.

Ptahhotep empfängt mich wie immer. Sein edles Antlitz strahlt eine unbeschreibliche Erhabenheit aus, und so kann ich nicht beurteilen, ob er etwas Außergewöhnliches vorhat.

»Meine kleine Tochter«, fängt Er an, »du bist so weit, dass du dir die Fähigkeiten des Geistes, alle Naturkräfte in deinem Körper beherrschen zu können, vollkommen bewusst gemacht hast. Von nun an hängt es von deinem Willen ab, ob du einer Kraft Ausdruck gibst oder nicht. Du bist nicht nur in deinem Geist, sondern auch in deiner Seele und deinem Körper kein Sklave der Natur mehr. Ich mache dich aber darauf aufmerksam, dass diese Möglichkeit, wieder ein Sklave zu werden, nicht ausgeschlossen ist. Wenn du es *bewusst willst*, kann dich kein Wesen daran hindern, deine geistige Freiheit zu bewahren oder aber dich wieder von deinen aus deinem eigenen *Selbst* stammenden Kräften versklaven zu lassen. Es ist Gottes Wille, folglich ein Gesetz, dass jeder Geist völlige Willensfreiheit besitzt. Diese Freiheit darf niemand verletzen. Die ständige Selbstkontrolle sollst du also nie aufgeben.

Du bist reif für die Einweihung. Aber sei dir dessen bewusst, dass Allwissen und Allmacht der Einweihung dementsprechende Verantwortung einschließt. Du musst dich sorgsam endgültig entschließen, ob du die Einweihung bekommen und damit ungeheure Verantwortung auf dich nehmen willst.

Bleibe drei Tage zu Hause und übe vollkommenes Schweigen. Wenn du entschlossen bist, wird dich dein Vater am vierten Tag – am Neumond – hierher begleiten, damit du die letzten Vorbereitungen zur Einweihung treffen kannst.«

Ich möchte Ihm sagen, dass ich schon jetzt endgültig entschlossen bin, aber ich sehe, dass Er meinen Entschluss auch sieht. Dennoch müssen die Vorschriften eingehalten werden. So beuge ich mich wieder tief vor Ptahhotep und gehe.

Die drei Tage benütze ich, um von allem, zu dem ich eine persönliche Beziehung hatte und noch habe, Abschied zu nehmen. Ich weiß, dass ich, wenn ich aus dem Tempel als Eingeweihte heimkomme, ein vollkommen anderes Wesen sein werde.

Ich wandere noch einmal im Garten umher, wo ich einst, als ganz kleines Kind, mit meiner Mutter zwischen Blumen spazierte. Ich suche alle meine Lieblingsplätzchen auf, wo ich gespielt und später vom Leben geträumt habe. Überall bleibe ich stehen und nehme von jeder Blume, von jedem Baum und gleichzeitig von dem kleinen Mädchen, von der Person, die hier einst so glücklich war, Abschied. Dann besuche ich die Goldfische, die im großen Bassin schwimmen und die ich schon fütterte, als ich noch kaum gehen konnte und die schlanke, zarte, weiß gekleidete Gestalt meine Hand hielt, damit ich nicht ins Wasser falle.

Auch heute fühle ich dieses weiße, ätherisch feine Wesen neben mir. Sie steht noch heute tief verbunden neben mir. Ich weiß, dass nach den Gesetzen der Verkörperung, so wie sie mir einmal als Tür zwischen Jenseits und Diesseits half, geboren zu werden, sie mir wieder als Tür zwischen Diesseits und Jenseits hinüberhelfen wird.

Zuletzt bin ich im Löwenhof, um von meinen Lieblingslöwen Abschied zu nehmen. Solange ich keine Eingeweihte bin, darf ich nur in Anwesenheit des Löwenwärters hinein. Heute begleitet mich das letzte Mal der Wärter, denn als Eingeweihte werde auch ich Macht über alle Tiere haben und seinen Schutz nicht mehr benötigen.

In diesem Hof befinden sich nur die Löwen im Dienst der Herrscherfamilie. Hier lebt der prachtvolle Löwe meines Vaters, der während der Audienz als Symbol seiner übermenschlichen Macht neben ihm sitzt. Dann gibt es hier die Löwen, die unseren Wagen ziehen, und schließlich meine zwei jungen Löwen – Shu-Ghaar und Shima. Beides sind Kinder des Audienzlöwen meines Vaters, genau so intelligente, hypersensitive, wunderbare Exemplare ihrer Rasse. Beide lieben mich so heiß, als ob ich keine Frau, sondern eine Löwin wäre. Besonders Shu-Ghaar ist verliebt in mich und wird aufgeregt und eifersüchtig, wenn ich nicht nur ihn, sondern auch Shima streichle. Ich muss aufpassen, dass seine Liebe sich nicht in eifersüchtige Wut verwandelt. Dies würde zur Gefahr! Wie ich eintrete, läuft Shu-Ghaar mir schon entgegen und steckt seinen mächtigen Kopf schmeichelnd unter meinen Arm, damit ich seine Ohren, seinen Hals kraule und seine Mähne streichle. Dann will er, wie üblich, mein Gesicht lecken, und ich muss dieser Liebkosung schlau ausweichen, damit er sich nicht beleidigt fühlt und böse wird. Ich reiche ihm ein Stück warmes, blutiges Fleisch, und während er es verzehrt. erlaubt er mir, auch Shima zu streicheln und ihm auch ein Stück Fleisch zu geben.

Am dritten und letzten Tag vor Sonnenuntergang fahren wir, Vater und ich, mit den Löwen. Wir rasen umher. Ich darf – wie Ptahhotep mir vorgeschrieben hat, nicht sprechen. Aber wir würden selbst ohne diese Vorschrift schweigen, denn wir verstehen einander auch ohne Worte. Die Wahrheit ist wie ein unsichtbarer Mensch. Er kann sich nur dadurch sichtbar machen, dass er Kleider anzieht. Wenn er viele Kleider anhat und die Kleider weit und locker sind, haben wir ein sehr unvollkommenes Bild von ihm. Je weniger er trägt, je dünner und enger die Kleidung ist, eine desto bessere Vorstellung gewinnen wir von ihm. Auch wenn das Kleid seine Formen noch so gut zeigt, *bedeckt* ihn das Kleid doch noch immer, und wir sehen *nur die Kleidung, nie aber den unsichtbaren Menschen selbst.*

Genau so ist es mit der Wahrheit! Mit *je weniger* Worten wir eine Wahrheit ausdrücken, also *bedecken*, um sie sichtbar zu machen, desto besser können wir sie erkennen. Dadurch aber, dass wir die Wahrheit mit Worten ausdrücken – mit Worten bedecken –, verhindern wir gleichzeitig, dass wir die *Wahrheit selbst* unmittelbar, in ihrer Nacktheit, in ihrem wahren Wesen, sehen können. Für Menschen, die sich *nicht* in die Seele sehen können, sind Worte die einzige Möglichkeit, einander zu verstehen. Sie sehen aber auch nie das, was sie denken, was sie einander sagen wollen, sondern nur Worte darüber. Wir aber, Vater und ich, sehen einander selbst! Wozu also unsere Gedanken, unsere Seele, mit Worten bedecken? Wir sind einfach füreinander *da* und genießen die Einheit des *Daseins*!

Die Löwen rasen – wir schweigen. – Wir wissen beide, was diese letzten Tage bedeuten.

Am frühen Morgen des großen Tages nehme ich Abschied von Menu und Bo-Ghar. Menu weint so verzweifelt, als ob ich auf mein eigenes Begräbnis gehen würde. Sie ahnt etwas Schreckliches, etwas Verhängnisvolles. Ich kann sie nicht trösten. Der kleine Bo-Ghar hat keine Ahnung, was geschieht, doch weint er auch bitterlich, weil er sieht, dass ich fortgehe, und weil Menu auch weint. Als ich ihn umarmen will, wirft er sich vor mir auf die Knie, umarmt meine Füße, und ganz ernst und feierlich, aus der tiefsten Tiefe seiner Seele, sagt er zu mir:

»Königin, meine teure Königin, vergiss nicht, was ich dir jetzt schwöre: Wann und wo immer du in Gefahr geraten wirst, werde ich dich retten! Auch wenn ich am anderen Ende der Welt wäre, würde ich zu dir kommen, um dich zu retten! Vergiss das nicht, Gott ist mein Zeuge: Ich werde dich retten!«

Lieber kleiner Bo-Ghar! Er will mich retten! Aber wovor will er mich retten? Wenn Ptahhotep mich zur Einweihung reif genug findet, wie könnte ich in Gefahr geraten? Und warum sagt der Kleine, dass er auch *vom anderen Ende der Welt* herkommen würde, um mich zu retten? Er ist doch bei mir, wie könnte er überhaupt so weit weggehen? Ich kann aber nicht über seine Worte nachgrübeln, denn die Zeit ist da. Ich umarme sie beide, dann gehe ich hinüber in das Gemach meines Vaters.

Vater empfängt mich ernst und traurig, und ich sehe in seinen Augen, dass er tief in sich selbst versunken ist. Sieht auch er etwas Verhängnisvolles in meiner Zukunft? Er umarmt mich, dann legt er mir seine Liebe ausstrahlende rechte Hand auf den Kopf und segnet mich. Dann gehen wir.

Ptahhotep erwartet uns in seinem kleinen Empfangsraum. Bevor wir eintreten, erscheint im langen Säulengang für einen Augenblick Ima. Sein Engelsgesicht strahlt, seine Augen lächeln mich ermutigend an, dann verschwindet er wieder. Ich weiß – in den schweren Stunden der Prüfungen begleitet mich auch seine Liebe.

Vater führt mich zu Ptahhotep. Er legt meine Hand in die Hand Ptahhoteps. Er schaut mich noch einmal liebevoll an, dann verlässt er den Raum.

»Meine liebe Tochter«, sagt Ptahhotep, »ein großer Kreis des Gesetzes, in dem dein Schicksal sich in der Welt der Zeit und des Raumes offenbart, schließt sich heute. Dieser Kreis – deine irdische Laufbahn – war in dem Augenblick bestimmt, als du das erste Mal aus der göttlichen Einheit gefallen bist; gleich einem Bumerang, der im Augenblick des Wegschleuderns schon die Kräfte in sich trägt, die bestimmen, in welchem Kreis und wie weit er fliegen wird und wie viel Zeit er braucht, um wieder an seinen Ausgangspunkt zurück zu gelangen.

Dein gegenwärtiger Charakter und dein Schicksal wurden von denselben Kräften aufgebaut, beide sind das Resultat der Ursachen und Wirkungen, der Aktionen und Reaktionen, der Taten und Erfahrungen in deinen unzähligen Leben, durch welche sich das *Selbst* seit Äonen geoffenbart hat und die sich schließlich in deiner heutigen Persönlichkeit kristallisiert haben. Wie der Charakter, so das Schicksal, folglich auch die Zukunft. Das *Selbst* strahlt seine schöpferischen Kräfte durch das Sieb des Charakters in die Verkörperung hinein, und aus diesen Energien werden durch bilderbauende Kräfte in der Tiefe der Seele *Traumbilder* geschaffen, die sich nach außen, in die materielle Welt, projizieren und dort als ›Person‹ und als ›Schicksal‹ manifestieren. Das *Selbst* strahlt in einen jungen Menschen dieselben schöpferischen Kräfte ein, und dass aus diesen Ausstrahlungen dennoch so verschiedene Traumbilder – so verschiedene Personen und Schicksale – entstehen, ist die Folge der verschiedenen Einwirkungen, denen die Menschen, seit dem Fall aus der paradiesischen Einheit, ausgesetzt sind, die sie in unzähligen Beziehungen beeinflusst und entwickelt haben.

Ob aus den Zukunftsprojektionen des *Selbst*, die sich noch nicht verwirklicht haben, aber in der Tiefe der Seele – im Unterbewusstsein – auf ihre Verwirklichung warten, auf der materiellen Ebene ›Wirklichkeiten‹ werden oder ob sie nur ›Traumbilder‹ bleiben, hängt davon ab, *mit welcher Ebene der Mensch sein Bewusstsein identifiziert. Der ›Traum‹ ist auch eine ›Wirklichkeit‹, nur in der stofflosen, bilderbauenden Energie-Welt, und was hier auf der Erde geschieht, was man ›Wirklichkeit‹ nennt, ist auch nur ein ›Traum‹, eine Projektion des Selbst, nur dass sie eine niedrigere, bis in die materielle Ebene wirkende, in die Atmosphäre der Erde hineingeträumte Projektion ist.* Schicksal ist also eine verkörperte Zukunftsprojektion, ein materialisierter Traum.

Solange der Mensch den Willen seines *Selbst* – den Willen *Gottes* – herrschen lässt, geschieht auf der materiellen Ebene, in der sogenannten ›Wirklichkeit‹, das, was *er selbst bewusst will.* Folglich beherrscht er auch sein Schicksal. Denn das *Selbst* des Menschen hat die Macht, jene Träume, die im Unbewussten auf ihre Verwirklichung warten, wieder aufzulösen und in geistige Energie umzuwandeln. Im Augenblick aber, wo der Mensch sich mit fremden, nicht aus seinem *Selbst*, sondern aus seiner niedrigen Natur, aus seinem Körper, stammenden Kräften identifiziert und diese als seinen eigenen Willen anerkennt, geschieht nicht mehr das, was er *selbst*, sondern was sein Körper will – wenn er auch noch so fest glaubt, dass das sein ›eigener‹ Wille sei. So fällt das Steuerrad seines Schicksals aus der Hand, und er ist den blinden Schicksalskräften vollkommen ausgeliefert. In diesem Fall werden aus seinen Projektionen, aus seinen ›Traumbildern‹, die latent in seinem Unterbewusstsein wirken, unvermeidlich und unbedingt eintreffende ›wirkliche‹ Geschehnisse auf der irdischen Ebene.

In der Einweihung, bevor du aus deinem körperlichen Bewusstsein in das göttliche *All-Selbst-Bewusstsein* wieder erwachst, werden die Energien, die du, deinem Charakter gemäß, seit Äonen mit deinen Taten und ihren Reaktionen geschaffen hast und die jetzt in deinem Unterbewusstsein wie Keime fertiger Geschehnisse auf die Zeit ihrer Verwirklichung warten, in deinem Bewusstsein *als Träume erscheinen*. Vernichten kannst du sie nicht, da sie aus den schöpferischen Kräften stammen. Du kannst aber verhindern, dass diese Energien in die Ebene der materiellen Welt hinuntersteigen und sich verwirklichen, wenn du *mit deinem Bewusstsein in die Tiefe deiner Seele, wo diese Kräfte in latentem Zustand lauern, hinuntersteigst, sie in deinem Bewusstsein zum Leben erweckst und diese Träume für dich als vollkommene Wirklichkeiten erlebst*. ›Erleben‹ bedeutet, die einmal ausgesandten Kräfte in das Bewusstsein zurückzuziehen und sie als *Bewusstseinszustände* auszuleben. Dadurch löst sich die innere Spannung der Kräfte. Sie klingen aus, werden wirkungslos und vernichtet. Du wirst also in der Einweihung dein ganzes zukünftiges Schicksal als eine Reihe verschiedener Bewusstseinszustände – als Traumbilder – zeit- und raumlos erleben. Dann bist du von deiner ›Person‹, folglich auch von deinem persönlichen Schicksal, frei geworden. Den Körper wirst du weiter als vollkommen unpersönliches Werkzeug *Gottes* gebrauchen. Denn jeder Eingeweihte hat die Aufgabe, weiter auf der Erde zu bleiben und mitzuwirken, um die übrigen ›Projektionen‹ – Personen – aus den Fesseln der Materie, aus den Fesseln des Körpers, folglich auch aus den Krallen des blinden Schicksals, in den geistig-göttlichen Einheitszustand zurückzuhelfen, damit alles, was in die Spaltung, folglich in die Materie, gefallen und verkörpert worden ist, wieder in den verlorenen Garten Eden, in die göttliche Einheit, zurückfindet, und heimkehrt.

Wenn aber ein Eingeweihter in der umgekehrten Richtung wirkt, wenn er mit seinen hohen geistigen Energien sich persönlich Wirklichkeiten schafft, indem er aus seinem persönlichen Bewusstsein mit den höchsten schöpferischen, alles durchdringenden Kräften arbeitet und diese in den Körper lenkt, so fällt er tiefer als ein Mensch, der aus seinem aus der paradiesischen Einheit gefallenen Bewusstseinsgrad dasselbe tut. Der Alltagsmensch lenkt nur die aus seinem materiellen Wesen stammenden Kräfte in die Materie. Er erlebt körperliche Kräfte in seinem Körper, und für ihn bedeutet das keinen Fall. Woher seine Kräfte stammen, dort offenbart er sie. *Materielle Kräfte bleiben auf der materiellen Ebene.*

Der Eingeweihte aber arbeitet nicht mehr mit körperlichen Kräften, und wenn er seine hohen, geistigen Energien in den Körper lenkt, bedeutet das für ihn einen neuen, tiefen Fall. Je höher die Energien sind, desto tiefer fällt er.

Du musst also, wenn du die Einweihung bekommen willst, damit rechnen, dass du das, was ein gewöhnlicher Mensch ohne schwere Folgen – ohne ›Strafe‹ – tun kann, als Eingeweihte nicht mehr tun darfst, weil du von nun an göttliche und nicht menschliche Kräfte ausstrahlst und in Bewegung setzt. Wenn du diese Kräfte in deinen Körper lenkst, brennst du deine Nervenzentren aus und stürzt wie ein fallender Komet in die tiefste Tiefe.

Die Vorbereitungsübungen haben dich so weit entwickelt, dass du diese Wahrheiten verstehst. So kannst du mir mit vollem Bewusstsein antworten: Hast du den Mut, diese Gesetze, die Gefahr und die große Verantwortung auf dich zu nehmen? Willst du die Einweihung bekommen, oder willst du lieber zurücktreten und dein irdisches Leben nach den Gesetzen deines menschlichen Seins weiterführen?«

Ich bleibe eine Weile stumm. Dann antworte ich ernst und entschlossen: »Vater meiner Seele, während der Jahre der Vorbereitungen hatte ich Zeit genug zu entscheiden, ob ich den Tempel oder das weltliche Leben wählen will. Und während dieser letzten drei Tage konzentrierte ich mich noch einmal nur auf diese Frage. Ich sehne mich nur nach dem göttlichen Urzustand. Ich bin vollkommen entschlossen. Ich bitte Dich um die Einweihung!«

»Es sei«, sagt Ptahhotep. »*Gott mit dir!* Jetzt folge mir.«

Er führt mich in einen anderen Flügel des Tempels, wo die Neophyten wohnen. Er übergibt mich dort einem jungen Priester, einem Vorgesetzten im Internat, den ich vom Sehen kenne und der jetzt auf uns wartet. Ptahhotep wendet sich mir zu:

»Du wirst jetzt deinen Körper und deine Seele auf die Einweihung vorbereiten, und an dem Tag, an dem der Mond voll wird, meldest du dich zur Zeit des Sonnenunterganges bei mir.«

Wir verbeugen uns beide, und *Er* geht.

Der Priester führt mich in die Zelle, wo ich die folgenden Tage allein, mich nur meinen Übungen widmend, verbringe. Meine Übungen bestehen darin, die Reinheit meiner Gedanken, meiner Seele, aber auch meines Blutes und meines Körpers auf einen möglichst hohen Grad zu steigern. Schon während der Jahre, da ich die Neophyten-Schule besuchte, musste ich strenge Diät halten, damit die Zellen meines Körpers allmählich ausgetauscht, *chemisch umgewandelt* würden und die Widerstandskraft, die höchsten Schwingungen zu ertragen, sich entwickelte; denn jede chemische Änderung in der Materie ändert auch deren Widerstand gegenüber den hineingeleiteten Kräften. In diesen Tagen wird dieser Prozess vollendet. Ich darf nur gewisse Kräuter und Wurzeln zu mir nehmen, die ich tüchtig kauen muss. Ich darf dann nur den herausgepressten Saft schlucken. Diese Kräuter und Wurzeln sind so ausgewählt, dass manche auf die Ausscheidungsorgane, manche auf das Herz und auf die Nerven kräftigend einwirken, so dass dieses Verfahren den Organismus nicht schwächt. Das Resultat ist, dass ich mich schon nach einigen Tagen unglaublich leicht, wie körperlos, fühle, meine geistige Konzentrationsfähigkeit steigert sich dagegen in solchem Maß, dass ich in meinem Leben noch nie so kristallklar und ungestört denken und die geistigen Wahrheiten sehen konnte wie jetzt. Mit einfachem Fasten, ohne die kräftigenden Kräuter, kann man auch einen hohen Grad der Konzentrationsfähigkeit erreichen, das kann aber den Nerven sehr schaden, weil sie durch das Fasten zwar hypersensitiv, aber gleichzeitig sehr geschwächt werden. Mit Hilfe dieser Kräuter werden alle Nachteile des Fastens beseitigt.

Die Tage vergehen, es wird Vollmond. Tief in mich gekehrt, gehe ich hinüber zu Ptahhotep. Ich trete im Augenblick ein, da die Sonne am Horizont verschwindet.

»Folge mir«, sagt Ptahhotep und geht voraus.

Er führt mich im Tempel bis zum Opfertisch. Wir umgehen ihn bis zur Wand. Die riesigen Felsenblöcke sind haargenau aufeinander gepasst – ich weiß jetzt schon wieso. Ptahhotep tritt zu dem mittleren Steinblock, der sich auf einmal dreht und eine Öffnung in der Wand freilässt. Eine breite, hinunterführende Steintreppe wird sichtbar.

Wir steigen eine Weile abwärts, dann hört die Treppe auf, und wir folgen einem langen Gang. Meinem Orientierungssinn und dem Gefühl meiner Lungen nach befinden wir uns unter der Erde. Es ist auffallend, dass es hier dennoch keinen Schimmel und keinen Geruch gibt, sondern dass die Luft im Gegenteil mit erquickendem Ozonduft erfüllt ist. Dieser unterirdische Gang endet bei einer anderen, hinaufführenden Treppe, die wir ersteigen. Dann führt mich Ptahhotep noch durch weitere Gänge, die einmal breit, einmal schmal sind. Wir durchqueren kleinere und größere Räume, die unverständliche Einrichtungen bergen und steigen dann weiter. Endlich gelangen wir in einen großen Raum.

Alle diese Gänge und auch dieser Raum sind hell, wie von Tageslicht beleuchtet, aber ich sehe nirgends die Quelle dieses Lichtes. Es scheint, als ob die Felsen selber dieses Licht ausstrahlen würden. Die Einrichtung des Raumes ist so geheimnisvoll, dass sie meine volle Aufmerksamkeit fesselt. Der Raum ist strahlend hell. Da steht ein großes, prismaförmiges, sonderbares Etwas, das auf mich den Eindruck macht, als ob es nicht aus fester Materie, sondern aus Licht, aus irgendeinem konzentrierten, verdichteten und begrenzten Licht, bestünde. Diese Lichtmasse strahlt zudem auch ungewöhnliches Licht aus, und deshalb ist es in diesem Raum so hell.

Ich habe einmal bei einem Töpfer Gelegenheit gehabt, durch das Kontrollloch in seinen Brennofen hineinzuschauen. Dort sah ich mehrere Töpfe hintereinander stehen, von der großen Hitze weißglühend, vollkommen durchsichtig. Man konnte sie alle hintereinander sehen. Sie strahlten auch Licht aus. Genau so ist es mit diesem mächtigen ziegelsteinförmigen Lichtprisma, das auch ungewöhnliches Licht ausstrahlt. Ja, Licht – aber *keine Hitze*!

Es sind aber noch andere unverständliche Dinge in diesem Raum, die aus einer sonderbaren Materie bestehen und so merkwürdige Formen haben, dass ich mir überhaupt nicht vorstellen kann, wozu diese Dinge dienen könnten. Die Zeit ist aber nicht da, diese Einrichtungen zu betrachten, denn wie meine Einweihung erfolgen wird und was ich erleben werde, nimmt mich ganz gefangen.

Ptahhotep führt mich zu einem in der entferntesten Ecke des Raumes stehenden sargförmigen leeren Steinblock, den ich bisher nicht bemerkt hatte, und sagt: »Bisher hast du immer nur davon gehört, *was* die Einweihung ist, du weißt aber nicht, *wie* die Einweihung erfolgt.

Während der Einweihung wird in den Körper des Einzuweihenden eine höhere Frequenz geleitet, als seinem Bewusstseinsgrad entspricht, wodurch er auch *in diesem höheren Grad bewusst wird*!

Nur einen durch strenge Schulung vorbereiteten Menschen kann man auf solche Weise in eine höhere Kraft, also in einen höheren Bewusstseinsgrad, ohne Schaden einweihen. Nur er ist fähig, mit Hilfe von Verstand und Einsicht seinen Körper mit stählerner Willenskraft zu beherrschen und seine Nerven auf höhere Schwingungen einzustellen.

Wie du schon weißt, kann das Tier seine Lebensweise und Lebenseinrichtungen nicht ändern, also kann es höhere Frequenzen als die seinigen nicht ertragen. So würde ein Affe zum Beispiel, wenn man in ihn einen dem Menschengrad entsprechenden Kraftstrom leiten würde, in einigen Augenblicken unter entsetzlichen Nervenkrämpfen an einem ›Schlag‹ sterben.

Der Mensch aber kann sich bis zu einer Oktave auf andersartige Schwingungen umstellen und diese, ohne zu sterben, ertragen. So könnte also ein Durchschnittsmensch, wenn er seinen Körper genügend vorbereitet hätte, den Kraftstrom eines Genies, also des fünften Grades, ohne Schaden ertragen, er würde sich sogar wie in himmlischer Seligkeit fühlen. Denn jede höhere Schwingung, solange sie erträglich ist, erweckt ein begeisterndes Glücksgefühl. Dann aber wird die Schwingung zur Qual, weil die Nerven die übermäßige Spannung nicht mehr aushalten. Niedrigere Schwingungen als die eigenen rufen Niedergeschlagenheit, Angst und Verzweiflung hervor. Wenn der Durchschnittsmensch den Zustand der Einweihung in den fünften Grad später, aus Sehnsucht nach der erlebten Glückseligkeit, aus eigener Kraft, durch Ausdauer und Übung, öfter erreichen könnte, dann würden seine Nerven und seine Körperzellen allmählich so abgehärtet und verwandelt, dass er sich um eine Stufe heben und tatsächlich ein Genie werden könnte. Er würde in einer fortdauernden Intuition weiterleben.

Das Glücksgefühl, das mit einem gesteigerten Zustand verbunden ist, kennt jeder Mensch, der intuitiv begabt ist. Dasselbe *Glück der gesteigerten Nervenspannung* sucht auch jeder Mensch, der Wein trinkt oder zu anderen Reizmitteln greift. Der Rückschlag wirft ihn aber tiefer zurück, als er vorher war.

Die große *Einweihung* besteht darin, *alle den sieben Bewusstseinsgraden entsprechenden Kraftströme*, angefangen beim niedrigsten, dann steigernd nacheinander bis zum allerhöchsten, göttlich-schöpferischen, in den Körper zu leiten. Der Kandidat wird in alle Kräfte eingeweiht – er wird auf *allen Stufen bewusst*. Wenn der Kandidat dies lebend übersteht, zeigt sich damit, dass sein Bewusstsein und folglich die Widerstandskraft seines Körpers schon vorher die sechste Stufe erreicht haben. Für niedriger stehende Lebewesen würde dieses Geschehen unbedingt den Tod bedeuten.

In der Einweihung erreicht der Kandidat also mit Hilfe des Kraftstromes den siebenten, göttlichen Grad, den er aus eigener Kraft nie hätte erreichen können; denn die Einweihung in den göttlich-schöpferischen Grad kann kein Mensch aus eigener Anstrengung erlangen. Hier ist der große Wendepunkt aus der noch immer negativen, nehmenden Einstellung in die positive, gebende, wofür jeder Strebende äußerer Hilfe bedarf. Manche können sich so weit entwickeln, dass sie aus eigener Anstrengung vollkommen vorbereitet dastehen, um in den siebten Grad eingeweiht zu werden. In diesem Fall genügt ein Handauflegen, sie in das göttliche *All-Selbst-Bewusstsein* einzuweihen. Diese Eingeweihten werden nie mehr aus dem Gottesbewusstsein fallen, da sie den Kreis des totalen Bewusstwerdens mit allen notwendigen Erfahrungen durchschritten haben und ihnen nur noch das Schließen des Kreises – die Vereinigung der zwei schon vollkommen bewusst gewordenen Ergänzungshälften – bevorsteht. Nur diese letzte Hilfe müssen sie noch von außen bekommen, aber von dann an leben sie in einem fortdauernden Gottesbewusstsein.

In der großen Einweihung in unserem Tempel besteht aber die Möglichkeit, dass Kandidaten, die sich noch nicht bis zum siebten Grad entwickelt haben, die Einweihung in den siebten, göttlichen Grad dennoch bekommen, wenn sie wenigstens auf dem sechsten Grad schon bewusst geworden sind und ihren Körper genügend vorbereitet haben. Mit dieser äußeren Hilfe der Einweihung wird ihnen der Weg zum wahren *Selbst* geöffnet, und das Bewusstsein schaltet sich während der Einweihung in den göttlichen Kraftstrom ein. Diese Eingeweihten können den göttlichen Selbstbewusstseinszustand nach der Einweihung nicht fortdauernd behalten. Sie fallen in ihren vorherigen Zustand zurück. Sie erinnern sich aber der Seligkeit, die sie in der Einweihung erlebt haben, und da der Weg zu *Gott* ihnen geöffnet wurde, besteht für sie die Möglichkeit, den siebten Entwicklungsgrad durch eigene Anstrengung rascher und leichter zu erlangen als auf dem langen Weg der irdischen Erfahrungen und des Bewusstwerdens. Die Einweihung im Tempel vermag also viel mehr Menschen in die Seligkeit der Vereinigung mit dem göttlichen Selbst zurückzuführen als ohne diese Hilfe.

Dagegen besteht die Gefahr, dass ein auf diese Weise eingeweihter Mensch in der Zeit nach der Einweihung, bevor er aus eigener Anstrengung ein Gottmensch geworden ist, den irdischen Versuchungen nicht widerstehen kann und dann noch tiefer fällt als bei seinem allerersten Fall. Ohne Einweihung besteht diese Gefahr nicht. Wenn er seine Lebenslaufbahn, ohne Einweihung, auf dem langen Weg der Sterblichen bis zum

Ende, bis zum großen *Ziel*, bis zur Heimkehr in den Garten Eden vollendet, bleibt in ihm nichts Unerfahrenes, nichts Unbekanntes. Er erlangt die göttliche Stufe, nachdem er auf allen Stufen Erfahrungen gesammelt und seine Person dementsprechend allmählich vernichtet hat. Bis aber ein Lebewesen so weit gelangt, dauert es eine ganze Schöpfungsperiode.

Es ist aber Gottes Wille, dass die große Einweihung im Tempel der Menschheit trotz dieser Gefahr noch eine Weile offenstehe. Unzählige wurden schon und werden noch auf diese Weise erlöst und zu *Gott* zurückgeführt. Und die wenigen, die nach der Einweihung wieder fallen, werden sich in späteren Zeiten, da die Menschheit sich selbst überlassen bleibt, wieder verkörpern. Sie werden sich an die großen Wahrheiten, die sie in der Einweihung erlebt haben, erinnern und sie in Wort, Schrift und Taten ihren Mitmenschen verkünden. Das Geheimnis der großen Einweihung wird noch eine Zeit lang im Tempel gehütet. Aber wenn auf Erden immer mehr irdisch eingestellte Menschen die Macht übernehmen, schließen wir die Einweihungspyramide mit Felsblöcken von innen und werden im Einweihungsraum alles dematerialisieren. Das Geheimnis der göttlich-schöpferischen Energie wird in keine uneingeweihten Hände fallen. Die Menschen, die nach Jahrtausenden in die Pyramiden eindringen, werden in den von innen verschlossenen Räumen nichts – gar nichts –, nicht einmal menschliche Skelette finden.

Heute gibt es noch viele Wesen auf Erden, welche die Bedingungen der großen Einweihung erfüllen. Unsere Pflicht ist es, die Einweihung allen Kandidaten, die ihren Wunsch nach Einweihung, trotz unserer Warnung, *dreimal wiederholen*, auch zu erteilen.

In der Einweihung wird der Kandidat *auf jeder Stufe der Schöpfung bewusst*. Alle unbewussten Teile seiner Seele werden bewusst, er hat kein ›Unterbewusstsein‹, aber auch kein ›Oberbewusstsein‹ mehr. Das Bewusstsein des Eingeweihten wird während der Einweihung ein ganzes, ein totales, ein *Allbewusstsein*. Der Kreis, der mit dem Bewusstwerden in der Materie – im Körper – mit dem Augenblick des Fallens aus der Einheit angefangen hat, schließt sich. Der Kandidat vereinigt sich bewusst mit der eigenen Ergänzungshälfte, die bisher als unbewusster Teil der Seele, wie ein negatives Ebenbild – wie ein fremdes Wesen –, da war und durch ihre Anziehungskraft, die sich im Körper als Triebkraft offenbart, ständig Sehnsucht und Unruhe hervorrief. Das Bewusstsein kehrt in die Einheit zurück, es gibt keine Ergänzungshälfte mehr, denn *auch diese ist bewusst gemacht*. Diese Wiedervereinigung nennen wir ›mystische Hochzeit‹.

›Hochzeit‹ bedeutet immer die Vereinigung des Positiven und Negativen. Aber auf Erden bedeutet ›Hochzeit‹ nur den vergeblichen Versuch, die Einheit mit einem anderen Wesen im Körper zu erreichen. Die geistig-mystische Hochzeit spielt sich aber *im Bewusstsein* ab und bringt vollkommene, nie aufhörende Erfüllung, denn die Vereinigung mit der eigenen Ergänzungshälfte bedeutet auch die Vereinigung mit *Gott*. Der Kreis ist wieder geschlossen!

Der menschliche Körper ist so eingerichtet, dass er für jede Schwingungsoktave ein spezielles Nervenzentrum enthält. Diese Nervenzentren sind einerseits Verteiler, welche die von höheren Zentren aufgenommenen Schwingungen über das Nervennetz aussenden; sie wirken andererseits aber auch als Transformatoren, indem sie die Schwingungen umgewandelt an das nächsttiefere Nervenzentrum abgeben.

Beim Durchschnittsmenschen arbeiten die Transformatoren in den Nervenzentren getrennt vom Bewusstsein. Darum kann er sie auch nicht beherrschen. Die Naturgesetze beherrschen ihn, ohne dass er weiß, was in seinem Körper und in seiner Seele – in seinem Unbewussten – vorgeht.

In der Einweihung muss der Kandidat, im einfließenden hohen Kraftstrom, alle sieben Hauptnervenzentren und die ihnen entsprechenden Kräfte bewusst erleben. Er steigt mit seinem Bewusstsein zuerst in die tiefste Sphäre der Schöpfung hinunter. Er muss die dort herrschenden Kräfte erleben und ihrer Herr werden. *Dies ist die erste Prüfung.* Wenn er sie bestanden hat, steigt er um einen Grad höher in die zweite Schwingungsoktave auf und muss diese erkennen, erleben, um auch darüber herrschen zu können. Dies ist die *zweite Prüfung*. Dann steigt er in die dritte, vierte, fünfte, sechste und schließlich in die siebte Schwingungsoktave auf, und wenn er alle diese Prüfungen bestanden hat und in allen Sphären *bewusst* bleiben konnte, dann ist er zum Eingeweihten geworden.

Bewusstsein ist Licht, Unbewusstsein ist Finsternis. Wenn es auf der Erde hell ist, nennen wir dies Tag. *Jeder Bewusstseinszustand ist also ein ›Tag‹ Gottes*, denn in *jedem Bewusstsein*, von der niedrigsten Stufe der Materie bis zum höchsten *Selbst*-Bewusstsein des Gottmenschen, *erkennt Gott sich selbst* auf den verschiedenen Stufen. An allen *Tagen* – auf allen Bewusstseinsebenen – wirkt Aktivität, Unruhe und Bewegung; nur am siebten *Tag Gottes* ist keine Bewegung, keine Aktivität, kein Schaffen! Am siebten *Tag* hört die Schöpfung auf, weil dann vollkommene Einheit und vollkommenes Gleichgewicht herrscht. Da *ruht Gott in sich*!

Wenn der Eingeweihte es nach seiner Einweihung erreicht, dass er während seiner Meditation im ewigen *Sein* wieder bewusst wird und diesen göttlichen Zustand erlebt, also sich von seinem sechsten Grad auf den siebten, göttlichen Grad aus eigener Kraft erhebt, bis er mit der Zeit sich in diesem Bewusstseinsgrad endgültig verfestigt, so dass der göttlich-schöpferische Grad sein Alltag wird, dann wird er ein *Gottmensch*. Denn nur derjenige, der in seinem Bewusstsein die *Ruhe*, der *Frieden* selbst *ist* und *alles*, was er denkt, fühlt und tut, aus diesem göttlichen Zustand heraus tut, der unter allen Umständen *Gottes Willen* offenbart und herrschen lässt, der *nur positiv*-gebende Kräfte göttlicher *Liebe* ausstrahlt, nur der ist wirklich ein Gottessohn – ein *Gottmensch*! *Ptah-Hotep*!

Der Gottmensch offenbart und beherrscht alle sieben Stufen der Schöpfung bewusst. Aber sein Bewusstsein identifiziert sich nur mit der siebten, mit der göttlichen Ebene, nicht aber mit den niedrigeren. Er kennt sie, regiert sie, benützt sie – aber er *isst von diesen* Früchten des Baumes der Erkenntnis des Guten und Bösen *nicht*! Er bleibt bewusst in *Gott*, im paradiesischen Zustand. Er vereinigt in sich alle sieben Stufen in göttlicher Einheit. Er ist Materie, hat einen Körper, ist Pflanze, belebt, nährt und pflegt seinen Körper wie ein gutes Werkzeug; er ist Tier, er hat Instinkte und Gefühle; er ist Mensch, er hat Verstand und logisches Denken; er ist Genie, er hat Intuition und wirkt aus der Ebene der Ursachen; er ist Prophet, er steht über Zeit und Raum, sieht folglich die Zukunft und Vergangenheit, liebt das ganze Universum mit selbstloser, allumfassender Liebe und hilft allen Lebewesen, aus den Fesseln der Welt erlöst zu werden; und er ist *Gottmensch*, er ist allwissend und allmächtig, er ist, was er ist, das ewige *Sein*, das *Leben* selbst, *Gott*!

Die Eingeweihten sind also nicht alle vom selben Grad, denn die meisten erlangen den siebten Grad erst durch die weitere Entwicklung. Deshalb gibt es auch in der Priesterschaft verschiedene Grade. Die Pflichten eines Hohepriesters kann nur derjenige erfüllen, der den siebten Grad des Gottmenschen aus seiner eigenen Kraft erreicht hat und die höchste schöpferische Kraft nicht mehr *erwartet* und *annimmt* – wie der Kandidat sie in der Einweihung noch immer erwartet und *bekommt*, sondern sie selbst *ausstrahlt* und *gibt*.

Denn sechs von den sieben Bewusstseinsgraden empfangen ihre schöpferischen Schwingungen, die Lebenskraft, von dem siebten, von *Gott*. Sogar der Eingeweihte, der nur während seiner Einweihung den siebten, den göttlichen Grad bewusst erreichen konnte, erwartet und empfängt die schöpferische Lebenskraft noch immer von der siebten Ebene, von *Gott*. Nur *Gott*, nur die mit *Gott* identisch gewordenen Gottmenschen, sind in ihren Ausstrahlungen nur gebend.

Die Materie dagegen, als negatives Spiegelbild Gottes, ist *nur nehmend.*

Die Wesen der übrigen Grade wirken teilweise von oben nehmend, teilweise nach unten gebend.

Die Pflanze wirkt auf die Materie belebend, aber von den höheren Stufen empfängt sie fünffach. Das Tier strahlt zweimal gebend aus, dreimal nimmt es auf. Der Mensch wirkt dreimal nehmend und dreimal gebend, da sein Bewusstsein in der Mitte steht. Das Genie, da es auf der fünften Ebene, auf der Ebene der Ursachen, bewusst ist, gibt seine schöpferischen Kräfte über vier Stufen nach unten weiter und erhält Kräfte nur noch von den zwei höchsten Ebenen. Der Prophet – der Eingeweihte – überträgt seine segnenden Schwingungen auf die Erscheinungen der fünf niedrigeren Bewusstseinsstufen und bekommt seine Kraft von der göttlichen Ebene. Er befindet sich mit *Gott* noch immer in einem dualistischen Verhältnis. Nur der Mensch, der das vollkommene *Allbewusstsein* aus eigener Kraft erlangt hat, wirkt in jeder Richtung und auf das ganze All ausschließlich positiv, Leben spendend und schenkend. Er lebt in *Gott*, im monistischen *Selbst*-Bewusstsein.

Du hast bereits gelernt, dass *Geben* – die Ausstrahlung – das Gesetz *Gottes*, des Geistes ist, und *Nehmen* – die Zusammenziehung – das Gesetz der Materie.

Jede Frequenz wirkt nach unten durchdringend, durchschlagend, nach oben ist sie aber wirkungslos. Einem höherstehenden Menschen kann ein auf niedriger Entwicklungsstufe stehender, wie die Menschen es nennen: ein ›böser‹ Mensch, nur auf der materiellen Ebene, nur durch Taten, schaden, nie aber durch Ausstrahlungen, da seine Kräfte nach oben wirkungslos sind. Nach unten, also auf die Ebenen, die niedriger stehen als sein Bewusstseinsgrad, kann auch seine Ausstrahlung schaden, besonders sein ›böser Blick‹. Ein Eingeweihter dagegen kann seine hohe magische Kraft jedem Lebewesen ohne Ausnahme weitergeben und übertragen.

Während der Einweihung wird die göttlich-schöpferische Kraft dein Rückgrat, jedes deiner sieben Hauptnervenzentren, nacheinander durchströmen, und du wirst diese Kraft auf jeder Stufe, in der entsprechenden transformierten Form, als Bewusstseinszustand, erleben. Präge dir aber tief ein, was ich dir sage: *Wenn du in einer Schwingungsoktave bewusst wirst, so bist du in diese Frequenz eingeschaltet, und ihre Sphäre bedeutet für dich daher vollkommene ›Wirklichkeit‹. Wenn du die Prüfung in einem*

Grad bestanden hast, erwachst du in der nächsten Sphäre und erkennst,
dass du auf der tieferen Stufe nur Träume hattest. Wenn du aber die Prü-
fung nicht bestehst, das heißt, wenn du dich mit den Geschehnissen identi-
fizierst und über sie nicht Herr bleiben kannst, dann bleiben dir alle diese
Traumbilder Wirklichkeit, und du musst sie in der Welt der Zeit und des
Raumes als wirkliche Geschehnisse bis zum Ende erleben. Das würde aber
heißen, dass dein Körper hier in diesem Sarg stirbt und du deine eigenen
Traumbilder in unzähligen Wiederverkörperungen, auf dem langen Weg
der Sterblichen, während vieler Jahrtausende weiterträumst, bis du dich
allmählich von dieser niederen Stufe, auf welche du gefallen bist, kämp-
fend, auf höhere Stufen hinaufringst.

Denn der Unterschied zwischen Traum und Wirklichkeit ist nur der,
dass aus der Wirklichkeit ein Traum wird, wenn du in einem höheren Bewusstseinszustand erwachst und erkennst, dass es keine Wirklichkeit war,
sondern eine Projektion des *Selbst*, also ein Traum. Wirklichkeit ist jeder
Traum, wenn du daran *glaubst*, dass er Wirklichkeit ist. Die eine und einzige *Wirklichkeit*, die einzige objektive *Realität,* ist das *Selbst – Gott!*

Wenn du alle Prüfungen bestehst, erlebst du alle Leben, die du als Gefallene auf der Erde erleben müsstest, zeit- und raumlos, als Träume, und
erwachst immer wieder im nächsten Grad. Schließlich erwachst du auf der
siebten Stufe des Bewusstseins – im *All-Bewusstsein des Selbst.* In diesem
göttlichen Zustand wirst du mit der letzten und einzigen *Wirklichkeit,* mit
dir selbst, mit *Gott,* eins werden. Das ist kein Erwachen mehr, sondern Auferstehung!

Dann bist du von deiner ›Person‹ – die auch nur eine Projektion ist – und
von deinem persönlichen Schicksal frei geworden. Du bist erlöst.

Nachher wirst du die Pflichten einer Priesterin im Tempel erfüllen. Und
wenn du als Priesterin durch weiteres Üben dich aus eigener Kraft auf
die siebte Stufe hebst und als fortdauernden Bewusstseinszustand wahren
kannst, so wirst du ein Gottmensch. Dann bist du würdig, im Tempel Hohepriesterin zu werden.«

»Vater meiner Seele«, frage ich jetzt, »du hast gesagt, dass die Möglichkeit, aus dem höheren Bewusstsein zu fallen, auch dann noch besteht, wenn
jemand die Einweihung schon bekommen hat. Du hast auch gesagt, dass ein
Eingeweihter, wenn er sich dadurch mit seinem Körper identifiziert, dass er
seine hohen Energien in den Körper lenkt, tiefer fällt als ein Mensch, der in
der körperlichen Wirklichkeit lebt. Ferner hast du gelehrt, dass der Kandidat während der Einweihung *sein ganzes zukünftiges Schicksal erlebt,* wie

es vom Augenblick seines ersten Falls bis zur Heimkehr in die göttliche Einheit schon bestimmt war. Wie ist es dann möglich, dass ein Eingeweihter, der alle Geschehnisse, alle Versuchungen seines Schicksals zu Ende geträumt hat und während der Einweihung alle, also auch jene Prüfungen, die eventuell später seinen erneuten Fall verursachen, bestanden hat, nachher in der Außenwelt, in der dreidimensionalen Welt der Zeit und des Raumes, dennoch fallen kann? Wenn er sein ganzes Schicksal zu Ende geträumt hat, warum hat er nicht auch seinen Fall als zukünftiges Schicksal geträumt?«

»Wenn ein Bumerang fortgeschleudert wird«, antwortet Ptahhotep, »ist es im Augenblick des Wegschleuderns schon bestimmt, wie er fliegen wird und wie viel Zeit er braucht, um diesen Weg zu durchlaufen. Er trägt also seine ganze Laufbahn als sein unveränderliches zukünftiges Schicksal in sich. Es könnte aber sein, dass ihn eine äußere Hilfe inmitten seiner Laufbahn auffängt und auf einem kürzeren Weg, in kürzerer Zeit zu seinem Ausgangspunkt und Ziel zurückbringt. Dann ist der Bumerang heimgekehrt. Aber da er Form und Gewicht behalten hat, trägt er immer noch die Möglichkeit in sich, wieder geschleudert zu werden und seine Bahn weiter zu durchlaufen, weil er sie *durch seine eigene Form und sein Gewicht selber bestimmt*. Ein Eingeweihter, der die Einweihung mit einer außer ihm stehenden Hilfe erlangt hat, ist diesem Bumerang ähnlich. Denn er hat sein ganzes zukünftiges Schicksal, bis zur Heimkehr in die göttliche Einheit, ans Ende geträumt, er hat aber diese Zustände *nur in seinem Bewusstsein erlebt*. Seine Person und seine persönlichen Umstände, die aus seinem Charakter und Schicksal stammen, bleiben noch immer in der materiellen Welt. Er hat mit der Einweihung sein jetziges Leben *nicht* beendet, so wie auch du nach der Einweihung noch immer die Tochter des Pharao und die Stellvertreterin der Königin bleibst. Und wenn ein Eingeweihter vor der Einweihung *nicht alle* notwendigen irdischen Erfahrungen gesammelt hat, wenn er nicht alle schöpferischen Kräfte in sich kennen und bewusst beherrschen gelernt hat, folglich teilweise noch *unerfahren in den göttlichen Einheitszustand zurückgekehrt ist*, dann ist er *von der persönlichen Zusammenstellung seiner Kräfte noch nicht vollkommen befreit*, seine Persönlichkeit ist noch nicht vollkommen überwunden. Folglich trägt er während der Zwischenzeit, bis er den siebten Grad aus eigener Kraft als fortdauernden Bewusstseinszustand erreicht, die Möglichkeit und Gefahr in sich, aus seinem hohen Bewusstseinszustand wieder zu fallen und *ein ganz neues Schicksalsrad anzutreten*. Da er aber in der göttlich-schöpferischen Kraft bewusst geworden ist, wenn auch mit äußerer Hilfe, schleudert ihn *diese* gewaltige Kraft hinaus, und dann muss er einen viel größeren Kreis durchlaufen als beim ersten Fall, wo er sich der göttlichen Kraft noch *nicht bewusst* war. So sind zum Beispiel die Schwarzmagier, die das Heim der Söhne Gottes zerstört haben, in den untersten Kreis der Schöpfung gestürzt. Sie liegen jetzt auf der Erde als Berge, Felsen oder Steine und müssen sich den äonenlangen Weg des Bewusstseins von der toten Materie durch das Pflanzensein, durch das Tiersein bis zum Menschentum wieder emporringen. Es waren solche unter ihnen, die nur bis in den Pflanzengrad oder Tiergrad und wieder andere, die nur in die verschiedensten Grade des Menschentums gefallen sind. Die Laufbahn einer Schöpfung in der materiellen Welt hat ihre bestimmte Zeit, *aber einzelne Wesen können immer den Kreis in kürzerer Zeit durchlaufen* und Jahrtausende, eventuell Jahrmillionen früher ihr Ziel erreichen. Aber nur dem Menschen ist das möglich. Denn nur Dank eines *bewussten Verstandes* kann man *zeitlose Bewusstseinszustände* erleben. Tiere oder Pflanzen sind dessen nicht fähig. Jetzt wirst du aber verstehen, warum die Tiere auch leiden müssen! Sie sind – wie alles auf der Erde – beschränkte Bewusstseinsoffenbarungen gefallener, einst hochstehender Geister.

In der Einweihung werden alle negativen Kräfte, die beim Fall offenbar wurden, durch positive Kräfte ausgeglichen. Die ›Schulden‹ sind dann bezahlt. Nach bestandener Einweihung beginnt für dich also ein *schicksalsloser Zustand*. Solange du Gottes Willen offenbarst, hast du keine Persönlichkeit, folglich auch kein eigenes Schicksal. Du bist vom Gesetz der Aktion-Reaktion frei. Wenn du dich aber in deinem Bewusstsein mit deiner Person, mit deinem Körper identifizierst, schaffst du dir wieder ein neues Schicksalsrad, und dann beginnen auch für dich die unzähligen Wiederverkörperungen.

Jetzt kennst du alle Folgen der Einweihung. Und ich frage dich ein letztes Mal: Hast du den Mut, die Einweihung zu empfangen?«

Ich antworte vollkommen selbstsicher: »Ja!«

Da tritt eine würdige, hohe Gestalt in den Raum. Ich kenne ihn. Er ist ein Priester des höchsten Grades, auch ein Hohepriester, Ptahhoteps Vertreter. Er tritt zu uns. Dann winkt mir Ptahhotep, dass ich in den Sarg steigen und mich hinlegen soll.

Ich tue, wie er mir befiehlt.

Als ich im Sarg liege, wirft Ptahhotep einen letzten, unendliche Liebe ausstrahlenden Blick auf mich, dann heben die beiden Priester den Steindeckel, der neben dem Sarg lag, legen ihn über mich – und in vollkommener Finsternis liege ich in dem Felsensarg eingeschlossen.

DIE EINWEIHUNG

Wie immer beobachte ich, was geschieht.

Es geschieht nichts.

Ich liege im Sarg und schaue in die Finsternis.

Finsternis? Es ist eigentlich keine Finsternis, denn auch im tiefsten Dunkel sehe ich in der Mitte meines Sehfeldes immerzu ein grünlich phosphoreszierendes Licht und darum schwebende Lichtpunkte aufleuchten, die unaufhörlich erscheinen und verschwinden. Ich beobachte diese Lichtpunkte und versuche zu erraten, woher sie kommen und wohin sie gehen mögen.

Plötzlich bemerke ich, dass die Lichtpunkte nicht mehr so nahe beieinander auftauchen, sondern dass in der Mitte, wo vorher das bläulich grüne Licht phosphoreszierte, eine Stelle bleibt, der sich keine Lichtpunkte mehr nähern. Sie weichen dieser Stelle in einem sich immer vergrößernden Kreis aus, und so entsteht eine vollkommene Finsternis, eine vollkommene Lichtlosigkeit, wie ein schwarzes Loch, durch welches ich ins *Nichts* hineinschaue …

Da bemerke ich, dass in dieser vollkommen toten Finsternis, in diesem Loch, zwei Punkte auftreten, die sich langsam nähern und mich wie Augen anstarren. Ich sehe die Augen nicht, sie haben weder Licht noch Farbe, und doch muss ich sie wahrnehmen, ich *weiß*, dass zwei Augen auf mich starren. Diese zwei Augen gehören zu keinem Körper. Es sind Kraftzentren plötzlich gegenwärtiger Energieströme, die in dieser Finsternis unsichtbar wirken. Diese finsteren Energien greifen die Lichtpunkte an. Sie werden durch diese Kraft aufgesogen, vernichtet, eine Kontur entsteht, die um dieses leere, finstere, unsichtbare Kraft ausstrahlende Loch eine Grenze bildet. So nehmen allmählich meine entsetzten Augen ein Antlitz wahr, die Fratze eines Ungeheuers, eine Silhouette, die nur darum erkennbar ist, weil dort, wo sie sich befindet, eben nichts ist und so ein negatives Bild entsteht.

Ich weiß, ich bin mir dessen bewusst, dass dies körperlose Ungeheuer *das Böse* selbst ist. Ich kenne es, ich sah sein schreckliches Antlitz schon manchmal in menschlichen Gesichtern durchleuchten, als *den Ausdruck* jenes Gesichtes. Jetzt ist die *Ursache* dieses Ausdruckes, das Wesen selbst, ohne menschliches Gesicht, ohne Körper, da!

Oder war es immer gegenwärtig, habe ich es nur nicht wahrgenommen …?

Das körperlose Antlitz ist dem Gefräß eines Ziegenbocks ähnlich. Die Silhouette zeigt klar die Form der Hörner, das längliche, verengte Gesicht endet in einem Ziegenbart. Oder sind auch diese Formen nur *Ausstrahlungen unsichtbarer Kräfte*? Seine ganz nahe beieinander stehenden Augen üben eine fürchterliche Wirkung aus; sie sind abgrundlose Wirbel, die alles unwiderstehlich in sich hineinziehen, hineinreißen, um es dort vollkommen zu vernichten.

Das Ungeheuer strahlt jetzt alle seine verderblichen Kräfte durch diese zwei Wirbel-Augen auf mich und in mich. Sie durchbohren, durchdringen mein ganzes Wesen und schlingen mich mit stählerner Kraft in sich hinein.

Schreckliche Angst, wie die Krallen des Ungeheuers, packt mein Herz. Ich fühle mich vor Entsetzen starr und leblos werden. Seine fürchterlichen Augen kommen immer näher, werden immer durchdringender. Ich fühle, wie das satanische Wesen – ist es *Satan* selbst? – mich in seine Macht zwingt. Es breitet sich über mich aus, verschluckt mich, und im nächsten Augenblick habe ich das Gefühl, dass ich nicht mehr ich selbst bin, sondern dass ich: *Es geworden bin*! Ich fühle seine Fratze in meinem Gesicht, seinen körperlosen Körper in meinem Körper, seine höllischen Kraftströme fließen wie mein Blut in meinen Adern. Durch diese unterweltliche Wirkung wird mein ganzes Wesen kalt und steif und zieht sich in einem schrecklichen Krampf zusammen.

Und in meinem Inneren spricht Es zu mir, ohne Worte, nur durch die Kraft, welche die Worte schafft, durch den *Sinn* der Worte: »Jetzt bist du meine Beute! Jetzt bist du in meiner Macht! Vergebens hast du mich aus deinem Bewusstsein verdrängt, du gehörst trotzdem mir! Ich und du sind eins, es gibt zwischen uns keine Trennung mehr. Ich bin ›Ich‹ in dir, und du bist ›Ich‹ in mir. Du bist meinem Gesetz der Abkühlung, der Zusammenziehung und Erstarrung unterworfen. Fühlst du, wie dein Körper sich zusammenrollt, wie deine Beine sich hochziehen, ganz hinauf bis zu deinem Bauch? Sie kreuzen sich, und deine Füße liegen ganz eng an deinen

Körper gepresst, und die Fußsohlen sind wie angewachsen, deine Arme kreuzen sich auf deiner Brust, die Hände zur Faust geballt, sie kleben ganz eng an deinem Körper, wie angewachsen. Und dein Kopf senkt sich auf deine Brust, presst sich zwischen deine Fäuste, – so, – noch enger, noch enger! Wie in der Gebärmutter deiner Mutter, in einem Stück! Ja, jetzt bist du zu einem Stück zusammengewachsen, du wirst immer kälter und härter, bis du ein rundes, eiförmiges Stück Stein bist! Ein Felsblock, starr, hart und tot! Doch hast du dein Bewusstsein, *um zu wissen*, dass du tot bist, dass du in diesem Felsblock – der du bist – erstarrt, eingemauert und erstorben bist, für endlose Zeit … für zeitlose Unendlichkeit …

Schau um dich, siehst du diese in den Himmel ragenden Berge? Siehst du alle diese Felsen und herumliegenden Steine? Schaue sie nicht nur *an*, sondern *in* sie hinein, schaue in ihr Wesen, siehst du, dass all diese Steine dir ähnliche, versteinerte, aber *bewusste* Wesen sind, dem brennenden Sonnenschein, den reißenden Stürmen und dem spaltenden Frost ausgesetzt?! … Jedes Lebewesen, jedes Tier und jeder Mensch tritt auf dich wie auf alle diese Steine. Schmelzendes Wasser reißt euch im wilden Strom mit, und ihr reibt und scheuert einander in diesen Wirbeln endlose Zeit … zeitlose Unendlichkeit …«

Entsetzt erlebe ich alles, was *das Böse* sagt. Hölle! Das ist die Hölle! Lebendig und bewusst eingeschlossen in die Unbeweglichkeit, in dieses Grab eingewachsen, ohne die Möglichkeit, ein Lebenszeichen zu geben, ein schwerer, toter Stein zu sein … Zu *sein*?

Aber nein! Ich *bin* es nicht! *Ich* bin nur hineingesperrt, eingemauert in diesen Stein, aber *ich bin* nicht der Stein, mein *Ich ist nicht die Materie*! *Ich bin* das dimensionslose *Selbst*, ein Geist jenseits jedes Zeit- und Raumbegriffes!

Und mit der inneren Kraft des Geistes, mit welcher ich während meiner telepathischen Übungen ohne Körper, ohne Mund, nur im Geist sprechen lernte, schreie ich dem Ungeheuer tonlos zu: »Nein! Ich bin nicht du, und du bist nicht ›Ich‹! Wir sind in unserem Wesen ewig getrennt, denn du bist der Tod, und ›Ich‹ bin das *Leben*! Wir können miteinander nie identisch werden! Du bist mit deiner Erstarrung das Negativ, das Spiegelbild – die Karikatur – der ewigen Quelle alles Lebens, der ›In-sich-ruhenden‹ Gottheit! Du bist keine Schreckensgestalt, kein Ungeheuer, du bist nicht ›das Böse‹, denn du hast keine selbstständige Existenz, dich hat das göttliche *Selbst* geschaffen und schafft dich in Ewigkeit, wenn *Es* sich in eine materielle Hülle – in den Körper – kleidet. Du bist das innere Wesen der Materie, du bist das *Gesetz*, das die Materie erhält, du hast also Macht über meinen Körper, denn du musstest ihn auf Befehl meines *Selbst* aufbauen, als *ich* in diese materielle Welt hineingeboren und eine Person wurde. Aber du hast keine Macht über mich, über mein schöpferisches *Selbst*, denn du bist nichts anderes als das *durch meinen Geist lebendig gewordene Gesetz der Materie. Nicht ich bin du, sondern ich bin, der Ich bin, und du bist auch, der Ich bin!* Dein Wesen ist die Zusammenziehung, die sich auf der geistigen Ebene, im Bewusstsein, als *Angst* manifestiert. Du musst aber verschwinden, denn ICH FÜRCHTE MICH NICHT!«

Die Wirkung meiner lautlosen Worte ist entsetzlich! Es wird stockfinster, und mit ohrenbetäubendem Donner stürzen die Berge zusammen. Felsen und Steine fallen, die Erde öffnet sich, das vollkommene Chaos tobt um mich herum, nur *ich* stehe in diesem Weltuntergang felsenfest auf meinen Füßen ...

Wie wieder alles still wird und ich langsam zu mir komme, besinne ich mich, dass ich etwas ganz Schreckliches träumte. Wie gut, dass ich aus diesen Albdrücken erwachte ...

Meine erste Empfindung ist, dass ich außergewöhnlich hungrig und durstig bin! Ich will aber die Zeit nicht mit Essen und Trinken verschwenden, denn mein Ziel ist *Gott*. Ich will so rasch als möglich vorankommen.

Ich schaue um mich. Da finde ich mich irgendwo in einem geräumigen, von einem gedämpften rötlichen Licht erleuchteten Saal. Liebenswürdige Leute bieten mir prachtvolle Schüsseln mit feinsten, duftenden Speisen an und herrliche Goldkrüge mit himmlischen Getränken und wollen mich herzlich überreden, mit ihnen zu essen und zu trinken. Ich lächelte; denn die Begierden des Gaumens waren mir nie Versuchungen. Wie würde ich mich auf meinem Weg zu *Gott* von Hunger und Durst aufhalten lassen?!

Ich danke für ihre freundliche Einladung und gehe weiter. Merkwürdigerweise fühle ich schon keinen Hunger und Durst mehr, aber ich kann noch immer nicht ganz klar unterscheiden, wo ich bin und was hier geschieht. Nur so viel sehe ich schon, dass sich hier alles in einer ständigen chaotischen Bewegung befindet. Mein erster Eindruck dieses Ortes ist aber ein merkwürdiger Duft, der Geruch erhitzter Menschenkörper, der zwar nicht unangenehm ist, dennoch abstoßend auf mich wirkt.

Allmählich gewöhnen sich meine Augen an das gedämpfte Licht. Ich bin in einer unterirdischen Höhle, wo unzählige Männer und Frauen in chaotischem Tumult auf Sofas liegen oder, wankend und taumelnd, tanzen und, einander fest umarmend, ganz eng aneinandergeschmiegt, auffallend sonderbare Bewegungen ausführen. Ich beobachte sie verblüfft: Sind sie betrunken oder geisteskrank? Selbstverständlich habe ich schon Tiere im Liebesrausch gesehen, wie die Natur eine neue Generation zeugt, und wenn auch ihr ganzer Körper in diesem gesteigerten, feurigen Zustand zittert, verlieren sie ihre Fassung nicht und benehmen sich nie so wie diese Menschen da. Auch die Priesterinnen, die im Tempel der Liebe dienen, erfüllen ihren Dienst immer in einer seelischen Erhabenheit, weil sie wissen, dass sie auf dem Altar der göttlichen Liebe ein Opfer bringen. Wie können sich Menschen so erniedrigen, dass sie den *erhabenen und göttlichen Akt der Liebe* zum Selbstzweck erniedrigen? Diese Leute sind doch angesehene, würdige Menschen – Ebenbilder Gottes! –, und dennoch benehmen sie sich, als wenn sie keinen Verstand hätten. Es ahnt mir, dass ich manche von ihnen kenne, einige Vornehme, Staatsmänner und Damen unseres Hofes – aber sie sehen mich nicht, sie sehen und hören überhaupt nichts, nur sich selbst. Die Außenwelt existiert für diese Leute nicht. *Sie sind in ihren eigenen Vorstellungen eingeschlossen!*

Sie sprechen zwar auch dabei, aber es scheint, dass diese Männer und Frauen vergessen haben, dass die Sprache die geistigste Offenbarung des Menschen ist. Sie gebrauchen die Sprache, um sich die unmöglichsten, gänzlich unlogischen Dinge zu sagen. Ich höre, wie ein Mann die Frau, mit der er eng umschlungen tanzt, mit flüsternder Stimme immer wieder fragt: »Bist du mein?« »Ich bin dein«, antwortet die Frau, und sie tanzen weiter. Nach einer Weile kommen sie wieder an mir vorbei, und ich höre, wie der Mann mit halbgeschlossenen Augen noch immer, vielleicht das hundertste Mal fragt: »Bist du mein?« »Ich bin dein«, antwortet die Frau ebenso unermüdlich.

Was haben diese Menschen nur? Ist es nicht genug, wenn man etwas einmal fragt und Antwort bekommt? Warum muss man es hundert Mal wiederholen? Und wie sinnlos ist das, einen Menschen so etwas zu fragen! *Ein Mensch gehört nur sich selbst.* Er ist ein freies Wesen mit unverletzbarer Selbstbestimmung. Wie will dann dieser Mann eine Frau *besitzen*? Einen Löwen kann man kaum besitzen. Wenn nicht einmal diese königlichen Tiere ihre Selbstständigkeit aufgeben, wie kann dieser Mann meinen, dass die Frau »ihm gehöre«, und warum fragt er das hundert Mal? Ist er geisteskrank, und die Frau, die immer auf diesen Unsinn antwortet, auch? Und alle diese Frauen und Männer da, die sich genau so unmöglich benehmen?

Da tritt ein großer, breitschultriger Mann zu mir, der, wie es scheint, die Gedanken lesen kann, denn er antwortet auf meine inneren Fragen: »Schöne Frau, weißt du nicht, dass das die Liebe ist?«

Die Liebe? Oh, die Liebe kenne ich! Sie ist schön und erhaben, ein Sakrament, wenn zwei Lebewesen mit *vollkommener Hingabe* – aber *nicht mit Besitzgier* – einander lieben! Ich sehe aber in den Herzen dieser Menschen keine Liebe! Ich sehe nur, dass sie ihre Vernunft verloren haben und die Leidenschaft, dieses Fieber, das die feinsten, für geistige Offenbarungen geschaffenen Nervenzentren betäubt und angreift, sie vollkommen in ihrer Macht hält. Man sollte sie retten und aus ihrem halb unbewussten Zustand erwecken! Ich trete an eine ganz junge Frau heran, packe ihren Arm und schreie ihr ins Ohr: »Erwache! Lasse dein Bewusstsein nicht von der Leidenschaft verdunkeln! Du bist Geist und nicht Körper! Lasse dich nicht vom Körper niederziehen und erniedrigen, niedriger als ein Tier. Erwache, hörst du, erwache und rette dich, solange es nicht zu spät ist!«

Die junge Frau schaut mich an, wie durch einen Schleier, wie ein Schlafwandler: »Lasse mich, lasse mich, ich möchte glücklich sein!«, und tanzt weiter.

O die Blinde! Wie könnte sie das Glück durch eine körperliche Umarmung *ohne seelische Hingabe* erlangen? Glück erlebt man im Bewusstsein, Glück ist im *Selbst*. Wie könnte sie nur durch ein Spiel des Körpers glücklich sein?

»Lass jetzt deinen Verstand in Ruhe«, sagt mir der Mann, »du kannst es nicht beurteilen, weil du es nie versucht hast. Komm, tanze mit mir, und du wirst es selbst erleben«, und er umarmt mich und reißt mich mit in den Wirbel und benimmt sich mir gegenüber genau so unvernünftig wie die übrigen …

Ich tanze mit ihm und beobachte mich neugierig … Werde ich auch von dieser nahen Berührung so betrunken, so ver-rückt, wie diese armen Betäubten? Aber ich kann nur feststellen, dass es mir äußerst unangenehm ist, mit diesem Mann so engen Kontakt zu haben. Sein Atem ist heiß, und es wirkt sehr abstoßend auf mich, dass er in mein Gesicht und in meinen Hals atmet. Ausatmung ist verbrauchte Luft! Warum soll ich seine verbrauchte Luft einatmen? Sein Geruch ist mir ferner sehr unangenehm. Ich atme Schweißgeruch, noch dazu männlichen Schweißgeruch, der viel stärker ist als der weibliche, nicht gerne ein. Ich möchte an die frische Luft und weg von diesem widerlichen Ort.

Wie ich mich von ihm befreien will, verändert sich der Mann plötzlich.

Ein riesiger, rot glühender, feuriger Geist wird aus ihm, er hat keinen Körper mehr, ist nur eine Flamme, die mich jetzt mit Gewalt in seine Macht zwingen will. Er umschlingt mich, will in meinen Mund, in meinen Körper dringen, meine Kraft aber, die ich ausstrahle, die Kraft meines nüchternen Bewusstseins, hält ihn von meinem Körper ab. Er kann mich nicht erreichen. Da flammt er noch heftiger auf, nimmt riesige Maße an, erfüllt den ganzen Raum, so dass alles, auch diese von Leidenschaft Besessenen, in seinem Feuer verbrennt und verschwindet. Ich sehe keine Gestalten, überhaupt nichts mehr, nur ein Flammenmeer, das alles verschlingt und verzehrt …

Aber ich stehe unberührt und unverletzt und *bin, der Ich bin*!

Dann höre ich eine donnernde Stimme aus den Flammen: »Du hast gesiegt, du hast die Prüfung bestanden, aber gib acht! Nicht deshalb hast du gesiegt, weil du stärker bist als ich, du kannst nicht stärker sein als ich, weil ich *das Feuer deines eigenen Ich bin*, sondern du konntest nicht entzündet werden, weil zwischen *dir* und *mir* noch deine Reinheit, deine *Unerfahrenheit* steht. Dein Körper, deine Sinne schlafen noch, und das hat dich geschützt. Gib acht, wir werden uns noch wiedersehen, wir *werden uns noch wiedersehen*! …«, und damit verschwindet alles, Höhle, Feuer, Rauch, alles, und ich bleibe allein …

»Wir werden uns noch wiedersehen?«, wiederhole ich die letzten Worte. »Ich fürchte dich nicht! Wenn auch mein Körper entzündet worden wäre, würde dies mein *Ich* nicht berührt haben. *Ich* stehe über allem Körperlichen …«

Doch was war das? Als ob ich ein spöttisches Lachen gehört hätte?

Ich schaue umher, woher diese Stimme kommen konnte. Da sehe ich, dass ich auf einer smaragdgrünen Wiese stehe und sich mir eine merkwürdige Gestalt nähert. Es ist eine prächtige männliche Gestalt, in dichten Nebel wie in schwebende Schleier gehüllt. Ich möchte den dichten Nebel, der die prachtvolle Gestalt einhüllt, mit meinem Blick durchdringen, ich möchte den Nebel entfernen, aber es gelingt mir nicht. Er interessiert mich aber, und so frage ich: »Wer bist du?«

Da kommt die Gestalt ganz nahe, und mit einer Stimme, die sich tief in mich einprägt, flüstert er in mein Ohr: »O du, meine süße Geliebte! Ich suche dich schon seit langer, langer Zeit, seit einer Ewigkeit, seit wir aus dem Garten Eden gefallen und voneinander getrennt worden sind. Endlich finde ich dich! Komm in meine Arme, komm, lege dein süßes Köpfchen auf meine Brust, komm und erlaube, dass wir miteinander wieder in einer göttlichen Einheit, in himmlischer Seligkeit verschmelzen! Wie wundervoll, dass du dem tierischen Trieb des Körpers nicht nachgeben und dich für mich unangetastet und rein behütet hast. Du gehörst mir, ich gehöre dir, wir ergänzen einander vollkommen! Fühlst du die unwiderstehliche Anziehungskraft, die uns verbindet und einander näher und näher treibt? Komm, vereinige dich mit mir, du teures Geschöpf, du meine einzige, himmlische Braut. Ich liebe dich!«

Ich höre seine Stimme, ich sehe seinen männlichen Gang, ich fühle eine gewaltige Kraft aus ihm strahlen und auf mich einwirken … Aber er ist mir dennoch fremd. Ich kenne ihn nicht! Wie könnte er meine Ergänzungshälfte sein? Nein! Die Ergänzungshälfte findet man nie außen. Ptahhotep erklärte, dass die Ergänzungshälfte sich hinter der geoffenbarten Erscheinungsform, als ergänzendes Spiegelbild *im Ungeoffenbarten*, befinde. Nein! Kein menschliches Wesen kann meine Ergänzungshälfte sein. Und warum ist er in diesen dichten Nebel gehüllt?

»Ich weiß nicht, wer du bist«, antworte ich ihm, »aber wer auch immer du bist, du irrst dich! Du bist meine Ergänzungshälfte *nicht*. Suche sie anderswo, wenn du glaubst, dass du sie in der Außenwelt finden kannst. Die Ergänzungshälfte kann ein jeder nur *in sich selbst* finden. In der Außenwelt ist es nur möglich, die der wahren Ergänzungshälfte *ähnlichen projizierten Bilder zu finden*. Weder du noch ich können uns aber mit einem Bild, mit einer Projektion, ergänzen. Seligkeit vermag nur die göttliche Einheit des *Selbst* zu bringen! Ich will meine Ergänzungshälfte in mir *selbst* finden!

»Deine Ergänzungshälfte in dir selbst zu finden, bedeutet eben, dass du schon in deinem Bewusstsein mit dem göttlichen Selbst identisch bist. Wie willst du zuerst die Folge vor der Ursache erleben? Das göttliche Selbst ist der paradiesische Einheitszustand, in welchen du nur dadurch zurückkehren kannst, dass du mit deiner Ergänzungshälfte eins wirst. Wie willst du ohne mich, ohne deine Ergänzungshälfte, dies erreichen? Du vergisst, dass so, wie du die eine Hälfte der Ganzheit verkörperst, ich die andere verkörpere. Wir sind die verkörperten Spiegelbilder voneinander, und wir gehören auch in unserer Person zusammen. Wie du mich in deinem Unbewussten trägst, so trage ich dich in meinem, und wir suchen einander unwillkürlich mit der unwiderstehlichen Anziehungskraft der paradiesischen Zusammengehörigkeit. Unser Schicksal bringt uns durch Äonen immer wieder zusammen, bis wir einander in uns – du mich in dir und ich dich in mir – bewusst machen und einander auch in der Person vollkommen erleben. Nur in dieser göttlichen Identität können wir das totale Bewusstsein der Ganzheit – des höheren Selbst – *sein*! Wie willst du also in die paradiesische Einheit ohne mich zurückfinden? Wie willst du ausweichen, dass wir auch auf der irdischen Ebene einander gehören? Wie willst du ohne mich die unbedingt notwendigen Erfahrungen sammeln?«

Ich lasse mich aber nicht beeinflussen. »Wenn du mich noch so überzeugen willst, so will ich dennoch nicht! Es genügt mir, dass du in dem unbewussten Teil meines Ichs da bist, und ich will dich nur in mir kennenlernen, nicht aber in der Außenwelt. Gehe weiter auf deinem Weg und lasse mich auch auf meinem Weg!«

Auf meine Worte hin entfernt sich die Gestalt, und sie beginnt sich aufzulösen wie Nebel unter dem Einfall der Sonnenstrahlen. Und aus immer größerer Entfernung spricht die Stimme, die sich dennoch so tief meinem Herzen einprägt: »Ich werde dich auf der irdischen Ebene weitersuchen, weitersuchen, *weitersuchen* …«, höre ich aus der Ferne, dann wird langsam alles still.

Aber ich will noch etwas wıssen und schreie ihm mit voller Kraft nach: »Was für ein dichter Nebel ist um dich, der mich hindert, dass ich dich von Angesicht zu Angesicht?«

Aus weiter Ferne höre ich eine verklingende Stimme wie das Echo meines eigenen Herzschlages: »Der dichte Nebel bedeckt *nicht mich*, sondern *deine Augen*! Es ist deine Unerfahrenheit … sie schützt dich vor mir. Sie hat dir geholfen, mir zu widerstehen. Aber wir werden uns noch wiedersehen … wiedersehen …«

Ich möchte noch manches fragen und laufe in die Richtung, in der er verschwunden ist. Aber ich sehe ihn nicht mehr. Ich drehe mich um, um auf die schöne Wiese zurückzukehren, aber ich finde den Weg nicht mehr. Ein dichter Nebel liegt über allem, wo ich hinschaue. Wenn ich mich auch noch so anstrenge, meine Augen können ihn nicht durchdringen. Dabei weiß ich genau, dass ich nicht mehr allein bin. Ich höre Menschenstimmen um mich und weiß, dass ich mit diesen Menschen in irgendwelcher Beziehung stehe. Ereignisse folgen einander, in denen ich eine wichtige Rolle spiele. Ich höre Stimmen zu mir sprechen, und ich erkenne immer wieder die Stimme, die sich mir tief eingeprägte Stimme der nebligen Gestalt, und ich weiß, dass dieses Wesen in verschiedenen Erscheinungen immer wieder zu mir gehört, aber wie und wo … Was sprechen diese Stimmen? Und was antworte ich? – Ich kann es nicht fassen, als ob der

Nebel nicht nur meine Augen, sondern auch meine Ohren bedecken würde. Hier und da erblicke ich etwas, aber bevor ich es fasse, verschwindet alles wieder im Nebel. Einmal sehe ich einen dicken Turm und weiß, dass darin jemand gefangen lebt, er hat die Stimme der nebligen Gestalt, und ich beeile mich, ihm etwas zum Essen hineinzuschmuggeln. Ich bin die Tochter des Torwächters und muss sehr achtgeben, dass er mich nicht bemerkt. Aber eine Kraft zieht mich zu dem Gefangenen, ich muss ihm helfen …

Dann verschwindet wieder alles im Nebeltreiben, und als ich mich immer wieder bemühe, mich zu orientieren, sehe ich plötzlich große, farbige Steinplatten ganz nahe vor meinem Gesicht, und ich reibe die Platten und wasche, bis sie rein werden. Dann bin ich wieder im Nebel, ich höre nur noch eine Stimme, wie meine eigene Stimme, die immer wieder fragt: »Habt ihr nicht ein Kind gesehen?« Ich habe den Eindruck, als ob ein alter Körper, der irgendwie mit mir in Verbindung steht, denn woher würde ich es sonst wissen, sehr, sehr müde wäre. Dann verschwindet auch dieses merkwürdige Gefühl, und plötzlich, zu meiner größten Freude, verschwindet der Nebel …

Ich stehe wieder auf der schönen grünen Wiese. Nun will ich weiter. Die Luft ist frisch, die Sonne scheint, und dennoch ist es nicht unerträglich heiß. Wie sonderbar! Nie habe ich bisher erlebt, dass zur Mittagszeit keine Hitze herrschte und eine angenehme Brise wehte. Aber noch anderes ist sonderbar. Als der Nebel verschwindet und ich die Erde zu meinen Füßen wiedersehe, fällt mir auf, dass meine Füße und auch die Erde erheblich *weiter unten* sind als vorher. *Ich bin also viel größer geworden!* Wie seltsam. In meinem Alter wächst man doch nicht mehr. Wie ist es dann möglich, dass ich größer geworden bin? Und was für ein merkwürdiges Kleid habe ich an? Ich muss wirklich lachen! Und wo sind meine Sandalen? Und meine Hände? Wie sie sich verändert haben! Alles ist so sonderbar, so überraschend, als ob ich nicht *ich* wäre, *als ob ich träumen würde*!

Mein Bewusstsein ist aber klar, ich bin wach, ich träume nicht! Ich schaue umher. Nicht weit von mir sehe ich einen Wald auftauchen, und wie ich mich ihm nähere, wird zwischen den Bäumen ein Haus sichtbar. Aber was für ein Haus! Wie merkwürdig! Die Gegend kommt mir bekannt vor, und dennoch weiß ich, dass ich nie in meinem Leben solche Bäume und solch ein Haus gesehen habe. Nein! Diese Bäume sind unseren Palmen nicht entfernt ähnlich …

Das Haus steht auf einem Hügel, und ich gehe sicher die Waldtreppe hinauf. Ich weiß, dass dieses Haus mir gehört. Aber wie nur? Nie habe ich ein solches Haus gesehen, und es ist mir doch wohlbekannt. Es ist nicht aus Stein, sein Dach ist nicht waagerecht, sondern läuft schief. Ich gehe ins Haus – ich kenne jedes Zimmer – so gehe ich geradeaus in »mein Zimmer«. Wie ich in den kleinen, weiß getünchten Raum trete, bleibe ich eine Weile am Fenster stehen und betrachte die prachtvolle Aussicht. Ich sehe, dass das Häuschen und auch die schöne grüne Wiese hoch oben an einem Berghang liegen, und aus dem Fenster kann ich in eine weite Tiefebene hinunter- und hineinschauen. Am Fuße des Berges fließt majestätisch langsam ein sehr breiter Fluss, auf dem große Schiffe fahren, merkwürdigerweise ohne Segel, ohne Ruderer, sehr rasch, viel rascher als unsere Schiffe. Ich verstehe auch nicht, was dieses dicke, schwarze, senkrechte Rohr sein kann, aus dem dichter, schwarzer Rauch herausquillt.

Inzwischen ist die Sonne untergegangen, die Abenddämmerung breitet sich aus ... Da sehe ich in der Weite, wohin ich – ich habe das unerklärliche Gefühl – schon oft geschaut habe, wo die vielen wohlbekannten Dörfer liegen, immer häufiger Lichter aufleuchten und wieder verlöschen, als ob viele kleine Blitze aufzucken würden. Es donnert auch nach jedem Blitz, wie es aus der großen Pyramide zu donnern pflegt. Ich beobachte dies Aufleuchten und Donnern eine kurze Weile, bis plötzlich hinter mir eine scharfe Glocke ertönt. Ich drehe mich zu dem Apparat, aus welchem dieses scharfe Klingeln ertönt, hebe ein merkwürdiges Etwas von diesem Apparat und drücke das eine Ende einer kleinen schwarzen Scheibe an mein Ohr. Das alles ist so selbstverständlich, als ob ich schon längst daran gewöhnt wäre; dabei weiß ich genau, dass ich so etwas noch nie in meinem Leben gesehen habe. Wie ich den Apparat an mein Ohr halte, höre ich wieder die Stimme, die Stimme der nebligen Gestalt. »Ich küsse deine Hände, Liebling. Wie geht es dir?«

»Danke gut«, antworte ich, »aber ich möchte nach Hause. Könntest du mich eventuell morgen abholen. Der Feind ist schon ganz nahe, ich sehe schon jeden Abend die Einschläge, sie nähern sich erschreckend schnell. Ich möchte mit euch zu Hause sein.«

»Gut«, antwortet wieder die Stimme des Mannes, »ich komme morgen zu dir, aber überlege: Wäre es nicht vernünftiger, wenn du im Wald bleiben würdest? Hier in der Hauptstadt bombardiert man uns Tag und Nacht, es wird immer ärger.«

»Nein«, antworte ich, »ich will nach Hause. Ich will mit euch zusammen sein. Ich habe bis jetzt hier das Gut behütet, aber in der Gefahr will ich bei euch sein. Bringe mich nach Hause!«

»Gut«, höre ich wieder aus dem Apparat, »wie ich sehe, hast du Mut genug. Morgen Nachmittag komme ich dich abholen. Packe bis dahin alles. Auf Wiedersehen, meine Kleine, ich küsse dich vielmals. Gute Nacht.«

»Ich küsse dich auch, gute Nacht«, sage ich und lege den Apparat zurück.

Wer war das? Wie kommt es, dass ich, statt eine innere Verbindung im Geist zu schaffen, seine Stimme aus irgendeinem unbekannten Etwas höre, mit meinem *körperlichen Ohr*? Es blitzt ein Gedanke durch mein Gehirn: Wäre alles das, was ich jetzt erlebe, auch nur eine Vision? Vielleicht ist das alles nur ein Traum, nur eine Prüfung, ob ich *Mut* habe?

Nein, leider ist es kein Traum, wenn ich auch noch so gerne aus dieser Wirklichkeit erwachen möchte, wie ich vorher auf der Wiese aus jenem merkwürdigen Traum erwachte. Ja! Jene waren Träume, aber jetzt bin ich wach und muss alles mitmachen, unvermeidlich. Die Luft ist schwer von der entsetzlichen Angst, die alle Menschen drückt, man kann kaum richtig atmen. Der Feind kommt von jeder Seite; wenn das so weitergeht, wird die Hauptstadt in einigen Tagen umringt sein. Und man hört solche unglaublich grausamen Geschichten von Leuten, die aus den schon eroberten Landesteilen mit großen Schwierigkeiten flüchten konnten. Wir sind aber in Gottes Hand, und ich beruhige mein unruhiges Herz und meine angestrengten Nerven mit dem Gedanken, dass alles, was geschieht, gut ist, denn *nichts kann ohne Gottes Willen geschehen. Und Gottes Wille ist immer gut!*

Ich gehe rasch alles packen.

Am nächsten Nachmittag sehe ich aus dem Fenster, dass unser Hund wie ein Blitz den Berg hinunterrast. Da weiß ich: Mein Mann kommt. Nach einer Viertelstunde sind sie da, mein Mann und der Hund, der so glücklich ist, dass er wie ein Gummiball fortwährend bis zur Schulter meines Mannes hochspringt. Auch ich laufe ihm entgegen, und wir umarmen einander voll heißer Liebe. Wir leben seit nahezu zwei Jahrzehnten zusammen, wir lieben einander aber noch genauso von ganzem Herzen wie in den ersten Tagen unserer Ehe.

Seine kräftige Ausstrahlung, seine Stimme, sein warmer Händedruck wirken beruhigend auf mich. Er ist der Mut, die Sicherheit und Zuverlässigkeit selbst.

»Du fürchtest dich hoffentlich nicht?«, fragt er mich lächelnd.

»Nein«, antworte ich, seinen muskulösen Nacken umarmend. »*Gott* wird mit uns sein!« Ich schmiege mich einen Augenblick an ihn und lehne meinen Kopf an seine breite Schulter.

Als wir das Gepäck rasch im Wagen unterbringen wollen, bleibe ich einen Augenblick stehen. Was ist das für ein Wagen? Es schwant mir, dass ich in ganz anderen Wagen zu fahren pflegte … aber ich lächele darüber, weil ich doch diesen Wagen hier gut kenne. Selbstverständlich ist das der Wagen meines Mannes. Aber wie sonderbar ist es doch, dass dieser Wagen von selbst läuft und *keine Löwen* eingespannt sind …

Ich streiche über meine Stirn: Bin ich wahnsinnig geworden? Löwen? Vor einen Wagen gespannt? Und hier in diesem Erdteil? Ja, im Zoo waren einige schöne Löwen, aber die hat man wegen der Bombardierung schon längst getötet. Es hätte gefährlich werden können, wenn eine Bombe die wilden Tiere freigesetzt hätte. Ich verstehe überhaupt nicht, woher immer diese komischen Gedanken über Löwen und über andere unmögliche Dinge kommen, wie über die ägyptische Pyramide, die ich höchstens von Fotografien kenne. Vielleicht von den vielen Aufregungen?

Wir fahren nach Hause. Ich laufe in unsere Wohnung hinauf. Als ich die Tür öffnen will, öffnet sich diese wie von selbst, und da steht, strahlend vor Freude – oh, wie kommst du denn hierher? – der kleine Bo-Ghar. Er ist aber nicht mehr klein! Er ist erwachsen, wenn auch noch immer ganz jung. Er lächelt fein wie immer, verbeugt sich vor mir und küsst meine Hand.

»Wie gut, wie gut, dass Sie nach Hause gekommen sind, meine Königin!«, sagt er leise.

Ich schaue noch immer erstaunt auf ihn: »Bo-Ghar, du bist da? Wie kommst du hierher?«, frage ich.

Auf diese Frage schaut jetzt er mich überrascht an: »Sie wissen doch, dass ich seit drei Jahren da bin, bei Ihnen. Warum fragen Sie?«

Ich kann es nicht verstehen … Er ist nicht ganz so, wie ich ihn kenne. Er ist schon erwachsen, aber ich weiß, dass er noch ein Kind ist, noch ein Kind sein sollte! Aber warum? Seit er aus seiner weiten Heimat hierhergekommen ist, kenne ich ihn, und er war schon damals ein erwachsener junger Mann. Warum habe ich das Gefühl, als ob er ein zehn bis zwölf Jahre alter Knabe wäre? Warum habe ich wieder das merkwürdige Gefühl, als ob ich träumen würde?

Da ist schon mein Mann. Die ganze Wohnung ist voller Blumen … wie lieb, wie lieb von meinem Mann, dass er mich nach den langen Jahren, die wir verheiratet sind, wenn ich nach Hause komme, noch immer so empfängt wie in der ersten Zeit unserer Ehe …

Nach dem Abendbrot setzen wir uns neben eine merkwürdige, ziemlich große Holzschachtel, die mit einer menschlichen Stimme spricht und die neuesten Nachrichten vom Krieg meldet und Vorschriften gibt, wie sich die Einwohnerschaft benehmen soll. Wie sonderbar! Das ist schon wieder eine Materialisation eines geistigen Vorganges, so wie der telepathische Apparat dort oben im kleinen Waldhaus. Ptahhotep, mein teurer Meister, sendet auch in jeder Nacht seine hohen Energien durch die Atmosphäre des Landes. Und auf die Menschen gehen im Schlaf seine helfenden Kräfte und seine Liebe über. Seine Ausstrahlungen wirken aber im tiefsten Wesen, nicht wie diese Holzschachtel da, die nur niedrige Tonschwingungen ausstrahlt, die wir mit unseren Ohren, *äußerlich*, hören.

Dann gehen wir alle schlafen.

Und es folgen viele Nächte, in denen wir plötzlich von einem entsetzlichen Ton aufschrecken: Sirenen brüllen in der ganzen Stadt! Wir springen aus dem Bett, streifen die Schuhe über, greifen warme Unterwäsche, Hauskleid, Pelz, ein warmes Tuch um den Kopf, den kleinen Koffer mit Schmucksachen und Geld und das alte Album mit den mystisch-symbolischen Zeichnungen. Rasch eilen wir, mein Mann und ich, in den Keller. Im Treppenhaus begegnen wir meiner jüngeren Schwester mit dem Neugeborenen im Arm, der dreijährige Junge und das zweijährige Mädchen laufen neben ihr. Auf verschiedenen Stockwerken öffnen sich Türen. Stumm und bleich kommen Menschen heraus, die Familie meiner älteren Schwester und ihr Personal, alle laufen schweigend, geräuschlos das dunkle Treppenhaus hinunter. Als wir schon im Parterre sind, öffnet sich eine Tür, und eine mächtige, würdige Gestalt tritt hervor, ein alter Mann mit schneeweißen Haaren und Bart … Die Augen! Woher kenne ich diese Augen?! Und wie ein Blitz taucht vor mir die prächtige Gestalt des Generals meines Vaters auf, der eine große Karriere gemacht hat: *Thiß-Tha*! Seine Augen! Aber wie kommt er hierher? Und wie alt er geworden ist. Und warum flüstere ich ihm jetzt zu: »Mein lieber Vater, bist du warm genug angezogen?«

Er lächelt und winkt beruhigend: »Ja, ja, habe keine Sorge«, und wir suchen alle unseren Platz im Keller auf.

Der Feind kommt immer näher, der feindliche Ring um die Stadt wird immer enger.

Eines Nachmittags öffnet sich die Tür und – Ima tritt herein. Ich starre ihn an. Wie kommt er hierher, und noch dazu in diesem Anzug? Ich umarme ihn und frage: »Was ist das für ein Kleid?«

Er schaut mich ebenso überrascht an wie ich ihn: »Was ist das für eine Frage, Mutter? Was für ein Kleid ich anhabe? Mutter, du tust, als ob du mich darin das erste Mal sehen würdest! Eine Fliegeruniform! Das weißt du doch, oder?«

Ich stehe verwirrt, als ob ich wieder aus einem Traum erwachen müsste. Ja freilich, er ist in Fliegeruniform. Und er ist mein liebes, einziges Kind! Und dennoch weiß ich, dass er Ima ist. Ich kenne ihn doch! Ima! Ist er wirklich mein Sohn? Ich sehe ihn in seinem Priesterkleid. *Er gab mir die Belehrungen über Konzentration*. Ach! Er hatte damals schon diese stählerne Ausstrahlung. Ich kenne ihn ... Er erkennt mich aber nicht und tut so, als ob er mit dem Tempel nichts zu tun hätte: »Mutter«, sagt er, »meine Abteilung geht in eine andere Ortschaft, denn unsere Flugzeuge können nicht mehr auf diesem Flugplatz bleiben. Wir würden samt unseren Flugzeugen bombardiert. Wir ziehen irgendwo aufs Land hinaus. Ich weiß nicht, wann ich dich wiedersehe.«

Mein Herz wird kalt vor Schreck. Ich habe mich schon daran gewöhnt, dass ich ihn in ständiger Gefahr weiß. Damals, als er Flieger wurde, hatte ich das Gefühl, als ob ich totgeschlagen würde. Wie leblos ging ich in der Wohnung herum, im Gefühl, dass ich träume, einen entsetzlichen Traum träume ... Wie konnte das Wirklichkeit sein, dass Mütter ihre Söhne, ihre gesunden, jungen, kräftigen Söhne, in diesen Massenmord schicken mussten? Das kann nur ein böser Traum sein, dass die Menschen so tief gesunken sind, dass sie einander mit den grausamsten Mitteln töten, und gerade die gesündesten, kräftigsten jungen Männer, die dazu berufen wären, eine neue, gesunde und starke Generation zu zeugen. Diese werden zuerst getötet, weil nur diese »tauglich« sind, Soldaten zu werden. Die schwachen, kranken Männer bleiben daheim, folglich zeugen diese schwachen, kranken Männer mit den Frauen zu Hause Kinder, und die Mehrzahl der gesunden jungen Menschen werden im Krieg ausgerottet. Das ist der schnellste Weg zur Degeneration der ganzen menschlichen Rasse. Doch die Menschheit ist schon so tief gesunken, dass sie diese entsetzliche Wahrheit nicht kennt! In ihrem blinden Hass gegeneinander und aus Angst voreinander tötet sich die gesündeste, die beste Generation!

Traum! Albdruck!

Dann hatte ich langsam mein Wirklichkeitsgefühl zurückbekommen und übergab mein Kind *Gott*! Nichts kann ohne Gottes Willen geschehen, und was immer geschieht, ist gut, weil es *Gott* will. Ausgleich! Alles, was geschieht, ist nur ein Streben nach dem verlorenen Gleichgewicht, nach dem verlorenen Paradies! Diese Worte meines lieben Meisters, Ptahhoteps, und alle anderen Belehrungen, die ich von *Ihm* in der großen Pyramide hörte, haben sich mir so tief eingeprägt, dass dies mir Mut gab, weiterzuleben und meine täglichen Pflichten zu erfüllen, obgleich ich fortdauernd daran tragen musste, dass mein Kind und noch Millionen andere in dieser Schlächterei wie auf Zielscheiben aufeinander schießen.

Aber jetzt wusste ich, dass wir voneinander getrennt würden, wenn er die Hauptstadt verließ; denn es war nahe daran, dass der feindliche Ring die Hauptstadt ganz umschloss. Und ob *er* oder *wir* aus diesem Massenmord noch lebendig herauskamen, und ob wir einander in diesem Leben noch sehen würden, war eine große Frage ...

Und dennoch darf es mich nicht schmerzen, denn ich darf an keine Person gebunden sein! In diesem jungen Mann – den ich, damit er wiedergeboren werden konnte, unter meinem Herzen getragen hatte –, der jetzt mein Sohn ist, liebe ich nicht seinen Körper, nicht seine Erscheinung, sondern ich liebe in ihm *Gott*! Sein göttliches *Selbst* hat auch diesen *Körper* – so wie den Körper aller Personen, Tiere, Pflanzen, sogar die tote Materie – aufgebaut, um sich offenbaren zu können. So liebe ich auch in seiner Person, in seinem schönen Körper, die Offenbarung des unpersönlichen Göttlichen. Das ganze *All* ist die Offenbarung des *einen, einzigen Gottes*, warum zittere ich jetzt, dass ich eventuell eben *diese* Offenbarung *Gottes* verliere und sie nicht mehr sehen werde? Weil sein Fleisch aus meinem Fleisch und sein Blut aus meinem Blut ist! *Ich* und sein Ich sind aber dasselbe *Ich* – dasselbe *Selbst* – und kein Fleisch und Blut. Ich darf mich nicht mit dem Fleisch und Blut identifizieren. Ich muss in mein *Selbst* eingehen, ganz bewusst werden, dann bin ich mit dem Selbst meines Sohnes aber auch mit dem *Selbst* des ganzen *Weltalls* – identisch und kann nichts mehr und niemanden verlieren! Es darf mir keinen Unterschied bedeuten, ob ein Mensch, der mir dem Fleisch und Blut nach nahe steht, oder ob ganz fremde Menschen sterben, denn dasselbe *Selbst Gottes* wechselt jedesmal einen seiner vielen Körper, wenn ein Lebewesen stirbt, sei es der Körper meines einzigen Kindes oder eines Unbekannten. Ich *muss* mein Fleisch und Blut, das in mir jetzt so entsetzlich schmerzt, vollkommen besiegen ... Oh Gott! Gib mir Kraft, diese Prüfung zu bestehen! Gib mir Kraft, *ohne das Allbewusstsein erlangt zu haben*, so zu handeln, *als wenn* ich aus diesem göttlichen Bewusstseinszustand handeln würde!

Ich gehe zu meinem Sohn, meine Knie zittern, ich umarme ihn und sage: »Mein lieber kleiner Sohn, mein einziges, teures Kind, lebe wohl!

Ich empfehle dich *Gott*. Er wird weder dich noch uns verlassen. Wisse, dass alles vergeht, nur die wahre Liebe vergeht nie. Auch jetzt lieben wir einander, weil wir in *Gott* eins sind, und diese geistige Einheit – diese wahre Liebe – hat uns hier auf der Erde auch jetzt zusammengeführt. Wir können einander nicht verlieren! Wir werden uns wiederfinden und wiedersehen, wenn nicht in diesem, dann in einem nächsten Leben oder in einer anderen Lebensform. Wo immer wir auch hinkommen, die Liebe wird uns wieder zueinander führen. Lebe wohl, mein Lieber, mein Teurer, und klammere dich in schweren Stunden an diese unsichtbare Macht, die hinter uns steht, die uns nie verlässt, die wir *Gott* nennen!«

Wir weinen beide nicht. Wir umarmen einander sehr lange. Dann küsse ich seine klare Stirn. Er drückt mich an sein Herz und geht. Ich winke ihm noch aus dem Fenster nach, er lächelt zurück, dann verschwindet er.

Heute Abend werden wir Weihnachten feiern. Die Kanonen donnern ohne Unterlass, dennoch bereiten wir alles vor, um den Weihnachtsabend so weit als möglich schön zu begehen. Mir wäre es gleich, denn in der Ewigkeit gibt es keine Weihnachten, keine Feier- und Wochentage, mir sind alle Tage Feiertage, weil in *Gott* die Ewigkeit ein fortdauernder Feiertag ist. Mein Mann liebt aber die Weihnachtsabende, er ist glücklich, wenn er mir Überraschungen bereiten kann und hat es auch gerne, wenn man ihn überrascht. Er schmückt schon den Baum im Salon, und Bo-Ghar hilft ihm.

Bo-Ghar wohnt seit einigen Wochen bei uns, denn wenn er abends nach Hause wollte, wurde er durch die täglichen Bombardierungen in der letzten Zeit daran gehindert. Er wohnt in dem verlassenen Zimmer meines Sohnes.

Bo-Ghar ist vor mehreren Jahren aus seiner fernen Heimat mit der Aufgabe in den Westen gekommen, den Menschen dieses Erdteiles die uralte Lehre seiner Ahnen zu bringen, wie man den Körper unter die Herrschaft des Geistes stellen kann. Mein Atelier, in dem ich die großen Kompositionen aus Stein oder Bronze erstellte, stand, seit man des Krieges wegen diese Materialien nicht mehr beschaffen konnte, leer, und ich überließ es Bo-Ghar, seine Lehrkurse darin abzuhalten. Er benahm sich von Anfang an so, als ob er unser eigenes Kind wäre, und jetzt bereitet er mit meinem Mann in größter Eintracht den Weihnachtsabend vor.

Ich versuche, mit der Köchin auszudenken, wie wir aus den unter großen Schwierigkeiten herbeigeschafften Lebensmitteln morgen etwas »Festliches« zubereiten könnten, da wir heute mit der ganzen Familie zu Vater eingeladen sind.

Da läutet es an der Tür. Mein junger Vetter kommt ganz bleich herein: »Esther«, sagt er, »der Feind hat die Stadt umzingelt, und die Truppen rücken ganz überraschend nicht von der anderen Seite der Stadt, woher wir sie erwartet haben, heran, sondern gerade auf uns zu. Ich war mit Vater in der Stadt und habe Mutter angerufen, da sagte sie uns, dass die feindlichen Truppen unsere Villa schon erobert haben und von riesigen Panzern begleitet, gegen die innere Stadt marschieren. Merkwürdigerweise waren die Telefondrähte noch nicht durchschnitten. Die feindlichen Panzer und Truppen müssen jeden Augenblick hier sein. Bereitet euch vor, ich muss weiter. Adieu«, und geht.

Ich eile zu meinem Mann und teile ihm diese Nachricht mit. Dann laufe ich im ganzen Haus umher, um meine Schwestern, meinen Bruder und meinen Vater und auch die Familie des Hauswartes zu benachrichtigen, damit alle wissen, woran sie sind.

Unsere Villa liegt am Abhang eines Hügels. Wir können aus unseren Fenstern weit hinunter auf die breite Straße sehen, in die Richtung, aus welcher die feindlichen Truppen sich nähern. Vorläufig ist noch alles still. Mein Mann sagt, dass es noch Stunden dauern kann, bis der Feind in unsere Umgebung gelangt. Er schlägt vor, dass wir sofort Weihnachten feiern und nachher gleich meinen Vater unten besuchen, wo wir mit der ganzen Familie zum Abendessen eingeladen sind. Dort werden wir alle zusammen sein und abwarten können, was weiter geschieht.

Mein Mann zündet die Kerzen unseres Christbaumes an. Ich denke an meinen Sohn, der vielleicht jetzt irgendwo an einem Luftangriff teilnehmen muss und empfehle ihn Gott. Wir drücken einander die Hand, übergeben die Geschenke; dann lassen wir alles liegen und eilen hinunter zu Vater.

»Kinder«, sagt Vater, »essen wir rasch, denn wir wissen nicht, ob wir nicht bald in den Keller hinunter müssen.«

Wir setzen uns. Der Stuhl meiner Mutter bleibt oben am Tisch – wie immer, seit sie gestorben ist – leer. Eine Kerze brennt an der Stelle ihres Tellers … Wir essen ernst und still, aber ruhig. Wir fühlen genau, dass uns eine feierliche Zeit der Abrechnung mit unserem Schicksal bevorsteht. Man serviert. Da schlägt eine Bombe ganz in der Nähe unserer Fenster ein. Es gibt eine starke Detonation. Wir schauen einander an.

»Essen wir nur weiter«, sagt Vater, »vielleicht können wir noch unser Nachtmahl beenden.«

Wir essen so rasch als möglich, doch die Detonationen kommen immer näher und werden immer häufiger.

Man läutet. Offiziere stehen vor der Tür: »Wir wollen im Garten Kanonen aufstellen; hier ins Haus kommen unsere Truppen. Geben Sie die Schlüssel aller Wohnungen her«, sagt ein Offizier. Mein Mann steht auf, um die Offiziere zu führen. Wir hören eine auffallend starke Detonation. Das ganze Haus wird wie von einem Erdbeben erschüttert.

Nach einigen Minuten kommt mein Mann herein. »Vater«, sagt er, »es wäre das beste, in den Keller zu gehen. Eine Mine hat in die Garage eingeschlagen. Der Zentralheizungskörper wurde auch abgerissen und weggeschleudert, wir müssen die ganze Heizung sofort abstellen und das Wasser ablaufen lassen. Geht hinunter, euer Leben ist in der Wohnung nicht mehr sicher. Die feindlichen Truppen müssen schon ganz nahe sein. Die Offiziere sagen, dass sie schon an der anderen Seite der Hauptstraße sind. Es wird nicht lange dauern, dennoch müssen wir damit rechnen, einige Tage im Keller zu verbringen.«

Vater sagt ernst und ruhig: »Die Frauen und die Kinder sollen alle hinunter. Ich esse mein Nachtmahl zu Ende. Bringt den schwarzen Kaffee.«

Wir wissen, dass man Vater nicht widersprechen kann. Meine jüngere Schwester erhebt sich, nimmt das Wickelkind in ihre Arme, ich nehme ihren kleinen Knaben bei der Hand, meine andere Schwester das kleine Mädchen, und wir gehen in den Schutzkeller. Mein Bruder, mein Mann und Bo-Ghar bleiben bei Vater und trinken auch noch ihren schwarzen Kaffee.

Die Detonationen werden immer stärker, wir fühlen im Keller, dass das Haus jedes Mal in seinen Grundfesten erschüttert wird. Nach einer Weile öffnet sich die dicke Eisentür des Schutzkellers, und die Männer kommen herein. Mein Mann kommt auf mich zu und sagt leise, dass es niemand hört: »Man stellt Kanonen in unserem Garten auf und will unser Haus bis zum Letzten verteidigen. Sie wollen die Stadt nicht aufgeben. Unser Haus bildet eine Schlüsselstellung. Wenn es von den feindlichen Truppen erobert wird, kann man sie bis zum Fluss nicht mehr aufhalten. Wir müssen uns auf einen Kampf auf Leben und Tod vorbereiten. Ich hoffe aber, dass es nicht lange dauert. Wir sind vollkommen umringt, und jeder weitere Widerstand wäre eine sinnlose Zerstörung der ganzen Stadt. Ich bringe mit dem Hauswart alle unsere Matratzen herunter, damit wir irgendwie schlafen können«, und er geht, um uns Schlafgelegenheiten vorzubereiten.

Auch nach der längsten Nacht wird es einmal Morgen, und so vergeht auch diese Nacht. Die Eisentür geht auch jetzt noch fortwährend. Die

Männer gehen immer hinaus und herein, auch fremde Soldaten, um sich ein wenig zu erwärmen. Draußen herrschen minus fünfzehn Grad, und ein Schneesturm tobt. Im Keller ist es auch kalt, wir sitzen alle im Pelz und haben so viele Kleider an wie möglich. Im ganzen Haus gibt es keine Heizung mehr. Die Soldaten sind ganz junge Leute, sie zittern und sind bleich vor Kälte und Angst. Noch halbe Kinder, werden sie von den älteren Korporalen mit brutaler Grobheit hinaus in die Schlacht gejagt. Arme Kinder! Sie sind nicht älter als sechzehn und achtzehn Jahre und sind schon hinausgeworfen aus dem Heim in diesen Massenmord!

Wir versuchen, etwas zu schlafen, aber das Wickelkind quietscht und schreit so durchdringend, dass es bis aufs Mark geht. Von Schlafen ist keine Rede.

Am Morgen kommt Vater plötzlich herein, er ist auffallend bleich: »Kinder«, sagt er, »man hat die Wasserleitung durchschossen. Ihr müsst mit dem Wasser sehr sparen. Wir haben kein Wasser mehr im Haus«, und geht hinaus.

Wir hören, dass die Männer draußen über die Möglichkeiten sprechen, woher wir Wasser bekommen könnten. Das Wasser, das sich noch in den Röhren befindet, wird im ganzen Haus in die Badewannen gelassen, dann haben wir noch im Schutzkeller gegen Feuergefahr eine große Holzwanne voll Wasser. Dieses alte, unappetitlich riechende Wasser sollen wir trinken? Meine jüngere Schwester schaut mich an. Ich weiß, sie denkt an das Wickelkind! Ihre Milch ist damals, als ihr Mann verschwunden ist, versiegt. Seitdem bekommt das Wickelkind gekochtes Essen. Dazu braucht man aber Wasser! Und das Fläschchen muss auch immer gründlich ausgewaschen werden. Ich flüstere ihr zu: »Es schneit, wir machen aus Schnee Wasser.«

Mein Mann hört mich und ruft mich in den Vorraum des Schutzkellers: »Hast du eine Ahnung, wie wenig Wasser Schnee liefert? Die Soldaten nehmen all unser Wasser weg. Wenn wir nicht vor Durst sterben wollen, müssen wir irgendwo Wasser holen. Hungern kann man lange Zeit, aber wenn man kein Wasser hat, versagt das Herz. Wir müssen Wasser haben. Wir sind im Haus sechsundzwanzig Erwachsene und können nicht einmal Bohnen kochen, wenn wir kein Wasser haben. Ich versuche, aus der Nachbarschaft Wasser zu holen«, sagt er und geht.

Nach kurzer Zeit kommt er zurück: »Die ganze Straße hat kein Wasser. Wir müssen mit Kübeln bis zur nächsten großen Straße und dort Wasser holen.«

»Geh nicht«, sage ich zu ihm, »man schießt doch so fürchterlich, Kanonen, Maschinengewehre und auch aus den Flugzeugen. Es könnte dich treffen. Bleibe hier und warte.«

Mein Mann lächelt: »Sei kein Kind. Glaubst du, dass im Ersten Weltkrieg mit Platzpatronen geschossen wurde? Dennoch bin ich da! *Gott* verlässt mich nicht. Es geschieht immer, was geschehen soll.«

Ich umarme ihn, und er verschwindet hinter der Kellertür.

Ich gehe in den Schutzkeller zurück und setze mich. Und warte. Ruhig und kalt – warte. Wenn es Gottes Wille ist, dass mein Mann zurückkommt, dann wird ihn keine Kugel treffen. Wenn ja, dann *musste* es so geschehen. »Nie sind die Dinge schlecht, nur wie du über sie denkst«, höre ich eine Stimme in meinem Herzen. Und ich denke daran, dass noch Hunderttausende, ja Millionen Frauen so sitzen wie ich jetzt und für ihren Mann beten. Diese Männer sind Männer wie mein Mann. Dass meine Person seine Person so tief liebt, das ist die Offenbarung des Selbst, das in jeder Person dasselbe ist, und wenn zwei Menschen einander lieben, bedeutet das, dass sie *die Einheit des Selbst* in ihrem Bewusstsein erleben. Sie fühlen, dass sie zueinander gehören, weil sie im *Selbst* eins sind.

Und ich beruhige mein zitterndes Herz, das dennoch ängstlich schlägt: »Bleibe ruhig, schlage schön langsam und regelmäßig. So, ganz langsam, und tief atmen – noch tiefer –, und noch tiefer, und ruhig bleiben! Wir alle werden einmal den Körper abstreifen; in hundert Jahren wird es schon so gleichgültig sein, wer früher gegangen ist.

Zeit und *Raum*, das sind Erfindungen des Verstandes, der Geist aber, das *Selbst*, steht über dem Verstand, über allen Gedanken, über allen Begriffen von Zeit und Raum. Atmen, ruhig, regelmäßig atmen, und nichts denken, nur sein … nichts denken … nur sein …«

Ich weiß nicht, wie lange ich dasitze, auf einmal öffnet sich die Eisentür wieder, mein Mann ist mit zehn Litern Wasser da. Für einen Tag haben wir, sechsundzwanzig Menschen, Wasser … Ich stehe nicht auf, werfe mich nicht an seinen Hals. Nein, die *großen Augenblicke sind immer ganz einfach!* Kein Weinen und Schluchzen und keine großen Worte. Von dort, wo er das Wasser mit meinem Bruder gerecht verteilt, schaut er zu mir hinüber. Unsere Augen sagen einander alles. Ich denke: »Aufschub! Wie lange?«

Wir sitzen im Keller, in der Finsternis, draußen donnert es ohne Unterlass. Die Erde zittert unter uns, wir müssen uns an die Bank klammern, damit uns die Detonationen nicht auf den Boden werfen. Trommelfeuer! Kanonen feuern, Panzer, Flugzeuge donnern vorüber, Bombeneinschläge! Noch immer Trommelfeuer! Seit wann sitzen wir hier im Keller? Ich habe schon jeden Zeitbegriff verloren. Im Keller ist nie Tag, es ist immer dunkel, nur ein gedämpftes, schwaches Licht dürfen wir brennen lassen. Elektrizität gibt es schon längst nicht mehr, und mit Öl müssen wir sehr sparen. Wenn das Trommelfeuer hier und da für eine halbe Stunde schweigt, gehen wir in einen anderen Kellerraum und essen etwas. Glücklicherweise hatten wir alle etwas Vorrat. Oft aber müssen wir plötzlich aufhören und Hals über Kopf in den Schutzkeller zurückrennen, denn das Haus wird auch schon von dieser Seite stark beschossen. Nach jedem Treffer hören wir Ziegelsteine und Balken vom Dach und von eingestürzten Wänden auf die letzte Decke krachen, die uns noch schützt. Wir wissen nie, ob der nächste Volltreffer auch sie noch durchschlägt und uns lebendig begräbt.

Eines Tages stürzt eine Wand mit einer ohrenbetäubenden Detonation im nebenliegenden Keller ein. Glücklicherweise nicht im Schutzkeller. Später, als das Trommelfeuer für eine halbe Stunde nachlässt, gehe ich mit meinem Mann nachsehen, was geschehen ist. Der Raum zeigte ein wüstes Bild der Zerstörung. Die Kellerwand hat ein großes Loch, grelles Sonnenlicht strömt herein, so dass ich blinzeln muss. Ziegelsteine liegen herum. Holzstücke, Reste des Fensters, alles mit dickem Mörtelstaub bedeckt, und auf einem Balkenstück sitzt, auch unter einer Staubdecke, eine Henne unbeweglich auf einem Fuß. Sie sitzt gleichgültig da, als ob nichts geschehen wäre. Sie gehört zu Vaters Haushalt und ist als einzige zurückgeblieben. Armes Tier! Was für eine Auffassung muss es von uns Menschen haben!

Nach einigen Tagen kocht die Köchin aus der Henne eine gute Suppe. Während des Essens stellt sich heraus, dass das Tier schwer verletzt war. Der Beinknochen war durchschossen, es fehlte ein Stück davon. Deshalb saß sie auf einem Fuß. Wie gleichgültig hat sie ihre Verletzung ertragen! Mit keinem Ton verraten, dass sie Schmerzen litt.

Wir sitzen im Schutzkeller. Will das Trommelfeuer nie aufhören? In meinem Schoß halte ich den kleinen Knaben, mein Körper ist kalt vor Todesangst, denn wenn der Mensch in seiner Seele auch noch so ruhig dem Tod ins Auge schaut, der Körper revoltiert. Wir wissen nicht, ob wir von einer Bombe getötet, lebendig begraben oder verdursten werden. Der kleine Knabe bittet: »Erzähle, Tante Esther, erzähle mir ein Märchen«, und ich erzähle endlose Märchen, damit er ruhig bleibt. Er hat ein kleines Auto in der Hand, und ich muss es immer neu aufziehen; es spielt mit seinem kleinen Spielwerk ein Lied. Was ist das nur? Es klingt so bekannt … Jetzt erkenne ich es, das Lied der kleinen Ferkel aus dem Film von Walt Disney: »Who is afraid of the big bad wolf …« Oh, es ist Glück, dass es im Keller finster ist. Niemand sieht, dass ich für einige Augenblicke die Fassung verliere und mir die Tränen unaufhaltsam über die Wangen rollen. *Gott*! Oh *Gott*! Du bist gegenwärtig! Deine Botschaft sagt uns allen, dass wir uns nicht fürchten sollen! »Tante Esther, erzähl weiter, was ist dann geschehen? Warum erzählst du nicht?«, sagt der kleine Peter. Ich presse das Kind an mein Herz und erzähle weiter: »Dann ist die Mutter der kleinen Ziegen wiedergekommen und …«

Das Trommelfeuer hört nach langen, langen Stunden auf. Mein Mann geht hinaus, wie jeden Tag, um Wasser zu holen. Als er wieder zurückkommt, winkt er mir: »Esther«, sagt er, seine Stimme zittert, und ich sehe, dass er tief erschüttert ist, »ich war in unserer Wohnung oben. Die schönen Möbel, die du selbst geschnitzt hast, und deine schönen Figuren sind alle zerstört. Ein Zimmerboden ist schon durchgebrochen, die übrigen Räume haben keine Wände mehr. Wir haben kein Heim mehr …«; und dann weint und schluchzt er auf meiner Schulter wie ein Kind.

Ich umarme ihn in seinem dicken Wintermantel: »Weine nicht! Die Hauptsache ist, dass wir leben! Dass wir in dieser Zerstörung noch unverletzt leben! Plastiken kann ich wieder machen. Was kümmerst du dich um materielle Dinge. Das Leben steht über allem!«

Aber er kann sich schwer beruhigen: »Ich habe alle deine Figuren und unsere ganze Wohnung so lieb gehabt, und jetzt ist alles zerstört … alles zerstört …«

»Das macht nichts, einmal wird auch diese Hölle ein Ende haben.« Ich lege meinen Kopf für einen Augenblick an seine breite Schulter. Wir umarmen uns, dann gehen wir zurück in den finsteren Schutzraum. Jetzt ist keine Zeit, sentimental zu werden.

Bo-Ghar kommt und flüstert: »Was ist geschehen? Wir haben das Poltern von Ziegelsteinen und Balken gehört, dort, wo Ihre Wohnung ist.«

Ich sage ihm, was mein Mann mir berichtete. Bo-Ghar, der immer ruhige, immer fröhlich lächelnde, wird aufgeregt: »Ich gehe hinauf! Ich muss meine Diapositive und meinen Film über Yoga retten. Meine Aufgabe, meine Arbeit geht zugrunde, wenn diese zerstört werden. Ich gehe.«

»Bo-Ghar, du kannst nicht. Der Feind lässt Scharfschützen unser Haus beschießen. Ich erlaube nicht, dass du hinaufgehst.«

Mein Bruder hört unser Gespräch: »Ich begleite Bo-Ghar. Ich helfe ihm«, und die beiden verlassen leise den Keller ... Wir warten gespannt. Minute um Minute vergeht ... es wird eine Viertelstunde, eine Stunde, wir warten noch immer.

Endlich öffnet sich die Tür, und Bo-Ghar und mein Bruder treten ein, strahlend, aber schmutzig und mit Staub bedeckt, die Diapositivschachteln und Filmspulen in ihren Händen. Mein Bruder erzählt: »Die Wände sind alle eingestürzt, der Schrank aber ist noch in der Ecke auf einem schmalen Stück Boden stehen geblieben. Wir konnten aber nicht hinüber, denn dazwischen gab es schon keinen Boden mehr, nur noch Eisenbalken. Wir mussten auch achtgeben, dass uns die Scharfschützen drüben nicht bemerkten. So sind wir – Bo-Ghar und ich – auf dem Bauch über den Eisenbalken gerutscht, Bo-Ghar hat alle Schachteln aus dem zusammengefallenen Schrank herausgewühlt, und ich habe die einzelnen Stücke übernommen. Alles ist da!«

Wir sind alle glücklich, dass die beiden wieder hier unten sind. Bo-Ghar versteckt seine Schätze in einer Ecke, dass sie niemand findet. Im nächsten Augenblick wirft es uns beinahe um, eine entsetzliche Explosion mit ohrenbetäubendem Donner erschüttert das ganze Haus. Abermals ein schrecklicher Angriff! Wir hören die Flugzeuge über uns hin wegziehen. Bomben, Minen und Geschosse aus kleinen und großen Kalibern hageln von allen Seiten auf das Haus. Die Detonationen nähern sich ständig, und nach jeder hören wir Ziegelsteine, Balken, Schutt und Trümmer über uns prasseln. Die Schüsse folgen jetzt so schnell hintereinander wie das Dröhnen einer Riesennähmaschine. Wir sind darauf gefasst, dass das nächste Geschoss den letzten Schutz, die letzte Decke über dem Keller durchschlägt und uns alle tötet. Wir sitzen stumm und kalt in der entsetzlichen Spannung – in Todesangst. Wie lange halten die Wände noch aus? Dann, ein ungeheurer Schlag, der Kellerboden tanzt unter uns, das Stubenmädchen meines Vaters fängt an zu kreischen, erleidet einen Nervenzusammenbruch, und die übrigen Frauen aus dem Personal kreischen mit. Ich springe auf und brülle, so laut ich kann: »*Stille, Ruhe! Gott ist gegenwärtig! Gott ist gegenwärtig!*«

Detonation nach Detonation, man hört kaum meine Stimme, aber ich brülle, ich muss schreien, aus meiner ganzen Brust: »*Gott ist gegenwärtig! Ein jeder soll an Gott denken, an nichts anderes, nur an Gott! Gott*

389

mit uns! Gott! – Gott! – Gott!«, und allmählich sagt jeder Mensch mit mir: »*Gott ist gegenwärtig ... Gott ... Gott ... Gott.*«

Wir wissen nicht, wie lange dies dauerte ... Es wurde allmählich ruhiger, die Explosionen wurden seltener, und dann wurde alles still. Wir hören, dass die Soldaten draußen etwas Schweres schleppen. Ich gehe hinaus. Im Treppenhaus liegen unbewegliche Körper. Auf dem Boden Blut. Ich erkenne mehrere von den jungen Soldaten, die sich noch vor einer Stunde im Schutzkeller erwärmten und allerlei von zu Hause erzählten. Die Eltern! Sie werden umsonst ihre Kinder erwarten. Mein Sohn! Wo kann der arme Bursche jetzt sein? In welcher Abteilung der Hölle?

Dann essen wir rasch, wir wollen die kleine Ruhepause nützen. Wir müssen den Widerstand unseres Körpers kräftigen, solange wir noch zu essen haben ... Zwei Männer gehen wieder Wasser holen ...

Seit wann sitzen wir hier im Keller? Wochen sind vergangen, seit wir in dieser Trommelfeuer-Hitze sitzen. Mein Mann sagt: »Im Doberdo lagen wir auch im Trommelfeuer, im Ersten Weltkrieg, aber nach je achtundvierzig Stunden hat man uns abgelöst. Man war der Meinung, dass es die Nerven nicht länger ertragen. Aber nie hätte ich gedacht, dass ich mit kleinen Kindern und Frauen mehrere Wochen ohne Unterlass, ohne Ablösung im Trommelfeuer sitzen würde.«

Wir sitzen alle im Pelz und dicken Wintermantel da, kein Stück haben wir ausgezogen, seit wir heruntergekommen sind. Der kleine Peter liegt in meinen Armen; in einer Hand halte ich den kleinen Koffer mit meinen Schmucksachen, dem Geld und einer Schachtel Keks, damit das Neugeborene etwas zu essen hat, wenn wir flüchten müssen. Wir sind alle auf dem Sprung. Die nebenstehende Villa wurde mit Flammenwerfern ausgebrannt, mein Mann gab den Befehl: Jedermann solle fluchtbereit sein, weil wir nicht wissen, in welchem Augenblick der Feind das Haus anzündet und uns mit Flammenwerfern hinausjagt. Wohin flüchten? Wir haben keine Ahnung. Nur vorwärts, fort von hier. Den Nachbarn mit seinem Sohn haben die Scharfschützen in dem Moment abgeschossen, als sie aus dem brennenden Haus flüchten wollten. Nur die Frau konnte sich retten, sie rutschte auf ihrem Bauch bis zur vierten Villa, dort hat man sie aufgenommen.

Wir warten, bereit, meine jüngere Schwester mit dem Wickelkind in ihren Armen ... Mein weißhaariger Vater in seinem großen schwarzen Pelz, die Familie meiner älteren Schwester, mein Bruder, das Personal, alle gespannt, mit ihren lebenswichtigsten Sachen in den Händen.

Dann wird es auf kurze Zeit wieder einmal still. Wir möchten ein wenig schlafen, meine Nerven brennen, in meinem Kopf ist ein Chaos. Ich schließe die Augen und will mein Bewusstsein zurückziehen, um zu schlafen. Da quietscht das Wickelkind wie üblich mit einer scharfen, bis aufs Mark gehenden Stimme. Meine Schwester versucht, es in ihrem Arm zu beruhigen, aber es schreit und schreit ohne Unterlass … Da übernehme ich das Kind, versuche alles, es quietscht weiter, verzweifelt, quietscht … Ich gebe das Kind meiner Schwester zurück, es schreit.

Bo-Ghar taumelt in der Finsternis zu meiner Schwester, nimmt das Wickelkind in seine Arme und summt ein Lied aus seiner Heimat, womit man die Schlangen beschwört. Das Kind beruhigt sich augenblicklich, es wird still. Wir schlafen, so wie wir da sitzen, augenblicklich ein. Nur Bo-Ghar sitzt mit dem Wickelkind in seinen Armen und summt.

Es vergehen weitere Tage – oder Wochen? Wir fragen nicht mehr. Mein Mann sammelt draußen im Garten Schnee hinter einer schützenden Wand, bringt den Kübel herein und rasiert sich in einem anderen Kellerraum. Er gibt seine Gewohnheiten nicht auf. Die übrigen Männer haben schon alle Bart und Schnurrbart. Nur mein Mann und Bo-Ghar rasieren sich in dieser Hölle jeden Tag.

Dann setzt sich mein Mann zu uns. Es beginnt wieder ein Angriff, die Qual schwerer Stunden. Meine Schwester bringt die Flasche für das Kind und gibt ihm zu trinken. Sie steigt jeden Tag viermal hinauf in ihre Wohnung, und während die Kugeln in ihrer Nähe einschlagen, kocht sie. Nachdem das Kind getrunken hat, kommt sie zu mir und fragt wie jeden Tag: »Glaubst du, dass es schon zu Ende ist?«

»Nein«, flüstere ich zurück, »ich fühle, dass es noch nicht so weit ist.« Im nächsten Augenblick schlägt eine Mine unmittelbar über unserem Kopf ein, alles kracht und knirscht, dann hören wir wieder die Ziegelsteine fallen, die Schutzkellerdecke hat ausgehalten. Aber bis wann? Wir bleiben still, und ich frage *Gott* in mir: »Soll ich mich auf den Tod vorbereiten? Es steht in meinem Horoskop, dass ich beim Einsturz eines Gebäudes sterben werde. Ist das jetzt? Werde ich sterben, oder soll ich weiter um das Leben kämpfen?«

Und da sehe ich plötzlich ein Bild in dieser Finsternis: Ein winziges Hügelchen und oben drauf eine Kerze, klein wie eine Christbaumkerze, die brennt mit einer kleinen Flamme. Dann fängt das Hügelchen vor meinen Augen zu wachsen an und wird ein großer, mit smaragdgrünem Gras bedeckter Hügel, und aus der Kerze wird eine Fackel, die mit großer, heller Flamme brennt!

Das Bild verschwindet, aber ich weiß, dass ich nicht sterben werde, sondern ich werde diese Fackel sein müssen. Ich muss den Menschen Licht bringen, Licht, *Licht, Licht!*

In der Nacht schreit das Wickelkind ohne Unterlass, bis Bo-Ghar es wieder wiegt. Wir versuchen zu schlafen, da explodiert eine Mine in unserer unmittelbaren Nähe, und nachher fühle ich eiskalte Luft eindringen. Die Männer springen auf, um zu untersuchen, was geschehen ist. Die Kellerwand, die uns bisher geschützt hat, ist eingestürzt. Ein großes Loch klafft, wir denken alle an den kommenden Angriff … Wir warten. Ich flüstere meiner jüngeren Schwester zu: »Jetzt ist es zu Ende. In der Frühe wird unsere Villa fallen.«

»Ja«, antwortet sie, »ich fühle es auch, oder wir sterben alle.«

Mein Mann flüstert mir zu: »Heute sind es genau fünf Wochen, seit wir hier im Schutzkeller sitzen …«

Merkwürdigerweise schießt der Feind heute nicht mit Kanonen. Auch Bomben fallen keine. Man hört nur fortdauernd Maschinengewehrgeknatter. Mein Mann sitzt neben mir und flüstert in mein Ohr: »Das bedeutet, dass die Infanterie schon vor uns steht, sie schießen nicht mehr mit Kanonen, sonst könnten sie ihre eigenen Leute treffen. Die feindlichen Truppen können jeden Augenblick in unser Haus eindringen.«

Nachmittags gehe ich hinaus, um nachzuschauen, wo Vater bleibt. Wie ich aus dem Schutzkeller trete, sehe ich oben, durch die Haustür, dass von der abgebrannten Nachbarvilla weiß gekleidete fremde Soldaten auf uns zu laufen. »Vater, Vater und alle«, schreie ich rundum, »der Feind ist da!« Wir rasen alle hinein, und schon stürzen mit schussbereitem Gewehr fremde Soldaten herein.

Totenstille! Wir und sie schauen uns einen Augenblick an. Ich habe das Gefühl, als ob die Zeit stehen geblieben wäre …

Alle Soldaten sind in weite, weiße Mäntel gekleidet, draußen liegt alles im Schnee. Sie sehen aus wie spielende Kinder in einem Krippenspiel.

Dann sagt der erste Soldat ein unverständliches Wort und zeigt auf die Frauen. Wir verstehen, dass wir nach rechts sollen. Wir gehen. Dann wieder ein unverständliches Wort, und jetzt zeigt er auf die Männer, die alle sofort mit einem Soldaten weggehen sollen. Wir haben keine Zeit, um Abschied zu nehmen. Die Männer sind fort, und wir Frauen bleiben mit den fremden Soldaten allein. Sie stürzen mit schussbereitem Maschinengewehr in jede Ecke des Kellers, ob nicht irgendwo Soldaten versteckt seien. Ein junger Soldat tritt inzwischen an den Kinderwagen, wo das Wickelkind liegt und ruhig schläft. Er schaut das Kind an. Tränen kommen in seine Augen, und mit unendlicher Zärtlichkeit sagt er ein fremdes Wort, das wir dennoch verstehen: »Kindchen …« Dann schaut er auf uns und zeigt mit seiner Hand in der Richtung seiner Heimat und zeigt, dass er zu Hause auch ein »Kindchen« hat …

Ich denke beruhigt, dass diese Soldaten ja liebe Leute sind und ein Herz haben.

Ein Offizier kommt jetzt herein, setzt sich auf einen Stuhl und sagt in einer europäischen Sprache: »Wir tun Ihnen nichts, wir sind Sturmtruppen von Söhnen solcher Leute, die zu der heute ausgerotteten Klasse gehörten. Geben Sie aber acht, wir müssen weiter, und nach uns kommt eine ganz andere Sorte von Soldaten. Die sind nicht so wie wir. Geben Sie acht!«

Spät nachmittags fängt die Beschießung wieder an. Jetzt schießen aber nicht mehr die feindlichen Truppen auf uns, sondern unser eigenes Militär. Sie wollen das Haus zurückerobern. Wir sitzen wieder still im finsteren Keller und hören durch die dicke Kellerwand, wie draußen auf der Straße ein schrecklicher Nahkampf wütet. Plötzlich wieder eine ohrenbetäubende Detonation, kalte Luft strömt herein, die Explosion hat das Kellerfenster, den dicken eisernen Fensterladen, nach außen aufgerissen. Durch das offene Fenster fliegen Schüsse wie Hagelkörner in den Keller. Wir springen auf die Seite, an die Wand, aber man kann sich im Keller nicht mehr bewegen. Die Lage ist lebensgefährlich, jeder Schritt bedeutet den Tod. Der Fensterladen *muss* geschlossen werden!

Ich schaue mich um. Alle Frauen gehen mit den Kindern an der Wand neben dem Fenster in Deckung, denn wenn jemand sich vor dem Fenster zeigt, schießt es wie Hagel herein. Die Lage ist unhaltbar. Der Fensterladen *muss geschlossen werden*!!

Ich fühle eine merkwürdige Kälte in mir. Jeder Nerv ist kalt, wie gefroren, so dass ich mich überhaupt nicht mehr fühle. »Angst?«, frage ich mich. Nein! Wer soll Angst haben in mir, wenn ich das Gefühl habe, dass *ich* überhaupt nicht existiere? Ich weiß nur, dass *ich* derjenige bin, der den Eisenladen zumachen muss! Dennoch beobachte ich mich neugierig. Was fühlt man, was erlebt man, wenn man in solch einer Lage ist? Wie reagiert die Natur im Menschen, wenn er unwillkürlich ein Held sein muss?! …

In der Ecke des Schutzkellers steht ein dicker Touristenstock mit einem gekrümmten Griff. Ich lege mich flach auf den Bauch und krieche langsam, sehr vorsichtig zu dem Stock hin, packe ihn beim unteren Ende und krieche dann auf dem Bauch zum Fenster. Währenddessen blitzt ein ganz sonderbarer Gedanke durch meinen Kopf: *Die Kandidaten in den Pyramiden mussten eine Prüfung in »Todesverachtung« bestehen! Vielleicht bestehe ich jetzt dieselbe Prüfung hier im Schutzkeller? Vielleicht ist das alles nur ein Traum, während meiner Einweihung, in der Pyramide?*

Während ich auf dem Bauch vorsichtig zur Fensteröffnung robbe, antwortet mein Verstand:»Ja, die Kandidaten in der Pyramide haben es leicht gehabt! Sie wussten, dass es nur um Einweihungsprüfungen ging. Aber diese Kugeln hier sind keine Träume! Die töten tatsächlich! Wie viele arme junge Soldaten sind schon hier getötet worden!

Und doch muss der Fensterladen zugemacht werden, und *eben deshalb*!«

Ich kauere. Dann, den Stock bereithaltend, stehe ich plötzlich auf und strecke meinen Arm mit dem Stock durch das Fenster hinaus. Dann muss ich mich noch, da der Fensterladen sich vollkommen nach außen geworfen hat, mit dem ganzen Oberkörper hinauslehnen, bis ich den Rand des Ladens mit dem krummen Griff des Stockes erreiche. Ich strecke mich noch stärker, bis ich das Gefühl habe, als ob mein ganzer Körper sich verlängern würde. Endlich habe ich ihn und ziehe ihn langsam, aber sicher ein. Jetzt springen meine Schwestern mir zu Hilfe, um den schweren Fensterladen wieder an seinen Platz zu zwingen und schließlich tüchtig zuzuriegeln.

So, fertig! Es war alles ganz einfach. Keine Aufregung, keine theatralische Szene. Merkwürdig genug, dass die Scharfschützen, die von dort drüben unser Fenster bisher mit einem Hagel von Kugeln überschüttet hatten, auf mich nicht einen einzigen Schuss abgegeben haben. Vielleicht waren sie verhindert; oder wollten sie nicht schießen, weil sie sahen, dass ich ein Frau bin?

»Tante Esther, erzähl weiter ...«, sagt der kleine Peter, und ich erzähle weiter, endlose Geschichten ...

Wir Frauen mussten am folgenden Tag aus dem in sich zusammengestürzten Hause flüchten, nach einer furchtbaren Nacht voll unbeschreiblichem Entsetzen. Von den Bildern jener Nacht kann ich kaum glauben, dass sie Wirklichkeit waren. Die Eroberung eines Landes ist wie die Begegnung der männlichen und weiblichen Kraft, *wie eine gewaltsame Ehe*. Ein Land erobert ein anderes Land, dringt in den Körper des anderen ein, es fließt

Blut, einzelne Einwohner sterben wie Zellen des vergewaltigten Körpers, und dennoch entspringt dieser Begegnung neues Leben, eine neue Welt, eine neue Schöpfung. Die Begegnung ist grausam und gewalttätig, wie die Zeugung neuen Lebens immer ist, aber die Natur schaut nur vorwärts, in die Zukunft, und um das Ziel zu erreichen, neues Leben hervorzubringen, opfert sie unzählige einzelne Zellen und Wesen. Aus der intimen Begegnung zweier Länder, des Eroberers und des Eroberten, sprießt neues Leben, auf der geistigen wie auf der materiellen Ebene. Aus der Ehe zweier Rassen entsteht eine neue Kultur. Es mischen sich aber auch die Körperzellen dieser Länder, und es entstehen Nachkommen, welche die Eigenschaften beider Rassen in sich tragen und ausdrücken. Die Natur schafft Zwischenrassen, Übergangsindividuen, um die harten Grenzen zwischen den Rassen und Ländern zu mildern und zu überbrücken.

Ich musste diese Wahrheit dort im Schutzkeller des zusammengeschossenen Hauses einsehen, dort, in jener Nacht. Ich musste zuschauen und erfahren, dass die gewaltige Ehe zweier Länder sehr grausam ist und viele individuelle Tragödien verursacht. Mich hat vor dem Schicksal, das in dieser Nacht fast allen Frauen zuteil wurde, *Ima* gerettet! Als mich ein Soldat von meinem Lager in der Ecke des Schutzraumes aufriss, damit ich ihm folge, sagte ich ihm in gebrochenen Worten seiner Sprache: »Ich – Mutter, Sohn im Krieg – du haben Mutter zu Hause auch, lassen mich …«

In den betrunkenen Augen des armen, mit »Sturmpastillen« vergifteten jungen Menschen zuckte ein Ausdruck des Verstehens auf, ich sah, dass er an seine Mutter denken *musste*, dann stieß er mich wütend auf mein Lager zurück und stürzte hinaus.

Am darauffolgenden Morgen zwang uns ein innerer Befehl, aus der Ruine zu fliehen. Ja, es gab eine Führung, die uns vor der kommenden Nacht, die auf alle Frauen, ohne Ausnahme, in der Ruine unseres Hauses wartete, aus unerforschlichen Gründen rettete!

Es geschieht alles wie in einem chaotischen Traum.

Wir laufen aus der fünf Wochen langen Finsternis plötzlich in grellen Sonnenschein hinaus, taumelnd von dem starken Licht, unsere Augen können sich kaum an diesen Glanz gewöhnen. Ich werfe einen Blick auf unsere schöne große Villa zurück – ein Trümmerhaufen, ein Wirrwarr von herausstehenden, zerbrochenen Balken! Dann überqueren wir, rennend zwischen Leichen und Trümmern, die Straße, hinüber zu den Treppen. Ich sehe meine Schwester mit dem Wickelkind in den Armen im hohen Schnee die Treppen hinunterstürzen, springe hin, reiße sie auf und falle selber hin mit dem kleinen Knaben, den ich führe; denn unter dem Schnee hängen Drahthindernisse! Wir versuchen, mit den Kindern hinüberzuklettern. Da tritt aus einer Hausnische ein älterer Soldat der feindlichen Armee, hebt den kleinen Knaben über das Drahthindernis und hilft uns, den Kindern, den Frauen, einem nach dem anderen, hinüberzukommen. Ich bin die letzte. Wir können mit dem Soldaten nicht sprechen, wir würden einander nicht verstehen, aber wir schauen einander in die Augen, und ich drücke innig, von Herzen, seine ehrliche Hand, und er erwidert meinen Händedruck. Dann laufen wir im Zickzack weiter, wo wir gerade eine Deckung gegen die immerzu explodierenden Minen und einschlagenden Schüsse finden. Die Kinder brüllen aus vollem Hals. Ich ziehe den kleinen Peter, der in der schrecklichen Kälte, im Schnee, nicht mehr laufen kann, auf dem Boden liegend mit Gewalt hinter mir her, weil ich ihn nicht mehr zu tragen vermag. Manchmal bleiben wir unter einer Terrasse stehen, um Atem zu holen und die Hände der Kinder mit unserem Atem zu wärmen, dann laufen wir weiter, irgendwohin, nur durch eine innere Kraft weitergetrieben, weitergeführt …

Es ist wie ein Traum, als man uns endlich in einem Haus aufnimmt, wo ein gutmütiger Korporal der feindlichen Armee uns gegen seine eigenen Kameraden vor Gewalttätigkeiten beschützt. Wir befreunden uns, und einmal sagt er mir: »Mama, gibt acht! *Ein* guter Soldat, *zehn* schlechte Soldat! Nicht alle sind aus unserer Armee so gut wie ich, dass ich euch beschütze. Gib acht, wenn ich weiter muss!«

Ja, wir wissen, dass nicht alle feindlichen Soldaten so menschlich sind! Wir haben die Erfahrungen der ersten Nacht hinter uns, die wir nie vergessen!

Und die Männer sind verschwunden … Nur meinen Vater haben wir Gott sei Dank bald wiedergefunden. Der alte Herr spazierte ruhig, ohne Aufregung, ungeachtet des andauernden Kanonendonners, durch diesen Massenmord; und während allen alles geraubt wurde, Pelz, Mantel, Handschuhe, Geld, Uhr, Füllfeder, alles, was nur ein Mensch bei sich haben kann, ist mein Vater, ohne dass ihn ein Soldat angerührt hätte, frei in das Heim einer alten Freundin gelangt. Seine mächtige Ausstrahlung hat sogar auf die feindlichen Soldaten gewirkt und sie von ihm abgehalten.

Dann, nach einigen Tagen, klopft jemand in dem fremden Haus an die Tür des Zimmers, wo vierzehn Menschen, Soldaten, Flüchtlinge und wir Frauen mit den Kindern, wohnen. Bo-Ghar steht da, in zerfetzten Kleidern, mit blutenden Füßen. Ein Wunder, dass er nach all dem, was er erdulden musste, noch lebt. Nachbarn hatten ihm berichtet, in welcher Richtung wir geflüchtet waren. Er hat uns wiedergefunden …

Einige Tage später kommt mein Bruder ähnlich abgerissen an, auch er hat mehrere hundert Kilometer in dieser Zeit zurücklegen müssen. Er fand irgendwo zwei Schuhe, beide für den linken Fuß. Er trägt die beiden linken Schuhe mit seiner gewohnten Würde. Die Hauptsache ist, er lebt …

Nur von meinem Mann habe ich keine Nachricht. Es geht mir nicht aus dem Kopf, dass ich ihn eines Tages, in einer Vision, auf der Landstraße hilflos im Schnee liegen sah … Was konnte mit ihm geschehen sein?

Nach langen Wochen, nach langem, vergeblichem Warten, finde ich meinen Mann endlich, schwer verletzt, im Haus eines barmherzigen Bauern wieder. Meine Vision hatte nicht getrogen …

Wochen vergehen, Monate vergehen. Wir hungern und wissen nicht, was wir am nächsten Tag essen werden. Aber eines Tages ist der Krieg endlich beendet!

Wir versuchen, einige Zimmer in der Ruine unseres Hauses bewohnbar zu machen. Bo-Ghar und ich arbeiten Tag und Nacht, damit wir in der entsetzlichen Hungersnot uns etwas zum Essen verschaffen. Mein Mann liegt lange Monate, bis er sich so weit erholt, dass er mit zwei Stöcken vorsichtig gehen darf. Wie gut, dass ich Bildhauerin bin! Ich mauere, nehme Türen aus verlassenen Wänden und setze sie dort ein, wo sie notwendig sind. Wir stellen Fensterrahmen zusammen, und als Glasersatz bekleben wir sie mit dickem Packpapier. Aus den Trümmern graben wir mit unseren zehn Nägeln noch brauchbares Küchengeschirr aus, einige Pfannen und verkrümmte Bestecke. Wir – Bo-Ghar und ich – ziehen mehrere Zentner Kohle nach Hause und laufen mit dem ausgeliehenen Wagen wie zwei gute Pferdchen. Unangenehm ist nur, dass der Wagen, wenn es abwärts geht, immer in unseren Rücken schiebt, wir können ihn kaum zurückhalten. Wenn wir aber bergauf müssen, haben wir mit unserer letzten Kraft zu ziehen und zu stoßen, bis wir dann wieder einmal auf eine ebene Straße kommen, wo wir fröhlich und erleichtert weitertraben. Dann putzen wir und setzen aus den Möbelresten neue Möbelstücke zusammen. Wir hämmern und nageln, bis wir endlich in der Ruine des alten Heimes unsere »Yoga-Schule« wiedereröffnen. Bo-Ghar leitet die Körperübungen, die er bei Mentuptah gelernt hat, und ich gebe theoretischen Unterricht über das, was ich in Ägypten von Ptahhotep gelernt habe.

Es vergehen wieder Monate. Die Sorge, was wir essen werden, lässt etwas nach. Unsere Schüler, die Verwandte auf dem Land haben, bringen uns eine Handvoll Mehl, einige Kartoffeln, Eier, manchmal sogar ein Stückchen Butter.

Nur von meinem Sohn kommt noch immer keine Nachricht …

Nach anderthalb Jahren läutet jemand draußen. Ich öffne – und Ima steht da!

Ich hätte gedacht, dass in solchen Fällen Mutter und Sohn mit einem lauten Schrei einander schluchzend um den Hals fallen. Aber nein! Ich schaue ihn überrascht an, dann umarmen wir einander ernst und still. Ich atme nur tief auf, er lebt und ist kein Krüppel geworden. Nur eine Narbe an seiner schönen hohen Stirn zeigt, dass er mit dem Flugzeug abgestürzt war.

Aber ich bin tief erschrocken! Ich kenne Ima, ich weiß, dass er in diesem Land keinen Platz mehr hat. Hier herrschen Brutalität, Talentlosigkeit und Gemeinheit, der Geist des Chaos! Und ohne größere Gefahr kann ein Mensch nur dann alles miterleben, wenn er in vollkommenem Gottvertrauen den inneren Frieden behütet und – schweigt! Ima aber wird nicht schweigen! Er versteht nicht, dass wir jetzt nicht im Tempel sind, wo Aufrichtigkeit, Selbstlosigkeit und Liebe herrschen, wo jeder seine Ansichten aussprechen kann, ohne Gefahr, missverstanden zu werden. Ima wird sich in dieser Welt nicht zurechtfinden. Er wird Ungerechtigkeiten nicht dulden und gegen den unterweltlichen Geist, der hier herrscht, kämpfen wollen! Er hat anscheinend vergessen, *wer* er ist, dennoch hat er seine hohe Einstellung, seine Ehrlichkeit und seinen Mut behalten und glaubt, dass er dasselbe auch von den Menschensöhnen erwarten kann. Er *will* an die *Menschen* glauben, und seinen unerschütterlichen Gottesglauben, den er tief in seiner Seele eingeprägt trägt, verdrängt er in sein Unbewusstes.

Er muss von einer Enttäuschung in die andere fallen. Warum verdrängt er seinen Gottesglauben? Warum *will* er nicht mehr an *Gott* glauben? Das ist auch der Grund, warum er kein Selbstvertrauen hat! Ich sehe, dass er einen schweren seelischen Bruch erlitten haben muss, aber wann und wo? Und warum habe ich das merkwürdige und drückende Gefühl, dass *ich* diesen seelischen Bruch – eine entsetzliche Enttäuschung – hervorgerufen habe? Ich weiß, dass er sein Vertrauen irgendwo und irgendwann *wegen meiner* verloren hat, aber umsonst suche ich den Grund. Ich weiß nur, das ist mir vollkommen bewusst, dass *ich* ihn zu *Gott* zurückführen muss, darum ist er mein Sohn geworden. *Ich* muss sein Selbstvertrauen, das mit *Gottvertrauen* identisch ist, in ihm erwecken und wieder bewusst machen, weil *ich* schuld war, dass er es verloren hat. Er muss erkennen, dass die tiefe Liebe und das Vertrauen, die er *mir* gegenüber fühlt, nur eine Projektion des tiefen Gottvertrauens ist, das er in dem Unbewussten seiner Seele trägt. Er muss sich dessen bewusst werden, dass er *in* jeder Person *Gott* selbst erkennen und lieben soll. Die Person ist nur eine Hülle, die *Maske*, durch welche sich *Gott* offenbart. Er muss sich klar werden, dass das, was er in einem Menschen *liebt*, was in einem Menschen schön, gut und wahr ist, *Gott* ist und nicht die Person. Auch in mir, die er hier auf Erden – ich weiß es – am allermeisten liebt! Ich muss diese Liebe in ihm zu Gott zurückführen. Er muss einsehen, dass er auch *in mir Gott* liebt und meine Person nur ein Werkzeug ist, durch welches *Gott* sich *in Form von Mutterliebe* offenbart. Dass in jeder Person, die ihn liebt, also auch in mir – *Gott* ihn liebt und nicht die Person. Dann wird er mich und alle Menschen, aber auch sich selbst, besser verstehen und dann keine Enttäuschung mehr erleben!

Und es kommt eine Nacht, in der mein einziges Kind, der Mensch, den ich hier auf Erden am meisten liebe, während draußen ein außergewöhnlich kalter Winter herrscht und das Thermometer seit Wochen zwanzig Grad unter Null zeigt, in einem ungeheizten Zimmer wohnt, kaum etwas zum Essen und nicht einmal eine warme Decke hat. Ich könnte ihm leicht ein geheiztes Zimmer verschaffen, ich könnte ihm zu essen geben und ihn mit allem, was er benötigt, versorgen. Aber ich darf es nicht! *Eher soll sein Körper zugrunde als seine Seele verloren gehen! Ich muss aus Liebe mit ihm grausam sein*!

Ich knie im Dunkel in meinem Bett und spreche mit meinem *Gott*: »Sei *Du* mit ihm, oh *Gott*, und erlaube, dass er *Dich* und *sich selbst* wiederfindet. Erlaube, dass er den Weg, welcher zu *Dir* führt, findet und nie von diesem Weg abweicht! Erwecke ihn, erwecke *Dich selbst* in ihm, *Gott*, denn *Du* wohnst auch in ihm, und *Du* musst in ihm erwachen, damit er erwacht, denn meine Kräfte reichen nicht mehr aus. Er muss sich selbst bewusst werden, sonst ist er verloren, und *Du* weißt den einzigen Weg, damit er *Dich*, mein *Herr*, mein *Gott*, in *sich selbst* wiedererkennt, dass er sich von *jedem Menschen* verlassen fühlt und auch überzeugt ist, dass sogar *ich* ihn verlassen habe. In jeder Person muss er sich enttäuscht fühlen, jedermann muss er aufgeben, damit er *Dich* finde, dass er wieder in *Dir bewusst – selbstbewusst – werde*! *Du* weißt, *Gott*, dass ich, um ihn zu retten, keinen anderen Ausweg mehr sehe. Ich kann und darf ihm meine Liebe nicht mehr zeigen. Er muss aus seinen eigenen Kräften *Dich* finden. Ich bin nur ein schwacher Mensch, mein Herr, *Du* aber bist *Gott*, die *Liebe* selbst, *Du* liebst ihn mehr, als ich lieben kann, *Du, Gott*, bist immer mit ihm, und weil ich jetzt grausam sein muss, liebe *Du* ihn mit *Deiner göttlichen Liebe*! Gib acht auf ihn, dass er während dieses Kampfes, während er durch diese schwere Schule geht, seine Gesundheit nicht ein für allemal verliert. Du weißt, dass er auch gegen seine Gesundheit darum sündigt, weil er kein Selbstvertrauen hat, weil er in seinem Unbewussten sterben und sich vernichten will. Gib acht auf ihn, öffne seine geistigen Augen und verlasse ihn nicht … *verlasse ihn nicht … verlasse ihn nicht* …«

Und so Nacht für Nacht …

Eines Nachts, als ich im Dunkel wieder auf meinem Bett knie und mich innerlich sammele, um mit Gott über mein Kind zu sprechen, geschieht etwas Sonderbares. Es fängt zu meiner größten Überraschung an zu dämmern. Es wird immer heller und heller, und in dem zunehmenden Licht sehe ich eine merkwürdige Landschaft. Einen hohen Berg, auf welchen ein schmaler, steiler und holpriger Pfad hinaufführt. Ich weiß, dass dieser Pfad zum Ziel – zu *Gott* – führt. Ohne zu zögern, betrete ich ihn.

Der Pfad führt durch eine freundliche Gegend in die Höhe. Ich steige unermüdlich, immer höher und höher, bis die freundlich grüne Gegend hinter mir liegt und ich allmählich die unwirtliche Region des Hochgebirges erreiche.

Der Weg wird immer steiler, immer schmaler und steiniger, aber ich steige mit erstaunlicher Leichtigkeit, fast schwebend, bergauf.

Die bewohnte Gegend bleibt zurück, mein Horizont weitet sich, und ich sehe alles tief unter mir. Aber es bleibt keine Zeit zur Betrachtung. Ich setze meinen Weg fort. Nach vielen Windungen endet der schmale Pfad vor einer kurzen Steintreppe mit sieben Stufen, jede Stufe ist noch einmal so hoch wie die vorhergehende.

Ganz allein unter dem kristallklaren Himmelsgewölbe stehe ich da vor den sieben Stufen und weiß, dass ich hinaufkommen muss.

Mit einem tiefen Seufzer und dem Glauben an die Kräfte, mit denen der Schöpfer jedes seiner Kinder versehen hat und die sich jetzt, während des unendlich lang scheinenden Weges, wunderbarerweise nicht erschöpft, sondern vermehrt haben, gehe ich auf die Treppe zu.

Die erste Stufe ist niedrig. Ich muss das *Gewicht meines Körpers* besiegen, um mich auf sie zu heben. Es gelingt leicht.

Die zweite Stufe ist etwas höher und erweckt den Widerstand meines

Körpers vor dieser Treppe. Die *Kräfte des Körpers* habe ich aber längst besiegt, und so macht mir auch diese Stufe keine Mühe.

Die dritte ist schon *fühlbar* höher. Ich muss also meine Gefühle besiegen, um hinaufzugelangen. Wie ich Herr über meine Gefühle werde, bin ich auf der dritten Stufe.

Vor der vierten Stufe, die auffallend hoch ist, überfallen mich zweifelnde Gedanken: »Wie werde ich dazu fähig sein, sie zu erklimmen? Habe ich genug Kraft dazu?« Da erkenne ich, dass der Zweifel mich entkräftet und lähmt. Der Zweifel ist aber ein Gedanke! Ich muss also meine *Gedanken* besiegen, um über den Zweifel Herr zu werden. Dank der langen Schulung in den Exerzitien im Tempel weiß ich, was ich zu tun habe: Ich fasse alle Kräfte meines Geistes zusammen, bin ganz Gottesvertrauen und denke überhaupt nichts. Und siehe, mit meinen Gedanken verschwindet auch mein Zweifel – und ich befinde mich auf der vierten Stufe.

Merkwürdigerweise fühle ich mich, während ich die Stufen nacheinander besiege, bedeutend größer werden. Mit jeder Stufe wachse ich, so dass ich schon viel größer bin als bei der ersten Stufe. Jetzt stehe ich vor der fünften Stufe, die trotz meines Wachstums so hoch ist, dass ich nur mit Händen und Füßen mich anklammernd hinaufgelange. Als ich mich mit großer Schwierigkeit hinaufziehe, erlebe ich die unaussprechliche Überraschung, dass ich keinen Körper mehr habe. Alles, was an mir und in mir *materiell* war, verschwand, ich bin unsichtbarer *Geist*.

Bei der Besteigung der sehr hohen sechsten Stufe erwartet mich eine neue Schwierigkeit: Ich habe keinen Körper, keine Hände, mit denen ich mich anklammern, und keine Füße, mit denen ich mich hinaufstoßen könnte. Wie soll ich da hinaufkommen?

Ich schaue mich um nach einem Weg, und wie ich mich umdrehe, erblicke ich plötzlich weit unter mir ausgebreitet die ganze Welt! Die vielen Länder, wie Spielzeug die Städte, die Häuser mit ihren unzähligen Lebewesen … Unendliche Liebe zu ihnen ergreift mich, und ich denke mit Schmerz an alle, die den schweren Weg der Erkenntnis gehen müssen, an die unaussprechlich vielen, die noch in der Dunkelheit tappen, eingemauert in ihre eigene Selbstsucht, so wie ich einst. . .

Und – oh Wunder! – im Augenblick, da die *universelle Liebe* mein Herz überflutet, erhebe ich mich – und befinde mich auf der sechsten Stufe.

Jetzt stehe ich vor der letzten und allerhöchsten Stufe. Sie ist genau so hoch wie ich selbst. Ich sehne mich so sehr, hinaufzukommen, dass dieser Wunsch mein ganzes Wesen erfüllt. Umsonst. Ich weiß gar nicht, was ich anfangen soll, denn es fehlen mir ja Hände und Füße sowie die Muskelkraft meines Körpers, mit der ich mich hinaufringen könnte. Aber ich muss um jeden Preis hinauf. Oben finde ich Gott, und ich will unbedingt sein Angesicht schauen.

Ich stehe, warte – es geschieht nichts.

Wie ich suchend umherblicke, bemerke ich überrascht, dass ich nicht allein bin, denn in diesem Augenblick erreicht ein Wesen gleich mir die sechste Stufe und bittet mich flehentlich, ihm auf die siebte zu helfen. Ich verstehe sein unendliches Verlangen und – *meine eigene Sehnsucht nach der siebten Stufe vergessend* – versuche ich ihm zu helfen, damit es das Ziel erreiche.

Aber im Augenblick, da ich meine eigene Sehnsucht vergesse, bin *ich,* ich weiß nicht wie, oben, und mein Gefährte ist nicht mehr da. Er ist spurlos verschwunden. Er war ein Trugbild, um meinen letzten Wunsch zu vergessen, der sich auf mich bezog. Denn solange ich meine eigene Person erhöhen will, kann ich die Stufe, die *ebenso hoch ist wie ich selbst*, nie besiegen.

Ich bin angelangt! Kürzer als einen Blitz sehe ich die aus blendendem Licht geflochtene Gestalt eines himmlischen Wesens – meine Ergänzungshälfte! Seine unwiderstehliche Anziehungskraft reißt mich an sich, und voll Wonne und Erfüllung verschmelze ich mich mit seinem Herzen zu einer vollkommenen Einheit. Ich werde bewusst, dass Er immer Ich und Ich immer Er war, das dualistisch projizierte Bild meines göttlichen, wahren *Selbst*. In diesem dualistischen Zustand war ich noch *Gott* gegenüber und empfand *Ihn* als *Du*. Jetzt, in der paradiesischen Einheit, fühle ich, dass diese unsichtbare Macht, die ich bisher »*Gott*« nannte, im nächsten Augenblick *ich selbst* werde. Eine aus Feuer geflochtene Scheibe beginnt sich um mich zu drehen, in deren unbeweglicher Achse, in meinem Rückgrat, mein wahres *Selbst* – *ICH* – wohne.

Und ich fühle mein Rückgrat wie einen weiß glühenden Bogen brennen, wie eine Brücke aus Lebensstrom, die durch sieben Kraftzentren blendendes Licht ausstrahlt und meinen Körper belebt.

Dann, jenseits von allem Zeitbegriff, sehe ich gleichzeitig die unendlich lange Kette der verschiedensten Lebensformen, die ich während Äonen, auf dem unabsehbar langen Weg der Entwicklung, vom ersten Fall aus der paradiesischen Einheit bis zum jetzigen Augenblick, gelebt und erlebt habe. Ich sehe, dass meine unzähligen Leben untrennbar mit den Leben derselben Geister verbunden waren, sind und sein werden. Aus den Geschehnissen der vergangenen Leben entstehen neue Zusammenhänge, neue Verbindungen wie Fortsetzungen, die sich Mosaiksteinen gleich zu einem vollkommenen Bild ergänzen und zusammenfügen. Ich erkenne die Fäden, die mich mit meiner Ergänzungshälfte, mit Ptahhotep und Atothis, mit Ima und Bo-Ghar und noch mit vielen anderen Menschen durch Äonen verbinden. Erkenne, wie die Höherstehenden uns, wir uns untereinander und wir den Tieferstehenden in der Vergeistigung der Erde, im Bewusstwerden in der Materie, im Körper, vorwärtshelfen. Die Erfahrungen, die wir in den vielen Leben einander bringen, dienen nur dazu, das Bewusstsein im Körper zu erweitern und zu vertiefen. Die Körper, die wir beleben, werden immer geistiger, immer schöner. Die Materie unserer Erscheinungsformen, elastischer werdend, folgt immer mehr dem Willen und den Ausstrahlungen des Geistes, bis schließlich der Körper ein folgsamer Diener des *Selbst* wird und keinen einzigen Lichtstrahl des Geistes mehr isoliert und zurückhält. Ich verstehe das Geheimnis der Pyramide, denn jetzt bin ich selbst eine Pyramide geworden, die die Materie – den Körper – nur noch als festen Grund gebraucht, aber fortwährend das *Göttliche offenbart!*

Dann wird alles um mich her, Erde, Himmel und das ganze Universum, ein einziges Feuermeer. Ich sehe gigantische Flammen, die mich umringen, und einen Augenblick lang fühle ich, dass ich mit dem ganzen *All* vernichtet werde. Knisternde, prasselnde Blitze sausen durch meine Adern, durch mein ganzes Wesen. Das Feuer verbrennt mich, doch dann kehrt sich plötzlich alles um; nicht ich bin es nunmehr, die im Feuer verbrennt, sondern *ich selbst bin dieses himmlische Feuer, das alles durchdringt, alles belebt und verbrennt!* Eine Lichtflut umgibt mich, aber diese Lichtflut stammt aus mir. *Ich bin* die Quelle dieses Lichtes wie all dessen, was *ist*. Die Erde übt keine Wirkung mehr auf mich aus, ihre Anziehungskraft, die mich gefesselt hatte, hört auf. Ich schwebe im *Nichts*, mein Sein hat keine Grenze mehr, *ich bin* nunmehr derjenige, der alles zu sich zieht, aber *mich* bindet nichts mehr – *mich* zieht nichts mehr an …

Ich suche diejenigen, die ich liebte, denn ich weiß, dass sie nicht vernichtet werden konnten, aber ich suche sie vergebens in dem *Nichts* um mich. In der Leere gibt es nichts anderes als *mich* – so richtet sich meine Aufmerksamkeit nach innen.

Und siehe! Ich besinne mich und erkenne, dass *alles und alle in mir leben!* Das Universum ist in *mir*, denn alles, was *ist, lebt in mir*, alles, was ist, *bin ich*, in allem, was ich liebe, liebe *ich mich*, und ich erkenne, dass ich nur all das nicht zu lieben *glaubte*, was ich *noch nicht in mir erkannt hatte*! Jetzt, da ich mich vollkommen erkenne, liebe ich *alles* und *alle* gleich, denn *ich bin eins* mit ihnen. *Ich bin »ich« im All, ich bin All-eins*!

Ich bin die Erfüllung, das Leben, das strahlende, ewige, unsterbliche Sein ... Es gibt keinen Kampf, keine Reue, kein Leiden mehr, es gibt kein Vergehen, keine Endlichkeit und keinen Tod! *In allem Geborenwerdenden fange ich – der Unsterbliche – eine neue Lebensform an, und in allem Sterbenden gehe ich – der Unsterbliche – in mich zurück, ich, das schaffende, erhaltende, alles erneuernde, ewige göttliche Selbst.*

Ich erkenne, dass *Raum* und *Zeit* nur an der Peripherie der sich mit wahnsinniger Geschwindigkeit drehenden Scheibe der geschaffenen Welt herrschen. *Ich bin aber in mir die zeit- und raumlose Ewigkeit.* Und während *ich in mir ruhe*, fülle ich mit meinem ewigen *Sein* den *Raum* und darin alles, was lebt:

ICH BIN DIE EINZIGE WIRKLICHKEIT,
ICH BIN DAS LEBEN, ICH BIN, DER ICH BIN!

Ich ruhe in mir und fühle unendlichen *Frieden* ... Aber in diesem Frieden erreicht mich ein Ruf, der mich in meinen verlassenen Körper zurückzwingt. Ich richte den Scheinwerfer meines Bewusstseins auf ihn und erkenne die Stimme, die zu meinem Wesen spricht, die wohlbekannte, heiß geliebte Stimme meines Meisters *Ptahhotep. Er* ruft mich zurück …

Und ich trete aus meinem himmlischen *Selbst*, um das Kleid des persönlichen »Ich« wieder anzulegen. Aber ich nehme mit mir das Bewusstsein, wer *ich bin* …

Ich bin wieder Mensch, aber ich trage das göttliche, bewusst gewordene *Selbst – Gott –*in meinem Herzen; von nun an wird *es* durch meine Person handeln … Und ich öffne langsam die Augen.

Da begegnet mein Blick den tiefblauen, himmlischen Augen meines Meisters *Ptahhotep*. Aus seinen Augen strahlt dasselbe Licht, dieselbe Liebe und derselbe Frieden, wie ich sie in meinem erlösten, seligen Zustand eben erlebte und wie ich sie jetzt in meinem Herzen trage.

Ich kann keinen Laut hervorbringen. Zwischen meinem Selbst und meinem Körper finde ich noch keine Verbindung.

Es ist aber auch nicht mehr nötig zu sprechen, denn ich weiß die Gedanken und den Willen meines Meisters. Wir sind in der geistigen Einheit, in *Gott, alle eins*!

Er legt seine Rechte auf mein Herz und ich fühle, wie das Leben nach und nach in den Körper zurückkehrt. Ich atme tief, und durch meine gefühllosen Glieder dringt der erneuerte Lebensstrom. Mein Herz schlägt wieder kräftig. Allmählich werde ich wieder Herr über meinen Körper.

Ptahhotep und sein Stellvertreter helfen mir dabei, im Sarg aufzusitzen und langsam herauszusteigen. Ich stehe unsicher auf meinen Füßen. Ptahhotep und der andere Hohepriester nehmen mich bei den Händen und führen mich aus der Nische heraus, in welcher der Einweihungssarg steht. Da sehe ich, dass alle Eingeweihten des Tempels, alle Priester und Priesterinnen versammelt sind im großen Saal, wo die Bundeslade steht, und feierlich auf mich warten. Jetzt, da ich mit den beiden Hohepriestern heraustrete, empfangen sie mich mit der heiligen Zaubersilbe, mit dem geheimen Gruß der Eingeweihten:

»*OM*« ...

Ich stehe im Kreis der Auferstandenen wie eine Neugeborene. Ich habe denselben Körper wie vorher, und dennoch bin ich ein neues Wesen. Ich finde mich in einer neuen Welt. Ich sehe alles nicht mehr nur von außen, sondern gleichzeitig das innere Wesen von allem, den Kern, um den die äußere Form aufgebaut ist, dem die äußere Erscheinung nur als Offenbarung dient.

Ich stehe im Kreis der Auferstandenen. Mein inneres Wesen schwingt im Ton des göttlichen Zauberwortes – des Mantras – mit. Und mit Hilfe dieser unbeschreiblichen Schwingung, in diesem Tonfall erlebe ich auch in meinem körperlichen Bewusstsein die göttliche *Einheit des Selbst* mit all diesen Eingeweihten und mit dem *All*. Sie sind alle gekommen, alle Priester und Priesterinnen, um mich nach meiner Auferstehung zu begrüßen und die göttliche Liebe mir zu bekunden. Da steht auch mein Vater, Atothis, auch er trägt das einfache weiße Gewand der Eingeweihten. Da ist der sanfte Meister Mentuptah, und da ist mein lieber Bruder Ima. Wie ich sein edles Antlitz erblicke, lächeln mich seine Augen an, und jene Traumbilder, die schwersten Prüfungen der Einweihung, die des »Allesaufgebens« und der »grausamen Liebe«, tauchen in der Erinnerung auf! Ima, du Lieber, du Teurer, ob du weißt, dass *du* in meiner Einweihungsvision der Grund gewesen bist, dass ich die allerschwerste Prüfung bestand?

Die prachtvolle Gestalt einer älteren Priesterin löst sich jetzt aus dem Kreis der Eingeweihten. Sie überreicht Ptahhotep ein Gewand, und sie kleiden mich in mein Priestergewand. Dann überreicht sie Ptahhotep den

Kopfschmuck, das Zeichen der Eingeweihten, und *Er* setzt mir den goldenen Reif auf. Mit dem Schlangenkopf endet das Symbol der in schöpferische Lebensenergie umgewandelten, vergeistigten Zeugungskraft – den ich nunmehr nicht nur als Königin, sondern auch als Eingeweihte mit Recht trage!

Nun bin ich eine Priesterin, auf dem untersten Grad der Priesterschaft. Es liegt an mir, die höheren Grade stufenweise zu erreichen, bis ich würdig bin, den Lebensstab gebrauchen zu dürfen.

Ptahhotep tritt auf mich zu, legt seine Hand auf meinen Kopf und segnet mich. Dann nimmt *Er* mich bei der Hand und führt mich zu den Eingeweihten; zuerst zum zweiten Hohepriester. Auch er legt mir seine Hand auf und segnet mich. Dann trete ich vor meinen lieben Vater und fühle, wie er die ganze Liebe seines Herzens durch die Hand auf mich ausgießt. Und so nahe ich mich jedem Eingeweihten nach seinem Rang, und alle segnen mich. Zuletzt trete ich vor Ima, der kurz vor mir seine Einweihung empfangen hat. Er segnet mich auch, aber ich fühle, dass seine Hand zittert …

Dann führt mich Ptahhotep zur Bundeslade. Ich knie nieder. Das erste Mal in meinem Leben darf ich meine Hände auf sie legen. Ich fühle in jedem Tropfen meines Blutes die feurige Kraft, die mich aus der Bundeslade durchströmt. Ich atme tief bis in mein innerstes Wesen, und jetzt, bei wachem Bewusstsein – *im Körper* –, erlebe ich die Erfüllung der paradiesischen Einheit, die Allmacht und Allwissenheit in *Gott* … Ich verstehe und erlebe den Sinn des *Seins*. Wohin ich den Scheinwerfer meines Bewusstseins richte, wird Licht und Klarheit, und in hellem Glanz stehen die letzten Wahrheiten vor meinen Augen. Ich erlebe die unbegrenzte Macht, die mit der Lenkung der göttlich-schöpferischen Kraft in meinem *Selbst* liegt.

Ptahhotep nimmt mich wieder an die Hand und führt mich durch die Räume, durch welche wir gekommen sind und durch die Felsentür in den Tempel zurück. Die Eingeweihten folgen uns langsam. Im Tempel warten alle Neophyten auf uns, und jetzt erfülle ich das erste Mal meine priesterliche Pflicht. Ich bleibe mit Ptahhotep vor dem Altar stehen, und alle Neophyten kommen, einer nach dem anderen, um meinen Segen zu empfangen. Ich lege meine Rechte auf, und sie empfangen den Segen in tiefer Andacht. Zuletzt nahen die Kinder der Neophyten-Schule, darunter mein kleiner Adoptivsohn Bo-Ghar. Er kniet vor mir nieder, schaut mich anbetend an, dann beugt er den Kopf und empfängt meinen Segen.

O Bo-Ghar, mein kleiner Bo-Ghar, welch merkwürdige Rolle hast du in meinem Einweihungstraum gespielt …

Damit endet mein erster Priesterdienst im Tempel. In dem kleinen Raum, wo ich mich vor der Einweihung aufgehalten habe, lässt Ptahhotep mich allein. Nach der vorgeschriebenen Zeit vollkommener Ruhe darf ich von den leichten Speisen und Getränken genießen.

Ich sitze lange auf meinem Lager und kann von den eigentümlichen Bildern meiner Einweihungsträume nicht frei werden. Welch schreckliche Bilder! Was für ein Glück, dass diese Träume keine Wirklichkeit sind und ich aufgewacht bin! Wie war es möglich, dass ich überhaupt solche Bilder in mir getragen und folglich geträumt habe? Diese Bilder können nicht Wirklichkeit werden! Es ist ausgeschlossen, dass die Menschheit so tief sinkt, dass sie sich mit solcher Grausamkeit, mit solch höllischen Mitteln töten sollte! Der Keller, der schreckliche Schutzkeller meines Traumes! Und doch kenne ich das ewige Gesetz, dass ein Lebewesen sich nur die Bilder vorstellen kann, die in Wirklichkeit tatsächlich existieren könnten! *Was ein Mensch sich vorstellen kann, kann auch verwirklicht werden! Sonst könnte er es sich nicht vorstellen!*

Aber diese entsetzlichen Bilder! Riesenhafte Vögel, die mit schrecklichem Dröhnen oft so hoch fliegen, dass man sie nicht mehr sehen kann, die von Menschensöhnen gelenkt werden und bösartige Eier auf die Erde werfen, die in großem Umkreis alles zerstören und vernichten! Ich sah, wie diese Eier mit ohrenbetäubendem Lärm riesige Häuser zerrissen … Wäre das möglich?

Aber warum sollten die Menschensöhne ihren Verstand in den Dienst höllischer Sinnlosigkeit stellen?

Und was für merkwürdige Apparate sah ich und gebrauchte ich in meinen Einweihungsvisionen? Ich hörte Menschenstimmen aus unglaublichen Entfernungen sprechen, und auch mich hat man aus derselben Entfernung gehört. Wie würde Ima lachen, wenn ich ihm erzählen wollte, dass die Menschen sich mit solchen Apparaten verständigen, anstatt den viel einfacheren Weg der telepathischen Verbindung zu wählen! Er würde sicher verlangen, ich solle ihm die genaue Konstruktion dieses Apparates erklären. Und das könnte ich nicht! Aber ich könnte auch nicht die innere Konstruktion des Lebensstabes und der Bundeslade beschreiben, so dass man sie nach meinen Angaben konstruieren könnte, und dennoch existieren sie! Und so weiß ich auch, dass auch dieser Fernsprechapparat existieren kann! Und Ima! Du reiner, treuer Diener *Gottes*, du musstest in meinem Traum auch einen eisernen Vogel lenken! Du und all die schönen, gesunden jungen Männer, wie bezaubert, wie verhext seid ihr scharenweise weggegangen, um euch töten zu lassen oder um andere zu töten … Wie konntet ihr mitmachen, wie konntet ihr solch unmenschlichen Befehlen folgen?

Und wer war der Mann mit den brennenden Augen, der in meinem Einweihungstraum »mein Mann« war? … Wie nahe ist er im Traum meinem Herzen gestanden, er war wirklich meine Ergänzungshälfte. Er war mein bester Freund! Und dennoch wusste er nicht, wer ich bin, und auch ich weiß jetzt nicht, wer er ist.

Und so erlebe ich jedes einzelne Bild meiner Einweihungsträume wieder. Ich erkenne, wer in jenen Bildern meine Eltern, Geschwister, die vielen Freunde und Feinde in meinem jetzigen Leben hier in Ägypten waren. Oft muss ich über die merkwürdigen Zusammenhänge lächeln …

Es wird Abend, und der Tag endet mit einem Festmahl, an welchem alle Priester, Priesterinnen und Neophyten teilnehmen. Der Pharao ist auch gegenwärtig, und da bei einem Einweihungsfest die Angehörigen des Eingeweihten anwesend sein dürfen, ist auch meine liebe Menu da! Wie ich in den Garten trete, läuft sie, so gut sie mit ihrem dicken Körper nur laufen kann, strahlend auf mich zu, umarmt mich und schluchzt erschüttert in meinen Armen: »Oh! Dass du lebst! Und sage: Wirst du mich weiter lieben?«, fragt sie unter Tränen, »auch als Priesterin wirst du mich lieben? Darf ich weiter bei dir bleiben?«

Ich streichle ihr altes Köpfchen und beruhige sie: »Menu, Menu, natürlich liebe ich dich und du darfst bei mir bleiben. Jetzt bindet mich noch größere Liebe an dich.«

Als Priesterin

Die Priesterinnen im Tempel haben entsprechend ihren verschiedenen Fähigkeiten unterschiedliche Aufgaben. Manche unterrichten die Tempeltänzerinnen; andere helfen im heiligen Schlaf unruhigen Seelen auf ihrem Weg weiter, die nach dem Tod noch in der irdischen Atmosphäre umherirren. Ohne Hilfe würden sie noch Jahrhunderte, vielleicht sogar Jahrtausende erdgebunden sein, weil sie ohne Sinnesorgane keine Gelegenheit haben, Erfahrungen zu sammeln oder mit anderen Wesen in Kontakt zu treten. Sie sind in sich eingeschlossen und finden keinen Weg des Weiterkommens. Die Priesterinnen suchen diese unruhigen Seelen auf, durchdringen ihr Wesen mit der Kraft der Liebe, und dank der inneren Identität bestrahlen sie ihr Bewusstsein mit Ideen, die ihnen dann zu einer Lösung aus ihrem Zustand verhelfen. Die Aufgabe dieser Priesterinnen ist also eine zweifache: Sie helfen den umherirrenden Seelen vorwärts und reinigen damit gleichzeitig die irdische Atmosphäre.

Es gibt Priesterinnen, die die Jugend, den Nachwuchs gesunder, geistiger und schöner Gestalten, in die körperliche Liebe einweihen. Sie lehren die jungen Männer, den Trieb durch die Kraft des Geistes zu veredeln und eine höhere seelische Verbindung – ein Sakrament – zu erstreben. Sie weihen auch die heiratenden jungen Männer in diese geheiligte Kraft ein, die dann diese Energie in der Ehe ihren Frauen weitergeben und so edle Kinder zeugen.

Schließlich erfüllen bestimmte Priesterinnen dieselben Aufgaben wie die Priester. Sie führen Neophyten-Gruppen, geben Anleitungen zu Konzentrationsübungen, empfangen Menschen, die in irgendeiner Angelegenheit Ratschläge brauchen, und wenn diese Priesterinnen den höheren Grad der Priesterschaft erlangen, dürfen sie mit dem Lebensstab auch Kranke heilen. Auf diesem Weg kann eine Priesterin Hohepriesterin werden. Ich bin dieser Gruppe zugeteilt.

Ich liebe meine Aufgabe sehr! Es ist wunderbar mitzuerleben, wie die

Seelen meiner Schüler und Schülerinnen sich nach und nach entfalten und das Göttliche in ihnen sich offenbart. Ich sehe hier eine lebendige Illustration zu dem undurchsichtigen Würfel, der allmählich durchsichtig wird und das göttlich-schöpferische Prinzip durchscheinen lässt. Tagtäglich erlebe ich dies mit meinen lieben Neophyten, denen ich beistehe. Ich beschäftige mich auch gerne mit Menschen, die den Tempel aufsuchen, um sich in ihren seelischen oder auch körperlichen Problemen beraten zu lassen. Ich empfange sie in meiner kleinen Zelle, die mir Ima damals, als ich das erste Mal in den Tempel kam, überließ. Da zeigen mir die Menschen ihr »anderes« Gesicht, das niemand sieht, oft sie selbst nicht. Ich sehe dieses innere Gesicht bei jedem Lebewesen, und es ist sehr lehrreich zu hören, welche Erfahrungen, was für Erlebnisse und Geschehnisse dieses innere Gesicht nach dem Gesetz von Aktion-Reaktion geformt haben. Oh, wenn alle Menschen ihr Inneres sehen könnten, würden sie einander nie hassen, würden sie voreinander nie Angst haben! Es gibt keinen schlechten Menschen! Sie fügen einander oft Schlechtes und Grausames zu, weil sie glauben, dass der andere ihnen Schlechtes antun will, und sie verteidigen sich schon im Voraus aus lauter Angst. Damit liefern sie einen wirklichen Grund, so dass der andere die Überzeugung bekommt, dass sie schlechten Willens sind. Wenn man jedoch jeden der beiden überzeugen könnte, dass beide keinen schlechten Willen, sondern nur Angst voreinander haben, so würden sie einander erleichtert die Hand reichen. Die Menschen sind unwissend und blind, sie sehen einander nicht, und das gibt den Grund zu all den Feindseligkeiten und allem Unglück auf Erden. Es gibt nichts Schöneres, als die blinden Augen öffnen zu können und zu sehen, wie in ihrem Blick der Glanz des Verstehens, des Wissens aufleuchtet.

Außer dieser Arbeit darf ich gegenwärtig sein, wenn Ptahhotep oder sein Stellvertreter mit dem Lebensstab die Kranken heilt. Am frühen Morgen kommen die Kranken, oder ihre Angehörigen bringen sie in den Tempel, und Ptahhotep lenkt neue Lebenskraft in die kranken Körper. Ich schaue oft zu, wie der Lebensstab gebrochene Knochen oder entsetzliche Wunden in einigen Sekunden vollkommen heilt und höchstens eine kleine Knochenverdickung oder eine Narbe die Stelle der Verletzung zeigt. Wie man Metallstücke durch Erhitzung zu einem Stück zusammenschweißt, so verlöten sich gebrochene Knochen durch den Lebensstab wieder, und tiefe Wunden in Muskeln, Sehnen, Adern, Nerven und Haut wachsen wieder zusammen. Ebenso rasch heilt der Lebensstab die schwersten Entzündungen der Lungen, Nieren oder anderer Organe. Groß ist die Gnade *Got-*

tes, dass *Er* den Menschen dieses Mittel zum Gesundwerden geschenkt hat.

Außer meiner Arbeit im Tempel erfülle ich weiterhin die Pflichten der Frau des Pharao. Ich sitze wie früher bei festlichen Empfängen oder bei öffentlichen Feierlichkeiten neben meinem Vater und beobachte die Hofleute und all die Menschen, die zu diesen Festen erscheinen. Oft kommen Boten von fremden Ländern, die ganz anders sind als die Menschensöhne bei uns. Sie haben eine andere Hautfarbe, eine andere Kopfform, eine ganz andere Gestalt und strahlen auch andere Kräfte aus. Sie bringen oft wunderbare Dinge als Geschenke mit, die wir in diesem Land nicht kennen. Tiere, die ich nie gesehen habe, Edelsteine, Stoffe, gebrannte und prachtvoll bemalte Gefäße. Vater hat schon Künstler aus diesen fernen Ländern holen lassen, damit sie unsere jungen Schüler im Tempel ihre Künste lehren. Von hier sind hochbegabte Gelehrte und Künstler wieder in diese fernen Länder gereist, um unsere Wissenschaft und Kunst dorthin zu tragen. Vater sagte mir, dass wir auch einmal diese großen Länder besuchen werden.

Seit der Einweihung darf ich allein mit den Löwen Ausfahrten unternehmen. Die Fähigkeit, den eigenen Willen in die Nervenzentren anderer Lebewesen zu lenken und sie vollkommen in meiner Macht zu haben, wurde mir durch die Einweihung zuteil. Ich beherrsche jetzt diese aktiv gewordenen Nervenzentren, die bei den Menschensöhnen noch latent sind, und kann so durchdringende Willensstrahlen aussenden, wodurch sie ein anderes Lebewesen in ein unbewusstes Werkzeug meines Willens umwandeln. *Das allerhöchste Geschenk Gottes ist aber das Selbstbestimmungsrecht des Menschen*, und *das darf niemand verletzen*. Es wäre schwarze Magie! Folglich brauche ich die Macht meines Willens nie gegenüber einem Menschen. Wie leicht wäre es oft, einem Menschen aus einem schweren Problem herauszuhelfen, wenn ich ihn mit meinem Willen erfüllen dürfte! Die Verantwortung würde ich damit auf mich nehmen, und die Lösung des Problems wäre nicht sein, sondern mein Verdienst. Damit würde ich ihm die Gelegenheit nehmen, eine Prüfung zu bestehen. Jeder Mensch muss seine Probleme selber lösen, denn nur dadurch kann er Erfahrungen sammeln, seine Willenskraft entwickeln und den Horizont seines Bewusstseins erweitern.

Die Tiere sind unmittelbar den Naturkräften unterworfen, sie führen den Willen der Natur automatisch aus und besitzen keine Selbstbestimmung. So darf ich meine Löwen vollkommen meinem Willen unterordnen. Herrlich, wie diese wunderbaren Tiere meine Gedanken unverzüglich in die

Tat umsetzen. Sie reagieren auf die leiseste Regung meines Willens, so dass ich oft das Gefühl habe, als ob sie genau so zu meinem Selbst gehören würden wie meine Hände oder Füße. Dasselbe göttliche *Selbst* ist das Leben jedes Lebewesens, und die »Liebe« der Tiere ist nichts anderes als das unbewusste Streben, diese Einheit des *Selbst* auf der niedrigen, körperlichen Bewusstseinsstufe zu verwirklichen. Auch das noch unbewusste Kind will diese Einheit und Identität ganz einfach damit verwirklichen und erleben, dass es alles in den Mund nehmen oder essen will. Denselben Instinkt haben die Tiere. Die Einheit, das heißt, die Liebe zwischen mir und meinen Löwen, ist so groß, dass sie meine Hand, sogar meinen Kopf in den Rachen nehmen wollen und so tun, als ob sie mich fressen wollten. Sie beißen selbstverständlich nicht zu, denn das Spiel ist nicht ernst. Aber ich verstehe, dass diese Tiere, wenn sie zum Beispiel eine Gazelle fressen, *nur ihrem Streben nach der Einheit folgen.* Der Selbsterhaltungstrieb hat also dieselbe Urquelle wie der Arterhaltungstrieb – das Streben nach dem göttlichen Einheitszustand. Darum sind auch die Manifestationen beider Triebe miteinander so eng verbunden und vermischt. Die Natur nützt dieses Urstreben nach Einheit mit der Triebkraft aus, um neue Nachkommen zu schaffen. Darum schmeckt den Löwen das Fleisch, das sie von ihrem Pfleger bekommen, nie so gut, als wenn sie ihren Drang nach Ureinheit im Jagdeifer und im Losstürzen auf ein lebendiges Tier ausleben können. Sie genießen das Einswerden mit dem Lebendigen – mit dem Leben selbst –, mit Totem können sie jedoch *nur den Hunger befriedigen, nicht aber das Streben nach Einheit.*

Ich beschäftige mich gerne mit meinen Löwen. Es ist so spannend zu beobachten, wie diese prachtvollen Tiere alle Eigenschaften des göttlichen *Ra* (Sonne), auf die tierische Ebene transformiert, offenbaren. Wie in allem, was ich tue oder sage, stimmt auch in der Freude an den Löwen der kleine Bo-Ghar mit mir überein. So wie mich einst Vater mit unendlicher Geduld unterrichtete, wie ich mich in dem dahinjagenden Wagen aufrechthalten konnte, so belehre ich jetzt den Knaben. Er ist auch darin sehr gewandt, macht instinktmäßig die richtigen Bewegungen, und schon nach kurzer Zeit kann er mich sogar auf längere Fahrten begleiten.

In ruhigeren Zeiten begleite ich Vater wieder in das kleine Ferienhaus am Meer. Bo-Ghar kommt mit, und wir genießen zu dritt die Freuden des Meeres. Vater beschäftigt sich auch gerne mit dem kleinen Knaben. Es ist eine Freude, wie sich seine reine Seele gleich einer prachtvollen Blume entfaltet. Einmal betrachtet Vater lange Zeit Bo-Ghar, dann ruft er ihn zu sich, und wie das Kind zu ihm läuft, fragt er ihn: »Nun, Bo-Ghar, willst du mein Mitarbeiter werden?«

Bo-Ghar wirft sich in seiner ganzen Länge vor meinem Vater hin, und mit zusammengelegten Händen sagt er in tiefster Andacht: »Herr, ich werde mein ganzes Leben der Aufgabe widmen, die du mir geben wirst, um ihrer würdig zu werden.«

Vater streichelt das Köpfchen des Jungen: »Steh auf, Bo-Ghar. Du wirst in dem großen Werk der Erlösung der Erde mit uns arbeiten. Tue nur, was deine Lehrer im Tempel sagen, und du wirst einmal unser Mitarbeiter werden … Stehe auf, du brauchst dich vor mir nicht auf die Erde zu werfen.«

Bo-Ghar steht auf und kann seine Freude nicht zurückhalten. Er springt wie ein kleiner Affe umher, dann will er sich würdig benehmen wie ein Erwachsener, der das Vertrauen meines Vaters verdient. Schließlich läuft er ans Meer, um Muscheln zu suchen.

Als ich mit Vater allein bin, frage ich: »Vater, ich habe jetzt die Einweihung bekommen, und wenn ich mich über die Ebene der Zeit erhebe, sehe ich Zukunft und Vergangenheit ebenso wie ihr, nur in Bezug auf meine eigene Person kann ich die Zukunft noch immer nicht erkennen. Warum ist das so? Die Zukunft ist mir nur insofern wichtig, um mich in ihr bis zum letzten, allerhöchsten göttlichen Grad zu entwickeln. Doch erkläre mir, warum sehe ich die Zukunft aller Menschen, nur eben die meine nicht? Nebel steht vor meinen Augen, wenn ich mein Bewusstsein in die Zukunft richte.«

Vater schaut mich an, lächelt und wartet.

Ich lächele zurück und antworte ihm in Gedanken. Wir verstehen einander. Sein Blick sagt mir: »Warum fragst du? Wenn du die Zukunft nicht siehst, so muss das so sein, damit du deine Aufgabe richtig erfüllen kannst. Denke nicht daran, sondern tue alles, um aus eigener Kraft den höchsten Grad, den du in der Einweihung mit Hilfe Ptahhoteps erlebt hast, zu erreichen.«

Wenn unsere Pflichten uns nach der Stadt zurückrufen, verstreichen die Tage wie früher, teilweise im Tempel, teilweise im Palast. Meine Arbeit tue ich sehr gern. Sie befriedigt mich vollkommen, dennoch trage ich den ganzen Tag über in mir die Freude, dass ich mich nach meinen Pflichten in mich – in Gott – versenken kann. Jedes Mal entschließe ich mich, dass ich den allerhöchsten Grad aus eigener Anstrengung erreichen will, und komme tatsächlich der vollkommenen Erfüllung immer näher, und doch

stehe ich jedes Mal, wenn ich in mein persönliches Bewusstsein zurück-
kehre, enttäuscht auf. Die letzte Wirklichkeit, die ich in der Einweihung erlebte und deren Erinnerung in meiner Seele unauslöschlich brennt, habe ich
auch diesmal nicht erreicht. Mein einziger Trost ist dann, dass ich abends
mit Ptahhotep die Abendandacht miterlebe.

Ptahhotep, sein Stellvertreter, die Priester und Priesterinnen, alle Eingeweihten, versammeln sich abends, bei Sonnenuntergang, im Tempel. Wir
sitzen in einem Kreis, so dass Ptahhotep und sein Stellvertreter einander
gegenübersitzen und zwei Pole bilden. Wir übrigen bilden rechts und links
je einen Halbkreis. Es braucht eine gewisse Zeit, den seelischen Körper von
den Unreinheiten zu befreien, die wir, während wir mit Menschensöhnen
in Berührung kommen, unvermeidlich aufnehmen. Dann reicht Ptahhotep
seine gesegneten Hände seinen Nachbarn, auch wir alle reichen einander die Hände und schaffen auf diese Weise einen Stromkreis, durch den
Ptahhotep und sein Stellvertreter den Strom des allerhöchsten, göttlichen
Grades in unsere Körper leiten. Das hilft uns, den allerhöchsten Bewusstseinszustand der göttlichen Einheit zu erleben. Auf diese Weise entwickelt
sich die Widerstandskraft unserer Nerven viel schneller, als wenn wir nur
unsere eigenen Energien erleben würden. Diese Augenblicke der Seligkeit,
die ich jeden Tag während der Abendandacht erlebe, machen den Inhalt
und den Sinn meines ganzen Lebens aus!

Oh *Gott*! Gib mir Kraft, dass ich *Dich* mit meinem Bewusstsein aus eigener Anstrengung erreiche!

»WIR WERDEN UNS
NOCH WIEDERSEHEN«

Eines Tages bereitet sich der Hof auf einen feierlichen Empfang vor. Vater hatte vor einiger Zeit seinen Heerführer Thiß-Tha in Begleitung vieler hoher Persöhnlichkeiten mit einer großen Truppenmacht und Schiffen voller Geschenke und Tauschwaren in ein fernes Land gesandt. Der Herrscher dieses Landes empfing unsere Boten überaus herzlich, und nach kurzer Zeit sandte er seine eigenen Truppen, ebenfalls mit Geschenken und Tauschwaren, in unser Land. Heute wird die Ankunft dieser fremden Truppen gefeiert.

Menu kleidet mich in mein Festkleid, und Roo-Kha bringt mit den üblichen Zeremonien den Königinnenschmuck. Dann führen mich die zwei Ältesten zu Vater, und wir schreiten durch die langen Säulengänge, in Begleitung des ganzen Hofes, auf die Palastterrasse. In der Mitte der Terrasse, auf dem goldenen Thron, nimmt der Pharao Platz, in all seiner Würde und männlichen Schönheit. Zu seiner Rechten sitzt sein Audienzlöwe, und zu seiner Linken, etwas nach vorne, beinahe am Rande der Terrasse, steht mein Thronsessel. Neben uns, rechts und links, stellen sich die Vornehmen des Landes in der Reihenfolge ihres Ranges auf.

Dann beginnt das Fest. Die Truppen des fremden Landes marschieren in einem festlichen Zug auf. Ihr Führer tritt mit seinem Gefolge vor die Terrasse, beugt sich mit vorgestreckten Armen tief, bis zur Erde, vor uns, hält eine schöne Rede in unserer Sprache, um zu zeigen, dass sie eine lang dauernde Verbindung mit uns wünschen. Dann lässt er die Geschenkträger vortreten, um die Geschenke zu überreichen.

Ich beobachte die Szenen von oben und sehe mir die Männer aus dem Gefolge des Führers – lauter prachtvolle Menschen – in prunkvollem Festgewand und in Kampfausrüstung an, die vor der Terrasse sich aneinanderreihen. Die Fremden sind große, starke, stämmige und sehr muskulöse Männer. Bei uns sind nur die Abkömmlinge der Söhne Gottes so hochgewachsen und kräftig wie diese fremden Soldaten, aber viel schlanker, biegsamer und elastischer. Ptahhotep, Vater und noch einige aus dem Stamme der Söhne Gottes, wie auch Ima, Mentuptah, Imhotep und auch einige Priesterinnen haben prächtig kraftvolle Gestalten, sie sind aber majestätisch würdig und durchgeistigt. Sie wirken nicht so robust und tierisch körperlich wie diese Fremden. Nie habe ich solche Menschen gesehen. Sie gefallen mir nicht! In unserem Land bin ich daran gewöhnt, besonders bei den Nachkommen der Söhne Gottes und auch bei der schon stark gemischten Rasse, dass die Gesichtszüge fein und geistig sind, nicht unregelmäßig und tierisch wie die Gesichtsformen dieser Fremden. Besonders die Ohren! Unsere Ohren sind klein, schmal und schön gezeichnet, das Ohrläppchen freistehend. Die Fremden haben breite, große Ohren mit angewachsenen Ohrläppchen, den Affen ähnlich. Und was hier vollkommen unbekannt und sehr sonderbar auf uns wirkt, ist, dass die Fremden rote Haare haben! Sie sind auch sehr haarig, ihr Gesicht ist voller Haare, aber auch ihre Hände, Arme und Füße sind mit vielen Haaren bedeckt, die im Sonnenschein wie goldene Fäden glänzen. Sie sind selbstbewusst und selbstsicher. Wenn sie sprechen oder lachen, zeigen sie schöne, weiße, aber sehr starke Zähne. Auch das wirkt auf mich tierisch! Sie strahlen große Kraft aus, aber nicht geistige Kraft. Nein! Sie gefallen mir nicht!

Ich sehe, dass die Fremden uns ebenso sonderbar finden wie wir sie. Wir gefallen ihnen auch nicht. Ich sehe, dass ihre Augen für den Geist noch nicht geöffnet sind. Sie sehen die vergeistigt schönen, feinen Formen nicht, sie sehen nur, dass die Menschen bei uns kleiner sind als sie, und ich sehe ihre Gedanken, dass sie verächtlich über unsere Rasse denken. Ich bin daran gewöhnt, dass das Feuer der Bewunderung in den Augen aufleuchtet, wenn mich ein Mann erblickt. Diese Fremden bewundern mein Gewand, meine Schmucksachen, aber dass *ich* schön bin, bemerken sie gar nicht! Ich sehe sehr gut, wie sie auf mich – auf die Königin dieses Landes – neugierig sind und mich bei jeder Gelegenheit anschauen, aber sie wissen nicht, dass ich schön bin! Ja, ich erbte die kleine Gestalt meiner Mutter, aber die Schönheit einer Frau hängt doch nicht von ihrer Größe ab! Diese Männer aber, diese fremden Kämpfer, finden eine Frau nur dann schön, wenn sie groß und fleischig ist. Ich beobachte mich wie immer: Ist vielleicht die Eitelkeit in mir erwacht? Nein! Das steht mir fern! Mir gefällt nur nicht, dass sie so unwissend, unreif und roh sind wie bei uns nur die Menschensöhne der niedrigsten Klasse. Alle diese Fremden sind so unkultiviert, ihre Führer wie auch die Vornehmen, die sie begleiten. Ich beobachte einen von ihnen, der unmittelbar unterhalb der Terrasse vor meinem Sitz steht. Er muss ein hoher Offizier sein, denn er ist in der unmittelbaren Begleitung ihres Führers erschienen. Jetzt wartet er da mit einer Gruppe Soldaten und schaut mich ununterbrochen an. Aber in seinen Mundwinkeln sitzt ein geringschätziger Ausdruck. Sein Benehmen ist wirklich nicht vornehm. Wie darf ein Mann eine Frau so unverfroren und frech anstarren?! An unserem Hof ist nur Roo-Kha so unverschämt, aber sein Blick kann und will auch die Bewunderung für meine Schönheit nicht verbergen. Dieser Fremde schaut mich aber nur dreist an, ohne die geringste Bewunderung! Ich lasse aber dennoch die Eitelkeit in mir nicht wach werden. Ich bin achtsam und halte mich unter ständiger Kontrolle!

Ich drehe mich weg. Ich sehe weiter den Feierlichkeiten zu. Ich verfolge mit größtem Interesse die verschiedenen Kampfspiele, welche die fremden Soldaten vorführen. Ich muss zugeben, dass diese Männer eine körperliche Kraft haben, die bei uns unbekannt ist. Diese Rasse stammt aus der Nachkommenschaft eines halbblütigen Sohnes Gottes, der die hohe göttliche Kraft seines Vaters nicht in seinem Geist, sondern in seinem Blut offenbarte und ein Riese wurde. Seine Nachkommen kreuzten sich mit den Urmenschen und entwickelten eine großknochige Rasse mit enormer Muskelkraft. Sie sind bei weitem nicht so geschickt und elastisch wie unsere Kämpfer, dagegen zeigen sie eine körperliche Kraft, zu welcher unsere Männer unfähig wären. Während dieser Schaustellungen blicke ich dennoch immer wieder zu diesem frechen Fremden hinunter. Er schaut unermüdlich herauf. Eigentlich wäre es eine wirklich schöne Aufgabe, solch einen unkultivierten, sonderbaren rothaarigen Fremden in die Geheimnisse des Geistes einzuführen, seine inneren Augen nach und nach zu öffnen, damit er nicht nur das Fleisch einer Frau, sondern auch die Schönheit ihrer Geistigkeit bemerkt!

Es vergehen mehrere Tage, in denen ich nicht in den Tempel kann, so sehr bin ich von dem Besuch der fremden Gäste im Palast in Anspruch genommen. Ein Fest folgt dem anderen. Vorführungen, Ausflüge und Festessen, und selbstverständlich muss ich meine Pflicht neben Vater, neben dem Pharao, erfüllen und mit ihm repräsentieren. Menu ist in ihrem Element, sie kleidet mich mit Wonne in immer neue, noch schönere und prachtvollere Gewänder. Bo-Ghar aber ist verbittert und unglücklich, weil ich jetzt für ihn gar keine Zeit habe. Roo-Kha erscheint häufig mit seinen Schmuckträgern, um mir stets neue Prachtstücke der Juwelierkunst zu bringen. Ich trage all dies aus Pflicht, dennoch betrachte ich mich in meinem großen

Silberspiegel voll Neugierde. Was wird der Fremde zu meinem neuen Gewand und zu dem neuen Schmuck sagen? Besonders als Vater und ich und der ganze Hof, um unsere freundliche Gesinnung zu bekunden, in der Tracht der fremden Gäste erscheinen. Ach! Ich muss lachen, wie merkwürdig Vater in der sonderbaren Bekleidung aussieht! Und ich? Wird mich der rothaarige Fremde auch in diesen Kleidern nicht schön finden?

Denn ich kenne »ihn« schon! Vater hat mir seinen Führer und alle Vornehmen, also auch ihn, vorgestellt, und täglich bin ich jetzt in der Gesellschaft der fremden Gesandten. Der Herrscher ihres Landes hatte für die Expedition in unser Land lauter Männer ausgewählt, die unsere Sprache in kurzer Zeit erlernt hatten, und so können wir uns mit den Gästen sehr angenehm unterhalten. Nur wenn ich mit *diesem* fremden Gast zusammen bin, der mich damals, bei dem Empfangsfest, so angestarrt hat, stört es mich, und ich bekomme immer Herzklopfen, dass *er genau dieselbe Stimme hat wie die in Nebel gehüllte Gestalt meines Einweihungstraumes*! Wie sonderbar!

Die Fremden sind eigenartige Leute. Unkultiviert und ungelehrt, aber gar nicht dumm! Sie sind ganz eng mit der Natur verbunden, und ohne dass sie die inneren, schöpferischen Gesetze und das Wesen der Dinge *verstandesmäßig* kennen würden, wissen sie viel davon aus eigenen unmittelbaren Erfahrungen und Erlebnissen. Es ist merkwürdig zu beobachten, dass dieselbe Wahrheit, die wir durch innere Betrachtung in unserem Geist klar sehen, im Bewusstsein dieser Fremden als Glaube und Aberglaube erscheint! Wenn sie die Quelle und Ursache einer Kraft nicht kennen, stellen sie sich vor, dass sie von einem unsichtbaren Wesen stamme, und ihre eigenen Vorstellungen nennen dieses dann Gott. Und sie beharren starrköpfig auf ihren Vorstellungen, auf ihren imaginierten Märchen über ihre »Götter«. Sie wollen alles besser wissen. Wenn man ihnen aber die Wahrheit und die Tatsachen erklären will, schütteln sie den Kopf und lachen überlegen. Selbstverständlich darf ich von den Geheimnissen des Tempels nichts erwähnen, dennoch wollte ich dem Fremden die Kräfte, die bei einem Gewitter Blitz und Donner verursachen, erklären. Ich durfte nicht erwähnen, dass die Hohepriester mit der Bundeslade in der Pyramide Blitz und Regen erzeugen, denn ohne dies würde von selber nie Regen fallen, und aus dem Land würde ein vollkommen unfruchtbarer Erdteil. Ich versuchte ihm aber zu erklären, dass der Blitz aus der Begegnung zweier entgegengesetzter Kräfte stamme und er dieselbe Erscheinung selbst hervorrufen könne, wenn er zwei Steinstücke stark aneinander schlage. Da lachte er überlegen und sagte, dass der Blitz der Pfeil des »Hauptgottes« sei und er sehr gut wisse, dass in gewissen Steinen kleine »Dämonen« wohnen, die, wenn man sie störe, böse werden und kleine Blitze herausschleuderten. Aber von der wahren Erklärung dieser Erscheinung wollte er nichts wissen. Im Grunde genommen ist es kein Unterschied, ob ich den Blitz als den »Pfeil des Hauptgottes« oder »die Begegnung positiver und negativer Kräfte« nenne, aber wenn diese Leute auf ihrem Aberglauben und auf ihren Vorstellungen über nicht existierende Gottheiten beharren, werden sie die Naturkräfte nie beherrschen lernen, sondern bleiben eben die Sklaven ihres Aberglaubens. Ich habe es mit meinen Erklärungen verschiedener Naturerscheinungen bei dem Fremden so weit gebracht, dass er sich, wenn er sie auch nicht glaubt, dennoch für weitere Erklärungen interessiert. Er würde sich gerne von mir unterrichten lassen, sagte er. So wird er jeden Tag im Tempel erscheinen, und ich werde ihn in den niedrigsten Grad des Wissens einweihen.

Nach Sonnenuntergang kleidet mich Menu in mein Priesterinnengewand, und ich gehe tief verschleiert in ihrer Begleitung in den Tempel. Ein Neophyt hat den Fremden in meine kleine Zelle in der Tempelwand begleitet, dort wartet er auf mich. Menu bleibt im Tempelhof, und ich trete in meine Zelle. Da steht der Fremde schon! Er lehnt sich in der Ecke an die Wand und schaut mit seinem überlegenen Lächeln auf mich. Mich ärgert immer dieses Lächeln! Wie traut er sich, mich so anzuschauen? In keiner Hinsicht ist er mir überlegen, nur seine Unwissenheit lässt ihn glauben, dass er, weil er körperlich viel größer und kräftiger ist als ich, mir in jeder Hinsicht überlegen sei. Er weiß natürlich nicht, dass die Kraft des Geistes über allem steht. Aber ich will es ihm zeigen! Ich werde diesen frechen rothaarigen Riesen mit der Kraft meines Geistes besiegen, so dass er mir mit all seinen körperlichen Kräften unterliegen wird.

Der Fremde verbeugt sich tief, aber ich sehe, dass er es ohne Überzeugung tut. Hier im Land betet mich das Volk an. Sie wissen, dass ich eine eingeweihte Priesterin – die Dienerin *Gottes* – bin. Der Fremde weiß auch, dass ich Priesterin im Tempel bin, aber er weiß nicht, was »Einweihung« bedeutet. Er weiß nicht, dass unser Wissen kein auf menschlichen Vorstellungen gegründetes »Für-wahr-halten«, keinen »Glauben«, sondern das Erkennen der Wahrheit, das göttliche *Allwissen*, bedeutet! Ich werde aber seine Augen öffnen, ihn in das Geheimnis des Menschen und des Weltalls, in das Geheimnis der ganzen Schöpfung, einführen.

»Wenn du wahres Wissen erlangen willst«, sage ich ihm, »musst du zuallererst dich selbst kennenlernen. Du musst wissen, *was du selbst bist*.

Denn wenn du dich selbst kennenlernst, wirst du entdecken, dass alle Wahrheiten in deinem eigenen Wesen verborgen liegen, folglich lernst du mit der Selbsterkenntnis gleichzeitig alle Geheimnisse der Welt kennen. Löse also zuerst das große Geheimnis, das große Rätsel unserer Sphinx – den Menschen selbst! Du musst erkennen, was du bist!«

Der Fremde schaut mich zuerst aufmerksam an, dann fängt er an zu lächeln.

»Ich soll kennenlernen, was ich bin? Das weiß ich aber schon längst! Wie wäre das ein so großes Geheimnis? Es scheint aber, oh Königin, dass *du* nicht weißt, was ich bin, und deshalb sage *ich* dir: Ich bin ein Mann!«

Und er lacht laut und herzlich, dass er alle seine großen weißen Zähne zeigt.

Ach! Er ist wie ein großes Kind! Er lacht so mitreißend, dass ich selbst auch lachen muss.

»Ich weiß sehr gut, dass du ein Mann bist …«, sage ich, aber ich kann den Satz nicht beenden, weil der rote Riese mir ganz unartig ins Wort fällt: »Königin, es scheint mir, dass du nicht nur das nicht weißt, dass ich ein Mann bin, sondern dass du überhaupt nicht weißt, *was ein Mann ist*. Ich bin kein Priester und kann die Gedanken nicht so lesen, wie ihr es könnt, aber ich kenne die Frauen, und ich sehe, dass du noch etwas überhaupt nicht weißt – oder hast du es vollkommen vergessen –, und das ist: *Was du bist!* Dass du eine Frau bist! Wie willst du mich die inneren Geheimnisse des Menschen und des Weltalls lehren, wenn du diese einfache Wahrheit, die ein jeder Mensch sieht, nicht weißt?«

»Ich weiß sehr gut, dass ich eine Frau bin«, sage ich würdig. Der Fremde lächelt frech, ich fahre aber ungestört fort: »Aber die äußere Form ist nur die Hülle des inneren Wesens. Wenn man das innere Wesen kennt und das innere Wesen *ist*, so nutzt man die äußere Form noch als Werkzeug, aber man *identifiziert sich nicht damit*! Der Körper ist nur das Kleid des *Selbst*. Du trägst auch Kleider, dennoch bist du nicht das Kleid. Genau so trägst du deinen Körper, der männlich oder weiblich sein kann, aber dein *Selbst* steht über den Geschlechtern, folglich ist es weder Mann noch Frau. Das *Selbst* ist der Schöpfer. Die Person, die körperliche, materielle Erscheinung ist nur die eine Hälfte des wahren Wesens. Die andere Hälfte ist im Ungeoffenbarten, im Unbewussten, geblieben. Und ob eine Erscheinung männlich oder weiblich ist, hängt davon ab, welche Hälfte sich verkörpert hat. Wenn jemand sich beide Hälften seines Wesens bewusst gemacht hat, so ist er mit seinem *Selbst* identisch geworden, und dann trägt er die männlichen wie die weiblichen Prinzipien in vollkommenem Gleichgewicht in sich.«

»Sein Körper bleibt aber dennoch nur männlich oder nur weiblich? Nicht wahr?«, fragt er.

»Selbstverständlich«, antworte ich. »Die materielle Erscheinung *kann* nur einseitig sein, denn wo die beiden Seiten sich zur Einheit vereinen, dort gibt es kein Körperliches. Die Vereinigung der beiden Ergänzungshälften, der beiden Seiten, würde die vollkommene Vernichtung der Materie, eine Dematerialisation des Körpers, bedeuten. Androgyn kann man nur im Geist sein.«

»Königin«, antwortet der Fremde, »aus deinen schönen Worten verstehe ich nur eines ganz klar, und darin bin ich mit euren ›Geheimnissen‹ vollkommen einverstanden, dass meine körperliche Erscheinung, wie du das so schön ausdrückst, nur die eine Hälfte einer Einheit ist. Bisher habe ich öfters eine Ergänzung gesucht – und gefunden –, aber nie wurde ich dadurch vernichtet! Vielleicht weil ich die wirkliche Einheit nie gefunden habe? Aber wenn es auch die Vernichtung bedeutete, werde ich meine *wirkliche Ergänzungshälfte* weitersuchen. Ich bin ein Mann, und meine andere Hälfte kann nur eine Frau sein, die mir das vollkommene Glück gibt. Für eine solche Frau würde ich gerne auch mein Leben hingeben!«

Ich fühle einen warmen Blutstrom in meinem Körper strömen, der meinen Kopf erreicht. Einer solchen Denkungsart gegenüber fühle ich mich machtlos. Wie kann ich ihm erklären, dass das Glück, das er bei einer irdischen Frau sucht, vollkommen vergänglich ist und seinen unsterblichen Geist nicht befriedigen kann?!

Wir enden für heute. Er muss Zeit haben, die neuen Wahrheiten zu verarbeiten.

Und es folgen viele Abende, an denen ich mit seiner Unwissenheit kämpfe. Ich will, dass er vorwärtskommt, und ich nehme mir alle Mühe, ihm die richtigen Worte zu sagen, um in ihm den göttlichen Funken zum Aufflammen zu bringen, um sein höheres Selbst zu erwecken. Wenn ich morgens erwache, denke ich schon an ihn. Ich rufe mir alles, was wir am vorigen Abend gesprochen und erlebt haben, wieder in Erinnerung und konzentriere mich den ganzen Tag auf die neuen Belehrungen, die ich ihm am Abend geben will. Ich rase in diesen Tagen oft mit meinen Löwen durch die Gegend. Aber jetzt nehme ich Bo-Ghar nicht mit. Bo-Ghar geht mit hängendem Kopf in die Werkstatt seines Meisters, wo ihn dann Ima mit verschiedenen Geschenken, die ein Kind sich nur wünschen kann, tröstet. Mir tut das leid, aber ich brauche auch Zeit, um mit meinen Gedanken allein zu bleiben.

Wie ich nach einer Wagenfahrt meine Löwen in den Löwenhof zurückführe und, um von ihnen Abschied zu nehmen, ihre Köpfe streichle und mit meinen Fingern in ihre Haare fahre, fällt mir auf, dass der Fremde merkwürdigerweise genau die Haare hat wie die Löwen! Es taucht in mir der Gedanke auf, dass, wenn ich den Fremden streicheln würde, genau solche rote, dicke Haarlocken unter meine Finger kämen, als wenn ich in die Haare meiner Löwen greife. Ach! Ich liebe diese Löwen wirklich sehr!

Am Abend erzähle ich dem Fremden meine Beobachtung, dass ich finde, seine Haare seien denen der Löwen ähnlich.

»Königin«, sagt er, »dürfte ich einmal mit dir auf eine Wagenfahrt? Wenn ich sehen würde, dass du diese prächtigen Riesentiere mit deinem Willen beherrschen kannst, würde ich an deine übermenschlichen Kräfte glauben!«, und lächelt herausfordernd.

»Wo hast du gehört, dass ich übermenschliche Fähigkeiten besitze?«

»Alle Leute, mit denen ich nur spreche, beten dich wie eine Göttin an. Alle glauben fest, dass du ein überirdisches Wesen bist. Ich denke aber anders!«

Ich fühle mich verletzt: »Wie denkst du über mich?«, frage ich und bemerke mit Ärger, dass ich seine Antwort mit Herzklopfen erwarte, und gleichzeitig, schneller als ein Blitz, taucht das Bild Ptahhoteps in meinem Inneren auf, mit einem warnenden Ausdruck auf seinem edlen Antlitz. »Nein! Nein! Lass mich jetzt«, antworte ich dem inneren Bild, »es ist keine Gefahr!«, und höre schon zu, was der Fremde antwortet: »Wie ich über dich denke? Warum willst du das von mir hören? Du stehst so hoch über allem Irdischen, was interessieren dich Gedanken in einem armen irdischen Kopf wie dem meinen? Du liest ja sowieso alle Gedanken. Oder?«

»Ja, ich sehe deine Gedanken, aber ich muss dich prüfen, ob du mit mir aufrichtig bist«, antworte ich, aber in mir fühle ich ein beunruhigendes Gefühl. Ich kann aber nicht untersuchen, was dieses Gefühl ist, denn der Fremde fragt mich wieder: »Du willst wissen, ob ich aufrichtig bin? Warum fragst du nicht zuerst dich selbst, ob du mit mir und *mit dir selbst* aufrichtig bist?«

Ich bleibe stumm. Ich weiß nicht, was ich antworten soll. Ich habe mich seit langen Jahren daran gewöhnt, mich ständig zu kontrollieren und die Beweggründe aller meiner Gedanken und Taten zu suchen. Ich bin überzeugt, dass ich mir gegenüber aufrichtig bin, folglich bin ich auch gegenüber der

Außenwelt, also auch ihm gegenüber, aufrichtig. Und dennoch fühle ich auf seine Worte eine verlegene Überraschung. Sollte er Recht haben? Habe ich nicht genügend Mut, allen meinen Gedanken und Gefühlen gegenüber aufrichtig zu sein? Ich entschließe mich, mich einer noch gründlicheren Untersuchung zu unterwerfen, aber auf alle Fälle werde ich alle meine Kräfte konzentrieren, um im Kampf mit ihm nicht zu unterliegen. Ich muss ihn besiegen, ich kann nicht zulassen, dass solch ein unkultivierter Fremder sich denkt, dass ich schwächer sei als er und er über mir stehe!

Am nächsten Tag machen wir mit den Löwen eine gemeinsame Wagenfahrt. Bevor wir in den Wagen steigen, steht der Fremde neben den Löwen und hält seinen Kopf mit der riesigen roten Mähne vor mich hin: »Willst du versuchen, ob ich tatsächlich solche Haare habe wie die Löwen? Wenn die Löwen es gerne dulden, dass du ihre Haare streichelst, werde ich es vielleicht auch aushalten können«, sagt er und lacht wieder, alle seine weißen Zähne zeigend.

Er ist wirklich wie ein großes Kind. Er benimmt sich so nicht aus Respektlosigkeit, daher kann ich ihm nicht böse sein. Ich lache mit ihm, und wenn der Pfleger meiner Löwen nicht dastehen würde, hätte ich Lust, tatsächlich tüchtig an seinen Haaren zu zerren.

So geht das weiter, Tag für Tag. Und die Zeit nähert sich rasch, da der Fremde in seine Heimat zurückkehren muss. Ich könnte in vieler Hinsicht zufrieden sein, ich könnte als »Frau« sogar triumphieren, denn ich sehe, wie sich seine Einstellung verändert hat. Er hat seine Überlegenheit verloren und wartet den ganzen Tag auf den Abend, um mit mir zusammen zu sein. Ich weiß schon, dass er sich eigentlich nie überlegen fühlte, sondern dieses Benehmen nur eine Verteidigung vor einem vollkommenen »Sich-Ergeben« war. Er wollte seinen männlichen Hochmut nicht aufgeben. Er bewunderte mich vom ersten Augenblick an, da er mich erblickte, und meine Eitelkeit, die mich zuerst unleugbar dazu trieb, mich mit ihm zu beschäftigen, könnte jetzt vollkommen befriedigt sein. Und dennoch bin ich nicht zufrieden, sondern eine ständige Unruhe plagt mich. Diese Unruhe gibt mir aber eben die Sicherheit, so oft ich meine Gefühle kontrolliere, dass mein Interesse für ihn *nicht* aus dem weiblichen Instinkt meiner niedrigen Natur stammt. Denn ich halte mich fortdauernd unter Kontrolle! Menu sagt, dass ich alle untrüglichen Symptome der Verliebtheit zeige, und schwimmt in Freude, dass ich endlich »erblühe«. Das ist aber ein Irrtum! Menu kann das gar nicht beurteilen, weil sie alles von ihrem irdischen Standpunkt aus betrachtet. Sie vermag es nicht zu verstehen, dass ich überhaupt nicht verliebt sein kann und darf – und es auch nicht bin! Wie könnte ich in diesen rohen, rothaarigen Riesen verliebt sein? Er gefällt mir nicht, er wirkt körperlich fremd auf mich, sogar irgendwie abstoßend. Ich habe mich schon oft innerlich geprüft, und da der Verkehr zwischen Mann und Weib dazu dient, Kinder zu zeugen, fragte ich mich schon oft, ob ich mir von diesem Fremden ein Kind wünschen würde. Gott behüte! Ein Kind mit solchen Ohren und mit solch eckigen Knochen? Mit solch brutalen Formen und haarigem Körper? Nein! Auf keinen Fall will ich von ihm ein Kind haben! So bin ich also nicht verliebt. Ich will nur, dass er *Gott* findet! Ich beschäftige mich mit einem jeden meiner Schüler voller Interesse, und genau aus demselben Grund denke ich so oft an ihn und konzentriere mich mit ganzer Seele auf ihn. *Gott* hat er aber noch nicht gefunden. Das habe ich nicht erreicht! Und deshalb bin ich so unruhig und traurig, wenn ich daran denke, dass er unser Land bald verlässt und ich ihn vielleicht in diesem ganzen Leben nicht mehr sehen werde …

Dann kommt alles schneller als ein Blitz …

Am letzten Abend gehe ich wieder in den Tempel, um ihn zu sehen und von ihm Abschied zu nehmen. Er lehnt sich wie gewohnt an die Wand, ist aber nicht mehr so überlegen wie das erste Mal, als er hier auf mich gewartet hat. Er schaut mich gar nicht an, sondern starrt hart und ernst ins Leere.

»Was hast du?«, frage ich ihn.

»Ich denke nach, was es für einen Sinn gehabt hat, dich jeden Abend hier zu sehen. Was wolltest du von mir, schöne Königin, die kein Herz hat? Was hat mir das, was du mir erzählt hast, genützt, wenn ich dadurch nur unglücklich geworden bin? Du hast mit mir fortdauernd darüber gesprochen, dass ich mich selbst finden muss, dabei hast du mit jedem deiner Worte und mit jeder deiner Taten dazu beigetragen, dass ich mich vollkommen verloren habe. Ich war ein mutiger, tapferer Kämpfer, der vor niemandem Angst kannte, und jetzt bin ich ein Sklave geworden. Der Sklave einer winzigen Frau, die kaum bis an meine Schultern reicht! Und ich habe Angst vor der Zukunft. Wie werde ich ohne dich leben können?«

Eine heiße Welle der Freude überflutet mich. Ich will es mir mit meiner Eitelkeit erklären. Ich fühle aber auch einen Schreck! Denn am Anfang wollte ich tatsächlich, dass er meine weibliche Schönheit und meine Macht anerkenne, aber nachdem ich das erreicht hatte, wollte ich meine Macht über ihn dazu gebrauchen, ihm auf den inneren Weg zu helfen. Ich gab mir alle Mühe, in ihm das *Selbst* zu erwecken. Aber statt dessen hat er sich in mich verliebt. So weit wollte ich nicht gehen! Ich wollte und will keine irdische Liebe, ich wollte mit ihm eine viel höhere Einheit schaffen, die Einheit des *Selbst*. Ich wollte ihn zu *Gott* führen! Aber ich zeige ihm umsonst die tiefsten Wahrheiten aus meinem innersten Wesen, er sieht in mir nur das Weib, er kann und will sich nicht über das Sinnliche erheben. Er sieht *mich* gar nicht, er bemerkt nicht, dass er nicht *mich* liebt, *ich* existiere für ihn gar nicht, sondern er liebt meinen Körper, die Hülle, die nur eine Offenbarung meines wahren *Ich* ist! Wie erniedrigend, wie entsetzlich! »Schau«, sage ich zitternd, »es hatte wirklich keinen Sinn, dass du hierher gekommen bist, um mich zu sehen, denn wir können einander überhaupt nicht begegnen. Ich will dich auf die geistige Ebene erheben, und du willst mich auf die Ebene des Körpers hinunterziehen. Es hat keinen Sinn gehabt, diesen Kampf zu führen. Gehe in Frieden in deine Heimat zurück, und wir werden uns nie mehr wiedersehen!«

Auf meine Worte steigt ihm das Blut in den Kopf, ich sehe, wie sein Gesicht, sein Hals, der ganze Mann dunkelrot wird, so dass seine Haare heller scheinen als seine Haut. Seine Augen funkeln wie Glut, und ich sehe erschrocken, wie auch sein ganzer geistiger Körper zu einer flackernden Flamme wird. Dann, ohne dass ich Zeit hätte, mich zu verteidigen, erfasst er leidenschaftlich meinen Arm wie mit einer eisernen Zange, reißt mich an seine mächtige Brust, umarmt mich, drückt meinen Kopf nach hinten, presst seinen Mund auf meine Lippen mit solcher Kraft, dass ich meinen Atem verliere … Dann küsst er mein Gesicht, meinen Hals und wieder meine Lippen, und zwischen den brennenden Küssen wiederholt er, in meine Ohren flüsternd: »Du willst mich nicht mehr sehen? Aber *ich* will dich wiedersehen, und wir werden uns noch wiedersehen … wir werden uns noch wiedersehen.«

Als ich sein wildes Gesicht sich mir nähern sah, überwältigte mich ein vernichtender Schreck. Ich wollte ihn wegstoßen und mich befreien, aber als er mich plötzlich in seine kräftigen Arme schloss und seinen brennend heißen Mund auf meine Lippen presste, schlug sein Feuer auf mich über, ich verlor die Herrschaft über mich, und ohne Widerstand übergab ich mich der aus dem Schreck sich plötzlich in eine überwältigende Wonne verwandelnden vollkommenen Hingabe. Es wird mir bewusst, dass ich ihn liebe, vom ersten Augenblick an liebte, mit Seele und Körper, mit meinem ganzen Wesen, unendlich, leidenschaftlich liebe!

Das Feuer überflutet mich unwiderstehlich wie aus einem gigantischen

Vulkan. Lodernde Flammen verschlingen mich. Ich fühle, wie mein Rückgrat wieder zu einer aus prasselnder Glut gebauten Brücke wird, die aus sieben funkelnden Fackeln brennt. Jetzt bin ich aber nicht mehr in der unbeweglichen Achse meines Rückgrates, nicht mehr im Mittelpunkt, von wo mein wahres *Selbst* das Feuer des Lebens ausstrahlt, sondern mein Bewusstsein ist gefallen in meinen brennenden Körper, und knisternde, prasselnde Blitze durchrasen meine Adern, mein ganzes Wesen. Alle meine Nerven glühen, alle meine Gedanken löschen, sie brennen mein Bewusstsein aus und vernichten mich … dann verschwindet alles …

Ich besinne mich ganz allmählich … ich öffne langsam meine Augen. Steinwände umringen mich, ich erkenne, dass ich auf dem Boden meiner kleinen Zelle liege.

Ich bin allein … es ist totenstill.

Ich habe keine Gedanken. Ich habe überhaupt nichts mehr, worüber ich nachdenken könnte …

Zerschlagen stehe ich auf, wickele meinen müden Kopf in die Schleier und verlasse die Zelle.

Der lange Säulengang ist dunkel und scheint leer zu sein. Aber nach ein paar Schritten erblicke ich eine dunkle Gestalt, die sich gegenüber an die Wand lehnt: Ima! Wie versteinert steht er da und schaut mit starren Augen, mit einem unbeschreiblichen Blick auf mich, den ich auch in der Dunkelheit wahrnehme … wahrnehmen muss … der tief in mich eindringt. Dann löst er sich von der Wand, dreht sich um und geht leise in der entgegengesetzten Richtung davon.

Ich gehe gedankenlos in den Palast zurück. Menu, die in der Ecke des Tempelhofes eingeschlafen war, begleitet mich wie üblich wortlos, aber manchmal laut gähnend …

DER LÖWE

Ich liege auf meinen Knien vor Ptahhotep.

Ich spreche nicht – *Er* versteht meine unausgesprochenen Worte, auch wenn ich schweige ...

»Vater meiner Seele, rette mich! Nimm dieses Feuer aus meinem Körper, gib mir die Freiheit zurück! So kann ich und will ich nicht mehr weiterleben ...

Ich verlor mich selbst, ich bin vernichtet, ich habe keine Herrschaft mehr über mich, ich kann nicht mehr denken, was ich will, die Gedanken beherrschen mich und zerreißen meinen Kopf.

Hilf mir, Vater meiner Seele, hilf mir in die himmlische Höhe zurück, wo geistige Klarheit, Reinheit und Freiheit herrschen. Gib mir wieder meine Flügel, dass ich mit euch oben fliege wie die schöpferische Kraft *Gottes*, der göttliche Falke Horus, der das Weltall durchquert und neue Welten schafft.

Öffne mir wieder den Himmel, Vater meiner Seele, lasse mich die Musik der Sphären wieder hören, die nunmehr nur in meiner Erinnerung lebt, aber in mir herrscht die Stille des Grabes, weil meine Ohren taub geworden sind.

Öffne mir wieder meine Augen, Vater meiner Seele, denn sie sind ausgebrannt, und ich sehe das Licht des Himmels, den Glanz *Gottes* nur mehr in der Erinnerung, aber in mir herrscht Finsternis, denn meine inneren Augen sind blind geworden.

Öffne mir das Tor meiner himmlischen Heimat, wo ich alle Schätze des Geistes besaß, die nur noch in meiner Erinnerung leben, Vater meiner Seele, weil ich gefallen und ein armer irdischer Bettler geworden bin.

Öffne mir wieder die Glückseligkeit und den Frieden in der göttlichen Einheit der Erlösten, Vater meiner Seele, die nunmehr nur in meiner Erinnerung ist, aber ich bin in die Öde, in die Wüste der Verlassenheit gefallen, und mich jagt ohne Unterlass die brennende Unruhe der Zerrissenheit, der Verzweiflung.

Lege deine gesegnete Hand auf meinen Kopf und erlaube, dass ich wieder aus dem Kerker der Zeit befreit, in der ewigen Gegenwart *die werde, die ich war, die ich in der Wirklichkeit bin*, aber *die* ich in der Scheinwelt der Illusion nicht mehr *sein kann.*

Vater meiner Seele, rette mich, rette meine Seele! Erlaube, dass ich deine Stimme wieder, wie die Stimme *Gottes*, in mir höre, denn ich höre deine Antwort nicht mehr, ich bin taub und blind, und ich habe meine himmlischen Flügel verloren, und ich bin ein Verstoßener, ein Verbannter geworden. Nimm mich zurück, Vater meiner Seele, nimm mich in die Einheit der Seligen zurück, weil ich so nicht weiterleben kann! Rette mich, Vater meiner Seele, rette mich, du Vertreter Gottes, verlass mich nicht, verlass mich nicht … verlass mich nicht …«

Aber ich höre keine Antwort.

Ich habe alles verloren. Mein Verstand, der mir immer weiterhalf, ist neblig geworden, nur verschwommene Gedanken schleichen wie müde Wanderer durch meinen Kopf.

Auf meinem Lager im Palast liege ich mit dem einzigen Gedanken – sterben! Ich kann nicht weiterleben, ich will nicht weiterleben! Ich bin nur noch der Schatten meiner selbst. Durch den Nebel sehe ich manchmal verschwommene Gesichter auftauchen, Menu, verzweifelt weinend, und Bo-Ghar, die verzweifelten Augen von Bo-Ghar …

Sterben will ich – sterben!

Früher war ich Herr über meinen Körper und konnte ihn bewusst verlassen. Jetzt versuche ich es – es gelingt nicht! Ich kann nicht aus dem Körper hinaustreten. Ich bin wie in den Körper festgenagelt. Ich kann ihn nicht verlassen. Ich bin ein Gefangener im Kerker der Materie geworden.

Ich will zur Bundeslade! Sie wird meinen Körper verbrennen, wie ihre Ausstrahlung die toten Opfertiere im Tempel verbrennt, dass nicht einmal Asche übrig bleibt.

Ich verschleiere mich und eile zum Tempel, durch den großen Saal, zur Tür hin, die den unterirdischen Gang zur großen Pyramide abschließt. Aber ich kann nicht hindurch. Vor der Felsentür in der Luft stoße ich wie an eine unsichtbare Wand. In meinem nebligen Kopf dämmert es – die niedrigste Frequenz der Bundeslade, die *Ultramaterie*! Der materialisierte Hass! Unsichtbar schützt sie aber eine verbotene Linie besser als die dickste Mauer. Ich versuche die unsichtbare Wand noch einmal zu durchschreiten, aber die unvorstellbar harte Mauer der Ultramaterie stößt mich unerbittlich zurück.

Es gibt kein Erbarmen für mich … kein Erbarmen …

Langsam gehe ich durch den langen Tempelgang zurück, auch an meiner kleinen Zelle vorbei. Gedankenlos trete ich ein und setze mich auf die Steinbank. Ich versinke in Erinnerungen … der Raum erweitert sich, von jeder Seite höre ich das Echo der Unendlichkeit, und in mir tauchen Bilder auf. Eine Gestalt, in Nebel gehüllt, nähert sich mir. . . Ich erkenne sie – die neblige Gestalt meiner Einweihungsvision. Sie kommt mir ganz nahe, dann schlägt aus ihr eine Flamme. Die ganze Gestalt beginnt zu flammen und wird ein männliches Feuerwesen, das mich jetzt unwiderstehlich umarmt und in mich eindringt, so dass ich auch zu flammen und zu brennen beginne. Dann höre ich seine Stimme, wie sie mir zuflüstert: »Ich sagte dir, dass wir uns wiedersehen würden. Du gehörst mir, du wirst nie mehr von mir frei. Wir werden uns noch wiedersehen, immer wiedersehen … in der endlosen Zeit, in der zeitlosen Unendlichkeit wiedersehen …«, und das Echo wiederholt tausend- und tausendfach: »Wiedersehen … wiedersehen … wiedersehen …«

»Nein«, schreie ich auf, »ich will dich nicht, ich hasse dich!«

Die Feuergestalt lacht: »Solange du mich hassest, liebst du mich, und ich habe Macht über dich! So leicht wirst du dich nicht befreien … Wir werden uns noch wiedersehen«, ruft das Echo weiter …

Wie ich diese Stimme höre, von dem vertausendfachten Echo aus jeder Richtung des leeren Raumes so zurückgeworfen, dass die ganze Luft von den immer wiederkehrenden Wellen erzittert, weiß ich, dass die in Nebel gehüllte und jetzt brennende Gestalt mir mit der Stimme zuflüstert und mit den Augen auf mich strahlt, denen ich nicht mehr widerstehen kann. Die gleiche Stimme und dieselben Augen suchte ich immer in allen Stimmen, die zu mir sprachen, und in allen Augen, die mich anschauten, in den unzähligen Männern, denen ich in den unzählig vielen Leben, an welche ich mich aus meiner Einweihungsvision erinnere, begegnete. In allen diesen Männern suchte ich *den* Mann, den ich mit unvergänglicher Liebe, mit jedem Tropfen meines Blutes liebe, den einzigen, »*meinen*« Mann – das Ebenbild meiner eigenen Ergänzungshälfte …

Da taucht ein anderes Bild auf, das Bild eines Mannes, den ich nicht als meine Ergänzungshälfte, sondern wie *mich selbst* liebe: *Ima*! Ihn konnte ich nicht mit irdischer Liebe lieben, weil ich mit ihm immer eins in *Gott* war. Uns verbindet die ewige Liebe der paradiesischen *Einheit*. Zu ihm will ich jetzt, ihm will ich alles erklären. Er wird mich verstehen! Die Einheit, die mich mit ihm verbindet, wird mich wie ein Licht bei meinem weiteren Wandern führen, meinen verdunkelten Weg erleuchten, dass ich in die verlorene himmlische Heimat, zu *Gott*, zurückfinde.

Ich taumele aus meiner Zelle. In der Neophyten-Schule, wo er als Priester tätig ist und die Kandidaten auf die Einweihung vorbereitet, suche ich ihn überall, ich schaue in jeden Saal, ob er nicht da ist, aber ich finde ihn nirgends. Auf einmal tritt der junge Priester zu mir hin, der mir bei den letzten Vorbereitungen vor der Einweihung half.

»Suchst du Ima?«, fragt er.

»Ja. Wo finde ich ihn?«

»Ima findest du hier nicht mehr. Er ging vom Tempel in einem ganz verzweifelten Zustand weg. Er verlor sich selbst, denn er glaubte nicht über alles an *Gott*, sondern *an eine Frau*! Er raste verstört davon, niemand von uns konnte ihn zurückhalten. Lieber wolle er unter wilden Negerstämmen leben als hier im Tempel, weil er bei den Negern keine Enttäuschung erleben müsse. ›Die Neger lügen nicht, sie sind so, wie sie sind!‹ – waren seine letzten Worte, bevor er fortlief. Ima findest du nie wieder.«

Ich stehe vor Entsetzen steif und stumm. Oh Ima! Auch dich habe ich ins Unglück, in die Verzweiflung mitgerissen! – Die Hölle in mir wurde durch diese Nachricht noch hundertmal qualvoller … Und dennoch weiß ich, dass der junge Priester nicht Recht hat. *Ich werde Ima wiederfinden!* Und wenn nicht in diesem, so in einem nächsten Leben! Alles vergeht, nur die wahre Liebe vergeht nie, und diese über allem Geschlechtlichen stehende Liebe, die Liebe der seelischen Einheit, wird uns, Ima und mich, unfehlbar zusammenführen!

Ich gehe in den Palast zurück und weiß nur eines, dass ich sterben *muss*. Ich hätte, ohne eine Priesterin, ohne eine Eingeweihte zu sein, auch nicht weiterleben können, aber jetzt, da ich weiß, dass ich meinen besten Freund in die Hölle mitgerissen habe, sind meine seelischen Qualen unerträglich. Alle meine Gedanken, alle meine Gefühle sträuben sich gegen ein Weiterleben. Ich will mich vernichten und versuche wieder und immer wieder, mit größter Anstrengung, meinen Körper zu verlassen.

Aber ich kann nicht! Ich kann nicht sterben! Ich muss das Feuer, das mich verbrennt und meine Nerven zerstört, in mir tragen. Ich kann mir nicht entfliehen. Wenn ich mich vollkommen erschöpft hinlege, um eine kleine Erleichterung zu finden und mich ein wenig auszuruhen, ist mir, als ob ein Berg meine Brust bedrücken würde, und ich kann kaum atmen. Vor meinen geschlossenen Augen sehe ich blendendes Feuer, Glut und Flammen, rote, lodernde Flammen wie die Haare des Fremden … wie die Haare der Löwen ….

Die Löwen! – Ja, zu ihnen will ich.

Und ich ziehe das Kleid an für die Wagenfahrten.

Der Wärter lässt mich zu den Löwen, weil er weiß, dass ich seit der Einweihung von meinem Vater die Erlaubnis habe, mit den Löwen allein auszufahren.

Ich gehe zu meinen Löwen. Sie empfangen mich mit gesenktem Kopf und mit hochgezogenen Nasenflügeln. Sie riechen einen fremden Geruch an mir, sie fühlen, dass fremde Ausstrahlung an mir haftet. Ich gehe zu Shima und streiche ihm den Kopf. Shu-Ghar fängt laut an zu knurren, krümmt sich langsam zusammen und macht sich sprungbereit. Wut und Eifersucht funkeln in seinen Augen, und der Lebensinstinkt erwacht in mir. Ich schleudere meinen Willen gegen Shu-Ghar, so wie ich ihn bei den Wagenfahrten mit meinem Willen lenkte. Aber vor Entsetzen kalt werdend, spüre ich, dass ich meinen Willen nicht mehr schleudern kann! Mein Wille ist lahm und tot, und der Löwe springt. Ich drehe mich um, sehe flüchtig drei entsetzte Menschen auf mich zurennen: Thiß-Tha, Bo-Ghar und den Wärter, und laufe aus aller Kraft hinaus aus dem Löwenhof, ich fühle den heißen Atem des Löwen schon im Nacken, ich spüre, wie seine Schnauze mich berührt, dann fällt ein Schlag auf meinen Kopf – aber ich laufe weiter. Ich sehe eine Tür, durch welche ich in das Reich laufen muss, wo der Löwe keine Macht mehr über mich hat, und in der Tür steht die feine, blasse Gestalt meiner *Mutter!* »Mutter«, schreie ich und laufe atemlos, weil ich weiß, dass ich in ihren Armen gerettet bin. Mutter erwartet mich mit ihrem sanften Lächeln, mit offenen Armen. Ich laufe in einer letzten Anstrengung – und falle in ihre Arme. Der Löwe verschwindet – ich bin gerettet …

Dann wird alles dunkel, nur eines weiß ich: Ich bin in den Armen meiner Mutter, die mir über die Schwelle half. Ich fühle mich wohl … ich ruhe … ich genieße die Liebe meiner Mutter, die ich so lange nicht gesehen habe, ich genieße den Frieden der Liebe …

Auf einmal zieht eine unnennbare Kraft mein Bewusstsein irgendwohin, und ich erwache. Ich liege auf einem Sarg und fühle meinen Körper nicht. Mein Bewusstsein ist verschwommen, ich weiß nur, dass ich aufstehen will, aber nicht kann. Da sehe ich Ptahhotep und seinen Stellvertreter neben mir stehen, und Ptahhotep ist es, der mich sanft und zärtlich zurückhält. Ich muss liegenbleiben. Ich bin in meinem geistigen Körper, den aber das magische Band noch immer an meinen materiellen Körper aus Knochen und Fleisch bindet. Der Körper liegt einbalsamiert im

Sarg, und ich liege in derselben Stellung, in meinem geistigen Körper, auf ihm. Ptahhotep und sein Stellvertreter sind um mich, ich sehe sie auch in ihrem geistigen Körper, sehe die glühenden Kraftzentren, die in ihrem materiellen Körper die Augen gebaut haben und durch diese Augen in die materielle Welt hineinschauen. Aus den zwei Kraftzentren Ptahhoteps strahlt jetzt ein bläulich phosphoreszierendes Licht auf mich, in mich, es durchdringt mein ganzes Wesen, und Schlaf überwältigt mich.

Der Saal und die zwei Hohenpriester verschwinden. Ich ruhe wieder in den Armen meiner Mutter. Jetzt erkenne ich, dass ich nicht in ihren Armen ruhe, es sind Kraftströme, die einmal ihre Arme wie ihren ganzen Körper aufgebaut haben und aus dem Körper als Liebe strahlten, diese Kräfte tragen mich und erfüllen meine gequälte Seele mit Liebe, Frieden und Sicherheitsgefühl.

Plötzlich reißt mich ein unangenehmer Schall aus diesem Frieden, ein scharfer Knall, den meine geistigen Ohren erst als Schlag empfinden. Ich suche nach der Ursache dieses Schlages, da merke ich, dass es das Knallen der Peitsche des Sklavenführers ist, der den Takt schlägt, damit alle Sklaven, die mich ziehen, zusammen im Takt gehen. Ich liege auf dem Sarg, der wie ein Schlitten auf Schienen langsam dahingleitet. Ich muss gerade den Palast verlassen haben.

Ich will aufspringen, aber ich kann nicht. Ich kann meine Glieder überhaupt nicht rühren, weil ich vom Hals bis zu den Fußspitzen ganz fest eingeschnürt bin. Ich liege da wie aus einem Stück gemeißelt, die Hände auf der Brust gekreuzt, die Beine parallel nebeneinander ausgestreckt. Aus meiner Lage kann ich nur vorwärts und hinauf schauen. In der Richtung meiner Fußspitzen sehe ich die in blendendem Sonnenschein schweißglänzenden nackten Rücken der Männer, die, nach vorne gebeugt, mich in rhythmischen Bewegungen immer weiterziehen. Über ihren Rücken hinweg erblicke ich in der Ferne ein Gebäude aus weißem Stein, in dessen Mitte einen tiefschwarzen Fleck wie eine Türöffnung. Das Gebäude hebt sich mit seinen in starkem Licht gleißend weißen Wänden scharf vom dunkelblauen Himmel ab. Wie die Männer mich dorthin ziehen, kommt es langsam näher, und der schwarze Fleck wird größer. Ich schaue in den Himmel, der so dunkelblau ist, dass er beinahe schwarz scheint. Zwei große Vögel kreisen über mir – Störche oder Kraniche?

Das Steingebäude ist schon ganz nahe, der schwarze Fleck ist jetzt sehr groß … ja … er ist tatsächlich eine Öffnung. Oh, jetzt erkenne ich die Gegend, wir sind in der Stadt der Toten – ein Grab! Die Männer treten in die Öffnung, sie verschwinden in der Dunkelheit ... jetzt gleitet die tiefschwarze Öffnung über meinen Kopf hinweg ... und nach dem blendenden Sonnenschein verdunkelt sich die Welt um mich herum, alles verschwindet, und mich bedeckt die vollkommene Finsternis! Unaussprechliches Entsetzen packt mich, und in meinem Inneren rufe ich lautlos nach Ptahhotep: »Wie lange, wie lange muss ich hier eingesperrt liegen?« Und höre jetzt deutlich die wohlbekannte Stimme – die Stimme Ptahhoteps –, die den unerbittlichen, unveränderlichen Willen mitteilt:

»Dreitausend Jahre ...«

Entsetzliche Verzweiflung und Angst ergreifen mich, und aus dieser mich wie im Krampf zusammenziehenden Angst taucht plötzlich wieder das Ungeheuer auf, das der Ausdruck des Gesetzes der Materie ist. Ich sehe seine tödliche, höhnische Fratze mich abstoßend anstarren. Sein stechend durchdringender Blick bohrt sich tief in mich ein und bindet mich an die Mumie, die einst *ich* war.

Dann spricht das Ungeheuer zu mir: »Nun bist du also in meiner Macht! Siehst du: Das Allerhöchste und das Allerniedrigste sind sich immer Spiegelbilder. *In-sich-ruhende Vollkommenheit* und *ewige Erstarrung* sind die zwei Seiten derselben *Gottheit*. Du wolltest in der *in-sich-ruhenden Vollkommenheit* bewusst werden, und jetzt bist du in die *Erstarrung* gefallen!

Die sterbliche Hülle der Eingeweihten balsamieren die Priester im Tempel ein, damit ihr göttliche Kraft ausstrahlender Körper wie ein Akkumulator noch auf lange wirke. Ihr Geist ist frei, sie sind in ihrem Bewusstsein nicht an die Erde gebunden. Du dagegen hast dich an den Körper gebunden. Du hast die göttliche Kraft, die du besaßest, durch die körperliche Liebe in deine niedrigen Nervenzentren gelenkt und dich verbrannt. Dein Bewusstsein ist so samt deinem geistigen Körper an deine materielle Hülle gebunden. Du bist mein Gefangener bis in die Unendlichkeit! Der Eingeweihte, während sein geistiger Körper mit der Balsamierung an die Mumie gebunden wird, ist im Bewusstsein in der *Ewigkeit*; du dagegen bist in die *Unendlichkeit* gebannt!

Ewigkeit ist ewige Gegenwart; *Unendlichkeit* die ewige Zukunft, die nie erreicht werden wird, die nie *Gegenwart* wird.

Ewigkeit hatte nie einen *Anfang*, also auch kein Ende. *Ewigkeit* ist zeitlose Gegenwart, die keine Vergangenheit und Zukunft kennt. *Unendlichkeit* ist aber der Fall aus der *Ewigkeit* in die *Zukunft*, ohne *Gegenwart*!

Du wolltest an der Vergeistigung der Erde teilnehmen. Nun, vergeistige diesen kleinen Erdklumpen, der dein Körper war, wenn du kannst! Hihihi! Die Priesterin liegt da, und ihr Bewusstsein ist nicht mehr als ein Stück Stein!

Du befindest dich jetzt in der ersten Prüfung der Einweihung: Im *Bewusstseinszustand der Materie* mit einem *menschlichen Bewusstsein*! Versuche doch, dich zu befreien, wenn du kannst! Du bist meine Gefangene! Du kannst dich nicht mehr befreien von mir, weil *du – ich* geworden bist. In der Einweihung hast *du – mich* besiegt, weil ich gegenüber deinem göttlich-geistigen *Selbstbewusstsein* anerkennen musste, dass ich ohne das *Selbst* auch nicht existieren würde. Ich musste also anerkennen, dass ich du bin. Jetzt steht es aber umgekehrt. *Du* bist in deinem Bewusstsein Materie geworden, du hast dich mit deinem Körper identifiziert und bist dennoch Geist wie ich, nämlich Geist der Materie, folglich bist *du ich* geworden!

Du bist meine Gefangene in der Unendlichkeit … in der Finsternis … eingeschlossen in diese Leiche, die du warst und die infolge der Einbalsamierung nicht zerfallen kann, wodurch du frei werden könntest. Das ist deine Strafe, dass du miterleben musst, wie diese Mumie, die jetzt noch durch die Einbalsamierung wie lebendig deine Schönheit erhält, langsam zusammenschrumpft und mein Ebenbild wird. Du wolltest *unsterblich* werden *im Geist der Ewigkeit*, und du bist *unvergänglich* geworden in dieser Mumie in Unendlichkeit, in Unendlichkeit … in Unendlichkeit …«

Ich bin machtlos. Ich muss zuhören. Da liege ich mit meinem geistigen Körper, an meine Mumie unzerreißbar festgebunden. In meiner Verzweiflung versuche ich, mich in die *Bewusstlosigkeit* hineinzuretten, es gelingt mir nicht! Ich muss bewusst daliegen, ohne von der *Zeit*, die über mich hinwegrast, die leiseste Vorstellung zu haben.

Zeit! Was bist du, oh *Zeit*! Du existierst nur in dem Maß, in dem der Mensch unglücklich ist! Im Glück gibt es keine Zeit; denn das Bewusstsein steht still, der Zeitbegriff verschwindet. Nur wenn das Glück vorbei ist, besinnt man sich, dass, während das Bewusstsein zeitlos in der ewigen Gegenwart weilte, die Zeit weitergerast ist. Zeit fängt an mit dem Fall aus dem Glück, aus dem Paradies. Aber das Unglück kennt wieder keine Zeit, denn je unglücklicher sich der Mensch fühlt, desto langsamer vergeht die Zeit, die Minuten scheinen Stunden zu sein, und im tiefsten Unglück, wenn Leiden und Qualen unerträglich werden, wird jeder Augenblick eine Unendlichkeit, die *Zeit erstarrt*! Oh! Wie dieser Satan Recht hat! Das Allerhöchste und das Allerniedrigste sind einander so ähnlich wie Zwillinge, wie die Wirklichkeit und ihr Spiegelbild, der Schein. Glück ist die zeitlose *Ewigkeit*, und das Gegenteil, das Unglück, ist die endlose Zeit – die Unendlichkeit.

Da liege ich und habe nichts, gar nichts, womit ich die Zeit vergleichen könnte! Baum der *Erkenntnis* des Guten und Bösen! Wie begreife ich deine Wahrheit, dass *ein Erkennen nur möglich ist, wenn man vergleichen kann*!

Wie kann ich wissen, wie viel Zeit vergangen ist, wenn ich die Sonne, diesen göttlichen Zeitzeiger, nicht sehe und keine Ahnung habe, was für ein Zeiterlebnis ein Tag in dieser Finsternis bedeutet? Was soll mir die Zeit zeigen, wenn nichts geschieht, wenn um mich herum nur erstarrte Finsternis herrscht? Wie kann ich um diese Zeit wissen, wenn ich kein Herz mehr habe, das einst in meiner Brust den Rhythmus des Lebens schlug und jetzt mit seinem Pulsieren eine Ahnung von der Zeit geben könnte? Liege ich seit Minuten da, und scheint es mir nur, dass ich schon seit einer Unendlichkeit daliege? Oder Wochen … Jahre … oder schon Jahrhunderte, Jahrtausende? Was ist eine Minute, und was ist ein Jahrtausend? Wodurch könnte ich den Unterschied bestimmen?

Die entsetzliche Angst verlässt mich keinen Augenblick. Ich habe keine Lungen mehr, um tief einzuatmen, um aus der ewigen Quelle neue Kraft zu schöpfen und die Zeit mit der Atmung zu messen. Ich kann von nichts für meine gequälte Seele Erleichterung erwarten … die Qualen und Leiden haben keine Ende, kein Ende, kein Ende …

NEBEL UND WIEDERERWACHEN

Die Zeit lief auf der großen kosmischen Uhr, auf der Peripherie des riesigen Rades der Schöpfung, immer weiter, wenn ich davon auch nicht den geringsten Begriff hatte …

Es schien mir, als ob ich mich schon seit Äonen in Erstarrung befände und die Qualen der Hölle nie ein Ende haben würden, als dennoch ein Augenblick kam, in dem ich eine Kraft sich mir nähern fühlte, größer und stärker als das Band, das mein Bewusstsein an meine Mumie knüpfte, die jetzt schon vollkommen zusammengeschrumpft und eingetrocknet das entsetzliche Ebenbild des Geistes der Materie war – und diese Kraft zog mich unwiderstehlich irgendwohin. Nach unabsehbar langen Leiden und Qualen der Hölle wurde ich bewusstlos.

Zwei Menschen, in ihren Seelen verwandt mit mir, vereinigten sich und gaben mir Gelegenheit, einen der Stufe und Art meines tief gefallenen Bewusstseins entsprechenden Körper zu erben.

Da ich als Frau gefallen war, musste ich, bis ich jenen Grad wieder erreichte, immer wieder als Frau geboren werden. Ich kam in eine Umgebung, wo lauter isolierte, halbbewusste Menschen um mich waren, wo meine Taten und die Taten meiner Umgebung von Leidenschaften und tierischen Neigungen regiert wurden und wo ich nur Brutalität, Lieblosigkeit und rohe Selbstsucht erfuhr.

Ich lebte in einem nebligen, halb tierischen Bewusstsein noch mehrere unbedeutende Leben nacheinander, die nur dazu dienten, mein Gefühlsleben zu wecken. Elend und unaufhörliche Arbeit weckten und schliffen meine abgestumpften, gefühllosen Nerven. Männer spielten immer eine große Rolle, Männer, aus deren Körpern immer wieder dasselbe Feuer der körperlichen Triebe mich verbrannte. Ich begegnete immer wieder den feurigen Augen und der flüsternden Stimme des aus Feuer geflochtenen Geistes meiner dritten Prüfung, und ich musste in der Höhle der Sinnlichkeit und Leidenschaften, wo die Menschen aus dem Sakrament des Zeugens einen genusssüchtigen Selbstzweck machen, mit diesem Geist weitertanzen, bis ich auf meinen müden Füßen nur noch taumeln konnte. Ich wollte »glücklich sein« und suchte ununterbrochen die Liebe, den einen, einzigen Mann, den ich hätte lieben können und der mich geliebt hätte, das Ebenbild meiner Ergänzungshälfte, und fand nur aufgepeitschte Sinnlichkeit und herzlose Leidenschaften, die mich nie befriedigen konnten. Ich trieb weiter und suchte das Glück wieder in den Armen von Männern, um den *einen* zu finden, den ich liebte und mit dem ich die wahre *Liebe* hätte erleben können …

Diese Leben waren eine unendliche Kette der Enttäuschungen. Das Schicksal peitschte und jagte mich weiter, und meine Seele litt solche Schläge, dass das Feuer der Qualen die Schicht der Gefühllosigkeit um meine Nerven durchglühten und das halbschlafende Bewusstsein allmählich erweckten. Die fortdauernden Aufregungen gaben mir die Gelegenheit, mein Nervensystem in jedem dieser Leben wenigstens um eine Stufe höher zu bringen. So gab mir die ewige *Liebe* die Möglichkeit, meine Nerven durch das Leiden wieder zu verfeinern und ihre Widerstandskraft zu erhöhen.

In jedem Leben trieb mich aber ein unbewusstes Streben, diejenigen wiederzufinden, an die ich mich zwar nicht mehr erinnerte, die ich aber dennoch mit jedem Tropfen meines Blutes unbewusst suchte, unaufhörlich suchte … Die meinesgleichen! Unter denen ich mich »zu Hause« fühlte und zu denen ich mit meinem ganzen Wesen gehörte: Ptahhotep, Atothis, Ima, Bo-Ghar … Aber ich fand sie nicht! Hier und da glaubte ich, dem einen oder anderen zu begegnen, Liebe und Erinnerung flammten in mir auf, dann aber bedeckte Nebel das klare Bild, und ich verlor sie wieder. Manchmal hörte ich einen Gottesdiener über einen großen Lehrer, über einen »*Gottessohn*« sprechen, und es dämmerte mir, dass ich irgendwo und irgendwann, in dunkler Vergangenheit, diesem hohen Wesen nahe stand, dass ich die Lehren in lebendigen Worten gehört hatte, und in meinem betrübten Wesen regte sich eine Kraft, die mich irgendwohin, dorthin, wo diese hohen Wesen »zu Hause« sind, zog. Diese Augenblicke dauerten aber nicht lange, denn das Schicksal stieß mich weiter, brutale Eindrücke verdrängten die dämmernden Erinnerungen, und ich vergaß alles wieder.

Die körperlichen und seelischen Entbehrungen läuterten meine beschränkten Sinne ununterbrochen, bis meine Nerven den Schwingungen der selbstlosen Liebe wieder fähig wurden, und da schimmerte allmählich durch die rohe Leidenschaft der körperlichen Triebe ein himmlischer Strahl der göttlichen Liebe! Und diese Liebe ließ den Nebel, der meine geistige Sicht verdunkelte, im nächsten Leben endgültig verschwinden. Wie ich dann als das verlassene Kind von Leibeigenen geboren wurde, trug ich schon die göttlich-selbstlose Liebe in meinem Herzen. Aber es mussten nun auch die höheren Nerven- und Gehirnzentren erweckt werden, um alle geistigen Fähigkeiten ausdrücken und gebrauchen zu lernen. Ich begegnete wieder dem Mann mit der bekannten Stimme und den feurigen Augen, der einst der rothaarige Fremde gewesen war und der sich inzwischen auf seiner eigenen Lebensbahn auch in vielen Leben weiterentwickelte. Ich liebte ihn, ich musste ihn lieben, um die letzten Erfahrungen der Liebe zwischen Mann und Weib zu erleben. Ich lenkte mit der Liebe aber nur körperliche Kräfte in den Körper, das bedeutete keinen Fall. Unser gemeinsames Schicksal brachte uns zuletzt im Bettlerstand zusammen, und die gewaltige Erschütterung des Sich-Erinnerns gab meiner noch immer dumpfen Geistestätigkeit einen Anstoß. Meine geistigen Augen öffneten sich. Die Erschütterung war aber so groß, dass der Körper versagte und ich im selben Augenblick starb.

Dem Gesetz der Vererbung nach, wurde ich nach einigen Jahrhunderten zu zwei reinen und von Liebe erfüllten Menschen hingezogen, deren Leben auch mit dem meinen seit Äonen verknüpft war. Und ich öffnete wieder zwei menschliche Augen in dieses Leben auf Erden und schaute mit allen meinen bisherigen Erfahrungen in diese Welt hinein …

Dieselben Frequenzen bauen dieselben Erscheinungen auf. Und da ich in diesem Leben in meiner seelischen Konstellation die Stufe der einstigen Pharaonentochter wieder erreicht habe, bin ich ihr auch äußerlich ähnlich. Nur, da ich im Geist, im Willen stärker geworden bin, habe ich auch einen stärkeren Knochenbau als damals in Ägypten. Form, Farbe und der Blick, also der *Ausdruck* meiner Augen, sind dagegen dieselben.

Ich überblicke mein jetziges Leben von der Geburt an – und es wird mir alles klar! Das letzte Mal war ich in jenem Leben in Ägypten *selbst*bewusst, und jetzt, in meinem wiedererwachten, wieder *selbst*bewussten Zustand, tauchen die Erinnerungen an jenes letzte, bedeutende Leben auf, in dem mein Bewusstsein auf derselben Stufe wach war.

Das letzte Erlebnis, das Erlebnis auf dem Sarg, war der allerletzte Eindruck jenes Lebens. Das Entsetzen prägte sich so tief in meine Seele ein, dass dieses Erlebnis das erste war, das mit voller Lebhaftigkeit in mir wieder erwachte.

Aber es zeigten sich schon viel früher, in der Kindheit, unbewusste oder halbbewusste Erinnerungen.

Die riesige Enttäuschung, als ich beim Familientisch dessen bewusst wurde, dass der Begriff »Vater« nicht den größten Herrn im Land bedeute; meine Überzeugung, dass die später heiß geliebten Eltern nicht meine wahren Eltern seien, waren schon erste, halbbewusste Erinnerungen an mein einstiges Leben.

Die Fettaugen auf der Suppe, mein ewiges Streben und Suchen nach einer Einheit in einem Freundeskreis, das war die Sehnsucht nach der Seligkeit der *Einheit des Selbst*, die ich im Tempel erlebt hatte.

Die merkwürdigen Körperhaltungen, die ich als junges Mädchen täglich zu Hause übte, ohne dass ich je Gelegenheit gehabt hätte, solche Übungen zu sehen, die dann der aus dem Fernen Osten heimgekehrte Fremde »Hatha-Yoga«-Übungen nannte, es waren Erinnerungen an die Übungen, die ich im Tempel mit Mentuptah geübt hatte. Von den in andere Erdteile geflüchteten »Söhnen Gottes« waren sie nach Indien gerettet worden, wo sie die großen Meister dieses Volkes bis zum heutigen Tag gehütet haben.

Der sich während langer Jahre immer wiederholende entsetzliche Traum mit dem Löwen, der mich jagt und dessen Schnauze ich schon an meinem Hals fühle, der Traum, der meine Kindheit mit Schreck und Angst erfüllte, war eine erste Erinnerung an die letzten Eindrücke jenes Lebens in Ägypten, die Eindrücke des Todes, die ich erlitt, als ich damals starb.

Und die »Riesen«, die »Titanen«, die »Halbgötter«, die mit ihren Fähigkeiten weit über den Menschensöhnen stehen und von welchen Vater – mein lieber Vater dieses gegenwärtigen Lebens – nichts weiß, weil er sich nicht erinnert: *Ptahhotep, Atothis … Söhne Gottes … wo seid ihr? Wo seid ihr?*

Ich schreie lautlos in meiner Seele, so wie ich es einst im Tempel von meinem hochverehrten und heiß geliebten Meister, dem Hohenpriester *Ptahhotep*, lernte, und lausche nach innen, nach einer Antwort …

Erst befinde ich mich plötzlich in einer finsteren Leere. Ich bin aber in dieser Finsternis voll bewusst und weiß, dass der Scheinwerfer des Bewusstseins das größte und einzige Licht ist, das jede Finsternis durchdringt. Und das Licht meines Bewusstseins sucht mit noch größerer Konzentration!

Wo seid ihr, ihr Wesen, zu welchen ich gehöre, Wesen, denen ich ähn-

lich bin. Wesen, die auf dem Grund der Liebe stehen, die mich verstehen. Ihr, die mich nie – nicht einmal in meiner tiefsten Gefallenheit – verlassen habt, wo seid ihr? Wo seid ihr?

Da taucht aus der Finsternis ein grünlich phosphoreszierendes Licht auf, das immer deutlicher wird, immer näher zu kommen scheint, und ich sehe schon, wie sich aus diesem Licht eine prachtvolle Gestalt formt, die Gestalt meines teuren Meisters *Ptahhotep.* Ich erkenne, dass mein *Selbst* sich jetzt auf das kleine Zimmer unseres Waldhäuschens projiziert in der Person, in welcher ich in meiner Einweihungsvision das über allem Geschaffenen stehende schöpferische *Selbst* erlebt habe. In der Zeit der dreidimensionalen Welt ist ja nur ein Augenblick vergangen. Und in diesem Augenblick sah ich alle Erscheinungen, die in meinem *Ich* als *Offenbarungsmöglichkeiten* geruht und auf der materiellen Ebene sich verwirklicht hatten, von der niedrigsten, unbewusstesten Stufe der Materie bis zur höchsten Stufe des in der Materie verwirklichten *Selbst.*

Ptahhotep steht noch immer vor mir und lässt den Blick seiner himmlischen Augen voller Liebe auf mir ruhen. Dieser Blick, der alles durchdringende Kraftstrom, der dieser Blick *ist*, löst die letzten übrig gebliebenen Schleier vor meinen Augen auf und lässt mich als *Ewigkeit,* als *Gegenwart,* alles, was in meinem heutigen Bewusstsein als *Vergangenheit* existiert, wiedererleben …

Ich schaue noch immer in diese zwei Leben spendenden Quellen, in die Augen meines Meisters, und mit einem himmelhoch jauchzenden Jubel entdecke ich, dass ich seine unausgesprochenen Worte verstehe, *ich habe die Fähigkeit des Geistes wiedererlangt!* Wir verstehen einander wieder, wie damals in Ägypten!

Ich will aufspringen und mich an seine Brust werfen, doch *Er* hebt seine Rechte und hält mich zurück. Seine Augen sagen: »Berühre mich nicht! Du weißt, dass ich mich nicht auf der irdischen Ebene befinde und du mich nur deshalb sehen kannst, weil du dein Bewusstsein auf dieselbe hohe geistige Schwingung eingestellt hast, in welcher ich mich befinde. Wenn du mich mit deinen Tastnerven erleben wolltest, würdest du dein Bewusstsein auf die Ebene der Tastnerven, auf die materielle Ebene, zwingen, und mein Bild würde augenblicklich aus deinem Blickwinkel verschwinden. Von nun an wirst du aber fähig sein, dein Bewusstsein auf die höheren Frequenzen einzustellen und mich zu finden, so wie du diese Fähigkeit schon in jener Projektion des *Selbst,* die du deine Verkörperung – dein ›Leben‹ – in Ägypten nennst, besessen hast.«

Ich bleibe still und beherrscht, weil ich den Zustand, in welchem ich Ptahhotep mit meinem geistigen Auge wahrnehmen kann, auf keinen Fall verlieren will. Aber meine Seele ist mit Freude so übervoll, dass ich glaube, meine Nerven könnten die Anspannung nicht aushalten und mein Herz müsse brechen. Ptahhotep hebt wieder seine Rechte und lässt einen Kraftstrom in mein Herz einströmen. Und sofort fängt mein Herz wieder an, ruhig zu schlagen, und ich vermag es, mit Ptahhotep ohne Worte zu sprechen.

»Vater meiner Seele, ich verstehe jetzt, dass mein heutiges Leben das Resultat all meiner Taten in vorhergehenden Leben ist. Ich verstehe die Zusammenhänge zwischen Personen und Geschehnissen. Aber es bleiben immer noch einige Fragen, auf welche ich keine Antwort finde. Ich weiß zum Beispiel schon, dass mein liebes, einziges Kind Ima ist. Ich verstehe jetzt auch, was er mir, als er in seiner Kindheit krank war und hohes Fieber hatte, in seinem Delirium verzeihen wollte. Wieso kommt er aber dazu zu glauben, dass er einst ein Neger gewesen sei?«

Durch den Blick Ptahhoteps entsteht die Antwort als eine Folge von Bildern. In der Seele Imas spielte sich eine schwere Tragödie ab. In jenem Moment, als er bemerkte, was zwischen dem rothaarigen Fremden und mir eingetreten war, brach über ihn tiefste Enttäuschung herein, und von brennender Unruhe gejagt, lief er vom Tempel davon, in die Weiten Afrikas zu den Negern. Plötzlich taucht ein Bild auf: Ima, so wie ich ihn in Ägypten kannte, in einer tropischen Gegend, von vielen Negern umringt. Er strahlt die göttliche Liebe unter diesen primitiven Menschenkindern aus, und sie fühlen und verstehen instinktiv wie Tiere seine Liebe. Ima lehrt die Neger, heilt ihre Kranken, hilft ihnen in jeder Hinsicht, und die Neger erwidern seine Liebe und Mühe mit einer kindlichen Anbetung. In seiner tiefen Verzweiflung nimmt er schließlich eine Negerfrau zu sich und lässt sich zu körperlicher Liebe hinreißen. Sein Bewusstsein sinkt allmählich immer tiefer in den Körper, der alltägliche Kampf ums Dasein im Dschungel zieht ihn auch mehr und mehr in das menschliche Leben hinein. Er stirbt mit einem auf menschlichen Kummer und menschliche Sorgen gerichteten Bewusstsein, und da er sich in seinen Gedanken mit seinen geliebten Negern beschäftigte und sich mit ihnen identifizierte, verkörperte er sich im nächsten Leben, dem Gesetz der Anziehung nach, als Neger. In dieses nächste Leben brachte er dasselbe chaotische, niedrige Bewusstsein mit, in das er, infolge seiner Verzweiflung und seines Trieblebens, versunken war. Seine Intelligenz strahlte dennoch durch seine körperliche Hülle hindurch, und er wurde ein bei seinen schwarzen Mitmenschen beliebtes und hochgeschätztes Glied des Negerstammes. Er hatte auch Frau und Kinder. Ich sehe ihn als Neger – nur dem Blick seiner Augen nach erkenne ich ihn in dieser Verkörperung –, wie er im Urwald, im Dschungel auf die Jagd geht, auf Bäume klettert, um wilde Tiere zu belauern, um sie zu töten und als Beute nach Hause zu tragen. Eines Tages geht er wieder in den Urwald, ein Tiger greift ihn an, er kämpft heroisch, aber schließlich unterliegt er, und der Tiger tötet ihn. Ich sehe noch, wie seine Frau, die das Schreien und den Lärm des schrecklichen Kampfes hört, ins Dickicht stürzt, um ihrem Mann zu helfen … Dann verblasst das Bild, und ich sehe nur noch den Zustand, in welchem Ima sich nach seinem Tod befindet, wie die ständige Sehnsucht, mit welcher er mich in seinem Unbewussten ununterbrochen sucht, ihn in seiner Körperlosigkeit mir näher und näher bringt. Seit wir in Ägypten zusammen waren, haben wir beide, Ima und ich, einen langen Weg der Entwicklung durchlaufen, aber wir waren beide bis jetzt nicht reif genug, einander wiederfinden zu können. Nun erreichten wir endlich den Grad, wo wir ohne die Gefahr der körperlichen Liebe einander wiederfinden konnten. Der Wille, die Reinheit unserer Liebe um jeden Preis zu bewahren und jede Versuchung fernzuhalten und auch das Gesetz der körperlichen Vererbung bewirkten, dass Ima als mein Kind geboren wurde. Er muss in diesem Leben auch seine verlorene klare geistige Sicht zurückerringen. Und da ich unmittelbar schuld war, dass er seinen Glauben verlor, muss ich es auch sein, die ihn wieder auf den Weg zu *Gott* zurückführt. Die Zeit ist aber noch nicht reif dafür. Er ist noch ein Kind.

»Vater meiner Seele«, frage ich wieder Ptahhotep, »wo ist Atothis, dein Bruder und mein Vater in Ägypten? Ich sehne mich, mit ihm wieder in Verbindung zu kommen. Ich bin sicher, dass auch er mich nicht verlassen hat.«

Da taucht das Bild eines herrlichen Mannes vor meinen geistigen Augen auf, das Bild eines Mannes, der in den letzten Zeiten der größte Lehrer und der Künder der tiefsten Wahrheiten war. Ich las seine Bücher, die seine Jünger aus seinen Vorträgen zusammengestellt und herausgegeben haben. Als ich diese Bücher las, wurde ich tief erregt, denn bei jedem Satz hatte ich das sichere Gefühl, dass ich diesen Menschen kenne, dass ich mit ihm in einer tiefen Verbindung stehe, dass ich jeden seiner Gedanken kenne und zu ihm gehöre! Ich wusste, dass ich nie die Gelegenheit haben würde, ihm zu begegnen, da er in einem sehr fernen Land starb, als ich noch ein ganz kleines Kind war. Oft studierte ich das Bild dieses prachtvollen Menschen, der in jeder Hinsicht übermenschliche Fähigkeiten besaß, und ich wusste, dass ich seine Augen, seinen göttlichen Blick, von irgendwoher kannte. Ich wusste nicht, warum ich im Traum oft zu ihm rannte, so rasch, dass mein weißes Gewand und meine Haare flogen, und mich mit der riesigen Freude des Wiedersehens in seine offenen Arme, an seine breite Brust warf und vor Glück erschüttert weinte: »Vater! – Vater!« Und als ich erwachte, wusste ich auch nicht mehr, warum ich *ihn* in meinem Traum »Vater« nannte und warum ich so bitterlich geweint hatte, dass mein Kissen, als ich erwachte, ganz nass war …

Ptahhotep lächelt: »Erinnerst du dich?«

»Ja, Vater meiner Seele, ich erinnere mich. Er sagte mir einmal am Meeresufer in Ägypten: ›Es wird dies eintreten, dass ich auf der Erde weile, wenn du nicht in einem Körper leben wirst, und es wird auch vorkommen, dass du in einem Körper auf der Erde lebst, während ich nur noch von der geistigen Ebene an dem großen Werk der Vergeistigung mitwirken werde …‹ Wo ist er jetzt, Vater meiner Seele? Wo ist er?«

Und ich verstehe auch die geistige Antwort Ptahhoteps: »Er versprach, als er noch auf der Erde weilte, dass er seine Jünger auch nach seinem Tod nicht verlassen werde und die große Arbeit, die Menschheit in die uralten Wahrheiten einzuweihen, weiterführen werde. Du und Bo-Ghar, ihr seid schon beide seine – unsere – Mitarbeiter, ohne dass ihr dessen bewusst seid. Später werdet ihr bewusste Mitarbeiter sein.«

»Bo-Ghar? Lebt er wieder auf der Erde? Wo ist er? Kenne ich ihn schon in diesem Leben? Habe ich ihn nur etwa nicht erkannt?«

»Warte«, antwortet Ptahhotep, »er lebt in einem fernen Land, wo auch Atothis wiederverkörpert wurde. Er hat dir aber versprochen, dass er auch vom anderen Ende der Welt zu dir käme, um dich zu retten, wenn du in Gefahr kommen würdest. Zur rechten Zeit wird er hier bei dir erscheinen.«

»Gefahr, Vater?«, frage ich. »Was für eine Gefahr?«

»Erinnere dich, was ich dir in Ägypten vor der Einweihung sagte: Wenn du fällst, musst du alle deine Einweihungsträume in der irdischen Wirklichkeit wiedererleben, denn Träume sind auch nichts anderes als Wirklichkeiten in der stofflosen, bilderbauenden Energiewelt des Menschen, und was ihr ›Wirklichkeit‹ nennt, ist auch nur ein ›Traum‹, nur eine bis in die materielle Ebene wirkende, in die Atmosphäre der Erde hineingeträumte Projektion des Selbst. Und alle Prüfungen, die du einmal oder eventuell öfters nicht bestanden hast, musst du wiedererleben, um wieder ein Eingeweihter, ein brauchbarer Mitarbeiter zu werden. Ein alter Bekannter wird dir durch das mystische Tor helfen. Der junge Priester, der dich damals in Ägypten auf die Einweihung vorbereitet hat, lebt auch wieder auf Erden. Zur rechten Zeit wird auch er erscheinen, um dir auf deinem inneren Weg zum Ziel beizustehen.«

»Und wie wurde Thiß-Tha, der Heerführer von Atothis, mein heiß geliebter Vater in meinem gegenwärtigen Leben?«

»Es würde sehr weit führen, alle Gründe aufzuzählen, die bei diesem Endresultat eine Rolle gespielt haben. Ich erwähne nur die Hauptgründe. Du weißt, dass die größte Kraft der menschlichen Seele *die Sehnsucht* ist. Wohin das Bewusstsein eines Menschen von der Sehnsucht gezogen wird, dort wird er sich wiederverkörpern. Als dich damals in Ägypten dein Löwe angriff, wollten dich drei Menschen, die den Angriff sahen, retten: Thiß-Tha, Bo-Ghar und der Wärter der Löwen. Bo-Ghar lief dir nach, als er bemerkte, dass du den Palast verließest, und rannte verzweifelt in den Löwenhof, um dich zu retten. Thiß-Tha wollte eben seinen Löwen einspannen lassen, und wie er sah, dass der Löwe dich angriff, lief auch er auf dich zu, um den Löwen von dir abzuhalten. Der Löwe erreichte dich aber früher. Er schlug dich mit einem schrecklichen Schlag nieder, und bis man dich aus den Krallen befreien konnte, war der Körper so stark verletzt, dass eine Wiederbelebung unmöglich war. Thiß-Tha nahm deinen zerfleischten Körper auf seine Arme, und in Begleitung des vollkommen verzweifelten und entsetzten Kindes – Bo-Ghars –, das weinend daneben lief, brachte er dich in den Palast. Thiß-Tha war ein aufrichtiger und ehrlicher Mensch, er liebte den Pharao und dich treu und ohne Hintergedanken. Als er deinen sterbenden kleinen Körper auf den Armen trug, ergriff ihn ein abgrundtiefes Mitleid, und er trug dich wie ein armes kleines Kind – wie sein Kind – und liebte dich wie ein Vater. Dazu kam dein letztes Erlebnis, dass du, Thiß-Tha erblickend, Hilfe suchend in seiner Richtung gelaufen bist. Du hast bei ihm Schutz gesucht. Diese Gefühle, die ihr füreinander erlebt habt, waren der *tiefste* Grund, warum ihr beide die Verbindung, die zwischen einem Kind und dem schützenden Vater besteht, in einem späteren Leben verwirklicht habt. Es bestand aber, neben vielen anderen Nebengründen, noch ein wichtiger Grund, dass du sein Kind geworden bist, und zwar der, dass du in diesem gegenwärtigen Leben, um die Einweihung wiedererleben zu können, unbedingt sehr stark entwickelte, den geistigen Offenbarungen offen stehende Nerven- und Gehirnzentren erben musstest.

Wenn du die lange Kette der aufeinanderfolgenden Generationen verfolgen könntest, die die Nachkommen des einstigen Thiß-Tha gebildet hatten, dann würdest du sehen, dass seit jenem Leben, in welchem du und Thiß-Tha – dein gegenwärtiger Vater – in Ägypten gelebt habt, *die Kette der lebendigen Zellen noch immer besteht!* Das heißt, dass die Körper der Kinder Thiß-Thas je aus einer lebendigen Zelle des Körpers Thiß-Thas entwickelt wurden, und die Körper der Kinder dieser Kinder wurden auch je aus einer lebendigen Zelle entwickelt. So folgten einander immer weitere Generationen aus einer lebendigen Zelle ihrer Väter, bis Vater und Mutter deines heutigen Vaters geboren wurden und eine weitere lebendige, befruchtete Zelle dem Geist des einstigen Thiß-Tha zur Verfügung stand, um ihm die Möglichkeit einer Wiedergeburt in derselben Vererbungskette zu geben.

Es bestehen zwischen Kindern und Eltern viel tiefere, in die ältesten Zeiten zurückgreifende Verbindungen, als die Wissenschaftler, die heute diese Gesetze erforschen, es überhaupt ahnen. Sie sehen nur den Körper; es bestehen aber auch ganz wichtige, über dem Körperlichen stehende Vererbungsgesetze, die in die höheren, geistigen Verbindungen reichen. *Ähnliches zieht das Ähnliche an!* Du konntest neben den anderen Gründen auch nur deshalb als Thiß-Thas Kind wiedergeboren werden, weil eure Charaktere sehr viel Ähnliches haben. Es ist nicht umsonst, dass jeder Mensch die große charakterliche Ähnlichkeit zwischen deinem Vater und dir bemerkt. *Du bist ihm aber nicht deshalb ähnlich, weil du sein Kind bist, sondern du bist sein Kind geworden, weil du ihm ähnlich warst!* Selbstverständlich bist du ihm in Wuchs, Haltung, Knochenbau und Gesichtszügen auch deshalb ähnlich. *Ähnliche Kräfte bauen ähnliche Formen auf!*

Wenn du die Kette der Vererbung der lebendigen Zellen verstanden hast, dann verstehst du auch, warum dein Vater auch in diesem Leben eine ebenso dunkle Haut, so schwarze Haare und Augen hat wie in seinem Leben in Ägypten. Farben und Formen sind auch Offenbarungen des Geistes! Und die Möglichkeit, diese Farben und Formen in diesem Land zu vererben, wo sie auffallen, hat ein späterer Nachkomme des einstigen Thiß-Tha – ein Schiffer, der weite Reisen in ferne Länder machte – hierher gebracht. Es kann sich geben, dass eine längst vergessene Farbe und Form aus der Vererbungskette nach Jahrhunderten wieder zum Vorschein kommt. Deshalb können Eltern, auch wenn beide Teile weißhäutig sind, unerwartet ein dunkelhäutiges, schwarzhaariges Kind bekommen. Die

Geister selber, die in diese signifikant aus der Reihe fallenden Körper hineingeboren worden sind, könnten erzählen, wie sie zu dieser Vererbung kamen, wenn sie bewusst wären. Sie werden aber ihrer Aufgabe und Herkunft meistens erst später bewusst. Und das ist auch gut so, denn wenn ein Kind sich in der heutigen Zeit an sein früheres Leben erinnert und darüber mit seiner Umgebung spricht, hält man es unbedingt für geisteskrank oder im besten Fall für einen Fantasten oder Lügner.

Aber es ist genug für heute, mein Kind, jetzt kehre in dein körperliches Bewusstsein zurück. Nach der starken Erschütterung des Sich-Erinnerns brauchen deine Nerven vollkommene Ruhe, um nicht krank zu werden.«

Das Bild Ptahhoteps verblasst allmählich. Noch einige Augenblicke sehe ich den göttlichen Blick seiner Licht ausstrahlenden Augen, dann verschwindet *Er* vor meinem Blick, und es wird um mich herum wieder dunkel. Ich werfe das Licht meines Bewusstseins auf die Frage: *Wo bin ich?*

Da tauchen aus der Dunkelheit weiß gestrichene Wände auf, es erscheinen die Konturen verschiedener Gegenstände, die Farben und Formen werden immer stärker, bis sich alles zurückverwandelt und ich mir bewusst werde, dass ich in dem kleinen Zimmer unseres Waldhäuschens bin.

Ja! Ich bin in dem kleinen Zimmer unseres Waldhäuschens! Das ist die Wirklichkeit. Aber als ich in Ägypten eingeweiht wurde und mein Körper in dem Steingrab lag, als mein Bewusstsein alle Leben, die noch ungelebt in meinem »*Ich*« latent schlummerten, als Träume erlebte, da waren mir diese Träume genau solche »Wirklichkeiten« wie ich jetzt den Umstand, dass ich mich in dem kleinen Waldhäuschen befinde, als vollkommene »Wirklichkeit« erlebe. *Wer kann mir sagen, was die Wahrheit ist: Träumte ich eben jetzt nur, hier im Waldhäuschen, dass ich vor vielen tausend Jahren in Ägypten lebte und dort die Einweihung bekam, oder träume ich auch jetzt nur, während meiner Einweihung in der Pyramide, dass ich in unserem Waldhäuschen bin; und ist mein ganzes Leben, das ich als Wirklichkeit betrachte, auch nichts anderes als eine Kette von Traumbildern in meinem Bewusstsein, die Gelegenheit bieten, Prüfungen zu bestehen?* Mein Sohn heute – und Ima in Ägypten? Welches ist die »Wirklichkeit«? Ich träumte in meinen Einweihungsträumen solche entsetzlichen, chaotischen Bilder, dass ich mich gar nicht mehr richtig erinnern kann. Und dennoch war all dies Unmögliche in meinen Einweihungsträumen vollkommene Realität. Jetzt tauchen noch Bilder aus diesen Träumen auf. Ich sah Ima schon als Erwachsenen in einer Fliegeruniform; dann war es, als wenn wir mit vielen Leuten während unendlich lang scheinenden Zeiten im Schutzkeller gesessen hätten. Ich erinnere mich auch an feindliche Soldaten, die uns überfielen; dann, als ob unser Haus zusammengestürzt wäre, und noch weitere vollkommen chaotische, zusammenhanglose, unmögliche Träume. Wie entsetzlich! Wahrscheinlich kamen diese Träume, weil die Zeitungen immer über einen Zweiten Weltkrieg schreiben.

Und so versuche ich, in meinem Bewusstsein Ordnung zu schaffen …

Ich sitze noch lange bewegungslos in meinem Zimmer, bis meine Haushaltshilfe – ein liebes Mädchen – hereinkommt und fragt:

»Was soll ich Ihnen zum Nachtessen zubereiten?«

»Danke, gar nichts, Betty. Ich gehe lieber schlafen. Ich bin ein bisschen müde heute«, antworte ich.

»Ja! Das kommt vom vielen Grübeln, gnädige Frau. Immer sage ich Ihnen, Sie sollten mit diesem vielen Lesen und Denken aufhören. Wenn Sie nur nicht krank werden, Sie sind so blass.«

Sie macht mein Bett, wünscht gute Nacht und geht.

Und ich gehe schlafen, denn mein Meister *Ptahhotep* hat in meiner Vision recht gehabt, meine Nerven brauchen tatsächlich vollkommene Ruhe.

Roo-Kha und die zwölf Pastillen

Was nachher geschah, lief so rasch ab, dass es in meiner Erinnerung ein Traum zu sein scheint.

Ich begann, die Wahrheiten, die ich von *Ptahhotep* im Tempel gelernt hatte, meinen Mitmenschen weiterzugeben. Es kamen immer mehr Leute in meine Vorträge, wie durstige Wanderer, um die tiefen Geheimnisse der Einweihung wie Lebenswasser in das göttliche *Selbst* zu schöpfen und damit ihren Durst zu löschen. Meine Arbeit änderte sich seitdem nicht mehr: Ich stehe am Anfang des unendlich langen Weges, an dessen Ende die leuchtende, aus Licht geflochtene Gestalt – das schöpferische *Weltselbst* – steht und einen jeden mit offenen Armen erwartet. Ich stehe da und zeige den Weg den unzähligen Schafen, die alle das *Licht* suchen und wandern, nebeneinander wandern, langsam, immer in der Richtung der Lichtgestalt, ... so wie ich es damals in meiner Vision in den Dolomiten gesehen hatte.

Draußen in der dreidimensionalen Welt lief mein Karma – das mein Schicksal und mein Charakter schuf – nach den Gesetzen der Zeit und des Raumes ab. Ich bin mit meiner Aufgabe allein geblieben, ohne einen Führer, von dem ich Ratschläge hätte bekommen können, wie alle allein bleiben müssen, die sich zu selbstständigen, zuverlässigen Mitarbeitern im großen Werk entwickeln wollen. Nur selten, wenn ich zu einem Wendepunkt meines Lebens gelangte, bekam ich von den höheren Kräften, welche die Erde lenken, wieder Hilfe und Wegweisungen. Meine Probleme musste ich dennoch allein lösen. Aber auch in den späteren Jahren passierte immer wieder etwas, das mich an meine Erlebnisse in Ägypten erinnerte.

Es geschah einmal, dass ich in einem fernen Land, wohin ich damals das erste Mal reiste, um an einer großen Konferenz teilzunehmen, jemandem begegnete, den ich noch aus Ägypten kannte. Es sammelten sich dort aus jeder Zone der Welt viele Menschen. Wie ich ankam, ging ich in einen Saal, wo sich schon einige Mitglieder der Konferenz befanden, und ich sah einen Mann von hinten, so dass ich sein Halbprofil erblickte. Ich dachte wirklich eher an alles andere, als an die Erinnerungen meines Lebens in Ägypten. Aber ich erkannte diesen Mann im ersten Augenblick, und mein Herz begann vor Überraschung schneller zu klopfen. Es war Roo-Kha! Der Mann stand auf, und obwohl ich meine Überraschung mit keiner Miene verriet, schaute auch er mich überrascht an. Dann verbeugte er sich und stellte sich vor: »Ewalt Klimke.« Wir gaben einander die Hand. Er blieb einen Augenblick stumm vor mir stehen, dann sagte er ganz verlegen: »Merkwürdig! Wer sind Sie eigentlich? Ich habe das komische Gefühl, als ob ich mich vor Ihnen mit ausgestreckten Armen tief, bis zum Boden, verbeugen müsste! Merkwürdig.« Er schaute mich forschend an: »Warum habe ich dieses komische Gefühl?«

Ich antwortete: »Sie waren in Ägypten Finanzminister unter der Regierung meines Vaters«, und lächelte. Die Anwesenden lachten herzlich. Sie dachten, ich mache einen Scherz. Ewalt Klimke lachte aber nicht, sondern schaute mich weiter forschend und verlegen an, und während der mehrere Tage dauernden Tagung nannte er mich ständig »Königin«, und so oft er mich erblickte, starrte er mich mit forschendem Blick an und wiederholte: »Merkwürdig …«, und wir sprachen miteinander wie alte Freunde.

Aus derselben Zeit blieb mir ein anderes Erlebnis tief eingeprägt. An einem Herbstabend ging ich wie gewöhnlich schlafen. Ich träumte irgendetwas, als es plötzlich im Traum ganz hell wurde. Ich sehe, dass ein Auto herbeieilt, vor mir stehen bleibt und zwei weiß gekleidete, arztähnliche Gestalten aussteigen. Die eine tritt auf mich zu, nimmt ein löffelartiges Werkzeug aus ihrer Tasche, und mit diesem Löffel löffelt sie mein krankes Auge heraus. Die andere Gestalt zieht eine Phiole hervor, öffnet sie und nimmt daraus eine große, runde, weiße Scheibe, von der ich, da ich nicht weiß, was es ist, denke, es sei eine Pastille. Dann hält sie die Pastille vor meine Augen, damit ich sie gründlich betrachte, und sagt: »Du sollst nicht erschrecken. Ich lege jetzt dieses – und zeigt auf die runde Pastille – in die Höhle deines Auges. *Zwölf* von diesen müssen verbraucht werden, dann bekommst du dein Auge zurück. Erschrecke also nicht, dass du jetzt auf diesem Auge scheinbar blind geworden bist.« Damit legt sie die Pastille in meine leere Augenhöhle, schließt mein Augenlid und verbindet mein rechtes Auge mit einem weißen Tuch.

Ich erwachte. Es war morgens früh, und ich wollte aufstehen. Da fiel mir auf, dass ich mit meinem kranken Auge überhaupt nicht mehr sehen konnte. Es war, als ob plötzlich ein Brett davor wäre. Ich nahm sofort einen Spiegel und schaute hinein. Da sah ich mit dem anderen, noch gesunden Auge, dass die Pupille des rechten Auges ganz undurchsichtig, grauweiß, geworden war. Ich wusste, dass es grauer Star war. Seit einigen Jahren entwickelte sich allmählich der graue Star in meinem rechten Auge, aber es ging sehr langsam und unmerklich, und noch gestern sah ich ziemlich deutlich. Von außen her war der langsam sich entwickelnde Star noch vollkommen unsichtbar. Und jetzt, in einer Nacht, kristallisierte sich die Linse in meinem rechten Auge zu einem reifen grauen Star! »Erschrecke nicht …«, klang die Stimme des nächtlichen Besuchers aus meinem Traum in meinen Ohren. Nein, ich erschrecke nicht! Es wird wieder die Wallfahrt von einem Professor zum anderen anfangen, und einer von ihnen wird mein Auge operieren … Schon längst habe ich gelernt, dass das »Erschrecken« vollkommen nutzlos ist. Aber was können diese weißen Pastillen bedeuten, von welchen zwölf verbraucht werden müssen, um mein Auge wieder zurückzubekommen? Was kann das sein?

Ich ging zu verschiedenen berühmten Professoren. Die einstimmige Auffassung war, dass man mein Auge schon jetzt operieren könnte, aber es bestehe die Gefahr, dass – da ich schon fünfunddreißig Jahre alt sei und man ein Stück aus der Regenbogenhaut herausschneiden müsse, wodurch die Pupille die Form eines Schlüsselloches bekomme – das operierte Auge das durch die vergrößerte Pupille stark vermehrte Licht schlecht ertragen würde und ich immer eine tiefschwarze Brille tragen müsste. Sie rieten mir, mit der Operation lieber zuzuwarten. Ich befolgte diesen Rat. Ich arbeitete weiter, aber ich konnte mich an die Arbeit, ein gutes Auge mit dem vom Star erblindeten gepaart, nicht gewöhnen. Der Star störte mich sehr.

Es wurde langsam Sommer, und wir fuhren, wie jedes Jahr, in unsere Familienvilla am See. Da begegnete ich einem katholischen Bischof, der mich überredete, unbedingt nach Wien zu fahren und mein Auge von einem weltberühmten Professor, den er persönlich kannte, untersuchen zu lassen. »Er operiert mit anderen Methoden als im Allgemeinen. Gehen Sie zu ihm, und sprechen Sie mit ihm, was er Ihnen rät. *Ich bin ein Diener Gottes, vielleicht lässt Gott Ihnen diesen Rat durch meinen Mund geben.*«

Man hatte mir schon so viele Ratschläge für mein Auge gegeben, dass ich nicht mehr viel darauf gab. Aber die Worte: »… vielleicht lässt Gott Ihnen diesen Rat durch meinen Mund geben …«, prägten sich tief ein.

Im Herbst begleitete mich Vater zu dem Professor in Wien. Er empfahl mir eine sofortige Operation: »Sie sollen diesen störenden und hässlichen Star so rasch als möglich loswerden. Es hat unbedingt einen schlechten psychologischen Einfluss«, sagte er.

»Wird mein Auge nicht sehr darunter leiden, dass Sie ein Stück aus der Regenbogenhaut herausschneiden?«, fragte ich.

Er schaute mich lange an, dann prüfte er meine Nervenreflexe und begann, über meine Bildhauerarbeit zu reden. Er fragte verschiedene Dinge, die überhaupt in keinem Zusammenhang mit meinem Auge standen, dann sagte er plötzlich: »Ich schneide kein Stück aus der Regenbogenhaut heraus. Sie können ruhig sein, das Auge wird nachher nicht unter dem Licht leiden.«

»Dann machen wir die Operation so bald als möglich«, antwortete ich.

Nach einer Woche war ich im Sanatorium, um mich auf die Operation, die am anderen Tag stattfinden sollte, vorzubereiten.

Es war ein herrlicher Herbstabend, und bevor ich zu Bett ging, trat ich ans Fenster, um auf die schöne Stadt hinabzuschauen. Wie ich den Vorhang wegziehe, um durch das Fenster zu schauen, erblicke ich mir gerade gegenüber am Himmel die *riesige, runde weiße Scheibe des Vollmondes*. Im Augenblick erkenne ich überrascht die *große weiße Pastille*, die der Arzt mir damals im Traum gezeigt hat. Es war *Vollmond*! Der Arzt sagte: »Zwölf davon müssen verbraucht werden …« Ich rechnete mit Herzklopfen nach, wann ich den merkwürdigen Traum hatte, und es stellte sich heraus: Genau *zwölf Vollmonde* sind seitdem vergangen! Ich wusste, dass die Operation mir die Sehkraft meines Auges zurückgeben würde!

Am anderen Morgen lag ich auf dem Operationstisch, und in einer unglaublich kurzen Zeit war die Operation schon beendet. Es blitzte Licht in mein erblindetes Auge, dann erblickte ich eine starke Hand vor meinem Auge. »Was sehen Sie?«, hörte ich die Stimme des Professors.

»Ihre gesegnete Hand, Herr Professor«, antwortete ich, und schon waren meine beiden Augen zugebunden.

Wie man mich aus dem Operationssaal hinausschob, hörte ich Türen öffnen und wieder schließen und die leise Stimme meines Vaters: »Wie ist es gegangen, Esther?« Ich antwortete: »Gut, Vater, ich sehe …«

Die Augenoperation brachte mir viele faszinierende Erfahrungen, von denen die interessanteste die war, dass ich erfuhr, dass jene Schwingungen, die wir als »Licht« empfinden, nur für unsere Augen – für *gesunde*

Augen – »Licht« sind. Sonst ist es eine gewaltige Kraft, die einen Menschen, sogar noch stärkere Wesen, erschlagen könnte. Es hängt nur von dem Verhältnis zwischen der Empfindlichkeit der Haut eines Lebewesens und der Lichtstärke ab. Es geschah Folgendes: Einige Stunden nach der Operation kam der Professor und sagte: »Erschrecken Sie nicht, wenn ich den Verband von Ihrem operierten Auge herunternehme, ich werde mit einer Kerze in Ihr Auge leuchten, da ich sehen muss, wie das Auge auf die Operation reagiert.«

Ich dachte: »Warum soll ich davor erschrecken?«, und ließ den Professor den Verband herunternehmen. Dann sagte er: »Machen Sie Ihr Auge auf.«

Ich war vorbereitet, wenn ich mein Auge öffnete, eine brennende Kerze zu sehen. Statt dessen sah ich, als ich mein Auge öffnete, nur Finsternis, aber ich bekam einen tüchtigen Faustschlag auf das neu operierte Auge. Ich riss meinen Kopf zurück und schloss sofort das Auge. Ich konnte nicht begreifen, was geschehen war. Da hörte ich ihn lachen: »Habe ich nicht gesagt, dass Sie nicht erschrecken sollen? Die Netzhaut Ihres Auges ist jetzt derart empfindlich, dass sie das kleinste Licht gar nicht als Licht, sondern als einen starken Schlag empfindet. Ruhen Sie weiter, nach einigen Stunden komme ich wieder, um das Auge zu untersuchen. Bis jetzt geht alles sehr gut«, sagte er und ging.

Ich blieb in der Finsternis allein und dachte lange nach. Was ist Licht? Dasselbe Licht, das ich mit einem gesunden Auge als die flackernde Flamme einer Kerze wahrnehme, kann in mir Schmerzen und Empfindungen verursachen wie ein Faustschlag? Ich hatte überhaupt kein »Licht« gesehen, nur einen starken Schlag gefühlt, der meinen Kopf zurückgestoßen hatte. Ich musste daraus die Folgerung ziehen, dass, wenn es Wesen geben würde, deren Haut eine solche Lichtempfindlichkeit besäße wie die Netzhaut meines operierten Auges, man sie dann, sogar aus größerer Entfernung, einfach dadurch erschlagen könnte, dass man das Licht eines Scheinwerfers auf sie richtete.

Es müsste aber irgendein Licht – oder man könnte es eventuell »Ultralicht« nennen – geben, das verhältnismäßig so viel stärker wirkte als jenes Licht, welches wir mit unseren menschlichen Augen als »Licht« empfinden, dass es der Empfindlichkeit unserer Haut, die wir hier auf der Erde haben, entsprechend, uns ebenso erschlagen könnte wie das gewöhnliche Licht ein Wesen, dessen Haut die Empfindlichkeit eines operierten Auges hätte.

Ich sah ein, dass alles nur eine Frage des Verhältnisses ist, das zwischen Wirkung und Widerstand besteht, und es wurde mir klar, dass unendlich viele Arten von Leben im Weltall auf den verschiedenen Planeten und Weltkörpern existieren können. Ich habe zum Beispiel daran gedacht, dass ein menschenähnliches Lebewesen auf Uranus oder Neptun – da die Sonne zu diesen Planeten eine viel größere Entfernung hat als zur Erde – vielleicht eine ebenso unendlich empfindliche Haut hat wie die Netzhaut meines frisch operierten Auges, und wenn dieses Lebewesen bei Sonnenlicht »sehen« wollte, wie wir hier auf der Erde, dann müssten seine Augen unbedingt eine für uns unvorstellbare Lichtempfindlichkeit besitzen. Aber brauchen wir denn so weit zu gehen? Die verschiedenen Tiere in der Tiefe des Ozeans haben ja solche Augen – und Fähigkeiten, die wir überhaupt nicht verstehen können, weil wir nie in unserem Leben in solcher Finsternis existieren könnten wie jene Tiefseetiere.

Ich grübelte noch über die unendlich vielen Möglichkeiten der Welten und der darin lebenden Wesen nach, und mein Herz wurde mit tiefer Demut vor der Macht des ewigen *Seins* erfüllt, das wir *Gott* nennen …

Eine weitere sehr interessante Erfahrung, die mir die Augenoperation brachte, war die Tatsache, dass genau so *wie die Lungen die Luft nicht nur für sich, sondern für den ganzen Körper einatmen und diesem weitergeben, die Augen das Licht auch nicht nur für sich, sondern für den ganzen Körper aufnehmen und diesem weitergeben. Denn Licht ist Kraft!*

Am dritten Tag nach der Operation kam der Professor mit einer Pflegerin herein und sagte: »Jetzt werden Sie schön in diesen Fauteuil hinaussitzen. Ziehen Sie Ihre Pantoffeln an, und die Schwester und ich werden Ihnen helfen.«

Ich war beleidigt: »Herr Professor«, sagte ich, »ich bin nicht krank, und davon, dass ich drei Tage im Bett lag, wurde ich doch nicht so schwach, dass ich nicht selbst aufsitzen und aufstehen könnte. Mir brauchen Sie nicht zu helfen.«

Der Professor sagte: »Gut, Sie können allein aufstehen – wenn Sie können.«

Ich wollte aus dem Bett heraus. Ich streckte meine Beine aus dem Bett und wollte aufstehen. Da kam die Überraschung! Meine Füße und Beine waren so schwach, so kraftlos, dass ich zusammengefallen wäre, wenn mich nicht im selben Augenblick von rechts und links starke Hände gepackt und aufrecht gehalten hätten. Meine Beine hingen herunter wie zwei kraftlose Fetzen. Aber mein Rückgrat war auch vollkommen kraftlos, so dass ich froh war, als mich der Professor und die Schwester in den Fauteuil sitzen ließen. Was war das?

Ich hörte, dass der Professor lachte: »Sehen Sie, dass Sie nicht allein aufstehen können? Sie waren seit drei Tagen in vollkommener Finsternis, und wenn ein Lebewesen plötzlich ohne Licht bleibt, verliert es seine Kraft in solchem Maß, dass es nicht mehr auf seinen Füßen stehen kann. Sie werden bald wieder ihre Augen aufmachen können, dann werden Sie ihre Kraft auch sofort zurückgewinnen. Aber im Krieg hatten wir die größte Sorge mit den armen erblindeten Soldaten nicht wegen ihres seelischen Zustandes, sondern wegen ihrer vollkommenen Kraftlosigkeit, die mit dem plötzlichen Erblinden unvermeidlich auftritt. Die menschliche Seele ist so wunderbar eingerichtet, dass sogar bei einer solchen Katastrophe wie dem Erblinden der Mensch eine innere Möglichkeit findet, dennoch weiterzuleben und noch Freude haben zu können. Unsere größte Sorge war aber, dass diese armen jungen Menschen auf lange Zeit nicht mehr auf ihren Füßen stehen konnten. Wir vermochten ihnen das Licht nicht mehr zurückzugeben. Der Körper aber ist Gott sei Dank auch elastisch, und mit der Zeit übernimmt die Haut die ganze Aufgabe der Lichtversorgung. Doch die ersten Zeiten sind wirklich tragisch schwer wegen der infolge des Lichtmangels auftretenden Entkräftung.«

Ich schwieg. Seit der Erkrankung meines Auges bedeuteten mir die Blinden viel – viel mehr, als man es sich mit gesunden Augen überhaupt vorstellen kann. Jetzt erfuhr ich an mir selbst, was jene Stelle in der Bibel bedeutet:

»Das Auge ist des Leibes Licht. Wenn dein Auge einfältig ist, so wird dein ganzer Leib licht sein; ist aber dein Auge ein Schalk, so wird dein ganzer Leib finster sein.«

(Matth 6,22,23)

Und mein Herz zog sich qualvoll zusammen bei dem Gedanken, dass es den Menschen nicht genug ist, dass es von Natur aus Blinde gibt, sondern dass sie selber noch Kriege führen, in denen unzählige gesunde Menschen geblendet werden, ganz zu schweigen von den übrigen Verstümmelungen! Wann wird die Menschheit reif genug sein, der Tyrannei der Politiker, die gewissenlos Kriegserklärungen unterschreiben, nicht mehr zu gehorchen?

Nach zwei Wochen führte mich der Professor in die Dunkelkammer, um meine beiden Augen zu untersuchen. Er gab mir eine sehr starke Linse vor das operierte Auge, und ich las alles, bis zum kleinsten Buchstaben. Da sprang der Professor zu meiner größten Überraschung mit riesiger Freude auf, packte mich und hob mich hoch in die Luft. Er war ein reizender alter Herr, aber ich wusste dennoch nicht, was ihn aus lauter Freude so aus der Fassung gebracht hatte. Er stellte mich wieder auf den Boden und sagte mit strahlendem Gesicht: »Wissen Sie, dass man mit dieser Methode, mit der ich Ihr Auge operiert habe, nur Kinder – bis zwanzig Jahre – operieren darf? Später besteht die Gefahr, dass die Regenbogenhautentzündung auftritt, und dann ist das Auge verloren. Ich habe Sie, wie Sie das erste Mal bei mir waren, beobachtet und sah, wie außergewöhnlich lebhaft und elastisch Sie sind. Ihre Reflexe waren auch kräftig, und wie ich es immer tue, ließ ich mich von meiner Intuition führen. Ich habe es gewagt, Sie zu operieren, als ob Sie noch ein Kind wären. Und jetzt verstehen Sie meine Freude. Die Operation ist glänzend gelungen. Ihre Gewebe waren noch jung genug, um diese Operation ausgezeichnet zu überstehen. Ich gratuliere Ihnen, Sie gehen mit zwei gesunden Augen nach Hause!«

Ich dankte ihm für seine Güte, dann nahmen wir voneinander Abschied, und ich reiste nach Hause. Die zwölf »Pastillen« waren verbraucht, und das Licht kehrte in mein blindes Auge zurück.

DER JUNGE PRIESTER ERSCHEINT

Es vergingen wieder einige Jahre, und wir beide, mein Mann und ich, lebten friedlich, in unveränderter Liebe nebeneinander. Ich arbeitete als Bildhauerin, hatte viele Bestellungen, und in meiner Freizeit erschienen immer mehr Leute für eine Seelenberatung. Öfters in der Woche hielt ich Vorträge über Selbsterkenntnis, über die Lehren, die ich in Ägypten von Ptahhotep gehört hatte. Und wenn ich mich ausruhen wollte, spielte ich auf meinem geliebten Flügel.

Ich übte jeden Tag geistigen Yoga und konnte auch tiefe Trance-Zustände erreichen, aber das letzte verschlossene Tor öffnete sich mir nicht. Bei einem gewissen Grad stand mir auf dem Weg zur vollkommenen Verwirklichung meines Selbst ein Hindernis wie eine Wand im Wege, die ich mit meinem Bewusstsein nicht durchbrechen konnte. Ich lebte jedes Jahr mehrere Monate im Waldhäuschen ganz allein, um Yoga zu praktizieren. Die jungen Obstbäume, die ich gepflanzt hatte, waren schon starke, schön gewachsene Bäume, und ich übte ohne Unterlass, mit ungestörter Ausdauer, doch die Hüter der Schwelle ließen mich nicht durch das große Tor ...

Es war wieder einmal Herbst geworden, und ich verließ für einen Tag den Wald, um den Geburtstag meines siebzig Jahre alten Vaters mit der ganzen Familie, der Verwandtschaft und dem ausgedehnten Freundeskreis zu feiern.

Am nächsten Vormittag, als ich mich gerade bereit machte, um ins Waldhaus zurückzukehren, läutete das Telefon. Eine ältere Freundin fragte mich, was ich am Nachmittag vorhabe. Ich antwortete, dass ich frei sei.

»Der berühmte Schriftsteller, mit dem ich in Indien bei Ramana Maharshi war, ist angekommen und wohnt bei mir. Wenn er dich interessiert, so komm am Nachmittag, dann kannst du mit ihm sprechen«, sagte die Freundin.

Am Nachmittag läutete ich bei meiner Freundin. Ich ging in den Salon und erblickte den Mann, der durch seine Bücher, die er über die großen Yogis Indiens und über Yoga geschrieben hatte, weltberühmt geworden war. Ich blieb einen Augenblick vor Überraschung stehen: Da saß der junge Priester, der mir in meinem vergangenen Leben in Ägypten bei den letzten Vorbereitungen vor der großen Einweihung geholfen hatte!

Wir sprachen einige Worte miteinander. Ich erwähnte, dass ich seine Bücher gelesen hatte und schon seit langer Zeit den geistigen Yoga übe, aber das allerhöchste Ziel noch nicht hätte erreichen können ... Dann kamen viele andere Besucher, und ein allgemeines Gespräch fing an, das bis spät abends dauerte. Ich konnte mit ihm nicht mehr allein sprechen. Schließlich ging ich und dachte: »Es ist also nichts geschehen ...«, weil ich im Geheimen gehofft hatte, dass der berühmte »weiße Yogi« mir auf meinem mystischen Weg vorwärtshelfen würde.

Am anderen Morgen läutete das Telefon, meine alte Freundin rief mich wieder an. »Der Schriftsteller will mit dir unter vier Augen sprechen«, hörte ich sie im Telefon, »wenn du Zeit hast, dann komm heute Nachmittag wieder.«

Ich ging hin. Der Schriftsteller saß im Lotossitz auf dem Diwan, und als ich mich auch setzte, fragte er: »Was wünschen Sie von mir?«

»Ich habe keine Wünsche«, antwortete ich. »Ich lebe zufrieden in einer absoluten inneren Ruhe.«

»Warum sind Sie dann zu mir gekommen? Was erwarten Sie von mir?«

»Ich will die Wirklichkeit«, sagte ich.

Der Schriftsteller blieb einen Augenblick still, dann schaute er mich an und fragte: »Und diese absolute Ruhe – ist keine Wirklichkeit?«

»Doch, es ist eine Wirklichkeit, ich suche aber noch mehr. Ich fühle mich wie Moses, der das Gelobte Land sah, aber nie darin war. Ich glaube, dass ich alles sehe, aber ich möchte hinein. Ich bin nicht damit zufrieden, dass ich von draußen sehe, was drinnen ist. Ich will hinein.«

Er lächelte: »Ja, Sie stehen bei der großen Tür, und Ihre Hand liegt schon auf der Klinke. Sie sind so weit, dass es die größte Seltenheit ist, dass jemand ganz allein, ohne die Hilfe eines Meisters, diese Stufe erreicht. Sie haben die Einweihung wahrscheinlich schon einmal erlebt, in einem vorigen Leben, und jetzt brauchen Sie nur noch den allerletzten Schritt zu machen, durch das Tor, das Sie noch von dem großen Ziel trennt.«

Ich schaute den Yogi an. Erinnerte er sich nicht, dass er in Ägypten Priester war und mich dort kannte? Oder will er nur nicht darüber sprechen? Ich konnte es aus seinem unerforschlichen Blick nicht herauslesen.

Ich antwortete: »Das weiß ich alles, und ich will hinein! Wenn ich auch mit der Faust diese Tür einschlagen muss.«

»Und glauben Sie, dass ich Ihnen helfen kann?«, fragte er.

»Wenn meine Zeit da ist, dann ja, dann können Sie mir helfen.«

»Und wenn Ihre Zeit da ist, glauben Sie, dass ich Ihnen dann helfen kann?«, fragte er wieder.

Ich antwortete: »Ja.«

Da, als ob er auf diese Antwort gewartet hätte, zeigte er auf den Stuhl ihm gegenüber und sagte: »Setzen Sie sich hin, machen Sie Ihre Augen zu und denken Sie sich ganz intensiv in Ihr Herz hinein.«

Ich tat, wie er sagte, machte meine Augen zu und dachte mich in mein Herz hinein. Da sehe ich mit geschlossenen Augen, dass aus dem Sonnengeflecht des Yogis ein starker gelber Strom von hellem Licht herausströmt, mich wie eine Schlange in Kreisform umschlingt, auch um den Yogi läuft, dann wieder um mich herum und wieder um ihn. So lief dieser Strom um mich und um ihn herum, in der Form einer Acht.

Gleichzeitig fühlte ich, wie ich in meiner Konzentration zu jener Stelle kam, bei der ich bisher immer stecken geblieben war und nicht weiter konnte, und dass eine mir fremde Kraft nun in mein Bewusstsein griff und es mit sich wie durch eine Tür in eine unendliche Tiefe riss …

Jeglicher Zeitbegriff war verschwunden, und ich wusste nicht, wie viel Zeit vergangen war, als ich die Stimme des weißen Yogis hörte: »Sie können Ihre Augen wieder öffnen.«

Als ich meine Augen öffnete, wurde mir erst deutlich, wie weit entfernt ich von dem körperlich-irdischen Bewusstsein gewesen war. Sprechen mochte ich nicht, weil ich es überflüssig fand, etwas zu sagen.

Dann sagte der Schriftsteller: »Ich habe einen Kontakt zwischen Ihrem persönlichen Selbst und dem Überselbst geschaffen, da Sie dazu reif genug waren. Von nun an, wenn Sie eine Frage haben, konzentrieren Sie sich auf mich, und Sie werden die Antwort noch am selben Tag erhalten.«

»Auf Ihre Person oder auf das höhere Selbst?«

Er lächelte und antwortete nichts. Ich verstand, dass über »Person« zu sprechen vollkommen überflüssig war.

Von diesem Tag an kamen wir, noch einige Leute und ich, bei meiner Freundin zusammen und meditierten unter der Führung des Yogis.

Nach einigen Wochen reiste er ab. Ich blieb allein und lebte nach außen weiter wie bisher.

Es verging vielleicht ein halbes Jahr. Einmal saßen wir mit einigen Freunden zusammen, und ich hörte zu, wie jemand über Schwarzmagier sprach. Er sagte, dass die Schwarzmagier einige Jünger auswählen, die sie dann als blinde Werkzeuge gebrauchen, um ihren Willen ohne Widerstand auszuführen. Diese Jünger werden von dem Schwarzmagier besessen, verlieren ihre Selbstständigkeit vollkommen und gehen schließlich zugrunde.

Am anderen Morgen fielen mir diese Worte ein, und ich dachte darüber nach. War ich eigentlich leichtsinnig, dass ich mich mit vollkommenem Vertrauen dem weißen Yogi ausgeliefert hatte? Ich war auch jetzt überzeugt, dass er, wenn wir es schon so nennen wollen – ein »weißer Magier« war, aber ich hatte mich ihm dennoch, ohne ihn gründlicher kennenzulernen, vollkommen ausgeliefert. War er ein weißer – oder ein schwarzer Magier? Woher konnte ich das wissen? Was ist das Kennzeichen, ob man es mit einem »weißen« oder mit einem »schwarzen« Magier zu tun hat? Diese Frage war offen …

Am selben Nachmittag waren wir zu einem Schulkameraden meines Mannes eingeladen. Wir kamen an, und der Freund erzählte uns, dass er heute in einem alten Buch geblättert und ein sehr interessantes Kapitel über den Unterschied zwischen weißen und schwarzen Magiern gefunden habe.

»Der weiße Magier bindet seinen Schüler, wenn er ihm beim Vorwärtskommen helfen will, in der Form einer *Acht* an sich. Er lässt damit die Unabhängigkeit des Schülers unangetastet, weil auf diese Weise Meister und Schüler *im Mittelpunkt ihrer eigenen Kreise bleiben und den Mittelpunkt bilden.* Dagegen nimmt der Schwarzmagier seinem Jünger die Selbstständigkeit, indem *er ihn mit sich in einen Kreis hineinnimmt*, in der Weise, dass *der Schwarzmagier den Mittelpunkt des Kreises bildet* und den Jünger in seinen Bannkreis bindet, so dass dieser sein Satellit, wie ein Planet der Sonne, wird.«

Ich hörte seiner Erklärung erschüttert zu. Er wusste nicht, er hatte keine Ahnung, dass ich eine Antwort eben auf diese Frage suchte. Ich hatte mit niemandem darüber gesprochen. Und ich bekam dennoch die Antwort noch am selben Tage!

Das höhere *Selbst – Gott –* findet immer einen menschlichen Mund, wenn es uns etwas zu sagen hat. *Es* kennt kein Hindernis.

IMA UND BO-GHAR

Dann kam der große Krieg.

Die beiden Männer, die zu mir gehörten, kleideten sich in Uniform. Mein Mann leistete Dienst in einer der größten staatlichen Fabriken, die unter Militärkommando kam. Er musste den schweren Posten des Kommandanten übernehmen.

Eines Tages saßen wir, mein Mann und ich, bei Tisch. Da öffnete sich die Tür, und mein Sohn kam herein – in Fliegeruniform.

Ich hatte das Gefühl, dass die Erde unter meinen Füßen verschwand und ich in einen Abgrund stürzte. Von unserem Freundeskreis lagen nämlich alle Söhne, die Flieger wurden, in kürzester Zeit auf dem Friedhof. Dabei hatte ich, als er eintrat und ihn erblickte, den sonderbaren Eindruck, als ob ich meinen Sohn schon in Fliegeruniform gesehen hätte. Ich hatte aber keine Zeit nachzugrübeln, *wann* und *wo* dies hätte geschehen sein können, denn ich war entsetzt, dass er Flieger geworden war. Die Länder, die im Krieg gegen uns kämpften, besaßen viel bessere Flugzeuge als wir. Sie hatten unsere besten Söhne – da man nur solche als Flieger angenommen hatte, welche die schwersten gesundheitlichen Prüfungen aushielten – mühelos abgeschossen. Ich arbeitete gerade zu dieser Zeit an einer großen Komposition, einem Grabmal für einen abgestürzten Flieger, einen Spielkameraden meines Sohnes aus der Kindheit. Und jetzt stand mein Sohn da, in Fliegeruniform.

»Wie kommst du zu dieser Uniform?«, frage ich meinen Sohn.

»Wie?«, fragt er zurück. »Ich bin aufgenommen unter die Flieger«, fügt er stolz hinzu.

»Wir haben dich aber bei den Pionieren aufnehmen lassen. Wie kommst du zu den Fliegern? Ohne die Erlaubnis der Eltern nimmt man doch keinen Jungen unter die Flieger auf?«

»Mutter, jetzt ist Krieg. Man braucht keine elterliche Erlaubnis mehr, wie du siehst.«

Ich schwieg. Es war nichts zu machen. Und es kamen Tage, während derer ich wie ein Schlafwandler in der Wohnung umherwanderte und mit *Gott* sprach. Meine Macht über mein Kind hörte auf. Ich musste es *Gott* übergeben. Ich tat es bewusst. Ich musste einsehen, dass *Gott* meinen Sohn besser liebte – besser lieben musste, da *Er* eben *Gott* ist – als ich unvollkommener Mensch ihn lieben konnte. Und ich rechnete damit, dass, was auch immer geschehen mochte, es das allerbeste sei, auch dann, wenn es für mein Mutterherz, in meiner menschlichen Kurzsichtigkeit, als eine Katastrophe erscheinen würde. Ich musste *meinen Glauben an die Wirklichkeit Gottes in die Tat umsetzen!* Mein Herz durfte nicht zittern, meine Nerven mussten die vollkommene Ruhe bewahren, weil ich auch das Schicksal meines einzigen Kindes nicht mehr vom menschlichen Standpunkt aus, sondern vom Standpunkt des zeit- und raumlosen großen Ganzen betrachten und danach handeln musste. Andere Mütter hatten Tag und Nacht für ihre Söhne gebetet. Wie hätte ich das gekonnt? *Gott* lässt sich nicht von Menschen überreden, und ich wusste, dass nach dem Gesetz des Charakters und des Schicksals mit meinem Sohn genau das geschehen würde, was für die Entwicklung seines Bewusstseins das allerbeste war. Ja! *Gott* liebt ihn! Besser als ich! – Dieser Gedanke gab mir die Kraft, um weiterzuleben.

Während des Krieges war das Leben ein ununterbrochenes Warten auf das Ende dieses Massenmordes. Äußerlich blieb alles wie bisher. Wir arbeiteten, gingen in Konzerte, ins Opernhaus, in Freundeskreise, aber wir ließen alles an uns vorbei laufen, denn hinter allem stand das Warten, das Warten auf das Ende des Krieges.

So vergingen einige Jahre, und innerlich sah ich die gewaltige Walze aus dem Osten näher und näher rollen.

Eines Tages rief mich eine Freundin an, dass sie mir einen sehr interessanten Menschen vorstellen wolle. Er sei Inder, ein echter Yogi, fügte sie hinzu. Sie hatte mir schon öfters »echte Yogis« vorstellen wollen, aber es hatte sich dann immer herausgestellt, dass die Betreffenden ganz gewöhnliche Durchschnittsmenschen waren. Sie war dennoch überzeugt, dass jeder Inder ein fertiger Yogi sein müsse. Ich war also von ihrer neuen Entdeckung nicht sonderlich begeistert. Sie gab aber nicht nach und wollte mich unbedingt sprechen. So kam sie und erzählte mir eine lange Geschichte, wie sie das Bild eines jungen indischen Yogis in der Zeitung gesehen, diesen Inder dann überall gesucht, aber nicht gefunden habe, bis sie endlich durch einen ganz merkwürdigen »Zufall« entdeckte, dass der Inder, den sie in der ganzen Stadt unter mehr als einer Million Einwohnern vergebens gesucht hatte, im selben Haus wohnte wie sie selbst! Es war ein mächtiger, moderner Häuserblock, und es war kein Wunder, dass die Einwohner einander nicht kannten.

Ich hörte ihr geduldig zu, dann fragte ich, um weitere Erzählungen abzukürzen: »Nun, was wünschst du jetzt von mir?«

»Du musst ihn kennenlernen. Erlaube mir, dass ich ihn herbringe und dir vorstelle. Er geht nirgends hin, er lebt ganz zurückgezogen, aber als ich ihm von deinen wöchentlichen Vorträgen über Yoga-Philosophie erzählte, war er sofort bereit, zu euch zu kommen. Schau, da sind einige Fotografien«, sagte sie schließlich und hielt mir einige Bilder hin.

Ich nahm die Fotos mit geringem Interesse in die Hand, warf einen Blick auf die Fotos – und mir blieb der Atem stehen: Bo-Ghar! Ich schaute mit Herzklopfen alle Bilder an. Kein Zweifel! Den Blick dieser großen schwarzen Augen, den unglaubliche Reinheit ausstrahlenden kindlichen Ausdruck des ganzen Gesichtes erkannte ich. Er war es! Aber nicht mehr der junge Knabe, wie ich ihn kannte und tief in meiner Seele trug, sondern ein junger Mann, ein Erwachsener.

»Helene«, sagte ich zu meiner Freundin, »morgen Abend habe ich Zeit, du kannst ihn mitbringen.«

Am anderen Tag kam Helene mit Bo-Ghar. Wir tranken Tee, wir plauderten über verschiedene Dinge, aber derweilen sah ich in meinem Inneren Bilder von einem großen Palast aus gewaltigen Steinblöcken, darin einen Saal, der mein Gemach war, prachtvolle Möbel, mit Gold ausgelegt, ein niedriges Lager mit den schönsten Tierfellen, eine Gestalt, die Beine, die Arme, die Hände, den Körper bis zum Hals, nur den Kopf sah ich nicht, weil *ich* diese Gestalt *war*, die auf den Tierfellen saß, und ein Kind saß zu meinen Füßen, ein liebes, lebhaftes Kind, das jetzt aus den Augen dieses Inders mich anschaute.

Und er? Warum nennt er mich »Königin«? Ich frage ihn.

»Weil Sie eine Königin sind«, sagt er mit Überzeugung.

»Ja! Sie haben Recht!«, sagt mein Mann, »dirigieren kann sie, besonders mich«, und lacht von Herzen. Wir lachen mit.

Mein Sohn tritt herein, erblickt den indischen Gast und bleibt starr vor Überraschung stehen. Dann nimmt er sich zusammen, ich stelle ihn vor, und die beiden schauen einander lange überrascht und forschend an. Ich überbrücke die auffallende Verlegenheit und biete etwas Tee an. Mein

Sohn setzt sich auch, trinkt Tee, kann aber seine Augen nicht von dem Inder wenden …

So kam Bo-Ghar das erste Mal zu uns.

In kurzer Zeit war er der Liebling der ganzen Familie. Meine Eltern und meine Geschwister nahmen ihn wie einen neuen Bruder unter uns auf. Er eröffnete seine Yoga-Schule und bat mich, da er die Sprache noch nicht beherrschte, in seiner Schule einmal wöchentlich über Yoga Erklärungen zu geben. Unsere gemeinsame Arbeit begann.

Der Krieg dauerte weitere Jahre. Im Winter arbeiteten wir alle wie bisher; im Sommer zogen wir in das kleine Waldhaus. Bo-Ghar kam mit und lebte im Wald nach den Gesetzen des Yoga, wie er es in seiner Heimat bei seinem Meister gelernt hatte.

Mein Sohn hatte schon einen Absturz mit dem Flugzeug hinter sich, bei welchem er wunderbarerweise nur mit einer Gehirnerschütterung davongekommen war. Er war wieder gesund, nur eine Narbe auf seiner schönen hohen Stirn verriet die schwere Verletzung.

Und an einem heißen Sommertag, als die große Walze aus dem Osten schon sehr nahe an der Grenze stand, fiel Mutter, meine liebe, sanfte Mutter, zu Boden, und als man ihr helfen wollte aufzustehen, sagte sie noch deutlich: »Schlag, das ist ein Schlag …«

Dann lag sie lange im Bett, und ringend, mit mühsamen Worten, erklärte sie uns, dass sie genau fühle, wie eine Seite ihres Körpers schon tot sei.

»Und wisst ihr«, fügte sie hinzu, »es ist so interessant, dass ich halb hier, halb ›drüben‹ bin. Ich sehe euch alle halb noch von außen, aber ich sehe auch schon euer Inneres. Und ich sehe jetzt auch euer zukünftiges Schicksal. Wenn es mir besser gehen wird, werde ich euch das alles sagen, aber jetzt kann ich sehr schwer sprechen.«

Sie war schon mit der anderen Welt verbunden. Wenn irgendwo in der Stadt eine Freundin zu Hause von ihr sprach, dann sagte sie uns: »Jetzt ist meine Freundin X. Y. hier bei mir, und sie sagt Folgendes …«; und Mutter sagte genau die Worte, die ihre Freundin mehrere Kilometer entfernt im selben Augenblick – überprüfbar – sagte. Es ist auch oft vorgekommen, dass Mutter unten in der Wohnung allein mit der Pflegerin saß, und ich sprach über sie oben im zweiten Stock mit meinem Mann. Da sagte sie unten zur Pflegerin: »Meine Tochter Esther ist jetzt hier und sagt über mich …«; und sie wiederholte genau dieselben Worte, die ich oben, zwei Stockwerke höher, sprach.

Eines Tages rief mich die Pflegerin an, dass ich sofort kommen solle, Mutter habe einen zweiten Schlag erlitten.

Ich stürzte hinunter, Mutter lag totenblass da und konnte nicht mehr sprechen. Sie zeigte mir mit ihrer rechten Hand, dass sie die Zunge nicht mehr bewegen könne.

So lag sie mehrere Stunden, ohne sprechen zu können. Auf einmal öffnete sich die Tür, und Bo-Ghar kam herein. Mutter, mit ihrem armen, verzerrten, halbseitig gelähmten Gesicht, blickte Bo-Ghar an, und Freude strahlte aus ihren Augen. Bo-Ghar setzte sich zu Mutter und umschlang mit seiner Hand ihr Handgelenk. Nach ein bis zwei Minuten öffnete meine Mutter den Mund und sagte langsam, Silbe für Silbe, aber ganz deutlich: »Aus der Hand Bo-Ghars strömt eine Kraft in mich, und diese Kraft erreicht jetzt diese Stelle in meinem Kopf, wo ich einen Druck fühle, der mich am Sprechen hindert. Jetzt kann ich mich mit Hilfe dieser Kraft, die aus Bo-Ghar in mich einströmt, von diesem Druck befreien und kann wieder sprechen. Ich wollte euch noch sagen, dass …«, und sie sagte uns einige wichtige Dinge, die ihr letzter Wunsch waren.

Bo-Ghar ging nach einer Weile weg, und Mutter konnte noch anderthalb Stunden sprechen. Dann sagte sie:

»Jetzt lässt allmählich die Wirkung der Kraft nach, die der liebe kleine Bo-Ghar in mich einströmen ließ. Es wird mir immer schwerer, einen Ton von mir zu geben und meine Zunge zu gebrauchen. Die Verbindung zwischen mir und meinem Körper löst sich. *Gott* mit uns …«, waren ihre letzten Worte.

Und nach zwei Tagen trug man einen Sarg aus dem Familienhaus. Ihr Sitz am Haupt des Familientisches blieb leer, nur eine Kerze brannte von nun an vor dem Stuhl, wo sie immer gesessen hatte.

DIE PRÜFUNGEN WIEDERHOLEN SICH

Der letzte Winter vor dem Ende des Krieges kam.

Unser Gärtner im Obstgut war längst schon eingerückt, der Obstgarten blieb verlassen. Ich ging ins Waldhaus, um zu retten, was noch zu retten war.

Eines Nachts wurde ich von einem entsetzlichen Ton geweckt: Sirenen! In der Hauptstadt!

Ich sprang aus dem Bett. Aus dem Speisezimmer konnte man die fern-liegende Hauptstadt erblicken. Ich hörte in der Finsternis unzählige Flug-zeuge über meinem Kopf. Die Luft zitterte von den Motoren. Dann sah ich plötzlich ein entsetzliches Lichtspektakel beginnen. Ich sah, wie die Bomben vom Himmel heruntersausten und wie Feuerwerk explodierten; unzählige Abwehrkanonen schossen ununterbrochen, die Schüsse schienen aus der Entfernung wie rötlich schwebende Lampions. Manchmal sah ich eine brennende Fackel aus dem Himmel stürzen und wusste, dass irgendwo eine Mutter umsonst auf ihren Sohn warten würde …

Dieses atemberaubende Lichtspiel, begleitet von ununterbrochenem Don-nern, dauerte etwa anderthalb Stunden. Mir schien, dass ich seit einer Un-endlichkeit mit vereistem Herzen am Fenster stand. Dort, wo dieses Licht-spiel für Tausende Tod und Zerstörung bedeutete, lebten alle, die zu mir gehörten. Und mein Sohn war jetzt oben eine Zielscheibe der in viel bes-seren Flugzeugen kämpfenden armen jungen Männer, die ebenso schießen müssten, gegen ihre menschlichen Gefühle, so wie mein Sohn.

Auf einmal fühlte ich, wie von einem nahen Baum eine Kraft meine Auf-merksamkeit in ihren Bann zog. Als ich hinblickte, sah ich, dass mich zwei grünlich leuchtende Augen anstarrten. Ein Uhu! Er saß da, unbeweglich wie eine Statue. Nie hatte ich in dieser Gegend einen Uhu gesehen. Wie kam der jetzt hierher? Unwillkürlich sprach ich zu ihm in meinem Geist: »Vogel, lieber Vogel, du kannst nichts dafür, dass der Volksglaube dich als den Künder des Todes betrachtet. Dennoch, willst du mir vielleicht sagen, dass alle meine Lieben, die dort in der Hauptstadt wohnen, nicht mehr auf der Erde weilen?«

Da tanzte der Uhu auf dem Ast näher zu mir heran, breitete plötzlich seine Flügel aus, und im nächsten Augenblick verschwand er im Wald.

In diesem Augenblick wusste ich, dass eine Macht, die alles beherrscht und lenkt, durch das Verschwinden des Totenvogels mich wissen lassen wollte, dass alle meine Lieben lebten …

Ja! Alle *meine* Lieben! Aber jene Tausende von Menschen, die in dieser entsetzlichen Nacht dort gestorben, und alle anderen, die während dieses schrecklichen Krieges getötet worden waren, waren auch die Lieben von jemand anderem! Warum mussten diese sterben? Warum töten die Menschen einander sinnlos?

Das höllische Schauspiel wiederholte sich Nacht für Nacht.

Im Sommer zogen mehrere Familienglieder ins Waldhaus, auch Bo-Ghar. Wir standen alle zusammen am Fenster in den schrecklichen Nächten und schauten mit versteinertem Herzen zu, wie die Hauptstadt bombardiert wurde. Wenn die Sirenen das Ende der Bombardierung meldeten, läutete kurz darauf das Telefon. Mein Mann rief mich an, um mich zu beruhigen, dass sie noch lebten …

Im Herbst blieb ich allein oben und arbeitete weiter im Obst- und Gemüsegarten, und an den Abenden beobachtete ich, wie in der Tiefebene die Kanonen des Feindes – ach, diese armen jungen Männer, die unsere »Feinde« sein müssen! – immer näherrückten.

Eines Abends hatte ich mich entschlossen, in die Stadt zu gehen – die schweren Stunden der Belagerung wollte ich unter allen Umständen zu Hause, mit meinen Lieben zusammen, erleben.

Das Telefon auf dem Tisch läutete – wie merkwürdig – ich hatte auf einmal das bestimmte Gefühl, dass ich dieselbe Situation schon einmal erlebt hatte! Ich wusste im Voraus, dass mein Mann mich gerade jetzt anrufen würde, und wörtlich, was wir miteinander sprechen würden. Dabei hatte ich das Gefühl, als ob ich träumte … Und dieses Gefühl verließ mich nicht mehr während der schweren Tage, die folgten, bis aus den Tagen Wochen, Monate, sogar Jahre wurden! Ich wusste immer, was im nächsten Augenblick geschehen würde, als ob ich alle diese entsetzlichen Geschehnisse schon einmal genau so erlebt hätte. Es wiederholte sich ganz einfach alles – ich wusste es! –, aber ich konnte nicht begreifen, wo ich genau dieselben Situationen hätte erleben können.

Als ich schon in der Stadt war und das erste Mal auf das entsetzliche

Brüllen der Sirenen in der Nacht mit allen Bewohnern des Hauses aufschrak und in den Keller hinunterstieg, stumm und ernst, mit eiskaltem Herzen dasaß, wartend, was geschehen würde, wusste ich, dass ich all dies schon einmal erlebt hatte. Und so war es immer, während der langen entsetzlichen Nächte der Bombardierung.

Noch deutlicher empfand ich dieses Wiedererleben, als an einem Tag im Spätherbst sich die Tür öffnete und mein Sohn eintrat. Warum war ich überrascht, dass er in eine Fliegeruniform gekleidet war? Ja! Ich bewahrte doch die Erinnerung, dass er in Ägypten Ima, der junge Priester, gewesen war. Ich wusste auch um alle Zusammenhänge, die uns verbanden. Aber meine Erinnerung aus Ägypten zeigte ihn in einer ganz anderen Tracht. Wie kam ich dann zu dem Gefühl, dass ich mich *aus meinem ägyptischen Leben an ihn in dieser Fliegeruniform erinnerte?* Warum habe ich das Gefühl, dass alles, was ich erlebe, keine »Wirklichkeiten« sind, sondern dass ich alle diese Bilder nur träume und diese Träume *in meinem Einweihungsschlaf in der Pyramide erlebe?*

Ich erinnere mich ganz deutlich an alle Zusammenhänge meines Lebens in Ägypten, aber ich mag mich noch so anstrengen, ich kann mich an die Geschehnisse, meine Einweihungsträume, nicht mehr erinnern.

Wie merkwürdig! *Wie kann man sich erinnern, dass man sich nicht erinnert?* Denn wenn ich mich an etwas nicht erinnere, dann kann ich auch nicht wissen, dass es existiert hat. Ich weiß aber, dass ich in meiner Einweihung in der Pyramide mein ganzes zukünftiges Schicksal in Visionen erlebte und diese Visionen – oder Traumbilder – der Anlass waren, verschiedene Prüfungen zu bestehen. Es ist wahr, dass mein Meister Ptahhotep mich aufmerksam machte und mich warnte, dass, wenn ich nach der Einweihung fallen würde, alle Einweihungsprüfungen sich auf der irdischen Ebene wiederholen würden! Ja! Ich habe fortdauernd das Gefühl, dass alle diese Geschehnisse sich *wiederholen!*

Ich hatte lange Zeit, mehrere Jahre lang, meine Träume jeden Morgen, unmittelbar nach dem Erwachen, noch im Halbschlaf, in einem Büchlein aufgezeichnet. Diese Aufzeichnungen hatte ich ein Jahr lang nicht gelesen. Nun begann ich sie zu lesen. Und mir blieb vor Überraschung der Verstand stehen, denn die meisten Träume, die ich niedergeschrieben hatte, waren Geschehnisse, die später, oft erst nach einem halben Jahr oder noch später, sich auf der irdischen Ebene tatsächlich ereignet hatten. Aber die meisten Träume waren völlig vergessen, und wenn ich meine eigene Schrift nicht gesehen und erkannt hätte, so hätte ich nicht geglaubt, dass *ich* diese

Träume träumte und niederschrieb. Wie war das möglich, dass, als diese Dinge sich verwirklicht hatten, ich mich nicht mehr erinnerte, dass ich all dies vorausgeträumt, und sogar mit welcher Genauigkeit, oft bis auf Buchstaben vorausgeträumt hatte. Diese Entdeckung bedeutete für mich eine ganz tiefe Erschütterung! Was für eine Kraft in uns ist es, die unsere Zukunft mit solcher Präzision voraus weiß und ankündigt? Und was für unvollkommene Wesen sind wir, dass wir die Sprache der Träume so wenig verstehen, dass wir uns während der genauesten Wiederholung im Leben nicht erinnern, diese Geschehnisse schon erlebt, wenn auch im Traum, aber dennoch nachprüfbar erlebt zu haben? Wahrlich, wir Menschen verdienen nicht, dass diese innere Kraft sich um uns ohne Unterlass kümmert und uns die inneren Wahrheiten und Gesetze mit unaufhörlicher Geduld zeigt ...

Wie könnte ich erklären, wie es sein kann, dass ich mich an meinen Sohn – an Ima – aus meinem früheren Leben in Ägypten in Fliegeruniform erinnerte und dass ich – als er eintrat – genau wusste, dass er jetzt von mir Abschied nehmen würde, weil sie mit ihren Flugzeugen nicht mehr auf dem Flugplatz in der Nähe der Hauptstadt bleiben könnten, sonst würden sie alle bombardiert und vernichtet. Ich wusste, als er diese Worte aussprach, und als ich antwortete, dass all dies schon einmal geschehen war ... und hatte wieder das Gefühl, dass ich nur träumte ...

Aber ich traute mich nicht, zu jemandem etwas zu sagen, weil ich fürchtete, dass sogar mein Sohn – Ima selbst – glauben würde, dass durch die Aufregungen mein Geist gelitten habe. Lieber schwieg ich darüber.

So erlebten wir die Belagerung. Wir saßen fünf Wochen im Keller im ununterbrochenen Trommelfeuer. Das Haus stürzte schließlich zusammen, und wir mussten aus den Ruinen flüchten. Das Schicksal warf uns hin und her, und nach schweren Prüfungen begannen wir unser Leben wieder aufzubauen. Wir waren Bettler geworden. Mein Mann wurde schwer verletzt und konnte lange nicht arbeiten. Wir, Bo-Ghar und ich, arbeiteten Tag und Nacht, wir bauten, wie die Urmenschen im Dschungel, aus den Ruinen des elterlichen Hauses ein neues Heim auf und eröffneten wieder unsere Yoga-Schule ...

Es vergingen Monate, wir arbeiteten fleißig und ununterbrochen. Wir lernten auch kennen, was Hungersnot ist. In einigen Wochen verwandelten wir uns allmählich alle aus Menschen von Fleisch und Blut in mit Haut überzogene, lebendige Skelette. Freunde und Bekannte erkannten einander nicht mehr, wenn sie sich auf der Straße begegneten. Angst, eine schreckliche neue Angst, breitete sich aus, neben den anderen tief begründeten Angstgefühlen in den gequälten Seelen: Was werden wir morgen essen? Wie lange können wir noch diese schwere Arbeit, ohne ein einziges Mal *genug* zu essen, bewältigen und doch gesund bleiben?

Die fruchtbare Erde des Landes hatte ihre Schätze reichlich für ihre Kinder gespendet, wir mussten aber zusehen, wie unzählige Güterzüge, wie unendliche Schlangen, die reiche Ernte aus dem Land schleppten …

Nach langen, schweren Monaten fand aber allmählich auch die Hungersnot ein Ende. Wir bekamen öfter etwas Nahrhaftes zu essen. Langsam nahmen wir wieder zu. Doch Freunde und Bekannte erkannten einander kaum wieder! Wir hatten uns schon daran gewöhnt, dass alle Leute spindeldürr waren, und es wiederholte sich, dass wir auf der Straße jemanden kreuzten, wobei uns plötzlich die Ahnung befiel, dass jener korpulente Herr, der da eben vorbeiging, einem sehr mageren Freund ähnlich sah. Beide dachten dasselbe voneinander, wir drehten uns um, erkannten uns mit großer Freude, und lachend umarmten wir uns … Es dauerte aber Monate, bis wir alle Freunde und Bekannten neu erkannten und wieder an beträchtlichen Leibesumfang gewöhnt waren.

Und ich hatte noch immer das Gefühl, dass ich all dies schon einmal erlebt hatte! Dieses Gefühl begleitete mich überall, wohin ich ging und was immer ich tat, aber immer nur im Moment, wo es gerade *geschehen* war. Ich wusste die Zukunft nicht voraus. So wusste ich auch nicht, was mit meinem Sohn, den ich, seitdem er von uns Abschied nahm, nicht mehr gesehen hatte und von dem ich ohne Nachricht war, geschehen sein konnte.

Nach anderthalb Jahren läutet jemand an unserer Tür. Ich öffne – und mein Sohn steht da! Und wieder habe ich jenes Gefühl, das die Psychologie das »déjà vu« nennt. Wiederholung, ich weiß es, alle diese Geschehnisse sind Wiederholungen! Aber woher?

Und eines Nachts wurde alles klar!

Als ich gegenüber dem Menschen, den ich auf Erden am allerliebsten hatte, gegenüber meinem Sohn, die allerschwerste Prüfung, die der »grausamen Liebe«, bestehen musste, kniete ich eines Nachts in meinem Bett und sprach über ihn mit *Gott*, dass *Er* ihm den Weg, den er folgen sollte, zeigen möge. Ich ging auf dem Weg, der in uns zu Gott führt, immer tiefer und tiefer in mich, ich zog mein Bewusstsein in mich zurück, bis ich entrückt wurde, und – ich befand mich plötzlich vor den sieben Stufen, vor jenen bekannten sieben Stufen!

Und ich springe hinauf, mit Leichtigkeit, jauchzend und jubelnd laufe ich hinauf ... ich kenne den Weg ... ich erinnere mich ... *o Gott!* ... ich erinnere mich! Ich erkenne, dass ich alle diese Geschehnisse, die ich in meinem Leben auf der materiellen, irdischen Ebene als »Wirklichkeit« erlebe, in meiner Einweihung in der Pyramide vor mehreren tausend Jahren schon erlebt habe. Damals lagen diese Geschehnisse in der Tiefe meiner Seele als unbewusste, noch latente Energien, als reine Möglichkeit. Denn alles, was hier auf Erden geschieht, ist die Verwirklichung dessen, was auf der geistigen Ebene schon fertige, auf ihre Verwirklichung wartende *Möglichkeit* ist. Wenn man fähig ist, diese Tiefe des Selbst, wo jene Energien auf ihre Verwirklichung warten, *bewusst* zu erreichen, so erlebt man mit den *Ursachen* gleichzeitig die *Wirkung* – die *Zukunft* – als vollkommene *Gegenwart! Und die Gegenwart, unser Leben, alles, was mit uns geschieht, ist nichts anderes als Gelegenheit, Einweihungsprüfungen zu bestehen; die inneren Spannungen, die wir mit unseren Gedanken, Worten und Taten seit Äonen in uns aufgespeichert haben und die die Ursachen unseres Schicksals, unserer Zukunft, sind, zu lösen und von ihnen frei zu werden. In dem Maß, als wir diese Spannungen bewusst machen und ausleben, befreien wir unser von diesen Energien gebundenes und durch diese Gebundenheit beschränktes menschliches Bewusstsein und identifizieren es mit dem wahren, hinter jedem persönlichen »Ich«-Gefühl wartenden göttlichen Selbst – mit Gott –, und das ist EINWEIHUNG*

AUSKLANG

Nach dem Erlebnis jener Nacht wusste ich, dass die Spannungen aus meiner Seele ausgelöscht worden waren, alles noch Persönliche von mir abfallen musste. Ich war mit mir fertig geworden! Es war nichts mehr, das mich an meine »Person« gebunden hätte, so musste alles Persönliche verschwinden.

Es fing damit an, dass, wo ich mich befand – zu Hause oder auf der Straße –, mich immer das merkwürdige Gefühl begleitete, dass ich nicht »dort« war. Nicht dort? Aber wo? Das wusste ich nicht! Es wurde mir nur plötzlich bewusst, dass mein Selbst überhaupt nie im Raum, nie »dort«, war, wo meine Person, mein Körper, sich befand, sondern dass mein Selbst sich nur aus der Raumlosigkeit in meine Person projizierte, und jetzt begann mein Selbst, sich nicht dorthin zu projizieren, wo meine körperliche Erscheinung war, sondern irgendwo anders hin. Wohin?

In ein anderes Land!

Da wusste ich, dass ich weggehen würde, dass ich weggehen musste! Denn wenn der Geist, die Ursache, nicht mehr da ist, so muss die Erscheinung, die Wirkung, folgen und dorthin gehen, wohin sie von der Ursache projiziert wird. Dort kann sie weiterleben, sonst muss die Erscheinung verschwinden, also sterben. Wie sollte ich aber aus diesem Land kommen? Hier erhielt man keinen Pass!

Die Zeit zum Weggehen war noch nicht reif. Zuerst mussten noch andere Geschehnisse eintreffen.

Eines Nachts erwachte ich ganz plötzlich: Ich sah meinen Vater vor mir stehen und auf seinem lieben Gesicht das Lächeln des Abschiedes. Ich verstand: Er musste gehen … Ich wollte aufspringen, um ihn zu fragen, wohin und warum er gehen wolle, aber er verschwand, und es wurde mir bewusst, dass ich erst jetzt erwachte.

Vater war achtzig Jahre alt, aber im Geist und im Körper vollkommen gesund. In voller Frische übte er noch immer sein schweres Amt im Staat aus. Dennoch wusste ich: Sein Geist war bei mir, um Abschied zu nehmen. Die Zeit auf der kosmischen Uhr war abgelaufen, er würde den Körper abstreifen.

Am nächsten Tag lag er schon im Sanatorium, und wir nahmen alle Abschied. Er konnte – oder wollte – nicht mehr sprechen. Er schaute einem nach dem anderen in die Augen, lange, mit tiefem, liebevollem, alles sagendem Blick. Dann schloss er seine Augen und öffnete sie nicht mehr.

Und wir begleiteten den zweiten Sarg aus unserer Familie.

Mein Sohn versuchte alles, um Arbeit zu bekommen. Es war umsonst. Er gab den Kampf lange nicht auf. Er versuchte es wieder und immer wieder, aber immer ohne Erfolg. Er musste einsehen, dass er keinen Platz mehr in diesem Land hatte. Und eines Tages nahm er seine Gitarre, den treuen Freund, der ihn nie, nicht einmal in der schwersten Stunde im Krieg, verließ, und ging weg, um ein Land zu suchen, wo er als freier Mensch, der arbeiten wollte, ein Heim finden konnte. Wir nahmen wieder Abschied, nicht wissend, ob wir uns in diesem Leben wiedersehen würden. Aber in der Tiefe meines *Selbst* wusste ich, dass ich ihn noch sehen würde, dass wir noch einmal im *Garten Gottes* zusammenarbeiten würden …

Dann kam der letzte Akt.

Bo-Ghar hielt wieder einmal einen öffentlichen Vortrag, zu dem, wie üblich, so viele Menschen kamen, dass die Polizei die Ordnung aufrechterhalten musste.

Nach dem Vortrag, als die Leute Bo-Ghar umringten und nicht loslassen wollten, stand ich mit meinem Mann etwas von der Masse entfernt und wartete geduldig, bis Bo-Ghar die vielen Fragen beantwortet und die vielen Autogramme gegeben hatte. Da kam plötzlich ein Offizier der Geheimpolizei zu mir und wollte mit mir sprechen. Ich ging mit ihm zur Seite, und er sagte: »Ich übe mit meiner ganzen Familie auch Yoga, und ich weiß, dass dies ein ganz wunderbares System ist. Dennoch sind Sie beide, der Inder und Sie, gefährliche Menschen, denn auf Ihr Wort hin bewegen sich große Massen. Die Partei hat das nicht gerne. Folglich müssen Sie sich entschließen: Entweder werden Sie beide *mit* der Partei und *für* sie arbeiten, oder Sie müssen das Land verlassen. Wir werden Sie beide ruhig ziehen lassen. Wenn Sie aber nicht gehen wollen, müssen wir zu anderen Mitteln greifen. Bedenken Sie den Vorschlag meiner Vorgesetzten und handeln Sie danach. Ich komme wieder, um Ihren Entschluss zu hören.«

Bo-Ghar hätte das Land mit seinem Pass frei verlassen können. Ich musste aber zuerst eine Erlaubnis bekommen und eine Einreisebewilligung in ein anderes Land erlangen. Und es begann das sich in die Unendlichkeit ziehende Hin- und Herlaufen nach einer Ausreisebewilligung und nach Einreisebewilligungen … Schließlich musste ich einsehen, dass es mir unmöglich war, einen Pass zu bekommen. Man schickte mich von einem Amt aufs andere, bis ich eine endgültige Ablehnung bekam. Das bedeutete aber, dass man mir gegenüber zu den »anderen Mitteln« greifen würde. Wir wussten schon, was das bedeutete. Viele Freunde waren schon damals ein für allemal oder manche aus dem Gefängnis nach den erlittenen Qualen vollkommen gebrochen herausgekommen und zu Hause nach kurzer Zeit elend gestorben.

Bo-Ghar sagte zu meinem Mann: »Die einzige Möglichkeit, deine Frau zu retten, ist, dass du dich von ihr scheiden lässt und ich sie als meine Frau mitnehme. Sie bekommt in diesem Fall denselben Pass wie ich, und wir können gesetzlich aus dem Land reisen.«

Mein Mann reichte Bo-Ghar seine Hand, konnte aber kein Wort sagen. Über sein gequältes Gesicht rollten dicke Tränen …

Und es kam der Tag, wo ich von allen Menschen, die mir nahestanden, Abschied nahm, um in die unbekannte Welt zu gehen, die von nun an überall mein Heim sein wird, wohin uns *Gott* führt.

Bo-Ghar hielt sein Wort: Er kam vom anderen Ende der Welt, um mich zu retten!

Wir fanden Ima, und wir wanderten zusammen immer weiter in den Fußspuren der Titanen, die uns den Weg zur Einweihung, zur Erlösung, zu dem verlorenen Paradies zeigten …

Und wenn ich diejenigen, die ich liebe, suche, richte ich den Scheinwerfer meines Bewusstseins nach innen. Denn alles und alle leben in mir!

Das *Selbst* – gleichzeitig das *Selbst* aller Lebewesen, also auch mein *Selbst* – hat keine Grenzen, so ist das ganze Universum *in mir*, und mein *Selbst* füllt das ganze Universum. Alles was *ist – bin ich!* In allem, was ich liebe, liebe ich *mich*, denn wir *glauben* nur, all das nicht zu lieben, was wir in uns noch nicht *erkannt* haben!

*DAS SELBST IST DAS LEBEN
UND DIE EINZIGE WIRKLICHKEIT,
UND WER IN DAS SELBST EINGEWEIHT IST,
WAS SO VIEL BEDEUTET WIE,
DASS ER SICH SELBST VOLLKOMMEN ERKANNT HAT,
LIEBT ALLES UND ALLE GLEICH,
DENN ER IST EINS MIT IHNEN.*

YOGA

Yoga für jeden Tag
Elisabeth Haich/Selvarajan Yesudian
(ISBN 978-3-89427-587-7)
Taschenbuch

Ein wunderbar feinfühliges, tiefsinniges und inspirierendes Buch über das Leben mit der täglichen Yoga-Praxis. Ein Buch, das man jeden Tag zur Hand nehmen kann, um die Woche mit einer Inspiration zu erfüllen und den Tag mit einem Lichtfunken zu durchdringen. Ein Weisheitsgeschenk für Freunde, Bekannte, Yoga-Praktizierende – oder für den eigenen Schreibtisch!

Raja-Yoga
Der königliche Weg
Elisabeth Haich/Selvarajan Yesudian
(ISBN 978-3-89427-387-3)
Taschenbuch

Der „Raja-Yoga-Pfad" gilt in Indien als der „königliche Weg". Es ist der Weg der tiefsten Einsicht und des bewussten inneren Erkennens. Im „Raja-Yoga" verzichtet der Praktizierende auf die Körperübungen des „Hatha-Yoga" und konzentriert sich ganz auf die inner-seelischen Umwandlungsprozesse. Elisabeth Haich und Selvarajan Yesudian beschreiben diesen ehrwürdigen Pfad Schritt für Schritt, bis der Einzelne in seinem Herzen das göttliche Licht aufleuchten sieht. Besonders faszinierend an diesem Klassiker der Yoga-Literatur ist der Umstand, dass Haich/Yesudian über die Grenzen der religiösen Traditionen hinausblicken und erkennen, dass die geistigen Gesetzmäßigkeiten die gleichen im Osten wie im Westen sind. So wird ihr großes Werk zu einem wertvollen Brückenbauer zwischen den mystischen Traditionen des Abend- und des Morgenlandes!

ELISABTH HAICH

Yoga und Sex
Elisabeth Haich
(ISBN 978-3-89427-369-9)
Taschenbuch

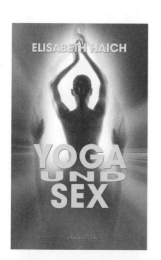

Die berühmte, weltweit anerkannte Yoga-Lehrerin setzt sich in diesem großen Klassiker mit der menschlichen Grundfrage auseinander, inwieweit Spiritualität und Sexualität harmonisch miteinander verbunden werden können. Sie analysiert die grundlegenden Gesetzmäßigkeiten des Yoga-Weges und kommt zu radikalen Schlussfolgerungen. Ein Ratgeberbuch, das umfassend und kompetent informiert. Ein Yoga-Lehrwerk, das inspiriert und den Leser zu einer eigenen Stellungnahme herausfordert.

Sport und Yoga
Elisabeth Haich/Selvarajan Yesudian
(ISBN 978-3-89427-599-0)
Taschenbuch

Dieser unsterbliche Klassiker von Selvarajan Yesudian und Elisabeth Haich ist weit mehr als ein Buch zur sportlichen Betätigung mit Yoga-Unterstützung. Es ist eine wissenschaftliche Abhandlung über die tiefsten Yoga-Geheimnisse und ihre Auswirkungen auf der körperlichen Ebene. Die Behandlung von Krankheiten mit Hilfe von Yoga wird ebenso thematisiert wie die heilenden Kräfte des Atems. So wird dieses Werk zu einem Schlüssel für die Herstellung eines harmonischen Gleichgewichtes zwischen körperlichen und geistigen Kräften. Es ist ein unverzichtbares Praxisbuch für alle, die den Yoga-Weg beschreiten, für Laien wie für Lehrer. Leistungssportler sowie Hobby-Athleten werden zudem wertvolle Hinweise finden, wie sie ihre sportlichen Aktivitäten durch Yoga-Übungen effektiv verbessern können.

E in Züricher Anwalt zieht sich für einige Tage in die Berge zurück und trifft dort vor einer Almhütte völlig unerwartet auf eine ungewöhnliche Frau. Er erkennt allmählich, dass er es mit einer Meisterseele zu tun hat, die ihn in die großen Geheimnisse des Lebens einweiht.

Was diese Wesenheit, die sich ihm gegenüber „Elision" nennt, ihm über Verzeihen und Güte, über Glück und den Sinn des Lebens, über Tiere und Pflanzen, über die Geistige Welt und das innere Erwachen oder über das Geheimnis der Liebe erzählt, lässt ihn zu einem neuen Menschen reifen.

„Elision" ist ein Werk erfüllt von tiefer Weisheit, einer fast poetischen Sprache und einer Botschaft der Hoffnung und der Liebe.

Ein Buch, das in den Tag ein LICHT fallen lässt und jedes Herz berührt!

Peter Allmend
Elision
Begegnung mit einer Weisen
Hardcover mit Schutzumschlag
160 Seiten mit Illustrationen
ISBN 978-3-89427-625-6

Glück ist, wach zu sein.
Glück ist, frei zu sein.
Glück ist, lieben zu können.
Glück ist, der Stille zuzuhören.
Glück ist, nichts zu erwarten.
Glück ist, Menschen an seiner Seite zu haben,
von denen man verstanden wird.
Glück ist, einem Menschen Trost zu bringen,
der eine schwere Wegstrecke zurücklegen muss.
Glück ist, spontan lachen zu können.

REINKARNATION

Das Rad der Wiedergeburt
H.K Challoner
(ISBN 978-3-8942 7-295-1)
Von ihrem Meister in ein höheres
Bewusstsein erhoben, erlebt die Autorin
eine fortlaufende Reihe ihrer früheren
Erdenverkörperungen. Sie kann im
Verlauf einer einzigartig spannenden und
bewegenden inneren Transformation die
Fäden des Schicksals und die Gesetze des
Karma erkennen. Besonders beeindruckend
sind dabei die Erklärungen ihres Lehrers,
der ihr nach dem Erleben der einzelnen
Verkörperungen verdeutlicht, welche
tieferen Gesetze und welche höhere Weisheit
die Fäden des Schicksals geflochten haben. Ein
unsterblicher Klassiker über Reinkarnation und
Karma. Ein aufwühlendes Buch, das man erst nach der
letzten Seite aus der Hand zu legen vermag.

Wenn man nur ein Buch über
Reinkarnation lesen möchte
– dann muss es dieses sein!